사이버JRC 동영상 강의 1만원 할인 쿠폰

할인 코드

jrc7ghskj

동영상 강의 할인 쿠폰

10,000

금일만원정

할인 쿠폰 사용 안내

1. 사이버JRC(www.cyberjrc.com)에 접속하여 [회원가입] 후 로그인을 합니다.
2. 원하는 강의를 클릭한 후 할인 코드를 입력하여 결제합니다.
3. 결제를 마친 다음 [나의 강의실]→[수강 중인 강의]에서 강좌를 수강합니다.

쿠폰 사용 시 유의 사항

1. 해당 쿠폰은 사이버JRC의 동영상 강좌에만 사용이 가능합니다.
2. 본 쿠폰은 타 쿠폰 및 J포인트와 중복 할인이 되지 않습니다.
3. 교재 환불 시 쿠폰 사용이 불가합니다.

*본 쿠폰과 관련된 사항은 사이버JRC 고객센터(02-567-3327)로 문의해 주십시오.

사이버JRC 맛있는 중국어 클래스 3만원 할인 쿠폰

할인 코드

jrc5sfer

맛있는 중국어 클래스 할인 쿠폰

30,000

금삼만원정

할인 쿠폰 사용 안내

1. 사이버JRC(www.cyberjrc.com)에 접속하여 [회원가입] 후 로그인을 합니다.
2. 원하는 강의를 클릭한 후 할인 코드를 입력하여 결제합니다.
3. 결제를 마친 다음 [나의 강의실]→[수강 중인 강의]에서 강좌를 수강합니다.

쿠폰 사용 시 유의 사항

1. 해당 쿠폰은 사이버JRC의 맛있는 중국어 클래스 과정 동영상 강좌에만 사용이 가능합니다.
2. 본 쿠폰은 타 쿠폰 및 J포인트와 중복 할인이 되지 않습니다.
3. 교재 환불 시 쿠폰 사용이 불가합니다.

*본 쿠폰과 관련된 사항은 사이버JRC 고객센터(02-567-3327)로 문의해 주십시오.

全力以赴掌握新HSK成**功**的策略

『전공략 新HSK 원패스 합격모의고사 4급』은
최신 출제 경향과 난이도를 철저히 분석한
모의고사 5세트로 구성되어 있습니다.
또한 최강 저자의 합격 전략 노하우, 저절로
외워지는 합격 보카, 문제별·속도별 MP3 파일,
트레이닝 북 등 다양한 콘텐츠를 함께 수록해
합격의 가장 빠른 길을 제시합니다.

全功略

全力以赴掌握新HSK成**功**的策**略**

4급

전공략 新HSK

원패스

합격모의고사

JRC 북스

4급

전공략 新HSK

원패스

합격모의고사

초 판 1쇄 발행	2015년 1월 10일
초 판 4쇄 발행	2016년 4월 5일

저자	김지현
감수	倪明亮(北京语言大学 교수)
기획	JRC 중국어연구소
발행인	김효정
발행처	JRC 북스
등록번호	제300-2002-42호
편집	최정임 l 이소연 l 김소연
디자인	신은지 l 최여랑
영업	김영한
홍보	이지연
웹마케팅	오준석 l 김희영

주소	JRC 북스 서울 강남구 테헤란로 109, 3층
전화	구입문의 02·567·3861 l 02·567·3837
	내용문의 02·567·3860
팩스	02·567·2471
홈페이지	www.booksJRC.com

ISBN	978-89-98444-49-5 14720
	978-89-98444-48-8 (세트)
가격	19,500원

이 도서의 국립중앙도서관 출판시도서목록(CIP)은 서지정보유통지원시스템 홈페이지(http://seoji.nl.go.kr)와 국가자료공동목록시스템(http://www.nl.go.kr/kolisnet)에서 이용하실 수 있습니다.(CIP제어번호: CIP2014033637)

중국어, 이제 세계로 通한다

중국 경제가 급속히 성장하고, 세계 속 중국의 위상이 점차 높아지면서 전세계적으로 중국어 배우기 열기가 뜨겁습니다. 이러한 전세계적 흐름에 한국도 예외가 아닌 듯, 국내 다수의 기업들은 중국어 능통자를 우대 채용하고, 학생을 비롯한 일반인들이 중국어 배우기에 열중하고 있습니다. 또한 중국어 실력을 객관적으로 평가하는 기준인 新HSK 시험에 응시하는 응시자 수가 크게 증가함에 따라, 중국어는 더 이상 선택이 아닌 필수가 되었습니다.

한 번에 합격으로 通한다

『전공략 新HSK 원패스 합격모의고사 4급』은 필자가 新HSK 시험에 직접 응시하고, 출제된 문제들을 철저히 분석하여 재구성했습니다. 또한 新HSK 최신 출제 경향과 난이도를 최대한 반영하여 실제 시험 문제와 가장 유사한 문제들로만 구성했습니다. 따라서 기출 문제에 목말라하는 학습자들에게 단비와 같은 교재임을 감히 자신합니다.

학생들과 마음이 通한다

다년간의 新HSK 강의와 다수의 관련 교재를 집필한 경험을 바탕으로 新HSK 4급에 대한 필자만의 철저한 강의 연구와 노하우를 『전공략 新HSK 원패스 합격모의고사 4급』에 담았습니다. 학습자 눈높이에 맞춰 마치 실제 강의를 듣는 것과 같은 쉽고 명쾌한 해설은 新HSK를 처음 준비하는 모든 학습자들이 부담 없이 시험을 준비할 수 있도록 도와 드리며, 학습자들의 마음을 꿰뚫고 있는 듯 가려운 부분을 꼭 집어 시원하게 풀어드려 여러분의 첫 시험에 '합격'이라는 좋은 결과를 안겨 드릴 수 있다고 확신합니다.

끝으로 초심을 잃지 않고 新HSK 강의에 집중할 수 있도록 아낌없는 지원과 조언을 해주시는 JRC중국어학원 김효정 원장님, 항상 좋은 강의를 할 수 있도록 열정을 만들어 주는 고마운 학생들, 이 책이 나오기까지 애써 주신 JRC북스 편집부 여러분께 깊은 감사를 드립니다. 마지막으로, 언제나 깊은 사랑으로 저를 보듬어 주는 사랑하는 가족에게 이 자리를 빌려 감사와 사랑의 마음을 전합니다.

김지현

차례

이 책의 **특징**

『전공략 新HSK 원패스 합격모의고사 4급』은 최신 출제 경향과 난이도를 철저히 분석한 모의고사 5세트로 구성되어 있습니다. 또한 최강 저자의 합격 전략 노하우, 저절로 외워지는 합격 보카, 속도 훈련용 MP3 파일, 받아쓰기 트레이닝 북 등 다양한 콘텐츠를 함께 수록해 합격의 가장 빠른 길을 제시합니다.

특징 1 최신 출제 경향과 난이도를 최대 반영한 모의고사 5세트

적중률 높은 기출 문제로 구성된 모의고사가 총 5세트 수록되어 있습니다. 최근에 높아진 시험의 난이도를 최대한 반영하여 최신 출제 경향에 가장 적합합니다.

특징 2 新HSK 전문 강사의 합격 전략 무료 동영상 강의

新HSK 시험을 준비하는 학습자들이 꼭 알아야 하는 핵심 공략을 명쾌하게 설명합니다. 실전에서 비법을 어떻게 활용하는지 新HSK 전문가의 강의를 무료로 들을 수 있습니다.

특징 3 영역별 맞춤 해설로 학습 시간 down! 학습 효과 up!

듣기·독해·쓰기 영역의 특성을 살린 해설 방식을 제시하여, 각 영역별 키포인트를 확인할 수 있어 학습 효과가 두 배로 늘어납니다.

특징 4 명쾌한 비법 합격 전략 D-5

新HSK의 최신 출제 경향을 분석하여 시험에 필요한 핵심 비법을 정리했습니다. 또한 실제 시험에 출제된 단어, 문장, 어법 등 핵심 표현이 수록되어 있습니다. 언제 어디서든 들고 다니면서 공부해 보세요.

특징 5 2013 한반(汉办) 개정 단어를 수록한 합격 보카

4급 개정 단어 1200개와 실력 점검을 위한 확인 학습 문제가 제시되어 있습니다. 모든 단어가 '중국어–한국어–중국어'로 녹음되어 있어, 녹음만 들어도 저절로 단어가 외워집니다.

특징 6 문제별&속도별 다양한 MP3 파일 제공

문제별&속도별 듣기 MP3 파일을 제공하여 취약한 문제만 골라서 반복적으로 학습할 수 있습니다.

특징 7 듣기 트레이닝 북 무료 다운로드

듣기 영역을 완벽하게 대비할 수 있는 받아쓰기 트레이닝 북을 무료로 제공합니다. 속도별 MP3 파일을 들으며 실제 듣기 영역의 속도에 적응해 보세요.

이 책의 구성&활용법

『전공략 新HSK 원패스 합격모의고사 4급』은
「문제집」, 「해설집」, 「합격 전략집」, 「합격 보카」로 구성되어 있습니다.

문제집

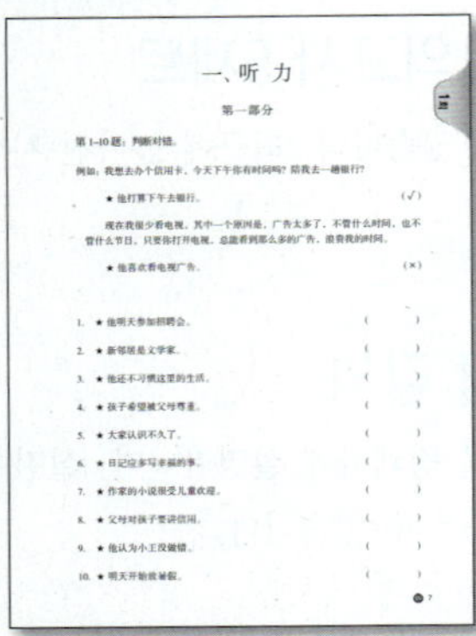 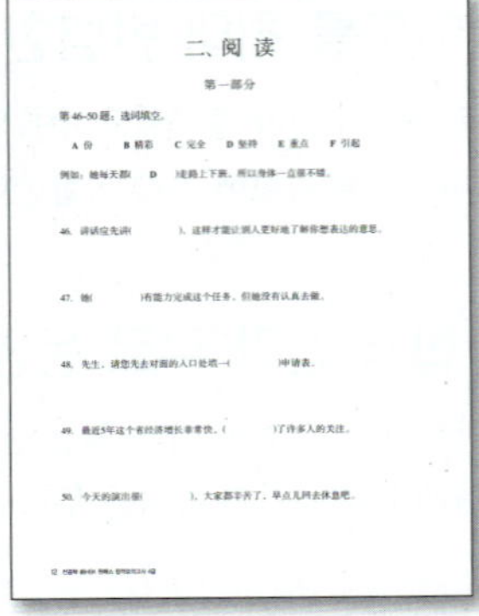 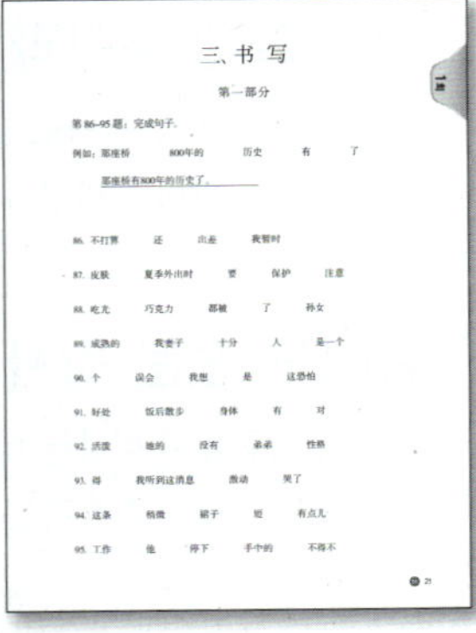

- 실제 시험의 문제 형식과 동일하게 구성된 모의고사가 **총 5세트** 수록되어 있습니다.

해설집

 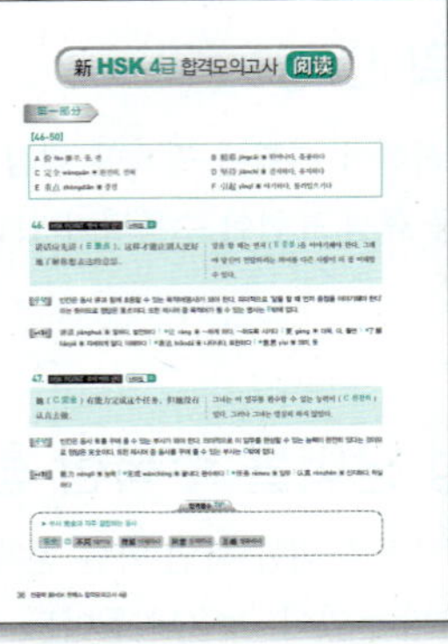 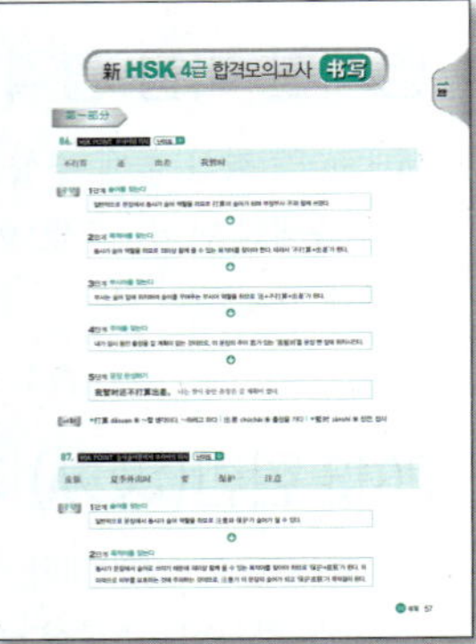

- 모든 문제에 HSK POINT, 난이도가 제시되어 있습니다.
- 문제의 핵심이 되는 부분은 밑줄로 표시해 두었습니다.
- 듣기 영역은 각 문제별로 학습할 수 있도록 트랙을 나누어 놓았습니다.
- 어휘를 자세하게 정리해 놓아, 별도로 사전을 찾을 필요가 없습니다.
- 영역별로 꼭 알아야 하는 어법, 표현 등은 〈합격필수 TIP〉으로 정리했습니다.
- 주요 단어와 표현 등을 알기 쉽게 해당 부분에 설명을 달아 놓았습니다.

MP3 파일 활용법

실제 시험과 똑같이 녹음된 **실전용** 파일로 문제를 풀면서 실전 감각을 익히고,
문제별로 트랙이 나누어진 **훈련용** 파일로 여러 번 반복하며 학습해 보세요.

전공략 新HSK 합격모의고사(원패스)의 다양한 콘텐츠

1. 최강 저자의 합격 전략 노하우

• 마지막 합격 전략 D-5

핵심만 콕콕 짚어주는 합격 전략! 新HSK를 준비하는 학습자들이 꼭 알아야 할 핵심 공략이 깔끔하게 정리되어 있습니다. 시험 전, 막판 뒤집기 정보도 수록되어 있으니, 시험장에 반드시 들고 가세요.

• 무료 동영상 강의 제공

JRC북스 홈페이지(www.booksJRC.com)에서 저자의 강의를 무료로 들을 수 있습니다. 친절하고 핵심을 꿰뚫는 강의를 들으며, 新HSK 합격 비법을 마스터해 보세요.

2. 저절로 외워지는 합격 보카

• 한반(汉办) 개정 단어 수록

2013년 한반(汉办)에서 발표한 개정 단어를 수록했습니다. 총 40DAY로 구성되어 있으며, 단어를 암기한 후 확인 학습 문제를 풀며 다시 한번 복습할 수 있습니다.

• 중국어와 한국어 뜻이 제공되는 MP3 파일

모든 단어에 '중국어-한국어-중국어' 순서로 반복 훈련이 가능한 MP3 파일이 제공됩니다. 듣고 따라 읽다 보면 저절로 단어를 마스터할 수 있습니다.

3. 속도 훈련용 MP3 파일

• 문제별 MP3 파일

자신에게 취약한 문제만 골라서 반복 학습이 가능하도록 모든 문제의 개별 MP3 파일을 제공합니다.

• 속도별 MP3 파일

실제 시험에 적응 훈련이 가능하도록 빠른 속도 훈련용 MP3 파일을 제공합니다.

4. 듣기 트레이닝 북

• 듣기 영역 완벽 대비

취약 부분을 보완할 수 있는 받아쓰기 트레이닝 북을 무료로 제공합니다.
속도별 MP3 파일을 들으며 듣기 영역의 속도에 적응해 보세요.
빠른 속도에 익숙해지면, 실전에서는 편안한 마음으로 문제를 들을 수 있습니다.

* 받아쓰기 트레이닝 북과 MP3 파일은 JRC북스 홈페이지(www.booksJRC.com)에서 다운로드 할 수 있습니다.

新HSK란?

新HSK는 제1언어가 중국어가 아닌 사람의 중국어 능력을 평가하기 위해 만들어진 중국 정부 유일의 국제 중국어 능력 표준화 고시로, 생활, 학습, 업무 등 실생활에서의 중국어 운용 능력을 중점적으로 평가합니다.

1. 용도

- 중국 대학(원) 입학·졸업식 평가 기준
- 한국 대학(원) 입학·졸업식 평가 기준
- 중국 정부 장학생 선발 기준
- 한국 특목고 입학식 평가 기준
- 교양 중국어 학력 평가 기준
- 각급 업체 및 기관의 채용·승진을 위한 기준

2. 구성

新HSK는 국제 중국어 능력 표준화 시험으로, 필기 시험과 회화 시험 두 가지 부분으로 나뉘며, 회화 시험은 녹음 형식으로 이루어집니다.

필기 시험	新HSK 6급	新HSK 5급	新HSK 4급	新HSK 3급	新HSK 2급	新HSK 1급
회화 시험	HSKK 고급		HSKK 중급		HSKK 초급	

3. 원서 접수

❶ 인터넷 접수 │ 한국HSK사무국 홈페이지(www.hsk.or.kr)에서 접수

❷ 우편 접수 │ 구비 서류를 동봉하여 한국HSK사무국으로 등기 발송
- 구비 서류 │ 응시원서(최근 6개월 이내에 촬영한 반명함판 사진 1장 부착) 및 별도 사진 1장, 응시비 입금 영수증

❸ 방문 접수 │ 서울공자아카데미로 방문하여 접수
- 접수 시간 │ 평일 오전 9시 30분~12시, 오후 1시~5시 30분 / 토요일 오전 9시 30분~12시
- 구비 서류 │ 응시원서, 최근 6개월 이내에 촬영한 반명함판 사진 3장

4. 시험 당일 준비물

❶ 유효한 신분증 │ 주민등록증, 운전면허증, 기간 만료 전의 여권, 군장교 신분증, 현역 사병 휴가증
- 18세 미만(주민등록증 미발급자) : 기간 만료 전의 여권, 청소년증, HSK신분확인서(한국 내 소재 초·중·고등학생만 가능)
- 주민등록증 분실 시, 재발급 확인서는 인정하나, 학생증, 사원증, 의료보험증, 주민등록등본, 공무원증 등은 인정되지 않음

❷ 수험표

❸ 2B 연필, 지우개

新HSK 4급 소개

1. 대상

新HSK 4급은 매주 2~4시간, 4학기(190~400시간) 정도 중국어를 학습하고, 1,200개의 상용 어휘와 관련 어법 지식에 숙달한 학습자를 대상으로 합니다.

2. 구성

新HSK4급은 총 100문제로, 듣기·독해·쓰기 세 영역으로 구성되어 있습니다.

영역		문제 유형	문항 수	시험 시간
듣기 (听力)	제1부분	단문 듣고 제시된 문장의 옳고 그름 판단하기	10	약 30분
	제2부분	두 사람의 대화를 듣고 질문에 답하기	15	
	제3부분	4~5개 문장의 대화 또는 단문 듣고 1~2개 질문에 답하기	20	
듣기 영역 답안지 작성				5분
독해 (阅读)	제1부분	빈칸에 들어갈 알맞은 어휘 고르기	10	40분
	제2부분	제시된 3개의 문장을 순서대로 배열하기	10	
	제3부분	단문 읽고 1~2개 질문에 답하기	20	
쓰기 (书写)	제1부분	주어진 어휘를 조합하여 문장 만들기	10	25분
	제2부분	제시된 그림을 보고 주어진 어휘로 문장 만들기	5	
합계			100	약 100분

(듣기 영역 문항 수 합계 45, 독해 영역 40, 쓰기 영역 15)

3. 영역별 점수 및 성적 결과

- 新HSK 4급 성적표는 듣기·독해·쓰기 세 영역의 점수와 총점이 기재됩니다.

- 각 영역별 만점은 100점이며, 영역별 점수에 상관없이 총점 180점 이상이면 합격입니다.

- 시험일로부터 1개월 후에 중국 고시 센터 홈페이지 (www.chinesetest.cn)에서 응시자 개별 성적을 조회할 수 있습니다.

- 新HSK 성적은 시험일로부터 2년간 유효합니다.

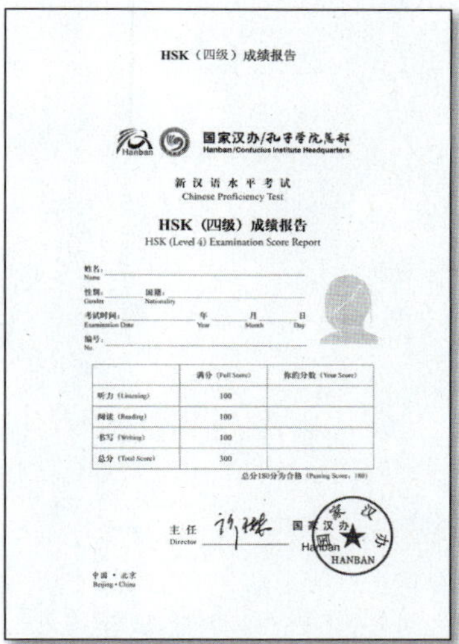

1회 해설

一、听力

| 第一部分 | 1. √ | 2. ✕ | 3. ✕ | 4. √ | 5. √ | 6. ✕ | 7. ✕ | 8. √ | 9. ✕ | 10. √ |

| 第二部分 | 11. D | 12. B | 13. C | 14. A | 15. B | 16. C | 17. B | 18. D | 19. B | 20. D |
| | 21. C | 22. A | 23. A | 24. D | 25. A | | | | | |

| 第三部分 | 26. D | 27. B | 28. B | 29. A | 30. D | 31. B | 32. C | 33. A | 34. B | 35. C |
| | 36. A | 37. C | 38. B | 39. D | 40. A | 41. C | 42. D | 43. A | 44. B | 45. D |

二、阅读

| 第一部分 | 46. E | 47. C | 48. A | 49. F | 50. B | 51. D | 52. B | 53. E | 54. A | 55. F |

| 第二部分 | 56. CAB | 57. ACB | 58. CAB | 59. BAC | 60. ACB |
| | 61. ACB | 62. CAB | 63. ACB | 64. BCA | 65. CAB |

| 第三部分 | 66. B | 67. A | 68. D | 69. B | 70. C | 71. B | 72. A | 73. B | 74. C | 75. B |
| | 76. D | 77. A | 78. C | 79. D | 80. A | 81. C | 82. D | 83. C | 84. B | 85. D |

三、书写

第一部分

86. 我暂时还不打算出差。

87. 夏季外出时要注意保护皮肤。

88. 巧克力都被孙女吃光了。

89. 我妻子是一个十分成熟的人。

90. 我想这恐怕是个误会。

91. 饭后散步对身体有好处。

92. 她的性格没有弟弟活泼。

93. 我听到这消息激动得哭了。

94. 这条裙子稍微有点儿短。

95. 他不得不停下手中的工作。

第二部分

96. ① 她正在擦窗户。
② 请你帮我擦一下窗户。
③ 我帮妈妈擦了这个窗户。
④ 妈妈把这个窗户擦得很干净。
⑤ 妈妈把这个窗户擦了一遍。

97. ① 我特别喜欢逛街。
② 我周末跟朋友一起去逛商店。
③ 我最大的爱好就是逛百货商店。
④ 你明天陪我去逛百货商店吧。
⑤ 我每次逛街的时候心情最好。

98. ① 这个汤有点儿咸。
② 妻子做的汤稍微有点儿咸。
③ 这个汤有点儿咸，不过挺好喝的。
④ 这个汤一点儿也不咸，挺好喝的。
⑤ 这个汤又辣又咸，你也尝一尝吧。

99. ① 公共场所都禁止抽烟。
② 请不要在公共场所抽烟。
③ 为了您和他人的健康，请勿抽烟。
④ 为了您孩子的身心健康，请不要在校园内抽烟。
⑤ 最近禁止抽烟的地方越来越多了。

100. ① 这台笔记本电脑是昨天新买的。
② 这台笔记本电脑是最近最流行的。
③ 这是一台最近很流行的笔记本电脑。
④ 这台笔记本电脑的功能非常多。
⑤ 你看一下这台笔记本电脑怎么样？

新 HSK 4급 합격모의고사 听力

1. HSK POINT 유사 표현 이해　난이도 中　　track 01-1

> 对不起，明天的聚会我去不了了。刚接到通知，我得去参加一个招聘会。
>
> 미안한데, 내일 모임에 나는 못 갈 것 같아. 채용 박람회에 참가해야 한다는 통지를 방금 받았거든.
>
> ★ 他明天参加招聘会。(√)
>
> ★ 그는 내일 채용 박람회에 참가한다. (√)

공략 채용 박람회에 참가해야 한다는 통지를 받아서 내일 모임에 갈 수 없다고 말하고 있으므로, 그는 내일 채용 박람회에 참가함을 알 수 있다. 때문에 제시된 문장은 녹음 내용과 일치한다.

어휘 聚会 jùhuì 뗑 모임 | ★刚 gāng 悶 방금, 막 | ★接到 jiēdào 뗑 받다 | 通知 tōngzhī 뗑 통지, 통지서 | ★参加 cānjiā 뗑 참가하다 | ★招聘会 zhāopìnhuì 뗑 채용 박람회

2. HSK POINT 혼동 어휘 이해　난이도 下　　track 01-2

> 新搬来的邻居是一名教授。她很有礼貌，对人也很友好。大家对她的印象都不错。
>
> 새로 이사온 이웃은 교수이다. 그녀는 매우 예의 바르며 사람들에게도 친절하다. 모두들 그녀에 대한 인상이 좋다.
>
> ★ 新邻居是文学家。(×)
>
> ★ 새 이웃은 문학가이다. (×)

공략 새로 이사온 이웃은 교수라고 했으므로, '새 이웃은 문학가이다'라는 제시된 문장은 녹음 내용과 일치하지 않는다.

어휘 搬 bān 뗑 이사하다 | ★邻居 línjū 뗑 이웃집 | 教授 jiàoshòu 뗑 교수 | ★礼貌 lǐmào 뗑 예의, 예의 범절 톙 예의 바르다 | 印象 yìnxiàng 뗑 인상 | 文学家 wénxuéjiā 뗑 문학가

3. HSK POINT 혼동 표현 이해　난이도 中　　track 01-3

> 我刚来这儿的时候很不适应，觉得很寂寞。后来逐渐习惯了，也交到了很多新朋友。我越来越喜欢这里的生活了。
>
> 나는 처음 이곳에 왔을 때 적응하기가 힘들었으며 몹시 외로웠다. 이후 차츰 적응이 되고, 새 친구도 많이 사귀었다. 나는 이곳의 생활을 점점 좋아하게 되었다.
>
> ★ 他还不习惯这里的生活。(×)
>
> ★ 그는 이곳의 생활에 아직 적응하지 못했다. (×)

공략 '逐渐……了'는 '차츰 ~되다'의 의미이고 还는 '아직'이라는 의미이다. 처음 이곳에 왔을 때 적응하기 힘들고 외로웠지만 차츰 적응이 되었다고 말하고 있으므로 제시된 문장은 녹음 내용과 일치하지 않는다.

어휘   ★适应 shìyìng 통 적응하다 | 寂寞 jìmò 형 외롭다, 쓸쓸하다 | ★逐渐 zhújiàn 부 점점, 점차 | ★习惯 xíguàn 통 적응하다 | 越来越 yuèláiyuè 부 더욱더, 점점 | 生活 shēnghuó 명 생활

---

4. HSK POINT 유사 표현 이해   난이도 中
track 01-4

教育孩子方法很重要。与孩子交流时，父母如果能像朋友一样和他们聊天儿，让他们感觉受到了尊重，这样他们就更愿意与父母交流。

아이를 교육하는 방법은 중요하다. 아이와 소통할 때, 부모는 친구처럼 대화를 하여 아이들이 존중 받고 있다는 느낌이 들게 해야 한다. 이렇게 하면 아이들은 부모와 더욱 대화를 나누고 싶어 한다.

★ 孩子希望被父母尊重。(√)

★ 아이는 부모로부터 존중 받기를 원한다. (√)

공략   아이와 소통할 때 부모는 친구처럼 대화를 하여 아이가 존중 받고 있다는 느낌이 들게 해야 한다고 말하고 있으므로 제시된 문장은 녹음 내용과 일치한다.

어휘   教育 jiàoyù 통 교육하다 | 方法 fāngfǎ 명 방법, 수단 | ★重要 zhòngyào 형 중요하다 | 与 yǔ 개 ~와 | ★交流 jiāoliú 통 서로 소통하다, 교류하다 | 聊天儿 liáotiānr 통 한담하다, 잡담하다 | ★尊重 zūnzhòng 통 존중하다 | 愿意 yuànyì 통 바라다, 희망하다

---

5. HSK POINT 유사 표현 이해   난이도 上
track 01-5

新学期刚开始，大家都还不太熟悉。所以我想举办一场小晚会，到时让每个人都介绍一下自己，互相认识认识。

새 학기가 이제 시작돼서 모두 아직 잘 모르잖아. 그래서 나는 작은 이브닝 파티를 개최하고자 해. 그때 각자가 자기소개를 하며 서로 얼굴을 익히도록 하자.

★ 大家认识不久了。(√)

★ 모두들 안 지 얼마 되지 않았다. (√)

공략   不太는 '그다지 ~하지 않다'라는 의미이고 不久는 '얼마되지 않다'라는 의미이다. 새 학기가 시작돼서 모두 아직 잘 모르니 파티를 통해서 서로 얼굴을 익히자고 말하고 있으므로 제시된 문장은 녹음 내용과 일치한다.

어휘   学期 xuéqī 명 학기 | 开始 kāishǐ 통 시작하다 | ★熟悉 shúxī 형 잘 알다, 익숙하다 | ★举办 jǔbàn 통 거행하다, 개최하다 | 晚会 wǎnhuì 명 파티 | 介绍 jièshào 통 소개하다 | ★互相 hùxiāng 부 서로, 상호 | 认识 rènshi 통 알다, 인식하다

---

6. HSK POINT 혼동 표현 이해   난이도 中
track 01-6

我们应该养成写日记的习惯。那些发生在我们身边的事情，不管是幸福的、让人感动的、还是伤心的、不愉快的都值得我们将来慢慢回忆。

우리는 일기 쓰는 습관을 길러야 한다. 우리 주변에서 일어나는 일은 행복한 일과 감동적인 일, 속상한 일, 기분 나쁜 일을 막론하고 모두 훗날 천천히 추억할 만하다.

★ 日记应多写幸福的事。(×)

★ 일기는 행복한 일을 많이 써야 한다. (×)

 우리 주변에서 일어나는 일은 행복한 일과 감동적인 일, 속상한 일, 기분 나쁜 일을 막론하고 모두 훗날 천천히 추억할 만
하다고 말하고 있으므로 제시된 문장은 녹음 내용과 일치하지 않는다.

 ★养成 yǎngchéng 동 습관이 되다, 길러지다 | 日记 rìjì 명 일기 | ★习惯 xíguàn 명 버릇, 습관 | 不管 bùguǎn 접 ~을
막론하고, ~에 관계없이 | 幸福 xìngfú 형 행복하다 | 感动 gǎndòng 동 감동하다 | 伤心 shāngxīn 동 상심하다, 슬퍼하다
| 愉快 yúkuài 형 기쁘다, 유쾌하다 | ★值得 zhídé 동 ~할 만한 가치가 있다 | 将来 jiānglái 명 장래, 미래 | ★回忆 huíyì
동 회상하다, 추억하다

합격필수 TIP

▶养成의 용법

养成은 '기르다'라는 의미를 나타내는 동사로 '养成……的习惯' 형태로 자주 쓰인다.

我们要养成写日记的习惯。 우리는 일기 쓰는 습관을 길러야 한다.
我从小就养成了早睡早起的习惯。 나는 어려서부터 일찍 자고 일찍 일어나는 습관을 길렀다.

7. HSK POINT 혼동 표현 이해 난이도 上　　track 01-7

那位作家的小说语言幽默、内容丰富，在国内很受欢迎。现已被翻译成了好几种语言。	그 작가의 소설은 유머러스한 언어와 풍부한 내용으로 국내에서 큰 환영을 받았다. 현재 그의 소설은 여러 나라 언어로 번역되었다.
★ 作家的小说很受儿童欢迎。（ × ）	★ 작가의 소설은 어린이들의 환영을 받았다. （ × ）

 그 작가의 소설은 유머러스한 언어와 풍부한 내용으로 국내에서 큰 환영을 받았다고 말하고 있으므로, 어린이들에게 환영
을 받았다는 제시된 문장은 녹음 내용과 일치하지 않는다.

 作家 zuòjiā 명 작가 | 小说 xiǎoshuō 명 소설 | 语言 yǔyán 명 말, 언어 | 幽默 yōumò 형 유머러스한 | 内容 nèiróng
명 내용 | ★丰富 fēngfù 형 풍부하다 | ★受欢迎 shòu huānyíng 인기가 있다, 환영을 받다 | 翻译 fānyì 동 번역하다 |
儿童 értóng 명 아동, 어린이

합격필수 TIP

▶ '受……(的)欢迎'의 용법

'受欢迎'은 '환영을 받다'라는 의미로 '인기가 있다'라는 뜻이다. 구체적인 대상은 受와 欢迎 사이에 와야 하며, 이때 구조조사 的는
생략 가능하다. 듣기 영역뿐만 아니라 독해 영역에서도 자주 출제되는 중요한 표현이다.

这种牙膏很受儿童欢迎。 이 치약은 아이들에게 인기가 있다.
这个节目受人们的欢迎。 이 프로그램은 사람들에게 인기가 있다.

8. `HSK POINT 유사 표현 이해` `난이도 上`

父母对孩子必须做到言而有信，对孩子说过的话一定要做到。要是实在做不到，就应向孩子道歉，并解释清楚原因。否则孩子会认为你在骗他。

부모는 아이에게 반드시 말에 신용이 있어야 하며, 아이에게 한 말은 필히 지켜야 한다. 확실히 지킬 수 없게 된 경우, 아이에게 사과하고 그렇게 된 원인을 분명히 설명해 주어야 한다. 그렇지 않으면 아이는 당신이 자신을 속인다고 여길 것이다.

★ 父母对孩子要讲信用。(√)

★ 부모는 아이에게 신용을 지켜야 한다. (√)

공략 '言而有信'은 '말에 신용이 있어야 한다'라는 사자성어로, 부모는 아이에게 반드시 신용이 있는 말을 해야 한다고 말하고 있다. 제시된 문장은 녹음 내용과 일치한다.

어휘 父母 fùmǔ 명 부모 | 必须 bìxū 부 반드시 ~해야 한다 | ★言而有信 yán ér yǒu xìn 성 말에 신용이 있다 | 一定 yídìng 부 반드시, 필히 | 要是 yàoshi 접 만약 ~이라면 | ★实在 shízài 부 확실히 | 道歉 dàoqiàn 동 사과하다 | ★解释 jiěshì 동 설명하다 | 清楚 qīngchu 형 분명하다, 뚜렷하다 | 原因 yuányīn 명 원인 | ★否则 fǒuzé 접 만약 그렇지 않으면 | 骗 piàn 동 속이다 | 讲信用 jiǎng xìnyòng 신용을 중시하다

---

9. `HSK POINT 혼동 표현 이해` `난이도 中`

小王没跟你商量，就做决定，确实不对。可是既然他都向你道歉了，你就不要再生气了。

샤오왕이 너와 의논하지 않고 결정한 것은 분명히 잘못한 거야. 그러나 그가 너에게 사과한 이상, 너는 화를 내지 않아야 해.

★ 他认为小王没做错。(×)

★ 그는 샤오왕이 잘못하지 않았다고 여긴다. (×)

공략 샤오왕이 의논하지 않고 결정한 것은 분명히 잘못한 것이라고 말하고 있으므로, 샤오왕이 잘못하지 않았다고 여긴다는 제시된 문장은 녹음 내용과 일치하지 않는다.

어휘 ★商量 shāngliang 동 상의하다, 의논하다 | 决定 juédìng 동 결정하다 | ★确实 quèshí 부 절대로, 정말로 | ★既然 jìrán 접 ~된 바에야 | 生气 shēngqì 동 화내다, 성나다 | 认为 rènwéi 동 여기다, 생각하다

---

10. `HSK POINT 유사 표현 이해` `난이도 中`

同学们，今天是这学期的最后一天，明天就要放暑假了，希望大家能安排好自己的假期，玩儿的同时别忘了写作业。祝大家暑假快乐！

여러분, 오늘은 이번 학기의 마지막 날이고 내일부터는 여름 방학에 들어갑니다. 모두 방학 계획을 잘 세우기 바라며, 노는 것과 동시에 숙제 하는 것도 잊지 마세요. 여름 방학 즐겁게 보내세요!

★ 明天开始放暑假。(√)

★ 내일부터 여름 방학이 시작된다. (√)

공략 '就要……了'는 '곧 ~하다'라는 의미이다. 오늘은 이번 학기의 마지막 날이고 내일부터는 여름 방학에 들어간다고 했으므로, 내일부터 여름 방학이 시작된다는 제시된 문장은 녹음 내용과 일치한다.

放暑假 fàng shǔjià 여름 방학을 하다 | 希望 xīwàng 통 희망하다, 바라다 | ★安排 ānpái 통 (인원·시간 등을) 안배하다 |
假期 jiàqī 명 방학 기간 | 同时 tóngshí 명 동시, 같은 시간 | ★别 bié 부 ~하지 마라 | 忘 wàng 통 (지난 일을) 잊다

합격필수 TIP

▶ '就要……了'의 용법

就要는 문장 맨 끝에 了와 함께 쓰여 동작이 곧 발생하려고 함을 나타내며, 구체적인 시간을 나타내는 어휘와 자주 쓰인다.

他马上**就要**结婚**了**。그는 곧 결혼한다.
我明年**就要**大学毕业**了**。나는 내년에 대학을 졸업한다.

第二部分

11. HSK POINT 사물에 대한 평가　난이도 下　　track 01-11

男：你这篇报道写得不错，以后要继续努
　　力。
女：谢谢您，我一定会好好工作的。

问：男的觉得那篇报道怎么样？

A 得重新写
B 没有重点
C 不太详细
D 写得很好

남：이번 기사를 잘 썼더군요, 앞으로 계속 노력해 주
　　세요.
여：고맙습니다. 반드시 열심히 일하겠습니다.

질문: 남자가 생각할 때 그 기사는 어떠한가?

A 다시 써야 한다
B 중점이 없다
C 별로 상세하지 않다
D 매우 잘 썼다

공략　남자는 여자에게 이번 기사를 잘 썼다며 앞으로 계속 노력하라고 말하고 있다. 녹음에서 제시된 '写得不错'는 보기 중
'写得很好'와 의미가 일치하므로 정답은 D이다.

어휘　篇 piān 양 편, 장 | ★报道 bàodào 명 (뉴스 등의) 보도 | 继续 jìxù 통 계속하다 | 工作 gōngzuò 통 일하다, 작업하다 |
★重新 chóngxīn 부 다시, 재차 | 重点 zhòngdiǎn 명 중점 | ★详细 xiángxì 형 상세하다, 자세하다

합격필수 TIP

▶ 평가를 묻는 질문 유형

明天天气怎么样? 내일 날씨는 어떠한가?
这件衬衫怎么样? 이 셔츠는 어떠한가?
男的/女的觉得那本书怎么样? 남자가/여자가 생각하기에 이 책은 어떠한가?
男的/女的觉得昨天的电影怎么样? 남자가/여자가 생각하기에 어제 본 영화는 어떠한가?
男的/女的觉得女的/男的怎么样? 남자가/여자가 생각하기에 여자는/남자는 어떠한가?

12. `HSK POINT 이유 및 원인 파악` [난이도 **中**]

女：你怎么就吃这么点儿？饺子不好吃？

男：不是。<u>早上吃得太饱，现在还不太饿。</u>剩下的一会儿带走吧。

问：男的为什么没吃完饺子？

A 饺子不好吃

Ⓑ **早上吃得太饱**

C 刚吃完早餐

D 肚子不舒服

여: 왜 이것만 먹어? 만두가 맛이 없어?

남: 아니. <u>아침을 너무 배부르게 먹어서 지금은 별로 배고프지 않아.</u> 남은 것은 좀 이따 포장해 갈 거야.

질문: 남자는 왜 만두를 다 먹지 않았는가?

A 만두가 맛이 없어서

Ⓑ 아침을 너무 배부르게 먹어서

C 이제 막 아침을 먹어서

D 뱃속이 불편해서

공략 '만두가 맛이 없냐'는 여자의 질문에 남자는 '不是'라고 대답했으므로 A는 정답이 될 수 없다. 아침을 너무 배부르게 먹어서 지금은 별로 배고프지 않다는 남자의 말을 통해 정답이 B임을 알 수 있다.

어휘 饺子 jiǎozi 명 만두 | 饱 bǎo 형 배부르다 | 饿 è 형 배고프다 | ★剩下 shèngxià 동 남다, 남기다 | 早餐 zǎocān 명 아침밥 | ★肚子 dùzi 명 배 | 不舒服 bù shūfu 형 (몸이) 아프다, 불편하다

---

13. `HSK POINT 인물의 행동 파악` [난이도 **中**]

男：请问，<u>去国家森林公园走这条路对吗？</u>

女：对。继续往前走，第一个路口右转就能看见了。

问：男的在做什么？

A 散步

B 加班

Ⓒ 问路

D 爬山

남: 말씀 좀 묻겠습니다. <u>국가 삼림 공원으로 가려면, 이 길로 가는 게 맞나요?</u>

여: 맞습니다. 계속 직진하다가, 첫 번째 갈림길에서 우회전하시면 보일 겁니다.

질문: 남자는 무엇을 하고 있는가?

A 산책

B 야근

Ⓒ 길 묻기

D 등산

공략 보기를 통해 인물의 행동을 묻는 문제임을 알 수 있다. 국가 삼림 공원으로 가려면 이 길로 가는 것이 맞냐는 남자의 말을 통해 남자가 길을 묻고 있음을 알 수 있으므로 정답은 C이다.

어휘 森林 sēnlín 명 삼림 | 公园 gōngyuán 명 공원 | ★往 wǎng 개 ~쪽으로, ~을 향해 | 路口 lùkǒu 명 길목 | 右转 yòuzhuǎn 오른쪽으로 돌다 | 散步 sànbù 동 산책하다 | 加班 jiābān 동 야근하다 | ★问路 wènlù 동 길을 묻다 | 爬山 páshān 동 산을 오르다, 등산하다

▶ 인물의 행동을 묻는 보기의 특징

인물의 행동을 묻는 보기들은 동사 또는 동사구로 이루어져 있다.

동사 + 목적어

玩 ➕ 游戏　게임을 하다　　　学 ➕ 游泳　수영을 배우다

收拾 ➕ 行李　짐을 정리하다　　交 ➕ 作业　숙제를 제출하다

---

14. HSK POINT 인물 유추 파악　난이도 下　　track 01-14

女：我刚打印的报名表和申请表呢?

男：是不是被小张拿走了? 刚才他也打印了很
　　多材料。可能拿错了。

问：男的怀疑那些表格怎么了?

Ⓐ 让小张拿走了
B 填错信息了
C 暂时打印不了
D 地址写错了

여: 내가 방금 출력한 지원서와 신청서가 어디 있지?

남: 샤오장이 가져간 거 아니야? 방금 전에 샤오장도 많은 자료를 출력하던데, 아마 섞여서 잘못 가져간 것 같아.

질문: 남자는 그 양식들이 어떻게 되었다고 짐작하는가?

Ⓐ 샤오장이 가져갔다
B 정보를 잘못 기입했다
C 당분간 출력할 수 없다
D 주소를 잘못 기입했다

공략 '是不是'는 '~아니야?'라는 의미로 남자는 샤오장이 가져갔다고 짐작하고 있다. 따라서 A가 정답이다.

어휘 ★打印 dǎyìn 통 프린트하다 | 报名表 bàomíngbiǎo 명 지원서 | 申请表 shēnqǐngbiǎo 명 신청서 | 拿 ná 통 가지다 | 材料 cáiliào 명 자료 | ★填 tián 통 기입하다 | 信息 xìnxī 명 정보 | ★暂时 zànshí 명 잠깐, 잠시 | 地址 dìzhǐ 명 주소

---

15. HSK POINT 이유 및 원인 파악　난이도 下　　track 01-15

男：黄老师，我早上跟您打招呼，您没看见?

女：真是对不起，我不是故意的。今天忘戴
　　眼镜了，看不清楚。

问：女的为什么没和男的打招呼?

A 不认识
Ⓑ 没看清
C 没睡醒
D 很生气

남: 황 선생님, 제가 아침에 인사를 했는데, 못 보셨죠?

여: 정말 미안해요. 고의가 아니에요. 오늘 깜박하고 안경을 두고 와서 잘 안 보였어요.

질문: 여자는 왜 남자에게 인사를 하지 않았는가?

A 모르는 사람이라서
Ⓑ 잘 안 보여서
C 잠이 깨지 않아서
D 화가 나서

 아침에 인사를 했는데 못 보셨냐는 남자의 말에 여자는 아침에 깜박하고 안경을 두고 와서 잘 안보였다고 말하고 있으므로 정답은 B이다.

 ★打招呼 dǎ zhāohu 통 (말이나 행동으로) 인사하다 | ★故意 gùyì 부 고의로, 일부러 | 戴 dài 통 착용하다, 쓰다 | 眼镜 yǎnjìng 명 안경 | 睡醒 shuìxǐng 통 잠에서 깨다

16. HSK POINT 인물의 상태 파악 | 난이도 下

track 01-16

女：你怎么瘦了这么多？ 刚才差点儿没认出来，都不敢跟你打招呼。

男：我原来太胖了，很影响健康。所以最近一直都在减肥。

问：男的现在怎么样？

A 生病了
B 变胖了
C 变瘦了
D 做手术了

여: 너 왜 이렇게 살이 빠졌어? 방금 전에 하마터면 못 알아볼 뻔했어. 아는 척도 못 하겠더라.

남: 내가 원래 살이 너무 쪄서 건강이 좋지 않았거든. 그래서 최근에 다이어트를 하고 있어.

질문: 남자는 현재 어떠한가?

A 병이 났다
B 살이 쪘다
C 살이 빠졌다
D 수술을 했다

 살이 많이 빠져서 방금 전에 하마터면 못 알아볼 뻔했다는 여자의 말을 통해 남자가 살이 빠졌음을 알 수 있으므로 정답은 C이다.

 瘦 shòu 형 마르다, 여위다 | ★差点儿 chàdiǎnr 부 하마터면 | 敢 gǎn 통 자신 있게 ~하다, 과감하게 ~하다 | 胖 pàng 형 뚱뚱하다 | ★影响 yǐngxiǎng 통 영향을 주다 | 健康 jiànkāng 명 건강 | ★一直 yìzhí 부 계속, 줄곧 | 减肥 jiǎnféi 통 살을 빼다 | 手术 shǒushù 명 수술

17. HSK POINT 인물의 행동 파악 | 난이도 中

track 01-17

男：你那儿有大一点儿的信封吗？ 这个有点儿小。

女：稍等一下，我发完这个电子邮件就帮你找。

问：男的让女的做什么？

A 发电子邮件
B 换个大信封
C 搬椅子
D 抬沙发

남: 너 큰 편지 봉투 있니? 이건 좀 작아서 말이야.

여: 잠시만 기다려. 지금 쓰는 이메일을 보내고 나서 찾아줄게.

질문: 남자는 여자에게 무엇을 해달라고 하는가?

A 이메일을 보내라고
B 큰 편지 봉투로 바꿔달라고
C 의자를 옮겨달라고
D 소파를 들어달라고

공략 동사구로 이루어져 있는 보기를 통해서 인물의 행동을 묻는 문제임을 알 수 있다. 큰 편지 봉투가 있냐는 남자의 말을 통해서 B가 정답임을 알 수 있다.

어휘 信封 xìnfēng 몡 편지 봉투 | ★稍等 shāo 튀 잠시 | 电子邮件 diànzǐ yóujiàn 몡 이메일 | 椅子 yǐzi 몡 의자 | ★抬 tái 동 들어올리다, 들다 | 沙发 shāfā 몡 소파

---

18. HSK POINT 숫자 관련 표현 이해 | 난이도 中 | ● track 01-18

女: 这星期来参观的人数大约是两万, <u>比上星期少了一半。</u>

男: 为什么突然少了这么多人?

问: 参观人数减少了多少?

A 10%
B 30%
C 40%
D 50%

여: 이번 주에 참관하러 온 사람 수는 약 2만 명으로, <u>지난주보다 절반이 줄었습니다.</u>

남: 왜 그렇게 갑자기 사람이 많이 줄었죠?

질문: 참관인 수는 얼마나 감소했는가?

A 10%
B 30%
C 40%
D 50%

공략 보기를 통해서 숫자 관련 문제임을 알 수 있다. 숫자 관련 어휘가 나오면 간단히 메모하면서 듣자. 이번 주에 참관하러 온 사람 수는 약 2만 명으로 지난주보다 절반이 줄었다고 했으므로 정답은 D이다.

어휘 ★参观 cānguān 동 참관하다, 견학하다 | 人数 rénshù 몡 사람 수 | ★大约 dàyuē 튀 대략 | 突然 tūrán 튀 갑자기

---

19. HSK POINT 장소에 대한 평가 | 난이도 中 | ● track 01-19

男: 听说你搬到郊区住了?

女: 是啊, 那边<u>空气新鲜, 环境也不错</u>。挺适合生活的。

问: 女的觉得郊区怎么样?

A 污染严重
B 空气好
C 风景好
D 交通方便

남: 너 교외 지역으로 이사했다면서?

여: 그래, 그쪽은 <u>공기가 맑고 환경도 좋아서,</u> 생활하기에 아주 적합해.

질문: 여자는 교외 지역이 어떻다고 느끼는가?

A 오염이 심각하다
B 공기가 좋다
C 풍경이 좋다
D 교통이 편리하다

공략 보기를 통해서 어떤 장소에 대한 평가를 묻는 문제임을 알 수 있다. 여자는 교외 지역은 공기가 맑고 환경도 좋아서 생활하기에 아주 적합하다고 언급했다. 따라서 정답은 B이다.

어휘 听说 tīngshuō 동 듣자 하니, 듣건대 | 郊区 jiāoqū 몡 (도시의) 변두리 | 空气 kōngqì 몡 공기 | ★新鲜 xīnxiān 혱 신선하다 | 环境 huánjìng 몡 환경 | 挺 tǐng 튀 대단히, 아주 | ★适合 shìhé 동 적합하다, 알맞다 | 污染 wūrǎn 동 오염되다 | ★严重 yánzhòng 혱 심각하다 | 风景 fēngjǐng 몡 풍경, 경치 | 交通 jiāotōng 몡 교통 | ★方便 fāngbiàn 혱 편리하다

▶ 시험에 자주 출제되는 장소 평가 관련 어휘

安静 ānjìng 조용하다 | 热闹 rènao 떠들썩하다 | 干净 gānjìng 깨끗하다 | 吵 chǎo 시끄럽다 | 交通不便 jiāotōng búbiàn 교통이 불편하다 | 变化很大 biànhuà hěn dà 변화가 많다 | 地点不好 dìdiǎn bù hǎo 위치가 나쁘다 | 森林多 sēnlín duō 숲이 많다

---

20. HSK POINT 인물의 행동 파악　난이도 中　　　track 01-20

女：你不要躺在沙发上看电视了，帮我把垃圾扔了吧。	여: 소파에 누워서 텔레비전만 보고 있지 말고, 쓰레기나 좀 버려줘.
男：这场足球比赛马上就结束了，我看完就去。	남: 이 축구 경기가 곧 끝나니까, 다 보고 갈게.
问：男的现在在干什么？	질문: 남자는 현재 무엇을 하고 있는가?
A 找地图	A 지도를 찾는 중이다
B 修洗衣机	B 세탁기를 수리하는 중이다
C 扔垃圾	C 쓰레기를 버리는 중이다
D 看比赛	D 경기를 보는 중이다

공략 보기를 통해서 인물의 행동을 묻는 문제임을 알 수 있다. 여자의 '看电视了'라는 말을 통해 남자가 텔레비전으로 무언가를 보고 있음을 알 수 있으며, 남자의 '足球比赛'라는 말을 통해 남자가 축구 경기를 보고 있음을 알 수 있다. 따라서 정답은 D이다.

어휘 ★躺 tǎng 통 눕다, 드러눕다 | ★垃圾 lājī 명 쓰레기 | 扔 rēng 통 버리다 | 足球比赛 zúqiú bǐsài 축구 경기 | ★结束 jiéshù 통 끝나다, 마치다 | 地图 dìtú 명 지도 | 修 xiū 통 수리하다 | 洗衣机 xǐyījī 명 세탁기

---

21. HSK POINT 행동에 대한 대상 파악　난이도 下　　　track 01-21

男：这苹果真甜。你在哪儿买的？	남: 이 사과 정말 달다. 너 어디서 산 거야?
女：是家里亲戚寄过来的。他们那儿的苹果非常好吃。	여: 집안 친척이 보내준 거야. 그곳 사과가 무척 맛있거든.
问：苹果是谁送的？	질문: 사과는 누가 보내준 것인가?
A 朋友　　B 邻居	A 친구　　B 이웃
C 亲戚　　D 叔叔	C 친척　　D 아저씨

공략 이 사과가 정말 달다며 어디에서 샀냐는 남자의 물음에 여자는 집안 친척이 보내줬다고 말하고 있으므로 정답은 C이다.

어휘 甜 tián 형 달다 | ★亲戚 qīnqi 명 친척 | 寄 jì 통 부치다, 보내다 | 叔叔 shūshu 명 삼촌

22. HSK POINT 행동에 대한 사물 파악 · 난이도 下

女: 哪个瓶子里面是盐?
男: 中间那个，右边那个是白糖，你千万别
拿错了。

问: 女的在找什么?

Ⓐ 盐
B 糖
C 醋
D 茶

여: 어떤 병에 든 것이 소금이지?
남: 가운데 있는 병이야. 오른쪽 병은 설탕이고. 절대 잘
못 가져가면 안 돼.

질문: 여자는 무엇을 찾고 있는가?

Ⓐ 소금
B 설탕
C 식초
D 차

공략 어떤 병에 든 것이 소금이냐는 여자의 말에 남자는 가운데 있는 병이라고 알려주고 있다. 남녀 대화를 통해 여자는 소금을 찾고 있음을 알 수 있으므로 정답은 A이다.

어휘 瓶子 píngzi 뗑 병｜盐 yán 뗑 소금｜中间 zhōngjiān 뗑 중간｜右边 yòubian 뗑 오른쪽｜白糖 báitáng 뗑 백설탕｜
★千万 qiānwàn 튄 부디, 제발｜醋 cù 뗑 식초

23. HSK POINT 장소 파악 · 난이도 下

男: 我要去安检了，你们也回去吧。
女: 拿好护照和登机牌，下了飞机就给我和
你爸打个电话。

问: 他们最可能在哪儿?

Ⓐ 机场　　　　　　 B 大使馆
C 宾馆　　　　　　 D 医院

남: 저는 안전 검사 받으러 가야 하니, 이만 돌아가세요.
여: 여권이랑 탑승권 잘 챙겨라. 비행기에서 내리면 나
와 네 아빠에게 전화하렴.

질문: 그들은 어디에 있을 가능성이 가장 큰가?

Ⓐ 공항　　　　　　 B 대사관
C 호텔　　　　　　 D 병원

공략 보기를 통해서 장소를 묻는 문제임을 알 수 있다. 여권이랑 탑승권을 잘 챙기고 비행기에서 내리면 전화하라는 여자의 말을 통해서 그들은 공항에 있음을 알 수 있다.

어휘 安检 ānjiǎn 뗑 안전 검사｜★护照 hùzhào 뗑 여권｜★登机牌 dēngjīpái 뗑 탑승권｜机场 jīchǎng 뗑 공항｜大使馆
dàshǐguǎn 뗑 대사관｜宾馆 bīnguǎn 뗑 호텔｜医院 yīyuàn 뗑 병원

합격필수 TIP

▶ 시험에 자주 출제되는 장소 어휘

厨房 chúfáng 주방｜教室 jiàoshì 교실｜客厅 kètīng 거실｜办公室 bàngōngshì 사무실｜旅行社 lǚxíngshè 여행
사｜动物园 dòngwùyuán 동물원｜博物馆 bówùguǎn 박물관｜理发店 lǐfàdiàn 이발소｜邮局 yóujú 우체국｜餐厅
cāntīng 식당｜电影院 diànyǐngyuàn 영화관｜地铁站 dìtiězhàn 지하철역

女：师傅，您能开快点儿吗？我赶时间。

男：对不起，这条路规定最高时速是60公里，现在的速度已经是最快的了。

问：男的主要是什么意思？

A 方向不对

B 要变得勇敢

C 要互相理解

Ⓓ **无法再快了**

여: 기사님, 좀 빨리 달릴 수 없을까요? 제가 시간이 촉박해서요.

남: 미안합니다만, 이 도로는 최고 시속을 60km로 제한하고 있습니다. 현재 속도도 이미 가장 빠른 걸요.

질문: 남자의 주요 의미는 무엇인가?

A 방향이 틀렸다

B 용감해져야 한다

C 서로 이해해야 한다

Ⓓ 더 빨리 갈 수 없다

공략 '已经……了'는 '이미 ～되다'라는 뜻이다. 남자는 여자의 말에 현재 속도도 이미 가장 빠르다고 답하고 있으므로, 더 빨리 갈 수 없음을 알 수 있다. 따라서 정답은 D이다.

어휘 师傅 shīfu 명 기사님 | ★赶时间 gǎn shíjiān 동 시간을 재촉하다 | 规定 guīdìng 동 규정하다, 정하다 | 时速 shísù 명 시속 | 公里 gōnglǐ 양 킬로미터 | ★速度 sùdù 명 속도 | 方向 fāngxiàng 명 방향 | ★勇敢 yǒnggǎn 형 용감하다 | 理解 lǐjiě 동 알다, 이해하다 | ★无法 wúfǎ 동 방법이 없다, 할 수 없다

男：你是法律专业的？将来想当律师吗？

女：我原来是这样想的，不过后来我才发现自己对教育更感兴趣。也许我会成为一名教授。

问：关于女的，下列哪个正确？

Ⓐ **想做教授**

B 写错答案了

C 想成为一名律师

D 大学刚毕业

남: 너는 법률을 전공했니? 장차 변호사가 되고 싶어?

여: 원래는 그럴 생각이었어. 그런데 나중에 내가 교육에 더 관심이 있다는 걸 알게 되었어. 아마 교수가 될 것 같아.

질문: 여자에 관해 다음 중 옳은 것은?

Ⓐ 교수가 되고 싶다

B 답안을 틀리게 썼다

C 변호사가 되고 싶다

D 대학을 갓 졸업했다

공략 장차 변호사가 되고 싶냐는 남자의 물음에 여자는 교육에 더 관심이 있다는 걸 알아서 아마 교수가 될 것 같다고 말하고 있으므로 정답은 A이다. 듣기 영역에서는 전환 관계 접속사 不过, 但是, 可是 등을 이용한 문제가 자주 출제되니 주의해서 듣자.

어휘 法律 fǎlǜ 명 법률 | ★专业 zhuānyè 명 전공 | 律师 lǜshī 명 변호사 | 教育 jiàoyù 명 교육 | ★感兴趣 gǎn xìngqù 관심이 있다, 흥미가 있다 | ★成为 chéngwéi 동 ～이 되다 | 答案 dá'àn 명 답안, 답

▶ '对……感兴趣'의 용법

'对……感兴趣'는 '~에 대해 흥미를 느끼다'라는 의미이다. 여기서 感兴趣는 뒤에 목적어가 올 수 없기 때문에 '感兴趣汉语'라고 할 수 없고, 반드시 对를 써서 그 뒤에 대상을 놓아야 한다.

我对中国电影很感兴趣。 나는 중국 영화에 관심이 있다.
很多外国人对京剧很感兴趣。 많은 외국인들이 경극에 관심이 있다.

第三部分

26. HSK POINT 인물의 행동 파악 난이도 中　　track 01-26

女：先生，不好意思。刷卡机坏了，只能付现金。	여: 손님, 죄송합니다. 카드 단말기가 고장 나서, 현금 지급만 가능합니다.
男：好的。一共是四百零五，给你五百。	남: 알겠습니다. 총 405위안이 나왔으니, 500위안을 드릴게요.
女：你有五元零钱吗?	여: 잔돈으로 5위안 있으세요?
男：我找找。	남: 찾아볼게요.
问：男的在做什么?	질문: 남자는 무엇을 하는 중인가?
A 取钱　　　　B 存钱	A 돈을 인출한다　　　B 돈을 예금한다
C 理发　　　　D 付款	C 이발한다　　　　D 돈을 지불한다

공략 보기를 통해서 인물의 행동을 묻는 문제임을 알 수 있다. 카드 단말기가 고장 나서 현금 지급만 가능하다는 여자의 말에 남자는 현금으로 돈을 지불하고 있으므로 정답은 D이다.

어휘 刷卡机 shuākǎjī 명 카드 단말기 | ★坏 huài 통 고장 나다 | 现金 xiànjīn 명 현금 | ★一共 yígòng 부 모두, 전부 | 取钱 qǔqián 통 인출하다 | 存钱 cúnqián 통 예금하다 | 理发 lǐfà 통 이발하다 | ★付款 fùkuǎn 통 돈을 지불하다

27. HSK POINT 장소에 대한 평가 난이도 下　　track 01-27

男：公司对面新开了家饭馆儿，你去过吗?	남: 회사 건너편에 식당이 새로 개업했던데, 너 가봤어?
女：去过。那儿菜不错，服务态度也挺好。就是去晚了要等座位。	여: 가봤어. 음식이 괜찮고, 서비스 태도도 참 좋았어. 다만 늦게 가면 자리 나기를 기다려야 해.
男：那我这会儿去估计是来不及了。	남: 그렇다면 이번에 가는 건 안 될 것 같군.
女：是，你想去的话要早点儿出发。	여: 그래, 가려면 일찍 출발해야 해.
问：女的觉得那家饭馆儿怎么样?	질문: 여자는 그 식당이 어떻다고 느끼는가?

A 菜不怎么样	A 음식이 그저 그렇다
Ⓑ 服务态度好	Ⓑ 서비스 태도가 좋다
C 离公司很远	C 회사에서 멀다
D 价格太贵	D 가격이 너무 비싸다

공략 여자는 그 식당의 음식이 괜찮고 서비스 태도도 아주 좋았다고 말하고 있으므로 정답은 B이다.

어휘 ★服务 fúwù 图 서비스하다 | ★态度 tàidu 圀 태도 | 座位 zuòwèi 圀 좌석 | ★估计 gūjì 图 추측하다, 예측하다 | ★出发 chūfā 图 출발하다, 떠나다 | 离 lí 께 ~에서, ~로부터 | 远 yuǎn 圀 멀다 | 价格 jiàgé 圀 가격, 값

28. HSK POINT 장소 파악 [난이도 下]

track 01-28

女：服务员，我们的啤酒不要了，换成可乐行吗？
男：可以。还有其他需要吗？
女：顺便再帮我们拿两双筷子吧。
男：好的。请稍等。

问：他们最可能在哪儿？

여: 종업원, 주문한 맥주를 취소하고 콜라로 바꿀 수 있을까요?
남: 가능합니다. 또 필요하신 것은 없으세요?
여: 오는 길에 젓가락 두 벌만 가져다 주세요.
남: 알겠습니다. 잠시만 기다리세요.

질문: 그들은 어디에 있을 가능성이 가장 큰가?

A 厨房	A 주방
Ⓑ 饭店	Ⓑ 식당
C 邮局	C 우체국
D 超市	D 슈퍼마켓

공략 보기를 통해서 장소를 묻는 문제임을 알 수 있다. '주문한 맥주를 취소하고 콜라로 바꿀 수 있냐'는 말과 '젓가락을 가져다 달라'는 여자의 말을 통해서 대화가 이루어지는 장소가 식당임을 알 수 있다.

어휘 啤酒 píjiǔ 圀 맥주 | 可乐 kělè 圀 콜라 | 需要 xūyào 图 필요하다 | ★顺便 shùnbiàn 囝 ~하는 김에 | 筷子 kuàizi 圀 젓가락 | 厨房 chúfáng 圀 주방, 부엌 | 饭店 fàndiàn 圀 식당 | 邮局 yóujú 圀 우체국 | 超市 chāoshì 圀 슈퍼마켓

29. HSK POINT 이유 및 원인 파악 [난이도 中]

track 01-29

男：你今天怎么穿得这么正式？
女：有家银行通知我去面试，所以就打扮了一下。
男：银行挺好的，加油啊。
女：谢谢，有好消息我就告诉你。

问：女的为什么穿得很正式？

남: 너 오늘 웬일로 정장을 입었어?
여: 은행에서 면접을 보러 오라고 연락이 와서, 신경 써서 입은 거야.
남: 은행 좋지, 잘하고 와.
여: 고마워. 좋은 소식이 있으면 알려줄게.

질문: 여자는 왜 정장을 입었는가?

Ⓐ 要去面试

B 要参加婚礼

C 要去相亲

D 要去看电影

Ⓐ 면접을 보려고

B 결혼식에 참석하려고

C 선을 보려고

D 영화를 보러 가려고

 남자는 여자에게 오늘 웬일로 정장을 입었는지를 묻고 있다. 여자는 은행에서 면접을 보러 오라고 연락이 와서 신경 써서 입었다고 답하고 있으므로 정답은 A이다.

 ★正式 zhèngshì 혱 정식의 | 通知 tōngzhī 툉 통지하다, 알리다 | 面试 miànshì 몡 면접시험 | ★打扮 dǎban 툉 화장하다, 꾸미다 | 加油 jiāyóu 툉 힘을 내다 | ★消息 xiāoxi 몡 소식 | ★告诉 gàosu 툉 말하다, 알리다 | 婚礼 hūnlǐ 몡 결혼식 | 相亲 xiāngqīn 툉 맞선을 보다

합격필수 TIP

▶通知의 용법

通知는 두 개의 목적어를 가지는 쌍빈동사로, 앞의 목적어는 대상을 표시하며 뒤의 목적어는 구체적인 객체를 표시한다.

老师通知大家明天有考试。 선생님은 모두에게 내일 시험이 있다고 말씀하셨다.
他通知我们下午四点集合。 그는 우리에게 오후 4시에 집합하라고 했다.

30. HSK POINT 인물의 행동 파악 │ 난이도 中 │ track 01-30

女：太累了，咱们休息一下儿吧。

男：只爬了这么一会儿就没力气了?

女：我平时缺少运动，看来以后得多锻炼了。

男：那我们到前面那棵树下休息吧。

问：他们最可能在做什么?

A 画画儿

B 弹钢琴

C 游泳

Ⓓ 爬山

여: 너무 피곤하니, 우리 좀 쉬자.

남: 겨우 이만큼 올라오고 기운이 없어?

여: 평소 운동이 부족해서 그래. 앞으로 운동을 많이 해야겠어.

남: 그럼 앞에 있는 저 나무 아래서 쉬었다 가자.

질문: 그들은 무엇을 하고 있을 가능성이 가장 큰가?

A 그림 그리기

B 피아노 치기

C 수영하기

Ⓓ 등산하기

 보기를 통해서 인물의 행동을 묻는 문제임을 알 수 있다. 겨우 이만큼 올라오고 기운이 없냐는 남자의 말을 통해서 남녀는 등산을 하고 있음을 알 수 있으므로 정답은 D이다.

 爬 pá 툉 오르다 | 力气 lìqi 몡 힘, 역량 | ★缺少 quēshǎo 툉 부족하다 | 运动 yùndòng 몡 운동 | ★锻炼 duànliàn 툉 (몸을) 단련하다 | 棵 kē 양 그루, 포기 | 树 shù 몡 나무 | ★弹钢琴 tán gāngqín 피아노를 치다 | 游泳 yóuyǒng 툉 수영하다

男：这么好的工作机会，你竟然要放弃？

女：我认真考虑过了，还是想出国留学。

男：那你父母怎么说？

女：他们很支持我。说年轻人趁着年轻多出去走走，看看外面的世界。

问：关于女的，下列哪个正确？

A 结婚了

B 要出国

C 是博士

D 放假了

남: 이렇게 좋은 직장을 어떻게 포기하려고 하니?

여: 진지하게 고려해 봤는데, 아무래도 외국 유학을 가고 싶어.

남: 네 부모님은 뭐라고 하셔?

여: 부모님은 나를 지지해 주셨어. 젊었을 때 외국에 나가서 바깥 세상을 보라고 하시면서 말이야.

질문: 여자에 관해 다음 중 옳은 것은?

A 결혼했다

B 출국하려고 한다

C 박사다

D 휴가를 냈다

공략 이렇게 좋은 직장을 어떻게 포기하려고 하냐는 남자의 물음에 여자는 외국 유학을 가고 싶다고 답하고 있으므로 정답은 B이다.

어휘 机会 jīhuì 몡 기회 | ★竟然 jìngrán 凰 뜻밖에도, 의외로 | ★放弃 fàngqì 통 버리다, 포기하다 | 考虑 kǎolù 통 고려하다, 생각하다 | 出国留学 chūguó liúxué 외국으로 유학 가다 | ★支持 zhīchí 통 지지하다 | ★趁着 chènzhe (때·기회를) 이용해서, ~을 틈타 | 年轻 niánqīng 휑 젊다, 어리다 | 博士 bóshì 몡 박사 | ★放假 fàngjià 통 방학하다, 휴가로 쉬다

女：您好！刘教授。没想到能在这儿遇见您！

男：您好！马女士。您也喜欢听京剧？

女：喜欢。我是听我爷爷唱京剧长大的。

男：真不错。现在爱听京剧的年轻人可不多了。

问：女的遇到谁了？

A 张教练

B 马经理

C 刘教授

D 王大夫

여: 류 교수님, 안녕하세요? 이곳에서 만나다니 뜻밖이네요.

남: 마 여사님, 안녕하세요? 마 여사님도 경극을 좋아하세요?

여: 좋아해요. 저는 할아버지께서 부르시는 경극을 들으면서 자랐답니다.

남: 대단하세요. 요즘은 경극을 좋아하는 젊은이들이 정말 적어요.

질문: 여자는 누구를 만났는가?

A 장 코치

B 마 사장

C 류 교수

D 왕 선생

 보기를 통해 인물의 호칭을 묻는 문제임을 알 수 있다. 여자의 '您好! 刘教授'를 통해서 여자는 류 교수를 만났음을 알 수 있으므로 정답은 C이다.

 ★遇见 yùjiàn 통 우연히 만나다, 마주치다 | 京剧 jīngjù 명 경극 | 爷爷 yéye 명 할아버지 | 长大 zhǎngdà 통 성장하다, 자라다 | 年轻人 niánqīngrén 명 젊은 사람, 젊은이 | ★教练 jiàoliàn 명 감독, 코치 | 经理 jīnglǐ 명 사장, 매니저 | 大夫 dàifu 명 의사

합격필수 TIP

▶ 시험에 자주 등장하는 중국의 성(姓)

李 Lǐ 리	王 Wáng 왕	张 Zhāng 장	刘 Liú 류	陈 Chén 천
赵 Zhào 자오	黄 Huáng 황	周 Zhōu 저우	马 Mǎ 마	

---

33. HSK POINT 전반적인 의미 파악 난이도 中　　track 01-33

男：看什么呢？这么认真，叫你两次都没听见。

女：刚买的杂志，里面有篇文章写得不错。有时间你也看看。

男：是吗？关于什么的？

女：是谈人的性格的。有些说法很新鲜。

问：那篇文章是关于哪方面的？

Ⓐ 人的性格
B 生活态度
C 语言的艺术
D 年轻的好处

남: 뭘 보고 있어? 얼마나 열심인지, 두 번이나 불렀는데도 못 듣더라.

여: 막 사온 잡지인데, 좋은 글이 있어. 시간 나면 너도 한 번 봐봐.

남: 그래? 무엇에 관한 건데?

여: 사람의 성격에 관한 거야. 어떤 견해는 무척 신선해.

질문: 그 글은 어떤 방면에 관한 것인가?

Ⓐ 사람의 성격
B 생활 태도
C 언어의 예술
D 젊음의 좋은점

 무엇에 관한 잡지냐는 남자의 물음에 여자는 사람의 성격에 관한 것이라고 답하고 있으므로 정답은 A이다.

 杂志 zázhì 명 잡지 | 文章 wénzhāng 명 글, 문장 | ★关于 guānyú 개 ~에 관한 | ★性格 xìnggé 명 성격 | 说法 shuōfa 명 의견, 견해 | 艺术 yìshù 명 예술 | ★好处 hǎochu 명 이점, 장점

---

34. HSK POINT 전반적인 의미 파악 난이도 上　　track 01-34

女：羽毛球打到那棵树上了，怎么办？

男：没关系，我爬上去拿。

女：这样太危险了。咱们还是去买几个新的吧。

男：也行。那我们现在去附近的超市看看。

여: 셔틀콕이 나무 위에 걸렸는데, 어쩌지?

남: 상관없어. 내가 올라가서 가져올게.

여: 그러면 너무 위험하잖아. 그냥 새것으로 몇 개 사자.

남: 그것도 좋지. 그럼 지금 근처 슈퍼마켓에 가보자.

问：他们最后决定怎么办?

A 爬上去拿

Ⓑ 去买新的

C 与朋友讨论

D 接受邀请

질문: 그들은 최종적으로 어떻게 하기로 결정했는가?

A 나무 위에 올라가서 가져오기로

Ⓑ 새것을 사러 가기로

C 친구와 의논하기로

D 초청을 받아들이기로

공략 나무에 걸린 셔틀콕을 남자가 나무 위에 올라가서 가져오려고 하자, 여자는 그냥 새것으로 몇 개 사자라고 제안하고 있으므로 정답은 B이다.

어휘 羽毛球 yǔmáoqiú 몡 셔틀콕 | ★危险 wēixiǎn 휑 위험하다 | 附近 fùjìn 몡 부근, 근처 | ★讨论 tǎolùn 동 토론하다 | ★接受 jiēshòu 동 받아들이다 | 邀请 yāoqǐng 몡 초청

합격필수 TIP

▶ '还是……吧'의 용법

'还是……吧'는 '~하는 편이 더 낫다'라는 의미로 상의나 제안의 어감을 나타낸다.

你累了一天，**还是**早点儿休息**吧**。하루 종일 수고했으니, 좀 일찍 쉬어.

我看，**还是**我去**吧**。내가 보기에는, 그래도 내가 가는 게 나을 것 같아.

35. HSK POINT 사물에 대한 평가 　난이도 下 　track 01-35

男：这本书的作者你认识?

女：对，他在我们学校工作。

男：是吗? 他的小说写得很感人。

女：是，我也喜欢他的小说。

问：他们觉得那位作者的小说写得怎么样?

A 没有意思

B 马马虎虎

Ⓒ 让人感动

D 让人成熟

남: 이 책의 작가를 너 알아?

여: 응. 우리 학교에서 근무하고 계셔.

남: 그래? 그의 소설은 무척 감동적이야.

여: 그래. 나도 그의 소설을 좋아해.

질문: 그들은 그 작가의 소설이 어떻다고 느끼는가?

A 재미가 없다

B 그저 그렇다

Ⓒ 감동을 준다

D 사람을 성숙하게 한다

공략 그의 소설은 무척 감동적이라는 남자의 말에 여자도 동의하며 그의 소설을 좋아한다고 말하고 있다. 남녀는 모두 그 작가의 소설이 감동을 준다고 생각하므로 정답은 C이다.

어휘 作者 zuòzhě 몡 저자, 작자 | 小说 xiǎoshuō 몡 소설 | 感人 gǎnrén 동 감동시키다 | 马马虎虎 mǎmǎhūhū 휑 그저 그렇다 | ★成熟 chéngshú 휑 성숙하다

[36-37]

今天是我丈夫的生日。³⁶早上我告诉他下班后我要跟朋友逛街。他以为我忘了他的生日，看上去很失望。³⁷其实我是故意那么说的。因为我想给他一个惊喜。我提前买好了蛋糕，并且邀请了很多亲戚朋友来家里，给他过生日。我都等不及想看到他吃惊的样子了。

오늘은 남편의 생일이다. ³⁶아침에 나는 퇴근 후 친구와 쇼핑을 갈 거라고 그에게 말했다. 내가 자신의 생일을 잊어버렸다고 생각한 남편의 얼굴에는 실망하는 빛이 역력했다. ³⁷사실 나는 일부러 그렇게 말했다. 그에게 뜻밖의 기쁨을 선사해주고 싶었기 때문이다. 나는 미리 케이크를 사놓았으며, 많은 친척과 친구들을 집으로 초대해서 생일 파티를 해줄 생각이다. 남편이 놀라는 모습을 빨리 보고 싶다.

어휘 丈夫 zhàngfu 명 남편 | 下班 xiàbān 통 퇴근하다 | 逛街 guàngjiē 통 쇼핑하다 | ★以为 yǐwéi 통 여기다, 생각하다 | 失望 shīwàng 통 실망하다 | ★其实 qíshí 부 사실 | 惊喜 jīngxǐ 통 놀라고도 기뻐하다 | 蛋糕 dàngāo 명 케이크 | ★邀请 yāoqǐng 통 초청하다, 초대하다 | 等不及 děngbují 통 기다릴 수 없다 | ★吃惊 chījīng 통 놀라다

---

36. **HSK POINT** 인물의 행동 파악 **난이도 中**　　track 01-36

她对丈夫说自己晚上要做什么?

여자는 남편에게 자신이 저녁에 무엇을 할 거라고 말했는가?

Ⓐ 逛街　　　　B 看演出
C 办签证　　　D 开会

Ⓐ 쇼핑　　　　B 공연 관람
C 비자 수속　　D 회의

공략 여자는 아침에 남편에게 퇴근 후 친구와 쇼핑을 갈 거라고 말했다고 했으므로 정답은 A이다.

어휘 演出 yǎnchū 통 공연하다 | ★签证 qiānzhèng 명 비자 | 开会 kāihuì 통 회의를 열다

---

37. **HSK POINT** 이유 및 원인 파악 **난이도 上**　　track 01-37

她为什么骗丈夫?

여자는 왜 남편을 속였는가?

A 多听批评
B 想让他失望
Ⓒ 为了给他惊喜
D 爱开玩笑

A 비난을 많이 들어서
B 남편을 실망시키려고
Ⓒ 남편에게 뜻밖의 기쁨을 선사하려고
D 농담을 좋아해서

공략 이유 및 원인을 묻는 문제에서는 '왜냐하면'이란 의미의 접속사 因为가 이끄는 문장 속에 정답이 숨어 있으므로 집중해서 듣자. 여자는 남편에게 뜻밖의 기쁨을 선사해주고 싶었기 때문에 일부러 생일을 모른 척한 것이므로 정답은 C이다.

어휘 ★批评 pīpíng 통 비판하다, 지적하다 | 开玩笑 kāi wánxiào 통 농담하다

[38-39]

³⁹茶在中国有数千年的历史，是中国最常见的饮料。³⁸最早的时候，茶只是<u>被当作</u>一种<u>药而不是饮料</u>。后来随着人们对茶的认识的加深慢慢开始<u>将它当作</u>解渴的饮料，这才逐渐有了中国的茶文化。

³⁹차는 중국에서 수천 년의 역사를 가지고 있으며, 중국에서 가장 흔한 음료이다. ³⁸최초에는 차가 음료가 아닌 약으로 여겨졌다. 그 후, 차에 대한 사람들의 인식이 깊어짐에 따라 점차 갈증을 해소하는 음료로 이용되기 시작했으며, 이로써 중국의 차 문화가 비로소 생기게 된 것이다.

어휘 茶 chá 몡 차 | 历史 lìshǐ 몡 역사 | 饮料 yǐnliào 몡 음료 | ★当作 dàngzuò 동 ~으로 여기다, ~으로 삼다 | 药 yào 몡 약 | ★随着 suízhe 개 ~에 따라, ~따라서 | 加深 jiāshēn 동 깊어지다 | 将 jiāng 개 ~을 | 解渴 jiěkě 동 갈증을 풀다, 갈증을 해소하다

---

38. **HSK POINT** 전반적인 이해를 통한 대상 파악 난이도 中   ● track 01-38

茶最早被当作什么?

A 饮料
Ⓑ 药
C 树
D 草

차는 최초에 무엇으로 여겨졌는가?

A 음료
Ⓑ 약
C 나무
D 풀

공략 최초에는 차가 음료가 아닌 약으로 여겨졌다고 했으므로 정답은 B이다

어휘 草 cǎo 몡 풀

---

39. **HSK POINT** 전반적인 의미 파악 난이도 中   ● track 01-39

关于茶，可以知道什么?

A 很高级
B 不怕阳光
C 绿茶最流行
Ⓓ 历史悠久

차에 관해 알 수 있는 것은?

A 매우 고급이다
B 햇빛을 싫어하지 않는다
C 녹차가 가장 유행한다
Ⓓ 역사가 유구하다

공략 차는 중국에서 수천 년의 역사를 가졌으며 중국에서 가장 흔한 음료라는 말을 통해서 차의 역사가 유구함을 알 수 있으므로 정답은 D이다

어휘 高级 gāojí 형 고급의 | 阳光 yángguāng 몡 햇빛 | 绿茶 lǜchá 몡 녹차 | 流行 liúxíng 동 유행하다 | ★悠久 yōujiǔ 형 유구하다

小李发现哥哥有三个面包，而自己只有一个。他非常生气，于是又跟妈妈要了两个。40都吃完后他觉得肚子很疼。妈妈说："你多吃了两个却没有得到它们的好处。41记住重要的不是得到多少，而是适合自己。"

~이 아니라 ~이다

샤오리는 형에게는 빵이 세 개가 있는데, 자기에게는 하나밖에 없는 것을 발견했다. 그는 몹시 화가 나서, 어머니께 두 개를 더 달라고 졸랐다. 40빵을 다 먹고 난 그는 배가 몹시 아픈 것을 느꼈다. 이를 본 어머니는 이렇게 말씀하셨다. "너는 두 개를 더 먹었지만, 그렇다고 좋은 것은 아무것도 없어. 41중요한 것은 몇 개를 얻는가가 아니라 자신에게 적합한지 라는 것을 기억해라."

어휘 面包 miànbāo 몡 빵 | 疼 téng 혱 아프다 | 却 què 뷘 ~지만, ~하지만 | 得到 dédào 동 얻다, 받다

---

40. **HSK POINT** 인물의 상태 파악 난이도 下 ● track 01-40

小李吃完面包后怎么了?

샤오리는 빵을 다 먹고 난 후에 어떻게 되었는가?

Ⓐ 肚子很难受

B 没力气了

C 发烧了

D 肚子饿了

Ⓐ 배가 몹시 불편했다

B 기운이 빠졌다

C 열이 났다

D 배가 고파졌다

공략 샤오리는 빵을 다 먹고 난 후 배가 몹시 아픈 것을 느꼈다고 했으므로 정답은 A이다.

어휘 ★难受 nánshòu 혱 아프다 | 发烧 fāshāo 동 열이 나다

---

41. **HSK POINT** '不是……而是……'의 의미 파악 난이도 上 ● track 01-41

根据这段话，什么才是最重要的?

이 글을 근거로 무엇이 가장 중요한가?

A 关心别人

B 互相帮助

Ⓒ 适合自己

D 鼓励孩子

A 다른 사람에게 관심을 주는 것

B 서로 돕는 것

Ⓒ 자기에게 적합한 것

D 아이를 격려하는 것

공략 '~가 아니라 ~이다'라는 의미의 접속사 '不是……而是……'가 이끄는 문장을 통해서, 중요한 것은 몇 개를 얻는가가 아니라 자신에게 적합한지 라는 것을 알 수 있으므로 정답은 C이다.

어휘 关心 guānxīn 동 관심을 갖다 | 帮助 bāngzhù 동 돕다 | ★鼓励 gǔlì 동 격려하다

[42-43]

我2011年大学毕业后，没找工作，**42而是**和朋友一起办了本旅游杂志。**虽然**经历了许多困难，**但是我们坚持了下来。**经过三年的发展，**43我们的读者越来越多，收入也更上一层楼**。

나는 2011년에 대학을 졸업한 후, 직장을 구하지 못했다. **42**그래서 친구와 함께 이 여행 잡지사를 차렸다. 비록 많은 어려움을 겪었지만, 포기하지 않고 버텼다. 3년간의 발전을 거쳐 **43**우리 잡지 독자들이 점점 늘어났고 수입도 한 단계 올라갔다.

어휘 毕业 bìyè 图 졸업하다 | 旅游 lǚyóu 명 여행 | ★经历 jīnglì 图 체험하다, 겪다 | 困难 kùnnan 명 어려움 | ★坚持 jiānchí 图 꾸준히 하다 | ★经过 jīngguò 图 거치다, 겪다 | 发展 fāzhǎn 명 발전 | 读者 dúzhě 명 독자 | 收入 shōurù 명 수입, 소득 | ★更上一层楼 gèng shàng yì céng lóu 성 한 층 더 올라가다

---

42. **HSK POINT** 인물의 행동 파악 [난이도 中]   ● track 01-42

他毕业后在做什么?

A 当导游
B 读硕士
C 开饭馆
D 办杂志

그는 졸업 후 무엇을 하였는가?

A 가이드가 되었다
B 대학원에 진학했다
C 식당을 차렸다
D 잡지사를 차렸다

공략 대학을 졸업한 후 직장을 구하지 못해서 친구와 함께 여행 잡지사를 차렸다고 했으므로 정답은 D이다.

어휘 导游 dǎoyóu 명 관광 안내원, 가이드 | 硕士 shuòshì 명 석사 | 饭馆 fànguǎn 명 식당

---

43. **HSK POINT** 更上一层楼의 의미 파악 [난이도 上]   ● track 01-43

这段话中更上一层楼是什么意思?

A 收入增多
B 水平提高
C 更勇敢了
D 敢说真话

이 글에서 '更上一层楼'는 무슨 의미인가?

A 수입이 늘어났다
B 수준이 올라갔다
C 더욱 용감해졌다
D 용기 있게 진실을 말했다

공략 '更上一层楼'가 이끄는 문장을 집중해서 듣자. 3년의 발전을 거쳐, 독자들이 점점 늘어났고 수입도 한 단계 올라갔다고 말하고 있으므로 정답은 A이다.

어휘 增多 zēngduō 图 많아지다, 증가하다 | ★提高 tígāo 图 향상시키다, 높이다 | ★敢 gǎn 图 감히, 대담하게 | 真话 zhēnhuà 명 진실한 말

▶ 者의 용법

者는 동사나 형용사 뒤에 쓰여 그러한 성질을 가지고 있거나 동작을 하는 사람이나 사물을 가리킨다.

记者 jìzhě 기자	作者 zuòzhě 작가	读者 dúzhě 독자
强者 qiángzhě 강자	弱者 ruòzhě 약자	

[44-45]

44随着电脑和互联网技术的发展，越来越多的人喜欢在网上写日记。这样既可以记下每天发生的事，又能让周围的人及时了解自己的生活。另外，45在网上写日记还能节约用纸保护环境。

44컴퓨터와 인터넷 기술이 발전함에 따라, 점점 더 많은 사람들이 온라인 일기 쓰는 것을 즐긴다. 이렇게 하면 날마다 일어나는 일을 기록할 수 있을 뿐 아니라 주변 사람들에게 자신의 생활을 실시간으로 알릴 수도 있다. 그 밖에도 45온라인 일기를 쓰면 용지를 절약하여 환경도 보호할 수 있다.

어휘 ★电脑 diànnǎo 몡 컴퓨터 | ★互联网 hùliánwǎng 몡 인터넷 | 技术 jìshù 몡 기술 | 发生 fāshēng 통 발생하다 | 周围 zhōuwéi 몡 주위, 주변 | ★及时 jíshí 児 즉시, 곧바로 | ★了解 liǎojiě 통 자세하게 알다, 이해하다 | 另外 lìngwài 젭 이 외에, 이 밖에 | ★节约 jiéyuē 통 절약하다 | 用纸 yòngzhǐ 몡 용지 | 保护 bǎohù 통 보호하다

---

44. HSK POINT 옳고 그름 판단 난이도 上 · track 01-44

关于网上日记，下列哪个正确？

온라인 일기 쓰기에 관해 다음 중 옳은 것은?

A 没有人写

A 쓰는 사람이 없다

B 越来越普遍

B 점점 보편화된다

C 觉得很麻烦

C 귀찮다고 여긴다

D 浪费时间

D 시간 낭비다

공략 컴퓨터와 인터넷 기술이 발전함에 따라 점점 더 많은 사람들이 온라인 일기 쓰는 것을 즐긴다고 했으므로 온라인 일기가 점점 보편화되고 있음을 알 수 있다. 따라서 정답은 B이다.

어휘 ★普遍 pǔbiàn 혱 보편적인, 일반적인 | 麻烦 máfan 혱 귀찮다, 성가시다 | ★浪费 làngfèi 통 낭비하다

根据这段话，网上日记有什么优点？　　　이 글을 근거로 온라인 일기의 장점은 무엇인가?

A 使人得意　　　　　　　　　　　A 사람을 자신만만하게 해준다

B 减轻压力　　　　　　　　　　　B 스트레스를 줄여준다

C 丰富经历　　　　　　　　　　　C 경력이 풍부해진다

Ⓓ 节约用纸　　　　　　　　　　　Ⓓ 용지가 절약된다

공략　온라인 일기를 쓰면 날마다 일어나는 일을 기록할 수 있을 뿐 아니라, 주변 사람들에게 자신의 생활을 알릴 수 있으며 용지를 절약하여 환경도 보호할 수 있다고 말하고 있으므로 정답은 D이다.

어휘　得意 déyì 혱 대단히 만족하다 | ★减轻 jiǎnqīng 통 경감하다. 줄다 | 压力 yālì 몡 스트레스 | ★丰富 fēngfù 통 풍부하게 하다

新 HSK 4급 합격모의고사 阅读

[46-50]

A 份 fèn 양 부, 통, 권	B 精彩 jīngcǎi 형 뛰어나다, 훌륭하다
C 完全 wánquán 부 완전히, 전혀	D 坚持 jiānchí 동 견지하다, 유지하다
E 重点 zhòngdiǎn 명 중점	F 引起 yǐnqǐ 동 야기하다, 불러일으키다

---

46. `HSK POINT` 명사 어휘 선택 `난이도 中`

讲话应先讲（ **E 重点** ），这样才能让别人更好地了解你想表达的意思。

말을 할 때는 먼저 (**E 중점**)을 이야기해야 한다. 그래야 당신이 전달하려는 의미를 다른 사람이 더 잘 이해할 수 있다.

공략 빈칸은 동사 讲과 함께 호응할 수 있는 목적어(명사)가 와야 한다. 의미적으로 '말을 할 때 먼저 중점을 이야기해야 한다' 라는 뜻이므로 정답은 重点이다. 또한 제시어 중 목적어가 될 수 있는 명사는 E밖에 없다.

어휘 讲话 jiǎnghuà 동 말하다, 발언하다 | ★让 ràng 동 ～하게 하다, ～하도록 시키다 | 更 gèng 부 더욱, 더, 훨씬 | ★了解 liǎojiě 동 자세하게 알다, 이해하다 | ★表达 biǎodá 동 나타내다, 표현하다 | ★意思 yìsi 명 의미, 뜻

---

47. `HSK POINT` 부사 어휘 선택 `난이도 中`

她（ **C 完全** ）有能力完成这个任务，但她没有认真去做。

그녀는 이 임무를 완수할 수 있는 능력이 (**C 완전히**) 있다. 그러나 그녀는 열심히 하지 않았다.

공략 빈칸은 동사 有를 꾸며 줄 수 있는 부사가 와야 한다. 의미적으로 이 임무를 완성할 수 있는 능력이 완전히 있다는 것이므로 정답은 完全이다. 또한 제시어 중 동사를 꾸며 줄 수 있는 부사는 C밖에 없다.

어휘 能力 nénglì 명 능력 | ★完成 wánchéng 동 끝내다, 완수하다 | ★任务 rènwu 명 임무 | 认真 rènzhēn 형 진지하다, 착실하다

`합격필수 TIP`

▶ 부사 完全과 자주 결합하는 동사

完全 ⊕ 不同 다르다 , 理解 이해하다 , 同意 동의하다 , 正确 정확하다

48. `HSK POINT` 양사 어휘 선택 `난이도 下`

先生，请您先去对面的入口处填一（**A 份**）申请表。

선생님, 먼저 건너편 입구에 가서 신청서를 한（**A 부**）기입해 주십시오.

공략 '수사+양사+명사'의 원리에 의해 빈칸에는 양사가 와야 한다. 명사 申请表를 통해서 신문이나 문건 등을 세는 양사가 와야 하므로 정답은 A이다.

어휘 对面 duìmiàn 몡 맞은편, 건너편 | ★填 tián 통 기입하다, 써 넣다 | ★申请表 shēnqǐngbiǎo 몡 신청서

합격필수 TIP

▶ 양사 份과 자주 결합하는 명사

份 ➕ **文件** 문서 , **资料** 자료 , **报纸** 신문 , **杂志** 잡지

---

49. `HSK POINT` 동사 어휘 선택 `난이도 中`

最近5年这个省经济增长非常快，（**F 引起**）了许多人的关注。

최근 5년간 이 성은 경제 성장이 무척 빨라서 많은 사람들의 관심을（**F 불러일으켰다**）.

공략 동태조사 了를 통해 빈칸이 동사 자리임을 알 수 있다. 동사 어휘 선택은 함께 호응하는 목적어(명사)를 통해서 정답을 찾을 수 있으므로 목적어 关注와 호응하는 동사 引起가 정답이다.

어휘 省 shěng 몡 성(현대 중국의 최상급 지방 행정 단위) | 经济 jīngjì 몡 경제 | ★增长 zēngzhǎng 통 증가하다 | ★许多 xǔduō 혱 매우 많다 | ★关注 guānzhù 몡 관심

합격필수 TIP

▶ 동사 引起와 자주 결합하는 명사

引起 ➕ **关注** 관심 , **重视** 중시 , **注意** 주의 , **怀疑** 의문

---

50. `HSK POINT` 형용사 어휘 선택 `난이도 中`

今天的演出很（**B 精彩**），大家都辛苦了，早点儿回去休息吧。

오늘 공연은 매우（**B 훌륭했어**）. 모두 수고했으니, 일찍 돌아가서 쉬어라.

공략 형용사는 단독으로 술어가 될 수 없어 정도부사 很과 함께 짝을 이룬다. 때문에 빈칸에는 형용사가 와야 한다. 精彩는 시합, 공연, 강연 등이 멋지거나 훌륭할 때 쓰는 형용사이므로 정답은 B이다.

어휘 ★演出 yǎnchū 몡 공연 | 辛苦 xīnkǔ 혱 수고롭다, 고생스럽다 | 休息 xiūxi 통 휴식하다

▶ 형용사 精彩와 자주 결합하는 명사

比赛 시합 , 节目 프로그램 , 演出 공연 , 演讲 강연 ➕ 정도부사 ➕ 精彩

[51-55]

A 整理 zhěnglǐ 통 정리하다

B 严重 yánzhòng 형 위급하다, 심각하다

C 温度 wēndù 명 온도

D 顾客 gùkè 명 고객, 손님

E 密码 mìmǎ 명 비밀번호

F 正常 zhèngcháng 형 정상적인

51. HSK POINT 명사 어휘 선택 · 난이도 中

A: 怎样才能提高酒店的竞争力?

B: 我认为关键是提高服务质量，让（ D 顾客 ）满意。

A: 어떻게 해야 호텔의 경쟁력을 높일 수 있습니까?

B: 저는 서비스의 질을 높여 （ D 고객 ）을 만족시키는 것이 관건이라고 생각합니다.

공략 빈칸은 '~하게 하다'라는 사역동사 让의 목적어이자 '만족하다'라는 형용사 满意의 주어이므로 겸어가 와야 한다. 의미적으로 고객을 만족시키는 것이므로 정답은 D이다.

어휘 ★提高 tígāo 통 향상시키다 | 酒店 jiǔdiàn 명 호텔 | 竞争力 jìngzhēnglì 명 경쟁력 | ★关键 guānjiàn 명 관건, 키포인트 | 服务 fúwù 통 서비스하다 | 质量 zhìliàng 명 질, 품질 | ★满意 mǎnyì 형 만족하다

52. HSK POINT 형용사 어휘 선택 · 난이도 中

A: 只是腿擦破了点儿皮，医生说不（ B 严重 ）。

B: 没事就好，你先坐下休息一会儿吧。

A: 다리에 찰과상을 입었을 뿐이야. 의사가 （ B 심각하지 ） 않다고 말했어.

B: 별일 없다니 다행이다. 우선 앉아서 잠시 쉬도록 해.

공략 빈칸은 부정부사 不의 수식을 받고 있으므로 동사나 형용사 자리임을 알 수 있다. 의미적으로 다리에 찰과상을 입었을 뿐 심각한 것은 아니라고 했으므로 정답은 B이다.

어휘 腿 tuǐ 명 다리 | 擦破皮 cāpò pí 찰과상을 입다 | 医生 yīshēng 명 의사

▶ 형용사 严重과 자주 결합하는 명사

问题 문제 , 病情 병세 , 污染 오염 , 事态 사태 ➕ 정도부사 ➕ 严重

53. `HSK POINT 명사 어휘 선택` `난이도 下`

A : 旅行箱的（ E 密码 ）是多少?

B : 试试3356，不对的话再试试3365。应该是其中的一个。

A : 트렁크의 (E 비밀번호)가 몇 번이지?

B : 3356으로 해보고, 맞지 않으면 3365로 다시 해봐. 틀림없이 그중 하나일 거야.

공략 구조조사 的는 명사와 함께 짝을 이루므로 빈칸에는 명사가 와야 한다. 의미적으로 트렁크의 비밀번호가 몇 번인지 물어보고 있으므로 정답은 E이다.

어휘 旅行箱 lǚxíngxiāng 명 트렁크, 여행 가방 | 试试 shìshi 한번 해보다 | 应该 yīnggāi 조동 ～일 것이다 | 其中 qízhōng 대 그중에, 그 안에

---

54. `HSK POINT 동사 어휘 선택` `난이도 中`

A : 能把会议材料发到我邮箱里吗?

B : 没问题，把你的邮箱地址告诉我，我（ A 整理 ）好了就发给你。

A : 회의 자료를 제 이메일로 보내주실 수 있나요?

B : 문제없습니다. 이메일 주소를 가르쳐주시면, 제가 (A 정리해서) 보내드리겠습니다.

공략 빈칸 뒤의 好는 동사 뒤에 쓰여 완성되었거나 잘 마무리되었음을 나타내는 결과보어이므로 빈칸에는 동사가 와야 한다. 의미적으로 회의 자료를 잘 정리해서 보내드린다는 내용이므로 정답은 A이다.

어휘 会议 huìyì 명 회의 | ★材料 cáiliào 명 자료 | ★邮箱 yóuxiāng 명 이메일 | 地址 dìzhǐ 명 주소 | 发 fā 동 보내다, 발송하다

합격필수 TIP

▶ 동사 整理와 자주 결합하는 명사

整理 ➕ 资料 자료 , 行李 짐 , 房间 방

---

55. `HSK POINT 형용사 어휘 선택` `난이도 下`

A : 检查结果出来了。你的身体一切（ F 正常 ）。

B : 那就好。不过我的皮肤为什么会发红呢?

A : 검사 결과가 나왔습니다. 당신의 건강 상태는 모두 (F 정상)입니다.

B : 다행이군요. 하지만 제 피부가 왜 빨갛게 된 건가요?

공략 빈칸은 술어 자리이므로 동사나 형용사가 와야 한다. 의미적으로 검사 결과가 나왔는데, 건강 상태는 모두 정상이라는 것이므로 빈칸에는 형용사 正常이 와야 한다.

어휘 检查 jiǎnchá 동 검사하다 | 结果 jiéguǒ 명 결과 | ★一切 yíqiè 형 일체의, 모든 | ★不过 búguò 접 그러나 | ★皮肤 pífū 명 피부 | 发红 fāhóng 동 붉은색을 띠다, 붉어지다

56. HSK POINT 접속사 '无论……都……'의 호응 [난이도 上]

C阅读对孩子们学习知识、了解社会起到很重要的作用。A因此，无论是教师还是家长，B都应该帮助孩子养成读书的习惯。

C독서는 아이들이 지식을 배우고 사회를 이해하는 데 매우 중요한 작용을 한다. A따라서 교사와 학부모를 막론하고 B모두 아이가 책 읽는 습관을 기르도록 도와주어야 한다.

공략

1단계 문제를 보면서 단서를 찾는다

A는 결론을 이끄는 접속사 因此가 있으므로 문장 맨 앞에 올 수 없다.

2단계 문장의 연결 고리인 접속사를 파악한다

无论은 都와 호응하여 '~을 막론하고 ~하다'의 의미를 나타내므로 A→B 순으로 나열된다.

3단계 대전제를 찾는다

'독서는 아이들에게 중요한 작용을 한다'가 대전제가 되므로 C가 문장 맨 앞에 위치한다.

어휘 阅读 yuèdú 동 (책이나 신문을) 보다 | ★知识 zhīshi 명 지식 | 社会 shèhuì 명 사회 | ★重要 zhòngyào 형 중요하다 | ★作用 zuòyòng 명 작용 | 教师 jiàoshī 명 교사 | 家长 jiāzhǎng 명 학부모 | 帮助 bāngzhù 동 돕다 | ★养成 yǎngchéng 동 습관이 되다, 길러지다 | 读书 dúshū 동 책을 읽다, 독서하다 | ★习惯 xíguàn 명 습관

합격필수 TIP

▶ 조건 관계 접속사 용법

无论, 不论, 不管은 조건에 따라 결과가 변하지 않는 접속사로, '~을 막론하고 ~하다'라는 의미를 나타낸다.

无论/不论/不管 + 조건 都/也 + 변하지 않는 결과 : ~을 막론하고 ~ 하다
의문대명사/정반의문문/선택의문

无论做什么工作，他都非常认真。무슨 일을 하든 간에 그는 아주 열심히 한다.
不管天气好不好，我也要去旅行。날씨가 좋든 나쁘든 간에 나는 여행을 갈 것이다.

57. HSK POINT 논리적으로 문장 배열 [난이도 中]

A机会来了，就应该主动去试一试。C哪怕失败了也没关系，B至少我们努力过。

A기회가 오면, 적극적으로 시도해보아야 한다. C설령 실패하더라도 상관없다. B최소한 우리는 노력을 한 것이니 말이다.

공략 **1단계 문제를 보면서 단서를 찾는다**

부사 至少가 있는 B는 맨 앞에 올 수 없다. 또한 구체적인 주어나 대상이 분명하지 않는 접속사 '哪怕……也 ……'가 이끄는 C 역시 맨 앞에 올 수 없다.

2단계 논리적으로 문장을 전개한다

실패하더라도 상관없는 이유는 최소한 우리가 노력을 했기 때문이므로 C→B가 된다.

어휘 机会 jīhuì 몡 기회 | ★主动 zhǔdòng 톙 자발적인, 능동적인 | ★失败 shībài 통 실패하다 | ★至少 zhìshǎo 튀 적어도, 최소한 | 努力 nǔlì 통 노력하다

---

58. HSK POINT 동작의 순서 파악 난이도 中

C经理在所有同事面前称赞我了。A说我工作认真负责，还很努力。B听了以后我很开心。

C사장님께서 모든 동료 직원들 앞에서 나를 칭찬해 주셨다. A내가 일을 열심히 하고 책임감이 있으며, 노력도 한다고 하셨다. B이 말을 듣고 나는 매우 기뻤다.

공략 **1단계 문제를 보면서 단서를 찾는다**

A는 누가 말했는지 알 수 없으므로 문장 맨 앞에 올 수 없고, B는 무엇을 듣고 기뻤는지 알 수 없으므로 문장 맨 앞에 올 수 없다.

2단계 사건이 발생한 순서로 문장을 전개한다

내가 일을 열심히 하고 책임감이 있다는 사장님의 칭찬을 듣고 기분이 좋은 것이므로 A→B가 된다.

어휘 经理 jīnglǐ 몡 사장 | 所有 suǒyǒu 톙 모든, 전부의 | 同事 tóngshì 몡 동료 | ★称赞 chēngzàn 통 칭찬하다 | ★负责 fùzé 통 책임지다 | 开心 kāixīn 톙 기쁘다, 즐겁다

---

59. HSK POINT 접속사 '不仅……还……'의 호응 난이도 中

B我提高英语水平的方法就是坚持看英文报纸。A这样 不仅能学到很多新的词语，C还能扩大知识面。

B내가 영어 실력을 높이는 방법은 바로 영자 신문을 꾸준히 보는 것이다. A이렇게 하면 새로운 단어와 문장을 많이 배울 수 있을 뿐만 아니라 C지식도 넓힐 수 있다.

공략 **1단계 문제를 보면서 단서를 찾는다**

지시대사 这样이 있는 A와 부사 还로 시작되는 C는 맨 앞에 올 수 없다.

2단계 문장의 연결 고리인 접속사를 파악한다

不仅은 还와 호응하여 '～일 뿐만 아니라 ～하다'의 의미를 나타내므로 A→C 순으로 위치한다.

3단계 대전제를 찾는다

영자 신문을 보는 것이 영어 실력을 높이는 방법이므로 B가 맨 앞에 온다.

어휘 英语 Yīngyǔ 몡 영어 | 水平 shuǐpíng 몡 수준 | ★方法 fāngfǎ 몡 방법 | ★坚持 jiānchí 통 지속하다, 유지하다 | 报纸 bàozhǐ 몡 신문 | 词语 cíyǔ 몡 어휘 | ★扩大 kuòdà 통 확대하다, 넓히다

합격필수 TIP

▶ 점층 관계 접속사 용법

점층 관계 접속사는 뒤 절의 의미가 앞 절보다 한층 깊어지거나 확대되며 '～뿐만 아니라 게다가 ～하다'라는 의미를 나타낸다.

不但/不仅/不光/不只 …… 而且/并且/甚至/还/也 …… : ～일 뿐만 아니라 게다가 ～하다

我**不仅**会做中国菜，**也**会做韩国菜。 나는 중국 요리를 할 수 있을 뿐 아니라 한국 요리도 할 수 있다.
她**不但**说得很流利，**而且**发音也很好。 그녀는 유창하게 말할 수 있을 뿐 아니라 게다가 발음도 좋다.

---

60. HSK POINT 전환 관계 접속사 而의 위치 파악 난이도 中

A熊猫每天一半儿的时间都在睡觉，C而醒来后的大部分时间都在吃东西。B你们是不是觉得它的生活很舒适呢? 그것 ➜ 문두에 올 수 없음	A판다는 하루 중 절반은 계속 잠을 잔다. C깨어난 후에는 대부분의 시간을 먹는 데 보낸다. B여러분은 판다의 생활이 편하다고 느끼지 않는가?

공략 **1단계 문제를 보면서 단서를 찾는다**

지시대사 它가 구체적으로 가리키는 대상이 누군지 알 수 없으므로 B는 문장 맨 앞에 올 수 없다. C의 전환의 의미를 나타내는 而 역시 문장 맨 앞에 올 수 없다.

2단계 사건이 발생한 순서로 문장을 전개한다

판다가 잠을 자고 잠에서 깨어난 후 음식을 먹는 것이므로 A→C가 되며, 이러한 판다의 생활이 편하다고 느끼지 않느냐는 B는 문장 맨 뒤에 위치한다.

어휘 熊猫 xióngmāo 몡 판다 | 睡觉 shuìjiào 통 잠을 자다 | ★醒 xǐng 통 잠에서 깨다 | 大部分 dàbùfen 몡 대부분 | 觉得 juéde 통 ～라고 여기다 | ★生活 shēnghuó 몡 생활 | 舒适 shūshì 톙 편안하다

---

61. HSK POINT 논리적으로 문장 배열 난이도 中

A昨晚18时南京市突然下起了大雨。C飞往该市 이, 그, 저 的好几趟航班，B都只好推迟起飞。 차례, 번　　모두 ➜ 문두에 올 수 없음	A어젯 밤 18시 난징 시에 갑자기 큰 비가 내렸다. C이 시로 갈 예정이던 여러 항공편이 B모두 출발을 지연할 수밖에 없었다.

1단계 문제를 보면서 단서를 찾는다

부사 都가 있는 B는 맨 앞에 올 수 없다. 지시대사 该가 구체적으로 언급하는 장소를 알 수 없으므로 C도 역시 맨 앞에 올 수 없다.

2단계 논리적으로 문장을 전개한다

난징 시로 갈 예정이던 항공편이 지연될 수밖에 없었으므로 C→B가 된다.

어휘 南京市 Nánjīngshì 고유 난징 시 | ★突然 tūrán 부 갑자기 | 该 gāi 대 이, 그, 저 | 趟 tàng 양 차례, 번 | ★航班 hángbān 명 운항편, 항공편 | ★只好 zhǐhǎo 부 어쩔 수 없이, ~할 수밖에 없다 | ★推迟 tuīchí 동 뒤로 미루다, 늦추다 | 起飞 qǐfēi 동 이륙하다

합격필수 TIP

▶ 只好의 용법

'~할 수밖에 없다'라는 의미의 부사로 선택의 여지가 없음을 나타낸다. 只能, 只得, 不得不와 같은 의미로 쓰인다.

明天要下大雨，运动会**只好**推迟。 내일 비가 많이 오면, 운동회는 연기할 수밖에 없다.

我不懂汉语，**只好**请他翻译。 나는 중국어를 모르기 때문에, 할 수 없이 그에게 번역을 부탁했다.

---

62. HSK POINT 사건이 발생한 순서 파악 난이도 下

C秋天的下午，我喜欢躺在草地上。**A**抬头看着蓝天白云，**B**那种感觉真是太棒了。

C가을 오후에 나는 풀밭에 누워 있기를 좋아한다. A고개를 들어 푸른 하늘과 흰 구름을 보고 있으면, B그런 느낌이 정말 너무 좋다.

공략

1단계 문제를 보면서 단서를 찾는다

'那种感觉'가 구체적으로 어떤 느낌인지 알 수 없으므로 B는 문장 맨 앞에 올 수 없다. A는 동작에 대한 주어가 없으므로 문장 맨 앞에 올 수 없다.

2단계 사건이 발생한 순서로 문장을 전개한다

풀밭에 누워서 푸른 하늘과 흰 구름을 보고 있는 것이므로 C→A가 되며, 이런 느낌이 정말 너무 좋다는 것이므로 B는 문장 맨 뒤에 위치한다.

어휘 秋天 qiūtiān 명 가을 | ★躺 tǎng 동 눕다 | 草地 cǎodì 명 풀밭, 잔디밭 | 抬头 táitóu 동 머리를 들다 | 蓝天 lántiān 명 푸른 하늘 | 白云 báiyún 명 흰 구름 | ★感觉 gǎnjué 명 느낌 | 棒 bàng 형 좋다

A北京秋天非常干燥，你刚到C觉得不适应很正常。B每天多喝水，习惯了就不会那么难受了。

A베이징의 가을은 무척 건조하다. 당신이 처음에 와서 C적응하기 어렵다고 생각하는 것은 매우 정상적이다. B매일 물을 많이 마시고, 습관이 되면 그렇게 힘들지 않게 된다.

공략

1단계 문제를 보면서 단서를 찾는다

구체적인 주어가 없는 B와 C는 문장 맨 앞에 올 수 없다.

2단계 논리적으로 문장을 전개한다

당신이 처음에 와서 적응하기 어렵다고 생각하는 것은 매우 정상적인 것이므로 A→C가 되며, 물을 많이 마시고 습관이 되면 괜찮아진다고 했으므로 B를 문장 맨 뒤에 위치시킨다.

어휘　★干燥 gānzào 휑 건조하다 | 刚 gāng 唱 방금, 막 | ★适应 shìyìng 동 적응하다 | 正常 zhèngcháng 휑 정상적인 | 习惯 xíguàn 동 적응하다, 익숙해지다 | ★难受 nánshòu 휑 견딜 수 없다, 괴롭다

B我家离上海很近。C只有50多公里，开车的话大概半个小时就到了。A所以周末和节假日我一般都会回家。

B우리 집은 상하이에서 매우 가깝다. C겨우 50여 킬로미터 거리이며, 자동차로 약 30분이면 도착한다. A그래서 주말과 명절에 나는 대체로 집에 가는 편이다.

공략

1단계 문제를 보면서 단서를 찾는다

결론을 이끄는 접속사 所以는 문장 맨 앞에 올 수 없다.

2단계 사건이 발생한 순서로 문장을 전개한다

우리 집에서 상하이까지의 거리가 50여 킬로미터이며 차로 30분 걸리는 것이므로 B→C가 된다.

어휘　★离 lí 개 ~에서, ~로부터 | 近 jìn 휑 가깝다 | 公里 gōnglǐ 킬로미터(km) | ★大概 dàgài 唱 아마도, 대개 | 周末 zhōumò 명 주말 | 节假日 jiéjiàrì 명 명절과 휴일 | ★一般 yìbān 휑 보통, 일반적으로

C这条小吃街在北京很有名，很多人都说A要是去了北京而没有去那儿尝尝小吃，B就不能说自己去过那儿。

C이 먹자골목은 베이징에서 매우 유명하다. 많은 사람들이 말하기를 A베이징에 가서 그곳의 간식거리를 맛보지 않으면 B자기가 그곳에 갔다고 말할 수 없다고 한다.

공략 **1**단계 문장의 연결 고리인 접속사를 파악한다

> 要是는 就와 호응하여 '만약 ~한다면 ~하다'라는 가설의 의미를 나타내므로 A→B 순으로 위치한다.

2단계 논리적으로 문장을 전개한다

> 많은 사람들이 말하기를 베이징에 가서 그곳의 간식거리를 맛보지 않으면 그곳에 갔다고 말할 수 없다고 했으므로 C는 A→B 앞에 위치한다.

어휘 小吃 xiǎochī 몡 간단한 먹을거리, 간식 | 街 jiē 몡 거리 | ★有名 yǒumíng 혱 유명하다 | ★尝 cháng 통 맛보다

합격필수 TIP

▶ **가설 관계 접속사 용법**

앞 절에 만약의 상황을 제시하고, 뒤 절에 상황의 결과가 어떠한지를 제시한다.

> 如果/要是…… 那么(就) …… : 만약 ~하면 ~하다

如果有钱，我就去各地旅行。만약 돈이 있다면, 나는 각지로 여행을 갈 것이다.
要是你不帮他，那么没有人可以帮他了。만약 네가 그를 돕지 않으면, 그를 도와줄 사람이 없다.

第三部分

66. HSK POINT 应该를 통해 정답 찾기 난이도 下

选择职业时，我们首先应该对自己有清楚的认识，不但要知道自己想做什么，而且要根据自己的性格、爱好去判断什么样的工作对自己很合适，这样才能找到满意的工作。

직업을 선택할 때 우리는 우선 자신에 대해 정확하게 인식해야 한다. 자기가 무엇을 하고 싶은지 뿐만 아니라, 자신의 성격이나 취미에 따라 어떤 직업이 적합한지 판단해야 한다. 이렇게 해야 만족스러운 직업을 찾을 수 있다.

★ 选择职业时，应该：

A 去参加招聘
B 先认清自己
C 多鼓励自己
D 先接受邀请

★ 직업을 선택할 때 반드시 어떻게 해야 하는가?

A 채용 모집에 참가한다
B 우선 자신에 대해 확실히 안다
C 자신을 많이 격려한다
D 우선 초청을 받아들인다

공략 질문의 핵심 어휘 '选择职业时'가 이끄는 문장을 통해 직업을 선택할 때 우선 자신에 대해 정확하게 인식해야 한다는 것을 알 수 있으므로 정답은 B이다. 질문에 应该가 제시되면 일반적으로 应该와 같은 의미를 나타내는 조동사 뒤에서 정답을 찾을 수 있다.

★选择 xuǎnzé 동 고르다, 선택하다 | ★职业 zhíyè 명 직업 | 首先 shǒuxiān 부 우선 | 清楚 qīngchu 형 분명하다 | ★认识 rènshi 동 알다, 인식하다 | ★根据 gēnjù 개 ~에 의거하여 | 性格 xìnggé 명 성격 | 爱好 àihào 명 취미, 애호 | ★判断 pànduàn 동 판단하다 | ★合适 héshì 형 알맞다 | 参加 cānjiā 동 참가하다 | ★招聘 zhāopìn 동 채용하다 | 认清 rènqīng 동 확실히 알다 | ★鼓励 gǔlì 동 격려하다 | 接受 jiēshòu 동 받아들이다 | ★邀请 yāoqǐng 동 초청하다, 초대하다

67. HSK POINT 핵심 문장을 통한 의미 파악 〔난이도 中〕

老师对学生说："<u>从今天开始</u>，如果你每天用100字把自己的<u>生活</u>记下来，毕业时你<u>将</u>会得到一本10多万字的书，主要内容就是你4年大学生活的美好回忆。"
（从~开始: ~부터 시작하다 / 将: 곧 ~하게 될 것이다(미래에 대한 판단)）

★ 老师希望学生：

Ⓐ 写下自己的生活

B 千万不要迟到

C 要有怀疑精神

D 要养成好习惯

선생님께서 학생에게 말씀하시길 "<u>오늘부터 매일 100자를 사용해 자신의 생활을 기록해 간다면, 너는 졸업할 때 10만 자 이상의 책을 한 권 갖게 될 거야.</u> 주요 내용은 너의 대학 생활 4년의 아름다운 추억이다."

★ 선생님이 학생에게 원하는 것은?

Ⓐ 자신의 생활을 기록한다

B 절대 지각해서는 안 된다

C 의심하는 정신을 가져야 한다

D 좋은 습관을 길러야 한다

선생님이 학생에게 원하는 것이 무엇인지를 묻고 있으므로 선생님이 학생에서 하는 말의 의미를 잘 파악하자. 선생님이 말하고자 하는 내용은 如果 뒤에 있다. 오늘부터 매일 100자를 사용해 자신의 생활을 기록한다면, 졸업할 때 10만 자 이상의 책을 갖게 될 것이라고 했으므로 정답은 A이다.

开始 kāishǐ 동 시작하다 | 如果 rúguǒ 접 만약, 만일 | 记 jì 동 적다, 기록하다 | ★毕业 bìyè 동 졸업하다 | 将 jiāng 부 ~하게 될 것이다, ~일 것이다 | 得到 dédào 동 얻다 | ★主要 zhǔyào 형 주요한 | 内容 nèiróng 명 내용 | 美好 měihǎo 형 아름답다 | ★回忆 huíyì 명 회상, 추억 | ★千万 qiānwàn 부 부디, 제발 | 迟到 chídào 동 지각하다 | 怀疑 huáiyí 동 의심하다, 의심을 품다 | 精神 jīngshén 명 정신

68. HSK POINT 이유 및 원인 파악 〔난이도 中〕

拒绝握手是不礼貌的，不过当手脏的时候，可以<u>先</u>拒绝，<u>然后</u>马上解释原因并对此表示抱歉，<u>否则可能引起误会</u>，让人觉得你不友好。
（先~然后: 먼저 ~하고 그다음）

★ 拒绝握手后为什么要马上道歉？

A 获得表扬

B 降低要求

C 吸引顾客

Ⓓ 减少误会

악수를 거절하는 것은 예의에 어긋난다. 그러나 손이 지저분할 때는 우선 거절을 하고, 그다음 바로 그 원인을 설명하며, 이에 대한 사과를 해야 한다. <u>그렇지 않으면 남에게 오해를 불러일으켜</u> 당신이 불친절하다고 느낄 것이다.

★ 악수를 거절하고 난 후 왜 바로 사과해야 하는가?

A 칭찬을 받기 위해

B 요구를 낮추기 위해

C 고객을 유치하기 위해

Ⓓ 오해를 줄이기 위해

공략 질문의 핵심 어휘인 抱歉이 이끄는 문장 이후에 작가의 견해를 설명하였다. 이를 통해서 D가 정답임을 알 수 있다.

어휘 ★拒绝 jùjué 통 거절하다 | 握手 wòshǒu 통 악수하다 | ★礼貌 lǐmào 형 예의 바르다 | 脏 zāng 형 지저분하다 | ★解释 jiěshì 통 설명하다 | 原因 yuányīn 명 원인 | ★表示 biǎoshì 통 나타내다 | 抱歉 bàoqiàn 통 미안해하다 | ★否则 fǒuzé 접 만약 그렇지 않으면 | 引起 yǐnqǐ 통 (사건 등을) 일으키다, 야기하다 | ★误会 wùhuì 명 오해 | 友好 yǒuhǎo 형 우호적이다 | ★获得 huòdé 통 얻다, 획득하다 | 表扬 biǎoyáng 통 칭찬하다 | 降低 jiàngdī 통 내리다, 낮추다 | 要求 yāoqiú 명 요구 | ★吸引 xīyǐn 통 끌어당기다, 유인하다 | 顾客 gùkè 명 고객 | ★减少 jiǎnshǎo 통 감소하다

합격필수 TIP

▶ 전환 관계 접속사 용법

否则, 要不, 不然 모두 '만약 ~하지 않으면, ~하다'라는 의미로 뒤 절에 바리지 않는 결과가 온다.

행위 + 否则/要不/不然 + 바라지 않는 결과

你快起床！**不然**就要迟到了。 빨리 일어나, 그렇지 않으면 지각할 거야.
你提醒过我，**否则**我会忘了。 네가 일깨워주지 않았다면, 나는 잊어버렸을 거야.

---

69. HSK POINT 应该를 통해 정답 찾기　난이도 上

別人支持也好，反对也好，那是别人的事情，不是我们能做出决定的。但是，<u>如果我们有什么看法或者意见，就应该表达出来</u>。<u>即使别人不同意或不支持</u>，至少要让别人知道我的看法和态度。

或者 혹은(선택을 나타냄)
应该 ~해야 한다
即使 설령 ~하더라도

다른 사람이 지지해도 좋고 반대해도 좋다. 그것은 다른 사람들의 일이며, 우리가 결정할 수 있는 것이 아니다. 그러나 <u>만약 우리가 어떤 생각이나 의견이 있다면 반드시 표현해야 한다</u>. 설령 다른 사람이 동의하거나 지지하지 않더라도, 최소한 그들에게 우리의 생각과 태도를 알려야 한다.

★ 这段话告诉我们应该：

A 多照顾父母
Ⓑ 敢于表达
C 陪朋友逛街
D 要有礼貌

★ 이 글은 우리가 반드시 어떻게 해야 한다고 알려주는가?

A 부모를 더 많이 보살펴야 한다
Ⓑ 용감하게 표현해야 한다
C 친구와 쇼핑을 가야 한다
D 예절을 지켜야 한다

공략 应该로 질문했으므로 당위성을 나타내는 조동사 뒤에서 정답을 찾는다. 가정 관계를 나타내는 접속사 '如果……就……'가 이끄는 문장을 통해 우리가 어떤 생각이나 의견이 있다면 반드시 표현해야 한다는 것을 알 수 있으므로 정답은 B이다.

어휘 ★支持 zhīchí 통 지지하다 | ★反对 fǎnduì 통 반대하다 | 决定 juédìng 통 결정하다 | 看法 kànfǎ 명 견해 | 或者 huòzhě 접 ~이든가 아니면 ~이다 | 意见 yìjiàn 명 의견 | ★即使 jíshǐ 접 설령 ~하더라도 | ★同意 tóngyì 통 동의하다 | 态度 tàidu 명 태도 | 照顾 zhàogù 통 보살피다, 돌보다 | ★敢于 gǎnyú 통 대담하게(용감하게) ~을 하다 | ★陪 péi 통 모시다, 동반하다 | 逛街 guàngjiē 통 거리를 거닐며 쇼핑하다

70. `HSK POINT` 숫자 관련 표현을 통한 의미 파악 `난이도` `中`

根据调查，我们发现，我们的电脑出售越来越好。有65%的顾客说受到了我们广告的影响，只有20%的人表示从来没看过我们的广告。

★ 根据这段话，可以知道什么?

A 不要错过机会
B 酒后不能开车
C 广告效果好
D 要多听意见

조사 결과, 우리는 우리의 컴퓨터가 점점 잘 팔리는 것을 발견했다. 고객의 65%가 우리 광고의 영향을 받았다고 말했으며, 20%만이 우리의 광고를 본 적이 없다고 밝혔다.

★ 이 글을 통해 알 수 있는 것은?

A 기회를 놓치지 않아야 한다
B 술 마신 후 운전해서는 안 된다
C 광고 효과가 좋다
D 의견을 많이 들어야 한다

공략 조사 결과 고객의 65%가 광고의 영향을 받았고, 20%만이 광고를 본 적이 없다고 했으므로, 광고 효과가 좋음을 알 수 있다. 따라서 정답은 C이다.

어휘 ★调查 diàochá 동 조사하다 | 电脑 diànnǎo 명 컴퓨터 | 出售 chūshòu 동 팔다, 판매하다 | ★越来越 yuèláiyuè 부 더욱더, 점점 | 广告 guǎnggào 명 광고 | ★影响 yǐngxiǎng 명 영향 | ★从来 cónglái 부 지금까지, 여태껏 | 错过 cuòguò 동 놓치다 | ★效果 xiàoguǒ 명 효과

합격필수 TIP

▶ 受到의 용법

受到는 '~을 받다'라는 의미로, 일반적으로 추상적인 어휘와 자주 호응하여 쓰인다.

受到 ＋ 表扬 칭찬 . 欢迎 환영 . 影响 영향 . 批评 질책 . 帮助 도움

71. `HSK POINT` 핵심 어휘가 이끄는 문장을 통한 의미 파악 `난이도` `中`

20年前，我们还有通过写信交笔友的习惯。但是随着科学技术的发展，尤其是这几年，几乎没有人写信，人们打电话或者上网跟别人联系。

★ 最近人们:

A 写信交友
B 上网聊天
C 不用电脑
D 经常旅游

20년 전만 해도 우리에게는 편지를 써서 펜팔 친구를 사귀는 습관이 있었다. 그러나 과학 기술이 발달함에 따라, 특히 최근 몇 년 들어 편지를 쓰는 사람이 거의 없다. 사람들은 전화를 걸거나 혹은 인터넷으로 다른 사람과 연락을 한다.

★ 최근에 사람들은 어떠한가?

A 편지를 써서 친구를 사귄다
B 인터넷으로 채팅을 한다
C 컴퓨터를 사용하지 않는다
D 항상 여행을 한다

 질문의 핵심 어휘 最近은 '这几年'을 의미한다. 따라서 '这几年'이 이끄는 문장 '尤其是这几年……上网跟别人联系'를 통해 최근에 사람들은 전화나 인터넷으로 다른 사람과 연락함을 알 수 있으므로 정답은 B이다.

 ★通过 tōngguò 깨 ~을 거쳐, ~를 통해 | 交 jiāo 동 사귀다 | 笔友 bǐyǒu 명 펜팔 친구 | ★随着 suízhe 깨 ~에 따라서 | 科学 kēxué 명 과학 | 技术 jìshù 명 기술 | 发展 fāzhǎn 동 발전하다 | ★尤其 yóuqí 부 더욱이, 특히 | ★几乎 jīhū 부 거의 | 上网 shàngwǎng 동 인터넷을 하다 | 联系 liánxì 동 연락하다 | 旅游 lǚyóu 동 여행하다

72. HSK POINT 도입 부분을 통한 의미 파악 [난이도 下]

什么是 "及时雨"？其实很容易理解，很长时间没下雨了，正缺水的时候，下了场大雨，我们就认为这场雨很及时。我们正需要朋友的帮助，朋友就出现了，朋友就是 "及时雨"。

★ 这段话主要告诉我们什么？

Ⓐ "及时雨" 的意思
B 做事要主动
C 工作要积极
D 别受习惯影响

'단비'는 무엇일까? 사실 쉽게 이해할 수 있다. 오랫동안 비가 오지 않아 물이 부족한 시기에, 한바탕 큰비가 내리면, 우리는 이 비를 '단비'라고 한다. 우리가 친구의 도움을 필요로 하는 그 순간, 친구가 나타나면 그 친구가 바로 '단비'인 것이다.

★ 이 글은 주로 우리에게 무엇을 말하고 있는가?

Ⓐ '단비'의 의미
B 일을 능동적으로 해야 한다
C 일을 적극적으로 해야 한다
D 습관의 영향을 받지 않아야 한다

 '什么是"及时雨"？'라는 질문 형태의 도입 부분을 통해서, 이 글은 '단비'의 의미에 대해 설명하고자 함을 알 수 있으므로 정답은 A이다.

 及时雨 jíshíyǔ 명 때맞춰 내리는 비, 단비 | ★其实 qíshí 부 사실 | 理解 lǐjiě 동 알다, 이해하다 | 缺水 quēshuǐ 동 물 부족 현상을 빚다, 물이 부족하다 | 认为 rènwéi 동 여기다 | ★及时 jíshí 형 시기 적절하다, 때가 맞다 | 需要 xūyào 동 필요하다 | 帮助 bāngzhù 명 도움 | 出现 chūxiàn 동 출현하다, 나타나다 | ★积极 jījí 형 적극적이다 | 别 bié 부 ~하지 마라 | 受 shòu 동 받다

73. HSK POINT 핵심 어휘가 이끄는 문장을 통한 의미 파악 [난이도 中]

"数量词是汉语语法的一部分，我们会说 "一个人"，"一位先生"，而不说一位人"，"一个先生"。这是一种表达习惯。

★ 汉语里为什么不说一位人？

수량사는 중국어 어법의 한 부분이다. 우리는 '한 사람','한 분의 선생'이라고 말하지, '한 분의 사람', '하나의 선생'이라고 하지 않는다. 이는 일종의 표현 습관이다.

★ 중국어에서는 왜 '한 분의 사람(一位人)'이라고 하지 않는가?

A 质量不合格

Ⓑ 不符合表达习惯

C 不适应市场变化

D 不敢相信任何人

A 품질이 불합격하여서

Ⓑ 표현 습관에 부합하지 않아서

C 시장 변화에 적응하지 않아서

D 모든 사람을 믿을 수가 없어서

공략 질문의 핵심 어휘 '不说一位人'이 이끄는 문장 '而不说"一位人"……这是一种表达习惯'을 통해 '한 분의 사람', '하나의 선생'이라고 말하지 않는 이유는 일종의 표현 습관임을 알 수 있으므로 정답은 B이다.

어휘 数量词 shùliàngcí 몡 수량사 | 汉语 Hànyǔ 몡 중국어 | 语法 yǔfǎ 몡 어법 | 个 gè 양 개, 사람, 몡(개개의 사람이나 물건을 세는 단위) | 位 wèi 양 분, 몡 | 合格 hégé 혱 규격에 맞다 | ★符合 fúhé 통 부합하다 | 变化 biànhuà 몡 변화 | ★不敢 bùgǎn 통 감히 ~하지 못하다 | ★相信 xiāngxìn 통 믿다, 신임하다 | 任何 rènhé 떼 어떠한, 무슨

---

74. HSK POINT 핵심 어휘가 이끄는 문장을 통한 의미 파악 난이도 下

不管是成功还是失败，都是暂时的。千万不要因一时的成功而得意，也不要因一时的失败而伤心。这些都是已经过去的，重要的是怎样过好将来。

★ 什么才更重要?

A 过去　　　　　B 现在

Ⓒ 将来　　　　　D 成功

성공과 실패를 막론하고 모두 일시적인 것이다. 부디 한때의 성공으로 의기양양하지 말고, 한때의 실패로 인해 상심해서도 안 된다. 이것들은 이미 지나간 것이며, 중요한 것은 미래를 어떻게 보내는 가이다.

★ 무엇이 더 중요한가?

A 과거　　　　　B 현재

Ⓒ 미래　　　　　D 성공

공략 질문의 핵심 어휘 重要가 이끄는 문장 '重要的是怎样过好将来'를 통해 미래를 어떻게 보내는 가가 중요한 것임을 알 수 있으므로 정답은 C이다.

어휘 ★成功 chénggōng 몡 성공 | ★失败 shībài 몡 실패 | ★暂时 zànshí 몡 잠깐, 잠시 | 一时 yìshí 몡 한 시기, 한때 | 得意 déyì 혱 대단히 만족하다 | 伤心 shāngxīn 통 상심하다, 슬퍼하다 | ★已经 yǐjing 뷔 이미, 벌써 | 过去 guòqù 몡 과거 | 将来 jiānglái 몡 장래, 미래

---

75. HSK POINT 핵심 문장을 통한 의미 파악 난이도 中

真正会生活的人能根据需要和自己的经济能力，购买适合自己的东西。相反，不懂生活的人不知道怎样安排自己赚的钱，总是把钱花在既贵又用不到的东西上。

★ 会生活的人会怎么样?

생활을 제대로 꾸릴 줄 아는 사람은 필요와 자신의 경제 능력에 따라 자기에게 적합한 물건을 구매한다. 반대로 생활을 꾸릴 줄 모르는 사람은 자기가 번 돈을 어떻게 배분할지를 모르며, 언제나 비싸고 필요 없는 물건을 사는 데 돈을 쓴다.

★ 생활을 꾸릴 줄 아는 사람은 어떠한가?

A 喜欢购物	A 쇼핑을 좋아한다
B 买需要的东西	**B 필요한 물건을 산다**
C 买用不到的东西	C 필요 없는 물건을 산다
D 努力赚钱	D 돈을 벌려고 노력한다

 질문의 핵심 어휘 '会生活的人'이 이끄는 문장 '根据需要……自己的东西'를 통해 생활을 제대로 할 줄 아는 사람은 필요와 자신의 경제 능력에 따라 자기에게 적합한 물건을 구매한다고 했으므로 정답은 B이다.

 真正 zhēnzhèng 🕮 정말로, 진짜로 | 需要 xūyào 📗 필요, 요구 | 购买 gòumǎi 🕮 사다, 구매하다 | ★适合 shìhé 🕮 적합하다 | ★相反 xiāngfǎn 접 반대로 | 安排 ānpái 🕮 안배하다 | 赚 zhuàn 🕮 돈을 벌다 | 总是 zǒngshì 🕮 늘, 줄곧 | ★既……又…… jì……yòu…… ~하고 또 ~하다

76. HSK POINT 전반적인 의미 파악 [난이도 下]

真奇怪，我妹妹怎么吃也吃不胖，永远都那么瘦，她体重一直不到50公斤，我真是羡慕死她了。

정말 이상하게도 내 여동생은 아무리 먹어도 살이 찌지 않고 계속 날씬하다. 그녀의 몸무게는 줄곧 50kg도 되지 않았다. 나는 정말 내 동생이 부러워 죽겠다.

★ 她羡慕妹妹什么？

★ 그녀는 여동생의 무엇을 부러워하는가?

A 有礼貌	A 예의가 있는 것
B 有耐心	B 인내심이 있는 것
C 很幽默	C 유머가 풍부한 것
D 长不胖	**D 살이 찌지 않는 것**

 내 여동생은 아무리 먹어도 살이 찌지 않고 날씬해서 정말 부럽다고 말하고 있으므로 정답은 D이다.

 奇怪 qíguài 🕮 이상하다 | 胖 pàng 🕮 뚱뚱하다 | 永远 yǒngyuǎn 🕮 영원히 | 瘦 shòu 🕮 마르다 | 体重 tǐzhòng 📗 체중, 몸무게 | ★一直 yìzhí 🕮 계속, 줄곧 | 公斤 gōngjīn 📗 킬로그램(kg) | ★羡慕 xiànmù 🕮 부러워하다 | 礼貌 lǐmào 📗 예의 | ★耐心 nàixīn 📗 인내심 | ★幽默 yōumò 🕮 유머러스한

77. HSK POINT 핵심 어휘가 이끄는 문장을 통한 의미 파악 [난이도 中]

中国人常说"以人为镜"。它的意思是把人当做一面镜子，可以从他人的成败中获取经验，并发现自己的问题，使自己有更好的发展。

중국 사람들은 '다른 사람을 거울로 삼는다'라는 말을 자주 한다. 그 의미는 다른 사람을 하나의 거울로 삼아 타인의 성공과 실패에서 경험을 얻어 자신의 문제를 발견함으로써 자신을 더욱 발전시킨다는 것이다.

★ "以人为镜"可以：

★ '다른 사람을 거울로 삼는다'는 것은?

<table>
<tr><td>

Ⓐ 发现自己的问题

B 获得成功

C 不会遇到困难

D 引得同情

</td><td>

Ⓐ 자신의 문제를 발견할 수 있다

B 성공할 수 있다

C 어려움에 직면하지 않을 수 있다

D 동정을 유발할 수 있다

</td></tr>
</table>

공략 질문의 핵심 어휘 '以人为镜'의 의미를 설명하는 문장 '可以从他人的成败……更好的发展'에서 다른 사람을 거울로 삼는 것은 자신의 문제를 발견함으로써 자신을 더욱 발전시킬 수 있다고 설명하고 있으므로 정답은 A이다.

어휘 ★以人为镜 yǐ rén wéi jìng 다른 사람의 성패와 잘잘못을 본보기로 삼아 자신을 경계하다 | 镜子 jìngzi 몡 거울 | ★成败 chéngbài 몡 성패, 성공과 실패 | ★获取 huòqǔ 통 얻다, 획득하다 | ★经验 jīngyàn 몡 경험, 체험 | 使 shǐ 통 ~하게 하다 | ★遇到 yùdào 통 만나다 | 困难 kùnnan 몡 어려움 | 引得 yǐnde 통 ~을 야기하다 | 同情 tóngqíng 통 동정하다

78. HSK POINT 전반적인 의미 파악 `난이도 中`

<table>
<tr><td>

　　每个人都有缺点，再优秀的人也一样。我们总是很容易看到一个人的缺点，但是一定要记住，他身上的优点更值得我们去发现、去学习。

★ 这段话提醒我们要：

A 别只看到眼前

B 学会原谅别人

Ⓒ 看到别人的优点

D 要关心别人

</td><td>

　　누구에게나 단점은 있으며, 아무리 우수한 사람도 마찬가지이다. 우리는 언제나 한 사람의 약점을 쉽게 본다. 하지만 그 사람의 장점은 우리가 발견하고 배울 가치가 더 있다는 점을 반드시 기억해야 한다.

★ 이 글이 우리에게 일깨워주는 것은?

A 눈앞만 봐서는 안 된다

B 다른 사람을 용서할 줄 알아야 한다

Ⓒ 다른 사람의 장점을 보아야 한다

D 다른 사람에게 관심을 가져야 한다

</td></tr>
</table>

공략 질문에서 提醒은 '일깨워주다, 상기시켜주다'라는 의미의 동사로 본문이 우리에게 전하고자 하는 메시지가 무엇인지를 파악해야 한다. '一定要记住'가 이끄는 핵심 문장에서 그 사람의 장점은 발견하고 배울 가치가 더 있다는 점을 기억해야 한다고 했으므로 정답은 C이다.

어휘 ★缺点 quēdiǎn 몡 결점, 단점 | ★优秀 yōuxiù 혱 우수하다 | 一定 yídìng 틧 반드시, 필히 | 记住 jìzhu 통 확실히 기억해 두다 | ★优点 yōudiǎn 몡 장점 | 值得 zhídé 통 ~할 만하다, ~할 만한 가치가 있다 | 发现 fāxiàn 통 발견하다, 알아차리다 | 眼前 yǎnqián 몡 눈앞 | 原谅 yuánliàng 통 용서하다 | 关心 guānxīn 통 관심을 갖다

79. HSK POINT 접속사가 이끄는 문장을 통한 의미 파악 `난이도 上`

<table>
<tr><td>

　　很多人的烦恼不是来自于"我缺少了什么"，而是因为觉得别人过得比自己好。其实每个人都有自己的幸福。尽管别人手里有巧克力，但是也许你手中的糖会更甜。

</td><td>

　　많은 사람들의 고민은 '내가 무엇이 부족한가'에서 비롯되는 것이 아니라, 다른 사람이 자신보다 더 잘 산다고 느끼는 데서 온다. 사실 사람은 누구나 자신의 행복이 있다. 비록 다른 사람의 손에 초콜릿이 있더라도, 당신 손에 든 사탕이 아마도 더 달 것이다.

</td></tr>
</table>

★ 我们不应该：	★ 우리가 하지 말아야 할 것은?
A 缺少新鲜感	A 새로운 느낌이 부족한 것
B 参加活动	B 활동에 참가하는 것
C 多吃巧克力	C 초콜릿을 많이 먹는 것
Ⓓ 羡慕别人	Ⓓ 다른 사람을 부러워하는 것

공략 접속사 '不是……而是……'는 '~가 아니라 ~이다'라는 의미로, 말하고자 하는 중점은 뒤 절에 있다. 접속사가 이끄는 핵심 문장을 통해서 많은 사람들의 고민은 다른 사람이 자신보다 더 잘 산다고 느끼는 데서 온다고 했으므로 D가 정답이다.

어휘 ★烦恼 fánnǎo 혱 번뇌하다, 걱정하다 | ★来自于 láizìyú ~에서 오다 | 缺少 quēshǎo 통 부족하다 | 过 guò 통 지내다, 보내다 | 幸福 xìngfú 혱 행복하다 | 巧克力 qiǎokèlì 몡 초콜릿 | ★也许 yěxǔ 뷔 어쩌면, 아마도 | 糖 táng 몡 사탕 | 甜 tián 혱 달다, 달콤하다 | 新鲜 xīnxiān 혱 신선하다 | 活动 huódòng 몡 활동, 행사

[80-81]

一分钟到底能做些什么？ 80一分钟虽然很短，但我们能做很多事情。比如阅读一篇600字左右的文章，看5到10个精彩广告，跑300米等。81因此我们不能随便浪费一分钟。	1분 동안 과연 무엇을 할 수 있을까? 811분은 비록 매우 짧지만 그러나 우리는 많은 일을 할 수 있다. 예를 들어 600자 정도로 된 한 편의 문장을 읽거나 5~10개의 멋진 광고를 볼 수 있으며, 300미터를 달릴 수도 있다. 81따라서 우리는 1분을 아무렇게나 낭비하지 않아야 한다.

虽然: 비록 ~지만, 그러나
因此: 따라서 (결론을 나타냄)

어휘 分钟 fēnzhōng 몡 분 | ★到底 dàodǐ 뷔 도대체 | 短 duǎn 혱 짧다 | 事情 shìqing 몡 일 | 比如 bǐrú 젭 예를 들어, 예를 들면 | ★篇 piān 양 편 | 左右 zuǒyòu 몡 내외, 쯤 | 文章 wénzhāng 몡 글, 문장 | ★精彩 jīngcǎi 혱 뛰어나다, 훌륭하다 | 广告 guǎnggào 몡 광고, 선전 | 米 mǐ 양 미터(m) | ★随便 suíbiàn 뷔 함부로, 제멋대로 | ★浪费 làngfèi 통 낭비하다

80. **HSK POINT** 접속사가 이끄는 문장을 통한 의미 파악 　난이도 中

★ 作者认为一分钟：	★ 작가는 1분이 어떻다고 여기는가?
Ⓐ 能做许多事情	Ⓐ 많은 일을 할 수 있다
B 能写一篇文章	B 한 편의 문장을 쓸 수 있다
C 会去唱歌跳舞	C 노래하고 춤을 출 수 있다
D 会找朋友聊天	D 친구를 찾아가 이야기를 나눌 수 있다

공략 '虽然……但……'는 '비록 ~하지만, 그러나 ~하다'라는 의미로 전환 관계를 나타내는 접속사이다. 접속사가 이끄는 핵심 문장을 통해서 1분은 비록 매우 짧지만 많은 일을 할 수 있음을 알 수 있으므로 정답은 A이다.

어휘 唱歌 chànggē 통 노래를 부르다 | 跳舞 tiàowǔ 통 춤을 추다 | 聊天 liáotiān 통 한담하다, 잡담하다

81.

 난이도 中

★ 这篇文章主要是说：	★ 이 글이 주로 말하고 있는 것은?
A 要学会改变	A 변화를 배워야 한다
B 要严格要求自己	B 자신에게 엄격해야 한다
C 不能浪费时间	C 시간을 낭비해서는 안 된다
D 成为优秀的人	D 우수한 사람이 되어야 한다

공략 주제를 묻는 문제의 정답은 일반적으로 본문 맨 앞이나 맨 뒤 문장에 숨어 있는 경우가 많다. 마지막 문장 '因此我们不能随便浪费一分钟'을 통해서 시간을 낭비해서는 안 된다는 것을 알 수 있으므로 정답은 C이다.

어휘 改变 gǎibiàn 통 변하다, 바뀌다 | ★严格 yángé 형 엄격하다 | ★要求 yāoqiú 통 요구하다 | 成为 chéngwéi 통 ~이 되다

합격필수 TIP

▶ 주제를 묻는 질문 유형

这段话主要告诉我们什么？ 이 글은 주로 우리에게 무엇을 말하고 있는가?
这段话主要想说什么？ 이 글이 주로 말하고 있는 것은 무엇인가?
这段话主要谈： 이 글이 주로 이야기하는 것은?

[82-83]

目的地可能只有一个，可是通往目的地的道路却有很多条。所以，当一条路走不通时，82我们可以换另外一条试一试。83只要我们不放弃努力，总会找到一条合适的路，通往成功的目的地。	목적지는 단 하나일 수 있지만 목적지로 향하는 길은 여러 갈래다. 따라서 한 길로 가다가 막힐 때는 82다른 길로 바꿔서 시도해 볼 수도 있다. 83우리가 노력을 포기하지만 않으면 마침내 적합한 길을 찾아내서 성공이라는 목적지로 향할 수 있을 것이다.

어휘 目的地 mùdìdì 명 목적지 | 通往 tōngwǎng 통 ~로 통하다 | 道路 dàolù 명 도로, 길 | ★却 què 부 ~지만, ~하지만 | 换 huàn 통 바꾸다 | 另外 lìngwài 대 다른, 그 밖의 | ★放弃 fàngqì 통 포기하다 | 成功 chénggōng 통 성공하다

82.

 난이도 下

★ 当一条路走不通时，我们应该：	★ 하나의 길이 통하지 않을 때 우리는 반드시 어떻게 해야 하는가?
A 向失败者学习	A 실패한 사람에게 배운다
B 要积累经验	B 경험을 쌓는다
C 要变得勇敢	C 용감해져야 한다
D 试试别的路	D 다른 길을 시도해 본다

공략 질문의 핵심 어휘 '当一条路走不通时'가 이끄는 문장에서, 한 길로 가다가 막힐 때는 다른 길로 바꿔서 시도해 볼 수 있다고 했으므로 정답은 D이다.

어휘 向 xiàng 깨 ~으로, ~에게 | ★积累 jīlěi 동 (조금씩) 쌓이다 | ★勇敢 yǒnggǎn 형 용감하다

---

83. **HSK POINT** 접속사가 이끄는 문장을 통한 주제 파악　난이도 中

★ 这段话主要想告诉我们：

A 说话别太直接
B 要有信心
C 成功需要坚持
D 忘记烦恼

★ 이 글이 주로 우리에게 말하고자 하는 것은?

A 말을 너무 직접적으로 해서는 안 된다
B 확신을 가져야 한다
C 성공하려면 끝까지 밀고 나가야 한다
D 번뇌를 잊어야 한다

공략 '只要……(就)……'는 '~하기만 하면, ~하다'라는 의미로 조건 관계를 나타내는 접속사이다. 접속사 只要가 이끄는 문장에서 노력을 포기하지만 않으면 적합한 길을 찾아내서 성공이라는 목적지로 향할 수 있다고 했으므로 정답은 C이다.

어휘 ★直接 zhíjiē 형 직접적인 | 信心 xìnxīn 명 자신감, 확신 | 忘记 wàngjì 동 잊다

[84-85]

85随着网络的发展，现在出现了很多流行词，其中也有很多社会热词。关于是否要把这些词收到词典里，人们的看法不一。很多语言学者认为，一个词的收与不收，不但要看是否被很多人使用，而且84要看这个词流行时间有多长。没有生命力的词是不应收进词典里的。

85인터넷의 발전에 따라 많은 유행어가 등장했으며, 그중에는 사회적인 이슈를 끄는 신조어도 많다. 이런 신조어들을 사전에 수록해야 하는가를 놓고 사람들의 생각이 다르다. 많은 언어학자들은 한 단어의 수록 여부는 많은 사람들이 사용하는 것뿐만 아니라 84그 단어의 유행 시간이 얼마나 긴지도 봐야 한다고 주장한다. 생명력이 없는 단어는 사전에 수록할 수 없다는 것이다.

어휘 ★网络 wǎngluò 명 인터넷 | 流行 liúxíng 형 유행하는, 성행하는 | 热 rè 형 인기 있다, 유행하다 | ★关于 guānyú 깨 ~에 관해서 | ★是否 shìfǒu 부 ~인지 아닌지 | 词典 cídiǎn 명 사전 | 不一 bùyī 형 같지 않다, 일치하지 않다 | 使用 shǐyòng 동 사용하다, 쓰다 | 生命力 shēngmìnglì 명 생명력

84. `HSK POINT` 핵심 문장을 통한 의미 파악 · 난이도 中

★ 语言学者认为收进词典里的词应该：

A 很受专家欢迎
B 有很长的生命力
C 引人发笑
D 容易记住

★ 언어 학자는 사전에 수록되는 단어는 당연히 어때야 한다고 생각하는가?

A 전문가의 환영을 받아야 한다
B 긴 생명력이 있어야 한다
C 사람들을 웃겨야 한다
D 기억하기 쉬워야 한다

공략 맨 마지막 문장에 생명력이 없는 단어는 사전에 수록할 수 없다고 했으므로 정답은 B가 된다.

어휘 专家 zhuānjiā 몡 전문가 | ★受欢迎 shòu huānyíng 인기가 있다, 환영을 받는다 | 发笑 fāxiào 통 웃다, 웃기다

85. `HSK POINT` 도입 부분을 통한 주제 파악 · 난이도 中

★ 这篇文章主要说的是：

A 阅读的作用
B 科技的发展
C 词典的功能
D 网上流行词

★ 이 글이 주로 말하고 있는 것은?

A 읽기의 작용
B 과학 기술의 발전
C 사전의 기능
D 인터넷 유행어

공략 주제를 묻는 문제는 일반적으로 본문 맨 앞 혹은 맨 뒤 문장에 숨어 있는 경우가 많다. 첫 번째 문장에서 인터넷의 발달에 따라 많은 유행어가 등장했으며, 그중에는 사회적인 이슈를 끄는 신조어도 많다고 했으므로 정답은 D가 된다.

어휘 ★科技 kējì 몡 과학 기술 | 功能 gōngnéng 몡 기능, 작용

第一部分

86. HSK POINT 부사어의 위치 │ 난이도 中

不打算   还   出差   我暂时

공략

1단계 술어를 찾는다

일반적으로 문장에서 동사가 술어 역할을 하므로 打算이 술어가 되며 부정부사 不와 함께 쓰였다.

2단계 목적어를 찾는다

동사가 술어 역할을 하므로 의미상 함께 올 수 있는 목적어를 찾아야 한다. 따라서 '不打算+出差'가 된다.

3단계 부사어를 찾는다

부사는 술어 앞에 위치하여 술어를 꾸며주는 부사어 역할을 하므로 '还+不打算+出差'가 된다.

4단계 주어를 찾는다

내가 잠시 동안 출장을 갈 계획이 없는 것이므로, 이 문장의 주어 我가 있는 '我暂时'를 문장 맨 앞에 위치시킨다.

5단계 문장 완성하기

我暂时还不打算出差。   나는 잠시 동안 출장을 갈 계획이 없다.

어휘   ★打算 dǎsuan 동 ~할 생각이다, ~하려고 하다 │ 出差 chūchāi 동 출장을 가다 │ ★暂时 zànshí 명 잠깐, 잠시

87. HSK POINT 동사술어문에서 부사어의 위치 │ 난이도 中

皮肤   夏季外出时   要   保护   注意

공략

1단계 술어를 찾는다

일반적으로 문장에서 동사가 술어 역할을 하므로 注意와 保护가 술어가 될 수 있다.

2단계 목적어를 찾는다

동사가 문장에서 술어로 쓰이기 때문에 의미상 함께 올 수 있는 목적어를 찾아야 하므로 '保护+皮肤'가 된다. 의미적으로 피부를 보호하는 것에 주의하는 것이므로, 注意가 이 문장의 술어가 되고 '保护皮肤'가 목적절이 된다.

3단계 부사어를 찾는다

조동사는 동사 술어 앞에 위치하여 술어를 도와주는 역할을 하므로 '要+注意+保护皮肤'가 되며, 동작 및 사건이 발생한 시간을 나타내는 '夏季外出时'는 문장 맨 앞에 위치해야 하므로 '夏季外出时+要+注意+保护皮肤'가 된다.

4단계 문장 완성하기

夏季外出时要注意保护皮肤。 여름에 외출할 때는 피부를 보호하는 것에 주의해야 한다.

어휘 皮肤 pífū 몡 피부 | 夏季 xiàjì 몡 여름 | 外出 wàichū 통 (밖으로) 나가다, 외출하다 | ★保护 bǎohù 통 보호하다 | ★注意 zhùyì 통 주의하다

---

88. HSK POINT 被자문의 기본 어순 이해 난이도 中

吃光   巧克力   都被   了   孙女

공략

1단계 개사구를 찾는다

被는 개사로 단독으로 쓰일 수 없어 동작을 행하는 주체(목적어)와 함께 개사구를 만들어야 한다. 따라서 '都被+孙女'가 된다.

2단계 술어를 찾는다

동사가 문장에서 술어 역할을 하므로 吃가 술어가 된다. 被자문은 주어가 목적어에 의해서 당한 결과가 어떤지를 나타내므로 동사 吃 뒤에 반드시 기타 성분이 와야 한다. 이미 문제에서 결과보어 光이 술어 뒤에 붙어 있으며, 결과보어는 완료를 나타내는 了와 함께 쓰이므로 '吃光+了'가 된다. 따라서 '吃光了'를 개사구 뒤에 위치시킨다.

3단계 주어를 찾는다

주어는 동작을 당하는 대상이므로 巧克力이 된다.

4단계 문장 완성하기

巧克力都被孙女吃光了。 초콜릿을 손녀가 다 먹었다.

어휘 巧克力 qiǎokèlì 몡 초콜릿 | ★被 bèi 께 ~에 의해 ~당하다 | 孙女 sūnnǚ 몡 손녀

▶ **被자문의 기본 어순**

被는 피동문으로 '~에게 ~을 당하다'라는 의미를 나타낸다.

주어(동작의 대상) + 被 + 목적어(동작의 주체) + 술어 + 기타 성분

那本词典被朋友借走了。 그 사전을 친구가 빌려갔다.
我被这个故事感动了。 나는 이 이야기에 감동을 받았다.

---

89. HSK POINT 관형어의 기본 어순 이해 난이도 中

成熟的	我妻子	十分	人	是一个

공략

1단계 술어를 찾는다

일반적으로 문장에서 동사가 술어 역할을 하므로 是가 술어가 된다.

2단계 목적어를 찾는다

동사가 문장에서 술어로 쓰이므로 의미상 함께 올 수 있는 목적어를 찾아야 한다. 따라서 '是+人'으로 배열된다.

3단계 관형어를 찾는다

个는 사람을 세는 양사이므로 '수사+양사+명사'의 원리에 의해 '一个+人'이 된다. 또한 '아주, 매우'라는 의미를 나타내는 정도부사는 형용사를 꾸며주므로 '十分+成熟的'가 되며, 구조조사 的는 명사와 함께 쓰이므로 '一个+十分+成熟的+人'이 된다.

4단계 주어를 찾는다

이 문장의 주체자인 '我妻子'가 주어가 된다.

5단계 문장 완성하기

我妻子是一个十分成熟的人。 나의 부인은 아주 성숙한 사람이다.

어휘 ★成熟 chéngshú 형 성숙하다 | 妻子 qīzi 명 아내 | 十分 shífēn 부 매우, 아주

▶ 관형어의 기본 어순

관형어는 주어와 목적어를 꾸며주는 말로 일반적으로 구조조사 的가 사용된다.

수사 + 양사 + 수식어 + 的 + 명사

一位很优秀的老师 매우 우수한 선생님
一个非常浪漫的爱情故事 아주 낭만적인 이야기

90. HSK POINT 목적절을 수반하는 동사술어문 이해 · 난이도 上

个   误会   我想   是   这恐怕

공략 **1단계 술어를 찾는다**

일반적으로 문장에서 동사가 술어 역할을 하므로 想과 是가 술어가 될 수 있다.

2단계 목적어를 찾는다

동사가 문장에서 술어로 쓰이므로 의미상 함께 올 수 있는 목적어를 찾아야 한다. 우선 '수사+양사+명사'의 원리에 의해 양사 个는 误会와 함께 짝을 이루므로 '个+误会'가 된다. 또한 부정적인 추측을 나타내는 부사 恐怕는 동사 是를 꾸며주므로 '这恐怕+是'가 된다. 의미적으로 문장을 전개하면 '这恐怕+是+个+误会'가 된다.

3단계 주어를 찾는다

내가 이것이 아마도 오해일 것이라고 생각하는 것이므로, 我가 이 문장의 주어가 되고 想이 술어, '这恐怕是个误会'가 목적절이 된다.

4단계 문장 완성하기

我想这恐怕是个误会。 나는 이것이 아마도 오해일 것이라고 생각한다.

어휘 ★误会 wùhuì 몡 오해 | ★恐怕 kǒngpà 뮈 아마 ~일 것이다

91. HSK POINT 개사구의 기본 어순 이해 · 난이도 中

好处   饭后散步   身体   有   对

공략 **1단계 개사구를 만든다**

对는 개사로 단독으로 쓰일 수 없어 대상을 나타내는 명사형 어휘와 함께 개사구를 만들어야 한다. 따라서 '对+身体'가 된다.

2단계 술어를 찾는다

일반적으로 문장에서 동사가 술어 역할을 하므로 有가 술어가 되며, 개사구는 술어를 꾸며주므로 '对+身体+有'
가 된다.

3단계 목적어를 찾는다

동사가 문장에서 술어로 쓰이기 때문에 의미상 함께 올 수 있는 목적어를 찾아야 하므로 '对+身体+有+好处'가
된다.

4단계 주어를 찾는다

산책하는 것이 건강에 이로운 것이므로 散步가 이 문장의 주어가 되어 '饭后散步'를 문장 맨 앞에 위치시켜야
한다.

5단계 문장 완성하기

饭后散步对身体有好处。 식후에 산책하는 것은 건강에 이롭다.

어휘 ★好处 hǎochu 몡 이로운 점, 장점 | 散步 sànbù 동 산책하다 | 身体 shēntǐ 몡 건강 | ★对 duì 개 ~에 대해서

---

92. **HSK POINT** 有를 사용한 비교문 이해 **난이도** **中**

活泼	她的	没有	弟弟	性格

공략 **1단계 술어를 찾는다**

일반적으로 문장에서 동사나 형용사가 술어 역할을 하므로 活泼와 没有가 술어가 될 수 있다. 하지만 여기서 没
有는 '~만 못하다'라는 의미로 비교문을 만들고 있으므로 비교 대상과 함께 와야 한다.

2단계 주어를 찾는다

일반적으로 명사나 대사가 주어 역할을 하고, 비교문에서는 주어가 비교적 구체적인 비교 대상이므로 性格가 된
다. 또한 구조조사 的는 명사와 함께 짝을 이루므로 '她的+性格'가 되며, 그녀의 성격이 남동생만큼 활발한 것
이 아니므로 '她的+性格+没有+弟弟+活泼'가 된다.

3단계 목적어를 찾는다

她的性格没有弟弟活泼。 그녀의 성격은 남동생만큼 활발하지 않다.

어휘 ★活泼 huópo 몡 활발하다 | 弟弟 dìdi 몡 남동생 | 性格 xìnggé 몡 성격

▶ 有를 사용한 비교문

긍정 A + 有 + B + 这么/那么 + 술어 A는 B만큼 이렇게/저렇게 ~하다

妹妹有你这么高吗? 여동생은 너만큼 이렇게 크니?

부정 A + 没有 + B + 这么/那么 + 술어 A는 B만큼 이렇게/저렇게 ~하지 못하다

妹妹没有我这么高。 여동생은 나만큼 이렇게 크지 않아.

---

93. HSK POINT 정도보어의 이해 난이도 下

得　　　我听到这消息　　　激动　　　哭了

공략

1단계 술어를 찾는다

일반적으로 문장에서 동사가 술어 역할을 하므로 激动이 술어가 된다.

2단계 보어를 찾는다

보어는 술어를 보충해 주는 성분으로 술어 뒤에 위치해야 한다. 제시어 중 구조조사 得를 통해 정도보어를 묻는 문제임을 알 수 있으므로, 정도보어의 기본 어순 '동사+得+정도보어'에 따라 문장을 전개하면 '激动+得+哭了'가 된다.

3단계 주어를 찾는다

감격해서 운 주체자는 '나'이므로 我가 이 문장의 주어가 된다.

4단계 문장 완성하기

我听到这消息激动得哭了。 나는 이 소식을 듣고 감격해서 울었다.

어휘 消息 xiāoxi 뗑 소식 | ★激动 jīdòng 통 감격하다, 감동하다 | 哭 kū 통 울다

▶ 정도보어의 기본 어순

술어 뒤에 위치하여 어떠한 동작이나 상황의 정도를 보충한다.

동사/형용사 + 得 + 정도보어

画得很漂亮。 그림을 아주 예쁘게 그렸다.
高兴得哭了。 기뻐서 울었다.

这条　　　稍微　　　裙子　　　短　　　有点儿

공략

1단계 술어를 찾는다

일반적으로 문장에서 형용사가 술어 역할을 하므로 短이 술어가 된다.

2단계 부사어를 찾는다

형용사는 단독으로 술어가 될 수 없으므로 정도부사의 수식을 받아야 한다. 稍微는 동사나 형용사 뒤에 '수량의 적음이나 동작의 시간이 짧음'을 나타내는 一点儿, 一些, 一下, 一会儿 등의 어휘를 수반하며, '稍微+有点儿 +형용사' 형태로 자주 쓰인다. 따라서 '稍微+有点儿+短'이 된다.

3단계 주어를 찾는다

치마가 짧은 것이므로 裙子가 이 문장의 주어가 된다.

4단계 관형어를 찾는다

条는 양사로 가늘고 긴 것을 세는 단위이므로 '지시대사+(수사)+양사+명사'에 의해 '这条+裙子'가 된다.

5단계 문장 완성하기

这条裙子稍微有点儿短。 이 치마는 조금 짧다.

어휘　★稍微 shāowēi 閉 조금, 약간 | 裙子 qúnzi 몡 치마, 스커트 | 短 duǎn 혱 짧다

합격필수 TIP

▶ **稍微의 용법**

稍微는 정도부사로 형용사나 심리동사 앞에 위치한다.

稍微 + 동사/형용사 + 一点儿/一些/一下/一会儿　　조금(약간) ~하다

你**稍微**等一下。 조금만 기다리세요.
这件衣服**稍微**贵一点儿。 이 옷은 조금 비싸다.

工作　　　他　　　停下　　　手中的　　　不得不

공략

1단계 술어를 찾는다

일반적으로 문장에서 동사가 술어 역할을 하므로 停下가 술어가 된다.

⬇

2단계 목적어를 찾는다

동사가 문장에서 술어로 쓰이므로 의미상 함께 올 수 있는 목적어를 찾아야 하므로 '停下+工作'가 된다.

⬇

3단계 관형어를 찾는다

구조조사 的는 명사와 함께 쓰이므로 '手中的+工作'가 된다.

⬇

4단계 부사어를 찾는다

부사는 술어 앞에 놓여 술어를 꾸며주는 부사어 역할을 하므로 '不得不+停下'가 된다.

⬇

5단계 주어를 찾는다

그가 수중의 일을 멈출 수 없는 것이므로 他가 이 문장의 주어가 된다.

⬇

6단계 문장 완성하기

他不得不停下手中的工作。 그는 수중의 일을 멈출 수밖에 없었다.

어휘 工作 gōngzuò 몡 일, 업무 | 停 tíng 통 멈추다, 중지하다 | ★不得不 bùdébù 뷔 ~할 수밖에 없다

96. HSK POINT 동사 제시어 　난이도 中

擦

cā

图 (천·수건 등으로) 닦다

공략

1단계 제시어 및 사진 파악하기

擦는 동사로 '닦다'라는 의미를 나타낸다. 창문을 닦고 있는 사진이 제시되어 있으므로 擦와 함께 호응할 수 있는 목적어 '窗户(창문)'를 떠올리며 문장을 전개하자. 또한 把자문을 활용하여 '나는 이 창문을 깨끗이 닦았다', '나는 이 창문을 한 번 닦았다' 등의 내용으로 문장을 만들자.

2단계 연관 어휘 떠올리기

正在 zhèngzài 图 지금(한창) ~하고 있다 | ★窗户 chuānghu 圐 창문 | 帮 bāng 图 돕다, 거들다 | ★干净 gānjìng 圀 깨끗하다 | 遍 biàn 圀 번, 차례, 회

3단계 문장의 뼈대 만들기

她 + 擦 + 窗户。 그녀는 창문을 닦는다.
주어　술어　목적어

4단계 문장 완성하기

① 她正在擦窗户。
　그녀는 창문을 닦고 있다.

② 请你帮我擦一下窗户。
　저를 도와서 창문을 닦아 주세요.

③ 我帮妈妈擦了这个窗户。
　나는 엄마를 도와서 이 창문을 닦았다.

④ 妈妈把这个窗户擦得很干净。
　엄마는 이 창문을 깨끗이 닦으셨다.

⑤ 妈妈把这个窗户擦了一遍。
　엄마는 이 창문을 한 번 닦으셨다.

합격필수 TIP

▶ 擦와 관련된 빈출 이미지

我妈妈洗了碗就擦盘子。 엄마는 설거지를 하고 접시를 닦으셨다.
我把这些盘子擦得非常干净。 나는 이 접시들을 아주 깨끗이 닦았다.

他一边打电话一边擦汗。 그는 전화를 받으면서 땀을 닦는다.
他正在用毛巾擦汗。 그는 수건으로 땀을 닦고 있다.

逛
guàng
⑧ 거닐다, 구경하다

공략

1단계 제시어 및 사진 파악하기

逛은 동사로 '구경하다'라는 의미를 나타낸다. 쇼핑을 하고 있는 여자 사진이 제시되어 있으므로 逛과 함께 호응할 수 있는 목적어 街, 商店 등을 떠올리며 문장을 전개하자. 또한 '~를 모시고', '~와 함께'라는 의미를 나타내는 동사 陪를 활용하여 '나는 친구와 함께 쇼핑을 간다', '나와 함께 쇼핑을 가자' 등의 내용으로 문장을 만들자.

2단계 연관 어휘 떠올리기

特別 tèbié ⑨ 유달리, 각별히, 특별히 | ★街 jiē ⑨ 거리 | 周末 zhōumò ⑨ 주말 | 商店 shāngdiàn ⑨ 상점 | ★爱好 àihào ⑨ 취미 | 百货商店 bǎihuò shāngdiàn ⑨ 백화점 | ★陪 péi ⑧ 모시다, 동반하다 | 每次 měicì ⑨ 매번 | 心情 xīnqíng ⑨ 심정, 기분

3단계 문장의 뼈대 만들기

我 + 喜欢 + 逛街。   나는 쇼핑을 좋아한다.
주어   술어   목적어

4단계 문장 완성하기

① 我特别喜欢逛街。
　나는 유달리 쇼핑을 좋아한다.

② 我周末跟朋友一起去逛商店。
　나는 주말에 친구와 함께 쇼핑을 간다.

③ 我最大的爱好就是逛百货商店。
　나의 가장 큰 취미는 백화점에 구경 가는 것이다.

④ 你明天陪我去逛百货商店吧。
　내일 나와 함께 백화점에 구경 가자.

⑤ 我每次逛街的时候心情最好。
　나는 쇼핑을 할 때마다 기분이 가장 좋다.

 HSK POINT 형용사 제시어 난이도 中

咸
xián
[형] 짜다

공략

1단계 제시어 및 사진 파악하기

咸은 형용사로 '짜다'라는 의미를 나타낸다. 咸과 함께 호응할 수 있는 정도부사를 떠올리며 '이 국은 조금 짜다', '이 국은 조금 짜지만 맛있다' 등의 내용을 떠올리며 문장을 완성하자.

2단계 연관 어휘 떠올리기

汤 tāng [명] 탕, 국 | 妻子 qīzi [명] 아내 | ★稍微 shāowēi [부] 조금, 약간 | 有点儿 yǒudiǎnr [부] 조금, 약간 | 挺 tǐng [부] 대단히, 아주 | 好喝 hǎohē [형] 맛있다 | ★一点儿也不 yìdiǎnr yě bù 조금도 ~아닌 | 辣 là [형] 맵다 | ★尝 cháng [동] 맛보다

3단계 문장의 뼈대 만들기

汤 + 有点儿 + 咸。 국은 조금 짜다.
주어　　정도부사　　술어

4단계 문장 완성하기

① 这个汤有点儿咸。
　　이 국은 조금 짜다.

② 妻子做的汤稍微有点儿咸。
　　부인이 만든 국은 조금 짜다.

③ 这个汤有点儿咸，不过挺好喝的。
　　이 국은 조금 짜지만 굉장히 맛있다.

④ 这个汤一点儿也不咸，挺好喝的。
　　이 국은 조금도 짜지 않고 굉장히 맛있다.

⑤ 这个汤又辣又咸，你也尝一尝吧。
　　이 국은 맵고 짜네. 너도 맛을 봐봐.

합격필수 TIP

▶ 맛과 관련된 빈출 이미지 및 제시어

这个西红柿稍微有点儿酸。 이 토마토는 조금 시다.
我昨天买的西红柿都很酸。 내가 어제 산 토마토는 모두 시다.

제시어 ➡ 西红柿–酸

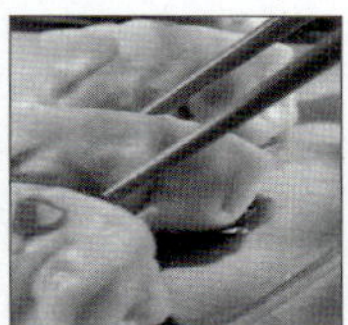

妈妈包的饺子非常香。 엄마가 빚은 만두는 아주 맛있다.
这是谁包的饺子? 挺香的。 이것은 누가 빚은 만두야? 아주 맛있네.

제시어 ➡ 饺子–香

抽烟

chōuyān

图 담배를 피우다,
흡연하다

1단계 제시어 및 사진 파악하기

抽烟은 동사로 '흡연하다'라는 의미를 나타낸다. 금연 표지판이 사진으로 제시되어 있으므로 언제 어디에서 누가 담배를 피우면 안 되는지를 떠올리며 문장을 만들자.

2단계 연관 어휘 떠올리기

公共场所 gōnggòng chǎngsuǒ 圐 공공장소 | ★禁止 jìnzhǐ 图 금지하다 | ★为了 wèile 囲 ~을 위하여 | 健康 jiànkāng 圐 건강 | 勿 wù 囲 ~해서는 안 된다, ~하지 마라 | 校园 xiàoyuán 圐 교정, 캠퍼스

3단계 문장의 뼈대 만들기

这里 + 禁止 + 抽烟。 이곳은 금연이다.
주어　　술어　　목적어

4단계 문장 완성하기

① 公共场所都禁止抽烟。
공공장소에서는 흡연을 금지한다.

② 请不要在公共场所抽烟。
공공장소에서 담배를 피우지 마세요.

③ 为了您和他人的健康，请勿抽烟。
당신과 타인의 건강을 위해서, 담배 피우지 마세요.

④ 为了您孩子的身心健康，请不要在校园内抽烟。
당신 아이의 심신 건강을 위해서, 캠퍼스에서는 담배를 피우지 마세요.

⑤ 最近禁止抽烟的地方越来越多了。
요즘 흡연을 금지하는 곳이 점점 많아진다.

합격필수 TIP

▶ 금연 이미지와 관련된 빈출 제시어

公共场所不允许抽烟。 공공장소에서는 담배 피우는 것을 허가하지 않는다.
妈妈不允许爸爸抽烟。 엄마는 아빠가 담배 피우는 것을 허락하지 않는다.

제시어 ➡ 允许

台

tái

양 (기계·차량·설비 등을
세는 단위) 대

공략

1단계 제시어 및 사진 파악하기

台는 양사로 '세탁기, 냉장고, 컴퓨터' 등 기계 또는 전자 제품으로 되어 있는 사물을 세는 단위이다. '수사+양사+명사'의 원리에 의해 사진을 보고 함께 호응할 수 있는 명사를 먼저 떠올리자. 노트북 컴퓨터를 보고 있는 여자 사진이 제시되어 있으므로 '이것은 새로 산 노트북이다', '이 노트북의 기능은 아주 좋다' 등의 내용으로 문장을 만들 수 있다.

2단계 연관 어휘 떠올리기

★笔记本电脑 bǐjìběn diànnǎo 몡 노트북 컴퓨터 | 最 zuì 뷔 가장, 제일 | 流行 liúxíng 혱 유행하는 | 功能 gōngnéng 몡 기능

3단계 문장의 뼈대 만들기

这 ＋ 是 ＋ 一 ＋ 台 ＋ 笔记本电脑。 이것은 한 대의 노트북 컴퓨터이다.
주어　술어　수사　양사　　명사(목적어)

4단계 문장 완성하기

① 这台笔记本电脑是昨天新买的。
이 노트북 컴퓨터는 어제 새로 샀다.

② 这台笔记本电脑是最近最流行的。
이 노트북 컴퓨터는 요즘 가장 유행하는 것이다.

③ 这是一台最近很流行的笔记本电脑。
이것은 요즘 매우 유행하는 노트북 컴퓨터이다.

④ 这台笔记本电脑的功能非常多。
이 노트북 컴퓨터의 기능은 아주 많다.

⑤ 你看一下这台笔记本电脑怎么样？
이 노트북 컴퓨터가 어떤지 봐주세요.

합격필수 TIP

▶ 양사와 관련된 빈출 이미지 및 제시어

动物园里有一只老虎。 동물원에 호랑이 한 마리가 있다.
这只老虎看起来很困。 이 호랑이는 졸린 것 같다.

제시어 ➡ 只

这朵花开得很漂亮。 이 꽃은 아주 예쁘게 피었다.
这朵花是男朋友送给我的。 이 꽃은 남자 친구가 선물로 줬다.

제시어 ➡ 朵

2회 해설

一、听力

第一部分
| 1. √ | 2. × | 3. √ | 4. √ | 5. √ | 6. × | 7. × | 8. × | 9. √ | 10. × |

第二部分
| 11. D | 12. B | 13. C | 14. A | 15. B | 16. C | 17. D | 18. B | 19. C | 20. C |
| 21. B | 22. D | 23. A | 24. C | 25. B | | | | | |

第三部分
| 26. D | 27. B | 28. A | 29. C | 30. C | 31. A | 32. D | 33. B | 34. C | 35. D |
| 36. B | 37. D | 38. C | 39. A | 40. B | 41. C | 42. A | 43. D | 44. C | 45. B |

二、阅读

第一部分
| 46. F | 47. A | 48. B | 49. E | 50. C | 51. D | 52. A | 53. F | 54. B | 55. E |

第二部分
| 56. BAC | 57. CAB | 58. ACB | 59. BCA | 60. ABC |
| 61. CBA | 62. BCA | 63. ACB | 64. CAB | 65. ACB |

第三部分
| 66. B | 67. D | 68. C | 69. A | 70. C | 71. A | 72. B | 73. A | 74. C | 75. D |
| 76. C | 77. B | 78. D | 79. B | 80. B | 81. D | 82. B | 83. C | 84. D | 85. B |

三、书写

第一部分

86. 墙上挂着一幅山水画。

87. 海洋污染使海鱼数量变得越来越少。

88. 你还需要提供一份总结材料。

89. 我们先把客厅里的沙发搬下去吧。

90. 难道你当时一点儿都不相信吗？

91. 你的动作做得不太标准。

92. 我们之间好像有些误会。

93. 我对明天的面试很有信心。

94. 学校将组织大家去参观博物馆。

95. 她出生在一个美丽的小城市。

第二部分

96. ① 她的动作做得很标准。
② 她的动作做得不太标准。
③ 这个动作太难学了！
④ 请你帮我看一下我的动作对不对。
⑤ 我帮你看看你的动作做得怎么样。

97. ① 他准备去外地出差。
② 他乘坐飞机去中国出差。
③ 他今天又得去北京出差。
④ 他几乎每个月都去外地出差。
⑤ 公司派他去美国出差。

98. ① 这个路口禁止左转。
② 下个路口禁止左转。
③ 路上有禁止左转的标志牌。
④ 我看到了禁止左转的标语。
⑤ 我看到了一个禁止左转的标志牌。

99. ① 他们俩的力气都很大。
② 我的力气比他的更大。
③ 我的力气比他的大得多。
④ 我的力气没有他那么大。
⑤ 他是我们公司里力气最大的人。

100. ① 她们俩正在聊天。
② 她们俩很喜欢聊天。
③ 我们俩在沙发上坐着聊天。
④ 我们俩每次聊得很开心。
⑤ 我们俩一有时间就见面聊天。

新 **HSK** 4급 합격모의고사 **听力**

1. `HSK POINT` 유사 표현 이해 `난이도 中`　　　　track 02-1

小张，这些旧报纸都放乱了。你把它们按照时间顺序排列好，整理完就可以下班了。	샤오장이 지난 신문들을 뒤죽박죽 섞어 놓았어. 자네가 신문을 시간 순서대로 배열해 두게. 정리가 끝나면 퇴근해도 되네.
★ 报纸顺序乱了。(√)	★ 신문의 순서가 뒤죽박죽되었다. (√)

`공략` 샤오장이 지난 신문들을 뒤죽박죽 섞어 놓았다고 말하고 있으므로 신문의 순서가 뒤죽박죽되었다는 제시된 문장은 녹음 내용과 일치한다.

`어휘` 旧报纸 jiù bàozhǐ 지난 신문 | ★乱 luàn 형 어지럽다, 혼란하다 | ★按照 ànzhào 개 ~에 의해, ~에 따라 | 顺序 shùnxù 명 순서 | ★排列 páiliè 동 배열하다, 정렬하다 | ★整理 zhěnglǐ 동 정리하다 | 下班 xiàbān 동 퇴근하다

2. `HSK POINT` 혼동 어휘 이해 `난이도 上`　　　　track 02-2

我本来计划这个礼拜天去台湾玩儿，连机票都买好了。可是公司突然有事，我只好推迟几天再去了。	나는 원래 이번 주에 타이완에 놀러 갈 계획이어서, 비행기 표까지 사놓았다. 하지만 회사에 갑자기 일이 생겨서 며칠 후로 미룰 수밖에 없게 되었다.
★ 他会按计划准时到台湾。(×)	★ 그는 계획대로 시간에 맞춰 타이완에 갈 것이다. (×)

`공략` 推迟는 '뒤로 미루다'라는 의미이고, 准时는 '제때에'라는 의미이다. 따라서 계획대로 시간에 맞춰 타이완에 도착한다는 제시된 문장은 녹음 내용과 일치하지 않는다.

`어휘` ★计划 jìhuà 동 계획하다 | ★礼拜天 lǐbàitiān 명 일요일 | 台湾 Táiwān 고유 타이완, 대만 | 机票 jīpiào 명 비행기 표 | ★突然 tūrán 부 갑자기 | ★只好 zhǐhǎo 부 부득이, 할 수 없이 | ★推迟 tuīchí 동 뒤로 미루다, 늦추다 | 按 àn 개 ~에 의거하여, ~에 따라서 | ★准时 zhǔnshí 부 정시에, 제때에

3. `HSK POINT` 유사 어휘 이해 `난이도 下`　　　　track 02-3

这件衬衫好看是好看，就是稍微有点儿厚。春天和秋天穿正好。现在穿会比较热啊。	이 셔츠는 예쁘기는 한데, 조금 두꺼워서, 봄과 가을에 입으면 좋을 것 같아. 지금 입으면 비교적 더울 거야.
★ 这件衬衫适合春天穿。(√)	★ 이 셔츠는 봄에 입기에 적합하다. (√)

 이 셔츠는 예쁘기는 한데 조금 두꺼워서 봄과 가을에 입으면 좋을 것 같다라고 말하고 있으므로, 이 셔츠는 봄에 입기에 적합하다는 제시된 문장은 녹음 내용과 일치한다.

 衬衫 chènshān 뗑 셔츠, 블라우스 | ★稍微 shāowēi 뿐 조금, 약간 | 厚 hòu 휑 두껍다 | 春天 chūntiān 뗑 봄 | 秋天 qiūtiān 뗑 가을 | ★正好 zhènghǎo 휑 딱 맞다, 꼭 맞다 | ★适合 shìhé 뚱 적합하다

4. HSK POINT 유사 표현 이해 난이도 下 ● track 02-4

音乐不但是一门艺术，还是一种语言。人们对音乐的喜爱与国籍无关。通过音乐，不同国家的人可以交流感情，增进了解。

★ 人们可以通过音乐增进了解。(√)

음악은 예술일 뿐 아니라 언어의 일종이기도 하다. 사람들이 음악을 사랑하는 것은 국적과 무관하다. 음악을 통해 다른 나라 사람들과 감정을 교류하고 이해를 증진할 수 있다.

★ 사람들은 음악을 통해 이해를 증진할 수 있다. (√)

 제시된 문장을 녹음 내용에서 그대로 들려주고 있다. 음악을 통해 다른 나라 사람들과 감정을 교류하고 이해를 증진할 수 있다고 말하고 있으므로 제시된 문장은 녹음 내용과 일치한다.

 音乐 yīnyuè 뗑 음악 | 艺术 yìshù 뗑 예술 | ★语言 yǔyán 뗑 언어 | ★喜爱 xǐ'ài 뚱 좋아하다 | 国籍 guójí 뗑 국적 | ★无关 wúguān 뚱 무관하다, 상관 없다 | ★通过 tōngguò 꺤 ~을 통해 | ★交流 jiāoliú 뚱 서로 소통하다, 교류하다 | 感情 gǎnqíng 뗑 감정 | ★增进 zēngjìn 뚱 증진하다, 증진시키다 | 了解 liǎojiě 뚱 이해하다

5. HSK POINT 전반적인 의미 파악 난이도 上 ● track 02-5

我打算去云南旅行，听说那边四季如春。不仅风景漂亮，而且当地少数民族都特别热情。相信这个寒假会十分有趣。

★ 他寒假想去云南玩儿。(√)

나는 윈난으로 여행을 가려고 해. 그곳은 사계절 내내 봄 날씨 같아서 경치가 아름다울 뿐 아니라 현지 소수 민족들이 아주 친절하다고 하네. 이번 겨울 방학은 상당히 재미있을 것 같아.

★ 그는 겨울 방학 때 윈난에 놀러 가고 싶어 한다. (√)

 윈난으로 여행을 가려고 한다는 첫 번째 말과 이번 겨울 방학은 상당히 재미있을 것 같다는 마지막 말을 통해서 그는 겨울 방학 때 윈난으로 놀러 가고 싶어 함을 알 수 있으므로 제시된 문장은 녹음 내용과 일치한다.

 云南 Yúnnán 고유 윈난 | ★旅行 lǚxíng 뚱 여행하다 | 四季如春 sìjì rú chūn 쟁 일년 내내 기후가 봄날같이 따뜻하다 | 风景 fēngjǐng 뗑 풍경, 경치 | 少数民族 shǎoshù mínzú 뗑 소수 민족 | ★特别 tèbié 뿐 특히, 더욱 | ★热情 rèqíng 휑 열정적이다, 친절하다 | ★相信 xiāngxìn 뚱 믿다, 신임하다 | 寒假 hánjià 뗑 겨울 방학 | ★有趣 yǒuqù 휑 재미있다

6. `HSK POINT` 혼동 어휘 이해 `난이도` `中` 🔊 track 02-6

我平时工作忙很少有时间运动，<u>可是周末我会约朋友们见面一起去打网球或者踢足球，偶尔也会去游泳。</u>

★ 他<u>几乎每天</u>都去打网球。(×)

나는 평소에 일이 바빠서 운동할 시간이 없다. <u>하지만 주말에 친구들을 만나 함께 테니스나 축구를 하러 가거나 가끔은 수영을 하러 간다.</u>

★ 그는 거의 매일 테니스를 치러 간다. (×)

`공략` 평소에는 바빠서 운동할 시간이 없어 주말에 친구들과 테니스나 축구를 하러 가거나 가끔은 수영도 하러 간다고 했으므로, 거의 매일 테니스를 치러 간다는 제시된 문장은 녹음 내용과 일치하지 않는다.

`어휘` 平时 píngshí 명 평소, 평상시 | 运动 yùndòng 동 운동하다 | 周末 zhōumò 명 주말 | 约 yuē 동 약속하다 | 见面 jiànmiàn 동 만나다 | 打网球 dǎ wǎngqiú 테니스를 치다 | ★或者 huòzhě 접 ~를 하든지 아니면 ~을 하다 | 踢足球 tī zúqiú 축구를 하다 | ★偶尔 ǒu'ěr 부 때때로, 간혹 | 游泳 yóuyǒng 동 수영하다 | ★几乎 jīhū 부 거의

7. `HSK POINT` 혼동 표현 이해 `난이도` `中` 🔊 track 02-7

获取信息是我们上网的目的之一。<u>不过需要注意的是网上的信息并不都是真的。</u>我们应该仔细判断其真假。

★ 网上的信息<u>都是真的</u>。(×)

정보 획득은 우리가 인터넷을 하는 목적 중 하나다. <u>그러나 주의할 것은 인터넷 정보가 모두 진짜는 아니라는 점이다.</u> 우리는 그 진위 여부를 자세히 판단해야 한다.

★ 인터넷의 정보는 모두가 진짜다. (×)

`공략` 并不는 '결코 ~이지 않다'라는 의미로 녹음 내용에서 인터넷 정보가 모두 진짜는 아니라고 말하고 있다. 따라서 인터넷의 정보는 모두가 진짜라는 제시된 문장은 녹음 내용과 일치하지 않는다.

`어휘` ★获取 huòqǔ 동 얻다 | ★信息 xìnxī 명 정보 | ★目的 mùdì 명 목적 | 之一 zhī yī ~중의 하나 | 注意 zhùyì 동 주의하다 | ★仔细 zǐxì 형 세심하다, 꼼꼼하다 | ★判断 pànduàn 동 판단하다 | 真假 zhēnjiǎ 형 진짜와 가짜

합격필수 TIP

▶ 并의 용법

并은 '결코, 전혀'라는 의미로 부정부사 不, 没 앞에 쓰여 부정의 어투를 강조한다.

这**并不**是我的错。이것은 결코 나의 잘못이 아니다.
我**并没**听说过这件事。나는 전혀 이 일을 들어 본 적이 없다.

8. `HSK POINT` 전반적인 의미 파악 `난이도` `中` 🔊 track 02-8

<u>这个活动交给小李负责，我不太放心。</u>他太年轻了。这方面的经验不是很丰富。

★ 他<u>希望</u>由小李负责这个活动。(×)

<u>이 행사를 샤오리에게 맡기려니 마음이 놓이지 않는다.</u> 그는 너무 나이가 어려서, 이 분야의 경험이 많지 않다.

★ 그는 샤오리가 이 행사를 맡아 줄 것을 원한다. (×)

공략 不太는 '그다지 ~하지 않다'라는 의미로 녹음 내용에서 행사를 샤오리에게 맡기는 것이 마음이 놓이지 않는다고 말하고 있으므로, 샤오리가 이 행사를 맡아 줄 것을 원한다는 제시된 문장은 녹음 내용과 일치하지 않는다.

어휘 活动 huódòng 몡 활동, 행사 | ★负责 fùzé 동 책임지다 | 年轻 niánqīng 형 젊다, 어리다 | ★经验 jīngyàn 몡 경험, 체험 | ★丰富 fēngfù 형 많다, 풍부하다 | 希望 xīwàng 동 희망하다, 바라다 | 由 yóu 개 ~이, ~가

---

9. HSK POINT 유사 표현 이해 난이도 中 track 02-9

许多人认为筷子只要没坏就可以继续使用。然而筷子与牙刷一样，都需要经常换。一般来说筷子的使用时间最好别超过半年。

젓가락은 망가지지만 않으면 계속 사용할 수 있다고 아는 사람들이 많다. 그러나 젓가락도 칫솔과 마찬가지로 자주 바꿔야 한다. 일반적으로 젓가락의 사용 시간은 반년을 넘기지 않는 것이 좋다.

★ 筷子也需要经常换。(√)

★ 젓가락도 자주 바꿔 써야 한다. (√)

공략 젓가락도 칫솔과 마찬가지로 자주 바꿔야 한다고 말하고 있으므로 젓가락도 자주 바꿔 써야 한다는 제시된 문장은 녹음 내용과 일치한다.

어휘 筷子 kuàizi 몡 젓가락 | ★坏 huài 동 고장 나다, 망가지다 | ★继续 jìxù 동 계속하다 | 使用 shǐyòng 동 사용하다, 쓰다 | 然而 rán'ér 접 그러나, 하지만 | 牙刷 yáshuā 몡 칫솔 | ★最好 zuìhǎo 부 ~하는 게 제일 좋다 | ★超过 chāoguò 동 초과하다, 넘다

---

10. HSK POINT 혼동 어휘 이해 난이도 下 track 02-10

李先生，很抱歉。我们办公室的复印机坏了。现在还在修理，可能过一会儿才能把材料交给您。

이 선생님 죄송합니다, 저희 사무실의 복사기가 고장이 났어요. 아직도 수리 중이니, 자료는 좀 이따가 드려야 할 것 같습니다.

★ 复印机修好了。(×)

★ 복사기를 다 수리했다. (×)

공략 '还在'는 '아직 ~을 하고 있다'라는 의미이고, '好了'는 '~했다'라는 의미이다. 따라서 복사기를 다 수리했다는 제시된 문장은 녹음 내용과 일치하지 않는다.

어휘 ★抱歉 bàoqiàn 동 미안해하다 | 办公室 bàngōngshì 몡 사무실 | 复印机 fùyìnjī 몡 복사기 | ★坏 huài 동 고장 나다 | ★修理 xiūlǐ 동 수리하다 | 材料 cáiliào 몡 자료, 데이터 | 交 jiāo 동 제출하다

11. `HSK POINT 인물에 대한 평가` `난이도 中` track 02-11

男：真可惜，要是再快一秒他就赢了。
女：已经很厉害了。他才十七岁，而且是第一次参加这种国际比赛。

问：女的觉得那个人怎么样?

A 不友好
B 很粗心
C 很奇怪
D 很棒

남: 정말 아깝다. 1초만 빨랐어도 그가 이겼을 텐데.
여: 그 정도도 대단한 거야. 그는 겨우 17세이고, 게다가 이런 국제 경기는 처음 참가한 거잖아.

질문: 여자는 그가 어떻다고 생각하는가?

A 우호적이지 않다
B 매우 부주의하다
C 매우 이상하다
D 매우 훌륭하다

공략 보기를 통해서 어떤 사람에 대한 평가를 묻는 문제임을 알 수 있다. 1초만 빨랐어도 그가 이겼을 거라는 남자의 말에 여자는 그 정도도 대단하다고 말하고 있으므로 정답은 D이다.

어휘 ★可惜 kěxī 형 섭섭하다, 아쉽다 | 秒 miǎo 양 초 | ★赢 yíng 동 이기다, 승리하다 | ★厉害 lìhai 형 대단하다 | ★参加 cānjiā 동 참가하다 | 国际 guójì 명 국제 | 比赛 bǐsài 명 경기, 시합 | ★友好 yǒuhǎo 형 우호적이다 | ★粗心 cūxīn 형 세심하지 못하다 | 奇怪 qíguài 형 이상하다 | 棒 bàng 형 좋다, 훌륭하다

합격필수 TIP

▶ 시험에 자주 출제되는 인물 평가 관련 어휘

聪明 cōngming 똑똑하다 | 积极 jījí 적극적이다 | 成熟 chéngshú 성숙하다 | 浪漫 làngmàn 낭만적이다 | 优秀 yōuxiù 우수하다 | 勇敢 yǒnggǎn 용감하다 | 活泼 huópo 활발하다 | 礼貌 lǐmào 예의 바르다 | 骄傲 jiāo'ào 오만하다, 거만하다 | 冷静 lěngjìng 냉정하다, 침착하다 | 粗心 cūxīn 세심하지 못하다, 소홀하다, 부주의하다

12. `HSK POINT 이유 및 원인 파악` `난이도 下` track 02-12

女：哥，昨天晚上睡得好吗? 冷不冷?
男：挺好的。房间里开了暖气，很暖和。

问：男的为什么觉得很暖和?

A 开空调了
B 开暖气了
C 开窗户了
D 不怕冷

여: 오빠, 어젯밤에 잘 잤어? 춥지는 않았어?
남: 아주 잘 잤어. 방에 히터를 켜서 따뜻하더라.

질문: 남자는 왜 따뜻하다고 느꼈는가?

A 에어컨을 켜서
B 히터를 켜서
C 창문을 열어서
D 추위를 안 타서

공략 어젯밤에 잘 때 춥지 않았냐는 여자의 물음에 남자는 방에 히터를 켜서 따뜻했다고 말하고 있으므로 정답은 B이다.

 挺 tǐng 閉 매우 | 房间 fángjiān 圀 방 | 暖气 nuǎnqì 圀 히터 | ★暖和 nuǎnhuo 圀 따뜻하다 | 空调 kōngtiáo 圀 에어컨 |
★窗户 chuānghu 圀 창문

13. HSK POINT 인물의 상황 파악 | 난이도 中

track 02-13

男：你手机是不是没电了？怎么总是打不通？

女：抱歉，我换了个新号。还没来得及告诉你。

问：女的怎么了？

A 手机坏了
B 手机没电了
C 换号码了
D 丢手机了

남: 너 휴대 전화 배터리가 다 닳았어? 왜 계속 통화가 안 되지?

여: 미안해. 전화번호를 바꿨는데, 너한테 미처 알려주지 못했어.

질문: 여자에게 무슨 일이 있었는가?

A 휴대 전화기가 고장 났다
B 휴대 전화기 배터리가 닳았다
C 전화번호를 바꿨다
D 휴대 전화기를 잃어버렸다

 왜 계속 통화가 안 되냐는 남자의 물음에 여자는 전화번호를 바꿨는데 미처 알려주지 못했다고 말하고 있으므로 정답은 C이다.

 手机 shǒujī 圀 휴대 전화 | ★总是 zǒngshì 閉 늘, 줄곧 | ★抱歉 bàoqiàn 圄 미안해하다 | 换 huàn 圄 바꾸다 | ★来得及 láidejí 圄 늦지 않다, 생각할 겨를이 있다 | ★告诉 gàosu 圄 말하다, 알리다 | 丢 diū 圄 잃다, 잃어버리다

14. HSK POINT 이유 및 원인 파악 | 난이도 中

track 02-14

女：什么事让你这么激动？

男：硕士考试的结果出来了。我考上了。真是太高兴了!

问：男的为什么很激动？

A 硕士考试合格了
B 考上大学了
C 周围风景不错
D 遇到些麻烦

여: 무슨 일이길래 이렇게 신났어?

남: 석사 시험 결과가 나왔는데, 나 합격했거든. 기분이 너무 좋아!

질문: 남자는 왜 신이 났는가?

A 석사 시험에 합격해서
B 대학에 합격해서
C 주변 풍경이 멋져서
D 힘든 일을 당해서

 考上과 合格 모두 '(시험에) 합격하다'라는 의미이다. 무슨 일이길래 이렇게 신났냐는 여자의 물음에 남자는 석사 시험 결과가 나왔는데 합격했다고 말하고 있으므로 정답은 A이다.

 ★激动 jīdòng 圄 감동하다, 흥분하다 | 硕士 shuòshì 圀 석사 | 考试 kǎoshì 圀 시험 | 结果 jiéguǒ 圀 결과 | ★合格 hégé 圀 합격이다 | 周围 zhōuwéi 圀 주위, 주변 | ★遇到 yùdào 圄 만나다, 봉착하다 | 麻烦 máfan 圀 귀찮다, 성가시다

男：姐，洗手间的地上怎么都是水？

女：我刚才给小狗洗澡了。还没来得及收拾。你小心点儿啊。

问：女的刚才在做什么？

A 茶杯被碰倒了

B 给小狗洗澡

C 收拾厨房

D 擦窗户

남: 누나, 화장실 바닥이 왜 온통 젖어 있어?

여: 방금 강아지 목욕을 시켰는데, 아직 치우지 못했으니 조심해.

질문: 여자는 방금 무엇을 했는가?

A 찻잔을 깨뜨렸다

B 강아지 목욕을 시켰다

C 부엌을 정리했다

D 창문을 닦았다

공략 보기를 통해 인물의 행동을 묻는 문제임을 알 수 있다. 화장실 바닥이 왜 온통 젖어 있냐는 남자의 물음에 여자는 방금 강아지 목욕을 시켰는데 아직 치우지 못했다고 말하고 있으므로 정답은 B이다.

어휘 洗手间 xǐshǒujiān 몡 화장실 | 小狗 xiǎogǒu 몡 강아지 | 洗澡 xǐzǎo 통 목욕하다 | ★收拾 shōushi 통 정리하다 | ★小心 xiǎoxīn 통 조심하다 | 茶杯 chábēi 몡 찻잔 | 厨房 chúfáng 몡 주방, 부엌 | ★擦 cā 통 (천·수건 등으로) 닦다

女：昨天的足球比赛你看了吗？

男：看了。真是太精彩了，尤其是下半场。

问：男的觉得比赛怎么样？

A 让人失望　　　　B 觉得无聊

C 十分精彩　　　　D 非常浪漫

여: 어제 축구 경기 봤어?

남: 봤어. 정말 멋진 경기였어. 특히 후반전이 대단했지.

질문: 남자는 경기가 어떻다고 생각하는가?

A 실망했다　　　　B 지루했다

C 매우 멋졌다　　　D 매우 낭만적이었다

공략 보기를 통해서 어떤 사물에 대한 평가를 묻는 문제임을 알 수 있다. '太……了'는 '매우 ~하다'라는 의미이고, 十分 역시 '매우'라는 의미이다. 어제 축구 경기를 봤냐는 여자의 물음에 남자는 정말 멋진 경기였다고 말하고 있으므로 정답은 C이다.

어휘 足球比赛 zúqiú bǐsài 축구 경기 | ★精彩 jīngcǎi 혱 뛰어나다, 훌륭하다 | 尤其 yóuqí 뵈 더욱이, 특히 | 下半场 xiàbànchǎng 후반전 | ★失望 shīwàng 통 실망하다 | ★无聊 wúliáo 혱 지루하다 | 浪漫 làngmàn 혱 낭만적이다

男：阿姨，你的塑料袋破了，有东西掉出来了。

女：啊！我光看路了。谢谢你提醒我。

问：男的提醒女的什么？

남: 아주머니, 비닐봉지가 찢어져서 물건이 떨어졌어요.

여: 어머! 길 가는 데 바빠서 몰랐네요. 알려줘서 고마워요.

질문: 남자가 여자에게 알려준 것은?

A 努力工作 | A 열심히 일하라고
B 买双袜子 | B 양말을 사라고
C 不要骄傲 | C 교만하지 말라고
D 袋子破了 | D 봉지가 찢어졌다고

 비닐봉지가 찢어져서 물건이 떨어졌다는 남자의 말을 통해서 D가 정답임을 알 수 있다.

 ★塑料袋 sùliàodài 비닐봉지 | 破 pò 图 파손되다, 찢어지다 | 掉 diào 图 빠뜨리다, 흘리다 | 光 guāng 图 단지, 오로지 | ★提醒 tíxǐng 图 일깨우다, 깨우치다 | 袜子 wàzi 图 양말 | ★骄傲 jiāo'ào 图 오만하다, 거만하다 | 袋子 dàizi 图 봉지

18. HSK POINT 시간 파악 | 난이도 下 | track 02-18

女：听说年底咱公司对面要开一家新饭馆。
男：真的吗？那到时候咱们吃饭就方便多了。

问：新饭馆什么时候开？

A 年初　　　　　B 年底
C 春节　　　　　D 元旦

여：듣자 하니 연말에 우리 회사 건너편에 새로운 식당이 생긴대요.
남：정말이요? 그때가 되면 우리 식사가 훨씬 편하겠네요.

질문：새로운 식당은 언제 개업하는가?

A 연초　　　　　B 연말
C 춘절　　　　　D 새해 첫날

 보기를 통해서 시간을 묻는 문제임을 알 수 있다. 듣자 하니 연말에 우리 회사 건너편에 새로운 식당이 생긴다는 여자의 말을 통해 새로운 식당이 연말에 개업함을 알 수 있으므로 정답은 B이다.

 年底 niándǐ 图 연말 | 对面 duìmiàn 图 맞은편 | 饭馆 fànguǎn 图 식당 | ★方便 fāngbiàn 图 편리하다

19. HSK POINT 전반적인 의미 파악 | 난이도 上 | track 02-19

男：都四点一刻了，你怎么还不去接孙子？
女：你忘了？孩子今天参加演讲比赛，五点半才结束。

问：女的是什么意思？

A 手机坏了
B 记错时间了
C 没到时间
D 马上出发

남：벌써 4시 15분인데, 왜 아직 손자를 마중 가지 않나요?
여：잊었어요? 오늘 아이가 강연 대회에 참가해서, 5시 반이 돼야 끝나요.

질문：여자는 무슨 의미인가?

A 휴대 전화기가 고장 났다
B 시간을 잘못 기억했다
C 시간이 안 되었다
D 곧 출발한다

 왜 아직 손자를 데리러 가지 않냐는 남자의 물음에 여자는 오늘 아이가 강연 대회에 참가해서 5시 반이 돼야 끝난다고 답하고 있다. 여자의 말을 통해서 C가 정답임을 알 수 있다. 여기서 才는 '~가 되어서야'라는 의미로 일의 발생이 늦음을 나타낸다.

 一刻 yíkè 명 15분 | ★接 jiē 동 마중하다 | 孙子 sūnzi 명 손자 | 忘 wàng 동 잊다 | 演讲比赛 yǎnjiǎng bǐsài 강연 시합 | ★结束 jiéshù 동 끝나다 | ★出发 chūfā 동 출발하다

20. HSK POINT 행동에 대한 대상 파악 [난이도 中] · track 02-20

女：王大夫说爷爷送来得很及时。现在已经没事了。

男：那就好。对了，那个送爷爷来医院的小伙子呢？得好好谢谢他！

问：他们要感谢谁？

A 邻居
B 王大夫
Ⓒ 小伙子
D 小姑娘

여: 왕 의사 선생님이 할아버지를 병원에 신속히 모셔와서 이제 괜찮아지셨어.

남: 다행이네. 아참! 할아버지를 병원에 모셔온 젊은이는 어디 있지? 고맙다는 인사를 꼭 전해야 돼.

질문: 그들이 고맙다는 인사를 하려는 사람은 누구인가?

A 이웃
B 왕 의사
Ⓒ 젊은이
D 아가씨

 보기를 통해서 어떠한 행동을 한 대상을 파악하는 문제임을 알 수 있다. 왕 의사 선생님이 할아버지를 병원에 신속히 모셔와서 괜찮아지셨다는 여자의 말에 남자는 할아버지를 병원에 모셔온 젊은이에게 고맙다는 인사를 꼭 전해야 한다고 말하고 있으므로 정답은 C이다.

 大夫 dàifu 명 의사 | ★及时 jíshí 형 시기 적절하다, 때가 맞다 | 爷爷 yéye 명 할아버지 | 医院 yīyuàn 명 병원 | ★小伙子 xiǎohuǒzi 명 젊은이, 청년 | ★邻居 línjū 명 이웃 | ★小姑娘 xiǎogūniang 명 여자아이, 소녀

합격필수 TIP

▶ 대상을 파악하는 질문 유형

男的/女的想和谁商量？ 남자는/여자는 누구와 상의를 하고 싶은가？
他们在说谁？ 그들은 누구를 이야기하고 있는가？
晚上谁要请客？ 저녁에 누가 한턱을 내는가？
谁要过生日了？ 누가 생일인가？
男的/女的要找谁？ 남자는/여자는 누구를 찾으려고 하는가？

21. HSK POINT 인물의 상태 파악 [난이도 下] · track 02-21

男：下一个就是我了，我突然有些紧张。

女：没事，放松点儿。像平时练习时那样就可以。

남: 다음이 내 차례여서, 갑자기 좀 긴장이 돼.

여: 괜찮아, 긴장을 풀어. 평소 연습하던 대로만 하면 돼.

问：男的现在心情怎么样？

A 非常激动

Ⓑ 有点儿紧张

C 不后悔

D 很轻松

질문: 지금 남자의 심정은 어떠한가?

A 매우 흥분된다

Ⓑ 약간 긴장된다

C 후회하지 않는다

D 매우 가볍다

공략 보기를 통해서 인물의 상태를 묻는 문제임을 알 수 있다. 남자는 다음이 내 차례여서 갑자기 조금 긴장된다고 말하고 있으므로 정답은 B이다.

어휘 ★紧张 jǐnzhāng 혭 긴장해 있다 | ★放松 fàngsōng 동 늦추다, 정신적 긴장을 풀다 | 练习 liànxí 동 연습하다 | ★后悔 hòuhuǐ 동 후회하다 | 轻松 qīngsōng 혭 수월하다, 가볍다

---

22. HSK POINT 인물의 행동 파악 난이도 中 ● track 02-22

女：一会儿有客人要来，<u>先别看电视了。去</u>
<u>帮我把垃圾扔了</u>。

男：好的，妈妈。是李叔叔要来吗？

问：女的让男的做什么？

A 弹钢琴

B 挂地图

C 看电视

Ⓓ 扔垃圾

여: 조금 있으면 손님이 오시니까, <u>텔레비전을 보지 말</u>
<u>고 쓰레기 좀 버리고 오렴</u>.

남: 알았어요. 엄마. 리 아저씨가 오시는 거죠?

질문: 여자는 남자에게 무엇을 하라고 했나?

A 피아노 치기

B 지도 걸기

C 텔레비전 보기

Ⓓ 쓰레기 버리기

공략 동사구로 이루어져 있는 보기를 통해서 인물의 행동을 묻는 문제임을 알 수 있다. 여자는 남자에게 조금 있으면 손님이 오시니 텔레비전을 보지 말고 쓰레기 좀 버리고 오라고 말하고 있으므로 정답은 D이다.

어휘 客人 kèrén 혭 손님 | 电视 diànshì 혭 텔레비전 | ★垃圾 lājī 혭 쓰레기 | ★扔 rēng 동 버리다 | 叔叔 shūshu 혭 아저씨 | ★弹钢琴 tán gāngqín 피아노를 치다 | 挂 guà 동 걸다 | 地图 dìtú 혭 지도

---

23. HSK POINT 장소 파악 난이도 下 ● track 02-23

男：你好！<u>还有标准间吗？</u>

女：实在抱歉！<u>今天没有空房间了</u>。

问：他们最可能在哪儿？

Ⓐ 宾馆　　　　　B 超市

C 银行　　　　　D 公司

남: 안녕하세요. <u>2인실 있나요?</u>

여: 정말 죄송합니다만, <u>오늘은 빈방이 없네요</u>.

질문: 그들은 어디에 있을 가능성이 큰가?

Ⓐ 호텔　　　　　B 슈퍼마켓

C 은행　　　　　D 회사

 보기를 통해서 장소를 묻는 문제임을 알 수 있다. 2인실이 있냐는 남자의 물음에 여자는 오늘 빈방이 없다고 말하고 있으므로 그들은 호텔에 있음을 알 수 있다.

 标准间 biāozhǔnjiān 몡 2인실 | ★实在 shízài 凰 정말, 참으로 | 空 kōng 톙 비다 | 房间 fángjiān 몡 방 | ★宾馆 bīnguǎn 몡 호텔 | 超市 chāoshì 몡 마트, 슈퍼마켓 | 银行 yínháng 몡 은행 | 公司 gōngsī 몡 회사

24. HSK POINT 전반적인 의미 파악 [난이도 下]　　track 02-24

女：祝贺你考上了名牌大学。

男：谢谢。如果没有老师的帮助，恐怕不会
　　这么顺利。

问：关于男的，可以知道什么？

A 收到邀请信
B 拿到奖学金
C 考上了大学
D 要去留学

여: 명문 대학에 합격한 것을 축하한다.

남: 감사합니다. 선생님의 도움이 없었다면, 이렇게 순조롭지 않았을 거예요.

질문: 남자에 관해 알 수 있는 것은?

A 초청장을 받았다
B 장학금을 받았다
C 대학에 합격했다
D 유학을 가려고 한다

 명문 대학에 합격한 것을 축하한다는 여자의 말을 통해 남자가 대학에 합격했음을 알 수 있으므로 정답은 C이다.

 ★祝贺 zhùhè 통 축하하다 | 名牌大学 míngpái dàxué 명문 대학 | 帮助 bāngzhù 몡 도움 | ★恐怕 kǒngpà 凰 아마 ~일 것이다 | ★顺利 shùnlì 톙 순조롭다 | 邀请信 yāoqǐngxìn 몡 초청장 | 奖学金 jiǎngxuéjīn 몡 장학금 | 留学 liúxué 통 유학하다

25. HSK POINT 전반적인 의미 파악 [난이도 中]　　track 02-25

男：那份计划书你看了吗？

女：看了。写得很专业，不过最后一部分有
　　个小错误。我已经用铅笔画出来了。

问：关于那份计划书，可以知道什么？

A 符合要求
B 有错误
C 很详细
D 马马虎虎

남: 그 계획서는 보셨습니까？

여: 봤어요. 아주 전문적으로 썼네요. 하지만 끝 부분에 작은 실수가 한 군데 있어서, 내가 연필로 표시해 두었어요.

질문: 계획서에 관해 알 수 있는 것은?

A 요구에 부합하다
B 실수가 있다
C 매우 상세하다
D 그저 그렇다

 계획서를 봤냐는 남자의 물음에 여자는 아주 전문적으로 썼는데 끝 부분에 작은 실수가 있어서 연필로 표시해 두었다고 말하고 있으므로 정답은 B이다.

第三部分

26. **HSK POINT** 인물의 행동 파악 난이도 **中** ○ **track 02-26**

女：你的出国材料准备得怎么样了？	여: 출국 서류 준비는 어떻게 되어가고 있어?
男：差不多了，<u>还少一个收入证明。我这就去银行办</u>。	남: 거의 다 되었는데, <u>소득 증명서를 아직 안 떼어서 지금 은행에 가는 길이야</u>.
女：一份恐怕不够，最好多复印几份。	여: 한 부로는 부족할지도 모르니, 몇 부 더 복사해야 할 거야.
男：我知道了，谢谢。	남: 알았어. 고마워.
问：男的现在要做什么？	질문: 남자는 지금 무엇을 하려고 하는가?
A 去银行取钱	A 은행에 돈을 찾으러 간다
B 去医院看病	B 병원에 진찰을 받으러 간다
C 办签证手续	C 비자 발급 수속을 하러 간다
D 办收入证明	**D 소득 증명서를 떼러 간다**

공략 보기를 통해 인물의 행동을 묻는 문제임을 알 수 있다. 출국 서류 준비는 어떻게 되어가고 있냐는 여자의 물음에 남자는 소득 증명서를 아직 안 떼어서 지금 은행에 가는 길이라고 말하고 있으므로 정답은 D이다.

어휘 ★材料 cáiliào ⑲ 자료 | 准备 zhǔnbèi ⑧ 준비하다 | 收入 shōurù ⑲ 수입 | ★证明 zhèngmíng ⑲ 증서, 증명서 | ★办 bàn ⑧ 처리하다 | 复印 fùyìn ⑧ 복사하다 | 看病 kànbìng ⑧ (의사에게) 진찰을 받다 | ★签证 qiānzhèng ⑲ 비자 | ★手续 shǒuxù ⑲ 수속

합격필수 TIP

▶ **인물의 행동을 묻는 질문 유형**

男的/女的正在干什么？ 남자는/여자는 무엇을 하고 있는가?
男的/女的接下来要做什么？ 남자는/여자는 이어서 무엇을 하려고 하는가?
男的/女的暑假准备做什么？ 남자는/여자는 여름 방학에 무엇을 하려고 하는가?
他们在做什么？ 그들은 무엇을 하고 있는가?

男：大学生活比高中生活丰富多了吧？

女：确实。学校里经常会举办各种活动。

男：你可以选择一些自己感兴趣的参加。<u>既能认识朋友，又能积累经验</u>。

女：是啊。我也是这么想的。

问：男的觉得参加活动有什么好处？

A 适应环境

Ⓑ 积累经验

C 改变心情

D 关心社会

남: 대학 생활이 고등학교 때보다 훨씬 풍부해졌지?

여: 정말 그래요. 학교에서 각종 행사를 자주 개최해요.

남: 네가 흥미를 느끼는 행사를 선택해서 참가할 수 있단다. <u>그러면 친구도 사귈 수 있고 경험도 쌓을 수 있어</u>.

여: 맞아요. 저도 그렇게 생각해요.

질문: 남자는 활동에 참가하면 어떤 점이 좋다고 생각하는가?

A 환경에 적응한다

Ⓑ 경험을 쌓는다

C 기분을 전환한다

D 사회에 관심을 갖는다

공략　병렬 관계 접속사 '既……又……' 문장에 정답이 있다. 남자는 행사에 참가하면 친구도 사귈 수 있고 경험도 쌓을 수 있다고 말하고 있으므로 정답은 B이다.

어휘　高中 gāozhōng 명 고등학교 | ★确实 quèshí 부 절대로, 정말로 | ★举办 jǔbàn 동 거행하다, 개최하다 | 选择 xuǎnzé 동 고르다, 선택하다 | 感兴趣 gǎn xìngqù 관심이 있다, 흥미가 있다 | ★积累 jīlěi 동 쌓이다 | ★适应 shìyìng 동 적응하다 | 改变 gǎibiàn 동 고치다, 바꾸다 | 关心 guānxīn 동 관심을 갖다 | 社会 shèhuì 명 사회

女：听说你最近要去深圳演出？

男：是的。这个月十二号出发。

女：<u>要去多长时间？</u>

男：<u>现在还不清楚</u>。估计得月底才能回来。

问：男的不清楚什么？

Ⓐ 要去多长时间

B 跟谁一起去

C 什么时候出发

D 要打印几份

여: 듣자 하니 너 곧 선전에 공연하러 갈 거라던데?

남: 맞아, 이번 달 12일에 출발해.

여: <u>얼마나 가 있을 건데?</u>

남: <u>아직은 확실히 몰라</u>. 월말에나 돌아올 수 있을 것 같아.

질문: 남자가 정확히 모르는 것은?

Ⓐ 얼마나 가 있을지

B 누구와 함께 가는지

C 언제 출발하는지

D 몇 부를 인쇄해야 하는지

공략　선전에 얼마나 가 있을 거냐는 여자의 물음에 남자는 아직 확실히 모른다고 말하고 있으므로 정답은 A이다.

29. HSK POINT 장소 파악 난이도 下

track 02-29

男：喂？你还在逛街吗？

女：刚逛完，<u>和同事在咖啡馆聊天儿呢</u>。怎么了？

男：我的钥匙丢了，进不了门。你快回来吧。

女：好，我马上就回去。

问：女的现在在哪儿？

A 电梯里　　　　B 大使馆

C 咖啡馆　　　　D 动物园

남：여보세요? 당신 아직 쇼핑하는 중이야?

여：막 쇼핑 마치고, <u>회사 동료와 커피숍에서 이야기하는 중인데</u>, 왜?

남：열쇠를 잃어버렸어. 문을 못 열고 있으니 빨리 좀 와줘.

여：알았어. 당장 갈게.

질문: 여자는 지금 어디에 있는가?

A 엘리베이터 안　　　B 대사관

C 커피숍　　　　　　D 동물원

공략 보기를 통해서 장소를 묻는 문제임을 알 수 있다. 아직 쇼핑 중이냐는 남자의 물음에 여자는 쇼핑을 마치고 회사 동료와 커피숍에서 이야기를 하고 있다고 말하고 있으므로 정답은 C이다.

30. HSK POINT 전반적인 의미 파악 난이도 下

track 02-30

女：小刘，<u>你母亲以前是京剧演员</u>？

男：<u>对</u>。她年轻时在我们那儿很有名。

女：这么说，你喜欢听京剧是受了你母亲的影响？

男：是，我小时候经常去看她的演出。

问：关于小刘的母亲，可以知道什么？

A 在农村长大

B 是南方人

C 会唱京剧

D 是中学教师

여：샤오류, <u>네 어머니께서 전에 경극 배우셨지?</u>

남：<u>맞아</u>. 어머니는 젊었을 때 우리 고향에서 꽤 유명하셨어.

여：그렇다면, 네가 경극을 좋아하는 것은 어머니의 영향을 받은 거니?

남：그래. 난 어렸을 때 어머니 공연을 자주 보러 갔었어.

질문: 샤오류의 어머니에 관해 알 수 있는 것은?

A 농촌에서 자랐다

B 남방 출신이다

C 경극을 부를 줄 안다

D 중학교 교사이다

 어머니가 전에 경극 배우였냐는 여자의 물음에 남자는 대라고 대답했으므로 정답은 C이다.

 ★母亲 mǔqīn 몡 어머니 | 京剧 jīngjù 몡 경극 | ★演员 yǎnyuán 몡 배우 | ★有名 yǒumíng 톙 유명하다 | 农村 nóngcūn 몡 농촌 | 中学教师 zhōngxué jiàoshī 중학교 교사

---

31. HSK POINT 이유 및 원인 파악 [난이도 上] track 02-31

男：我们关窗户了吗？

女：刚才走得太急，我没注意。

男：我收到一条短信，说中午有大雨。

女：那我回家看一下。你上班要来不及了，先走吧。

问：女的为什么要回家一趟？

A 看看关没关窗户

B 要看天气预报

C 弄脏了衣服

D 忘记带手机了

남：우리 창문을 닫았던가？

여：방금 급히 나오느라 신경을 못 썼어요.

남：문자 메시지를 받았는데, 점심 때 큰 비가 온다는군.

여：그럼 내가 집에 들러서 살펴볼게요. 당신은 출근 시간이 급하니 먼저 가요.

질문：여자는 왜 집에 다녀오려고 하는가?

A 창문을 닫았는지 살펴보려고

B 일기 예보를 보려고

C 옷을 더럽혀서

D 휴대 전화기를 잊고 나와서

 창문을 닫았냐는 남자의 물음에 여자는 방금 급히 나오느라 신경을 못 썼다며 집에 들러서 살펴보고 온다고 말하고 있으므로 정답은 A이다.

 刚才 gāngcái 몡 지금 막, 방금 | ★急 jí 톙 급하다 | 收到 shōudào 통 받다 | 短信 duǎnxìn 몡 문자 메시지 | ★上班 shàngbān 통 출근하다 | ★来不及 láibují 통 (시간이 부족하여) 돌볼 틈이 없다 | 天气预报 tiānqì yùbào 몡 일기 예보 | ★弄脏 nòngzāng 통 더럽히다 | ★忘记 wàngjì 통 잊다 | 带 dài 통 (몸에) 지니다, 휴대하다

---

32. HSK POINT 동작을 통한 사물 파악 [난이도 下] track 02-32

女：我要去逛商店，你去不去？

男：我有点儿累，不去了。你顺便买几个鸡蛋吧，晚上做个汤。

女：我昨天买了一些，放在冰箱里了。

男：我没注意。那你去逛吧，今天我来做饭。

问：男的让女的买什么？

A 蛋糕

B 牛奶

C 饮料

D 鸡蛋

여：나 상점에 가려고 하는데, 같이 갈래？

남：좀 피곤해서 안 갈래. 간 김에 달걀 몇 개 사와. 저녁에 국 끓일 거야.

여：내가 어제 몇 개 사다가 냉장고에 넣어 두었어.

남：못 봤네. 그럼 다녀와. 오늘은 내가 밥을 할게.

질문：남자는 여자에게 무엇을 사오라고 했는가?

A 케이크

B 우유

C 음료

D 달걀

어휘　逛商店 guàng shāngdiàn 아이 쇼핑을 하다 | ★顺便 shùnbiàn 튄 ~하는 김에, 겸사겸사 | ★鸡蛋 jīdàn 명 달걀 | 汤 tāng 명 국 | ★冰箱 bīngxiāng 명 냉장고 | 蛋糕 dàngāo 명 케이크 | 牛奶 niúnǎi 명 우유 | 饮料 yǐnliào 명 음료

33. HSK POINT 전반적인 의미 파악　난이도 上　track 02-33

男：小姐，<u>我们公园禁止车辆入内</u>。	남: 아가씨, <u>저희 공원에는 차량이 들어갈 수 없습니다</u>.
女：那麻烦问一下。这周围哪里有停车的地方？	여: 그렇다면 여쭤볼게요. 이 주변에 차를 세울 만한 곳이 어디에 있죠?
男：<u>马路对面就有一个免费停车场</u>。	남: <u>길 건너에 무료 주차장이 하나 있습니다</u>.
女：好的。谢谢你。	여: 알겠습니다. 감사합니다.
问：关于公园，可以知道什么？	질문: 공원에 관해 알 수 있는 것은?
A 禁止吸烟	A 흡연이 금지되어 있다
B 不允许停车	B 주차가 허용되지 않는다
C 不太受欢迎	C 별로 인기가 없다
D 周围很热闹	D 주변이 매우 번화하다

어휘　公园 gōngyuán 명 공원 | ★禁止 jìnzhǐ 동 금지하다 | 车辆 chēliàng 명 차량 | 麻烦 máfan 동 귀찮게 하다 | ★停车 tíngchē 동 차량을 주차하다 | 马路 mǎlù 명 찻길, 큰길 | ★免费停车场 miǎnfèi tíngchēchǎng 무료 주차장 | ★吸烟 xīyān 동 담배를 피우다 | ★允许 yǔnxǔ 동 동의하다, 허가하다 | 热闹 rènao 형 떠들썩하다

34. HSK POINT 옳고 그름 판단　난이도 中　track 02-34

女：怎么回事？你怎么不开灯？	여: 어떻게 된 거지? 왜 불을 켜지 않았어?
男：我也是刚进门，刚发现灯不亮。<u>是不是停电了</u>。	남: 나도 이제 들어왔어. 불이 안 켜지는 것도 지금 알았어. <u>정전된 거 아니야</u>?
女：<u>应该不会</u>。邻居家的灯都亮着呢。	여: <u>그럴 리 없어</u>. 이웃집의 등은 모두 켜져 있는걸.
男：<u>那就是灯坏了</u>。	남: <u>그럼 등이 고장 난 거네</u>.
问：根据对话，下列哪个正确？	질문: 대화를 근거로 다음 중 옳은 것은?
A 楼层好　　B 停电了	A 건물 층이 좋다　　B 정전되었다
C 灯坏了　　D 撞车了	C 등이 고장 났다　　D 차가 충돌했다

 불이 안 켜지는데 정전된 거 아니냐는 남자의 말에 여자는 그럴 리 없다고 답하고 있으므로 B는 정답이 아니다. 이웃집의 등은 모두 켜져 있다는 여자의 말에 남자는 등이 고장 난 거라고 말하고 있으므로 정답은 C이다.

 灯 dēng 圐 등 | ★发现 fāxiàn 통 발견하다, 알아차리다 | 亮 liàng 뷩 밝다, 빛나다 | ★停电 tíngdiàn 통 정전되다 | 楼层 lóucéng 圐 층, 층수 | 撞车 zhuàngchē 통 차량이 서로 충돌하다

---

35. HSK POINT 사물에 대한 평가 [난이도 中]　　track 02-35

男：你怎么咳嗽得这么严重？吃药了吗？
女：吃了，但是好像没什么效果。
男：去医院打一针吧。这样好得快些。
女：是，先等等吧。要是明天还不好，再去。

问：女的觉得那些药怎么样？

A 觉得太苦　　　　B 价格便宜
C 效果很好　　　　D 不太管用

남: 기침을 왜 이렇게 심하게 하니? 약은 먹었어?
여: 먹었어. 하지만 별로 효과가 없는 것 같아.
남: 병원에 가서 주사를 맞아봐. 그럼 빨리 나을 거야.
여: 일단 기다려보고, 내일도 여전히 안 좋으면 그때 가볼래.

질문: 여자는 그 약이 어떻다고 생각하는가?

A 너무 쓰다　　　　B 값이 싸다
C 효과가 좋다　　　　D 효과가 좋지 않다

 但是 뒤에 약이 효과가 없다고 언급했으므로 정답은 D이다. '그러나' 뒤에 정답이 제시되는 경우가 많으니 전환 관계 접속사를 주의해서 듣도록 한다.

 咳嗽 késou 통 기침하다 | ★严重 yánzhòng 뷩 심각하다 | 药 yào 圐 약 | 好像 hǎoxiàng 뷴 마치 ~과 같다 | ★效果 xiàoguǒ 圐 효과 | ★打针 dǎzhēn 통 주사를 맞다 | 要是 yàoshi 젭 만약 ~이라면 | 苦 kǔ 뷩 쓰다 | 价格 jiàgé 圐 가격 | 便宜 piányi 뷩 값이 싸다 | ★管用 guǎnyòng 뷩 효과적이다, 유용하다

합격필수 TIP

▶ 시험에 자주 출제되는 평가 관련 어휘

精彩 jīngcǎi 뛰어나다, 훌륭하다 | 无聊 wúliáo 무료하다, 따분하다 | 价格高 jiàgé gāo 가격이 비싸다 | 干净 gānjìng 깨끗하다 | 新鲜 xīnxiān 신선하다 | 旧 jiù 헐다, 낡다 | 破 pò 파손되다, 찢어지다 | 流行 liúxíng 유행하다 | 质量差 zhìliàng chà 품질이 나쁘다

[36-37]

　　您好！36我们正在做一个关于普通话的社会调查。这次调查只用于研究，没有其他目的。能麻烦您花几分钟帮我们填一份调查表吗？37填完我们会送您一份小礼物。

　　안녕하세요. 36저희는 표준어에 관한 사회 조사를 하고 있습니다. 이 조사는 연구 외의 다른 목적에 사용되지 않습니다. 번거로우시겠지만, 몇 분만 시간을 내서 설문지를 기입해 주시겠습니까? 37기입하시고 나면 작은 선물을 드립니다.

 正在 zhèngzài 뷔 지금 ~하고 있다 | ★关于 guānyú 깨 ~에 관한 | ★普通话 pǔtōnghuà 몡 현대 중국 표준어 | 调查 diàochá 통 조사하다 | ★用于 yòngyú 통 ~에 쓰다 | 研究 yánjiū 통 연구하다 | 其他 qítā 때 기타 | 花 huā 통 쓰다, 소비하다 | ★填 tián 통 기입하다 | 调查表 diàochábiǎo 설문지 | 礼物 lǐwù 몡 선물

36. HSK POINT 인물의 행동 파악 난이도 中

track 02-36

说话人正在做什么?

화자가 지금 하고 있는 것은 무엇인가?

A 开会

A 회의하다

B 调查

B 조사하다

C 报名

C 신청하다

D 加班

D 야근하다

공략 보기를 통해서 인물의 행동을 묻는 문제임을 알 수 있다. 우리는 보통화에 관한 사회 조사를 하고 있다는 말을 통해서 정답이 B임을 알 수 있다.

어휘 开会 kāihuì 통 회의를 열다 | ★报名 bàomíng 통 신청하다 | ★加班 jiābān 통 야근하다

37. HSK POINT 옳고 그름 판단 난이도 中

track 02-37

根据这段话，下列哪个正确?

이 글을 근거로 다음 중 옳은 것은?

A 打不开邮箱

A 메일함을 열 수 없다

B 长时间用电脑

B 장시간 컴퓨터를 사용했다

C 进行得很顺利

C 진행이 순조롭다

D 填完给礼物

D 기입을 하고 나면 선물을 준다

공략 맨 마지막 부분에 기입을 하고 나면 작은 선물을 드린다고 했으므로 정답은 D이다.

어휘 ★邮箱 yóuxiāng 몡 메일함 | 电脑 diànnǎo 몡 컴퓨터 | 进行 jìnxíng 통 진행하다

[38-39]

"父母在，不远游"是中国的一句老话。 38意思是说父母健在时，儿女最好陪在他们身边。然而现在人们的想法发生了很大的变化。越来越多的人到离家很远的城市，39甚至国外锻炼自己。父母也鼓励他们这么做。

'부모님이 계실 적에는 멀리 떠나지 않는다'라는 중국의 옛말이 있다. 38부모님이 건재하실 때 자식이 부모님을 곁에서 모셔야 한다는 의미이다. 그러나 오늘날 사람들의 생각은 많이 바뀌었다. 점점 많은 사람들이 고향을 떠나 먼 도시로 가고, 39심지어 외국으로 자신을 단련하러 떠나기도 한다. 부모들도 자식들이 그렇게 하기를 권한다.

父母 fùmǔ 몡 부모 | 远游 yuǎnyóu 통 멀리 떠나다 | 老话 lǎohuà 몡 옛말, 속담 | ★意思 yìsi 몡 의미, 뜻 | 健在 jiànzài 통 건재하다 | 儿女 érnǚ 몡 자녀 | ★陪 péi 통 모시다, 동반하다 | 想法 xiǎngfa 몡 생각, 의견 | 变化 biànhuà 통 변화하다, 달라지다 | ★越来越 yuèláiyuè 뷔 더욱더, 점점 | 城市 chéngshì 몡 도시 | ★甚至 shènzhì 뷔 심지어, ~까지도 | ★鼓励 gǔlì 통 격려하다

38. HSK POINT 전반적인 의미 파악 | 난이도 上

track 02-38

"父母在，不远游"说的是孩子应怎么样?

'부모님이 계실 적에는 멀리 떠나지 않는다'라는 말은 자녀가 마땅히 어떻게 해야 한다는 것인가?

A 主动帮助别人
B 要有理想
Ⓒ 留在父母身边
D 要有耐心

A 자발적으로 남을 도와야 한다
B 이상을 가져야 한다
Ⓒ 부모님을 곁에서 모셔야 한다
D 인내심을 가져야 한다

공략 '부모님이 계실 적에는 멀리 떠나지 않는다'는 부모님이 건재하실 때 자식이 부모님을 곁에서 모셔야 한다는 의미이므로 정답은 C이다

어휘 ★主动 zhǔdòng 혱 자발적인 | 理想 lǐxiǎng 몡 이상 | 留 liú 통 머무르다 | 耐心 nàixīn 몡 인내심

39. HSK POINT 인물의 태도 파악 | 난이도 上

track 02-39

现在对于孩子出国，父母是什么态度?

오늘날 자녀의 외국행에 대해 부모의 태도는 어떠한가?

Ⓐ 支持　　B 反对
C 热情　　D 感谢

Ⓐ 지지한다　　B 반대한다
C 열정적이다　　D 고마워한다

공략 보기를 통해서 인물의 태도를 묻는 문제임을 알 수 있다. 점점 많은 사람들이 고향을 떠나 도시로 가고, 심지어 자신을 단련하러 외국으로 떠나기도 하는데, 부모들도 자식들이 그렇게 하기를 권한다고 했으므로 정답은 A이다

어휘 态度 tàidu 몡 태도 | ★支持 zhīchí 통 지지하다 | ★反对 fǎnduì 통 반대하다 | 感谢 gǎnxiè 통 고맙다, 감사하다

[40-41]

40欢迎大家乘坐此次航班。为了保证您的安全，在飞机起飞和降落过程中，41请不要使用手机和电脑。此次航班全程禁烟。请您不要抽烟。另外，我们还为您准备了饼干、茶和咖啡等。供您选用。

（为了 ~을 하기 위해(목표)　为 ~을 위해(대상)　供 제공하다）

40저희 비행기에 탑승하신 여러분을 환영합니다. 여러분의 안전을 위해 비행기가 이착륙할 동안 41휴대 전화와 컴퓨터 사용을 금해주시기 바랍니다. 비행 구간 전체는 금연이오니 흡연을 삼가해 주십시오. 그밖에 여러분을 위해 간식과 차, 커피를 준비하였으니 골라서 드시기 바랍니다.

어휘 欢迎 huānyíng 图 환영하다 | ★乘坐 chéngzuò 图 타다 | ★航班 hángbān 명 항공편 | 为了 wèile 개 ~을 하기 위하여 | 保证 bǎozhèng 图 확실히 책임지다 | 安全 ānquán 명 안전 | ★起飞 qǐfēi 图 이륙하다 | ★降落 jiàngluò 图 착륙하다 | 过程 guòchéng 명 과정 | 全程 quánchéng 명 전체 노정 | 禁烟 jìnyān 图 흡연을 금지하다, 금연하다 | ★抽烟 chōuyān 图 담배를 피우다 | 另外 lìngwài 접 이 외에, 이 밖에 | 饼干 bǐnggān 명 비스킷, 과자 | 选用 xuǎnyòng 图 (여럿 가운데서) 골라 쓰다

40. `HSK POINT` 장소 파악 `난이도 下`

track 02-40

这个广播最可能会在哪里听到? | 이 방송은 어디에서 들을 수 있는가?

A 火车站　　　　　**B** 飞机上 | A 기차역　　　　　**B** 비행기 안
C 出租车上　　　　D 网上 | C 택시 안　　　　　D 인터넷

공략 보기를 통해서 장소를 묻는 문제임을 알 수 있다. '저희 비행기에 탑승하신 여러분을 환영합니다'라는 첫 번째 문장을 통해서 정답이 B임을 알 수 있다.

어휘 ★广播 guǎngbō 명 방송 | 火车站 huǒchēzhàn 명 기차역 | 出租车 chūzūchē 명 택시

41. `HSK POINT` 인물의 행동 파악 `난이도 中`

track 02-41

大家被禁止做什么? | 모두가 금해야 할 행동은 무엇인가?

A 喝茶 | A 차 마시기
B 看报 | B 신문 보기
C 抽烟 | **C** 흡연
D 睡觉 | D 잠자기

공략 보기를 통해서 인물의 행동을 묻는 문제임을 알 수 있다. 不要는 '~하지 마라'라는 의미로, 비행 구간 전체가 금연이니 흡연을 삼가해 달라고 방송하고 있으므로 C가 정답임을 알 수 있다.

어휘 ★看报 kàn bào 신문을 보다 | 睡觉 shuìjiào 图 잠을 자다

[42-43]

王女士，您放心。42只要是在我们店购买
（~이라면）
的电视机，一年以内出现任何质量问题，我
（어떠한, 무슨）
们都会免费给您修。43这是保修卡，使用中遇
到什么问题，您可以通过上面的电话联系我
（~을 통해）
们。

왕 여사님, 안심하세요. 42저희 점포에서 구입하신 텔레비전이라면 1년 이내에 발생하는 모든 품질 문제에 대해 모두 무료로 수리해 드립니다. 43이것은 수리 보증서이니, 사용 중 무슨 문제가 있으면, 여기 적힌 전화로 연락주시면 됩니다.

 放心 fàngxīn 圄 마음을 놓다 | ★购买 gòumǎi 圄 사다, 구매하다 | 电视机 diànshìjī 圆 텔레비전 | 任何 rènhé 团 어떠한, 무슨 | ★质量 zhìliàng 圆 질, 품질 | 问题 wèntí 圆 문제 | ★免费 miǎnfèi 圄 무료로 하다 | 修 xiū 圄 수리하다 | ★保修卡 bǎoxiūkǎ 보증서 | 联系 liánxì 圄 연락하다

42. HSK POINT 동작을 통한 사물 파악 [난이도 中]   track 02-42

王女士在买什么?	왕 여사가 사고 있는 것은?
Ⓐ 电视机	Ⓐ 텔레비전
B 洗衣机	B 세탁기
C 家具	C 가구
D 照相机	D 카메라

 보기를 보고 인물의 동작을 통해 어떠한 사물을 묻는 문제임을 알 수 있다. 우리 점포에서 구입한 텔레비전이라면 1년 이내에 발생하는 모든 품질 문제에 대해 무료로 수리해 드린다는 말을 통해 A가 정답임을 알 수 있다.

 ★洗衣机 xǐyījī 圆 세탁기 | 家具 jiājù 圆 가구 | 照相机 zhàoxiàngjī 圆 카메라

43. HSK POINT 사물의 위치 파악 [난이도 中]   track 02-43

联系方式写在哪儿?	연락처는 어디에 적혀있나?
A 申请表上	A 신청표
B 笔记本上	B 수첩
C 名片上	C 명함
Ⓓ 保修卡上	Ⓓ 수리 보증서

 사용 중 무슨 문제가 있으면 수리 보증서에 적힌 전화로 연락을 하라는 말을 통해서 D가 정답임을 알 수 있다.

 申请表 shēnqǐngbiǎo 圆 신청서 | 笔记本 bǐjìběn 圆 노트, 수첩 | ★名片 míngpiàn 圆 명함

[44-45]

人在不同情况下, 可能有不同的性格。例如、⁴⁴有些人在不认识的人面前非常安静, 但在朋友面前却十分活泼。这是因为⁴⁵跟熟悉的人在一起人们比较放松, 说话、做事会更自然。

사람은 상황에 따라 다른 성격을 가지게 된다. 가령 ⁴⁴어떤 사람들은 모르는 사람 앞에서는 매우 조용하지만 친구들 앞에서는 무척 활발하다. 이는 ⁴⁵친한 사람들과 함께 있으면 마음이 편해지고 말과 행동이 더 자연스러워지기 때문이다.

44. `HSK POINT` 전반적인 의미 파악　`난이도 中`

track 02-44

有些人在不认识的人面前是什么样子?	일부 사람들은 모르는 사람 앞에서 어떻게 하는가?
A 害羞	A 부끄러워한다
B 活泼	B 활발하다
ⓒ 安静	ⓒ 조용하다
D 热闹	D 떠들썩하다

공략　어떤 사람들은 모르는 사람 앞에서는 매우 조용하지만 친구들 앞에서는 무척 활발하다고 했으므로 정답은 C이다.

45. `HSK POINT` 이유 및 원인 파악　`난이도 中`

track 02-45

为什么和熟悉的人在一起会更自然?	잘 아는 사람과 있으면 왜 더 자연스러워지는가?
A 感觉很有趣	A 재미있다고 느껴서
Ⓑ 心情更放松	Ⓑ 마음이 더욱 편안해져서
C 很久没见面	C 오랫동안 못 만나서
D 喜欢回忆童年	D 어린 시절을 추억하기 때문에

공략　친한 사람들과 함께 있으면 마음이 편해지고 말과 행동이 더 자연스러워진다고 했으므로 정답은 B이다.

新 HSK 4급 합격모의고사 阅读

第一部分

[46-50]

A 味道 wèidao 몡 맛	B 危险 wēixiǎn 혱 위험하다
C 意见 yìjiàn 몡 견해, 의견	D 坚持 jiānchí 동 견지하다, 유지하다
E 所有 suǒyǒu 혱 모든, 전부의	F 圆 yuán 혱 둥글다

---

46. `HSK POINT 형용사 어휘 선택` `난이도 下`

昨天买的西瓜又大又（ F 圆 ），真好吃，你也吃点儿吧。

어제 사온 수박이 크고 (F 동그란) 것이 정말 맛있어. 너도 먹어봐.

공략 '又……又……'는 '～하기도 하고 ～하기도 하다'라는 두 가지 성질을 동시에 나타내는 접속사이므로 빈칸에는 형용사가 와야 한다. 의미적으로 어제 사온 수박이 크고 동그란 것이 맛있다는 것이므로 정답은 F이다.

어휘 西瓜 xīguā 몡 수박 | 好吃 hǎochī 혱 맛있다, 맛나다

---

47. `HSK POINT 명사 어휘 선택` `난이도 中`

生活中少了幽默，就好像菜里忘了加盐，总让人感觉少了些（ A 味道 ）。

생활 속에 유머가 부족하면 음식에 소금이 빠진 것처럼 (A 맛)이 없다고 느껴진다.

공략 빈칸은 '조금, 약간'이란 의미를 나타내는 양사 些와 함께 쓸 수 있는 명사가 와야 한다. 의미적으로 생활 속에 유머가 없다면 소금이 빠진 것처럼 맛이 없게 느껴진다는 것이므로 정답은 A이다.

어휘 生活 shēnghuó 몡 생활 | ★幽默 yōumò 혱 유머러스한 | ★好像 hǎoxiàng 뷔 마치 ～과 같다 | 忘 wàng 동 잊다 | 加盐 jiā yán 소금을 넣다 | ★总 zǒng 뷔 늘, 줄곧 | 感觉 gǎnjué 동 느끼다

---

48. `HSK POINT 형용사 어휘 선택` `난이도 中`

酒后驾驶非常（ B 危险 ），是法律严格禁止的。

음주 운전은 매우 (B 위험하며) 법으로 엄격히 금지되어 있다.

공략 형용사는 단독으로 술어가 될 수 없기 때문에 정도부사 非常의 수식을 받아야 한다. 따라서 빈칸에는 형용사가 와야 한다. 의미적으로 음주 운전은 위험한 것이므로 B가 정답이 된다.

 酒后驾驶 jiǔhòu jiàshǐ 음주 운전 | 法律 fǎlǜ 圐 법률 | ★严格 yángé 图 엄격히 하다, 엄하게 하다 | ★禁止 jìnzhǐ 图 금지하다

49. HSK POINT 형용사 어휘 선택 [난이도 中]

我们应该学会拒绝，而不是（ E 所有 ）的要求 | 우리는 거절하는 법을 배워야 하며, （ E 모든 ）요구를 받
都接受。 | 아들이지 않아야 한다.

 빈칸은 구조조사 的와 함께 명사 要求를 꾸며 주고 있다. 의미적으로 거절하는 법을 배워야 하며 모든 요구를 받아들이지 않아야 한다는 것이므로 정답은 E이다. 또한 所有는 문장에서 '所有+的+명사' 형태로 자주 쓰인다.

 学会 xuéhuì 图 배워서 알다 | ★拒绝 jùjué 图 거절하다 | 要求 yāoqiú 圐 요구 | ★接受 jiēshòu 图 받아들이다

합격필수 TIP

▶ 所有의 용법

'모든'이라는 의미를 나타내는 형용사 所有는 구조조사 的와 함께 자주 쓰여 명사를 꾸며준다.

所有 +（的）+ 명사

所有的人都知道他是好人。모든 사람들이 그가 좋은 사람이라는 것을 안다.
所有问题都解决好了。모든 문제는 잘 해결되었다.

50. HSK POINT 명사 어휘 선택 [난이도 下]

小马，你回家后把大家今天会上提的（ C 意 | 샤오마, 집에 돌아가서 오늘 회의에서 모두가 제시한（ C
见 ）都整理出来。 | 의견 ）들을 정리해 놓게.

 구조조사 的는 명사와 함께 짝을 이루므로 빈칸에는 명사가 와야 한다. 의미적으로 오늘 회의에서 모두가 제시한 의견들을 정리해 놓으라는 것이므로 정답은 C이다.

 回家 huíjiā 图 집으로 돌아가다 | ★提 tí 图 제기하다 | ★整理 zhěnglǐ 图 정리하다

합격필수 TIP

▶ 명사 意见과 자주 결합하는 동사

提 제기하다 , 征求 구하다 , 发表 발표하다 , 反对 반대하다 ➕ 意见

[51-55]

A 估计 gūjì 图 추측하다, 예상하다	B 尊重 zūnzhòng 图 존중하다
C 温度 wēndù 图 온도	D 重新 chóngxīn 图 다시, 재차
E 入口 rùkǒu 图 입구	F 肯定 kěndìng 图 확실히, 틀림없이

---

51. HSK POINT 부사 어휘 선택 난이도 中

A：您好，我的身份证丢了，想（**D 重新**）办一个。 B：好的。你先填一张表格，然后去那儿照相。	A: 안녕하세요. 제 신분증을 잃어버려서, （**D 다시**）하나를 발급받으려고 합니다. B: 알겠습니다. 먼저 이 양식을 기입하고 난 후, 저쪽으로 가서 사진을 찍으세요.

공략 빈칸은 동사 办을 꾸며 줄 수 있는 부사가 와야 한다. 의미적으로 신분증을 잃어버려서 다시 발급받으려고 하므로 정답은 D이다.

어휘 身份证 shēnfènzhèng 图 신분증 | ★丢 diū 图 잃어버리다 | 办 bàn 图 처리하다, 취급하다 | ★填 tián 图 기입하다 | 表格 biǎogé 图 표, 양식 | 照相 zhàoxiàng 图 사진을 찍다

합격필수 TIP

▶ 부사 **重新**과 자주 결합하는 동사

重新 ➕ **开始** 시작하다 , **考虑** 고려하다 , **调整** 조정하다 , **排列** 배열하다

---

52. HSK POINT 동사 어휘 선택 난이도 上

A：不好意思，会议推迟了，我（**A 估计**）两点多才能跟你见面。 B：没关系，我在公司对面的餐厅等你。	A: 미안해. 회의가 늦어져서, 2시나 돼야 만날 수 있을 것으로 （**A 예상돼**）. B: 괜찮아. 회사 맞은편 식당에서 기다릴게.

공략 빈칸은 주어(我) 뒤에 위치하여 목적절(两点多才能跟你见面)을 수반하고 있으므로 동사가 와야 한다. 의미적으로 회의가 늦어져서 2시나 돼야 만날 수 있을 것으로 예상하고 있으므로 정답은 A이다.

어휘 会议 huìyì 图 회의 | ★推迟 tuīchí 图 미루다, 늦추다 | 见面 jiànmiàn 图 만나다 | 对面 duìmiàn 图 맞은편, 건너편 | 餐厅 cāntīng 图 식당

▶ **估计의 용법**

估计는 '예측하다, 추측하다'라는 의미를 나타내는 동사로, 일반적으로 추측 및 예측하는 내용을 목적어로 수반한다.

我**估计**这次考得不坏。 나는 이번에 시험을 나쁘게 보지 않았다고 예상한다.

我**估计**他不会通过面试。 나는 그가 면접에 합격하지 못할 거라고 예상한다.

---

53. HSK POINT 부사 어휘 선택 | 난이도 中

A：哪儿来的钢琴声？ 真好听！	A: 어디서 나는 피아노 소리지? 정말 듣기 좋다!
B：（ F 肯定 ）是楼上的女儿放假回家了。她经常在家里弹钢琴。	B: (F 틀림없이) 위층 집 딸이 방학을 해서 집에 왔을 거야. 그 애는 항상 집에서 피아노를 치거든.

공략 빈칸은 동사 是를 꾸며 줄 수 있는 부사가 와야 한다. 의미적으로 어디서 나는 피아노 소리냐는 물음에 위층 집 딸이 방학을 해 집에 와서 피아노를 치는 거라고 확신하고 있으므로 정답은 F이다.

어휘 好听 hǎotīng 혱 듣기 좋다 | 楼上 lóushàng 몡 위층 | 女儿 nǚ'ér 몡 딸 | ★放假 fàngjià 동 방학하다 | 经常 jīngcháng 凰 자주, 종종 | ★弹钢琴 tán gāngqín 피아노를 치다

---

54. HSK POINT 동사 어휘 선택 | 난이도 中

A：我考虑了很久，还是决定放弃出国留学的机会。	A: 제가 오랫동안 생각해봤는데, 역시 외국 유학의 기회를 포기하기로 했습니다.
B：既然这样，那我们就（ B 尊重 ）你的选择。	B: 기왕 그렇게 하기로 했다면, 우리는 자네의 선택을 (B 존중하겠네).

공략 빈칸은 목적어를 수반하고 있으므로 동사가 와야 한다. 동사 어휘 선택은 함께 호응하는 목적어(명사)를 통해서 정답을 찾을 수 있으므로 목적어 选择와 호응하는 동사 尊重이 정답이다.

어휘 考虑 kǎolǜ 동 고려하다 | ★决定 juédìng 동 결정하다 | ★放弃 fàngqì 동 버리다, 포기하다 | 出国留学 chūguó liúxué 출국하여 유학을 떠나다 | 机会 jīhuì 몡 기회 | ★既然……就…… jìrán……jiù…… 기왕 ~했으니 ~하겠다 | ★选择 xuǎnzé 몡 선택

---

55. HSK POINT 명사 어휘 선택 | 난이도 下

A：飞机还有半个小时就要起飞了，你到底什么时候到？	A: 비행기는 30분 후에 이륙하는데, 넌 도대체 언제 도착하니?
B：路上堵车。我现在在（ E 入口 ）处，马上就到。	B: 길이 막혔어. 지금 (E 입구)에 와있으니까, 금방 도착할 거야.

 在는 '~에 있다'라는 의미로 사람 및 사물의 위치를 나타내는 동사이다. 따라서 구체적인 장소나 위치를 나타내는 명사 어휘를 목적어로 수반한다. 제시어 중 장소를 나타내는 어휘는 入口밖에 없으므로 정답은 E이다.

어휘 起飞 qǐfēi 통 이륙하다 | ★到底 dàodǐ 부 도대체 | 到 dào 통 도착하다 | 路上 lùshang 명 길 위 | ★堵车 dǔchē 통 교통이 꽉 막히다 | ★马上 mǎshàng 부 곧, 즉시

第二部分

56. HSK POINT 사건이 발생한 순서로 문장 배열 난이도 下

> B等女儿放假了，A我要带她去北京旅行，C带她爬爬长城、吃吃烤鸭，好好玩儿几天。
> 사건① / 사건② / 사건③
>
> B딸아이가 방학하면 A나는 딸과 함께 베이징으로 여행을 갈 거야. C함께 만리장성에 오르고 오리 구이도 먹으면서 며칠간 재미있게 놀다 올 거야.

공략 **1단계 문제를 보면서 단서를 찾는다**
> 지시대사 她가 구체적으로 가리키는 대상이 누구인지 알 수 없으므로 A와 C는 문장 맨 앞에 올 수 없다.

2단계 사건이 발생한 순서로 문장을 전개한다
> 베이징으로 여행을 가서 만리장성에 오르고 오리 구이도 먹으면서 재미있게 노는 것이므로 A→C가 된다.

어휘 ★带 dài 통 데리다 | 旅行 lǚxíng 통 여행하다 | 爬 pá 통 오르다 | 长城 Chángchéng 고유 만리장성 | 烤鸭 kǎoyā 명 오리 구이 | ★好好 hǎohǎo 부 푹, 마음껏, 실컷 | 玩 wán 통 놀다

57. HSK POINT 논리적으로 문장 배열 난이도 中

> C丈夫最大爱好就是爬山。A他平时有空的时候参加很多爬山活动，B还经常鼓励我和儿子也参加。
> 바로 ~이다 / 그 → 문두에 올 수 없음 / 또, 더
>
> C남편의 가장 큰 취미는 바로 등산이다. A그는 평소 시간이 있을 때 많은 등산 활동에 참가하며, B나와 아들에게도 참가하라고 항상 권한다.

공략 **1단계 문제를 보면서 단서를 찾는다**
> 지시대사 他가 구체적으로 언급하는 대상을 알 수 없으므로 A는 문장 맨 앞에 올 수 없다. 또한 누가 나와 아들에게도 무엇에 참가하라고 권하는지 알 수 없으므로 B 역시 문장 맨 앞에 올 수 없다.

2단계 대전제를 찾는다
> '남편의 가장 큰 취미는 바로 등산이다'가 대전제가 되므로 C가 문장 맨 앞에 위치한다.

3단계 논리적으로 문장을 전개한다

나와 아들에게도 등산 활동에 참가하라고 권하는 것이므로 A→B가 된다.

어휘 丈夫 zhàngfu 몡 남편 | ★爱好 àihào 몡 취미, 애호 | 平时 píngshí 몡 평소, 평상시 | 有空 yǒukòng 틈이 나다 | ★参加 cānjiā 동 참가하다 | 爬山 páshān 동 산을 오르다, 등산하다 | ★活动 huódòng 몡 활동, 모임 | ★鼓励 gǔlì 동 격려하다 | 儿子 érzi 몡 아들

---

58. HSK POINT 논리적으로 문장 배열 난이도 上

> A穿着打扮被认为是一个人的"活广告"。C因为我们可以从中获得很多信息，B比如那个人的职业、文化水平、生活习惯等。

A옷차림과 몸단장은 한 사람의 '살아 있는 광고'로 인식된다. C우리는 이를 통해 많은 정보를 얻을 수 있기 때문이다. B예를 들어 그 사람의 직업, 문화 수준, 생활 습관 등을 알 수 있다.

공략

1단계 문제를 보면서 단서를 찾는다

比如는 구체적인 예를 들 때 쓰므로 B는 문장 맨 앞에 올 수 없다. 또한 무엇을 통해 많은 정보를 얻을 수 있는지 알 수 없으므로 C도 문장 맨 앞에 올 수 없다.

2단계 대전제를 찾는다

'옷차림과 몸단장은 한 사람의 살아 있는 광고로 인식된다'가 대전제가 되므로 A가 문장 맨 앞에 위치한다.

3단계 논리적으로 문장을 전개한다

C는 옷차림과 몸단장이 한 사람의 살아 있는 광고로 인식되는 이유에 대해 설명을 하고 있으므로 A→C가 되며, B는 C에 대한 보충 설명이므로 C→B가 된다.

어휘 ★穿着 chuānzhuó 몡 옷차림 | ★打扮 dǎban 동 단장하다, 꾸미다 | 认为 rènwéi 동 여기다, 생각하다 | 广告 guǎnggào 몡 광고, 선전 | ★获得 huòdé 동 얻다, 취득하다 | 信息 xìnxī 몡 정보 | ★比如 bǐrú 접 예를 들어, 예를 들면 | ★职业 zhíyè 몡 직업 | 文化水平 wénhuà shuǐpíng 문화 수준 | 习惯 xíguàn 몡 버릇, 습관

---

59. HSK POINT 논리적으로 문장 배열 난이도 中

> B对中国人来说，C春节是一年中最重要的节日之一。A到那时人们会举行各种各样的迎新年活动。

B중국인들에게 있어 C춘절은 1년 중 가장 중요한 명절 중 하나이다. A그때가 되면 사람들은 각양각색의 새해 맞이 행사를 한다.

공략

1단계 문제를 보면서 단서를 찾는다

지시대사 那时가 구체적으로 가리키는 '때'가 언제인지 알 수 없으므로 A는 문장 맨 앞에 올 수 없다. '对……来说'는 어떤 문제에 관한 화자의 생각이나 관점을 표현하거나, 어떤 사람이나 일의 관점에서 어떤 문제를 볼 때 사용하며, 일반적으로 문장 맨 앞에 출현하므로 B를 문장 맨 앞에 위치시킨다.

2단계 논리적으로 문장을 전개한다

> 중국인들에게 춘절은 중요한 명절 중에 하나이고 춘절이 되면 사람들은 새해 맞이 행사를 하는 것이므로 C→A가 된다.

어휘 春节 Chūnjié 몡 설, 춘절 | ★重要 zhòngyào 혱 중요하다 | 节日 jiérì 몡 명절 | ★之一 zhī yī ~중의 하나 | ★举行 jǔxíng 동 거행하다 | 各种各样 gèzhǒng gèyàng 여러 종류, 각양각색 | 迎 yíng 동 맞이하다 | 新年 xīnnián 몡 새해

합격필수 TIP

> ▶ '对……来说'의 용법
>
> '对……来说'는 '~의 입장에서는', '~에 대해 말하자면'이라는 의미로, 어떤 사람이나 일의 관점에서 어떤 문제를 볼 때 사용한다.
>
> **对我来说**这件事十分重要。 나에게 이 일은 아주 중요하다.
>
> 这份工作**对她来说**太吃力了。 이 일이 그녀에게는 너무 힘겹다.

---

60. HSK POINT 접속사 '不但……还……'의 호응 난이도 中

> **A**学习时，不但要知道答案是什么，**B**还要弄清楚答案到底是怎么得来的。**C**只有这样，才能把问题真正弄懂。
>
> **A**공부할 때는 답이 무엇인지 알아야 할 뿐 아니라 **B**답이 어떻게 얻어지는지도 알아야 한다. **C**이렇게 해야 문제를 진정으로 이해할 수 있다.

공략 **1단계 문제를 보면서 단서를 찾는다**

> 부사 还가 있는 B는 문장 맨 앞에 올 수 없다. 또한 구체적인 주어나 대상이 분명하지 않는 접속사 '只有……才……'가 이끄는 C 역시 문장 맨 앞에 올 수 없다.

2단계 문장의 연결 고리인 접속사를 파악한다

> 不但은 还와 호응하여 '~일 뿐만 아니라 ~하다'의 의미를 나타내므로 A→B가 된다.

3단계 논리적으로 문장을 전개한다

> 답이 무엇인지 알고 답이 어떻게 얻어지는지 알아야만 문제를 진정으로 이해할 수 있다는 것이므로 C의 这样이 가리키는 것이 A→B임을 알 수 있으므로 C는 문장 맨 뒤에 위치한다.

어휘 知道 zhīdào 동 알다, 이해하다 | ★答案 dá'àn 몡 답안, 답 | 弄 nòng 동 하다, 행하다 | ★清楚 qīngchu 혱 분명하다, 뚜렷하다 | ★真正 zhēnzhèng 톤 정말로, 확실히 | 弄懂 nòngdǒng 동 알다, 이해하다

61. `HSK POINT` 사건이 발생한 순서로 문장 배열 〔난이도 下〕

> **C**接下来我们要参观的地方是博物馆。**B**我们在博物馆参观的时间是两个小时，现在是两点，，**A**四点请大家准时在门口集合。
>
> **C**이어서 우리가 견학할 곳은 박물관입니다. **B**우리가 박물관을 견학하는 시간은 두 시간입니다. 지금이 2시이니, **A**여러분은 4시에 늦지 않게 입구로 집합해 주세요.

공략

1단계 문제를 보면서 단서를 찾는다

> 주어가 없는 A는 문장 맨 앞에 올 수 없다.

⬇

2단계 대전제를 찾는다

> '이어서 우리가 견학할 곳은 박물관입니다'가 대전제가 되므로 C가 문장 맨 앞에 온다.

⬇

3단계 사건이 발생한 순서로 문장을 전개한다

> 박물관을 견학하는 시간은 두 시간이고, 지금이 2시이니 4시에 집합해야 하는 것이므로 B→A가 된다.

어휘 接下来 jiēxiàlai 다음으로, 이어서 | ★参观 cānguān 동 참관하다, 견학하다 | 地方 dìfang 명 장소, 곳 | 博物馆 bówùguǎn 명 박물관 | ★准时 zhǔnshí 부 정시에, 제때에 | ★集合 jíhé 동 집합하다

---

62. `HSK POINT` 접속사 '虽然……但……'의 호응 〔난이도 中〕

> **B**钱虽然能买到许多东西，**C**但世界上还有很多是钱买不来、也换不来的。**A**例如生命、爱情、友谊和时间。
>
> **B**돈으로 많은 물건을 살 수 있지만, **C**세상에는 돈으로 살 수 없고 바꿀 수 없는 것도 많다. **A**예를 들면 생명, 사랑, 우정과 시간이다.

공략

1단계 문제를 보면서 단서를 찾는다

> 例如는 구체적인 예를 들 때 쓰므로 문장 맨 앞에 올 수 없고, 전환을 나타내는 접속사 但이 이끄는 C 역시 문장 맨 앞에 올 수 없다.

⬇

2단계 문장의 연결 고리인 접속사를 파악한다

> 虽然은 但과 호응하여 '비록 ~하지만 ~하다'라는 전환의 의미를 나타내므로 B→C가 되며 자연스럽게 A는 문장 맨 뒤에 온다.

어휘 钱 qián 명 돈 | 世界 shìjiè 명 세상 | 换 huàn 동 바꾸다 | 例如 lìrú 동 예를 들면 | ★生命 shēngmìng 명 생명 | ★爱情 àiqíng 명 사랑 | ★友谊 yǒuyì 명 우정

▶ 역접 관계 접속사

虽然, 虽说, 尽管은 주어 앞뒤에 위치할 수 있고, 但是, 可是는 但이나 可로 쓸 수 있다.

虽然/虽说/尽管…… 但是/可是/不过…… : 비록 ~이지만 ~하다

虽然图书馆很安静，**但是**我不喜欢在那儿学习。
비록 도서관은 매우 조용하지만, 그러나 나는 거기서 공부하는 것을 좋아하지 않는다.

虽然我很想买衣服，**可是**没有钱。
비록 나는 이 옷을 너무 사고 싶지만, 그러나 돈이 없다.

---

63. **HSK POINT** 논리적으로 문장 배열 난이도 中

A别看小李个子矮、瘦瘦的，**C**力气却大得多。 **B**这些家具很多都是他一个人抬上来的。	**A**샤오리가 키 작고 말랐다고 얕보지 마. **C**힘은 굉장히 강하니까. **B**이 가구의 대부분은 모두 그가 혼자 들어서 옮긴 거야.

공략 **1**단계 문제를 보면서 단서를 찾는다

인칭대사 他가 구체적으로 가리키는 대상을 알 수 없으므로 B는 문장 맨 앞에 올 수 없다. 또한 구체적으로 누구의 힘이 굉장히 센지 알 수 없으므로 C 역시 문장 맨 앞에 올 수 없다.

2단계 대전제를 찾는다

'이어서 우리가 견학할 곳은 박물관입니다'가 대전제가 되므로 C가 문장 맨 앞에 온다.

3단계 논리적으로 문장을 전개한다

B는 샤오리가 힘이 굉장히 강하다는 것에 대한 보충 설명이므로 C→B가 된다.

어휘 个子 gèzi 몡 키 | ★矮 ǎi 혱 작다 | ★瘦 shòu 혱 마르다 | 力气 lìqi 몡 힘 | ★却 què 븜 ~지만, 하지만 | 家具 jiājù 몡 가구 | ★抬 tái 통 들어올리다

---

64. **HSK POINT** '由于+원인/이유, 결과'의 호응 난이도 中

C这次招聘会本来是由小王负责的。**A**由于他突然生病住院了，**B**后来就交给我来做了。	**C**이번 채용 박람회는 원래 샤오왕이 담당하기로 했는데, **A**그가 갑자기 병이 나서 입원했기 때문에 **B**그 후에는 내가 맡아서 하게 되었다.

공략 **1**단계 문제를 보면서 단서를 찾는다

后来는 어떤 일이 있은 후를 나타내므로 B는 문장 맨 앞에 올 수 없다.

2단계 문장의 연결 고리인 접속사를 파악한다

> 원인 및 이유를 나타내는 접속사 由于는 결과를 나타내는 문장과 함께 호응하여 '~로 인해서 ~하다'라는 의미를
> 나타내므로 A→B가 되며, C는 자연스럽게 문장 맨 앞에 위치한다.

어휘 招聘会 zhāopìnhuì 뗑 채용 박람회 | ★由 yóu 꽤 ~이, ~가 | 负责 fùzé 통 책임지다 | ★由于 yóuyú 꽤 ~때문에, ~으로
인하여 | ★突然 tūrán 뿐 갑자기 | 生病 shēngbìng 통 병이 나다 | 住院 zhùyuàn 통 입원하다 | ★后来 hòulái 몡 그 후

합격필수 TIP

▶ **인과 관계 접속사**

由于는 항상 앞 절에 위치하고, 因为와 달리 所以, 因此, 因而과 모두 호응한다.

> 由于…… 所以/因此/因而…… : ~로 인해서(때문에), ~하다

由于今天身体不舒服，我没去上课。 오늘 몸이 좋지 않아서, 나는 수업에 가지 않았다.
由于昨天穿得太少了，**所以**我感冒了。 어제 옷을 너무 적게 입어서, 나는 감기에 걸렸다.

---

65. **HSK POINT** 접속사 '既然……那么(就)……'의 호응 **난이도** 上

A两个人既然决定共同生活，**C**那么，只有浪 漫的爱情是不够的。**B**懂得互相信任和尊重才 是最重要的。	**A**두 사람이 기왕 함께 살기로 했다면, **C**그렇다면 낭만적 인 사랑만으로는 부족하다. **B**서로 신뢰하고 존중하는 것 이 가장 중요하다.

공략 **1단계 문제를 보면서 단서를 찾는다**

> 구체적인 주어가 언급되지 않은 B와 C는 문장 맨 앞에 올 수 없다.

2단계 문장의 연결 고리인 접속사를 파악한다

> 既然은 那么와 호응하여 '기왕 ~한 바에 ~하다'의 의미를 나타낸다. 접속사에 근거하여 의미적으로 내용의 흐
> 름을 보면, 두 사람이 함께 살기로 했다면 사랑만으로는 부족하고 서로 신뢰하고 존중하는 것이 가장 중요한 것이
> 므로 A→C→B 순으로 문장을 배열해야 한다.

어휘 共同 gòngtóng 뿐 함께, 다 같이 | 浪漫 làngmàn 혱 낭만적이다, 로맨틱하다 | 不够 búgòu 혱 부족하다 | 懂得 dǒngde
통 이해하다 | ★互相 hùxiāng 뿐 서로, 상호 | ★信任 xìnrèn 통 신임하다, 신뢰하다 | ★尊重 zūnzhòng 통 존중하다

합격필수 TIP

▶ **인과 관계 접속사 既然**

既然 다음에는 이미 발생한 사건이 오고, 那么(就) 뒤에는 아직 발생하지 않은 사건이 온다.

> 既然……那么(就)…… : 기왕 ~한 바에 ~하다

既然来了，我们**就**一起吃饭吧。 기왕 왔으니, 우리 같이 밥 먹자.
既然开始学汉语了，**那么**我们就坚持学下去。 기왕 중국어를 시작했으니, 우리 꾸준히 배우자.

66. HSK POINT 핵심 어휘가 이끄는 문장을 통한 의미 파악 난이도 下

红树是生长在海边的植物。与别的植物不同，它可以生长在海水中，中国的红树林以海南省最为有名。年年都有很多游客专门去那儿参观。

맹그로브는 해변에서 생장하는 식물이다. 다른 식물과 달리 바닷물 속에서 자랄 수 있기 때문에, 중국의 맹그로브는 하이난성이 가장 유명하다. 해마다 많은 관광객들이 맹그로브를 보기 위해 그곳을 찾는다.

★ 红树可以：

A 在热带生长
B 在海边生长
C 在全国很有名
D 没有人去参观

★ 맹그로브는?

A 열대에서 생장할 수 있다
B 해변에서 생장할 수 있다
C 전국에서 매우 유명하다
D 아무도 참관하러 가지 않는다

공략 질문의 핵심 어휘 红树가 이끄는 첫 번째 문장 '红树是生长在海边的植物'를 통해서 맹그로브는 해변에서 생장하는 식물임을 알 수 있으므로 정답은 B이다.

어휘 红树 hóngshù 몡 홍수, 맹그로브 | ★生长 shēngzhǎng 동 생장하다, 자라다 | ★植物 zhíwù 몡 식물 | 不同 bùtóng 형 같지 않다, 다르다 | 海水 hǎishuǐ 몡 바닷물, 해수 | 海南省 Hǎinánshěng 고유 하이난성 | ★有名 yǒumíng 형 유명하다 | 游客 yóukè 몡 여행객, 관광객 | ★专门 zhuānmén 뿐 특별히, 일부러 | 热带 rèdài 몡 열대

67. HSK POINT 접속사 可是가 이끄는 문장을 통한 의미 파악 난이도 中

其实她挺符合我们公司要求的。可是面试的时候太紧张了，很多问题都回答得不太好，所以没通过。

사실 그녀는 우리 회사가 원하는 조건을 다 갖추었다. 그러나 면접을 볼 때 너무 긴장하여 많은 질문에 제대로 대답을 못했기 때문에 탈락한 것이다.

★ 根据这段话，可以知道她：

A 经验很丰富
B 成绩很优秀
C 一点儿不紧张
D 面试没通过

★ 이 글을 근거로 그녀에 관해 알 수 있는 것은?

A 경험이 매우 풍부하다
B 성적이 매우 우수하다
C 전혀 긴장하지 않는다
D 면접에서 탈락했다

공략 전환을 나타내는 접속사 可是가 이끄는 문장을 통해 면접을 볼 때 너무 긴장하여 많은 질문에 제대로 대답을 못했기 때문에 면접에 통과하지 못했음을 알 수 있으므로 정답은 D이다.

어휘 ★其实 qíshí 뿐 사실 | 挺 tǐng 뿐 매우, 상당히 | ★符合 fúhé 동 부합하다 | ★面试 miànshì 몡 면접시험 | 紧张 jǐnzhāng 형 긴장해 있다 | 问题 wèntí 몡 문제 | 回答 huídá 동 대답하다 | ★通过 tōngguò 동 통과하다 | ★经验 jīngyàn 몡 경험, 체험 | 丰富 fēngfù 형 많다, 풍부하다 | 成绩 chéngjì 몡 성적 | ★优秀 yōuxiù 형 아주 뛰어나다, 우수하다

▶ 추측 및 판단을 묻는 질문 유형

根据这段话，可以知道：이 글을 근거로 알 수 있는 것은?

根据这段话，下面哪个是对的? 이 글을 근거로 다음 중 옳은 것은?

关于……，下列哪个正确? ~에 관해 다음 중 옳은 것은?

关于……，可以知道什么? ~에 관해 알 수 있는 것은?

68. HSK POINT 핵심 어휘가 이끄는 문장을 통한 의미 파악 　난이도 上

很多观众认为没喝完的葡萄酒可以放在冰箱里，不过这是不科学的。首先，葡萄酒的存放温度差不应太大，其次，葡萄酒的最佳存放温度是10℃~15℃。但一般冰箱的温度都低得多。

많은 시청자들이 마시다 남은 포도주를 냉장고에 넣어둬도 된다고 생각하는데, 이는 비과학적이다. 첫째, 포도주를 보관하는 온도 차가 지나치게 커서는 안 된다. 둘째, 포도주 보관의 최적 온도는 10℃~15℃이다. 그러나 일반적으로 냉장고의 온도는 이보다 훨씬 낮다.

★ 根据这段话，我们可以知道葡萄酒：

★ 이 글을 근거로 포도주에 관해 알 수 있는 것은?

A 能帮助消化

B 对睡眠很有好处

C 不应存放在冰箱里

D 营养价值很高

A 소화를 돕는다

B 수면에 매우 좋다

C 냉장고에 보관하면 안 된다

D 영양 가치가 매우 높다

공략 첫 번째 문장을 통해 마시다 남은 포도주를 냉장고에 넣어두는 것은 비과학적이라고 했으므로 정답은 C이다.

어휘 观众 guānzhòng 몡 관중, 시청자 | 葡萄酒 pútáojiǔ 몡 포도주 | 放 fàng 동 넣다 | 冰箱 bīngxiāng 몡 냉장고 | ★科学 kēxué 혱 과학적이다 | ★首先 shǒuxiān 때 첫째, 먼저 | 存放 cúnfàng 동 보관해 두다 | 温度 wēndù 몡 온도 | ★其次 qícì 때 다음, 그 다음 | 佳 jiā 혱 좋다 | 一般 yìbān 혱 보통이다, 일반적이다 | 低 dī 혱 낮다 | 消化 xiāohuà 동 소화하다 | ★睡眠 shuìmián 동 수면하다, 잠자다 | 好处 hǎochu 몡 이로운 점, 이점 | 营养 yíngyǎng 몡 영양 | ★价值 jiàzhí 몡 가치

69. HSK POINT 접속사가 이끄는 문장을 통한 의미 파악 　난이도 上

高校长介绍说，学校举办这次文艺节活动，一方面是想让各国学生更好地了解中国，另一方面是想为学生们提供互相交流和学习的机会。

대학교 총장은 학교가 이번 문예 축제 행사를 개최하는 것은 한편으로는 각국 학생들로 하여금 중국을 좀 더 알게 하고, 다른 한편으로는 학생 간에 서로 교류하고 학습하는 기회를 마련하는 데 있다고 소개했다.

★ 学校举办这次活动，是想帮助学生们：

★ 학교가 이번 행사를 개최하는 것은 학생들을 도와 어떻게 하기 위해서인가?

A 相互增加了解

B 适应新环境

C 严格要求自己

D 多表扬别人

A 서로 이해를 증진시키기 위해

B 새로운 환경에 적응시키기 위해

C 자신에게 엄격한 요구를 하기 위해

D 다른 사람을 많이 칭찬하기 위해

공략 '一方面……另一方面……'은 '한편으로는 ～이고, 다른 한편으로는 ～이다'라는 의미를 나타내는 접속사이다. 접속사가 이끄는 문장을 통해 이번 행사의 목적은 이해를 증진시키고 교류와 학습의 기회를 제공하려고 함을 알 수 있으므로 정답은 A이다.

어휘 介绍 jièshào 图 소개하다 | ★举办 jǔbàn 图 거행하다, 개최하다 | ★了解 liǎojiě 图 자세하게 알다, 이해하다 | ★提供 tígōng 图 제공하다 | 交流 jiāoliú 图 서로 소통하다, 교류하다 | ★增加 zēngjiā 图 증가하다, 더하다 | ★适应 shìyìng 图 적응하다 | 环境 huánjìng 명 환경 | 严格 yángé 형 엄격하다, 엄하다 | 要求 yāoqiú 图 요구하다 | ★表扬 biǎoyáng 图 칭찬하다

---

70. HSK POINT 핵심 어휘가 이끄는 문장을 통한 의미 파악 난이도 上

塑料袋大量使用带来了严重的环境污染问题。有些国家规定，超市、商店不给顾客提供免费塑料袋，并且鼓励购买能多次使用的购物袋。

★ 根据这段话，有些国家：

A 禁止抽烟

B 不重视交通规则

C 鼓励使用购物袋

D 鼓励使用塑料袋

비닐봉지를 대량 사용하면 심각한 환경 오염 문제를 불러온다. 일부 국가에서는 슈퍼마켓, 상점에서 고객에게 무료로 비닐봉지를 제공하지 못하도록 규정하고, 여러 번 사용할 수 있는 장바구니 구입을 권장한다.

★ 이 글을 근거로 일부 국가에서는 어떠한가?

A 흡연을 금지한다

B 교통 규칙을 중시하지 않는다

C 장바구니 사용을 권장한다

D 비닐봉지 사용을 권장한다

공략 질문의 핵심 어휘 '有些国家'가 이끄는 문장을 통해서 비닐봉지를 사용하지 말고 장바구니 사용을 권장함을 알 수 있으므로 정답은 C이다.

어휘 塑料袋 sùliàodài 비닐봉지 | 大量 dàliàng 형 다량의, 많은 양의 | ★使用 shǐyòng 图 사용하다 | 严重 yánzhòng 형 심각하다 | ★环境污染 huánjìng wūrǎn 명 환경 오염 | ★规定 guīdìng 명 규정 | 超市 chāoshì 명 슈퍼마켓 | 顾客 gùkè 명 고객 | 免费 miǎnfèi 图 무료로 하다 | ★购买 gòumǎi 图 사다 | ★购物袋 gòuwùdài 명 장바구니

---

71. HSK POINT 핵심 어휘가 이끄는 문장을 통한 의미 파악 난이도 下

有些人通过节食的方法来减肥，虽然有效，可是时间长了身体会受不了。真正健康的减肥方法就是多运动，这样做既对身体好，还能让自己看起来更有精神。

어떤 사람들은 절식을 통해 다이어트를 하는데, 이 방법은 효과는 있으나, 시간이 길어지면 건강을 해치게 된다. 진정으로 건강한 다이어트 방법은 바로 운동이다. 운동을 하면 건강에도 좋고 더욱 생기 있어 보인다.

<table>
<tr><td>

★ 想要健康减肥，应该：

Ⓐ 多锻炼

B 少吃东西

C 经常散步

D 喝减肥茶

</td><td>

★ 건강한 다이어트를 하려면 마땅히 어떻게 해야 하는가?

Ⓐ 운동을 많이 해야 한다

B 먹는 것을 줄여야 한다

C 늘 산책을 해야 한다

D 다이어트 차를 마셔야 한다

</td></tr>
</table>

공략 질문의 핵심 어휘 '健康减肥'가 이끄는 문장을 통해서 진정으로 건강하게 다이어트 하는 방법은 바로 운동임을 알 수 있으므로 정답은 A이다.

어휘 ★通过 tōngguò 개 ~를 통해 | 节食 jiéshí 동 음식을 절제하다 | 方法 fāngfǎ 명 방법, 수단 | 减肥 jiǎnféi 동 살을 빼다 | ★有效 yǒuxiào 형 효과가 있다 | ★受不了 shòubuliǎo 동 견딜 수 없다, 참을 수 없다 | 健康 jiànkāng 형 건강하다 | 运动 yùndòng 명 운동 | ★看起来 kànqǐlai 동 보기에 ~하다, 보아하니 ~하다 | ★精神 jīngshen 형 활기차다, 생기발랄하다 | 锻炼 duànliàn 동 단련하다 | 散步 sànbù 동 산책하다

72. HSK POINT 핵심 어휘가 이끄는 문장을 통한 의미 파악 　난이도 下

<table>
<tr><td>

语言是人们交流的工具，音乐也是一种语言，人们可以用它来表达自己的感情，而且和其他语言相比，音乐表达的感情有时更容易让人理解。

★ 根据这段话，音乐表达的感情：

A 更容易生气

Ⓑ 更容易理解

C 不受听众欢迎

D 让人很难受

</td><td>

언어는 사람들이 교류하는 도구이며, 음악도 언어의 일종이다. 사람들은 이를 통해 자신의 감정을 표현할 수 있으며, 또한 다른 언어에 비해 음악으로 표현하는 감정은 때때로 상대를 더 쉽게 이해시킨다.

★ 이 글을 근거로 음악으로 표현하는 감정은 어떠한가?

A 더 화나기 쉽다

Ⓑ 더 이해하기 쉽다

C 듣는 사람에게 환영 받지 못한다

D 견디기 어렵게 한다

</td></tr>
</table>

공략 질문의 핵심 어휘 '音乐表达的感情'이 이끄는 문장을 통해 음악으로 표현하는 감정은 상대를 더 쉽게 이해시킴을 알 수 있으므로 정답은 B이다.

어휘 语言 yǔyán 명 언어 | 工具 gōngjù 명 수단, 도구 | 音乐 yīnyuè 명 음악 | ★表达 biǎodá 동 나타내다, 표현하다 | 感情 gǎnqíng 명 감정 | ★相比 xiāngbǐ 동 비교하다, 견주다 | 容易 róngyì 형 ~하기 쉽다 | 生气 shēngqì 동 화내다 | ★理解 lǐjiě 동 알다, 이해하다 | 听众 tīngzhòng 명 청중 | ★难受 nánshòu 형 (마음이) 슬프다, 아프다

73. HSK POINT 핵심 어휘가 이끄는 문장을 통한 의미 파악 　난이도 中

<table>
<tr><td>

我平时就对自己要求非常严格，尤其是比赛前那个星期，我每天都会把全部动作练习好几遍，希望在比赛中取得最好的成绩。

</td><td>

나는 평소 내 자신에 대해 매우 엄격하다. 특히 경기를 앞둔 주에는 매일 모든 동작을 여러 번 연습하며 경기에서 가장 좋은 성적을 얻기 바란다.

</td></tr>
</table>

★ 比赛前，我：

A 更努力练习
B 有些紧张
C 非常孤单
D 养成好习惯

★ 경기를 앞두고 나는 어떠한가?

A 더 노력하여 연습한다
B 약간 긴장한다
C 무척 외롭다
D 좋은 습관을 기른다

 질문의 핵심 어휘 '比赛前'이 이끄는 문장을 통해서 경기를 앞둔 주에는 매일 모든 동작을 여러 번 연습한다고 했으므로 정답은 A이다.

 ★尤其 yóuqí 児 더욱이, 특히 | 全部 quánbù 형 전부의, 전체의 | 动作 dòngzuò 명 동작 | 练习 liànxí 통 연습하다 | 遍 biàn 양 번, 차례 | ★希望 xīwàng 통 희망하다, 바라다 | 比赛 bǐsài 통 시합하다, 경기하다 | ★取得 qǔdé 통 취득하다, 얻다 | 孤单 gūdān 형 외롭다, 쓸쓸하다 | ★养成 yǎngchéng 통 습관이 되다, 길러지다

74. HSK POINT 핵심 문장을 통한 의미 파악 [난이도 中]

《上海爱情故事》最近比较火，里面除了讲浪漫的爱情，还讲了年轻人的梦想和社会责任，值得一看。
~외에도 ~도 하다

『상하이 사랑이야기』가 최근 인기를 끌고 있다. 낭만적인 사랑뿐 아니라 젊은이들의 꿈과 사회적 책임도 다루고 있어 한번 볼 만하다.

★ 他觉得《上海爱情故事》：

A 让人感动
B 内容复杂
C 不错
D 很幽默

★ 그는 『상하이 사랑이야기』가 어떻다고 느끼는가?

A 감동적이다
B 내용이 복잡하다
C 훌륭하다
D 매우 유머러스하다

 『상하이 사랑이야기』는 사랑뿐 아니라 젊은이들의 꿈과 사회적 책임도 다루고 있어 한번 볼 만하다고 했으므로 정답은 C이다.

 故事 gùshi 명 이야기 | 火 huǒ 형 인기 있다 | 讲 jiǎng 통 말하다, 이야기하다 | 年轻人 niánqīngrén 명 젊은이 | 梦想 mèngxiǎng 명 꿈 | 社会 shèhuì 명 사회 | ★责任 zérèn 명 책임 | ★值得 zhídé 통 ~할 만한 가치가 있다 | ★感动 gǎndòng 통 감동하다 | 内容 nèiróng 명 내용 | 复杂 fùzá 형 복잡하다

75. HSK POINT 핵심 어휘가 이끄는 문장을 통한 의미 파악 [난이도 中]

大城市和小城市各有各的好处。大城市的工作机会确实多一些，但竞争的压力大；相反，在小城市生活就会轻松许多。
좋은 점이 있다, 장점이 있다
반대로

대도시와 소도시는 저마다 좋은 점이 있다. 대도시는 일할 기회가 확실히 많지만, 경쟁에 따른 스트레스가 크다. 이와 반대로 소도시의 생활은 훨씬 부담이 적다.

★ 他觉得大城市：

★ 그는 대도시가 어떻다고 느끼는가?

A 交通很方便 | A 교통이 아주 편리하다
B 污染很严重 | B 오염이 아주 심하다
C 工作机会少 | C 일할 기회가 적다
D 生活压力大 | D 생활의 스트레스가 크다

공략 질문의 핵심 어휘 '大城市'가 이끄는 문장을 통해서 대도시는 일할 기회가 많지만 경쟁에 따른 스트레스가 크다는 것을 알 수 있으므로 정답은 D이다.

어휘 城市 chéngshì 몡 도시 | 工作 gōngzuò 통 일하다 | ★确实 quèshí 틘 절대로, 정말로, 확실히 | ★竞争 jìngzhēng 통 경쟁하다 | ★压力 yālì 몡 스트레스 | 相反 xiāngfǎn 젭 반대로, 거꾸로 | ★轻松 qīngsōng 혱 수월하다, 가볍다 | 许多 xǔduō 혱 매우 많다 | 交通 jiāotōng 몡 교통 | ★方便 fāngbiàn 혱 편리하다 | 污染 wūrǎn 통 오염되다

76. HSK POINT 其实가 이끄는 문장을 통한 의미 파악 | 난이도 上

翻译工作看起来很简单，只要把一种语言翻译成另一种语言就行。其实想翻译得自然准确，必须下苦功夫。不但要学好语言，还要了解他国文化。

번역 업무는 간단한 것처럼 보인다. 한 언어를 다른 언어로 번역만 하면 되기 때문이다. 사실 번역을 자연스럽고 정확하게 하려면 많은 공을 들여야 한다. 언어를 공부해야 할 뿐만 아니라 다른 나라의 문화도 이해해야 한다.

★ 说话人觉得翻译：

★ 화자는 번역 업무가 어떻다고 느끼는가?

A 很简单 | A 아주 간단하다
B 很容易 | B 아주 쉽다
C 并不简单 | C 결코 간단한 일이 아니다
D 并不难 | D 결코 어렵지 않다

공략 '사실'이란 의미를 나타내는 其实는 '그러나 사실은 ~'이라는 전환의 의미를 내포하고 있다. 전환의 의미를 나타내는 其实가 이끄는 핵심 문장을 통해 번역을 자연스럽고 정확하게 하려면 많은 공을 들여야 한다고 했으므로 C가 정답이 된다.

어휘 翻译 fānyì 통 번역하다 | ★简单 jiǎndān 혱 간단하다 | 另 lìng 떼 다른, 그 밖의 | 自然 zìrán 혱 자연스럽다 | ★准确 zhǔnquè 혱 정확하다 | 必须 bìxū 틘 반드시 ~해야 한다 | ★下功夫 xià gōngfu 공을 들이다 | 文化 wénhuà 몡 문화

77. HSK POINT 핵심 어휘가 이끄는 문장을 통한 의미 파악 | 난이도 中

一般人们认为眼镜是13世纪出现的。刚出来的时候价格非常贵，只有少数人才买得起。当时眼镜的使用并不普遍。

일반적으로 안경은 13세기에 등장한 것으로 알려져 있다. 처음에는 가격이 매우 비싸서 극히 일부 사람들만 살 수 있었다. 당시 안경은 결코 보편적으로 사용되지 않았다.

★ 眼镜刚出现的时候：

★ 안경이 처음 등장했을 때 어떠했는가?

<table>
<tr><td>

A 使用的人很多

B 很少有人使用

C 价格有点儿贵

D 出现质量问题

</td><td>

A 사용하는 사람이 아주 많았다

B 사용하는 사람이 매우 드물었다

C 가격이 약간 비쌌다

D 품질 문제가 나타났다

</td></tr>
</table>

공략 질문의 핵심 어휘 '眼镜刚出现的时候'가 이끄는 문장을 통해서 안경이 처음 등장했을 때는 가격이 매우 비싸서 극히 일부 사람들만 살 수 있었다는 것을 알 수 있으므로 정답은 B이다.

어휘 眼镜 yǎnjìng 몡 안경 | 世纪 shìjì 몡 세기 | ★出现 chūxiàn 통 출현하다, 나타나다 | 价格 jiàgé 몡 가격 | 贵 guì 혱 비싸다 | ★买得起 mǎideqǐ 살 수 있다 | 并 bìng 閈 결코, 전혀 | ★普遍 pǔbiàn 혱 보편적인, 일반적인 | ★质量 zhìliàng 몡 품질

---

78. HSK POINT 핵심 어휘가 이끄는 문장을 통한 의미 파악 난이도 下

<table>
<tr><td>

中国人常用"万里无云"表示天气非常好，是晴天。在这里"万里"指的并不是真的一万里，而是指人们能看到的地方。

~이 아니라 ~이다

★"万里无云"形容：

A 阴天

B 大雾天气

C 一万公里

D 好天气

</td><td>

중국인들은 '만리에 구름이 없다'라고 하여 날씨가 무척 좋은 맑은 날을 표현했다. 여기서 '만리'는 실제로 1만 리가 아니라 사람들이 볼 수 있는 곳을 가리킨다.

★ '만리에 구름이 없다'가 형용하는 것은?

A 흐린 날씨

B 안개가 많이 낀 날씨

C 1만 킬로미터

D 좋은 날씨

</td></tr>
</table>

공략 질문의 핵심 어휘 '万里无云'이 이끄는 문장을 통해 날씨가 무척 좋은 맑은 날을 의미함을 알 수 있으므로 정답은 D이다.

어휘 ★万里无云 wàn lǐ wú yún 구름 한 점 없다 | ★表示 biǎoshì 통 나타내다 | 天气 tiānqì 몡 날씨 | ★晴天 qíngtiān 몡 맑은 날씨 | 指 zhǐ 통 밝히다, 나타내다 | ★地方 dìfang 몡 부분 | ★阴天 yīntiān 몡 흐린 날씨 | 公里 gōnglǐ 양 킬로미터(km)

---

79. HSK POINT 인물의 행동 파악 난이도 中

<table>
<tr><td>

王律师，这儿离你们公司也就两三站的距离，周围环境不错，对面有超市和银行，房租也便宜，您要不要再考虑一下？

★ 王律师：

</td><td>

왕 변호사님, 이곳은 변호사님의 회사에서 겨우 두세 정거장 거리이며 주변 환경이 좋습니다. 길 건너에는 슈퍼마켓과 은행이 있으며 집세도 쌉니다. 다시 한번 고려해보지 않으시겠습니까?

★ 왕 변호사는 어떠한가?

</td></tr>
</table>

A 在找工作	A 직업을 구하는 중이다
B 在找房子	**B 집을 구하고 있는 중이다**
C 心情更好	C 기분이 더욱 좋다
D 不懂礼貌	D 예의를 모른다

공략 왕 변호사에게 이곳은 회사에서 가까우며 주변 환경이 좋고 집세도 싸다고 말하며 다시 한번 고려해보지 않겠냐고 묻고 있으므로 B가 정답임을 알 수 있다.

어휘 ★律师 lǜshī 몡 변호사 | 离 lí 꼐 ~에서, ~로부터 | 站 zhàn 몡 역 | ★距离 jùlí 몡 거리, 간격 | 周围 zhōuwéi 몡 주위, 주변 | 银行 yínháng 몡 은행 | ★房租 fángzū 몡 집세, 임대료 | 便宜 piányi 혱 값이 싸다 | 房子 fángzi 몡 집, 건물 | 心情 xīnqíng 몡 심정, 감정 | ★礼貌 lǐmào 몡 예의

[80-81]

小刘他们家住13楼。他和妻子旅游回来，发现电梯坏了。⁸⁰小刘提出走楼梯。每上一楼，都要讲一个笑话，就这样他们说说笑笑，走到了10楼。该妻子讲笑话的时候，她翻了翻包里，突然抬起头，对小刘说：⁸¹"这次我不是开玩笑的，我把钥匙放在车里了。"	샤오류는 13층에 산다. 그와 아내가 여행에서 돌아와 보니 엘리베이터가 고장 나 있었다. ⁸⁰샤오류는 계단으로 올라가자고 제안했다. 한 층을 올라갈 때마다 우스갯소리를 하나씩 하기로 한 것이다. 이렇게 웃고 떠들다 보니 10층까지 올라갔다. 이번에는 아내가 우스갯소리를 할 차례였다. 그녀는 가방을 뒤지더니 갑자기 고개를 들고 이렇게 말했다. ⁸¹"이번에는 우스갯소리가 아니야. 열쇠를 차 안에 두고 왔거든."

어휘 住 zhù 통 살다, 거주하다 | 楼 lóu 양 층 | 妻子 qīzi 몡 아내 | 旅游 lǚyóu 통 여행하다 | ★电梯 diàntī 몡 엘리베이터 | ★坏 huài 통 고장 나다 | ★提出 tíchū 통 제기하다 | 楼梯 lóutī 몡 계단 | 笑话 xiàohua 몡 우스운 이야기 | 翻 fān 통 (찾기 위해서) 뒤지다, 헤집다 | 抬头 táitóu 통 머리를 들다 | ★开玩笑 kāi wánxiào 통 농담하다 | ★钥匙 yàoshi 몡 열쇠

80. **HSK POINT 핵심 어휘가 이끄는 문장을 통한 의미 파악** 난이도 下

★ 小刘提出：	★ 샤오류가 제안한 것은?
A 等电梯	A 엘리베이터를 기다리자
B 走楼梯	**B 계단으로 올라가자**
C 叫人来修	C 사람을 불러 수리하자
D 别开玩笑	D 농담을 하지 말자

공략 질문의 핵심 어휘 '小刘提出'가 이끄는 문장을 통해서 샤오류가 계단으로 올라가자고 제안했음을 알 수 있으므로 정답은 B이다.

어휘 修 xiū 통 수리하다 | ★別 bié 부 ~하지 마라

81. HSK POINT 핵심 문장을 통한 의미 파악 난이도 中

★ 他的妻子最后那句话的意思是：

A 笑话没意思
B 再讲别的笑话
C 电梯修好了
D 忘带钥匙

★ 그의 아내가 마지막에 한 말의 의미는?

A 우스갯소리가 재미없다
B 우스갯소리를 하나 더 하겠다
C 엘리베이터가 수리되었다
D 열쇠를 두고 왔다

공략　샤오류의 아내가 한 마지막 말 '这次我不是开玩笑的，我把钥匙放在车里了'를 통해서 열쇠를 차에 두고 왔음을 알 수 있으므로 정답은 D이다.

어휘　没意思 méi yìsi 재미가 없다 | ★带 dài 통 지니다, 휴대하다

[82-83]

　　顾客朋友们，本店现推出"购书送好礼"活动，购书满200元即可获得一个笔记本，82满300元可获得一本杂志。83另外，部分图书还有打折活动，其中，小说9折（10% 할인），词典8折（20% 할인），英语参考书等7折（30% 할인）。欢迎选购！祝您购物愉快！

　　고객 여러분, 본 점포는 현재 '책 구매 시 선물 증정' 행사를 하고 있습니다. 책 구매액이 200위안이 되면 공책 한 권을 드리며 82300위안이 되면 잡지 한 권을 드립니다. 83이 밖에 일부 도서에 대해 할인 행사를 하고 있습니다. 소설은 10%, 사전은 20%, 영어 참고서 등은 30% 할인하고 있으니, 많이 찾아 주시기 바랍니다. 즐거운 쇼핑 되시기 바랍니다.

어휘　★购 gòu 통 구매하다, 사다 | 礼 lǐ 명 선물 | ★即可 jíkě 부 ~하면 곧 ~할 수 있다 | 笔记本 bǐjìběn 명 노트, 수첩 | 杂志 zázhì 명 잡지 | 部分 bùfen 명 부분, 일부 | 图书 túshū 명 서적 | ★打折 dǎzhé 통 할인하다 | 其中 qízhōng 대 그중에, 그 안에 | ★小说 xiǎoshuō 명 소설 | 词典 cídiǎn 명 사전 | 参考书 cānkǎoshū 명 참고서 | 选购 xuǎngòu 통 골라서 사다 | 愉快 yúkuài 형 기쁘다, 유쾌하다

82. HSK POINT 핵심 어휘가 이끄는 문장을 통한 의미 파악 난이도 下

★ 购书满300元能获得什么礼物？

A 笔记本
B 杂志
C 小说
D 参考书

★ 책 구매액이 300위안이 되면, 어떤 선물을 받을 수 있는가?

A 공책
B 잡지
C 소설
D 참고서

공략 질문의 핵심 어휘 '购书满300元'이 이끄는 문장을 통해서 책 구매액이 300위안이 되면 잡지 한 권을 선물로 받을 수 있다는 것을 알 수 있으므로 정답은 B이다.

83. **HSK POINT** 접속사가 이끄는 문장을 통한 주제 파악 | 난이도 中

★ 根据这段话，可以知道：	★ 이 글을 근거로 알 수 있는 것은?
A 生意不太好	A 장사가 잘 안 된다
B 受顾客欢迎	B 고객에게 인기가 있다
C 有些书打折	C 일부 책을 할인한다
D 小说打8折	D 소설책은 20% 할인한다

공략 책 구매 시 선물을 증정하며 이 밖에 일부 도서에 대해 할인 행사를 하고 있다고 했으므로 정답은 C이다.

어휘 生意 shēngyi 몡 장사 | ★受欢迎 shòu huānyíng 인기가 있다

[84-85]

84回忆是生活中不可缺少的一部分，可我们不能总是活在回忆里，尤其是那些难过的回忆。过去发生的已经不能改变，重要的是现在。所以，85我们应该收起回忆，认真做好眼前的事，这样才能走好以后的路。	84추억은 살아가면서 없어서는 안 될 부분이다. 그러나 우리는 과거의 추억 속에서만 살 수 없다. 특히 슬픈 추억은 더욱 그렇다. 과거에 발생한 일은 바꿀 수 없으며, 중요한 것은 현재이다. 따라서 85우리는 추억을 접어두고 눈앞의 일을 열심히 해야만 앞으로 잘 살아갈 수 있다.

어휘 ★回忆 huíyì 몡 회상, 추억 | ★不可缺少 bù kě quēshǎo 없어서는 안 되다 | 总是 zǒngshì 뮈 늘, 줄곧 | ★难过 nánguò 혱 고통스럽다, 괴롭다 | 过去 guòqù 몡 과거 | 发生 fāshēng 동 일어나다, 발생하다 | ★改变 gǎibiàn 동 고치다, 바꾸다 | 收起 shōuqǐ 동 중지하다, 그만두다 | ★认真 rènzhēn 혱 진지하다, 착실하다 | 眼前 yǎnqián 몡 눈앞

84. **HSK POINT** 옳고 그름 판단 | 난이도 上

★ 关于回忆，下列哪个正确？	★ 추억에 관해 다음 중 옳은 것은?
A 是可以改变的	A 바꿀 수 있다
B 是难过的	B 슬픈 것이다
C 是生活的全部	C 삶의 전부이다
D 是生活的一部分	D 삶의 일부분이다

공략 질문의 핵심 어휘 回忆가 이끄는 첫 번째 문장을 통해서 추억은 살아가면서 없어서는 안 되는 일부분임을 알 수 있으므로 정답은 D이다.

어휘 ★全部 quánbù 휑 전부의, 전체의

85. HSK POINT 핵심 어휘가 이끄는 문장을 통한 의미 파악　난이도 上

★ 根据这段话，我们应该：	★ 이 글을 근거로 우리는 마땅히 어떻게 해야 하는가?
A 重视过去	A 과거를 중시해야 한다
Ⓑ 重视现在	Ⓑ 현재를 중시해야 한다
C 多回忆过去	C 과거를 많이 추억해야 한다
D 要多总结	D 총정리를 많이 해야 한다

공략 질문의 핵심 어휘 '我们应该'가 이끄는 문장을 통해서 현재를 중시해야 함을 알 수 있으므로 정답은 B이다.

어휘 ★重视 zhòngshì 통 중시하다, 중요시하다 | 总结 zǒngjié 통 총정리하다

第一部分

86. HSK POINT 존현문의 이해 〔난이도 下〕

| 挂着 | 墙上 | 山水画 | 一幅 |

공략

1단계 술어를 찾는다

동사가 문장에서 술어 역할을 하므로 상태의 지속을 나타내는 동태조사 着와 함께 있는 挂着가 술어가 된다.

2단계 목적어를 찾는다

목적어는 존재하는 주체이므로 山水画가 된다.

3단계 관형어를 찾는다

幅는 양사로 그림을 세는 단위이므로, '수사+양사+명사'의 원리에 의해 '一幅+山水画'가 된다.

4단계 주어를 찾는다

존현문에서 장소가 주어 역할을 하므로 墙上이 주어가 된다.

5단계 문장 완성하기

墙上挂着一幅山水画。 벽에 산수화가 한 점 걸려 있다.

어휘 ★挂 guà 통 걸다 | 墙 qiáng 명 벽 | 山水画 shānshuǐhuà 명 산수화 | ★幅 fú 양 폭

합격필수 TIP

▶ **존현문의 기본 어순**

어떠한 장소에 사람이나 사물이 출연하거나 존재 또는 소실되는 것을 나타내는 문장이다.

주어(장소) + 동사 + 着 + 목적어(사람/사물)
일반명사 + 방위사   수사 + 양사 + 명사

桌子上**放着**一本书。 책상 위에 책 한 권이 놓여 있다.
墙上**贴着**几张照片。 벽에 사진 몇 장이 붙어 있다.

| 使 | 海洋污染 | 越来越少 | 变得 | 海鱼数量 |

공략

1단계 **술어를 찾는다**

> 일반적으로 문장에서 동사가 술어 역할을 하므로 使나 变得가 술어 역할을 한다. 사역동사 使를 통해 겸어문을 묻는 문제임을 알 수 있으므로, 겸어문의 기본 문형을 머릿속으로 떠올리면서 문장을 전개해야 한다. 또한 得를 통해 변한 정도가 어떤지를 나타내는 정도보어를 变得 뒤에 위치시켜야 한다.

2단계 **목적어를 찾는다**

> 물고기 수량을 점점 줄어들게 만든 것이므로 '使+海鱼数量+变得+越来越少'가 된다. 여기서 '海鱼数量'은 사역동사 使의 목적어이기도 하고 '变得越来越少'의 주어이기도 하므로 겸어를 나타낸다.

3단계 **주어를 찾는다**

> 해양 오염으로 바닷물고기 수량이 줄어든 것이므로 '海洋污染'이 이 문장의 주어가 된다.

4단계 **문장 완성하기**

> **海洋污染使海鱼数量变得越来越少。** 해양 오염으로 바닷물고기 수량이 점점 줄어들었다.

어휘

> ★使 shǐ 통 ~에게 ~시키다, ~하게 하다 | 海洋 hǎiyáng 명 해양, 바다 | 污染 wūrǎn 명 오염 | ★越来越 yuèláiyuè 부 갈수록 | 海鱼 hǎiyú 명 바닷물고기 | ★数量 shùliàng 명 수량

| 一份 | 你还 | 提供 | 总结材料 | 需要 |

공략

1단계 **술어를 찾는다**

> 일반적으로 문장에서 동사가 술어 역할을 하므로 提供과 需要가 술어가 될 수 있다. 의미적으로 총결산 자료를 필요로 하는 것이므로 需要가 이 문장의 술어가 된다.

2단계 **목적어를 찾는다**

> 份은 양사로 문서로 이루어져 있는 것을 세는 단위이다. 따라서 '수사+양사+명사'의 원리에 의해 '一份+总结材料'가 된다. '제공하다'라는 의미의 동사 提供은 명사 '总结材料'와 함께 쓰여 목적절을 이루고 있으므로, '提供+一份总结材料'를 술어 뒤에 위치시킨다.

3단계 **부사어를 찾는다**

> 부사는 술어 앞에 위치하여 술어를 꾸며주는 부사어 역할을 하므로 '还+需要'가 된다. 따라서 주어와 함께 있는 你还를 술어 앞에 위치시킨다.

4단계 문장 완성하기

你还需要提供一份总结材料。 당신은 또 총결산 자료 한 부를 제공해야 합니다.

어휘 份 fèn 양 부, 통 | ★提供 tígōng 통 제공하다 | ★总结 zǒngjié 명 총결산, 최종 평가 | 材料 cáiliào 명 자료, 데이터 | 需要 xūyào 통 필요하다, 요구되다

89. HSK POINT 把자문의 이해 난이도 中

| 把 | 客厅里的沙发 | 我们先 | 吧 | 搬下去 |

공략 **1**단계 개사구를 만든다

개사 把는 단독으로 쓰일 수 없어 처치의 대상인 '客厅里的沙发'와 함께 개사구를 만들어 술어를 수식하므로 '把+客厅里的沙发'가 된다.

2단계 술어를 찾는다

동사가 문장에서 술어 역할을 하므로 搬이 술어가 된다. 把자문에서 동사 뒤에는 반드시 기타 성분이 와야 하는데, 결과보어 下去가 함께 쓰이고 있으므로 '把+客厅里的沙发+搬下去'가 된다.

3단계 주어를 찾는다

우리가 거실의 소파를 아래로 내려놓자고 제안하고 있으므로, 주어 我们이 있는 '我们先'을 문장 맨 앞에 위치시키고 제안을 나타내는 어기조사 吧를 문장 맨 뒤에 놓는다.

4단계 문장 완성하기

我们先把客厅里的沙发搬下去吧。 우리 거실의 소파를 먼저 아래로 내려놓자.

어휘 客厅 kètīng 명 객실 | ★沙发 shāfā 명 소파 | 先 xiān 부 우선, 먼저 | ★搬 bān 통 옮기다

합격필수 TIP

▶ 把자문의 기본 어순

把는 '~을'이라는 의미를 가지고 있는 개사로 처치를 나타낸다.

주어 + 부사 + 조동사 + 把 + 목적어 + 술어 + 기타 성분

我已经把作业做完了。 나는 이미 숙제를 다 했다.
他能把这个工作做好。 그는 이 일을 잘 할 수 있다.

| 吗 | 一点儿 | 不相信 | 都 | 难道你当时 |

공략

1단계 술어를 찾는다

일반적으로 문장에서 동사가 술어 역할을 하므로 相信이 술어가 된다.

2단계 부사어를 찾는다

'조금도 ~하지 않다'라는 의미의 '一点儿都不'는 '一点儿都不+동사/형용사' 형태로 강조를 나타내므로 '一点儿+都+不+相信'이 된다.

3단계 주어를 찾는다

일반적으로 명사나 대사가 문장에서 주어 역할을 하므로 你가 이 문장의 주어가 된다. 难道는 의문조사 吗와 함께 '难道……吗?' 형태로 반어를 나타내므로, 주어가 있는 '难道你当时'를 문장 맨 앞에 위치시키고 의문어기조사 吗는 문장 맨 뒤에 놓는다.

4단계 문장 완성하기

难道你当时一点儿都不相信吗?　설마 당신이 당시 전혀 믿지 않았단 말입니까?

어휘　★一点儿 yìdiǎnr 양 조금도, 약간 | 相信 xiāngxìn 동 믿다 | ★难道 nándào 부 설마 ~란 말인가? | 当时 dāngshí 명 당시, 그 때

| 动作 | 你的 | 做得 | 标准 | 不太 |

공략

1단계 술어를 찾는다

일반적으로 문장에서 동사가 술어 역할을 하므로 做가 술어가 되며 做 뒤에 있는 구조조사 得를 보는 순간 정도보어를 묻는 문제임을 알 수 있다.

2단계 보어를 찾는다

보어는 술어를 보충해주는 성분으로 술어 뒤에 위치해야 한다. 정도보어의 기본 어순 '동사+得+정도보어'에 따라 문장을 전개하면 '做得+不太+标准'이 된다.

3단계 주어를 찾는다

동작이 정확한 것이 아니므로 动作가 이 문장의 주어가 된다.

4단계 관형어를 찾는다

구조조사 的는 명사와 함께 쓰이므로 '你的+动作'가 된다.

5단계 문장 완성하기

你的动作做得不太标准。 네가 하는 동작은 그다지 정확하지 않아.

어휘 动作 dòngzuò 몡 동작 | ★标准 biāozhǔn 휑 표준의, 표준적이다

---

92. HSK POINT 동사술어문에서 부사어의 위치 ┃ 난이도 中

| 误会 | 我们 | 好像 | 有些 | 之间 |

공략 **1단계 술어를 찾는다**

일반적으로 문장에서 동사가 술어 역할을 하므로 有가 술어가 된다. '조금, 약간'이라는 의미의 些는 양사이므로 명사 어휘와 연결시켜야 한다.

2단계 목적어를 찾는다

동사가 문장에서 술어로 쓰이므로 의미상 함께 올 수 있는 목적어를 찾아야 한다. 따라서 '有+误会'가 된다. 또한 술어 뒤에 있는 些는 '조금, 약간'이라는 의미의 양사이므로, 명사 어휘인 误会와 함께 쓰여 목적어를 꾸며 주는 관형어 역할을 한다.

3단계 부사어를 찾는다

부사는 술어 앞에 위치하여 술어를 꾸며주는 부사어 역할을 하므로 '好像+有'가 된다.

4단계 주어를 찾는다

之间은 사람을 나타내는 어휘와 함께 쓰이므로 '我们+之间'이 되며, 우리 사이에 오해가 있는 것이므로 '我们之间'을 문장 맨 앞에 위치시킨다.

5단계 문장 완성하기

我们之间好像有些误会。 우리 사이에 오해가 좀 있는 것 같아.

어휘 ★误会 wùhuì 몡 오해 | ★好像 hǎoxiàng 휑 마치 ~과 같다 | 之间 zhījiān 몡 (~의) 사이, 지간

---

93. HSK POINT 개사구의 기본 어순 이해 ┃ 난이도 中

| 我 | 有 | 对明天的 | 信心 | 面试 |

 1단계 개사구를 만든다

구조조사 的는 명사와 함께 쓰이므로 '对明天的+面试'가 된다. 对는 개사로 단독으로 쓰일 수 없어 '明天的面试'와 함께 개사구를 만들어 술어를 꾸며주는 부사어 역할을 한다. 따라서 '对明天的面试'를 술어 앞에 위치시킨다.

2단계 술어를 찾는다

일반적으로 문장에서 동사가 술어 역할을 하므로 有가 술어가 되며, 개사구는 술어를 꾸며주므로 '对明天的面试+有'가 된다.

3단계 목적어를 찾는다

동사가 문장에서 술어로 쓰이므로 의미상 함께 올 수 있는 목적어를 찾아야 한다. 따라서 '对明天的面试+有+信心'이 된다.

4단계 주어를 찾는다

내가 내일 면접에 자신이 있는 것이므로 我가 이 문장의 주어가 된다.

5단계 문장 완성하기

我对明天的面试有信心。 나는 내일 면접에 자신이 있다.

어휘 ★对 duì 〔개〕 ~에 대해서, ~에 대하여 | 信心 xìnxīn 〔명〕 자신, 확신 | ★面试 miànshì 〔명〕 면접

---

94. HSK POINT 연동문의 이해 〔난이도 中〕

| 将 | 学校 | 博物馆 | 组织大家 | 去参观 |

공략 **1단계 술어를 찾는다**

동사 술어가 두 개 이상 존재하므로 연동문을 묻는 문제임을 알 수 있다.

2단계 목적어를 찾는다

동사가 술어 역할을 하므로 의미상 어울리는 명사를 목적어로 수반해야 한다. 따라서 '去参观+博物馆'이 된다. 동작이 행해지는 순서에 따라 '술어+목적어'를 나열해야 하므로 '组织大家+去参观+博物馆'이 된다.

3단계 부사어를 찾는다

연동문에서 부사는 첫 번째 동사 앞에 위치하므로 '将+组织大家+去参观+博物馆'이 된다.

4단계 주어를 찾는다

일반적으로 명사나 대사가 주어 역할을 하므로 学校가 이 문장의 주어가 된다.

5단계 문장 완성하기

学校将组织大家去参观博物馆。 학교에서는 여러분의 박물관 견학을 진행할 것이다.

어휘 ★将 jiāng 閉 ~하게 될 것이다, ~일 것이다 | 博物馆 bówùguǎn 閉 박물관 | ★组织 zǔzhī 튕 조직하다, 구성하다 | 参观 cānguān 튕 견학하다

합격필수 TIP

▶ **연동문에서 부사어의 위치**

한 문장에 동사가 여러 개 있는 연동문에서 부사가 제시될 경우 첫 번째 동사 앞에 위치한다.

주어 + **부사** + 동사1 + 목적어1 + 동사2 + 목적어2

他**经常**去医院看病。 그는 자주 진찰 받으러 병원에 간다.
我们**想**去球场看世界杯比赛。 우리는 축구장에 가서 월드컵 경기를 보고 싶다.

---

95. HSK POINT 결과보어 在의 이해 난이도 中

小城市	她	美丽的	出生在	一个

공략 **1단계 술어를 찾는다**

일반적으로 문장에서 동사가 술어 역할을 하므로 出生이 술어가 되며, 술어 뒤의 在를 통해 결과보어를 묻는 문제임을 알 수 있다.

2단계 보어를 찾는다

个는 양사로 사물 및 사람을 세는 단위이므로 '수사+양사+명사'의 원리에 의해 '一个+小城市'가 된다. 또한 구조조사 的는 명사와 함께 쓰이므로 '一个+美丽的+小城市'가 된다. 在는 '동사+在+장소' 형태로 술어 뒤에 위치하여 보어 역할을 하므로 '出生在+一个+美丽的+小城市'가 된다.

3단계 주어를 찾는다

아름다운 소도시에 태어난 사람은 그녀이므로 她가 이 문장의 주어가 된다.

4단계 문장 완성하기

她出生在一个美丽的小城市。 그녀는 아름다운 소도시에서 태어났다.

어휘 城市 chéngshì 閉 도시 | ★美丽 měilì 튕 아름답다 | ★出生 chūshēng 튕 출생하다, 태어나다

96. HSK POINT 명사 제시어   난이도 中

动作
dòngzuò
몡 동작

공략

1단계 제시어 및 사진 파악하기

动作는 명사로 '동작'이라는 의미를 나타낸다. 발레를 배우고 있는 사진이 제시되어 있으므로 '그녀의 동작은 아주 정확하다' 또는 반대로 '그녀의 동작은 정확하지 않다' 등의 내용으로 문장을 만들자.

2단계 연관 어휘 떠올리기

★标准 biāozhǔn 혱 표준의, 표준적이다 | 太 tài 뷔 대단히, 매우 | 难 nán 혱 어렵다 | 对 duì 혱 맞다, 정확하다

3단계 문장의 뼈대 만들기

动作 + 很 + 标准。 동작이 정확하다.
주어　　정도부사　술어

4단계 문장 완성하기

① 她的**动作**做得很标准。
그녀의 동작은 정확하다.

② 她的**动作**做得不太标准。
그녀의 동작은 그다지 정확하지 않다.

③ 这个**动作**太难学了!
이 동작은 너무 배우기 어렵다!

④ 请你帮我看一下我的**动作**对不对。
제 동작이 맞는지 봐주세요.

⑤ 我帮你看看你的**动作**做得怎么样。
내가 네 동작이 어떤지 봐줄게.

97. HSK POINT 동사 제시어   난이도 中

出差
chūchāi
통 출장 가다

공략

1단계 제시어 및 사진 파악하기

出差는 동사로 '출장 가다'라는 의미를 나타낸다. 사진을 통해서 남자가 출장을 가고 있음을 알 수 있다. 단순히 '그는 출장을 간다'라고 문장을 만들기보다는 다양한 부사를 활용하여 '그는 또 출장을 간다', '그는 자주 출장을 간다' 등의 내용으로 문장을 만들자.

2단계 연관 어휘 떠올리기

★准备 zhǔnbèi 통 준비하다 | 外地 wàidì 몡 외지 | ★乘坐 chéngzuò 통 타다 | 飞机 fēijī 몡 비행기 | 又 yòu 뷔 또, 다시 | 得 děi 통 ～해야 한다 | ★几乎 jīhū 뷔 거의 | 派 pài 통 파견하다

3단계 문장의 뼈대 만들기

他 + 出差。 그는 출장을 간다.
주어　술어

4단계 문장 완성하기

① 他准备去外地**出差**。
　그는 외지로 출장 갈 준비를 한다.

② 他乘坐飞机去中国**出差**。
　그는 비행기를 타고 중국으로 출장을 간다.

③ 他今天又得去北京**出差**。
　그는 오늘 또 베이징으로 출장 가야 한다.

④ 他几乎每个月都去外地**出差**。
　그는 거의 매달 외지로 출장을 간다.

⑤ 公司派他去美国**出差**。
　회사는 그를 미국으로 출장 보낸다.

---

98. HSK POINT 동사 제시어　난이도 上

공략

1단계 제시어 및 사진 파악하기

转은 동사로 '돌다, 바꾸다'라는 의미를 나타낸다. 좌회전 금지 표지판이 제시되어 있으므로 '금지하다'라는 의미를 나타내는 동사 禁止를 떠올리며 문장을 완성하자.

2단계 연관 어휘 떠올리기

路口 lùkǒu 명 길목 | ★禁止 jìnzhǐ 동 금지하다 | 左转 zuǒzhuǎn 동 좌측으로 돌다 |
标志牌 biāozhìpái 명 표지판 | 标语 biāoyǔ 명 표어

3단계 문장의 뼈대 만들기

禁止 + 左转。 좌회전을 금지하다.
술어　　목적어

4단계 문장 완성하기

① 这个路口禁止左**转**。
　이 길목에서는 좌회전을 금지한다.

② 下个路口禁止左**转**。
　다음 길목에서는 좌회전을 금지한다.

③ 路上有禁止左**转**的标志牌。
　길에는 좌회전을 금지한다는 표지판이 있다.

④ 我看到了禁止左**转**的标语。
　나는 좌회전을 금지한다는 표어를 봤다.

⑤ 我看到了一个禁止左**转**的标志牌。
　나는 좌회전을 금지한다는 표지판을 봤다.

▶ 교통 관련 금지 표지판

禁止右转	禁止掉头	禁止驶入	禁止停车	禁止自行车驶入	禁止通行
우회전 금지	유(U)턴 금지	진입 금지	주차 금지	자전거 진입 금지	통행 금지

99. **HSK POINT** 명사 제시어 　난이도 **下**

力气

lìqi

명 힘

공략

1단계 제시어 및 사진 파악하기

力气는 명사로 '힘'이라는 의미를 나타낸다. 두 남자가 팔씨름을 하고 있는 사진이 제시되어 있으므로 누구의 힘이 센지 비교문을 활용하여 문장을 만들자.

2단계 연관 어휘 떠올리기

★比 bǐ 깨 ~에 비해, ~보다 ｜ 更 gèng 부 더, 훨씬 ｜ 大 dà 형 (힘·강도 등이) 세다

3단계 문장의 뼈대 만들기

力气 ＋ 很 ＋ 大。　힘이 세다.
주어　　정도부사　술어

4단계 문장 완성하기

① 他们俩的**力气**都很大。
　그들 둘은 힘이 모두 세다.

② 我的**力气**比他的更大。
　내 힘이 그보다 더 세다.

③ 我的**力气**比他的大得多。
　내 힘은 그보다 훨씬 세다.

④ 我的**力气**没有他那么大。
　내 힘은 그의 힘만큼 세지 않다.

⑤ 他是我们公司里**力气**最大的人。
　그는 우리 회사에서 힘이 가장 센 사람이다.

俩

liǎ

㈜ 두 사람

공략

1단계 제시어 및 사진 파악하기

俩는 수사로 '두 사람'이라는 의미를 나타낸다. 여자 둘이 소파에 앉아서 이야기를 나누고 있는 사진이 제시되어 있으므로, 주어에 주의하여 '그녀 둘은 이야기를 나누고 있다' 등의 내용으로 문장을 만들자.

2단계 연관 어휘 떠올리기

正在 zhèngzài 〔부〕 지금 한창 ~하고 있다 | ★聊天 liáotiān 〔동〕 수다를 떨다 | 沙发 shāfā 〔명〕 소파 | ★开心 kāixīn 〔형〕 기쁘다, 즐겁다 | 见面 jiànmiàn 〔동〕 만나다

3단계 문장의 뼈대 만들기

她们俩 + 聊天。 그녀 둘은 수다를 떤다.
　주어　　　술어

4단계 문장 완성하기

① 她们俩正在聊天。
그녀 둘은 수다를 떨고 있다.

② 她们俩很喜欢聊天。
그녀 둘은 수다 떠는 것을 좋아한다.

③ 我们俩在沙发上坐着聊天。
우리 둘은 소파에 앉아서 이야기를 나눈다.

④ 我们俩每次聊得很开心。
우리 둘은 이야기를 할 때마다 즐겁다.

⑤ 我们俩一有时间就见面聊天。
우리 둘은 시간이 있으면 수다를 떤다.

합격필수 TIP

▶ 俩와 관련된 빈출 이미지

她们俩一边喝咖啡一边聊天儿。 그녀 둘은 커피를 마시며 수다를 떨고 있다.
她们俩很开心地聊天儿。 그녀 둘은 즐겁게 이야기를 나눈다.

他们俩正准备明天的会议。 그 둘은 내일 회의를 준비하고 있다.
他们俩对这个问题进行了讨论。 그 둘은 이 문제에 대해 토론을 했다.

3회 해설

一、听力

第一部分
1. √ 2. × 3. √ 4. × 5. √ 6. √ 7. √ 8. × 9. √ 10. ×

第二部分
11. B 12. C 13. D 14. A 15. A 16. D 17. C 18. D 19. A 20. B
21. C 22. B 23. D 24. D 25. B

第三部分
26. B 27. A 28. D 29. C 30. C 31. B 32. D 33. A 34. B 35. C
36. B 37. D 38. A 39. C 40. B 41. D 42. C 43. D 44. B 45. D

二、阅读

第一部分
46. F 47. A 48. C 49. B 50. E 51. B 52. A 53. F 54. D 55. E

第二部分
56. BCA 57. CAB 58. ACB 59. BCA 60. BAC
61. CAB 62. ABC 63. CAB 64. BCA 65. BAC

第三部分
66. B 67. D 68. C 69. A 70. B 71. C 72. B 73. D 74. C 75. A
76. C 77. B 78. D 79. A 80. D 81. B 82. B 83. D 84. C 85. A

三、书写

第一部分
86. 这能证明他很有实力。
87. 我的收入比去年增加了一倍。
88. 那条新闻并没有引起人们的重视。
89. 这场雨下得真及时。
90. 我爸爸是去年夏天退休的。
91. 冰箱里还剩了两个鸡蛋。
92. 请把这篇文章翻译成英文。
93. 这个事故发生在前年6月份。
94. 我不得不改变原来的计划。
95. 观众对今天的比赛十分失望。

第二部分
96. ① 他早上起来肚子特别难受。
② 他晚上睡觉的时候肚子特别难受。
③ 他中午吃得太多了，肚子非常难受。
④ 他肚子非常难受，要去医院看病。
⑤ 他肚子太难受了，要回家休息休息。

97. ① 这本书我今天看了三十页。
② 这本书太厚了，我只看了三十页。
③ 这本书太厚了，我只看到三十页了。
④ 这本小说到底有多少页？
⑤ 这本小说大概有三百页。

98. ① 她从昨天开始减肥。
② 我最近胖了很多，该减肥了。
③ 为了减肥，我晚上不吃饭。
④ 快到夏天了，很多女性开始减肥。
⑤ 有效的减肥方法就是少吃多运动。

99. ① 我一直很想去长城看看。
② 我打算陪朋友去长城看看。
③ 你陪我去长城看看吧。
④ 我从来没有去过长城。
⑤ 学校组织大家去长城看一看。

100. ① 他运动后出了一身汗。
② 他刚跑了一圈就流了浑身汗。
③ 天很热，我出了很多汗。
④ 你快用毛巾擦一下汗。
⑤ 我一到夏天就流很多汗。

第一部分

1. HSK POINT 유사 어휘 이해 | 난이도 上 | track 03-1

李先生，您的病问题不大，除了吃药外，心情愉快也很重要。心情好，病就好得快。所以要少发脾气，每天都要有一个好心情。

★ 他希望李先生心情愉快。（√）

이 선생, 당신의 병은 별로 심각하지 않습니다. 약을 복용하는 것 외에 기분을 즐겁게 하는 것이 중요합니다. 기분이 좋으면 병도 빨리 좋아질 겁니다. 그러니 화를 덜 내고 매일 좋은 기분을 갖도록 하세요.

★ 그는 이 선생이 즐거운 마음을 갖기를 원한다. （√）

공략 '好心情'과 '心情愉快'는 '좋은 기분, 유쾌한 마음'이라는 의미로 제시된 문장과 녹음 내용은 일치한다.

어휘 问题 wèntí 몡 문제 | 药 yào 몡 약 | ★心情 xīnqíng 몡 심정, 감정 | 愉快 yúkuài 혱 기쁘다, 즐겁다 | ★重要 zhòngyào 혱 중요하다 | ★发脾气 fā píqi 화내다

2. HSK POINT 혼동 어휘 이해 | 난이도 下 | track 03-2

房东是我大学同学，他着急出国，所以房子才会以这么低的价格出租，你要是觉得合适，今天就可以去看房。

★ 租金太高了。（×）

집 주인이 내 대학 동창인데, 급히 출국을 하려고 해. 그래서 집을 이렇게 싼 가격에 임대하는 거야. 적당하다고 생각하면 오늘 바로 가서 집을 볼 수 있어.

★ 집세가 너무 비싸다. （×）

공략 집 주인이 급히 출국을 하기 때문에 집을 싼 가격에 내놨다고 말하고 있다. 여기서 高는 '비싸다'라는 의미를 나타내므로 제시된 문장은 녹음 내용과 일치하지 않는다.

어휘 房东 fángdōng 몡 집주인 | ★着急 zháojí 동 조급해하다, 안달하다 | 出国 chūguó 동 출국하다 | ★房子 fángzi 몡 집 | 以 yǐ 개 ~로써, ~을 가지고 | 低 dī 혱 낮다 | ★价格 jiàgé 몡 가격 | 出租 chūzū 동 임대하다, 세를 놓다 | ★合适 héshì 혱 적당하다, 알맞다 | 租金 zūjīn 몡 임대료

3. HSK POINT 전반적인 의미 파악 | 난이도 中 | track 03-3

我觉得这件外套很适合女儿。现在穿肯定特别暖和，正好又打折，咱们就买这件吧。

나는 이 외투가 딸아이에게 어울린다고 생각해요. 지금 입으면 굉장히 따뜻할 거예요. 마침 세일도 하고 있으니, 이 옷을 삽시다.

★ 他对那件外套很满意。(√)　　　　★ 그는 그 외투가 마음에 든다. (√)

공략　남자는 이 외투가 딸아이에게 잘 어울릴 것 같다며 이 옷을 사자고 제안하고 있다. 따라서 남자가 외투를 '很满意'한다는 문장과 녹음 내용은 일치한다.

어휘　外套 wàitào 몡 외투 | ★适合 shìhé 통 적합하다, 알맞다 | 女儿 nǚ'ér 몡 딸 | 肯定 kěndìng 뷔 확실히, 틀림없이 | 特别 tèbié 뷔 특히, 더욱 | ★暖和 nuǎnhuo 혱 따뜻하다 | 正好 zhènghǎo 뷔 마침 | ★打折 dǎzhé 통 할인하다 | ★满意 mǎnyì 혱 만족하다

---

4. HSK POINT 혼동 표현 이해　난이도 上　　track 03-4

从一个国家的教育水平可以看出这个国家的经济和社会发展情况。一般来说，教育水平越高的国家，经济和社会发展得越好。

한 나라의 교육 수준에서 그 나라의 경제와 사회의 발전 상황을 알 수 있다. 일반적으로 교육 수준이 높은 국가일수록 경제와 사회가 잘 발전해 있다.

★ 教育水平与经济发展无关。(×)　　　　★ 교육 수준과 경제 발전은 관련이 없다. (×)

공략　한 나라의 교육 수준에서 그 나라의 경제와 사회의 발전 상황을 알 수 있다고 했으므로 교육 수준과 경제 발전은 관련이 없다는 제시된 문장은 녹음 내용과 일치하지 않는다.

어휘　★教育 jiàoyù 몡 교육 | 水平 shuǐpíng 몡 수준 | ★经济 jīngjì 몡 경제 | ★社会 shèhuì 몡 사회 | 发展 fāzhǎn 통 발전하다 | 情况 qíngkuàng 몡 상황, 정황 | ★无关 wúguān 통 무관하다, 상관없다

---

5. HSK POINT 유사 표현 이해　난이도 中　　track 03-5

昨天我收拾房间时看到了读大学时写的日记。一边看一边笑，回忆起了很多有意思的事。

어제 방을 치우던 중 대학 때 쓴 일기를 발견했다. 그것을 보고 웃음이 났고, 재미있는 추억을 떠올렸다.

★ 日记让他回忆起了很多事。(√)　　　　★ 일기는 그로 하여금 많은 추억을 떠올리게 했다. (√)

공략　어제 방을 치우던 중 대학 때 쓴 일기를 보고 웃음이 났고 재미있는 추억이 떠올랐다고 말하고 있으므로, 일기는 그에게 많은 추억을 떠올리게 한다는 제시된 문장은 녹음 내용과 일치한다.

어휘　★收拾 shōushi 통 거두다, 정리하다 | 房间 fángjiān 몡 방 | 日记 rìjì 몡 일기 | ★回忆 huíyì 통 회상하다, 추억하다 | 有意思 yǒuyìsi 혱 재미있다

6. `HSK POINT` 유사 표현 이해　`난이도 中`　　　　　　　　　　　　　　● **track 03-6**

您放心，只要是在我店购买的家具无论价钱多少，无论您家离这儿多远。我们都将为您提供免费送货上门服务。

★ 那家店免费为顾客送家具。（ ✓ ）

걱정 마세요. 우리 점포에서 산 가구는 가격이 얼마든 댁이 얼마나 멀든 상관하지 않고 무료로 배달 서비스를 해드립니다.

★ 그 가구점은 고객에게 가구를 무료로 배달한다. （ ✓ ）

`공략` 우리 점포에서 산 가구는 가격이나 거리에 상관없이 무료로 배달 서비스를 해준다고 말하고 있으므로, 그 가구점은 고객에게 가구를 무료로 배달해 준다는 제시된 문장은 녹음 내용과 일치한다.

`어휘` 购买 gòumǎi 통 사다, 구매하다 | 家具 jiājù 명 가구 | ★无论 wúlùn 접 ~에 관계 없이 | 价钱 jiàqian 명 값, 가격 | 将 jiāng 부 ~하게 될 것이다, ~일 것이다 | ★为 wèi 개 ~에게, ~을 위하여 | ★提供 tígōng 통 제공하다 | 免费 miǎnfèi 통 돈을 받지 않다, 무료로 하다 | ★送货上门 sònghuò shàngmén 집까지 상품을 배달해 주다 | 服务 fúwù 통 서비스하다

---

7. `HSK POINT` 유사 표현 이해　`난이도 中`　　　　　　　　　　　　　　● **track 03-7**

保护环境可以从身边小事做起，例如少用塑料袋；将垃圾丢进垃圾桶；夏天把空调的温度开得高一些等等。这些是我们每个人都能够做到的。

★ 环保要从小事做起。（ ✓ ）

환경 보호는 주변의 작은 일부터 할 수 있다. 예를 들어 비닐봉지 덜 쓰기, 쓰레기를 쓰레기통에 버리기, 여름에 에어컨 온도 높이기 등등, 이런 것들은 우리 모두가 할 수 있는 일이다.

★ 환경 보호는 작은 일부터 해야 한다. （ ✓ ）

`공략` 환경 보호는 주변의 작은 일부터 할 수 있다는 첫 번째 말을 통해서 환경 보호는 작은 일부터 해야 한다는 제시된 문장은 녹음 내용과 일치한다.

`어휘` ★保护 bǎohù 통 보호하다 | ★环境 huánjìng 명 환경 | 例如 lìrú 통 예를 들면 | ★塑料袋 sùliàodài 명 비닐봉지 | 垃圾 lājī 명 쓰레기 | ★丢 diū 통 던지다, 버리다 | 垃圾桶 lājītǒng 명 쓰레기통 | 夏天 xiàtiān 명 여름 | 空调 kōngtiáo 명 에어컨 | 温度 wēndù 명 온도

합격필수 TIP

▶ '从……做起'의 용법

'从……做起'는 '~부터 ~하다'라는 의미로 어떤 동작의 시작이나 출발점을 나타낸다. 여기서 '做起'는 开始와 같은 의미로 쓰였다.

我从明天做起努力学习。나는 내일부터 열심히 공부할 것이다.
她从今天做起，要多练习发音。그녀는 오늘부터 열심히 발음 연습을 할 것이다.

8. `HSK POINT 혼동 표현 이해` `난이도 下`　track 03-8

马上就硕士毕业了。大家将来天南地北
的，很难再聚在一起。下午照完毕业照后，
我们吃个饭，聚聚吧。

★ 他毕业很多年了。(×)

곧 대학원 졸업이 다가온다. 각자 사방으로 흩어지면
다시 만나기 어려울 거야. 오후에 졸업 사진을 찍고 나서
식사라도 하게 모이자.

★ 그는 졸업한 지 오래되었다. (×)

공략 '马上就……了'는 '곧 ~하다'라는 의미로 아직 졸업을 하지 않았음을 알 수 있다. 따라서 그는 졸업한 지 오래되었다는
제시된 문장은 녹음 내용과 일치하지 않는다.

어휘 马上 mǎshàng 명 곧, 즉시 | ★硕士 shuòshì 명 석사 | ★毕业 bìyè 동 졸업하다 | 天南地北 tiān nán dì běi 성 지역이
서로 다르다, 전국 곳곳, 여기저기 | ★聚 jù 동 모이다

---

9. `HSK POINT 유사 표현 이해` `난이도 中`　track 03-9

研究发现，吃甜的东西能使人心情快
乐。所以如果你觉得有心事，可以吃点儿蛋
糕或者巧克力。这些甜的东西也许会给你带
来好心情。

★ 吃甜的东西能让心情变好。(√)

연구 결과 단 것을 먹으면 기분이 좋아진다는 것을 발
견했다. 그러므로 걱정되는 일이 있으면 케이크나 초콜
릿을 먹으면 된다. 이런 단 음식들은 당신의 기분을 좋게
해줄 것이다.

★ 단것을 먹으면 기분이 좋아진다. (√)

공략 '使人心情快乐'와 '让心情变好'는 모두 '기분이 좋아진다'라는 의미이므로 제시된 문장은 녹음 내용과 일치한다.

어휘 研究 yánjiū 동 연구하다 | ★发现 fāxiàn 동 발견하다, 알아차리다 | 甜 tián 형 달다 | ★使 shǐ 동 (~에게) ~시키다, ~하게
하다 | ★快乐 kuàilè 형 즐겁다 | 心事 xīnshì 명 걱정거리 | 蛋糕 dàngāo 명 케이크 | 或者 huòzhě 접 ~를 하든지 아니
면 ~을 한다 | 巧克力 qiǎokèlì 명 초콜릿 | ★也许 yěxǔ 부 어쩌면, 아마도

---

10. `HSK POINT 혼동 어휘 이해` `난이도 下`　track 03-10

别担心，儿子只是吃坏肚子了。早上我
带他去医院打了一针，现在已经好多了。

★ 儿子感冒很严重。(×)

걱정 마. 아들은 음식을 잘 못 먹고 배탈이 났을 뿐이
야. 아침에 아이를 병원에 데리고 가서 주사를 맞혔더니
이제는 괜찮아졌어.

★ 아들은 감기가 심하다. (×)

공략 坏肚子는 '배탈'이라는 의미이고 感冒는 '감기'라는 의미이므로, 제시된 문장은 녹음 내용과 일치하지 않는다.

어휘 儿子 érzi 명 아들 | ★肚子 dùzi 명 배 | 医院 yīyuàn 명 병원 | 打针 dǎzhēn 동 주사를 맞다 | 已经 yǐjing 부 이미, 벌써
| ★感冒 gǎnmào 명 감기 | ★严重 yánzhòng 형 심각하다

11. `HSK POINT 인물의 행동 파악` `난이도 下`　　track 03-11

男：您的银行卡办好了。需要办网上银行吗？
　　现在是免费的。
女：暂时不用。谢谢。

问：女的来银行干什么？

A 办信用卡
Ⓑ 办银行卡
C 办签证
D 办护照

남: 손님의 현금 카드가 나왔습니다. 인터넷 뱅킹을 신
　　청하시겠습니까? 지금은 무료입니다.
여: 당분간 필요 없습니다. 감사합니다.

질문: 여자는 은행에 와서 무엇을 하였는가?

A 신용 카드를 발급받았다
Ⓑ 현금 카드를 발급받았다
C 비자를 발급받았다
D 여권을 발급받았다

공략　보기를 통해 인물의 행동을 묻는 문제임을 알 수 있다. 손님의 현금 카드가 나왔다는 남자의 말을 통해서 여자는 현금 카드를 발급 받으러 은행에 왔음을 알 수 있으므로 정답은 B이다.

어휘　银行卡 yínhángkǎ 몡 현금 카드 | 需要 xūyào 통 필요하다 | ★办 bàn 통 처리하다, 취급하다 | ★网上银行 wǎngshàng yínháng 인터넷 뱅킹 | ★暂时 zànshí 몡 잠깐, 잠시 | 签证 qiānzhèng 몡 비자 | 护照 hùzhào 몡 여권

12. `HSK POINT 숫자 관련 어휘 파악` `난이도 下`　　track 03-12

女：咱们店今天卖了132台空调。
男：真的吗？还从来没卖过这么多呢。

问：他们店今天卖了多少台空调？

A 130台
B 123台
Ⓒ 132台
D 231台

여: 우리 점포에서 오늘 에어컨 132대를 팔았어요.
남: 정말이에요? 이렇게 많이 판 적이 없었잖아요?

질문: 그들 점포에서는 오늘 몇 대의 에어컨을 판매했는가?

A 130대
B 123대
Ⓒ 132대
D 231대

공략　보기를 통해서 숫자 관련 문제임을 알 수 있으므로 숫자 관련 어휘가 나오면 집중해서 듣자. 우리 점포에서는 오늘 에어컨 132대를 팔았다는 여자의 말을 통해서 정답이 C임을 알 수 있다.

어휘　卖 mài 통 팔다, 판매하다 | ★台 tái 양 대(기계·차량·설비 등을 세는 단위) | ★从来 cónglái 뷔 지금까지, 여태껏

▶ 숫자와 시간 관련 질문 유형

苹果多少钱一斤? 사과는 한 근에 얼마인가?
今年下了几次雪了? 올해 눈이 몇 번 내렸는가?
男/女的要出去多长时间? 남자는/여자는 얼마 동안 다녀올 계획인가?
会议几点开始? 회의는 몇 시에 시작하는가?
男的/女的要买几张电影票? 남자는/여자는 몇 장의 영화표를 사려고 하는가?
明天他们什么时候出发? 내일 그들은 언제 출발하는가?

---

13. HSK POINT 의미 파악 난이도 中 ● track 03-13

男：要买的东西多不多? 要不要推辆购物车?	남: 살 물건이 많아? 쇼핑 카트를 가져와야 하나?
女：推吧。一会儿得买箱矿泉水，那个太重了。	여: 가져와. 조금 이따 생수도 한 상자 살 건데, 그게 너무 무겁잖아.
问：女的主要是什么意思?	질문: 여자의 말이 의미하는 것은?
A 不用推车	A 쇼핑 카트가 필요 없다
B 要买啤酒	B 맥주를 살 것이다
C 要买的不多	C 살 것이 많지 않다
Ⓓ 需要推车	Ⓓ 쇼핑 카트가 필요하다

공략 쇼핑 카트를 가져와야 하냐는 남자의 물음에 여자는 가져오라고 답하고 있으므로 여자는 쇼핑 카트가 필요함을 알 수 있다. 따라서 정답은 D이다.

어휘 ★推 tuī 통 밀다 | 辆 liàng 양 대, 량(차량을 세는 단위) | 购物车 gòuwùchē 쇼핑 카트 | 箱 xiāng 명 상자, 박스 | 矿泉水 kuàngquánshuǐ 명 광천수, 생수 | ★重 zhòng 형 무겁다 | 啤酒 píjiǔ 명 맥주

---

14. HSK POINT 인물의 직업 파악 난이도 下 ● track 03-14

女：师傅，到首都机场大概还要多久呀?	여: 기사님, 수도 공항까지는 대략 얼마나 걸릴까요?
男：要是路上不堵车，一个小时就能到。	남: 길이 안 막히면, 한 시간이면 도착합니다.
问：男的最可能是做什么的?	질문: 남자는 무엇을 하는 사람인가?
Ⓐ 司机	Ⓐ 운전기사
B 教师	B 교사
C 警察	C 경찰
D 厨师	D 요리사

공략 보기를 통해서 인물의 직업을 묻는 문제임을 알 수 있다. 여자의 '师傅, 到首都机场'이라는 말을 통해 남자가 운전기사임을 알 수 있으므로 정답은 A이다.

어휘 ★师傅 shīfu 명 기사님 | 首都机场 Shǒudū Jīchǎng 고유 수도 공항 | ★大概 dàgài 부 아마도, 대개 | ★堵车 dǔchē 동 교통이 꽉 막히다 | 司机 sījī 명 운전기사 | 教师 jiàoshī 명 교사 | ★警察 jǐngchá 명 경찰 | 厨师 chúshī 명 요리사

15. HSK POINT 의미 파악 난이도 上　track 03-15

男：难道我把手机忘在办公室里了?
女：肯定没有。刚才我还听见它响了呢。

问：女的主要是什么意思?

Ⓐ 手机没丢
B 手机丢了
C 手机坏了
D 手机破了

남: 내가 설마 휴대 전화를 사무실에 두고 왔나?
여: 절대 그렇지 않을 거야. 방금 내가 전화벨 소리를 들었어.

질문: 여자의 말은 무슨 의미인가?

Ⓐ 휴대 전화를 잃어버리지 않았다
B 휴대 전화를 잃어버렸다
C 휴대 전화가 고장 났다
D 휴대 전화가 깨졌다

공략 보기를 통해서 휴대 전화기가 어떻게 되었는지에 집중해서 들어야 함을 알 수 있다. 설마 휴대 전화기를 사무실에 두고 왔나는 남자의 물음에 여자는 방금 전화벨 소리를 들었다고 답하고 있으므로 여자는 휴대 전화기를 잃어버리지 않았다고 생각하고 있다. 따라서 정답은 A이다.

어휘 ★难道 nándào 부 설마 ~란 말인가? | 手机 shǒujī 명 휴대 전화 | 忘 wàng 동 잊다 | 办公室 bàngōngshì 명 사무실 | 刚才 gāngcái 명 지금 막, 방금 | ★响 xiǎng 동 소리가 나다, 울리다 | 坏 huài 동 고장 나다 | 破 pò 동 파손되다, 깨지다

16. HSK POINT 인물의 행동 파악 난이도 下　track 03-16

女：这儿的风景真美, 帮我照张相吧。
男：好的。你稍微往右边站一点儿。我帮你把后面的大海也照上。

问：女的让男的做什么?

A 写报告
B 找钥匙
C 借钱
Ⓓ 照相

여: 이곳 풍경이 정말 아름답다. 사진 좀 찍어줘.
남: 알겠어. 약간 오른쪽으로 서봐. 뒤쪽 바다도 사진에 나오게 해줄게.

질문: 여자는 남자한테 무엇을 해달라고 하는가?

A 보고서를 써달라고
B 열쇠를 찾아달라고
C 돈을 빌려달라고
Ⓓ 사진을 찍어달라고

공략 보기를 통해서 인물의 행동을 묻는 문제임을 알 수 있다. 여자는 남자에게 이곳 풍경이 아름답다며 사진을 찍어 달라고 부탁하고 있으므로 정답은 D이다.

어휘 ★风景 fēngjǐng 뗑 풍경, 경치 | 照相 zhàoxiàng 똥 사진을 찍다 | ★稍微 shāowēi 閈 조금, 약간 | 往 wǎng 깨 ~쪽으로, ~을 향해 | 右边 yòubian 뗑 오른쪽 | 站 zhàn 똥 서다 | 后面 hòumiàn 뗑 뒤, 뒤쪽 | 大海 dàhǎi 뗑 바다 | ★报告 bàogào 뗑 보고, 보고서 | ★钥匙 yàoshi 뗑 열쇠 | 借钱 jièqián 똥 돈을 빌리다

17. HSK POINT 직업에 대한 평가 파악 난이도 上 track 03-17

男：当记者感觉怎么样？跑新闻很累吧？

女：确实有点儿辛苦，但每天都能遇到一些有趣的事情，再累也值得。

问：女的觉得当记者怎么样？

A 压力很大
B 不感兴趣
Ⓒ 累但值得
D 工资低

남: 기자가 되니 기분이 어때? 뉴스 취재하러 다니기 힘들지?

여: 좀 힘든 건 사실이야. 하지만 날마다 재미있는 일을 접할 수 있으니 아무리 피곤해도 보람 있어.

질문: 여자는 기자가 어떻다고 느끼는가?

A 스트레스가 많다
B 흥미를 못 느낀다
Ⓒ 피곤하지만 보람 있다
D 월급이 적다

공략 '再……也'는 '비록 ~하더라도'라는 의미로 여자는 피곤해도 보람 있다고 답하고 있으므로 정답은 C이다.

어휘 当 dāng 똥 담당하다, ~이 되다 | ★记者 jìzhě 뗑 기자 | 感觉 gǎnjué 똥 여기다, 생각하다 | 新闻 xīnwén 뗑 뉴스 | ★确实 quèshí 閈 정말로, 확실히 | 辛苦 xīnkǔ 혱 고생스럽다, 수고롭다 | 遇到 yùdào 똥 만나다, 마주치다 | ★有趣 yǒuqù 혱 재미있다, 흥미가 있다 | ★值得 zhídé 똥 ~할 만하다, ~할 만한 가치가 있다 | ★压力 yālì 뗑 스트레스 | 感兴趣 gǎn xìngqù 흥미가 있다 | 工资 gōngzī 뗑 월급

18. HSK POINT 인물의 행동 파악 난이도 中 track 03-18

女：你干什么去了？怎么弄得满头大汗？

男：我刚去踢足球了。快给我拿条毛巾吧？

问：男的让女的帮忙做什么？

A 踢球
B 擦汗
C 给饮料
Ⓓ 拿毛巾

여: 너 뭐 하러 갔었어? 얼굴이 왜 땀 투성이야?

남: 방금 축구를 하러 갔었어. 얼른 수건 좀 줄래?

질문: 남자는 여자에게 무엇을 부탁했는가?

A 축구를 하자고
B 땀을 닦아달라고
C 음료수를 달라고
Ⓓ 수건을 달라고

공략 보기를 통해서 인물의 행동을 묻는 문제임을 알 수 있다. 뭐 하러 갔길래 얼굴이 땀 투성이냐는 여자의 물음에 남자는 방금 축구를 해서 그렇다며 여자에게 수건 좀 달라고 부탁하고 있으므로 정답은 D이다.

어휘 弄 nòng 똥 하다, 행하다 | 满头 mǎntóu 뗑 온 얼굴 | ★大汗 dàhàn 똥 비지땀을 흘리다, 땀에 흠뻑 젖다 | ★踢足球 tī zúqiú 축구를 하다 | 毛巾 máojīn 뗑 수건, 타월 | ★擦 cā 똥 (천·수건 등으로) 닦다 | 饮料 yǐnliào 뗑 음료

19. `HSK POINT 장소 파악` `난이도 中`  **track 03-19**

男：小姐，<u>您想把头发理成什么样子</u>？

女：<u>短一点儿就行</u>。这两天天气太热，头发短点儿，凉快一些。

问：他们现在最可能在哪儿？

Ⓐ 理发店

B 药店

C 宾馆

D 动物园

남: 아가씨, <u>머리를 어떻게 해드릴까요?</u>

여: <u>짧게 해주시면 돼요</u>. 요 며칠 날씨가 너무 더워서, 머리를 자르면 좀 시원할 것 같아요.

질문: 그들은 현재 어디에 있을 가능성이 큰가?

Ⓐ 미용실

B 약국

C 호텔

D 동물원

공략 보기를 통해 장소를 묻는 문제임을 알 수 있다. '头发'나 '短一点儿'과 같은 어휘를 통해 두 사람의 대화가 이루어지는 장소가 미용실임을 알 수 있다.

어휘 ★头发 tóufa 몡 머리카락 | 样子 yàngzi 몡 모양, 모습 | ★短 duǎn 혱 짧다 | 天气 tiānqì 몡 날씨 | ★凉快 liángkuai 혱 시원하다 | 药店 yàodiàn 몡 약국 | 宾馆 bīnguǎn 몡 호텔 | 动物园 dòngwùyuán 몡 동물원

---

20. `HSK POINT 인물의 상태 파악` `난이도 中` **track 03-20**

女：先生，<u>您是不是坐错了</u>？ 我是八排十三号。

男：<u>实在抱歉</u>！我以为这是第九排。

问：男的怎么了？

A 认错人了

Ⓑ 坐错位子了

C 没睡醒

D 非常生气

여: 선생님, <u>자리를 잘못 앉으신 것 아닌가요?</u> 제 자리가 8열 13호입니다.

남: <u>정말 미안합니다</u>. 저는 여기가 9열인 줄 알았네요.

질문: 남자는 어떻게 했는가?

A 사람을 잘못 봤다

Ⓑ 자리를 잘못 앉았다

C 잠에서 깨지 않았다

D 몹시 화가 났다

공략 자리를 잘못 앉으신 것 아니냐는 여자의 물음에 남자는 정말 미안하다며 여기가 9열인 줄 알았다고 답하고 있다. 두 사람의 대화를 통해서 남자가 자리를 잘못 앉았음을 알 수 있으므로 정답은 B이다.

어휘 坐 zuò 통 앉다 | 排 pái 몡 (배열한) 줄, 열 | ★实在 shízài 뮈 확실히, 정말 | 抱歉 bàoqiàn 통 미안해하다 | ★以为 yǐwéi 통 여기다, 생각하다 | 位子 wèizi 몡 자리, 좌석 | 睡醒 shuìxǐng 통 잠에서 깨다, 잠이 깨다 | 生气 shēngqì 통 화내다, 성나다

21. HSK POINT 의미 파악 ｜ 난이도 中 ｜ track 03-21

男：我记得你有条白裙子，挺漂亮的。怎么没见你穿啦？

女：它被我不小心弄上了咖啡，怎么洗也洗不掉。扔了又觉得可惜，所以一直在家放着。

问：关于那条裙子，可以知道什么？

A 扔了

B 破了

Ⓒ 脏了

D 旧了

남: 너한테 예쁜 하얀 치마가 있는 것으로 기억하는데, 왜 안 입어?

여: 내가 실수로 커피를 엎질러서 더러워졌는데, 아무리 빨아도 안 지워져. 버리자니 아까워서 계속 집에 놓아 두고 있어.

질문: 그 치마에 관해 알 수 있는 것은?

A 버렸다

B 헤졌다

Ⓒ 더러워졌다

D 오래되었다

공략 '怎么……也……不'는 '아무리 ~해도 ~하지 않다'라는 의미로 여자는 옷에 엎지른 커피가 아무리 빨아도 안 지워진다고 말하고 있다. 여자의 말을 통해 치마가 더러워졌음을 알 수 있으므로 정답은 C이다.

어휘 ★记得 jìde 동 기억하고 있다 ｜ 裙子 qúnzi 명 치마, 스커트 ｜ ★挺 tǐng 부 대단히, 아주 ｜ 穿 chuān 동 입다 ｜ 小心 xiǎoxīn 동 조심하다, 주의하다 ｜ 咖啡 kāfēi 명 커피 ｜ 洗 xǐ 동 씻다, 빨다 ｜ ★扔 rēng 동 버리다 ｜ ★可惜 kěxī 형 아쉽다 ｜ 一直 yìzhí 부 계속, 줄곧 ｜ ★脏 zāng 형 더럽다 ｜ 旧 jiù 형 헐다, 낡다

22. HSK POINT 동작에 대한 인물 파악 ｜ 난이도 下 ｜ track 03-22

女：爸，这箱矿泉水是你一个人搬上来的？

男：不是，正好遇上楼上张律师了。他和我一起抬上来的。

问：谁帮男的搬矿泉水了？

A 张大夫

Ⓑ 张律师

C 王老师

D 小伙子

여: 아버지, 이 생수 상자를 혼자서 들고 올라오셨어요?

남: 아니다. 마침 위층에 사는 장 변호사를 만나서 같이 들고 왔단다.

질문: 남자를 도와 생수를 옮겨준 사람은 누구인가?

A 닥터 장

Ⓑ 장 변호사

C 왕 선생님

D 젊은이

공략 보기를 통해서 '누구'를 묻는 문제임을 알 수 있다. 이 생수 상자를 혼자서 들고 올라왔냐는 여자의 물음에 남자는 마침 위층에 사는 장 변호사를 만나서 같이 들고 왔다고 답하고 있으므로 정답은 B이다.

어휘 ★搬 bān 동 옮기다, 운반하다 ｜ 遇上 yùshàng 만나다 ｜ 律师 lǜshī 명 변호사 ｜ ★抬 tái 동 들어올리다 ｜ 大夫 dàifu 명 의사 ｜ 小伙子 xiǎohuǒzi 명 젊은이, 청년

男：祝贺你顺利通过了考试。

女：谢谢，以后我就可以自己开车上班了。
　　真是太好了。

问：女的现在心情怎么样?

A 很伤心

B 很无聊

C 很失望

D 很愉快

남: 시험에 무사히 합격한 것을 축하해.

여: 고마워. 앞으로 내가 차를 운전해서 출근할 수 있게
　　됐어. 정말 잘 됐어.

질문: 여자의 현재 기분은 어떠한가?

A 매우 속상하다

B 매우 지루하다

C 매우 실망스럽다

D 매우 즐겁다

공략 보기를 통해서 상태 및 심정을 묻는 문제임을 알 수 있다. '太好了'는 '잘됐다'라는 의미로 차를 운전해서 출근할 수 있게 되었다며 좋아하고 있다. 따라서 정답은 D이다.

어휘 ★祝贺 zhùhè 동 축하하다 | 顺利 shùnlì 형 순조롭다 | ★通过 tōngguò 동 통과하다 | 考试 kǎoshì 명 시험 | 开车 kāichē 동 운전하다 | 上班 shàngbān 동 출근하다 | ★伤心 shāngxīn 동 상심하다 | 无聊 wúliáo 형 지루하다 | ★失望 shīwàng 형 실망하다

女：你怎么也在医院? 身体不舒服?

男：不是，我奶奶突然牙疼。我陪她来检查
　　一下。

问：男的为什么来医院?

A 检查身体

B 肚子难受

C 牙疼

D 陪奶奶看病

여: 너 병원에는 웬일이야? 몸이 아프니?

남: 아니야. 할머니가 갑자기 이가 아프셔서 모시고 검
　　사하러 왔어.

질문: 남자는 왜 병원에 왔는가?

A 건강 검진하러

B 배가 아파서

C 이가 아파서

D 할머니를 모시고 진찰 받으러

공략 병원에는 웬일이냐는 여자의 물음에 남자는 할머니가 갑자기 이가 아프셔서 모시고 검사하러 왔다고 답하고 있다. 남자의 말을 통해서 할머니를 모시고 진찰 받으러 병원에 왔음을 알 수 있으므로 정답은 D이다.

어휘 舒服 shūfu 형 편안하다 | 奶奶 nǎinai 명 할머니 | ★突然 tūrán 부 갑자기, 문득 | 牙疼 yáténg 형 이가 아프다 | 陪 péi 동 모시다, 동반하다 | ★检查 jiǎnchá 동 검사하다 | ★难受 nánshòu 형 (몸이) 불편하다 | 看病 kànbìng 동 진찰을 받다

男：这条项链真漂亮，是送给妈妈的生日礼物吗？

女：是的，不过你现在千万别告诉她。我要等她生日那天再给她。

问：项链是送给谁的？

A 邻居

Ⓑ 妈妈

C 同事

D 亲戚

남: 이 목걸이 정말 예쁘다. 어머니 선물로 드릴 거야?

여: 그래. 하지만 지금은 절대로 말씀드리지 말아줘. 어머니 생신 때 드릴 거야.

질문: 목걸이는 누구에게 선물할 것인가?

A 이웃

Ⓑ 어머니

C 회사 동료

D 친척

공략 보기를 통해서 '누구'를 묻는 문제임을 알 수 있다. 이 목걸이가 정말 예쁜데 어머니 선물로 드릴 거냐는 남자의 물음에 여자는 '是的'라고 답하고 있으므로 정답은 B이다.

어휘 项链 xiàngliàn 몡 목걸이 | 送 sòng 통 주다, 선사하다 | 生日 shēngrì 몡 생일 | 礼物 lǐwù 몡 선물 | ★千万 qiānwàn 틘 부디, 제발 | 别 bié 틘 ～하지 마라 | ★告诉 gàosu 통 말하다, 알리다 | ★邻居 línjū 몡 이웃집, 이웃 사람 | 同事 tóngshì 몡 동료 | ★亲戚 qīnqi 몡 친척

합격필수 TIP

▶ 시험에 자주 출제되는 인물 관계 관련 어휘

儿子 érzi 아들 | 女儿 nǚ'ér 딸 | 哥哥 gēge 형, 오빠 | 弟弟 dìdi 남동생 | 姐姐 jiějie 누나, 언니 | 妹妹 mèimei 여동생 | 丈夫 zhàngfu 남편 | 妻子 qīzi 아내 | 父亲 fùqīn 아버지 | 母亲 mǔqīn 어머니 | 爷爷 yéye 할아버지 | 奶奶 nǎinai 할머니 | 房东 fángdōng 집주인 | 邻居 línjū 이웃집 | 同事 tóngshì 동료 | 同学 tóngxué 학우 | 叔叔 shūshu 삼촌, 아저씨 | 阿姨 āyí 이모, 아주머니

26. HSK POINT 의미 파악 ｜ 난이도 中 ｜ track 03-26

女：这次蛋糕做得怎么样?
男：挺好吃的，糖也放得正好。没想到你水平提高了那么多?
女：那当然了，我专门找了这方面的书来学习呢。
男：你太厉害了。

问：女的看了哪方面的书?

A 做面条
Ⓑ 做蛋糕
C 国际关系
D 语言学

여: 이번에 만든 케이크는 어때?
남: 정말 맛있어. 설탕도 적당히 넣었네. 당신 실력이 이렇게 늘었다니 뜻밖인걸?
여: 그야 당연하지. 이 방면의 책을 일부러 찾아보고 공부했거든.
남: 정말 대단하군.

질문: 여자는 어떤 방면의 책을 보았는가?

A 국수 만들기
Ⓑ 케이크 만들기
C 국제 관계
D 언어학

공략 케이크 만드는 실력이 뜻밖에도 많이 늘었다는 남자의 말에 여자는 이 방면의 책을 일부러 찾아보고 공부했다고 말하고 있다. 남녀의 대화를 통해서 이 방면의 책은 케이크 만들기와 관련이 있음을 알 수 있으므로 정답은 B이다.

어휘 糖 táng 몡 설탕 ｜ ★放 fàng 통 넣다 ｜ ★正好 zhènghǎo 혱 딱 맞다, 꼭 맞다 ｜ ★提高 tígāo 통 향상시키다, 높이다 ｜ 当然 dāngrán 혱 당연하다, 물론이다 ｜ ★专门 zhuānmén 뷔 특별히, 일부러 ｜ 方面 fāngmiàn 몡 방면, 분야 ｜ ★厉害 lìhai 혱 대단하다, 광장하다 ｜ 面条 miàntiáo 몡 국수 ｜ 国际关系 guójì guānxì 국제 관계 ｜ 语言学 yǔyánxué 몡 언어학

27. HSK POINT 장소에 대한 평가 ｜ 난이도 中 ｜ track 03-27

男：你周末去海洋馆了? 好玩儿吗?
女：好玩儿。里面有许多海洋动物，也有动物表演。我和儿子玩儿得很开心。
男：人多不多?
女：多。到处都是人。最好不要周末去。

问：女的觉得海洋馆怎么样?

Ⓐ 周末人多
B 人不太多
C 不怎么样
D 不值得去

남: 주말에 해양관에 갔었지? 재미있었어?
여: 재미있었어. 그 안에는 많은 해양 동물이 있었고, 동물 공연도 했어. 아들하고 즐겁게 놀았어.
남: 사람은 많았어?
여: 응. 가는 곳마다 사람이 많더라. 주말은 피해서 가.

질문: 여자는 해양관이 어떻다고 생각하는가?

Ⓐ 주말에는 사람이 많다
B 사람이 그리 많지 않다
C 그저 그렇다
D 갈만한 곳이 못 된다

 해양관에 사람이 많았냐는 남자의 물음에 여자는 가는 곳마다 사람이 많으니 주말은 피해서 가라고 말하고 있으므로 정답은 A이다.

 周末 zhōumò 閏 주말 | ★好玩儿 hǎowánr 閏 재미있다, 흥미 있다 | 许多 xǔduō 閏 매우 많다 | 动物 dòngwù 閏 동물 | 表演 biǎoyǎn 閏 공연하다 | 开心 kāixīn 閏 기쁘다, 즐겁다 | ★到处 dàochù 閏 도처, 곳곳 | ★最好 zuìhǎo 閏 ~하는 게 제일 좋다

28. HSK POINT 장소 파악 난이도 下

track 03-28

女：我要去开会，你能帮我寄一下资料吗？
男：没问题。正好我一会儿也要去趟邮局。
女：谢谢。地址我写在这张纸上了。
男：这几个字不清楚，是文二路吗？

问：男的一会儿要去哪儿？

A 大使馆
B 机场
C 银行
D 邮局

여: 제가 회의에 가려고 하는데, 저를 도와서 자료를 하나 부쳐줄 수 있나요?
남: 문제없어요. 마침 제가 잠시 후에 우체국에 가려던 참이거든요.
여: 고마워요. 주소는 이 종이에 적어 놓았어요.
남: 여기 몇 글자가 확실하지 않네요. 원얼로인가요?

질문: 남자가 잠시 후에 갈 곳은?

A 대사관
B 공항
C 은행
D 우체국

 보기를 통해서 장소를 묻는 문제임을 알 수 있다. 자료를 하나 부쳐줄 수 있냐는 여자의 부탁에 남자는 잠시 후에 우체국에 가려던 참이었다고 답하고 있다. 남자의 말을 통해서 D가 정답임을 알 수 있다.

 ★开会 kāihuì 图 회의를 하다 | ★寄 jì 图 부치다, 보내다 | 资料 zīliào 閏 자료 | ★趟 tàng 閏 차례, 번 | 邮局 yóujú 閏 우체국 | 地址 dìzhǐ 閏 주소 | 清楚 qīngchu 閏 분명하다 | 大使馆 dàshǐguǎn 閏 대사관 | 机场 jīchǎng 閏 공항 | 银行 yínháng 閏 은행

29. HSK POINT 인물의 상태 파악 난이도 上

track 03-29

男：女儿怎么了？
女：周末她过生日，我们本来不是说好陪她去游乐园吗？
男：我说她怎么一听我要出差就不高兴了。
女：你能把出差的时间往后推推吗？

问：女儿现在的心情怎么样？

남: 딸아이가 왜 저러지?
여: 주말에 딸아이 생일인데, 원래 우리가 놀이공원에 데리고 가겠다고 약속하지 않았나요?
남: 내가 출장 갈 거라는 말을 듣자마자 어쩜 저렇게 기분 나빠하지?
여: 당신 출장을 뒤로 미룰 수는 없을까요?

질문: 딸의 현재 심정은 어떠한가?

A 不后悔	A 후회하지 않는다
B 很吃惊	B 몹시 놀랐다
ⓒ 很生气	ⓒ 몹시 화가 났다
D 很兴奋	D 몹시 흥분했다

 보기를 통해서 인물의 상태 및 심정을 묻는 문제임을 알 수 있다. '不是……吗'는 '~이 아닌가'라는 반어문 형식으로 남자와 여자가 딸에게 놀이공원에 가기로 약속했음을 알 수 있다. 그러나 아빠가 놀이공원에 가자는 약속을 지키지 않아서 딸이 화가 났으므로 정답은 C이다.

 本来 běnlái 🖫 본래, 원래 | ★游乐园 yóulèyuán 🖫 놀이공원 | 出差 chūchāi 🖫 출장 가다 | ★推 tuī 🖫 연기하다, 늦추다 | 后悔 hòuhuǐ 🖫 후회하다, 뉘우치다 | ★吃惊 chījīng 🖫 놀라다 | ★兴奋 xīngfèn 🖫 격분하다, 흥분하다

합격필수 TIP

▶ 시험에 자주 출제되는 인물의 상태 관련 어휘

羡慕 xiànmù 부러워하다 | 感动 gǎndòng 감동하다 | 得意 déyì 대단히 만족하다 | 愉快 yúkuài 기쁘다, 유쾌하다 | 担心 dānxīn 염려하다, 걱정하다 | 着急 zháojí 조급해하다 | 无聊 wúliáo 지루하다 | 伤心 shāngxīn 상심하다 | 失望 shīwàng 낙담하다

---

30. HSK POINT 이유 및 원인 파악 [난이도 上]　　track 03-30

女：你参加新华晚报的招聘了? 感觉怎么样?

男：结果还没出来。不过我觉得希望不大。

女：为什么? 紧张啦?

男：没。他们一共才招十个人。可去应聘的差不多有一千人。

问：男的为什么觉得自己希望不大?

A 不符合要求

B 回答得不好

ⓒ 应聘者太多

D 面试时太紧张了

여: 신화 신문사의 직원 모집에 응모했지? 느낌이 어때?

남: 결과는 아직 안 나왔어. 하지만 별로 희망이 없는 것 같아.

여: 왜? 긴장했어?

남: 아니야. 겨우 10명을 채용한다는데 거의 1천명이 응시했거든.

질문: 남자는 왜 희망이 별로 없다고 느끼는가?

A 요구에 부합하지 않아서

B 대답을 제대로 못해서

ⓒ 응시자가 너무 많아서

D 면접 때 너무 긴장해서

 겨우 10명을 채용하는데 거의 1천명이 응시했다는 남자의 말을 통해서 응시자가 너무 많아 남자가 희망이 별로 없다고 느끼는 것을 알 수 있으므로 정답은 C이다.

 参加 cānjiā 🖫 참가하다 | 晚报 wǎnbào 🖫 석간 신문 | ★招聘 zhāopìn 🖫 모집하다 | 感觉 gǎnjué 🖫 느낌 | ★结果 jiéguǒ 🖫 결과 | 希望 xīwàng 🖫 희망, 소망 | 紧张 jǐnzhāng 🖫 (정신적으로) 긴장해 있다 | 招 zhāo 🖫 모집하다 | ★应聘 yìngpìn 🖫 지원하다 | ★符合 fúhé 🖫 부합하다 | 要求 yāoqiú 🖫 요구 | ★回答 huídá 🖫 대답하다 | ★面试 miànshì 🖫 면접시험을 보다

31. `HSK POINT 인물의 행동 파악` `난이도 中`　　　　　　　　　　　track 03-31

男：听说你最近在学车。学得怎么样?

女：别的都还行，就是不太会停车。

男：平时多练练就行。

女：好。对了，你是老司机，有空教教我吧。

问：男的建议女的怎么做?

A 重新学

Ⓑ 多练习

C 别停车

D 问老师

남: 너 요즘 운전 배운다던데, 기분이 어때?

여: 다른 건 다 괜찮은데, 주차를 잘 못하겠어.

남: 평소에 연습을 많이 하면 돼.

여: 알았어. 참! 너 운전 경력이 많으니, 시간 나면 나 좀 가르쳐 줘.

질문: 남자는 여자에게 어떻게 하라고 제안하는가?

A 다시 배우라고

Ⓑ 연습을 많이 하라고

C 주차를 하지 말라고

D 선생님께 물어보라고

`공략` 보기를 통해서 인물의 행동을 묻는 문제임을 알 수 있다. 다른 건 다 괜찮은데 주차를 잘 못하겠다는 여자의 말에 남자는 평소에 연습을 많이 하면 된다고 말하고 있으므로 정답은 B이다.

`어휘` 听说 tīngshuō 图 듣자 하니 | 别的 biéde 때 다른 것 | ★停车 tíngchē 图 주차하다 | 平时 píngshí 명 평소, 평상시 | ★练 liàn 图 연습하다 | 司机 sījī 명 운전기사 | ★重新 chóngxīn 児 다시, 재차

32. `HSK POINT 인물의 행동 파악` `난이도 下`　　　　　　　　　　　track 03-32

女：礼拜天我们去学校的体育馆打乒乓球吧。

男：好啊，不过周末人会不会很多?

女：应该不会，已经放寒假了。去打球的人肯定不多。

男：我一会儿先打个电话问问吧。

问：他们周末打算做什么?

A 爬山

B 游泳

C 打网球

Ⓓ 打乒乓球

여: 우리 일요일에 학교 체육관으로 탁구 치러 가자.

남: 좋아. 하지만 주말에 사람이 많지 않을까?

여: 그럴 리 없어. 이미 겨울 방학을 했기 때문에, 탁구 치는 사람들은 많지 않을 거야.

남: 내가 잠시 후에 전화 걸어서 물어볼게.

질문: 그들은 주말에 무엇을 할 계획인가?

A 등산

B 수영

C 테니스

Ⓓ 탁구

`공략` 보기를 통해서 인물의 행동을 묻는 문제임을 알 수 있다. 일요일에 학교 체육관으로 탁구 치러 가자는 여자의 말에 남자는 '好啊'라고 답하고 있으므로 남녀는 주말에 탁구를 치러 갈 계획임을 알 수 있다.

`어휘` 礼拜天 lǐbàitiān 명 일요일 | 乒乓球 pīngpāngqiú 명 탁구 | ★寒假 hánjià 명 겨울 방학 | 打电话 dǎ diànhuà 전화를 걸다 | ★爬山 páshān 图 산을 오르다, 등산하다 | 游泳 yóuyǒng 图 수영하다 | 网球 wǎngqiú 명 테니스

男：您过来时一切都顺利吧?

女：顺利。<u>航班很准时，就是有点儿累。</u>

男：那我先带您去酒店休息，我六点再来接
　　您去吃晚餐。

女：好的。麻烦了。

问：关于女的，可以知道什么?

Ⓐ 有些累

B 工作忙

C 会打扮

D 有耐心

남: 오시는 길에 모든 것이 순조로웠죠?

여: 그래요. <u>비행기도 정시에 출발했어요. 다만 약간 피곤하네요.</u>

남: 그러면 먼저 호텔에 모셔다 드릴 테니 쉬세요. 6시에 저녁 식사 함께 하러 제가 다시 오겠습니다.

여: 알겠습니다. 귀찮게 해드리네요.

질문: 여자에 관해 알 수 있는 것은?

Ⓐ 약간 피곤하다

B 일이 바쁘다

C 몸치장을 잘한다

D 참을성이 있다

> **공략** 오시는 길에 모든 것이 순조로웠냐는 남자의 물음에 여자는 비행기도 정시에 출발하고 좋았는데 다만 약간 피곤하다고 말하고 있으므로 정답은 A이다.

> **어휘** ★一切 yíqiè 때 일체, 전부 | ★航班 hángbān 몡 (배나 비행기의) 운항편, 항공편 | 酒店 jiǔdiàn 몡 호텔 | 接 jiē 图 맞이하다, 마중하다 | 晚餐 wǎncān 몡 저녁 식사 | ★麻烦 máfan 图 귀찮게 하다, 폐를 끼치다 | ★打扮 dǎban 图 화장하다, 치장하다 | 耐心 nàixīn 몡 인내심, 인내성

女：您好。<u>我们想到河对面去。周围哪儿有</u>
　　<u>桥啊?</u>

男：<u>桥还没修好呢。只能坐船过去。</u>

女：在哪儿坐船?

男：往前走，大约五百米，就能看见。

问：根据对话，下列哪个正确?

A 桥修好了

Ⓑ 桥坏了

C 开车过去

D 走路过去

여: 안녕하세요? <u>저희가 강을 건너고 싶은데, 이 근처에 다리가 어디 있나요?</u>

남: <u>다리를 아직 수리하지 않아서, 배를 타고 건너야만 합니다.</u>

여: 배를 어디서 타죠?

남: 앞으로 500미터쯤 걸어가면 보일 겁니다.

질문: 대화를 근거로 다음 중 옳은 것은?

A 다리가 수리되었다

Ⓑ 다리가 망가졌다

C 자동차로 건넌다

D 걸어서 건넌다

> **공략** '还没……呢'는 '아직 ~하지 않았다'라는 의미로 여자의 물음에 남자는 다리를 아직 수리하지 않아서 배를 타고 건너야 한다고 말하고 있다. 남자의 말을 통해서 다리가 망가져서 수리를 하고 있음을 알 수 있으므로 정답은 B이다.

 河 hé 몡 강 | 对面 duìmiàn 몡 맞은편 | ★周围 zhōuwéi 몡 주위, 주변 | 桥 qiáo 몡 다리 | 修 xiū 통 수리하다, 보수하다 |
★只能 zhǐnéng 통 ~할 수밖에 없다 | 坐船 zuò chuán 배를 타다 | ★大约 dàyuē 분 대략, 대강 | 坏 huài 통 고장 나다 |
走路 zǒulù 통 걷다

35. HSK POINT 옳고 그름 판단 ㅣ 난이도 中

track 03-35

男: 明天上午学校有个招聘会，你去不去?

女: 我明早有一节课，估计赶不上。

男: 招聘会9点半开始，你几点下课?

女: 9点。那我还来得及。

问: 关于女的，下列哪个正确?

A 是博士

B 找到工作了

C 早上有课

D 9点半下课

남: 내일 오전에 학교에서 채용 설명회가 열리는데, 너 갈거니?

여: 나 내일 아침에 수업이 있어서, 제 시간에 못 맞출 것 같아.

남: 채용 설명회는 9시 30분에 시작해. 너 몇 시에 수업 끝나니?

여: 9시. 그렇다면 시간에 맞게 갈 수 있겠다.

질문: 여자에 관해 다음 중 옳은 것은?

A 박사다

B 직업을 구했다

C 아침에 수업이 있다

D 9시 30분에 수업이 끝난다

 내일 오전에 학교에서 채용 설명회가 열리는데 갈 거냐는 남자의 물음에 여자는 내일 아침에 수업이 있어서 제 시간에 못 맞출 것 같다고 말하고 있으므로 정답은 C이다.

 招聘会 zhāopìnhuì 몡 채용 박람회 | ★节 jié 양 여러 개로 나누어진 것을 세는 단위 | ★估计 gūjì 통 추측하다, 예측하다
| ★赶不上 gǎnbushàng 통 제 시간에 댈 수 없다 | 开始 kāishǐ 통 시작하다 | 下课 xiàkè 통 수업이 끝나다 | ★来得及
láidejí 통 늦지 않다 | 博士 bóshì 몡 박사

[36-37]

有个年轻人乘坐火车时，36因为对人很不
礼貌，车上的人都很不喜欢他。到站后，年
轻人拉着行李箱下车了。这时有乘客打开窗
户对他说: "你有东西留在车上了。" 年轻人奇
怪地问: "什么东西?" 乘客说: 37"一个极坏
的印象。"

한 젊은이가 기차를 탔는데 36예의를 지키지 않아 차에 탄 사람들이 모두 그를 싫어했다. 역에 도착한 후 젊은이가 짐 가방을 가지고 내렸다. 이때 한 승객이 창문을 열고 그에게 말했다. "젊은이, 차에 남겨둔 것이 있군." 젊은이가 이상하게 생각하며 물었다. "어떤 거죠?" 승객이 대답했다. 37"아주 나쁜 인상이라네."

 ★乘坐 chéngzuò 통 탈것에 타다 | 火车 huǒchē 몡 기차, 열차 | ★礼貌 lǐmào 혱 예의 바르다 | 到站 dàozhàn 통 정거장
에 도착하다 | 拉 lā 통 끌다 | 行李箱 xínglǐxiāng 몡 여행용 가방 | ★乘客 chéngkè 몡 승객 | 窗户 chuānghu 몡 창문 |
留 liú 통 남기다 | ★奇怪 qíguài 혱 이상하다 | 极 jí 분 아주, 몹시 | ★印象 yìnxiàng 몡 인상

年轻人是个什么样的人?	젊은이는 어떠한 사람인가?
A 不讲信用	A 신용을 안 지킨다
B 没有礼貌	B 예의가 없다
C 很诚实	C 매우 성실하다
D 爱开玩笑	D 농담을 잘한다

공략　한 젊은이가 기차를 탔는데 예의를 지키지 않아서 차에 탄 사람들이 모두 그를 싫어했다고 했으므로 정답은 B이다.

어휘　★讲信用 jiǎng xìnyòng 신용을 중시하다 | ★诚实 chéngshí 형 진실하다, 참되다 | 开玩笑 kāi wánxiào 농담하다

年轻人把什么东西留在车上了?	젊은이는 차에 무엇을 남겼는가?
A 杂志	A 잡지
B 眼镜	B 안경
C 行李箱	C 짐 가방
D 坏印象	D 나쁜 인상

공략　차에 남겨둔 것이 있다는 승객의 말에 젊은이는 어떤 거냐고 물어봤고, 승객은 아주 나쁜 인상이라고 답하고 있으므로 정답은 D이다.

어휘　杂志 zázhì 명 잡지 | 眼镜 yǎnjìng 명 안경

[38-39]

38我们学校对面有条小吃街，读大学的时候我常和同学一起去那儿吃东西。现在毕业都这么多年了，也不知道那里变成什么样子了。39这次正好要到北京出差，我打算再去那儿逛逛。	38우리 학교 맞은편에는 먹자골목이 있다. 대학 다닐 때 나는 친구들과 자주 그곳에 음식을 먹으러 갔다. 지금은 졸업한 지 오래되었고, 그곳이 어떻게 변했는지도 모르겠다. 39마침 이번에 베이징으로 출장을 가니, 그곳에 들러볼 생각이다.

어휘　小吃 xiǎochī 명 간단한 먹을 거리 | 街 jiē 명 거리 | 同学 tóngxué 명 학우 | 变成 biànchéng 동 ~로 변하다 | 打算 dǎsuan 동 ~할 생각이다 | 逛 guàng 동 구경하다

38. `HSK POINT 위치 파악` `난이도 下`   ● **track 03-38**

小吃街在哪儿?　　　　　　　　　먹자골목은 어디에 있는가?

Ⓐ 学校对面　　　　　　　　　　Ⓐ 학교 맞은편
B 公司楼下　　　　　　　　　　B 회사 아래층
C 商店门口　　　　　　　　　　C 상점 입구
D 街道对面　　　　　　　　　　D 길 건너

`공략` 보기를 통해서 위치를 묻는 문제임을 알 수 있다. 첫 번째 문장에서 먹자골목은 학교 맞은편에 있다고 했으므로 정답은 A 이다.

`어휘` ★楼下 lóuxià 몡 아래층 | 门口 ménkǒu 몡 입구 | ★街道 jiēdào 몡 거리

39. `HSK POINT 옳고 그름 판단` `난이도 中`   ● **track 03-39**

关于说话人，下列哪个正确?　　　화자에 관해 다음 중 옳은 것은?

A 想看表演　　　　　　　　　　A 공연을 보고 싶어 한다
B 做生意　　　　　　　　　　　B 장사를 한다
Ⓒ 要去出差　　　　　　　　　　Ⓒ 출장을 가려고 한다
D 喜欢玩游戏　　　　　　　　　D 게임을 좋아한다

`공략` 마침 이번에 베이징으로 출장을 가니 그곳에 들러볼 생각이라는 마지막 말을 통해서 말하는 사람이 출장을 가려고 함을 알 수 있으므로 정답은 C이다.

`어휘` ★生意 shēngyi 몡 장사, 영업 | 玩游戏 wán yóuxì 게임을 하다

[40-41]

尽管酒后开车是法律严格禁止的，40但是总有人认为自己酒量好，或者非常相信自己的开车技术，觉得喝点儿酒开车，没关系。41其实这些人是拿自己的生命开玩笑。

비록 음주 운전이 법으로 엄격히 금지되어 있지만 40자기 주량이 크다고 여기거나, 또는 자신의 운전 실력을 믿고 음주 운전을 해도 상관없다고 여기는 사람들이 있다. 41사실 이런 사람들은 자신의 목숨을 가지고 장난 하는 것이다.

`어휘` 尽管 jǐnguǎn 젭 비록 ~라 하더라도 | ★酒后开车 jiǔhòu kāichē 음주 운전 | 法律 fǎlǜ 몡 법률 | ★严格 yángé 혱 엄격 하다, 엄하다 | ★禁止 jìnzhǐ 동 금지하다 | 认为 rènwéi 동 여기다, 생각하다 | 酒量 jiǔliàng 몡 주량 | ★相信 xiāngxìn 동 믿다, 신임하다 | ★技术 jìshù 몡 기술 | ★其实 qíshí 퓌 사실 | 生命 shēngmìng 몡 생명, 목숨

40. `HSK POINT 이유 및 원인 파악` `난이도 中`　　🔊 track 03-40

为什么有人认为，酒后开车没关系？	왜 어떤 사람은 음주 운전을 해도 상관없다고 여기는가?
A 没有喝醉	A 술에 취하지 않아서
B 自己酒量好	**B 자신의 주량이 커서**
C 开车方便	C 운전하는 것이 편리해서
D 时间来不及	D 시간이 촉박해서

공략 자기 주량이 크다고 여기거나, 또는 자신의 운전 실력을 믿고 음주 운전을 해도 상관없다고 여기는 사람들이 있다고 했으므로 정답은 B이다.

어휘 喝醉 hēzuì 동 (술에) 취하다 | ★方便 fāngbiàn 형 편리하다

---

41. `HSK POINT 주제 파악` `난이도 中`　　🔊 track 03-41

这段话主要想告诉我们什么？	이 글이 주로 우리에게 말하고자 하는 것은？
A 从现在做起	A 지금부터 시작하자
B 千万别迟到	B 절대로 늦지 말자
C 不要抽烟	C 담배를 피우지 말자
D 不要酒后开车	**D 음주 운전을 하지 말자**

공략 음주 운전은 목숨을 가지고 장난하는 것이라고 말하고 있으므로 음주 운전을 하지 말자는 D가 정답이다.

어휘 ★迟到 chídào 동 지각하다 | 抽烟 chōuyān 동 담배를 피우다, 흡연하다

[42-43]

| 人们做错事时往往会想，如果当时不这样做就好了。可是⁴²生活中没有如果，只有结果。任何事情都不可能重新来过。我们要做的是正确认识错误，从失败中总结经验。⁴³记住，每后悔一秒钟，你离成功就越远了一步。 | 사람들은 잘못을 저지른 후 만약 그때 그렇게 하지 않았다면 좋았을 것이라고 생각하곤 한다. 그러나 ⁴²삶에 만약은 없으며 결과만 있을 뿐이다. 모든 일은 반복될 수 없다. 우리가 할 일은 잘못을 정확하게 인식하고 실패 속에서 경험을 얻는 것이다. ⁴³1초간 후회할 때마다 당신이 성공에서 한 발 멀어진다는 사실을 명심하라. |

往往 자주, 흔히 ➡ 빈도부사
从失败中 ~중에서

어휘 往往 wǎngwǎng 부 자주, 흔히 | ★如果 rúguǒ 접 만약, 만일 | 当时 dāngshí 명 당시, 그때 | 任何 rènhé 대 어떠한, 무슨 | 正确 zhèngquè 형 정확하다, 올바르다 | 认识 rènshi 동 알다, 인식하다 | 错误 cuòwù 명 착오, 잘못 | ★失败 shībài 동 실패하다 | ★总结 zǒngjié 동 총정리하다 | ★经验 jīngyàn 명 경험, 체험 | 记住 jìzhu 동 확실히 기억해 두다 | 秒 miǎo 양 초 | 离 lí 개 ~에서, ~로부터 | ★成功 chénggōng 동 성공하다 | 远 yuǎn 형 멀다

42. `HSK POINT` 핵심 문장을 통한 의미 파악　`난이도` `上`

"生活中没有如果"是什么意思?	'삶에 만약은 없다'는 말은 무엇을 의미하는가?
A 方向很关键	A 방향이 매우 중요하다
B 结果更重要	B 결과가 더 중요하다
Ⓒ 凡事不能重来	Ⓒ 모든 일은 반복될 수 없다
D 要有理想	D 이상이 있어야 한다

`공략`　질문의 핵심 어휘 '生活中没有如果'가 이끄는 문장에서 모든 일은 반복될 수 없으므로 삶에 만약은 없으며 결과만 있다고 말하고 있다. 따라서 정답은 C이다.

`어휘`　★方向 fāngxiàng 명 방향 | ★关键 guānjiàn 형 결정적인 작용을 하는, 매우 중요한 | 重要 zhòngyào 형 중요하다 | 凡事 fánshì 명 모든 일, 매사 | ★理想 lǐxiǎng 명 이상

43. `HSK POINT` 전반적인 의미 파악　`난이도` `上`

说话人认为, 不该把时间浪费在什么上?	화자는 시간을 어떤 것에 낭비하지 말자고 주장하는가?
A 失望	A 실망
B 将来	B 장래
C 过去	C 과거
Ⓓ 后悔	Ⓓ 후회

`공략`　1초간 후회할 때마다 당신이 성공에서 한 발 멀어진다는 사실을 명심하라는 마지막 문장을 통해서 후회하면서 시간을 낭비하지 말자고 주장하고 있으므로 정답은 D이다.

`어휘`　★将来 jiānglái 명 장래, 미래 | 过去 guòqù 명 과거

[44-45]

⁴⁴本来计划今天去爬长城的, ⁴⁵但是现在外面雪下得太大了。爬长城比较危险。我们改变一下计划, 下礼拜再去长城。今天先去森林公园吧。雪天那里的景色挺不错的。	⁴⁴원래는 오늘 만리장성에 갈 계획이었어. ⁴⁵그런데 지금 밖에 눈이 너무 많이 내려서, 만리장성을 오르기에는 위험해. 그래서 우리는 계획을 변경하여 다음 주에 만리장성에 가기로 했어. 오늘은 먼저 삼림 공원을 가자. 눈 오는 날에는 그곳 경치가 아주 멋져.

꽤 ∼하다

`어휘`　★计划 jìhuà 명 계획 | 爬 pá 동 기어오르다, 오르다 | 长城 Chángchéng 고유 만리장성 | 雪 xuě 명 눈 | ★危险 wēixiǎn 형 위험하다 | ★改变 gǎibiàn 동 바꾸다 | 礼拜 lǐbài 명 주 | 森林 sēnlín 명 삼림, 숲 | 公园 gōngyuán 명 공원 | 景色 jǐngsè 명 풍경, 경치

他们原来计划今天做什么?	그들은 원래 오늘 무엇을 하기로 했는가?
A 找房子	A 집 찾기
Ⓑ 去长城	Ⓑ 만리장성 가기
C 去森林公园	C 삼림 공원 가기
D 去机场接人	D 공항에 사람을 마중하러 가기

공략 보기를 통해서 인물의 행동을 묻는 문제임을 알 수 있다. 첫 번째 문장 '本来计划今天去爬长城的'를 통해서 그들은 오늘 만리장성에 갈 계획이었음을 알 수 있으므로 정답은 B이다.

어휘 房子 fángzi 몡 집 | 机场 jīchǎng 몡 공항

说话人为什么要改变计划?	화자는 왜 계획을 변경하기로 했는가?
A 天有点儿阴	A 날이 약간 흐려서
B 刮大风	B 바람이 많이 불어서
C 下大雨了	C 비가 많이 내려서
Ⓓ 雪太大了	Ⓓ 눈이 너무 많이 내려서

공략 지금 밖에 눈이 너무 많이 내려서 만리장성을 오르기에는 위험하여 다음 주에 가기로 했다고 했으므로 정답은 D이다.

어휘 ★阴 yīn 혱 흐리다 | 刮风 guāfēng 통 바람이 불다

新 HSK 4급 합격모의고사 阅读

第一部分

[46-50]

A 擦 cā 图 닦다	B 文章 wénzhāng 명 글, 문장
C 重 zhòng 형 무겁다	D 坚持 jiānchí 통 견지하다, 유지하다
E 观众 guānzhòng 명 관중	F 出差 chūchāi 통 출장을 가다

46. HSK POINT 연동문에서 동사 어휘 선택 │ 난이도 下

我刚接到公司的通知，明天得去上海（ F 出差 ），我们改天再见吧。	나는 방금 회사로부터 내일 상하이로 (F 출장을 가라는) 통지를 받았어. 우리 다음에 만나자.

공략 동사가 연이어서 나오는 연동문 형태 '동사1(去)+목적어1(上海)+동사2'로 이루어져 있으므로 빈칸은 동사 자리이다. 의미적으로 출장때문에 상하이로 가는 것이므로 정답은 F이다.

어휘 ★接到 jiēdào 통 받다 │ ★通知 tōngzhī 명 통지, 통지서 │ 得 děi 통 ~해야 한다 │ 改天 gǎitiān 명 다른 날

47. HSK POINT 결과보어를 통한 동사 어휘 선택 │ 난이도 中

老师，为什么橡皮能（ A 擦 ）掉铅笔写的字?	선생님, 연필로 쓴 글씨는 왜 지우개로 (A 지울) 수 있나요?

공략 掉는 동사 뒤에 위치하여 분리 및 소실을 나타내는 결과보어로 빈칸에는 동사가 와야 한다. 의미적으로 연필로 쓴 글씨를 지워서 없애는 것이므로 정답은 A이다.

어휘 ★橡皮 xiàngpí 명 지우개 │ ★铅笔 qiānbǐ 명 연필 │ 写 xiě 통 글씨를 쓰다 │ 字 zì 명 글자

합격필수 TIP

▶ 掉의 용법

掉는 분리 및 소실을 나타내는 결과보어로 '~해 버리다'라는 의미를 나타내며, 동사 뒤에 놓여 동작의 완성을 나타낸다.

妈妈把旧报纸扔掉了。 엄마는 오래된 신문을 버렸다.
我把上次学过的生词都忘掉了。 나는 지난번 배운 단어를 모두 잊어버렸다.

48. `HSK POINT` 강조 용법을 통한 형용사 어휘 선택 `난이도 中`

谢谢，不用了，这个行李箱一点儿也不（ C 重 ），里面都是衣服。

고맙지만 괜찮아. 이 트렁크는 조금도 (C 무겁지) 않아. 안에는 옷만 들어 있거든.

`공략` '一点儿也不'는 일반적으로 형용사와 함께 호응하여 '조금도 ～하지 않다'라는 의미를 나타내므로 빈칸에는 형용사가 와야 한다. 의미적으로 이 트렁크 안에는 옷만 들어 있어서 조금도 무겁지 않다는 것이므로 정답은 C이다.

`어휘` ★行李箱 xínglǐxiāng 명 트렁크 | 里面 lǐmiàn 명 안, 안쪽 | 衣服 yīfu 명 옷

49. `HSK POINT` 양사를 통한 명사 어휘 선택 `난이도 中`

这篇（ B 文章 ）是由张教授和他们班的学生一起写的。

이 (B 글)은 장 교수와 그 반 학생들이 함께 쓴 것이다.

`공략` '수사+양사+명사'의 원리에 의해서 빈칸은 명사 자리이다. 篇은 양사로 글이나 문장 등을 세는 단위이므로 정답은 B이다.

`어휘` ★篇 piān 양 편, 장 | 由 yóu 개 ～이, ～가 | ★教授 jiàoshòu 명 교수 | 一起 yìqǐ 부 같이, 함께

합격필수 TIP

▶ 양사 篇과 자주 결합하는 명사

篇 ➕ 文章 글 , 报道 보도 , 论文 논문 , 稿子 원고

50. `HSK POINT` 명사 어휘 선택 `난이도 中`

这部电影非常感人，很多（ E 观众 ）都被感动得流眼泪了。

이 영화는 무척 감동적이다. 많은 (E 관객)들이 감동해서 눈물을 흘렸다.

`공략` '많다'라는 의미를 나타내는 '很多'는 명사 어휘와 함께 쓰이므로 빈칸은 명사가 와야 한다. 의미적으로 이 영화는 감동적이어서, 많은 관객들이 감동해서 눈물을 흘린 것이므로 정답은 E이다.

`어휘` 部 bù 양 부, 편 | 电影 diànyǐng 명 영화 | ★感人 gǎnrén 동 감동시키다 | 被 bèi 개 ～에 의해 ～당하다 | ★流眼泪 liú yǎnlèi 눈물을 흘리다

합격필수 TIP

▶ 很多의 명사 수식

'很多, 许多, 好多, 不少'는 구조조사 的를 수반하지 않고 직접적으로 명사를 수식한다.

这里有很多人。 여기에는 많은 사람들이 있다.
我看过许多中国电影。 나는 많은 중국 영화를 본 적 있다.

[51-55]

A 棵 kē 〔양〕 그루, 포기	B 继续 jìxù 〔동〕 계속하다
C 温度 wēndù 〔명〕 온도	D 到底 dàodǐ 〔부〕 도대체
E 超过 chāoguò 〔동〕 초과하다	F 香 xiāng 〔형〕 (음식이) 맛있다, 맛이 좋다

51. HSK POINT 동사를 꾸며주는 부사 어휘 선택 〔난이도 中〕

A: 你写的报告我已经看了，我非常满意。
B: 谢谢经理。我会（B 继续）努力。

A: 자네가 쓴 보고서를 다 보았는데, 아주 만족스럽네.
B: 사장님 감사합니다. 저는 (B 계속) 노력하겠습니다.

공략 빈칸은 '노력하다'라는 의미를 나타내는 동사 努力를 꾸며줄 수 있는 부사어가 와야 한다. 의미적으로 계속 노력을 하겠다는 것이므로 정답은 B이다. 여기서 继续는 일반적으로 동사 앞에 위치하여 동사를 꾸며주는 역할을 한다.

어휘 ★报告 bàogào 〔명〕 보고서 | 已经 yǐjing 〔부〕 이미, 벌써 | ★满意 mǎnyì 〔형〕 만족하다, 만족스럽다 | 经理 jīnglǐ 〔명〕 매니저, 사장 | ★努力 nǔlì 〔동〕 노력하다, 힘쓰다

52. HSK POINT 양사 어휘 선택 〔난이도 下〕

A: 奶奶家门前那两（A 棵）树是什么树?
B: 苹果树。九月份的时候树上会挂满红红的苹果。

A: 할머니 댁 문 앞에 있는 두 (A 그루)의 나무가 무슨 나무예요?
B: 사과나무란다. 9월이 되면, 나무에 빨간 사과가 가득 열리지.

공략 '수사+양사+명사'의 원리에 의해 빈칸에는 양사가 와야 한다. 명사 树를 통해서 식물을 세는 양사가 와야 함을 알 수 있으므로 정답은 A이다.

어휘 奶奶 nǎinai 〔명〕 할머니 | ★树 shù 〔명〕 나무 | 苹果 píngguǒ 〔명〕 사과 | ★挂 guà 〔동〕 걸다 | 满 mǎn 〔형〕 가득 차다, 가득하다 | 红 hóng 〔형〕 붉다, 빨갛다

53. HSK POINT 형용사 어휘 선택 〔난이도 中〕

A: 什么味道? 好（F 香）啊!
B: 我做了酸菜鱼，快洗洗手过来吃吧。

A: 무슨 냄새지? 참 (F 맛있겠다)!
B: 산채어를 했어요. 빨리 손 씻고 와서 먹어요.

공략 好는 일반적으로 형용사 앞에 쓰여 정도가 심함을 나타내므로 빈칸에는 형용사가 와야 한다. 의미적으로 산채어가 맛있겠다는 것이므로 정답은 F이다.

어휘 ★味道 wèidao 〔명〕 냄새 | 好 hǎo 〔부〕 아주, 정말 | 酸菜鱼 suāncàiyú 산채어, 쏸차이위 | ★洗手 xǐshǒu 〔동〕 손을 씻다

A：想好了吗? (D 到底) 去不去? B：那个地方太远，得跟父母商量一下，我明天再告诉你吧。	A: 충분히 생각했어? (D 도대체) 갈 거니 안 갈 거니? B: 그곳은 너무 멀어서 부모님과 상의해야 해. 내가 내일 다시 알려줄게.

공략 빈칸은 동사 술어를 꾸며 주고 있으므로 부사어 자리이다. 술어가 정반의문문(去不去)으로 이루어져 있으므로 의문문에서만 사용할 수 있는 어기부사 到底가 정답이다.

어휘 地方 dìfang 圆 장소, 곳 | 远 yuǎn 圐 멀다 | ★商量 shāngliang 圐 상의하다 | ★告诉 gàosu 圐 말하다, 알리다

합격필수 TIP

▶ 到底의 용법

到底는 '도대체'라는 의미를 나타내는 부사로 의문문에 쓰여 어기를 강조한다.

这件事情**到底**是谁说出去的? 이 일은 도대체 누가 밖으로 새 나가게 말한 거야?
到底是谁负责这个任务的? 도대체 누가 이 임무를 책임진 거야?

A：你好，请问我儿子可以买儿童票吗? B：可以，身高没 (E 超过) 一米三就可以买。	A: 안녕하세요. 말씀 좀 묻겠습니다. 저희 아들은 어린이표로 살 수 있나요? B: 가능합니다. 키가 1미터 30을 (E 넘지) 않으면 살 수 있어요.

공략 빈칸은 수량구를 수반할 수 있는 동사가 와야 하므로 '초과하다'라는 의미를 나타내는 동사 超过가 정답이다.

어휘 儿子 érzi 圆 아들 | ★儿童 értóng 圆 아동, 어린이 | 票 piào 圆 표, 티켓 | ★身高 shēngāo 圆 키, 신장 | 米 mǐ 圀 미터 | 买 mǎi 圐 사다

56. HSK POINT 접속사 '不但……而且……'의 호응 [난이도 中]

B要想有个好身体，**C**平时**不但**要坚持锻炼，**A**而且还要养成很好的生活习惯。

B건강한 신체를 갖고 싶다면, **C**평소 운동을 꾸준히 할 뿐만 아니라 **A**또한 좋은 생활 습관도 길러야 한다.

공략

1단계 문장의 연결 고리인 접속사를 파악한다

不但은 而且와 호응하여 '~일 뿐만 아니라 ~하다'의 의미를 나타내므로 C→A가 된다.

2단계 대전제를 찾는다

건강한 신체를 갖고 싶다면 운동도 하고 좋은 생활 습관도 길러야 하는 것이므로 대전제인 B를 문장 맨 앞에 위치시킨다.

어휘 身体 shēntǐ 몡 몸, 신체 | ★坚持 jiānchí 동 꾸준히 하다, 유지하다 | 锻炼 duànliàn 동 (몸을) 단련하다 | ★养成 yǎngchéng 동 기르다 | 生活 shēnghuó 몡 생활 | ★习惯 xíguàn 몡 버릇, 습관

57. HSK POINT 논리적으로 문장 배열 [난이도 中]

C抱歉，先生，您的包不能带入馆内。**A**入口处有专门存包的地方，**B**您可以把包放在那儿。

C선생님, 죄송하지만 가방을 관내로 가져가실 수 없습니다. **A**입구에 가방을 전문적으로 보관하는 곳이 있으니, **B**가방을 그곳에 두시면 됩니다.

공략

1단계 문제를 보면서 단서를 찾는다

지시대사 那儿이 구체적으로 언급하는 장소를 알 수 없으므로 B는 문장 맨 앞에 올 수 없다. 일반적으로 누군가를 부르는 호칭(先生)은 문장 맨 앞에 위치하므로 C가 문장 맨 앞에 위치한다.

2단계 논리적으로 문장을 전개한다

B의 那儿은 입구에 가방을 전문적으로 보관하는 곳을 가리키므로 A→B가 된다.

어휘 ★抱歉 bàoqiàn 동 미안해하다, 죄송하다 | ★带 dài 동 지니다, 휴대하다 | 入口 rùkǒu 몡 입구 | ★专门 zhuānmén 뷔 전문적으로 | 存 cún 동 맡기다, 보관하다 | 包 bāo 몡 가방

> ^A中国有句话叫"友谊地久天长", ^C意思是说希望朋友之间的友好关系 ^B能够一直继续下去, 越久越好。
>
> ^A중국에 '우정이 하늘과 땅처럼 영원하다'라는 말이 있다. ^C그 의미는 친구 간의 절친한 관계가 ^B계속되고 점점 좋아질 수 있기를 바라는 것이다.

공략

1단계 문제를 보면서 단서를 찾는다

> 구체적인 주어가 언급되지 않은 B는 문장 맨 앞에 올 수 없으며, 무슨 말에 대해 의미를 설명하는지 알 수 없으므로, '意思是说'로 시작하는 C 역시 문장 맨 앞에 올 수 없다.

2단계 대전제를 찾는다

> 중국에 '友谊地久天长'이라는 말의 의미가 무엇인지를 설명하는 내용이므로 A가 문장 맨 앞에 위치한다.

3단계 논리적으로 문장을 전개한다

> 친구 간의 절친한 관계가 계속되고 점점 좋아질 수 있다는 것이므로 C→B가 된다.

어휘

> ★友谊 yǒuyì 몡 우정 | 地久天长 dì jiǔ tiān cháng 셍 영원히 변하지 않다, 하늘과 땅처럼 영원하다 | 意思 yìsi 몡 의미, 뜻 | ★希望 xīwàng 동 희망하다, 바라다 | ★友好 yǒuhǎo 형 우호적이다 | 关系 guānxi 몡 관계 | 能够 nénggòu 조동 ∼할 수 있다 | ★一直 yìzhí 부 계속, 줄곧 | 久 jiǔ 형 오래다, 시간이 길다

합격필수 **TIP**

▶ 시험에 자주 출제되는 속담

① 日久见人心 rì jiǔ jiàn rénxīn
사람은 지내 보아야 안다

② 有借有还，再借不难 yǒu jiè yǒu huán, zài jiè bù nán
빌리고 갚으면 다시 빌리기 어렵지 않다

③ 一个耳朵进，一个耳朵出 yí ge ěrduo jìn, yí ge ěrduo chū
한쪽 귀로 듣고, 한쪽 귀로 흘려버린다

④ 千里之行，始于足下 qiānlǐ zhī xíng, shǐyú zúxià
천리 길도 한 걸음부터 시작된다

⑤ 友谊地久天长 yǒuyì dì jiǔ tiān cháng
우정은 하늘과 땅처럼 영원하다

59. `HSK POINT` 논리적으로 문장 배열　난이도 **上**

^B人不怕有缺点，就怕不知道自己的缺点是什么，^C或者知道也不改，^A这样很难获得成功。
또는, 혹은　이렇게 ➜ 문두에 위치할 수 없음

^B사람에게 결점이 있는 것이 무서운 것이 아니라 자신의 결점이 무엇인지 모르거나 ^C또는 알고도 고치지 못하는 것이 무서운 것이다. ^A이렇게 하면 성공하기가 어렵다.

공략

1단계 문제를 보면서 단서를 찾는다

지시대사 这样이 구체적으로 내포하는 의미를 알 수 없으므로 A는 문장 맨 앞에 올 수 없으며 '또는'이라는 의미를 나타내는 접속사 或者가 이끄는 C 역시 문장 맨 앞에 올 수 없다. 따라서 B가 문장 맨 앞에 위치한다.

2단계 논리적으로 문장을 전개한다

자기 결점이 무엇인지 모르거나 또는 알고도 고치지 못하는 것이 무서운 것이므로 B→C가 된다. 또한 지시대사 这样이 구체적으로 내포하는 의미가 바로 B→C이므로 B→C→A가 된다.

어휘　怕 pà 屠 무서워하다, 두려워하다 | ★缺点 quēdiǎn 圐 결점, 단점 | 或者 huòzhě 젭 또는, 혹은 | 改 gǎi 屠 고치다 | ★获得 huòdé 屠 얻다, 취득하다 | ★成功 chénggōng 圐 성공

60. `HSK POINT` 논리적으로 문장 배열　난이도 **下**

^B这家商店有一种无糖饼干，^A很适合老年人吃，^C我们买一盒送给爷爷奶奶吧。
가정·가게·기업 등을 세는 단위

^B이 상점에 무설탕 과자가 있는데, ^A노인들이 먹기에 아주 적당해. ^C우리 한 상자 사서 할아버지, 할머니께 드리자.

공략

1단계 문제를 보면서 단서를 찾는다

구체적인 주어가 언급되지 않은 A는 문장 맨 앞에 올 수 없으며, 구체적으로 무엇을 사서 할아버지, 할머니께 드리는지 알 수 없으므로 C 역시 문장 맨 앞에 올 수 없다.

2단계 논리적으로 문장을 전개한다

이 상점에 무설탕 과자가 있는데, 노인들이 먹기에 적합한 것이므로 B→A가 되며, 무설탕 과자 한 상자를 사서 할아버지, 할머니께 드리자고 제안을 하고 있는 C가 문장 맨 뒤에 위치하므로 B→A→C가 된다.

어휘　商店 shāngdiàn 圐 상점 | 无 wú 屠 없다 | 糖 táng 圐 설탕의 총칭 | ★饼干 bǐnggān 圐 비스킷, 과자 | ★适合 shìhé 屠 적합하다 | ★盒 hé 엥 갑, 함 | 爷爷 yéye 圐 할아버지

C没有十全十美的人，有缺点很正常，A所以我们既要学会原谅别人，B也要试着原谅自己。

C완벽한 사람은 없으며 결점이 있는 것이 정상이다. A그러므로 우리는 다른 사람을 용서하는 법을 배워야 하며, B자신을 용서하는 것도 시도해야 한다.

공략

1단계 문제를 보면서 단서를 찾는다

> 결과 및 결론을 이끄는 접속사 所以가 이끄는 A는 문장 맨 앞에 올 수 없으며, 부사 也가 이끄는 B 역시 문장 맨 앞에 올 수 없다.

2단계 문장의 연결 고리인 접속사를 파악한다

> 既는 也와 호응하여 '~하기도 하고 또 ~하다'라는 의미를 나타내는 접속사이므로 A→B가 된다.

3단계 대전제를 찾는다

> '완벽한 사람은 없으며 결점이 있는 것이 정상이다'가 대전제가 되므로 C가 문장 맨 앞에 위치한다.

어휘　★十全十美 shí quán shí měi 성 모든 방면에 완전무결하여 나무랄 데가 없다 | ★正常 zhèngcháng 형 정상적인 | 学会 xuéhuì 통 습득하다, 배워서 알다 | ★原谅 yuánliàng 통 용서하다 | 别人 biéren 대 (일반적인) 남, 타인 | 试 shì 통 시험 삼아 해 보다, 시험하다

합격필수 TIP

▶ 既의 용법

既는 '~하고도'라는 의미로 又, 也 등의 부사와 같이 결합하여 두 개의 성질 또는 상황이 동시에 존재함을 나타낸다.

她是既漂亮又聪明的学生。그녀는 예쁘고 똑똑한 학생이다.
他既会唱歌，也会跳舞。그는 노래도 부를 줄 알고, 춤도 출 줄 안다.

62. `HSK POINT` 접속사 '如果……就……'의 호응 　난이도 中

A如果你不能勇敢地走出第一步，**B**就永远没有机会获得成功。**C**因此，千万别因害怕失败而不敢开始。

A만약 당신이 용감하게 첫 발을 떼지 못하면, **B**성공의 기회를 영원히 얻을 수 없을 것이다. **C**그러므로 실패가 두려워서 시작하지 못하면 절대 안 된다.

공략

1단계 문제를 보면서 단서를 찾는다

결과 및 결론을 이끄는 접속사 因此가 이끄는 C는 문장 맨 앞에 올 수 없다.

2단계 문장의 연결 고리인 접속사를 파악한다

如果는 就와 호응하여 '만약 ~하면 ~하다'라는 의미를 나타내므로 A→B가 된다. C는 문장 맨 앞에 올 수 없으므로 A→B→C가 된다.

어휘 ★勇敢 yǒnggǎn 〔형〕 용감하다 | 永远 yǒngyuǎn 〔부〕 영원히 | 因此 yīncǐ 〔접〕 이로 인하여, 그러므로 | ★千万 qiānwàn 〔부〕 부디, 제발 | 别 bié 〔부〕 ~하지 마라 | ★害怕 hàipà 〔동〕 겁내다, 두려워하다 | 失败 shībài 〔동〕 실패하다 | ★不敢 bùgǎn 〔동〕 감히 ~하지 못하다 | 开始 kāishǐ 〔동〕 시작하다

합격필수 TIP

▶ **결론을 이끄는 접속사 용법**

所以, 因此, 因而, 于是는 결론을 이끄는 접속사로 '그래서'라는 의미를 나타내며 문장 맨 앞에 올 수 없다.

他最近太忙，**所以**没有时间看电影。 그는 요즘 너무 바빠서, 영화 보러 갈 시간이 없다.
我想去中国留学，**因此**打算下学期休学。 나는 중국으로 유학 가고 싶어서, 다음 학기에 휴학할 계획이다.

63. `HSK POINT` 사건이 발생한 순서로 문장 배열 　난이도 下

C这次女子100米短跑比赛，**A**小高比第二名快了近一秒钟。**B**当她知道这个结果后，开心得跳了起来。

C이번 여자 100미터 단거리 경기에서 **A**샤오가오가 2등보다 거의 1초 빨랐다. **B**그녀는 이 결과를 안 후, 기뻐서 펄쩍 뛰어올랐다.

공략

1단계 문제를 보면서 단서를 찾는다

인칭대사 她와 '这个结果'가 구체적으로 내포하는 의미를 알 수 없으므로 B는 문장 맨 앞에 위치할 수 없다.

2단계 사건이 발생한 순서로 문장을 전개한다

이번 여자 100미터 단거리 경기에서 샤오가오가 2등보다 거의 1초 빨랐으므로 C→A가 되며, 이 결과를 안 후 기뻐했으므로 C→A→B가 된다.

어휘 短跑 duǎnpǎo 〔명〕 단거리 경주 | ★比赛 bǐsài 〔명〕 경기, 시합 | ★比 bǐ 〔개〕 ~에 비해, ~보다 | 第二名 dì-èr míng 2등 | 秒 miǎo 〔양〕 초 | 结果 jiéguǒ 〔명〕 결과 | ★开心 kāixīn 〔형〕 기쁘다, 즐겁다 | 跳 tiào 〔동〕 뛰다

64. HSK POINT 논리적으로 문장 배열　난이도 上

B这份工作偶尔需要周末加班。C加班工资以平日工资的两倍标准计算，A并且提供免费的早餐和午餐。
때때로 ➡ 빈도부사
게다가 ➡ 점층 관계 접속사

B이 일은 가끔 주말 근무를 해야 합니다. C초과 근무 수당은 평일 임금의 두 배 기준으로 계산합니다. A게다가 아침과 점심 식사를 무료로 제공합니다.

공략

1단계 문제를 보면서 단서를 찾는다

점층 관계를 나타내는 접속사 并且가 이끄는 A는 문장 맨 앞에 위치할 수 없으며, 구체적으로 어떤 일에 대한 초과 근무 수당을 설명하고 있음을 알 수 없으므로 C 역시 문장 맨 앞에 위치할 수 없다.

2단계 대전제를 찾는다

'이 일은 가끔 주말 근무를 해야 한다'가 대전제가 되므로 B가 문장 맨 앞에 위치한다.

3단계 논리적으로 문장을 전개한다

초과 근무 수당은 평일 임금의 두 배 기준으로 계산을 하며 게다가 아침과 점심 식사를 무료로 제공해준다는 것이므로 C→A가 된다.

어휘　★偶尔 ǒu'ěr 뷔 때때로, 간혹 | 需要 xūyào 동 필요하다, 요구되다 | 周末 zhōumò 명 주말 | ★加班 jiābān 동 야근하다 | 以 yǐ 개 ~에 의해, ~에 따라 | ★工资 gōngzī 명 월급 | 倍 bèi 양 배, 배수 | ★标准 biāozhǔn 명 표준, 기준 | 计算 jìsuàn 동 계산하다 | ★提供 tígōng 동 제공하다, 공급하다 | ★免费 miǎnfèi 동 돈을 받지 않다, 무료로 하다 | 早餐 zǎocān 명 아침밥 | 午餐 wǔcān 명 점심

---

65. HSK POINT 논리적으로 문장 배열　난이도 下

B爸爸，告诉您一个好消息。A我通过导游考试了，C以后就是一名正式的导游了。
호칭이 있는 문장이 문두에 위치
이후 ➡ 문두에 올 수 없음

B아빠, 좋은 소식 하나 알려드릴게요. A제가 가이드 시험에 통과해서 C앞으로 정식 가이드가 되었어요.

공략

1단계 문제를 보면서 단서를 찾는다

구체적인 주어가 언급되지 않은 A는 문장 맨 앞에 올 수 없다. 또한 누군가를 부르는 호칭(爸爸)은 문장 맨 앞에 위치하므로 B가 문장 맨 앞에 위치한다.

2단계 논리적으로 문장을 전개한다

가이드 시험에 통과해서 정식 가이드가 된 것이므로 A→C가 된다.

어휘　消息 xiāoxi 명 소식 | ★通过 tōngguò 동 통과하다 | ★导游 dǎoyóu 명 관광 안내원, 가이드 | 考试 kǎoshì 명 시험 | 正式 zhèngshì 형 정식의

66. `HSK POINT` 핵심 어휘가 이끄는 문장을 통한 의미 파악 `난이도 中`

在中国，无论是南方还是北方过年时都要吃上几块儿年糕。这是因为"年糕"跟"年高"同音。人们希望在新的一年里生活水平更高，越来越幸福。

★ 在中国过年的时候，人们吃年糕是因为：

A 工作更好

Ⓑ 生活更好

C 促进发展

D 增进友谊

중국에서는 남방과 북방 지역 모두 새해를 맞을 때 떡 몇 개를 먹는 습관이 있다. 이는 '年糕(떡)'와 '年高(새해에 나아진다)'의 발음이 같기 때문이다. 사람들은 새해에는 1년 내내 생활 수준이 높아지고 점점 더 행복해지기를 바란다.

★ 중국에서 사람들이 새해를 맞을 때 떡을 먹는 것은?

A 일이 더 잘 풀리라고

Ⓑ 생활이 더 나아지라고

C 발전을 촉진하기 위해

D 우정을 돈독히 하기 위해

공략 문제에서 새해를 맞을 때 떡을 먹는 원인을 묻고 있다. 원인을 묻는 문제의 경우 因为, 原因, 为了 등이 이끄는 구절에서 정답을 찾을 수 있다. 질문의 핵심 어휘 '是因为'가 이끄는 문장 뒤에서 새해에 떡을 먹는 이유를 설명하고 있으므로 정답은 B이다.

어휘 南方 nánfāng 몡 남방 | 北方 běifāng 몡 북방 | ★过年 guònián 동 설을 쇠다, 새해를 맞다 | 年糕 niángāo 몡 설떡 | 同音 tóngyīn 혱 소리가 같다 | 生活水平 shēnghuó shuǐpíng 생활 수준 | ★越来越 yuèláiyuè 뷔 더욱더, 점점 | 幸福 xìngfú 혱 행복하다 | ★促进 cùjìn 동 촉진시키다 | 发展 fāzhǎn 동 발전하다 | ★增进 zēngjìn 동 증진하다, 증진시키다

67. `HSK POINT` 핵심 문장을 통한 의미 파악 `난이도 下`

感情再深也会有误会。这个时候要与人多交流。把问题和意见说出来。要相互理解，不要相互怀疑。

★ 有误会的时候，要：

A 相互关心

B 降低要求

C 多练习

Ⓓ 多交流

감정이 아무리 깊어도 오해가 생길 수 있다. 이때는 사람들과 교류를 많이 하고, 문제와 의견을 이야기해야 한다. 서로 이해하고 의심하지 말아야 한다.

★ 오해가 생길 때는 어떻게 해야 하는가?

A 서로 관심을 가져야 한다

B 요구를 낮춰야 한다

C 연습을 많이 해야 한다

Ⓓ 교류를 많이 해야 한다

공략 감정이 아무리 깊어도 오해가 생길 수 있으며 오해가 생겼을 때에는 사람들과 교류를 많이 해야 한다고 했으므로 정답은 D이다.

感情 gǎnqíng 명 감정 | 深 shēn 형 (정이) 두텁다, 돈독하다 | ★误会 wùhuì 명 오해 | ★交流 jiāoliú 동 서로 소통하다, 교류하다 | 问题 wèntí 명 문제 | 意见 yìjiàn 명 견해, 의견 | 相互 xiānghù 부 상호, 서로 | 理解 lǐjiě 동 알다, 이해하다 | ★怀疑 huáiyí 동 의심하다 | 关心 guānxīn 동 관심을 갖다 | ★降低 jiàngdī 동 내리다, 낮추다 | ★要求 yāoqiú 명 요구 | 练习 liànxí 동 연습하다

---

68. HSK POINT 주제 파악 난이도 下

人一定要旅行，旅行能丰富你的经验，不仅会让你对很多事情有新的认识和看法，还能让你变得更自信。

사람은 반드시 여행을 해야 한다. 여행은 당신의 경험을 풍부하게 해준다. 많은 일에 대한 새로운 인식과 생각을 갖게 해줄 뿐만 아니라 당신을 더욱 자신 있게 해준다.

★ 这段话主要谈的是：

A 健康的重要性
B 交流的作用
C 旅游的好处
D 做事要主动

★ 이 글의 주제는 무엇인가?

A 건강의 중요성
B 교류의 작용
C 여행의 장점
D 매사에 적극적이어야 한다

공략 이 글의 주제에 대해 묻고 있다. 첫 문장에서 '사람은 반드시 여행을 해야 한다'라고 말하고 있으므로 정답은 C이다.

어휘 一定 yídìng 부 반드시, 필히 | 旅行 lǚxíng 동 여행하다 | ★丰富 fēngfù 동 풍부하게 하다 | ★经验 jīngyàn 명 경험 | 认识 rènshi 명 인식 | ★看法 kànfǎ 명 견해 | 更 gèng 부 더욱, 더, 훨씬 | ★自信 zìxìn 형 자신만만하다, 자신감 있다 | 健康 jiànkāng 명 건강 | 重要性 zhòngyàoxìng 중요성 | 作用 zuòyòng 명 작용, 영향 | 好处 hǎochu 명 이로운 점, 이점 | ★主动 zhǔdòng 형 자발적인, 능동적인

---

69. HSK POINT 전반적인 의미 파악 난이도 上

生活中，我们要多听听身边朋友的意见和建议，有时候他们能更清楚地看到我们的缺点和错误，帮我们发现自己没注意到的问题。

우리는 살아가면서 주변 친구들의 의견과 제안을 많이 들어야 한다. 때로는 그들이 우리의 결점과 잘못을 더 확실하게 볼 수 있으며, 우리가 미처 못 본 문제를 발견해 줄 수 있다.

★ 根据这段话，朋友能帮助我们：

A 发现缺点
B 翻译词语
C 继续努力
D 开始新生活

★ 이 글을 근거로 친구는 우리를 도와 무엇을 해줄 수 있는가?

A 결점을 발견한다
B 단어를 해석한다
C 계속 노력한다
D 새로운 생활을 시작한다

공략 친구가 우리를 도와 무엇을 해줄 수 있는지에 대한 올바른 설명을 고르는 문제이다. 친구들은 우리의 결점과 잘못을 더 확실하게 볼 수 있으며 우리가 미처 못 본 문제를 발견해 줄 수 있다고 했으므로 정답은 A이다.

 建议 jiànyì 명 제안 | 清楚 qīngchu 형 분명하다, 조리 있다 | ★错误 cuòwù 명 착오, 잘못 | 发现 fāxiàn 동 발견하다, 알아차리다 | ★注意 zhùyì 동 주의하다 | ★翻译 fānyì 동 번역하다, 통역하다 | 词语 cíyǔ 명 어휘

70. HSK POINT 접속사가 이끄는 핵심 문장을 통한 의미 파악 | 난이도 下

我来中国两年多了，平时交流也没什么问题，大家都说我的汉语水平提高了很多，但我觉得我的发音还不太好，需要多练习。

나는 중국에 온 지 2년이 넘어서 평소 소통에는 별 문제가 없다. 사람들은 나의 중국어 실력이 많이 좋아졌다고 말한다. 그러나 나는 발음이 별로 좋지 않아서 많은 연습을 해야 한다고 느낀다.

★ 他想要：

A 多学语法
B 多练发音
C 预习课文
D 准备考试

★ 그는 어떻게 하려고 하는가?

A 문법을 많이 공부하려고 한다
B 발음을 많이 연습하려고 한다
C 교과서 본문을 예습하려고 한다
D 시험을 준비하려고 한다

공략 전환 관계를 나타내는 접속사 但이 이끄는 문장을 통해서 그가 발음이 별로 좋지 않아서 연습을 많이 하려고 함을 알 수 있으므로 정답은 B이다.

 平时 píngshí 명 평소, 평상시 | 汉语水平 Hànyǔ shuǐpíng 중국어 수준 | ★提高 tígāo 동 향상시키다, 높이다 | ★发音 fāyīn 명 발음 | 需要 xūyào 동 필요하다

71. HSK POINT 핵심 어휘가 이끄는 문장을 통한 의미 파악 | 난이도 下

他是我最喜爱的男作家，去年他和妻子一起几乎游遍了亚洲所有的国家，他用五个月时间整理，最终写出了这本精彩的游记。

그는 내가 가장 좋아하는 남자 작가이다. 작년에 그는 아내와 함께 아시아의 거의 모든 국가를 여행했다. 이를 5개월 동안 정리하여 이렇게 훌륭한 여행기를 출간했다.

★ 说话人认为这本游记：

A 很详细　　　　B 没意思
C 很精彩　　　　D 不够精彩

★ 말하는 사람은 이 여행기가 어떻다고 생각하는가?

A 아주 상세하다　　　　B 재미가 없다
C 매우 훌륭하다　　　　D 별로 훌륭하지 않다

공략 문제에 제시된 쌍점은 본문 가운데 游记에 관한 올바른 설명을 찾으라는 의미이다. 질문의 핵심 어휘인 游记가 이끄는 문장 '最终写出了这本精彩的游记'를 통해서 말하는 사람이 이 여행기가 훌륭하다고 생각함을 알 수 있으므로 정답은 C이다.

 ★喜爱 xǐ'ài 동 좋아하다, 애호하다 | 作家 zuòjiā 명 작가 | 去年 qùnián 명 작년 | 妻子 qīzi 명 아내 | ★几乎 jīhū 부 거의, 거의 모두 | ★遍 biàn 형 두루 미치다 | 亚洲 Yàzhōu 고유 아시아 | ★所有 suǒyǒu 형 모든, 전부의 | 国家 guójiā 명 국가, 나라 | 整理 zhěnglǐ 동 정리하다 | ★最终 zuìzhōng 명 최후, 최종 | ★精彩 jīngcǎi 형 뛰어나다, 훌륭하다 | 游记 yóujì 명 여행기, 기행문 | ★详细 xiángxì 형 상세하다, 자세하다

随着手机购物的流行，手机付款也逐渐进入了人们生活。手机付款比电脑付款更方便。无论在什么时候，只要有互联网和手机就可以了。手机付款正被越来越多的人接受。

★ 手机付款：

A 不够方便
B 越来越流行
C 缺点很多
D 吸引顾客

모바일을 통한 구매가 유행함에 따라 모바일 결제도 사람들의 생활 속에 점차 파고들었다. 모바일 결제는 컴퓨터 결제보다 더 편리하다. 인터넷과 휴대 전화만 있으면 언제라도 가능하다. 모바일 결제는 점점 많은 사람들에게 받아들여지고 있다.

★ 모바일 결제는?

A 별로 편리하지 않다
B 점점 유행하고 있다
C 단점이 많다
D 고객을 끌어들인다

공략 문제에 제시된 쌍점은 보기 가운데 본문의 내용과 일치하는 답을 찾으라는 의미이다. 질문의 핵심 어휘 '手机付款'이 이끄는 문장 '手机付款正被越来越多的人接受'를 통해서 모바일 결제는 점점 많은 사람들에게 받아들여지고 있음을 알 수 있으므로 정답은 B이다.

어휘 随着 suízhe 캐 ~에 따라 | 手机 shǒujī 몡 휴대 전화 | ★购物 gòuwù 동 물품을 구입하다, 물건을 사다 | ★付款 fùkuǎn 동 돈을 지불하다 | ★逐渐 zhújiàn 부 점점, 점차 | 电脑 diànnǎo 몡 컴퓨터 | 方便 fāngbiàn 혱 편리하다 | ★互联网 hùliánwǎng 몡 인터넷 | ★接受 jiēshòu 동 받아들이다 | 不够 búgòu 동 미치지 못하다, 불충분하다 | ★吸引 xīyǐn 동 끌어당기다, 유인하다 | 顾客 gùkè 몡 고객, 손님

上午来应聘的那个姑娘是学数学的，成绩很优秀，通过面试时和她的对话，感觉她的性格也不错，我觉得她挺适合这份工作的。

★ 他觉得那个姑娘怎么样？

A 很成熟　　　　　B 爱笑
C 学科学的　　　　D 成绩好

오전에 지원하러 온 아가씨는 수학을 전공했으며 성적도 아주 우수하다. 면접에서 대화를 해보니 성격도 좋은 것 같다. 나는 그녀가 우리 일에 아주 적합하다고 생각한다.

★ 그는 아가씨가 어떻다고 느끼는가?

A 매우 성숙하다　　　B 잘 웃는다
C 과학을 전공했다　　D 성적이 좋다

공략 그가 면접을 보러 온 아가씨를 어떻게 느꼈는지 묻고 있다. 질문의 핵심 어휘 '那个姑娘'이 이끄는 문장을 통해서 수학을 전공했으며 성적이 좋았음을 알 수 있으므로 정답은 D이다.

어휘 ★应聘 yìngpìn 동 초빙에 응하다, 지원하다 | 姑娘 gūniang 몡 아가씨 | 数学 shùxué 몡 수학 | 成绩 chéngjì 몡 성적 | ★优秀 yōuxiù 혱 아주 뛰어나다, 우수하다 | ★通过 tōngguò 캐 ~을 거쳐, ~를 통해 | ★面试 miànshì 동 면접시험을 보다 | 感觉 gǎnjué 동 느끼다 | 性格 xìnggé 몡 성격 | 挺 tǐng 부 매우, 상당히, 대단히

74.

机场为什么多在郊区呢? 那是因为机场需要的地方大，郊区人少地多，地也便宜。其次就是飞机起飞降落的时候声音非常大，在郊区的话，人们受的影响会小一些。

공항이 교외에 많은 이유는 무엇일까? 왜냐하면 공항은 큰 면적이 필요한데, 교외는 사람이 적게 살고 땅이 넓으며 땅값도 싸기 때문이다. 둘째, 비행기가 이착륙할 때 소리가 매우 큰데, 교외 지역은 사람들에게 영향을 덜 미친다.

★ 机场多在郊区，那是因为:

A 郊区很安静
B 郊区人多地少
C 郊区地多便宜
D 郊区人多地便宜

★ 공항이 교외에 많은 이유는?

A 교외가 조용해서
B 교외는 사람이 많고 땅이 좁아서
C 교외는 땅이 많고 땅값이 싸서
D 교외는 사람이 많고 땅값이 싸서

공략 공항이 교외에 많은 이유를 묻고 있다. 첫 번째 단락 '那是因为'가 이끄는 문장을 통해서 공항은 큰 면적이 필요해서 사람이 적게 살고 땅이 넓으며 땅값도 싼 교외 지역에 많음을 알 수 있으므로 정답은 C이다.

어휘 机场 jīchǎng 명 공항 | 郊区 jiāoqū 명 (도시의) 변두리, 교외 | 便宜 piányi 형 (값이) 싸다 | ★其次 qícì 대 다음, 그 다음 | ★起飞 qǐfēi 동 (비행기·로켓 등이) 이륙하다 | ★降落 jiàngluò 동 착륙하다 | 声音 shēngyīn 명 소리 | ★影响 yǐngxiǎng 동 영향을 주다 | ★安静 ānjìng 형 조용하다

75.

我叫张明，今天中午在图书馆丢了一张饭卡，卡上有我的姓名和学号。如果有同学看见了我的饭卡，请速与我联系，非常感谢。

저는 장밍입니다. 오늘 점심 때 도서관에서 식당 카드를 잃어버렸습니다. 카드에는 저의 이름과 학번이 적혀 있습니다. 제 식당 카드를 발견한 학우들은 빨리 저에게 연락주시면 감사하겠습니다.

★ 他写这段话的目的是:

A 找回饭卡
B 找回交通卡
C 想交朋友
D 使人惊喜

★ 그가 이 글을 쓴 목적은?

A 식당 카드를 찾기 위해
B 교통 카드를 찾기 위해
C 친구를 사귀고 싶어서
D 사람들에게 뜻밖의 기쁨을 주기 위해

공략 가정 관계를 나타내는 접속사 如果가 이끄는 문장을 통해서 식당 카드를 찾기 위해서 이 글을 썼음을 알 수 있으므로 정답은 A이다.

어휘 图书馆 túshūguǎn 명 도서관 | ★丢 diū 동 잃다, 잃어버리다 | 张 zhāng 양 장 | 卡 kǎ 명 카드 | 姓名 xìngmíng 명 성명 | 学号 xuéhào 명 학번 | 速 sù 형 빠르다, 신속하다 | ★联系 liánxì 동 연락하다 | ★感谢 gǎnxiè 동 고맙다, 감사하다 | 交 jiāo 동 사귀다 | ★惊喜 jīngxǐ 동 놀라고도 기뻐하다

很多人**以为**早上锻炼对身体很好，但室外锻炼**并不**是越早越好，尤其是冬天，日出前温度较低，不太适合运动。医生建议：<u>冬季锻炼最好选在日出后</u>，**而且**运动量不要太大，可以跑跑步、打打羽毛球等。

아침 운동이 건강에 좋다고 생각하는 사람들이 많다. 그러나 실외 운동은 아침에 한다고 좋은 것은 아니다. 특히 겨울에는 해뜨기 전 온도가 낮아서 운동에 적합하지 않다. 의사들은 <u>겨울에는 해가 뜬 후에 운동하는 것이 좋</u>고, 운동량도 지나치지 않아야 한다고 조언하며, 조깅이나 배드민턴 등을 권한다.

★ 冬季锻炼最好：

A 别在室外锻炼
B 在室内锻炼
Ⓒ 日出后进行
D 日出前进行

★ 겨울철 운동에 가장 좋은 것은?

A 실외에서 운동하면 안 된다
B 실내에서 운동한다
Ⓒ 해가 뜬 후에 운동한다
D 해가 뜨기 전에 운동한다

공략 질문의 핵심 어휘 '冬季锻炼最好'가 이끄는 문장을 통해서 겨울에는 해가 뜬 후에 운동하는 것이 좋음을 알 수 있으므로 정답은 C이다.

어휘 ★以为 yǐwéi 图 여기다, 생각하다 | 室外 shìwài 명 실외 | ★尤其 yóuqí 閉 더욱이, 특히 | 冬天 dōngtiān 명 겨울, 겨울철 | 日出 rìchū 图 해가 뜨다 | 温度 wēndù 명 온도 | 运动 yùndòng 图 운동하다 | ★建议 jiànyì 图 제안하다 | 冬季 dōngjì 명 겨울, 겨울철 | 选 xuǎn 图 고르다, 선택하다 | 跑步 pǎobù 图 달리다 | 羽毛球 yǔmáoqiú 명 배드민턴 | ★进行 jìnxíng 图 진행하다

一般三岁左右的孩子就可以学习自己刷牙了。**在**正式教刷牙**前**，父母可以**让**孩子自己选择喜欢的杯子、牙刷和牙膏，<u>这样更能引起他们刷牙的兴趣</u>。

일반적으로 3세 전후의 아이는 스스로 이 닦는 것을 배울 수 있다. 이 닦기를 정식으로 가르치기 전에 부모는 아이 스스로 좋아하는 컵과 칫솔, 치약을 선택하게 해줄 수 있다. <u>이렇게 하면 아이가 이 닦기에 흥미를 느낄 수 있다.</u>

★ 让孩子选牙刷，能使他们：

A 增加艺术感
Ⓑ 对刷牙感兴趣
C 懂得节约
D 更讨厌刷牙

★ 아이에게 칫솔을 선택하게 하면, 아이가 어떻게 하는 것을 도울 수 있는가?

A 예술 감각을 더해준다
Ⓑ 이 닦기에 대한 흥미를 느끼게 한다
C 절약하는 법을 안다
D 이 닦기를 더 싫어한다

공략 아이 스스로 좋아하는 컵과 칫솔, 치약을 선택하게 하면 아이가 이 닦기에 흥미를 느낄 수 있다고 했으므로 정답은 B이다.

어휘 一般 yìbān 휑 일반적이다 | 左右 zuǒyòu 몡 전후, 가량 | 孩子 háizi 몡 어린이 | 刷牙 shuāyá 동 이를 닦다 | 教 jiāo 동 전수하다, 가르치다 | 父母 fùmǔ 몡 부모 | ★选择 xuǎnzé 동 고르다, 선택하다 | 杯子 bēizi 몡 잔, 컵 | 牙刷 yáshuā 몡 칫솔 | 牙膏 yágāo 몡 치약 | ★引起 yǐnqǐ 동 (주의를) 끌다, 야기하다 | ★兴趣 xìngqù 몡 흥미, 취미 | ★增加 zēngjiā 동 증가하다, 더하다 | 艺术 yìshù 몡 예술 | 懂得 dǒngde 동 알다, 이해하다 | ★节约 jiéyuē 동 절약하다 | 讨厌 tǎoyàn 동 싫어하다, 미워하다

78. HSK POINT 주제 파악 난이도 中

　　对于很多女性朋友来说，逛街购物是一种放松心情、减轻压力的好方法。尤其是当买到自己喜欢的东西时，那种愉快的感觉可以让她们暂时忘掉一些烦恼。

★ 这段话主要谈的是什么？

A 要学会减压

B 要有礼貌

C 态度决定生活

D 购物的好处

　　많은 여성들에게 있어 쇼핑은 기분을 전환하고 스트레스를 없애 주는 좋은 방법이다. 특히 자기가 좋아하는 물건을 샀을 때 드는 유쾌한 기분은 번뇌를 잠시 잊게 해준다.

★ 이 글의 주제는 무엇인가?

A 스트레스를 없애는 방법을 배워야 한다

B 예의가 있어야 한다

C 태도가 생활을 결정한다

D 쇼핑의 좋은 점

공략 쇼핑은 기분을 전환하고 스트레스를 없애 주며 물건을 샀을 때 드는 유쾌한 기분은 번뇌를 잠시 잊게 해준다고 말하고 있으므로, 이 글은 쇼핑의 좋은 점에 대해 서술하고 있음을 알 수 있다. 따라서 정답은 D이다.

어휘 女性 nǚxìng 몡 여성, 여자 | 逛街 guàngjiē 동 길거리를 한가로이 거닐며 구경하다, 아이 쇼핑하다 | ★放松 fàngsōng 동 정신적 긴장을 풀다 | 心情 xīnqíng 몡 심정, 감정 | ★减轻 jiǎnqīng 동 경감하다, 줄다 | 压力 yālì 몡 스트레스 | 方法 fāngfǎ 몡 방법, 수단 | 愉快 yúkuài 휑 기쁘다, 유쾌하다 | ★暂时 zànshí 몡 잠깐, 잠시 | 忘掉 wàngdiào 동 잊어버리다 | 烦恼 fánnǎo 휑 번뇌하다, 걱정하다 | ★减压 jiǎnyā 동 스트레스를 줄이다 | ★礼貌 lǐmào 몡 예의, 예의 범절 | ★态度 tàidu 몡 태도 | 决定 juédìng 동 결정하다

79. HSK POINT 핵심 문장을 통한 의미 파악 난이도 下

　　现在医院里出现了越来越多的男护士。跟女护士比起来，他们有力气大、方便照顾男患者等优点。

★ 男护士的优点是：

A 力气大　　　　B 个子高

C 更勇敢　　　　D 很勤奋

　　현재 병원에는 점점 많은 남자 간호사들이 등장하고 있다. 여자 간호사에 비해 그들은 힘이 세고 남자 환자를 보살피기에 편리하다는 등의 장점이 있다.

★ 남자 간호사의 장점은？

A 힘이 세다　　　　B 키가 크다

C 더 용감하다　　　D 매우 부지런하다

공략 마지막 부분에 남자 간호사의 장점으로 '힘이 세다'라고 설명하고 있다. 문제의 핵심 어휘인 优点을 통해서 답을 쉽게 찾을 수 있다.

어휘 医院 yīyuàn 뗑 병원 | 出现 chūxiàn 통 출현하다, 나타나다 | 护士 hùshi 뗑 간호사 | 力气 lìqi 뗑 힘, 역량 | ★方便 fāngbiàn 통 편리하게 하다 | ★照顾 zhàogù 통 보살피다, 돌보다 | ★患者 huànzhě 뗑 환자 | ★优点 yōudiǎn 뗑 장점 | 个子 gèzi 뗑 (사람의) 키, 체격 | ★勤奋 qínfèn 혱 꾸준하다, 부지런하다

[80-81]

80狗一般都会睡十二、十三个小时，甚至有的要睡二十个小时以上。所以有的人以为狗很懒，81其实并不懒。仔细观察狗睡觉时的样子，就会发现，稍微有一点声音，它的耳朵就会动，人一旦走近它，它就会马上醒过来。狗要快速感觉到周围的情况，所以一般都不会睡得太深。	80개는 일반적으로 12~13시간 잠을 자며, 심지어 20시간 이상 자는 경우도 있다. 따라서 개가 아주 게으르다고 생각하는 사람들도 있으나 81사실은 결코 게으르지 않다. 개가 자는 모습을 자세히 관찰해보면, 조금만 소리가 나도 귀가 움직이며, 사람이 가까이 가면 즉시 깨어나는 것을 볼 수 있다. 개는 주위의 상황을 빠르게 감지해야 하기 때문에 일반적으로 깊은 잠을 자지 않는다.

어휘 狗 gǒu 뗑 개 | ★睡 shuì 통 잠을 자다 | ★甚至 shènzhì 뷔 심지어, ~까지도 | 懒 lǎn 혱 게으르다 | ★其实 qíshí 뷔 사실 | ★仔细 zǐxì 혱 세심하다, 꼼꼼하다 | ★观察 guānchá 통 관찰하다 | ★稍微 shāowēi 뷔 조금, 약간 | 耳朵 ěrduo 뗑 귀 | ★醒 xǐng 통 잠에서 깨다 | ★周围 zhōuwéi 뗑 주위, 주변 | 情况 qíngkuàng 뗑 상황, 정황 | 深 shēn 혱 깊다

80. HSK POINT 이유 및 원인 파악　난이도 中

★ 人们认为狗很懒，那是因为：	★ 사람들이 개가 게으르다고 생각하는 이유는?
A 总是很困	A 항상 졸고 있기 때문에
B 不怎么活动	B 별로 활동을 하지 않기 때문에
C 爱观察周围	C 주위를 잘 관찰하기 때문에
D 睡很长时间	D 잠자는 시간이 길기 때문에

공략 첫 번째 문단에서 개는 일반적으로 12~13시간 잠을 자며, 심지어 20시간 이상 자는 경우도 있어 사람들이 개가 게으르다고 생각한다고 했으므로 D가 정답임을 알 수 있다.

어휘 ★总是 zǒngshì 뷔 늘, 줄곧 | 困 kùn 혱 지치다, 피곤하다 | 活动 huódòng 통 활동하다, 움직이다

81. HSK POINT 사물에 대한 평가　난이도 下

★ 作者觉得狗怎么样？	★ 저자는 개가 어떻다고 생각하는가?
A 可爱	A 귀엽다
B 不懒	B 게으르지 않다
C 聪明	C 영리하다
D 好动	D 활동적이다

어휘 ★作者 zuòzhě 몡 지은이, 저자 | 可爱 kě'ài 톙 사랑스럽다, 귀엽다 | 聪明 cōngming 톙 똑똑하다, 영리하다

합격필수 TIP

▶ 其实의 용법

其实는 '그러나 사실은 ~이다'라는 의미로 두 번째 절 이상에 쓰여 전환 관계를 나타낸다.

这问题看起来很复杂，**其实**并不难。 이 문제는 복잡해 보이지만, 실제로는 결코 어렵지 않다.
看起来是好事，**其实**是坏事。 보기에는 좋은 일이지만, 실은 나쁜 일이다.

[82-83]

前几天我在杂志上读了篇文章，上面说科学家研究发现植物能"听懂"人的话。**82如果**你经常对植物说："你真是棵可爱的树。""你开的花真漂亮。"那么这个植物会长得更高更好。如果你常常对它说"我讨厌你!"，那么它会长得很慢，**甚至**会死去。**83我也想试试**，看看到时是否是真的。	며칠 전 나는 잡지에서 글을 한 편 읽었다. 과학자가 연구를 통해 식물이 사람의 말을 알아듣는다는 사실을 발견했다는 내용이었다. **82만약 당신이 항상 식물에게 "너는 정말 귀여운 나무구나." "네가 피우는 꽃은 정말 아름답다."라고 말해주면, 이 식물은 더욱 잘 자랄 것이다.** 만약 당신이 늘 식물에게 "난 너 미워해!"라고 말한다면, 식물의 성장이 더뎌지고 심지어 죽을 수도 있다. **83나도 한번 해보고 정말로 그런지 살펴볼 작정이다.**

어휘 杂志 zázhì 몡 잡지 | 文章 wénzhāng 몡 글, 문장 | 科学家 kēxuéjiā 몡 과학자 | 研究 yánjiū 통 연구하다 | 植物 zhíwù 몡 식물 | ★棵 kē 양 그루, 포기 | 开 kāi 통 (꽃이) 피다 | 死去 sǐqù 통 죽다 | 到时 dàoshí 통 그때가 되다 | ★是否 shìfǒu 부 ~인지 아닌지

82. HSK POINT 핵심 문장을 통한 의미 파악 | 난이도 中

★ 如果常对植物说好话的话，植物会:	★ 만약 식물에게 항상 좋은 말을 해주면 식물은?
A 开花结果	A 꽃을 피우고 열매를 맺는다
B 长得更好	**B 더 잘 자란다**
C 容易掉叶	C 잎이 쉽게 떨어진다
D 死去	D 죽는다

어휘 ★容易 róngyì 톙 ~하기 쉽다 | 掉 diào 통 떨어지다 | 叶 yè 몡 잎

83. `HSK POINT` 인물의 행동 파악　`난이도` 中

★ 说话人要：	★ 말하는 사람은 어떻게 하려고 하는가?
A 买一朵花	A 꽃 한 송이를 사려고 한다
B 送礼物	B 선물을 보내려고 한다
C 买花瓶	C 꽃병을 사려고 한다
D 试一试	D 시도해 보려고 한다

`공략` 마지막 문장에서 정말로 그런지 한번 해보고 살펴본다고 했으므로 정답은 D이다.

`어휘` ★朵 duǒ 양 송이 | 礼物 lǐwù 명 선물 | 花瓶 huāpíng 명 꽃병

[84-85]

幸福是什么？有人说，能帮助别人就是一种幸福。也有人说，健康才是最大的幸福。还有人说，84小时候幸福是一件东西，比如一件衣服、一块儿蛋糕，得到了就很幸福；长大后幸福是一种态度，是生活的态度决定了我们幸福感的高低。85不管你认为幸福是什么，只要你用心去找，就一定能发现它。

~에 관계없이
하기만 하면 ~할 수 있다

행복은 무엇일까? 어떤 사람은 남을 돕는 것이 바로 행복이라고 말하고, 어떤 사람은 건강이야말로 최대의 행복이라고 말한다. 또 어떤 사람은 84어릴 때는 하나의 물건, 즉 옷이나 케이크를 얻었을 때 행복하고, 자란 후에는 행복이 일종의 태도이며, 생활의 태도가 사람들의 행복한 정도를 결정한다고 말한다. 85당신이 무엇을 행복이라고 생각하든 관심을 가지고 찾기만 하면 그것을 발견할 수 있다.

`어휘` ★幸福 xìngfú 명 행복 | 帮助 bāngzhù 통 돕다 | ★比如 bǐrú 접 예를 들어, 예를 들면 | 蛋糕 dàngāo 명 케이크 | 得到 dédào 통 얻다, 받다 | 高低 gāodī 명 정도 | ★认为 rènwéi 통 여기다, 생각하다

84. `HSK POINT` 핵심 어휘가 이끄는 문장을 통한 의미 파악　`난이도` 中

★ 有人觉得小时候幸福是：	★ 어떤 사람은 어릴 때의 행복이 무엇이라고 말하는가?
A 帮助别人	A 남을 돕는 것
B 一种生活态度	B 일종의 생활 태도
C 得到一件东西	C 하나의 물건을 얻는 것
D 有很多钱	D 많은 돈이 있는 것

`공략` 질문의 핵심 어휘인 '小时候幸福'가 이끄는 문장을 통해서 어릴 때는 옷이나 케이크와 같이 하나의 물건을 얻었을 때가 행복하다고 생각함을 알 수 있으므로 정답은 C이다.

`어휘` 种 zhǒng 양 종류 | 钱 qián 명 돈

85. `HSK POINT 핵심 문장을 통한 의미 파악` `난이도 下`

★ 最后一句的"它"指的是：	★ 마지막 말에서의 '그것'이 가리키는 것은?
Ⓐ 幸福	Ⓐ 행복
B 能力	B 능력
C 态度	C 태도
D 知识	D 지식

공략 당신이 무엇을 행복이라고 생각하든 관심을 가지고 찾기만 하면 행복을 발견할 수 있는 것이므로 정답은 A이다.

어휘 能力 nénglì 몡 능력 | ★知识 zhīshi 몡 지식

第一部分

86. HSK POINT 동사술어문의 이해 　난이도 中

| 实力 | 这能 | 证明 | 很有 | 他 |

공략

1단계 술어를 찾는다

일반적으로 문장에서 동사가 술어 역할을 하므로 证明과 有가 술어가 될 수 있다.

⬇

2단계 목적어를 찾는다

동사는 의미상 함께 올 수 있는 명사와 짝을 이루므로 '很有+实力'가 되며, 그가 실력이 있다는 것이므로 '他+很有+实力'로 문장을 전개한다. 의미적으로 그가 실력이 있다는 것을 증명하는 것이므로 证明이 이 문장의 술어가 되고 '他+很有+实力'가 목적절이 된다.

⬇

3단계 주어를 찾는다

일반적으로 명사나 대사가 주어 역할을 하므로 这가 이 문장의 주어가 되며, 조동사 能은 술어 앞에 위치하므로 '这能+证明'이 된다.

⬇

4단계 문장 완성하기

这能证明他很有实力。 이는 그가 실력이 있다는 것을 증명할 수 있다.

어휘　实力 shílì 몡 실력 | ★证明 zhèngmíng 통 증명하다

87. HSK POINT 비교문의 이해 　난이도 中

| 一倍 | 我的收入 | 比 | 增加了 | 去年 |

공략

1단계 개사구를 찾는다

쓰기 제1부분의 문제를 풀 때는 우선 술어를 먼저 찾아야 하지만, 개사가 보일 때는 개사구를 중심으로 문장을 전개하자. 비교문을 만드는 대표적인 개사 比는 비교의 대상인 去年과 함께 개사구 '比+去年'을 이룰 수 있다.

⬇

2단계 술어를 찾는다

개사구는 술어를 수식해 주므로 '比+去年+增加了'가 되며, 비교의 차이인 구체적인 수치는 술어 뒤에 위치하므로 '比+去年+增加了+一倍'가 된다.

3단계 주어를 찾는다

나의 수입이 작년보다 배로 증가한 것이므로 '我的收入'가 이 문장의 주어가 된다.

4단계 문장 완성하기

我的收入比去年增加了一倍。 내 수입은 작년보다 배로 증가했다.

어휘 倍 bèi 양 배 | 收入 shōurù 명 수입 | ★比 bǐ 개 ~에 비해, ~보다 | ★增加 zēngjiā 동 증가하다

합격필수 TIP

▶ 比의 용법

비교 대상 A + **比** + 비교 대상 B + 술어 + 구체적인 수치 : A는 B보다 ~만큼 ~하다

姐姐**比**我大两岁。 언니는 나보다 2살 많다.
他**比**我早来了一个小时。 그는 나보다 한 시간 일찍 왔다.

---

88. HSK POINT 동사술어문에서 부사어의 위치 난이도 上

| 那条新闻 | 没有 | 人们的重视 | 并 | 引起 |

공략 **1단계 술어를 찾는다**

일반적으로 문장에서 동사가 술어 역할을 하므로 引起가 술어가 된다.

2단계 목적어를 찾는다

동사가 문장에서 술어로 쓰이므로 의미상 함께 올 수 있는 목적어를 찾아야 한다. 따라서 '引起+重视'가 되며, '人们的'는 목적어를 수식하는 관형어 역할을 하고 있다.

3단계 부사어를 찾는다

并은 '并+不/没' 형태로 술어 앞에 쓰여 부정의 어투를 강조하므로 '并+没有+引起'가 된다.

4단계 주어를 찾는다

뉴스가 사람들의 주의를 끌지 못한 것이므로 新闻이 이 문장의 주어가 되며, 那条는 주어를 수식하는 관형어 역할을 하고 있다.

5단계 문장 완성하기

那条新闻并没有引起人们的重视。 그 뉴스는 사람들의 주의를 끌지 못했다.

 新闻 xīnwén 몡 뉴스 | ★重视 zhòngshì 통 중시하다 | ★并 bìng 뵘 결코, 전혀 | ★引起 yǐnqǐ 통 (주의를) 끌다, 야기하다

89. HSK POINT 정도보어의 이해 [난이도 中]

真　　　这场雨　　　下得　　　及时

공략

1단계 술어를 찾는다

일반적으로 문장에서 동사가 술어 역할을 하므로 下가 술어가 되며, 下 뒤에 구조조사 得를 보는 순간 정도보어를 묻는 문제임을 알 수 있다.

2단계 보어를 찾는다

보어는 술어를 보충하는 성분으로 술어 뒤에 위치해야 한다. 정도보어의 기본 어순 '동사+得+정도보어'의 순서에 따라 문장을 전개하면 '下得+真+及时'가 된다.

3단계 주어를 찾는다

비가 정말 적당할 때 내린 것이므로 雨가 이 문장의 주어가 되며, 这场은 주어를 꾸며주는 관형어 역할을 하고 있다.

4단계 문장 완성하기

这场雨下得真及时。 이번 비는 정말 적당할 때 내렸다.

 雨 yǔ 몡 비 | ★及时 jíshí 혱 시기 적절하다

90. HSK POINT '是……的' 구문의 이해 [난이도 中]

去年夏天　　　我爸爸　　　是　　　的　　　退休

공략

1단계 술어를 찾는다

동사가 문장에서 술어 역할을 하므로 退休가 술어가 된다.

2단계 '是+강조+的' 문장에서 강조하는 내용을 찾는다

제시된 어휘를 통해 '是……的' 강조 구문을 묻는 문제임을 알 수 있다. 언제 퇴직했는지 시간을 강조하고 있으므로 '去年夏天+退休'가 된다. 마지막으로 이 강조 부분을 '是……的' 사이에 넣어야 하므로 '是+去年夏天+退休+的'가 된다.

3단계 주어를 찾는다

우리 아빠가 작년 여름에 퇴직을 하셨으므로 '我爸爸'가 이 문장의 주어가 된다.

4단계 문장 완성하기

> 我爸爸是去年夏天退休的。 우리 아빠는 작년 여름에 퇴직하셨다.

어휘 去年 qùnián 몡 작년 | 夏天 xiàtiān 몡 여름 | ★退休 tuìxiū 통 퇴직하다

합격필수 TIP

▶ 是……的 구문의 용법

'是……的' 구문은 어떤 동작이 발생한 시간, 방식, 목적, 조건 등을 강조하며, 강조하는 내용은 이미 일어난 동작이다.

> 주어 + 是 + (　　　) + 동사 + 的

我女儿**是**去年毕业**的**。 내 딸은 작년에 졸업했다.(시간 강조)
他**是**骑自行车来**的**。 그는 자전거를 타고 왔다.(방법, 수단 강조)
经验**是**慢慢积累**的**。 경험은 천천히 쌓이는 것이다.(관점 강조)

91. `HSK POINT 관형어와 부사어의 이해` `난이도 中`

鸡蛋	冰箱里	剩了	两个	还

공략

1단계 술어를 찾는다

> 일반적으로 문장에서 동사가 술어 역할을 하므로 剩了 가 술어가 된다.

2단계 목적어를 찾는다

> 동사가 문장에서 술어로 쓰이므로 의미상 함께 올 수 있는 목적어를 찾아야 한다. 따라서 '剩了+鸡蛋'이 된다.

3단계 관형어를 찾는다

> 사람 및 사물을 세는 단위인 个는 양사이므로 '수사+양사+명사' 원리에 의해 '两个+鸡蛋'이 된다.

4단계 주어를 찾는다

> 냉장고 안에 아직 달걀이 남아 있는 것이므로 '冰箱里'가 이 문장의 주어가 된다.

5단계 문장 완성하기

> 冰箱里还剩了两个鸡蛋。 냉장고 안에 아직 달걀이 두 개 남아 있다.

어휘 鸡蛋 jīdàn 몡 달걀 | 冰箱 bīngxiāng 몡 냉장고 | ★剩 shèng 통 남다, 남기다 | 还 hái 뷔 여전히, 아직도

92. HSK POINT 把자문의 고정 격식 이해 난이도 下

这篇文章	请	把	英文	翻译成

공략

1단계 개사구를 찾는다

개사 把는 단독으로 쓰일 수 없어, 처치의 대상인 '这篇文章'과 함께 개사구를 만들어 술어를 수식하므로 '把+这篇文章'이 된다.

2단계 술어를 찾는다

동사가 문장에서 술어 역할을 하므로 翻译가 술어가 된다. 把자문의 고정 격식은 '동사+成+변화된 것'으로, 이 문장을 영어로 번역을 하는 것이기 때문에 '翻译成+英文'이 된다.

3단계 请을 문장 맨 앞에 놓는다

请은 상대방에게 어떤 일을 권할 때 쓰이므로 문장 맨 앞에 위치한다.

4단계 문장 완성하기

请把这篇文章翻译成英文。 이 글을 영어로 번역해 주십시오.

어휘 ★篇 piān 양 편, 장 | 文章 wénzhāng 명 글, 문장 | 英文 Yīngwén 명 영어 | ★翻译 fānyì 동 번역하다

합격필수 TIP

▶ **把자문의 고정 격식**

成, 给, 在, 到가 결과보어로 쓰일 때는 把자문을 쓴다.

把 + 목적어 + 동사 + 成 + 변화된 것

请把美元换成人民币。 달러를 인민폐로 바꿔 주세요.
请把这句话翻译成中文。 이 문장을 중국어로 번역하세요.

93. HSK POINT 결과보어의 이해 난이도 上

这个	6月份	发生在	前年	事故

공략

1단계 술어를 찾는다

일반적으로 문장에서 동사가 술어 역할을 하므로 发生이 술어가 되며, 술어 뒤의 在를 통해서 결과보어를 묻는 문제임을 알 수 있다.

2단계 보어를 찾는다

在는 '동사+在+시간/장소' 형태로, 술어 뒤에 위치하여 술어를 보충하는 보어 역할을 하므로 '发生在+前年+6月份'이 된다.

3단계 주어를 찾는다

사고가 재작년 6월에 발생했으므로 事故가 이 문장의 주어가 된다.

4단계 관형어를 찾는다

个는 양사로 사람 및 사물을 세는 단위이므로 '지시대사+(수사)+양사+명사' 원리에 의해 '这个+事故'가 된다.

5단계 문장 완성하기

这个事故发生在前年6月份。 이 사고는 재작년 6월에 발생했다.

어휘 份 fèn 양 부, 통 | ★发生 fāshēng 통 발생하다 | ★前年 qiánnián 명 재작년 | 事故 shìgù 명 사고

---

94. **HSK POINT** 부사어 및 관형어의 이해 난이도 中

计划	我	不得不	原来的	改变

공략 **1단계 술어를 찾는다**

일반적으로 문장에서 동사가 술어 역할을 하므로 改变이 술어가 된다.

2단계 목적어를 찾는다

동사가 문장에서 술어로 쓰이므로 의미상 함께 올 수 있는 목적어를 찾아야 한다. 따라서 '改变+计划'가 된다.

3단계 관형어를 찾는다

구조조사 的는 명사와 함께 쓰이므로 '原来的+计划'가 된다.

4단계 부사어를 찾는다

부사는 술어 앞에서 술어를 꾸며주는 부사어 역할을 하므로 '不得不+改变'이 된다.

5단계 주어를 찾는다

일반적으로 명사나 대사가 주어 역할을 하므로 我가 이 문장의 주어가 된다.

6단계 문장 완성하기

我不得不改变原来的计划。 나는 원래의 계획을 어쩔 수 없이 변경했다.

 计划 jìhuà 몡 계획 | ★不得不 bùdébù 뷔 어쩔 수 없이 | 原来 yuánlái 뷔 처음에, 원래 | ★改变 gǎibiàn 동 변경하다

95. HSK POINT 개사구의 이해 난이도 中

| 今天的比赛 | 观众 | 失望 | 对 | 十分 |

1단계 개사구를 찾는다

对는 개사로 단독으로 쓰일 수 없어 대상을 나타내는 명사형 어휘와 함께 개사구를 만들어야 하므로 '对+今天的比赛'가 된다.

2단계 술어를 찾는다

일반적으로 문장에서 동사가 술어 역할을 하므로 失望이 술어가 되며, 상태동사는 정도를 강화시켜주는 정도부사와 친하므로 '十分+失望'이 된다. 개사구는 술어를 꾸며주는 부사어 역할을 하므로 '对+今天的比赛+十分+失望'이 된다.

3단계 주어를 찾는다

관중들이 오늘 경기에 크게 실망했으므로 观众이 이 문장의 술어가 된다.

4단계 문장 완성하기

观众对今天的比赛十分失望。 관중들은 오늘 경기에 크게 실망했다.

 比赛 bǐsài 몡 경기, 시합 | 观众 guānzhòng 몡 관중, 시청자 | ★失望 shīwàng 동 실망하다 | ★对 duì 깨 ~에 대해, ~에 대하여 | ★十分 shífēn 뷔 매우, 아주

96. `HSK POINT` 감정 이해 ｜ 난이도 中

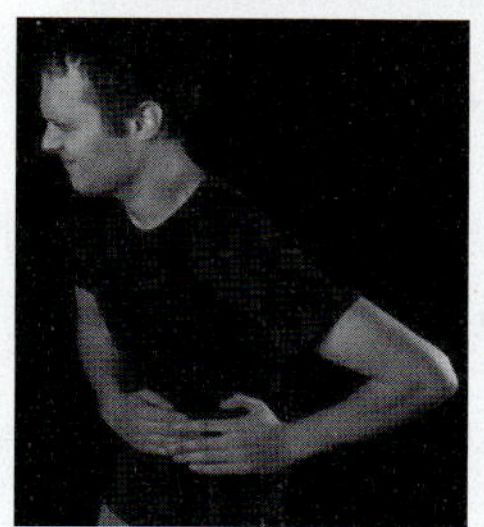

难受

nánshòu

형 (몸이) 불편하다,
견딜 수 없다

공략

1단계 제시어 및 사진 파악하기

难受는 형용사로 몸이 아파서 '참을 수 없다', '견딜 수 없다'라는 의미를 나타낸다. 배를 안고 괴로워하는 남자 사진이 제시되어 있으므로, 难受와 함께 호응할 수 있는 정도부사를 떠올리며 '배가 너무 아파서 괴롭다', '배가 너무 아파서 집에 가서 쉬고 싶다' 등의 내용을 떠올리며 문장을 완성하자.

2단계 연관 어휘 떠올리기

肚子 dùzi 명 배 ｜ ★特别 tèbié 부 특히, 더욱 ｜ 睡觉 shuìjiào 동 잠을 자다 ｜ 医院 yīyuàn 명 병원 ｜ ★看病 kànbìng 동 (의사에게) 진찰을 받다 ｜ 休息 xiūxi 동 휴식을 취하다, 쉬다

3단계 문장의 뼈대 만들기

他 ＋ 特别 ＋ 难受。　그는 아주 괴롭다.
주어　　정도부사　　술어

4단계 문장 완성하기

① 他早上起来肚子特别难受。
　그는 아침에 일어나니 배가 심하게 아팠다.

② 他晚上睡觉的时候肚子特别难受。
　그는 저녁에 잠을 잘 때 배가 심하게 아팠다.

③ 他中午吃得太多了，肚子非常难受。
　그는 점심을 너무 많이 먹어서, 배가 너무 아프다.

④ 他肚子非常难受，要去医院看病。
　그는 배가 너무 아파서 진찰 받으러 병원에 가려고 한다.

⑤ 他肚子太难受了，要回家休息休息。
　그는 배가 너무 아파서 집에 가서 쉬고 싶다.

합격필수 **TIP**

▶ 难受와 관련된 빈출 이미지

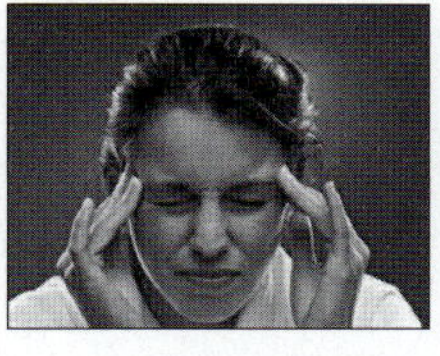

她头疼得非常难受。그녀는 머리가 심하게 아프다.
她昨晚一直头疼，难受得一夜也没睡。
그녀는 어젯밤에 줄곧 머리가 아파서 한숨도 못 잤다.

他咳嗽得很厉害，看起来非常难受。
그는 기침을 심하게 해서, 굉장히 힘들어 보인다.

他得了重感冒，所以身体很难受。그는 심한 감기에 걸려서 몸이 괴롭다.

공략

页
yè
양 쪽, 페이지

1단계 제시어 및 사진 파악하기

页는 양사로 '쪽, 페이지'라는 의미를 나타낸다. 양사는 일반적으로 수사와 결합하여 수량사 형태로 쓰이므로 '이 책은 몇 페이지입니까?', '이 책을 몇 페이지 읽었습니까?' 등의 내용으로 문장을 만들도록 한다.

2단계 연관 어휘 떠올리기

★厚 hòu 형 두껍다 | 只 zhǐ 부 단지, 겨우 | 小说 xiǎoshuō 명 소설 | ★到底 dàodǐ 부 도대체 | ★大概 dàgài 부 대략, 대개

3단계 문장의 뼈대 만들기

我 + 看了 + 三十页。　나는 30페이지를 봤다.
주어　술어　　보어

4단계 문장 완성하기

① 这本书我今天看了三十页。
　나는 이 책을 오늘 30페이지 봤다.

② 这本书太厚了，我只看了三十页。
　이 책은 너무 두꺼워서, 나는 단지 30페이지 봤다.

③ 这本书太厚了，我只看到三十页了。
　이 책은 너무 두꺼워서, 나는 겨우 30페이지까지 봤다.

④ 这本小说到底有多少页?
　이 소설책은 도대체 몇 페이지니?

⑤ 这本小说大概有三百页。
　이 소설책은 대략 300페이지다.

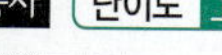

98. 난이도 上

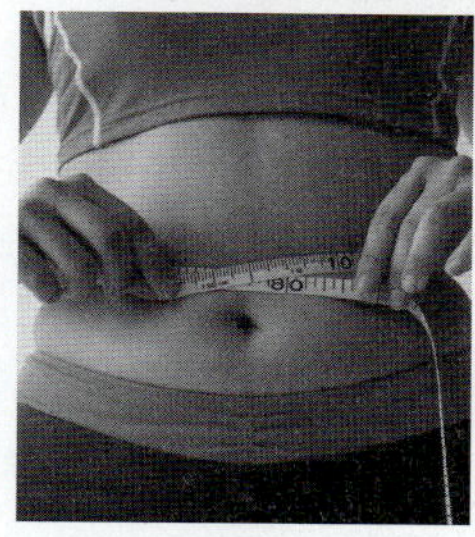

减肥
jiǎnféi
통 살을 빼다

공략

1단계 제시어 및 사진 파악하기

减肥는 동사로 '살을 빼다'라는 의미를 나타낸다. 사진을 통해서 여자가 다이어트를 하려고 함을 알 수 있으므로, '그녀는 어제부터 다이어트를 시작했다', '다이어트를 위해서 저녁에 밥을 먹지 않는다' 등의 내용으로 문장을 만들자.

2단계 연관 어휘 떠올리기

★开始 kāishǐ 통 시작하다 | 胖 pàng 형 뚱뚱하다 | ★为了 wèile 개 ~을 하기 위하여 | 夏天 xiàtiān 명 여름 | ★有效 yǒuxiào 형 효과가 있다 | 方法 fāngfǎ 명 방법, 수단

3단계 문장의 뼈대 만들기

她 + 开始 + 减肥。 그녀는 다이어트를 시작한다.
주어   술어   목적어

4단계 문장 완성하기

① 她从昨天开始减肥。
그녀는 어제부터 다이어트를 시작했다.

② 我最近胖了很多，该减肥了。
나는 요즘 살이 많이 쪄서 다이어트를 해야 한다.

③ 为了减肥，我晚上不吃饭。
다이어트를 하기 위해서, 나는 저녁에 밥을 먹지 않는다.

④ 快到夏天了，很多女性开始减肥。
곧 여름이어서 많은 여성들이 다이어트를 한다.

⑤ 有效的减肥方法就是少吃多运动。
효과적인 다이어트 방법은 적게 먹고 운동을 많이 하는 것이다.

합격필수 TIP

▶ 减肥와 관련된 빈출 이미지

为了减肥，他每天晚上锻炼身体。
다이어트를 위해서, 그는 매일 저녁 운동을 한다.

他每天晚上跑步是为了减肥。
그가 매일 저녁 달리는 이유는 다이어트를 위해서다.

长城

Chángchéng

[고유] 만리장성

공략

1단계 제시어 및 사진 파악하기

长城은 고유명사로 '만리장성'이라는 의미를 나타낸다. 만리장성이 사진으로 제시되어 있으므로 '나는 만리장성에 가보고 싶다', '나는 만리장성을 가본 적이 없다', '나는 친구와 함께 만리장성에 갈 계획이다' 등의 내용으로 문장을 만들자.

2단계 연관 어휘 떠올리기

想去 xiǎng qù 가고 싶다 | ★打算 dǎsuan [동] ~하려고 하다, 계획하다 | ★陪 péi [동] 모시다, 동반하다 | ★从来 cónglái [부] 여태껏, 이제까지

3단계 문장의 뼈대 만들기

我 + 去 + 长城。 나는 만리장성에 간다.
주어　술어　목적어

4단계 문장 완성하기

① 我一直很想去长城看看。
나는 줄곧 만리장성에 한번 가보고 싶었다.

② 我打算陪朋友去长城看看。
나는 친구와 함께 만리장성에 가려고 한다.

③ 你陪我去长城看看吧。
나와 함께 만리장성에 가자.

④ 我从来没有去过长城。
나는 지금까지 만리장성에 가본 적이 없다.

⑤ 学校组织大家去长城看一看。
학교에서 모두를 데리고 만리장성에 가기로 했다.

100. HSK POINT 명사 제시어 난이도 中

汗
hàn
명 땀

공략

1단계 제시어 및 사진 파악하기

汗은 명사로 '땀'이라는 의미를 나타낸다. 땀을 흘리고 있는 남자 사진이 제시되어 있으므로 '땀이 나다', '땀을 흘리다' 등을 나타내는 동사를 떠올리며 문장을 완성하자.

2단계 연관 어휘 떠올리기

★出 chū 통 나오다 | 一身 yìshēn 명 온몸 | 圈 quān 양 바퀴 | 流 liú 통 흐르다 | 浑身 húnshēn 명 온몸 | ★毛巾 máojīn 명 수건 | ★擦 cā 통 닦다 | 夏天 xiàtiān 명 여름

3단계 문장의 뼈대 만들기

他 + 出 + 汗。 그는 땀이 난다.
주어　술어　목적어

4단계 문장 완성하기

① 他运动后出了一身汗。
그는 운동 후 온몸에 땀이 났다.

② 他刚跑了一圈就流了浑身汗。
그가 방금 한 바퀴를 달리자 온몸에 땀이 흘렸다.

③ 天很热，我出了很多汗。
날씨가 더워서, 나는 땀이 많이 났다.

④ 你快用毛巾擦一下汗。
너는 빨리 수건으로 땀을 닦아.

⑤ 我一到夏天就流很多汗。
나는 여름이 되면 땀을 많이 흘린다.

4회 해설

一、听力

第一部分
1. √ 2. √ 3. √ 4. ✕ 5. ✕ 6. ✕ 7. √ 8. √ 9. ✕ 10. √

第二部分
11. C 12. D 13. A 14. C 15. D 16. B 17. C 18. B 19. A 20. B
21. D 22. C 23. B 24. B 25. D

第三部分
26. B 27. C 28. A 29. D 30. A 31. C 32. A 33. C 34. B 35. A
36. C 37. A 38. D 39. D 40. B 41. C 42. C 43. B 44. D 45. A

二、阅读

第一部分
46. F 47. A 48. E 49. C 50. B 51. E 52. B 53. D 54. A 55. F

第二部分
56. CAB 57. BAC 58. ACB 59. CAB 60. BAC
61. ACB 62. BCA 63. CBA 64. ACB 65. CBA

第三部分
66. C 67. B 68. A 69. D 70. B 71. C 72. B 73. D 74. C 75. B
76. A 77. D 78. A 79. C 80. B 81. A 82. C 83. D 84. A 85. D

三、书写

第一部分

86. 兄弟俩的性格完全不同。

87. 要养成早睡早起的好习惯。

88. 请大家把上节课学过的内容复习一下。

89. 这是一篇关于友情的文章。

90. 方向比速度还重要。

91. 自行车被爷爷推走了。

92. 在加油站附近抽烟非常危险。

93. 请帮我复印几份报名表。

94. 幽默能让谈话变得轻松愉快。

95. 那部电影感动了许多观众。

第二部分

96. ① 这两只小狗有区别吗?
② 这两只小狗有什么区别?
③ 那两只小狗没有区别。
④ 那两只小狗看起来没有什么区别。
⑤ 那两只小狗完全没有什么区别。

97. ① 这条路经常会堵车。
② 这条路堵车堵得很厉害。
③ 上下班时间路上总是堵车。
④ 因为路上堵车,所以我上课迟到了。
⑤ 由于今天路上堵车,我上班迟到了。

98. ① 我要乘坐飞机去中国。
② 我要乘坐飞机去中国出差。
③ 她乘坐的航班马上就要起飞了。
④ 她乘坐的航班提前了二十分钟。
⑤ 她乘坐的飞机推迟了一个小时。

99. ① 这本书值得一看。
② 这本小说值得我们一看。
③ 这本小说很有意思,值得一看。
④ 这本书的内容很丰富,值得我们一看。
⑤ 这本小说很受读者欢迎,值得我们一看。

100. ① 今天的会议大概几点开始?
② 今天的会议大概下午两点开始。
③ 我们大概什么时候可以出发?
④ 我大概一个小时后才能出发。
⑤ 我大概上午十点钟才能到办公室。

第一部分

1. HSK POINT 의미 추론 | 난이도 上 | ● track 04-1

比赛进行到这儿我们不能不说场上的两位运动员让我们看到了乒乓球运动的最高水平。最后谁输谁赢其实已经不重要了。

★ 比赛结果还没出来。(√)

경기가 여기까지 진행되니, 우리는 경기 중인 두 선수가 가장 우수한 탁구 선수라고 말하지 않을 수 없다. 마지막에 누가 지고 이기고는 사실 이미 중요하지 않다.

★ 경기 결과는 아직 나오지 않았다. (√)

공략 마지막에 누가 지고 이기고는 사실 이미 중요하지 않다고 말하고 있으므로 경기 결과는 아직 나오지 않았음을 알 수 있다. 제시된 문장은 녹음 내용과 일치한다.

어휘 比赛 bǐsài 명 경기, 시합 | ★进行 jìnxíng 통 진행하다 | 运动员 yùndòngyuán 명 운동 선수 | 乒乓球 pīngpāngqiú 명 탁구 | ★水平 shuǐpíng 명 수준 | 输 shū 통 패하다, 지다 | 赢 yíng 통 이기다, 승리하다 | ★其实 qíshí 부 사실 | 重要 zhòngyào 형 중요하다 | ★结果 jiéguǒ 명 결과

2. HSK POINT 유사 표현 이해 | 난이도 中 | ● track 04-2

房间太乱了，花了一上午才把它收拾干净。这些旧报纸和旧衣服还要吗？ 不要的话我就拿去卖了。

★ 房间已经打扫干净了。(√)

방이 너무 지저분해서 오전 내내 깨끗이 정리했어. 이 헌 신문지와 헌 옷들 아직 필요하니? 필요하지 않다면 내가 가져다 팔려고.

★ 방은 이미 깨끗이 청소가 되었다. (√)

공략 '收拾干净(깨끗하게 정리하다)'은 '打扫干净(깨끗하게 청소하다)'과 같은 표현이기 때문에 정답은 옳은 것이다.

어휘 房间 fángjiān 명 방 | ★乱 luàn 형 어지럽다 | ★收拾 shōushi 통 거두다, 정리하다 | ★干净 gānjìng 형 깨끗하다 | 旧 jiù 형 낡다, 오래다 | 报纸 bàozhǐ 명 신문 | 衣服 yīfu 명 옷 | 卖 mài 통 팔다

3. HSK POINT 유사 표현 이해 | 난이도 下 | ● track 04-3

大家看一下，地图上不同的颜色表示不同的地方。绿色的是森林，蓝色的是海洋。这是黄河，它像不像一个大大的几字？

★ 地图上绿色表示森林。(√)

여기 보면 지도의 색깔은 서로 다른 곳을 표시하고 있어. 녹색은 삼림이고 파란색은 바다야. 여기는 황허이고. 마치 커다란 '几(기)'자 같지 않아?

★ 지도상의 녹색은 삼림을 표시한다. (√)

공략 지도의 색깔은 서로 다른 지역을 표시하는데 녹색은 삼림이라고 했으므로 지도상의 녹색은 삼림을 표시한다는 제시된 문장은 녹음 내용과 일치한다.

어휘 地图 dìtú 명 지도 | 颜色 yánsè 명 색깔 | ★表示 biǎoshì 동 의미하다, 가리키다 | 绿色 lǜsè 명 녹색 | 森林 sēnlín 명 삼림, 숲 | 蓝色 lánsè 명 파랑 | 海洋 hǎiyáng 명 해양, 바다 | 黄河 Huánghé 고유 황허 | ★像 xiàng 동 같다, 비슷하다

---

4. HSK POINT 시간적 분위기 파악 〔난이도 中〕 track 04-4

这个京剧我一直特想去看，明天是他们在这儿的最后一场演出。<u>中午你记得提醒我去买票</u>，否则我就没有机会看了。

★ 他们<u>正在</u>排队买票。(×)

이 경극을 줄곧 보고 싶었는데, 내일 이곳에서 마지막 공연을 한다네. <u>점심 때 나한테 표를 사라고 좀 일러줘.</u> 이번에 못 사면 볼 기회를 놓치게 되거든.

★ 그들은 표를 사기 위해 줄을 서있다. (×)

공략 正在는 동작이 한참 진행 중임을 나타낸다. 녹음에서 점심 때 표를 사라고 좀 일러주라고 했으므로 정답은 틀린 것이다.

어휘 京剧 jīngjù 명 경극 | ★一直 yìzhí 부 계속, 줄곧 | 特 tè 부 아주, 특히 | 演出 yǎnchū 명 공연 | 记得 jìde 동 기억하고 있다 | ★提醒 tíxǐng 동 일깨우다, 깨우치다 | 票 piào 명 표, 티켓 | ★否则 fǒuzé 접 만약 그렇지 않으면 | 机会 jīhuì 명 기회 | ★排队 páiduì 동 줄을 서다

---

5. HSK POINT 혼동 표현 이해 〔난이도 中〕 track 04-5

大理是云南省著名的旅游城市和历史文化名城。<u>那儿的气候一年四季都让人感到很舒服</u>。就连最热的夏天，温度也只有三十度左右。

★ 大理一年四季都<u>很热</u>。(×)

다리는 윈난성의 가장 유명한 관광 도시이자 역사적 문화 도시이다. <u>그곳의 기후는 일년 내내 온화하다.</u> 가장 더운 여름에도 30도밖에 되지 않는다.

★ 다리는 일년 내내 매우 덥다. (×)

공략 다리의 기후는 일년 내내 온화하며 가장 더운 여름에도 30도밖에 되지 않는다고 했으므로 다리는 일년 내내 매우 덥다는 제시된 문장은 녹음 내용과 일치하지 않는다.

어휘 大理 Dàlǐ 고유 다리 | 云南省 Yúnnánshěng 고유 윈난성 | ★著名 zhùmíng 형 저명하다, 유명하다 | 旅游 lǚyóu 동 여행하다 | ★城市 chéngshì 명 도시 | ★历史 lìshǐ 명 역사 | ★文化 wénhuà 명 문화 | 名城 míngchéng 명 유명한 도시, 이름난 도시 | ★气候 qìhòu 명 기후 | 感到 gǎndào 동 느끼다, 여기다 | 连 lián 개 ~조차도, ~마저도 | 温度 wēndù 명 온도 | 左右 zuǒyòu 명 가량, 안팎

---

6. HSK POINT 혼동 어휘 이해 〔난이도 中〕 track 04-6

大家如果还有什么问题不明白，<u>随时可以给我发电子邮件</u>。这是我的邮箱地址，你们记一下。

여러분 잘 모르는 것이 있으면, <u>언제라도 이메일을 보내주세요.</u> 이것이 제 이메일 주소이니, 적어두세요.

★ 他希望大家给他打电话。(×)

★ 그는 사람들이 자기에게 전화를 해주기 바란다. (×)

공략 잘 모르는 것이 있으면 언제라도 이메일을 보내라고 말하고 있으므로 사람들이 자기에게 전화를 해주기 바란다는 제시된 문장은 녹음 내용과 일치하지 않는다.

어휘 问题 wèntí 몡 문제 | ★随时 suíshí 뷔 수시로, 언제나 | ★电子邮件 diànzǐ yóujiàn 몡 이메일 | ★邮箱 yóuxiāng 몡 메일함 | 地址 dìzhǐ 몡 주소 | 记 jì 통 적다, 기록하다

---

7. HSK POINT 유사 어휘 이해 난이도 下 🔵 track 04-7

我就带大家参观到这儿。剩下的时间大家可以到处走走，一个半小时后也就是四点咱们准时在出口见。

제가 여러분을 안내하는 참관은 여기서 마칩니다. 남은 시간은 각자 돌아보시고, 한 시간 반 후 4시에 시간을 지켜 출구에서 뵙겠습니다.

★ 他们四点在出口见面。(√)

★ 그들은 4시에 출구에서 만난다. (√)

공략 한 시간 반 후인 4시에 시간을 지켜 출구에서 만나자고 말하고 있으므로 그들은 4시에 출구에서 만난다는 제시된 문장은 녹음 내용과 일치한다.

어휘 ★参观 cānguān 통 참관하다, 견학하다 | 剩下 shèngxià 통 남다 | ★到处 dàochù 몡 도처, 곳곳 | ★准时 zhǔnshí 뷔 정시에, 제때에 | 出口 chūkǒu 몡 출구 | 见面 jiànmiàn 통 만나다

---

8. HSK POINT 不会의 의미 난이도 中 🔵 track 04-8

有些人因为睡懒觉往往没时间吃早饭，去上班只要我们稍微提前几分钟起床，时间就不会那么紧张了。

어떤 사람들은 늦잠을 자서 아침 먹을 시간이 없을 때가 많다. 출근할 때 몇 분만 일찍 일어나도 시간이 그렇게 빠듯하진 않을 것이다.

★ 睡懒觉会让时间变得紧张。(√)

★ 늦잠을 자면 시간이 빠듯하다. (√)

공략 '不会那么'는 '그렇게 ~일리 없다'라는 의미로 본문에 제시된 의미를 잘 파악하며 들어야 한다. 녹음 내용과 제시된 문장은 같은 내용이므로 정답은 옳은 것이다.

어휘 睡懒觉 shuì lǎnjiào 늦잠을 자다 | 往往 wǎngwǎng 뷔 자주, 흔히 | 上班 shàngbān 통 출근하다 | ★稍微 shāowēi 뷔 조금, 약간 | ★提前 tíqián 통 앞당기다 | 起床 qǐchuáng 통 일어나다 | ★紧张 jǐnzhāng 휑 빠듯하다, 부족하다

---

9. HSK POINT 혼동 어휘 이해 난이도 下 🔵 track 04-9

让我们一起举起酒杯，为这次合作的成功干杯！我要感谢在场所有的人，这段时间大家辛苦了！

모두들 술잔을 들고 이번 협력의 성공을 위해 건배합시다. 저는 여기 계신 모든 분들께 감사드립니다. 그동안 여러분 수고 많으셨습니다!

| ★ 他在向大家道歉。（×） | ★ 그는 모두에게 사과하고 있다. （×） |

공략 여기 계신 모든 분들께 감사드린다고 말하고 있으므로, 제시된 문장은 녹음 내용과 일치하지 않는다.

어휘 举 jǔ 통 들다, 들어올리다 | 酒杯 jiǔbēi 명 술잔 | ★合作 hézuò 통 합작하다, 협력하다 | 成功 chénggōng 통 성공하다, 이루다 | ★干杯 gānbēi 통 건배하다 | ★感谢 gǎnxiè 통 고맙다, 감사하다 | 在场 zàichǎng 통 그 자리에 있다 | 所有 suǒyǒu 형 모든, 전부의 | 段 duàn 양 한동안, 얼마간, 기간 | ★道歉 dàoqiàn 통 사과하다, 사죄하다

---

10. HSK POINT 유사 어휘 이해 〔난이도 下〕 ● track 04-10

| 我有个亲戚住在郊区，那儿有山有水，尤其是夏天景色非常美丽，而且还特别凉快。每年暑假我都喜欢去他家住上几天。

★ 那儿夏季很凉快。（√） | 내 친척이 교외에 사는데, 그곳에는 산과 물이 좋다. 특히 여름에는 경치가 매우 아름답고 아주 시원하다. 매년 여름 방학이면, 나는 그 친척집에서 며칠 지내고 오기를 좋아한다.

★ 그곳은 여름에 아주 시원하다. （√） |

공략 而且는 '게다가'라는 의미의 접속사로 '여름은 아주 시원하다'에 대한 부연 설명을 하는 데 쓰였다. 따라서 제시된 문장은 녹음 내용과 일치한다.

어휘 亲戚 qīnqi 명 친척 | ★郊区 jiāoqū 명 변두리, 교외 지역 | ★尤其 yóuqí 부 더욱이, 특히 | 夏天 xiàtiān 명 여름 | ★景色 jǐngsè 명 풍경, 경치 | 特别 tèbié 부 특히, 더욱 | ★凉快 liángkuai 형 시원하다, 서늘하다 | 暑假 shǔjià 명 여름 방학

第二部分

11. HSK POINT 인물의 행동 파악 〔난이도 中〕 ● track 04-11

| 男：这期杂志介绍了一位年龄很大的老人复习考大学的事呢。
女：真是活到老，学到老啊！

问：那位老人打算干什么？

A 交朋友
B 开饭馆
C 上大学
D 做生意 | 남: 이번 호 잡지에서는 나이 많은 한 노인이 대학 시험에 응시한다는 내용을 소개했어.
여: 정말 배움에는 나이가 없구나!

질문: 그 노인은 무엇을 할 계획인가？

A 친구를 사귄다
B 식당을 차린다
C 대학에 간다
D 사업을 한다 |

공략 보기를 통해서 인물의 행동을 묻는 문제임을 알 수 있다. 이번 호 잡지에서는 나이 많은 한 노인이 대학 시험에 응시한다는 내용을 소개하였다는 남자의 말을 통해서 그 노인은 대학에 갈 준비를 하고 있음을 알 수 있으므로 정답은 C이다.

어휘　杂志 zázhì 圐 잡지 | ★介绍 jièshào 圄 소개하다 | 年龄 niánlíng 圐 연령, 나이 | ★复习 fùxí 圄 복습하다 | 交朋友 jiāo péngyou 친구를 사귀다 | 饭馆 fànguǎn 圐 식당 | ★做生意 zuò shēngyi 장사를 하다, 사업을 하다

12. HSK POINT 장소 파악　난이도 下　　track 04-12

女：你等我一下，<u>我去趟卫生间</u>。	여: <u>화장실에 다녀올 테니</u>, 좀 기다려줘.
男：好，那你快点儿。刚才超市的广播说还有20分钟就关门了。	남: 알았어. 그럼 빨리 다녀와. 방금 마트에서 20분 후에 문 닫는다고 방송했거든.
问：女的要去哪儿？	질문: 여자가 가려는 곳은 어디인가?
A 邮局	A 우체국
B 银行	B 은행
C 超市	C 마트
D 洗手间	D 화장실

공략　보기를 통해서 장소를 묻는 문제임을 알 수 있다. 화장실에 다녀올 테니 좀 기다려 달라는 여자의 말을 통해서 여자가 화장실에 가려고 함을 알 수 있으므로 정답은 D이다.

어휘　★趟 tàng 圀 차례, 번 | 卫生间 wèishēngjiān 圐 화장실 | ★刚才 gāngcái 圐 지금 막, 방금 | 超市 chāoshì 圐 슈퍼마켓 | ★广播 guǎngbō 圄 방송하다 | 关门 guānmén 圄 문을 닫다 | 邮局 yóujú 圐 우체국 | 银行 yínháng 圐 은행 | 洗手间 xǐshǒujiān 圐 화장실

13. HSK POINT 전반적인 의미 파악　난이도 中　　track 04-13

男：你不是去看电影了吗？ 怎么这么早就回来了？	남: 너 영화 보러 간 거 아니었어? 왜 이렇게 일찍 돌아왔어?
女：<u>六点那场没座位了，只好回来了</u>。	여: <u>6시 영화는 자리가 다 차서, 할 수 없이 그냥 왔어.</u>
问：关于女的，可以知道什么？	질문: 여자에 관해 알 수 있는 것은?
A 没看成电影	A 영화를 보지 못했다
B 电影没意思	B 영화가 재미없었다
C 去看演出了	C 공연을 보러 갔다
D 弄错地址了	D 주소를 잘못 알았다

공략　남자의 물음에 여자는 6시 영화는 자리가 다 차서 할 수 없이 그냥 왔다고 답하고 있다. 여자의 말을 통해서 영화를 보지 못 하고 돌아왔음을 알 수 있으므로 정답은 A이다.

어휘　电影 diànyǐng 圐 영화 | 座位 zuòwèi 圐 좌석 | ★只好 zhǐhǎo 圄 부득이, 할 수 없이 | 没意思 méi yìsi 재미가 없다 | ★弄错 nòngcuò 圄 잘못 알다

14. HSK POINT 인물의 행동 파악 · 난이도 下 · track 04-14

女：这个地方太难了，我怎么都弹不好。

男：是有点儿复杂，你多练习几遍就好了。

问：男的建议女的怎么做？

A 画画儿	B 上钢琴课
C 多练习	D 别迟到

여: 이 부분이 너무 어려워서, 잘 못 치겠어.

남: 좀 복잡하지. 여러 번 연습하면 될 거야.

질문: 남자는 여자에게 어떻게 하라고 했는가?

A 그림을 그리라고	B 피아노 교습을 받으라고
C 많이 연습하라고	D 늦지 말라고

공략 여자의 말에 남자는 여러 번 연습하면 될 거라고 말하고 있으므로 정답은 C이다. '……就好了'는 '~하면 ~하다'라는 의미를 나타낸다.

어휘 地方 dìfang 몡 부분, 점 | 难 nán 혱 어렵다 | 弹 tán 통 치다, 연주하다 | 复杂 fùzá 혱 복잡하다 | ★练习 liànxí 통 연습하다 | 画画 huàhuà 통 그림을 그리다 | ★钢琴 gāngqín 몡 피아노 | ★迟到 chídào 통 지각하다

15. HSK POINT 전반적인 의미 파악 · 난이도 中 · track 04-15

男：你们那个方案通过了吗？

女：别提了。超过百分之八十的人都反对。我们不得不放弃了。

问：关于那个方案，可以知道什么？

A 值得考虑	B 没有重点
C 符合条件	D 没有通过

남: 그 방안은 통과되었어요?

여: 말도 마세요. 반대하는 사람들이 80%가 넘어서 할 수 없이 포기했어요.

질문: 그 방안에 관해 알 수 있는 것은?

A 고려할 만하다	B 중점이 없다
C 조건에 맞다	D 통과되지 않았다

공략 그 방안이 통과되었냐는 남자의 물음에 여자는 반대하는 사람이 80%가 넘어서 할 수 없이 포기했다고 말하고 있다. 여자의 말을 통해서 그 방안이 통과되지 않았음을 알 수 있으므로 정답은 D이다.

어휘 方案 fāng'àn 몡 방안 | ★通过 tōngguò 통 통과하다 | ★超过 chāoguò 통 초과하다, 넘다 | 反对 fǎnduì 통 반대하다 | 不得不 bùdébù 뮈 어쩔 수 없이 | 放弃 fàngqì 통 포기하다 | ★值得 zhídé 통 ~할 만한 가치가 있다 | 考虑 kǎolǜ 통 고려하다 | ★重点 zhòngdiǎn 몡 중점 | ★符合 fúhé 통 부합하다 | 条件 tiáojiàn 몡 조건

16. HSK POINT 음식에 대한 평가 · 난이도 下 · track 04-16

女：我受不了了。这个菜真辣。

男：那别再吃了。我给你倒杯饮料。

问：女的觉得那个菜怎么样？

A 很咸	B 很辣
C 非常香	D 有点辣

여: 이 음식이 너무 매워서, 못 견디겠어.

남: 그럼 그만 먹어. 내가 음료수 따라 줄게.

질문: 여자는 음식이 어떻다고 느끼는가?

A 몹시 짜다	B 아주 맵다
C 매우 맛있다	D 약간 맵다

 보기를 통해서 음식에 대한 평가를 묻는 문제임을 알 수 있다. 이 음식이 너무 매워서 못 견디겠다는 여자의 말을 통해서 이 음식이 아주 맵다는 것을 알 수 있으므로 정답은 B이다.

 受不了 shòubuliǎo 통 견딜 수 없다, 참을 수 없다 | ★辣 là 형 맵다 | 倒 dào 통 따르다, 붓다 | 饮料 yǐnliào 명 음료 | ★咸 xián 형 짜다 | ★香 xiāng 형 맛있다

합격필수 TIP

▶ 시험에 자주 출제되는 맛 관련 어휘

好吃 hǎochī 맛있다 | 好喝 hǎohē (음료수 따위가) 맛있다 | 鲜美 xiānměi 맛이 좋다 | 新鲜 xīnxiān 신선하다 | 可口 kěkǒu 입에 맞다 | 油腻 yóunì 느끼하다 | 咸 xián 짜다 | 淡 dàn 싱겁다 | 辣 là 맵다 | 甜 tián 달다 | 酸 suān 시다 | 苦 kǔ 쓰다

---

17. HSK POINT 이유 및 원인 파악 난이도 下 · track 04-17

男 ： 你穿得这么正式，是要去哪儿？

女 ： 去深圳出差。参加一个贸易交流会。

问 ： 女的为什么穿得很正式？

A 去参加招聘

B 去相亲

C 去出差

D 参加工作了

남: 이렇게 정장을 갖춰 입고 어디 가세요?

여: 선전으로 출장 가요. 무역 상담회에 참가하려고.

질문: 여자는 왜 정장을 입었는가?

A 입사 시험을 보려고

B 소개팅에 가려고

C 출장 가려고

D 업무에 참가하려고

 이렇게 정장을 갖춰 입고 어디 가냐는 남자의 물음에 여자는 선전으로 출장을 간다고 답하고 있으므로 정답은 C이다.

 穿 chuān 통 입다 | ★正式 zhèngshì 형 정식의, 공식의 | 深圳 Shēnzhèn 고유 선전 | ★出差 chūchāi 통 출장 가다 | 参加 cānjiā 통 참가하다 | 贸易 màoyì 명 무역, 교역 | ★招聘 zhāopìn 통 채용하다 | 相亲 xiāngqīn 통 맞선을 보다

---

18. HSK POINT 인물의 직업 파악 난이도 中 · track 04-18

女 ： 小伙子，这条裙子也打五折吗？

男 ： 对。打完折正好两百。现在买非常合适。

问 ： 男的最可能是做什么的？

A 演员　　　　　B 售货员

C 教授　　　　　D 导游

여: 젊은이, 이 치마도 50% 세일인가요?

남: 네. 세일해서 200위안입니다. 지금 사면 아주 좋아요.

질문: 남자는 무엇을 할 가능성이 큰가?

A 배우　　　　　B 판매원

C 교수　　　　　D 여행 가이드

 보기를 통해서 인물의 직업을 묻는 문제임을 알 수 있다. 이 치마도 50% 세일이냐는 여자의 물음에 남자는 세일해서 200위안이라고 답하고 있다. 남녀 대화를 통해서 남자는 옷을 파는 판매원임을 알 수 있으므로 정답은 B이다.

어휘 小伙子 xiǎohuǒzi 몡 젊은이, 청년 | 裙子 qúnzi 몡 치마 | ★打折 dǎzhé 동 할인하다 | ★正好 zhènghǎo 뵈 마침 | ★合适 héshì 혱 적합하다, 알맞다 | 演员 yǎnyuán 몡 배우 | 售货员 shòuhuòyuán 몡 판매원 | 教授 jiàoshòu 몡 교수 | ★导游 dǎoyóu 몡 가이드

합격필수 TIP

▶ 시험에 자주 출제되는 인물의 직업 관련 어휘

售货员 shòuhuòyuán 판매원 | 教授 jiàoshòu 교수 | 导游 dǎoyóu 가이드 | 理发师 lǐfàshī 이발사 | 律师 lǜshī 변호사 | 记者 jìzhě 기자 | 作者 zuòzhě 작가 | 司机 sījī 운전기사 | 警察 jǐngchá 경찰 | 设计师 shèjìshī 디자이너

19. HSK POINT 이유 및 원인 파악 난이도 中 track 04-19

男：你考虑清楚了？真的要放弃这次机会？

女：是的。我父亲身体不太好，我决定留下来照顾他。

问：女的为什么要放弃这次机会？

Ⓐ 要照顾父亲

B 要照顾奶奶

C 快要结婚了

D 遇到麻烦了

남: 신중히 고려해 봤니? 이번 기회를 정말 포기할 거야?

여: 응. 아버지 건강이 안 좋으셔서, 내가 남아서 보살펴 드리기로 했어.

질문: 여자는 왜 이번 기회를 포기하는가?

Ⓐ 아버지를 보살피기 위해

B 할머니를 보살피기 위해

C 곧 결혼을 해서

D 힘든 일을 당해서

공략 이번 기회를 정말 포기할 거냐는 남자의 물음에 여자는 아버지 건강이 안 좋으셔서 자신이 남아서 보살펴 드리기로 했다고 말하고 있으므로 정답은 A이다.

어휘 清楚 qīngchu 혱 분명하다 | 父亲 fùqīn 몡 아버지 | ★决定 juédìng 동 결정하다 | 留 liú 동 머무르다 | ★照顾 zhàogù 동 보살피다, 돌보다 | 奶奶 nǎinai 몡 할머니 | 结婚 jiéhūn 동 결혼하다 | 遇到 yùdào 동 만나다, 부딪치다 | ★麻烦 máfan 혱 귀찮다, 성가시다

20. HSK POINT 전반적인 의미 파악 난이도 中 track 04-20

女：太热了，你去把窗户关上。咱们开空调吧。

男：你忘了？空调坏了，还没找人来修呢。

问：根据对话，可以知道什么？

A 空调修好了

Ⓑ 空调坏了

C 不怕热

D 一点儿也不热

여: 너무 덥다. 너 창문 좀 닫아. 에어컨을 틀자.

남: 잊었어? 에어컨이 고장 났는데, 아직 수리하지 않았잖아.

질문: 이 글을 근거로 알 수 있는 것은?

A 에어컨을 수리했다

Ⓑ 에어컨이 고장 났다

C 더위를 타지 않는다

D 전혀 덥지 않다

 에어컨을 틀자는 여자의 말에 남자는 에어컨이 고장 났는데 아직 수리를 하지 않았다고 말하고 있다. 여자의 말을 통해서 에어컨이 고장 났음을 알 수 있으므로 정답은 B이다.

 热 rè 톙 덥다 | ★窗户 chuānghu 톙 창문 | 关 guān 톱 닫다 | 开 kāi 톱 틀다 | ★空调 kōngtiáo 톙 에어컨 | 忘 wàng 톱 잊다 | ★坏 huài 톱 고장 나다 | ★修 xiū 톱 수리하다 | 怕 pà 톱 견디지 못하다, ~에 약하다

21. HSK POINT 행동에 대한 대상 파악 [난이도 下]　　track 04-21

男：你早餐想吃什么？我跑完步顺便去买点儿。

女：家里还有牛奶，<u>你买两个面包就行了</u>。

问：女的让男的买什么？

A 包子
B 水果
C 牛奶
D 面包

남: 아침 식사로 뭐 먹을래? 내가 조깅 마치고 오는 길에 사올게.

여: 집에 우유가 남았으니까, <u>빵 두 개만 사오면 되겠다</u>.

질문: 여자는 남자에게 무엇을 사오라고 했는가?

A 만두
B 과일
C 우유
D 빵

 집에 우유가 남았으니 빵 두 개만 사오면 되겠다는 여자의 말을 통해서 D가 정답임을 알 수 있다.

 ★早餐 zǎocān 톙 아침밥 | 跑步 pǎobù 톱 달리다 | ★顺便 shùnbiàn 톚 ~하는 김에 | 牛奶 niúnǎi 톙 우유 | 面包 miànbāo 톙 빵 | 包子 bāozi 톙 만두, 찐빵 | ★水果 shuǐguǒ 톙 과일

22. HSK POINT 직업에 대한 평가 [난이도 上]　　track 04-22

女：<u>你在大熊猫自然保护区上班，一定很有趣吧</u>？

男：<u>确实</u>。不过并不轻松。有机会我带你去参观参观。

问：男的觉得自己的工作怎么样？

A 很无聊
B 很轻松
C 有意思
D 非常辛苦

여: <u>판다 자연 보호 구역에서 근무하니, 재미있을 것 같아</u>.

남: <u>맞아</u>. 하지만 결코 수월하지는 않아. 기회가 되면 구경시켜 줄게.

질문: 남자는 자신의 일이 어떻다고 생각하는가?

A 지루하다
B 매우 수월하다
C 재미있다
D 매우 힘들다

 판다 자연 보호 구역에서 근무하니 재미있을 것 같다는 여자의 말에 남자는 确实라고 답하고 있으므로 남자는 자신의 일이 재미있다고 생각하고 있다. 따라서 정답은 C이다.

 熊猫 xióngmāo 명 판다 | 自然保护区 zìrán bǎohùqū 명 자연 보호 구역 | 一定 yídìng 부 반드시 | ★有趣 yǒuqù 형 재미있다 | ★确实 quèshí 부 정말로, 확실히 | ★轻松 qīngsōng 형 수월하다, 가볍다 | ★无聊 wúliáo 형 무료하다, 지루하다 | 辛苦 xīnkǔ 형 고생스럽다, 수고롭다

---

23. HSK POINT 인물의 상태 파악 난이도 中　　track 04-23

男: 早上起床后，我感觉全身都没力气。<u>两只胳膊疼得都抬不起来了</u>。

女: 你昨天搬太多重东西了。

问: 男的怎么了?

A 嗓子疼

(B) 胳膊疼

C 腿不舒服

D 肚子难受

남: 아침에 일어나니, 온몸에 힘이 없었어. <u>양팔이 아파서 들지도 못하겠더라</u>.

여: 너 어제 무거운 물건을 너무 옮겼잖아.

질문: 남자는 어떠한가?

A 목이 아프다

(B) 팔이 아프다

C 다리가 불편하다

D 배가 아프다

공략 보기를 통해서 어디가 아픈지를 묻는 문제임을 알 수 있으므로 신체 관련 어휘에 집중하여 듣자. 남자의 '양팔이 아프다'라는 말을 통해서 남자는 팔이 아프다는 것을 알 수 있으므로 정답은 B이다.

어휘 全身 quánshēn 명 전신, 온몸 | 力气 lìqi 명 힘 | 只 zhī 양 쪽, 짝(쌍으로 이루어진 것 중 하나를 세는 단위) | ★胳膊 gēbo 명 팔 | 疼 téng 형 아프다 | ★抬 tái 동 들어올리다, 들다 | ★搬 bān 동 옮기다, 운반하다 | ★重 zhòng 형 무겁다 | 嗓子 sǎngzi 명 목구멍 | 腿 tuǐ 명 다리 | 肚子 dùzi 명 배 | ★难受 nánshòu 형 (몸이) 불편하다, 견딜 수 없다

---

24. HSK POINT 옳고 그름 판단 난이도 中　　track 04-24

女: 一共108元，<u>您付现金还是刷卡?</u>

男: 我身上带的钱不够，<u>还是刷卡吧</u>。

问: 根据对话，下列哪个正确?

A 男的想付现金

(B) 男的想刷卡

C 男的没带卡

D 男的没带钱

여: 총 108위안입니다. <u>현금과 카드 중 어떤 것으로 계산하시겠습니까?</u>

남: 가져온 돈이 부족하니, <u>아무래도 카드로 계산해야겠어요</u>.

질문: 대화를 근거로 다음 중 옳은 것은?

A 남자는 현금으로 계산하려고 한다

(B) 남자는 카드로 계산하려고 한다

C 남자는 카드를 가져오지 않았다

D 남자는 돈을 가져오지 않았다

공략 不够는 '부족하다'라는 의미로, 남자는 가져온 돈이 부족하여 카드로 계산하겠다고 답하고 있으므로 정답은 B이다.

어휘 一共 yígòng 부 모두, 전부 | ★付 fù 동 (돈을) 지불하다 | 现金 xiànjīn 명 현금 | ★刷卡 shuākǎ 동 카드를 긁다, 카드로 결제하다 | 带 dài 동 (몸에) 지니다, 휴대하다

男：<u>看这些照片</u>是不是回忆起了很多大学时的情景？

女：是啊。<u>你看这张</u>，当时咱班得了排球比赛第一名，大家笑得多开心啊！

问：他们正在做什么？

A 扔垃圾

B 填表格

C 打排球

Ⓓ 看照片

남: <u>이 사진들을 보면</u> 대학 때의 많은 추억이 떠오르지 않니?

여: 맞아. <u>이 사진 좀 봐.</u> 당시 우리 반이 배구 시합에서 1등을 해서, 다들 즐겁게 웃고 있어.

질문: 그들은 지금 무엇을 하고 있는가?

A 쓰레기를 버리고 있다

B 양식을 작성하고 있다

C 배구를 하고 있다

Ⓓ 사진을 보고 있다

공략 보기를 통해서 인물의 행동을 묻는 문제임을 알 수 있다. 행동을 나타내는 어휘 '看这些照片'과 '你看这张'을 통해서 남녀는 사진을 보고 있음을 알 수 있으므로 정답은 D이다.

어휘 照片 zhàopiàn 몡 사진 | ★回忆 huíyì 동 추억하다 | ★情景 qíngjǐng 몡 (구체적인) 광경, 장면 | 当时 dāngshí 몡 당시, 그때 | 班 bān 몡 반 | ★排球 páiqiú 몡 배구 | 第一名 dì-yī míng 몡 제1위, 일등 | 笑 xiào 동 웃다 | 开心 kāixīn 혱 즐겁다 | ★扔 rēng 동 버리다 | 垃圾 lājī 몡 쓰레기 | ★填 tián 동 기입하다, 써 넣다 | 表格 biǎogé 몡 표, 양식

第三部分

女：半只烤鸭两份饺子。还需要别的吗？

男：暂时先这些。不够我们再点。

女：好的。<u>我们餐厅今天饮料免费</u>，您想喝点什么？

男：一杯橙汁和一瓶可乐。谢谢。

问：根据对话，下列那个正确？

A 客人非常多

Ⓑ 饮料不收钱

C 搞买一送一活动

D 搞免费使用活动

여: 오리구이 반 마리에 만두 두 접시. 또 필요한 건 없으십니까?

남: 우선 이것만 주세요. 부족하면 그때 주문할게요.

여: 알겠습니다. <u>저희 식당은 오늘 음료수를 무료로 제공하는데</u>, 무엇을 드시겠습니까?

남: 오렌지 주스 한 잔과 콜라 한 병 주시면 고맙겠네요.

질문: 이 대화를 근거로 다음 중 옳은 것은?

A 손님이 아주 많다

Ⓑ 음료수는 돈을 받지 않는다

C 1+1 행사를 하는 중이다

D 무료 사용 행사를 하고 있다

공략 오늘 음료를 무료로 제공하는데 무엇을 드시겠냐는 여자의 말을 통해 음료수는 돈을 받지 않음을 알 수 있으므로 정답은 B이다.

어휘 ★只 zhī 양 마리 | 烤鸭 kǎoyā 명 오리구이 | ★份 fèn 양 분 | 饺子 jiǎozi 명 만두 | 需要 xūyào 동 필요하다 | ★暂时 zànshí 명 잠깐, 잠시 | 不够 búgòu 형 부족하다 | 点 diǎn 동 주문하다 | 餐厅 cāntīng 명 식당 | ★免费 miǎnfèi 동 돈을 받지 않다, 무료로 하다 | 杯 bēi 양 잔, 컵 | 橙汁 chéngzhī 명 오렌지 주스 | 瓶 píng 양 병 | 可乐 kělè 명 콜라 | 客人 kèrén 명 손님 | 搞 gǎo 동 하다 | ★活动 huódòng 명 행사 | ★使用 shǐyòng 동 사용하다, 쓰다

---

27. HSK POINT 이유 및 원인 파악 [난이도 中]   ● track 04-27

男：你学得可真快。

女：<u>我小时候学过两年的舞，有点儿基础。</u>

男：这样啊？ 那你帮我看看，我的动作对不对？

女：腿再抬高点儿。对，就是这样。

问：女的为什么学得快？

A 喜欢跳舞

B 学了五年

Ⓒ 有基础

D 上过舞蹈课

남: 너 정말 빨리 배우는구나.

여: <u>어렸을 때 2년간 춤을 배워서 기초가 좀 있거든.</u>

남: 그래? 그럼 내 동작이 맞는지 좀 봐줄래?

여: 다리를 좀 더 높이 들어. 맞아. 바로 그거야.

질문: 여자는 왜 빨리 배웠는가?

A 춤을 좋아해서

B 5년간 배워서

Ⓒ 기초가 있어서

D 무용 수업을 들어서

공략 정말 빨리 배운다는 남자의 말에 여자는 어렸을 때 2년간 춤을 배워서 기초가 좀 있다고 말하고 있으므로 정답은 C이다.

어휘 ★基础 jīchǔ 명 기초 | ★动作 dòngzuò 명 동작 | 对 duì 형 맞다, 정확하다 | 跳舞 tiàowǔ 동 춤을 추다 | 舞蹈 wǔdǎo 명 춤, 무용

---

28. HSK POINT 인물의 행동 파악 [난이도 下]   ● track 04-28

女：你的感冒不是很严重，我给你开点儿药，打一点儿针。

男：好，还有其他要注意的吗？

女：<u>最近不要太累，尽量多休息。</u>

男：好的。谢谢您，大夫。

问：医生建议男的怎么做？

여: 감기는 심하지 않습니다. 약을 처방해드리고, 주사를 놔 드릴게요.

남: 알겠습니다. 다른 주의 사항이 있나요?

여: <u>너무 무리하지 마시고, 될 수 있으면 휴식을 많이 취하세요.</u>

남: 알겠습니다. 의사 선생님, 고맙습니다.

질문: 의사는 남자에게 어떻게 하라고 했는가?

<table>
<tr><td>

Ⓐ 多休息

B 别抽烟

C 少喝酒

D 多喝水

</td><td>

Ⓐ 휴식을 많이 취하라고

B 담배를 피우지 말라고

C 술을 적게 마시라고

D 물을 많이 마시라고

</td></tr>
</table>

공략 보기를 통해서 인물의 행동을 묻는 문제임을 알 수 있다. 다른 주의 사항이 있냐는 남자의 물음에 여자는 너무 무리하지 말고 될 수 있으면 휴식을 많이 취하라고 답하고 있으므로 정답은 A이다.

어휘 感冒 gǎnmào 몡 감기 | ★严重 yánzhòng 혱 심각하다 | 开药 kāiyào 통 약을 처방하다 | 打针 dǎzhēn 통 주사를 맞다 | 注意 zhùyì 통 주의하다 | ★尽量 jǐnliàng 閇 가능한 한, 되도록 | 休息 xiūxi 통 휴식을 취하다 | ★抽烟 chōuyān 통 담배를 피우다, 흡연하다

---

29. `HSK POINT 이유 및 원인 파악` `난이도 中`　　　　　　　　　　● track 04-29

<table>
<tr><td>

男：我们乘坐的航班要登机了。咱们过去吧。

女：我的登机牌不见了。

男：你好好想想，丢哪里了。

女：实在想不起来了。我去服务台问问怎么办。

问：女的为什么还不登机?

A 换一个航班

B 护照不见了

C 身份证丢了

Ⓓ 登机牌找不到了

</td><td>

남: 우리가 탈 비행기가 곧 탑승을 시작해. 가자.

여: 내 탑승권이 보이지 않아.

남: 어디다 잊어버렸는지, 잘 생각해 봐.

여: 정말 생각이 안 나. 안내 데스크에 가서 물어봐야겠어.

질문: 여자는 왜 아직 탑승하지 않았는가?

A 다른 항공편으로 바꿔서

B 여권이 보이지 않아서

C 신분증을 분실해서

Ⓓ 탑승권이 보이지 않아서

</td></tr>
</table>

공략 不见了는 '사라지다'의 의미이고 找不到는 '찾지 못하다'의 의미이다. 여자의 말을 통해서 탑승권을 잃어버려서 아직 탑승을 하지 않고 있음을 알 수 있으므로 정답은 D이다.

어휘 ★乘坐 chéngzuò 통 (자동차·배·비행기 등을) 타다 | 航班 hángbān 몡 운항편, 항공편 | 登机 dēngjī 통 비행기에 탑승하다 | ★登机牌 dēngjīpái 몡 탑승권 | ★丢 diū 통 잃다, 잃어버리다 | ★实在 shízài 閇 확실히, 정말 | 服务台 fúwùtái 몡 안내 데스크 | 护照 hùzhào 몡 여권 | ★身份证 shēnfènzhèng 몡 신분증

---

30. `HSK POINT 음식에 대한 평가` `난이도 下`　　　　　　　　　　● track 04-30

<table>
<tr><td>

女：我包的饺子味道怎么样?

男：很香。就是有点儿咸，盐放多了。

女：是吗? 那我给你倒杯水吧。

男：好的。

问：男的觉得饺子怎么样?

</td><td>

여: 내가 빚은 만두 맛이 어때?

남: 맛있어. 다만 약간 짜다. 소금을 많이 넣었네.

여: 그래? 그럼 물을 좀 부을게.

남: 알았어.

질문: 남자는 만두가 어떻다고 느끼는가?

</td></tr>
</table>

<table>
<tr><td>

Ⓐ 有点儿咸

B 有点儿淡

C 不太好吃

D 马马虎虎

</td><td>

Ⓐ 약간 짜다

B 약간 싱겁다

C 맛이 별로 없다

D 그저 그렇다

</td></tr>
</table>

공략 보기를 통해 음식에 대한 평가를 묻는 문제임을 알 수 있다. 내가 빚은 만두 맛이 어떠냐는 여자의 물음에 남자는 맛있는데 약간 짜다고 말하고 있으므로 정답은 A이다.

어휘 包饺子 bāo jiǎozi 만두를 빚다 | ★味道 wèidao 몡 맛 | 盐 yán 몡 소금 | ★淡 dàn 혱 싱겁다 | 马马虎虎 mǎmǎ hūhū 혱 그저 그렇다

---

31. HSK POINT 사물의 상태 파악 난이도 上 ● track 04-31

<table>
<tr><td>

男：实在抱歉！我来晚了。

女：没事。我也刚到。你衬衫上是什么？

男：过马路时，一个小孩儿不小心把果汁弄到我衬衫上了。我先去一趟洗手间。

女：好。

问：男的衬衫怎么了？

A 价格贵

B 质量好

Ⓒ 弄脏了

D 颜色好

</td><td>

남: 늦어서 정말 미안해.

여: 괜찮아. 나도 방금 도착했어. 셔츠에 묻은 게 뭐니?

남: 길을 건널 때 한 아이가 부주의해서 내 셔츠에 주스를 쏟았어. 화장실에 좀 다녀와야겠어.

여: 그래.

질문: 남자의 셔츠는 어떻게 되었는가?

A 가격이 비싸다

B 품질이 좋다

Ⓒ 더러워졌다

D 색깔이 좋다

</td></tr>
</table>

공략 셔츠에 묻은 게 뭐냐는 여자의 물음에 남자는 길을 건널 때 한 아이가 자신의 셔츠에 주스를 쏟았다고 말하고 있으므로 정답은 C이다.

어휘 ★抱歉 bàoqiàn 동 미안해하다 | 衬衫 chènshān 몡 와이셔츠, 셔츠 | 过马路 guò mǎlù 길을 건너다 | 果汁 guǒzhī 몡 과일 주스 | ★价格 jiàgé 몡 가격, 값 | 贵 guì 혱 비싸다 | ★质量 zhìliàng 몡 품질

---

32. HSK POINT 인물의 상태 파악 난이도 中 ● track 04-32

<table>
<tr><td>

女：行李箱怎么打不开了？

男：是不是密码错了？

女：应该不会，就是这几个数字。

男：别着急，你再仔细想想。

问：女的怎么了？

</td><td>

여: 여행용 가방이 왜 안 열리지?

남: 비밀번호가 틀린 거 아니야?

여: 그럴 리가 없어. 이 숫자 몇 개밖에 안 되는데.

남: 서두르지 말고, 차근차근 생각해 봐.

질문: 여자는 어떠한가?

</td></tr>
</table>

<table>
<tr><td>Ⓐ 打不开行李箱
B 不认识路
C 被批评了
D 走错门了</td><td>Ⓐ 여행용 가방을 열지 못한다
B 길을 모른다
C 야단을 맞았다
D 문을 잘못 알고 들어갔다</td></tr>
</table>

공략 여행용 가방이 왜 안 열리냐는 남자의 물음에 여자는 비밀번호가 틀린 거 아니냐고 말하고 있다. 남녀 대화를 통해서 여자는 여행용 가방을 열지 못하고 있음을 알 수 있으므로 정답은 A이다.

어휘 行李箱 xínglǐxiāng 뗑 여행용 가방 | ★密码 mìmǎ 뗑 비밀번호 | 错 cuò 뚱 틀리다 | 数字 shùzì 뗑 숫자 | 着急 zháojí 뚱 조급해하다, 안달하다 | ★仔细 zǐxì 혱 세심하다, 꼼꼼하다 | ★批评 pīpíng 뚱 질책하다, 꾸짖다

---

33. HSK POINT 인물 파악 난이도 下 ● track 04-33

男：穿红色上衣的那个小伙子是谁？
女：这学期咱们专业新来的老师。是刚毕业的博士。
男：这么年轻啊！他教哪门课？
女：语法。

问：他们在谈谁？

A 亲戚
B 邻居
Ⓒ 老师
D 经理

남: 빨간 상의를 입은 저 젊은이는 누구니?
여: 이번 학기 우리 과에 새로 오신 선생님인데, 얼마 전 박사 학위를 땄어.
남: 이렇게 젊어? 어떤 과목을 강의하시는데?
여: 어법이야.

질문: 그들은 누구에 관해 이야기 중인가?

A 친척
B 이웃
Ⓒ 선생님
D 시장

공략 보기를 통해서 인물을 파악하는 문제임을 알 수 있다. 빨간 상의를 입은 저 젊은이는 누구냐는 남자의 물음에 여자는 이번 학기 우리 과에 새로 오신 선생님이라고 말하고 있으므로 정답은 C이다.

어휘 红色 hóngsè 뗑 붉은색, 빨강 | 上衣 shàngyī 뗑 상의 | 学期 xuéqī 뗑 학기 | ★专业 zhuānyè 뗑 전공 | ★毕业 bìyè 뚱 졸업하다 | 博士 bóshì 뗑 박사 | ★年轻 niánqīng 혱 젊다, 어리다 | 门 mén 얭 과목(학문·기술 등을 세는 단위) | 语法 yǔfǎ 뗑 어법 | ★邻居 línjū 뗑 이웃, 이웃집 | 经理 jīnglǐ 뗑 사장

---

34. HSK POINT 장소 파악 난이도 下 ● track 04-34

女：师傅，去火车站。我赶火车，麻烦您开快点儿。
男：好的，你几点的火车？
女：两点，来得及吗？
男：没问题，保证一点之前就把你送到。

여: 기사님, 기차역으로 가 주세요. 기차 시간이 빠듯하니, 빨리 좀 가 주세요.
남: 알겠습니다. 몇 시 기차인데요?
여: 2시 기차인데, 늦지 않겠죠?
남: 걱정 마세요. 1시 전에는 반드시 도착할 겁니다.

問：女的要去哪儿？

A 机场
Ⓑ 火车站
C 地铁站
D 大使馆

질문: 여자가 가려는 곳은 어디인가?

A 공항
Ⓑ 기차역
C 지하철역
D 대사관

공략 보기를 통해서 장소를 묻는 문제임을 알 수 있다. '师傅，去火车站'이라는 여자의 말을 통해서 여자가 기차역에 가려고 함을 알 수 있으므로 정답은 B이다.

어휘 火车站 huǒchēzhàn 몡 기차역 | 麻烦 máfan 동 번거롭게 하다 | ★来得及 láidejí 동 늦지 않다 | ★保证 bǎozhèng 동 확실히 책임지다, 장담하다 | 机场 jīchǎng 몡 공항 | 地铁站 dìtiězhàn 몡 지하철역 | 大使馆 dàshǐguǎn 몡 대사관

35. HSK POINT 날씨에 대한 평가 난이도 下 ● track 04-35

男：这张照片儿在哪儿照的？真漂亮。
女：颐和园。<u>最近天气暖和了，那儿的花儿都开了</u>。
男：颐和园在哪儿？离这儿远不远？
女：有点儿远，但是坐108路公共汽车能直接到。

問：最近天气怎么样？

Ⓐ 暖和
B 凉快
C 刮风
D 炎热

남: 이 사진은 어디서 찍었니? 참 아름답다.
여: 이화원에서 찍었어. <u>요즘 날씨가 따뜻해서 꽃이 다 피었더라</u>.
남: 이화원이 어디에 있지? 여기서 멀어?
여: 좀 멀긴 하지만, 108번 버스를 타면 그곳까지 바로 가.

질문: 요즘 날씨는 어떠한가?

Ⓐ 따뜻하다
B 선선하다
C 바람이 분다
D 덥다

공략 보기를 통해 날씨에 대한 평가를 묻는 문제임을 알 수 있다. 요즘 날씨가 따뜻해서 꽃이 다 피었다는 여자의 말을 통해서 요즘 날씨가 따뜻함을 알 수 있으므로 정답은 A이다.

어휘 照 zhào 동 (사진·영화를) 찍다 | 颐和园 Yíhéyuán 고유 이화원 | ★暖和 nuǎnhuo 형 따뜻하다 | 花 huā 몡 꽃 | ★离 lí 개 ~에서, ~로부터 | 远 yuǎn 형 멀다 | 公共汽车 gōnggòng qìchē 몡 버스 | ★直接 zhíjiē 형 직접적인 | 到 dào 동 도착하다 | 刮风 guāfēng 동 바람이 불다 | ★炎热 yánrè 형 (날씨가) 무덥다

합격필수 TIP

▶ 시험에 자주 출제되는 날씨 관련 어휘

晴天 qíngtiān 맑은 날씨 | 阴天 yīntiān 흐린 날씨 | 下雨 xiàyǔ 비가 오다 | 下雪 xiàxuě 눈이 내리다 | 寒冷 hánlěng 춥고 차다 | 炎热 yánrè 무덥다 | 凉快 liángkuai 시원하다 | 暖和 nuǎnhuo 따뜻하다 | 多云 duōyún 구름이 많다 | 刮风 guāfēng 바람이 불다 | 干燥 gānzào 건조하다 | 潮湿 cháoshī 습하다

[36-37]

³⁶绿色在人们眼中往往代表着生命和希望。现在它有了一种新的意思，那就是"无污染"。市场上大受欢迎的³⁷绿色食品就是指那些没有受到污染的、优质的、安全的食品。

³⁶사람들에게 녹색은 생명과 희망을 상징하는 경우가 많다. 요즘은 새로운 의미가 생겼는데, 그것은 '오염되지 않음'이다. 시장에서 크게 환영 받는 ³⁷녹색 식품은 바로 오염되지 않고 질이 좋으며 안전한 식품을 가리킨다.

어휘　绿色 lǜsè 명 녹색 | 往往 wǎngwǎng 부 자주, 흔히 | ★代表 dàibiǎo 동 나타내다 | 生命 shēngmìng 명 생명, 목숨 | 希望 xīwàng 명 희망 | 意思 yìsi 명 의미, 뜻 | ★污染 wūrǎn 동 오염되다 | ★受欢迎 shòu huānyíng 환영을 받는다 | ★绿色食品 lǜsè shípǐn 명 녹색 식품, 무공해 식품 | 受到 shòudào 동 얻다, 받다 | ★优质 yōuzhì 형 질이 우수하다 | 安全 ānquán 형 안전하다 | 食品 shípǐn 명 식품

36. **HSK POINT** 전반적인 의미 파악　난이도 中　track 04-36

绿色可以代表什么?

A 理想

B 森林

Ⓒ 希望

D 无生命

녹색이 상징하는 것은 무엇인가?

A 이상

B 삼림

Ⓒ 희망

D 생명이 없음

공략　첫 문장에서 녹색은 생명과 희망을 상징하는 경우가 많다고 했으므로 정답은 C이다.

어휘　★理想 lǐxiǎng 명 이상

37. **HSK POINT** 옳고 그름 판단　난이도 上　track 04-37

关于绿色食品，下列哪个正确?

Ⓐ 没受到污染

B 是一种饮料

C 四季开花

D 受到欢迎

녹색 식품에 관해 다음 중 옳은 것은?

Ⓐ 오염되지 않았다

B 일종의 음료수다

C 사계절 내내 꽃이 핀다

D 환영을 받는다

공략　마지막 부분에 시장에서 크게 환영 받는 녹색 식품은 바로 오염되지 않고 질이 좋으며 안전한 식품을 가리킨다고 했으므로 정답은 A이다.

어휘　四季 sìjì 명 사계절 | 开花 kāihuā 동 꽃이 피다

[38-39]

<table>
<tr><td>

大熊猫样子非常可爱，深受人们喜爱。
³⁸但它数量极少，全世界一共才有一千多只。
以前只有中国有大熊猫。³⁹为了表示友好，
从1957年开始中国把大熊猫送给其他一些国
家。现在许多国家都能看到大熊猫了。

</td><td>

판다는 그 모습이 귀여워서 많은 사람들이 좋아한다. ³⁸그러나 그 수가 극히 적어 전세계에 총 1천여 마리밖에 없다. 이전에는 판다가 중국에만 있었다. ³⁹중국은 우호를 나타내기 위해 1957년부터 다른 나라에 판다를 선물하기 시작했다. 현재 많은 나라에서 판다를 볼 수 있게 되었다.

</td></tr>
</table>

어휘 样子 yàngzi 명 모양, 모습 | 可爱 kě'ài 형 사랑스럽다, 귀엽다 | ★喜爱 xǐ'ài 동 좋아하다 | 数量 shùliàng 명 수량 | 极 jí 부 아주, 극히 | 世界 shìjiè 명 세계 | ★一共 yígòng 부 모두, 전부 | ★为了 wèile 개 ～을 하기 위하여 | ★表示 biǎoshì 동 나타내다 | 友好 yǒuhǎo 형 우호적이다 | 送 sòng 동 주다, 선사하다 | 国家 guójiā 명 국가, 나라

---

38. **HSK POINT** 접속사가 이끄는 문장을 통한 의미 파악 난이도 上 ● track 04-38

关于大熊猫，可以知道什么? | 판다에 관해 알 수 있는 것은 무엇인가?

A 数量少 | A 수가 적다
B 值得同情 | B 동정할 만하다
C 个子矮 | C 키가 작다
D 需要保护 | D 보호해야 한다

공략 전환을 나타내는 접속사 但이 이끄는 문장을 통해 판다 수가 극히 적어 전세계에 총 1천여 마리밖에 없음을 알 수 있으므로 정답은 A이다.

어휘 同情 tóngqíng 동 동정하다 | 个子 gèzi 명 키 | 矮 ǎi 형 작다 | ★保护 bǎohù 동 보호하다

---

39. **HSK POINT** 이유 및 원인 파악 난이도 上 ● track 04-39

中国为什么要送大熊猫出国? | 중국은 왜 판다를 다른 나라에 선물하는가?

A 多与人交流 | A 교류를 많이 하기 위해
B 减少误会 | B 오해를 줄이기 위해
C 增加安全感 | C 안전감을 증가시키려고
D 为表示友好 | D 우호를 나타내기 위해

공략 목적을 나타내는 개사 为了가 이끄는 문장을 통해서, 중국은 우호를 나타내기 위해 다른 나라에 판다를 선물하기 시작했음을 알 수 있으므로 정답은 D이다.

어휘 交流 jiāoliú 동 서로 소통하다, 교류하다 | ★减少 jiǎnshǎo 동 감소하다 | 误会 wùhuì 동 오해하다 | ★增加 zēngjiā 동 증가하다

[40-41]

⁴¹王女士，看您平时常来理发，我觉得您可以办张年卡。⁴⁰这样以后理发都打八五折，而且现在办卡正好赶上我们春节的活动。还能送您一份节日大礼包。您考虑一下。

⁴¹왕 여사님, 평소 자주 머리를 하러 오시는군요. 제가 보기에는 회원 카드를 만드시면 어떨까 합니다. ⁴⁰카드를 만들면 앞으로 머리 하실 때마다 15% 할인을 받을 수 있습니다. 게다가 때마침 춘절 행사 기간이라, 지금 카드를 만드시면 명절 선물을 드립니다. 고려해 보세요.

> **어휘** 平时 píngshí 몡 평소, 평상시 | ★理发 lǐfà 통 이발하다 | 办卡 bànkǎ 통 카드를 신청하다, 카드를 만들다 | ★打折 dǎzhé 통 할인하다 | 春节 Chūnjié 몡 설 | 节日 jiérì 몡 명절

---

40. HSK POINT 전반적인 의미 파악 | 난이도 中 | ● track 04-40

办年卡有什么好处？

A 变得快乐
Ⓑ 能打折
C 省时间
D 会打扮

회원 카드를 만들면 어떤 장점이 있는가?

A 기분이 좋아진다
Ⓑ 할인 혜택을 받을 수 있다
C 시간을 절약한다
D 치장을 잘 할 수 있다

> **공략** 카드를 만들면 앞으로 머리 하실 때마다 15% 할인을 받을 수 있다는 말을 통해서 회원 카드를 만들면 할인 혜택을 받을 수 있음을 알 수 있으므로 정답은 B이다.

> **어휘** 快乐 kuàilè 톙 즐겁다, 행복하다 | 省 shěng 통 아끼다, 절약하다 | ★打扮 dǎban 통 치장하다, 단장하다

---

41. HSK POINT 전반적인 의미 파악 | 난이도 中 | ● track 04-41

关于说话人，可以知道什么？

A 是一名作家
B 经常加班
Ⓒ 在理发店工作
D 有责任心

화자에 관해 알 수 있는 것은?

A 작가이다
B 자주 초과 근무를 한다
Ⓒ 미용실에서 일한다
D 책임감이 있다

> **공략** 남자는 여자에게 평소 자주 머리를 하러 오시니 회원 카드를 만드시면 어떤지 제안하고 있다. 남자의 말을 통해서 남자가 미용실에서 일함을 알 수 있으므로 정답은 C이다.

> **어휘** 作家 zuòjiā 몡 작가 | ★加班 jiābān 통 야근하다 | 理发店 lǐfàdiàn 몡 미용실 | 责任心 zérènxīn 책임감

[42-43]

世界上没有完全相同的叶子。42同样的，世界上也没有完全一样的人。对老师来说，就是要认识到每个学生在性格、能力等方面都有不同。43因此教育学生时，要根据学生的特点选择不同的方法。

세상에 완전히 똑같은 잎은 없다. 42마찬가지로 세상에 완전히 똑같은 사람도 없다. 선생님은 모든 학생의 성격과 능력 등이 각각 다르다는 것을 인식해야 한다. 43따라서 학생을 교육할 때는 학생의 특징에 따라 다양한 방법을 선택해야 한다.

어휘 ★完全 wánquán ⑨ 완전히, 전적으로 | 相同 xiāngtóng ⑱ 서로 같다, 똑같다 | 叶子 yèzi ⑲ 잎 | ★同样 tóngyàng ㉑ 마찬가지로 | 认识 rènshi ⑧ 알다, 인식하다 | 性格 xìnggé ⑲ 성격 | 能力 nénglì ⑲ 능력 | 方面 fāngmiàn ⑲ 방면 | 因此 yīncǐ ㉑ 이로 인하여, 그래서 | ★教育 jiàoyù ⑧ 교육하다 | ★根据 gēnjù ㉒ ~에 따라 | 特点 tèdiǎn ⑲ 특징, 특색 | ★选择 xuǎnzé ⑧ 고르다, 선택하다 | 方法 fāngfǎ ⑲ 방법

42. HSK POINT 접속사가 이끄는 문장을 통한 의미 파악 〔난이도 上〕　　track 04-42

这段话用"没有完全相同的叶子"来说明什么？

이 글에서 '완전히 같은 잎이 없다'는 말을 이용해 설명하려는 것은 무엇인가?

A 样子很特别
B 合格的不多
C 人各有特点
D 内容都差不多

A 모습이 매우 특이하다
B 합격한 사람이 많지 않다
C 사람은 각자 특징이 있다
D 내용이 모두 비슷하다

공략 同样은 앞에서 말한 바와 '마찬가지로'라는 의미를 나타내는 접속사이다. 접속사 同样이 이끄는 문장을 통해서 '세상에 완전히 똑같은 사람도 없음'을 설명하고 있으므로 정답은 C이다.

어휘 特别 tèbié ⑱ 특이하다 | ★合格 hégé ⑱ 합격이다 | 内容 nèiróng ⑲ 내용

43. HSK POINT 전반적인 의미 파악 〔난이도 上〕　　track 04-43

根据这段话，老师教学时应该怎么做？

이 글을 근거로 교사는 가르칠 때 어떻게 해야 하는가?

A 态度要冷静
B 方法要多样
C 改变想法
D 真心道歉

A 냉정한 태도를 가져야 한다
B 방법이 다양해야 한다
C 생각을 바꿔야 한다
D 진심으로 사과해야 한다

공략 학생을 교육할 때는 학생의 특징에 따라 다양한 방법을 선택해야 한다는 마지막 말을 통해서 교사가 학생들을 가르칠 때는 방법이 다양해야 함을 알 수 있으므로 정답은 B이다.

어휘 ★态度 tàidu ⑲ 태도 | ★冷静 lěngjìng ⑱ 냉정하다, 침착하다 | 多样 duōyàng ⑱ 다양하다 | 改变 gǎibiàn ⑧ 바꾸다 | 想法 xiǎngfa ⑲ 생각, 의견 | 真心 zhēnxīn ⑲ 진심

[44-45]

每个人都希望自己健康。⁴⁵那么，<u>到底什么才是健康呢？</u> ⁴⁴<u>过去人们认为健康就是指身体不生病</u>，但是现在人们认识到健康还应该包括精神上的健康。<u>只有</u>身体和精神都健康，<u>才</u>算是真正的健康。

사람들은 누구나 건강하기를 바란다. ⁴⁵그렇다면 과연 무엇을 건강하다고 할 수 있을까? ⁴⁴과거에 사람들은 몸에 병이 없는 것을 건강이라고 생각했다. 그러나 요즘 사람들은 건강에는 정신적인 건강까지 포함되어야 한다고 생각한다. 몸과 정신이 모두 건강해야만 진정한 건강인 것이다.

어휘 健康 jiànkāng 형 건강하다 | ★到底 dàodǐ 부 도대체 | 认为 rènwéi 동 여기다, 생각하다 | 指 zhǐ 동 가리키다 | 生病 shēngbìng 동 병이 나다 | ★包括 bāokuò 동 포함하다 | 精神 jīngshén 명 정신 | ★算是 suànshì 동 ~으로 치다, ~로 간주하다

44. HSK POINT 전반적인 의미 파악 난이도 中 ● track 04-44

过去人们认为健康是什么？

A 身材好
B 多锻炼
C 乐观的态度
D 身体不生病

과거에 사람들은 건강이 무엇이라고 생각했는가?

A 몸매가 좋은 것
B 운동을 많이 하는 것
C 낙관적인 태도
D 몸에 병이 없는 것

공략 질문의 핵심 어휘 '过去人们认为健康'이 있는 문장을 통해서 과거에 사람들은 몸에 병이 없는 것을 건강이라고 생각했음을 알 수 있으므로 정답은 D이다.

어휘 身材 shēncái 명 몸매 | 锻炼 duànliàn 동 (몸을) 단련하다 | ★乐观 lèguān 형 낙관적이다

45. HSK POINT 주제 파악 난이도 中 ● track 04-45

这段话主要谈什么？

A 真正的健康
B 锻炼的好处
C 谁能成功
D 怎样支持朋友

이 글에서 주로 말하는 것은 무엇인가？

A 진정한 건강
B 운동의 장점
C 누가 성공할 수 있나
D 어떻게 친구를 지지할 수 있나

공략 '那么，到底什么才是健康呢？'라는 질문을 통해서 진정한 건강에 대해 말하고자 함을 알 수 있으므로 정답은 A이다.

어휘 好处 hǎochu 명 장점 | ★支持 zhīchí 동 지지하다

新 HSK 4급 합격모의고사 阅读

第一部分

[46-50]

A 推迟 tuīchí 통 뒤로 미루다, 연기하다	B 交流 jiāoliú 명 소통, 교류
C 轻松 qīngsōng 형 수월하다, 가볍다	D 坚持 jiānchí 통 견지하다, 유지하다
E 准时 zhǔnshí 부 정시에, 제때에	F 地点 dìdiǎn 명 지점, 장소

---

46. `HSK POINT 명사 어휘 선택` (난이도 下)

这次活动的（ **F 地点** ）是小张选的，时间也是他定的。

이번 행사의 (F 장소)는 샤오장이 선택했고, 시간도 그가 정했다.

공략 구조조사 的는 명사와 함께 짝을 이루므로 빈칸에는 명사가 와야 한다. 의미적으로 이번 행사 장소를 샤오장이 선택한 것이므로 정답은 F이다.

어휘 ★活动 huódòng 명 행사, 모임 | 选 xuǎn 통 고르다, 선택하다 | 定 dìng 통 결정하다, 정하다

---

47. `HSK POINT 동사 어휘 선택` (난이도 中)

由于下大雨，这次运动会的举办时间（ **A 推迟** ）了一周。

많은 비로 인해서 이번 운동회의 개최 시간은 일주일 (A 연기되었다).

공략 동태조사 了를 통해 빈칸은 동사 자리임을 알 수 있으며 빈칸 뒤의 一周를 통해서 정답을 찾을 수 있다. 推迟는 예정된 시간을 '연기하다, 미루다'라는 의미를 나타내는 동사로, 운동회 개최 시간이 일주일 연기된 것이므로 정답은 A이다.

어휘 ★由于 yóuyú 접 ~때문에, ~으로 인하여 | 运动会 yùndònghuì 명 운동회 | ★举办 jǔbàn 통 거행하다, 개최하다 | 周 zhōu 명 주, 주일

합격필수 TIP

▶ **推迟의 반의어 提前의 용법**

提前은 동사로 예정된 시간이나 기한을 '앞당기다'라는 의미를 나타낸다.

原来的计划**提前**了一个星期。 원래 계획이 일주일 앞당겨졌다.
他乘坐的航班**提前**了半个小时。 그가 탑승한 항공편은 30분 앞당겨졌다.

48. `HSK POINT 부사 어휘 선택` `난이도 中`

明天上午10点（ E 准时 ）出发，千万别迟到。	내일 오전 10시 (E 정각)에 출발하니, 절대로 늦으면 안 된다.

공략 빈칸은 동사 出发를 꾸며 줄 수 있는 부사가 와야 하며, 빈칸 앞에 시간을 나타내는 어휘 '上午10点'을 통해서 정답을 찾을 수 있다. 의미적으로 오전 10시 정각에 출발한다는 것이므로 정답은 E이다.

어휘 上午 shàngwǔ 몡 오전 | 出发 chūfā 통 출발하다 | ★千万 qiānwàn 뷔 부디, 제발 | 别 bié 뷔 ～하지 마라 | ★迟到 chídào 통 지각하다

합격필수 TIP

▶ 부사 准时와 자주 결합하는 동사

准时 ➕ 集合 집합하다 , 收看 시청하다 , 起飞 이륙하다 , 开会 회의를 열다

---

49. `HSK POINT 형용사 어휘 선택` `난이도 中`

昨天的足球比赛他赢得非常（ C 轻松 ）。	어제 축구 경기에서 그는 아주 (C 가볍게) 이겼다.

공략 형용사는 단독으로 술어가 될 수 없어 정도부사(非常)와 함께 짝을 이루므로 빈칸에는 형용사가 와야 한다. 의미적으로 축구 경기에서 수월하게 이겼다는 뜻이므로 정답은 C이다.

어휘 足球比赛 zúqiú bǐsài 축구 경기 | ★赢 yíng 통 이기다, 승리하다

---

50. `HSK POINT 명사 어휘 선택` `난이도 下`

网上的各种聊天工具使人们之间的（ B 交流 ）变得更丰富。	인터넷의 각종 메신저는 사람들 사이의 (B 교류)를 더욱 풍부하게 해준다.

공략 구조조사 的는 명사와 함께 짝을 이루므로 빈칸에는 명사가 와야 한다. 의미적으로 사람들 사이의 교류를 더욱 풍부하게 해준다는 뜻이므로 정답은 B이다.

어휘 各种 gèzhǒng 혱 각종의, 갖가지의 | ★聊天工具 liáotiān gōngjù 메신저 | 使 shǐ 통 ～하게 하다 | 更 gèng 뷔 더욱, 더, 훨씬 | ★丰富 fēngfù 혱 많다, 풍부하다

[51-55]

A 客厅 kètīng 몡 거실	B 整齐 zhěngqí 혱 정연하다, 깔끔하다
C 温度 wēndù 몡 온도	D 郊区 jiāoqū 몡 (도시의) 변두리, 교외
E 申请 shēnqǐng 통 신청하다	F 页 yè 몡 면, 쪽, 페이지

51. HSK POINT 동사 어휘 선택 <난이도 下>

A：打扰一下，请问（ E 申请 ）签证需要哪些材料？	A: 말씀 좀 묻겠습니다. 비자를 (E 신청하려면) 어떤 서류가 필요합니까?
B：这张纸上都有。你看一下，如果有不懂的地方，我再给您解释。	B: 이 종이에 적혀 있습니다. 보시고 모르는 부분이 있으면, 제가 설명해 드리겠습니다.

공략 빈칸은 명사 签证을 목적어로 수반할 수 있는 동사가 와야 한다. 의미적으로 비자를 신청하는 것이므로 정답은 E이다.

어휘 ★打扰 dǎrǎo 통 폐를 끼치다 | 签证 qiānzhèng 명 비자 | 需要 xūyào 통 필요하다, 요구되다 | 材料 cáiliào 명 자료, 데이터 | ★如果 rúguǒ 접 만약, 만일 | 懂 dǒng 통 알다, 이해하다 | ★解释 jiěshì 통 설명하다

52. HSK POINT 형용사 어휘 선택 <난이도 中>

A：没想到你的房间这么（ B 整齐 ）。	A: 네 방이 이렇게 (B 깔끔한지) 미처 몰랐어.
B：知道你要来，专门打扫了一下午。	B: 네가 온다고 하길래, 오후 내내 청소했어.

공략 这么는 일반적으로 형용사 어휘와 함께 쓰여 형용사를 강조하는 역할을 하므로 빈칸에는 형용사가 와야 한다. 형용사 어휘를 고르는 문제에서는 문장의 주어를 찾는 것이 관건이다. 문장에서 주어인 방(房间)이 깔끔한 것이므로 정답은 B이다.

어휘 房间 fángjiān 명 방 | ★专门 zhuānmén 부 특별히, 일부러 | 打扫 dǎsǎo 통 청소하다

53. HSK POINT 명사 어휘 선택 <난이도 中>

A：听说公司明年要搬到（ D 郊区 ），到时候我又得重新找房子了。	A: 회사는 내년에 (D 교외)로 이사한다고 하던대, 그때 나는 집을 새로 구해야 해.
B：这个消息准确吗？我怎么不知道？	B: 그 소식 정확한 거야? 나는 왜 모르고 있었지?

공략 결과보어 到는 '동사+到+시간/장소' 형태로 쓰여 동작이 어떤 시점 및 지점으로 도달한다는 뜻을 나타내므로 빈칸에는 시간 및 장소 관련 어휘가 와야 한다. 제시어 중에 장소 관련 어휘는 郊区밖에 없으므로 정답은 D이다.

어휘 听说 tīngshuō 통 듣자 하니, 듣건대 | 搬 bān 통 이사하다, 옮겨 가다 | ★重新 chóngxīn 부 다시, 재차 | 房子 fángzi 명 집, 건물 | ★消息 xiāoxi 명 소식 | ★准确 zhǔnquè 형 확실하다, 정확하다 | 怎么 zěnme 대 어째서, 왜

합격필수 TIP

▶ 결과보어 到의 용법

결과보어 到는 동사 뒤에 위치하여 '동사+到+시간/장소' 형태로 쓰여 도달된 시점 및 지점을 나타낸다.

我昨天晚上工作**到**十点。 나는 어젯밤 10시까지 일했다.(시점)
她走**到**桌子旁边。 그녀는 테이블 옆으로 걸어갔다.(지점)

> A: 我们把沙发抬到窗户那儿吧。
> B: 行，这样（ A 客厅 ）看上去大一些。
>
> A: 우리 소파를 창 쪽으로 들어다 놓자.
> B: 좋아. 그러면 (A 거실)이 더 넓어 보이겠다.

공략 빈칸은 주어 자리이므로 명사나 대사가 와야 한다. 의미적으로 소파를 창 쪽으로 옮기면 거실이 더 넓어 보이겠다는 뜻이므로 정답은 A이다.

어휘 沙发 shāfā 몡 소파 | ★抬 tái 통 들어올리다, 들다 | 窗户 chuānghu 몡 창문 | ★看上去 kàn shàngqu 통 보아하니 ~하다

> A: 明天上午的会议资料做完了吗?
> B: 已经做好了，一共10（ F 页 ），一会儿就给您发过去。
>
> A: 내일 오전 회의 자료는 다 준비했어요?
> B: 이미 다 준비했어요. 총 10(F 페이지)입니다. 잠시 후 발송해드리겠습니다.

공략 빈칸은 수사와 결합하고 있으므로 양사가 와야 한다. 제시어 중에 양사는 页밖에 없으며, 의미적으로 준비한 회의 자료가 총 10페이지라는 뜻이므로 정답은 F이다.

어휘 会议 huìyì 몡 회의 | ★资料 zīliào 몡 자료 | 已经 yǐjing 閉 이미, 벌써 | ★一共 yígòng 閉 모두, 전부 | 一会儿 yíhuìr 곧, 잠깐 사이 | 发 fā 통 보내다, 발송하다

第二部分

> C虽然小刘在国外出生长大，A但是她受了很好的中文教育，B汉语说得非常流利。
>
> C샤오류는 비록 외국에서 태어나고 자랐지만, A그러나 중국어 교육을 잘 받아서, B중국어로 매우 유창하게 말한다.

공략 **1단계** 문장의 연결 고리인 접속사를 파악한다

虽然은 但是와 호응하여 '비록 ~하지만 그러나 ~하다'라는 의미를 나타내므로 C→A가 된다.

2단계 논리적으로 문장을 전개한다

샤오류가 중국어 교육을 잘 받아서 중국어를 매우 유창하게 잘하는 것이므로 A→B가 된다.

57. HSK POINT 논리적으로 문장 배열 난이도 上

> **B**现在很多公共汽车都是无人售票车。**A**乘客上车一般都刷公交卡，**C**没有卡的乘客需提前准备好零钱。
>
> **B**현재 많은 시내버스에는 매표원이 없다. **A**승객들은 승차할 때 일반적으로 버스 카드를 사용한다. **C**카드가 없는 승객은 미리 잔돈을 준비해야 한다.

공략 **1**단계 문제를 보면서 단서를 찾는다

구체적으로 어떤 교통수단을 이용하는 승객인지 알 수 없으므로, C는 문장 맨 앞에 올 수 없다.

2단계 논리적으로 문장을 전개한다

승객들은 승차할 때 일반적으로 버스 카드를 사용하고, 카드가 없는 승객은 미리 잔돈을 준비해야 한다는 것이므로 A→C가 된다.

3단계 대전제를 찾는다

'현재 많은 시내버스에는 매표원이 없다'가 이 문장의 대전제이므로 B를 문장 맨 앞에 위치시킨다.

어휘 ★售票 shòupiào 통 표를 팔다, 매표하다 | ★乘客 chéngkè 몡 승객 | 一般 yìbān 혱 일반적이다 | 公交卡 gōngjiāokǎ 버스 카드 | ★提前 tíqián 통 앞당기다 | 零钱 língqián 몡 잔돈

58. HSK POINT 접속사 '只要……就……'의 호응 난이도 上

> **A**"事半功倍"的意思是说，**C**只要找到了做事情的正确方法，**B**就能花较少的时间取得更好的效果。
> ~하기만 하면 ~하다
>
> **A**'事半功倍'의 뜻은 **C**어떤 일을 하든 정확한 방법만 찾으면 **B**적은 시간으로도 더 좋은 효과를 올릴 수 있다는 의미이다.

공략 **1**단계 문장의 연결 고리인 접속사를 파악한다

只要는 就와 호응하여 '~하기만 하면 ~하다'라는 의미를 나타내므로 C→B가 된다.

2단계 대전제를 찾는다

사자성어 '事半功倍'의 의미가 무엇인지를 설명하는 내용이므로 A를 문장 맨 앞에 위치시킨다.

어휘 ★事半功倍 shì bàn gōng bèi 셍 적은 노력으로 많은 성과를 올리다 | 意思 yìsi 몡 의미, 뜻 | 正确 zhèngquè 혱 정확하다, 올바르다 | 方法 fāngfǎ 몡 방법, 수단 | 花 huā 통 쓰다, 소비하다 | ★取得 qǔdé 통 취득하다, 얻다 | 效果 xiàoguǒ 몡 효과

▶ 조건을 나타내는 접속사 只要 A, 就 B의 용법

只要는 就와 함께 결합하여 'A하기만 하면 B하다'라는 의미를 나타내는 접속사이다. 다시 말해 A라는 충분 조건이 있기만 하면, B라는 결과를 가지고 온다는 조건 관계를 나타낸다.

只要努力，就会成功。 노력하기만 하면 성공할 수 있다.
只要认真学习，就取得好成绩。 열심히 공부하면 좋은 성적을 얻을 수 있다.

---

59. `HSK POINT` 논리적으로 문장 배열 난이도 中

C每年的五月份，A每所学校都会举办校园招聘会。B这给找工作的毕业生提供了很多机会。 사건 발생을 나타냄 / 이것 ➜ 구체적인 대상을 가리킴	C매년 5월이 되면 A학교마다 캠퍼스 채용 박람회를 열 것이다. B이것은 일자리를 구하는 졸업생들에게 많은 기회를 제공해줬다.

공략

1단계 문제를 보면서 단서를 찾는다

지시대사 这가 구체적으로 언급하는 내용을 알 수 없으므로 B는 문장 맨 앞에 올 수 없다. 일반적으로 사건 및 동작이 발생한 때를 나타내는 시간 관련 어휘는 문장 맨 앞에 위치하므로 C를 문장 맨 앞에 위치시키자.

2단계 논리적으로 문장을 전개한다

학교에서 개최한 캠퍼스 채용 박람회가 일자리를 구하는 졸업생들에게 많은 기회를 제공한 것이므로 A→B가 된다.

어휘 所 suǒ 양 개, 하나(학교·병원을 세는 단위) | ★举办 jǔbàn 통 거행하다, 개최하다 | 校园 xiàoyuán 명 캠퍼스 | ★招聘会 zhāopìnhuì 명 채용 박람회 | 毕业生 bìyèshēng 명 졸업생 | ★提供 tígōng 통 제공하다 | 机会 jīhuì 명 기회

---

60. `HSK POINT` 논리적으로 문장 배열 난이도 上

B父母也是老师，甚至比学校的老师更重要。A他们在儿童教育中起着最基础的作用，C因此他们应该学点儿教育方法。 작용을 하다 / 그래서, 따라서	B부모 역시 선생님이며, 심지어 학교 선생님보다 더 중요하다. A그들은 아동 교육에서 가장 기초적인 작용을 한다. C따라서 그들은 교육 방법을 배워야 한다.

공략

1단계 문제를 보면서 단서를 찾는다

인칭대사 他们이 구체적으로 가리키는 대상이 누구인지 알 수 없으므로 A는 문장 맨 앞에 올 수 없으며, 결론을 이끄는 접속사 因此 역시 문장 맨 앞에 올 수 없으므로 B를 문장 맨 앞에 위치시킨다.

2단계 논리적으로 문장을 전개한다

부모들은 아동 교육에서 가장 기초적인 작용을 하므로 교육 방법을 배워야 한다는 C가 A 뒤에 위치한다.

 父母 fùmǔ 몡 부모 | ★甚至 shènzhì 뮈 심지어, ~까지도 | 比 bǐ 깨 ~에 비해, ~보다 | 重要 zhòngyào 혱 중요하다 |
儿童 értóng 몡 아동, 어린이 | ★教育 jiàoyù 몡 교육 | 基础 jīchǔ 몡 기초, 바탕 | ★作用 zuòyòng 몡 작용 | ★因此
yīncǐ 쩝 이로 인하여, 그래서

61. HSK POINT 개사 为了의 이해 난이도 中

A欢迎大家来到北海公园。C为了保证您和他
人的安全，B请勿在园区内抽烟，谢谢。

A여러분 베이하이 공원에 오신 것을 환영합니다. C당신
과 타인의 안전을 보장하기 위해 B공원 내에서는 금연해
주십시오. 감사합니다.

공략

1단계 문제를 보면서 단서를 찾는다

为了는 '为了+목적, 행위' 형태로 쓰여 '~을 위하여 ~을 하다'라는 의미를 나타낸다. 당신과 타인의 안전을 보
장하기 위해 공원 내에서는 금연을 하는 것이므로 C→B가 된다.

2단계 논리적으로 문장을 전개한다

베이하이 공원에 온 사람들에게 공원 내에서는 금연을 부탁하는 것이므로 A를 문장 맨 앞에 위치시킨다.

어휘 欢迎 huānyíng 동 환영하다 | 公园 gōngyuán 몡 공원 | ★为了 wèile 깨 ~을(를) 하기 위하여 | 保证 bǎozhèng 동 책임
지다, 보장하다 | 安全 ānquán 혱 안전하다 | ★勿 wù 뮈 ~해서는 안 된다, ~하지 마라 | 园区 yuánqū 몡 지역 | ★抽烟
chōuyān 동 담배를 피우다, 흡연하다

합격필수 TIP

▶ 为(了) A, B의 용법

为(了)는 '~하기 위해서 ~하다'라는 의미로, 앞 절에는 구체적인 목적이 나오고, 뒤 절에는 목적을 이루기 위한 구체적인 행위가
나온다.

为了上课不迟到，他常常天不亮就起床了。 수업에 지각하지 않기 위해서, 그는 자주 날이 밝지도 않았는데 일어난다.
为了买到那本书，我跑了好几家书店。 그 책을 사기 위해서, 나는 여러 군데 서점을 돌아다녔다.

62. HSK POINT 논리적으로 문장 배열 난이도 下

B王律师今年已经60多岁了。C可看上去要比
他的实际年龄小很多。A这与他平时经常锻炼
身体有关。

B왕 변호사는 올해 이미 60여 세가 되었다. C그러나 그
의 실제 나이보다 훨씬 젊어 보인다. A이는 그가 평소 자
주 신체를 단련한 것과 관련이 있다.

공략

1단계 문제를 보면서 단서를 찾는다

지시대사 这가 구체적으로 언급하는 내용을 알 수 없으므로 A는 문장 맨 앞에 올 수 없다. 또한 전환의 의미를 나
타내는 可 역시 문장 맨 앞에 올 수 없으므로 B를 문장 맨 앞에 위치시킨다.

2단계 논리적으로 문장을 전개한다

왕 변호사가 실제 나이보다 훨씬 젊어 보이는 것은 평소 신체를 단련하는 것과 관련이 있으므로 C→A가 된다.

어휘 律师 lǜshī 명 변호사 | ★实际 shíjì 명 실제 | 年龄 niánlíng 명 연령, 나이 | 平时 píngshí 명 평소, 평상시 | 经常 jīngcháng 부 항상, 자주, 종종 | 锻炼 duànliàn 동 단련하다 | ★有关 yǒuguān 동 관계가 있다, 관련이 있다

---

63. HSK POINT 접속사 '不管……都……'의 호응 [난이도 中]

C不管做什么事情，B最好都得提前做好计划。
A这样到时候你才不会手忙脚乱。

C어떤 일을 하든 간에 B사전에 계획을 잘 세우는 것이 가장 좋다. A그래야 일이 닥쳤을 때 허둥지둥하지 않는다.

공략 **1단계** 문제를 보면서 단서를 찾는다

지시대사 这样이 구체적으로 언급하는 내용을 알 수 없으므로 A는 문장 맨 앞에 올 수 없다.

2단계 문장의 연결 고리인 접속사를 파악한다

不管은 都와 호응하여 '~에 관계없이 ~하다'라는 의미를 나타내므로 C→B가 된다.

어휘 不管 bùguǎn 접 ~을 막론하고, ~에 관계없이 | 事情 shìqing 명 일 | ★最好 zuìhǎo 부 가장 바람직한 것은, 제일 좋기는 | ★计划 jìhuà 명 계획 | ★手忙脚乱 shǒu máng jiǎo luàn 성 허둥지둥하다

---

64. HSK POINT 논리적으로 문장 배열 [난이도 中]

A做自己喜欢的事，即使再困难，也不会觉得很累。C相反，做自己不喜欢的事，B即使再简单也会觉得很辛苦。

A자신이 좋아하는 일을 하면, 설령 어렵더라도 힘들다고 생각하지 않는다. C반대로 자신이 싫어하는 일을 하면, B설령 간단하더라도 고생스럽다고 생각한다.

공략 **1단계** 문제를 보면서 단서를 찾는다

전환을 나타내는 접속사 相反이 이끄는 문장은 맨 앞에 올 수 없으며, 구체적인 주어나 대상이 분명하지 않는 접속사 '即使……也……'가 이끄는 문장 역시 맨 앞에 올 수 없으므로 A를 문장 맨 앞에 위치시키자.

2단계 논리적으로 문장을 전개한다

자신이 싫어하는 일을 하면 고생스럽다고 생각하는 것이므로 C→B가 된다.

어휘 ★即使 jíshǐ 접 설령 ~하더라도 | ★困难 kùnnan 형 곤란하다, 어렵다 | 累 lèi 형 지치다, 피곤하다 | ★相反 xiāngfǎn 접 반대로 | 简单 jiǎndān 형 간단하다, 단순하다 | 辛苦 xīnkǔ 형 고생스럽다, 수고롭다

65. `HSK POINT` 접속사 '尽管……但……'의 호응 `난이도` 中

^C尽管京剧有两百多年的历史，比较年轻，
^B但跟其他表演艺术比起来，^A它发展得很
快，深受人们喜爱。

비록 ~하지만 ~하다 / 그것 ➡ 문두에 올 수 없음

^C경극은 비록 200여 년의 비교적 짧은 역사를 가지고 있지만, ^B그러나 다른 공연 예술과 비교할 때, ^A발전이 매우 빠르고 사람들의 사랑을 많이 받는다.

`공략` **1단계** 문제를 보면서 단서를 찾는다

지시대사 它가 구체적으로 가리키는 대상을 알 수 없으므로 A는 문장 맨 앞에 올 수 없다.

2단계 문장의 연결 고리인 접속사를 파악한다

尽管은 但과 호응하여 '비록 ~하지만 ~하다'라는 의미를 나타내므로 C→B가 된다.

`어휘` 京剧 jīngjù 명 경극 | 历史 lìshǐ 명 역사 | ★年轻 niánqīng 형 (국가나 조직 따위가) 생긴 지 얼마 안 되다 | 表演 biǎoyǎn 동 공연하다 | 艺术 yìshù 명 예술 | ★发展 fāzhǎn 동 발전하다 | 深 shēn 형 깊다 | 受 shòu 동 받다 | ★喜爱 xǐ'ài 동 좋아하다, 애호하다

第三部分

66. `HSK POINT` 접속사가 이끄는 문장을 통한 의미 파악 `난이도` 中

每个人都对同一件事的认可有可能各不相同，如果想让别人同意或者支持你的看法，最好努力证明你是对的，而不是一直批评别人是错的。

만약에 / 혹은, 또는 / ~하는 것이 제일 좋다

사람마다 동일한 일에 대한 인식이 각각 다르다. 다른 사람이 당신의 생각에 동의하거나 지지하기를 바란다면, 다른 사람이 틀렸다고 계속 비판하는 것보다 당신이 옳다는 것을 증명하는 것이 가장 좋다.

★ 要想获得别人的支持，应该：

A 批评别人是错的
B 引起别人的注意
Ⓒ 证明自己是对的
D 成为优秀的人

★ 다른 사람의 지지를 얻으려면 마땅히 어떻게 해야 하는가?

A 다른 사람이 틀렸다고 비판해야 한다
B 다른 사람의 주의를 끌어야 한다
Ⓒ 자기가 옳다는 것을 증명해야 한다
D 우수한 사람이 되어야 한다

`공략` 질문의 要想은 '~하고 싶다면'이라는 가정의 의미를 가지고 있으므로, 가정 관계를 나타내는 접속사 如果가 이끄는 핵심 문장을 통해서 정답을 찾을 수 있다. 만약 다른 사람이 당신의 생각에 동의하거나 지지하기를 바란다면 당신이 옳다는 것을 증명해야 한다고 했으므로 정답은 C이다.

 认可 rènkě ⑧ 승낙하다, 허락하다 | ★各不相同 gè bù xiāngtóng ⑲ 서로 다르다, 제각기 다르다 | ★同意 tóngyì ⑧ 동의하다, 찬성하다 | 或者 huòzhě ⑳ ~이든지 아니면 ~이다 | 支持 zhīchí ⑧ 지지하다 | 看法 kànfǎ ⑲ 견해 | 努力 nǔlì ⑧ 노력하다, 힘쓰다 | 证明 zhèngmíng ⑧ 증명하다 | 对 duì ⑲ 맞다, 옳다 | 一直 yìzhí ⑪ 계속, 줄곧 | ★批评 pīpíng ⑧ 비판하다, 지적하다 | 错 cuò ⑲ 틀리다 | ★引起 yǐnqǐ ⑧ (주의를) 끌다, 야기하다 | 注意 zhùyì ⑧ 주의하다 | 成为 chéngwéi ⑧ ~이(가) 되다, ~(으)로 되다 | ★优秀 yōuxiù ⑲ 아주 뛰어나다, 우수하다

67. HSK POINT 주제 파악 | 난이도 下

　　生活中理想是不可缺少的。有理想的人知道自己前进的方法，他们做出的努力都使自己离目的地更近一步，哪怕暂时遇到困难，他们也不会随便放弃。

★ 这段话主要想告诉我们，要：

A 努力工作
B 要有理想
C 积累经验
D 尊重别人

　　살아가면서 이상은 반드시 필요하다. 이상이 있는 사람은 자기가 나아갈 방법을 안다. 그들의 노력은 모두 자신을 목적지와 한 걸음 더 가까워지게 한다. 설령 어려움이 닥치더라도 그들은 쉽게 포기하지 않는다.

★ 이 글이 우리에게 전하려는 것은?

A 열심히 일해야 한다
B 이상이 있어야 한다
C 경험을 쌓아야 한다
D 다른 사람을 존중해야 한다

 주제를 묻는 문제는 일반적으로 본문 맨 앞 혹은 맨 뒤 문장에 키워드가 숨어 있는 경우가 많다. 첫 번째 문장 '生活中理想是不可缺少的'에서 살아가면서 이상은 반드시 필요하다고 했으므로, 이 글은 우리에게 이상이 있어야 함을 강조한다. 따라서 정답은 B이다.

 理想 lǐxiǎng ⑲ 이상 | ★不可缺少 bùkě quēshǎo 반드시 필요하다 | 前进 qiánjìn ⑧ 앞으로 나아가다 | 离 lí ⑳ ~에서, ~로부터 | 目的地 mùdìdì ⑲ 목적지 | 近 jìn ⑲ 가깝다 | 哪怕 nǎpà ⑳ 설령 ~라 해도 | ★暂时 zànshí ⑲ 잠깐, 잠시 | 遇到 yùdào ⑧ 만나다, 마주치다 | 困难 kùnnan ⑲ 어려움 | 随便 suíbiàn ⑪ 함부로, 제멋대로 | ★放弃 fàngqì ⑧ 포기하다 | ★积累 jīlěi ⑧ 쌓이다, 축적되다 | 经验 jīngyàn ⑲ 경험, 체험 | ★尊重 zūnzhòng ⑧ 존중하다

68. HSK POINT 접속사가 이끄는 문장을 통한 의미 파악 | 난이도 中

　　现在，大城市里越来越多的人喜欢到郊区过周末。因为忙了一个星期后，他们想找一个空气新鲜、安静的地方好好放松一下。而且，方便的交通也为他们的出行提供了条件。

★ 人们喜欢去郊区玩儿，是因为那儿：

A 环境不错　　　B 喜欢热闹
C 四季如春　　　D 空气湿润

　　현재 대도시에서는 점점 많은 사람들이 교외로 나가 주말을 즐긴다. 일주일을 바쁘게 보낸 후, 그들은 신선한 공기와 조용한 곳을 찾아 푹 쉬다 오고 싶기 때문이다. 또한 편리한 교통도 그들이 교외로 나갈 수 있는 조건을 제공한다.

★ 사람들이 교외로 놀러 가기를 좋아하는 것은 어떤 점 때문인가?

A 환경이 좋아서　　　B 떠들썩한 것을 좋아해서
C 사계절이 봄과 같아서　　　D 공기가 습윤해서

 이유 및 원인을 나타내는 접속사 因为가 이끄는 문장을 통해서 사람들이 교외로 나가 주말을 즐기는 이유가 신선한 공기와 조용한 곳을 찾아 푹 쉬다 오고 싶기 때문임을 알 수 있으므로 정답은 A이다.

 城市 chéngshì 몡 도시 | ★越来越 yuèláiyuè 뷔 더욱더, 점점 | 郊区 jiāoqū 몡 (도시의) 변두리, 교외 | 过 guò 통 보내다 | 周末 zhōumò 몡 주말 | 空气 kōngqì 몡 공기 | 新鲜 xīnxiān 톙 신선하다 | ★安静 ānjìng 톙 조용하다 | ★放松 fàngsōng 통 정신적 긴장을 풀다 | ★方便 fāngbiàn 톙 편리하다 | 出行 chūxíng 통 외출하다 | ★提供 tígōng 통 제공하다 | 条件 tiáojiàn 몡 조건 | 环境 huánjìng 몡 환경 | ★热闹 rènao 톙 떠들썩하다 | 四季如春 sìjì rú chūn 솅 일년 내내 기후가 봄날같이 따뜻하다 | 湿润 shīrùn 톙 습윤하다

69.

HSK POINT 핵심 어휘가 이끄는 문장을 통한 의미 파악 　난이도 中

上大学的时候，我经常和同学们一起打排球、踢足球，运动量比较多，这时怎么吃也长不胖。现在工作，由于缺少锻炼，虽然饭量比以前少了，但是慢慢胖了起来。

대학에 다닐 때 나는 친구들과 배구, 축구를 자주 해서, 운동량이 비교적 많았다. 이때는 아무리 먹어도 살이 찌지 않았다. 지금은 직장에 다니는데, 운동이 부족하여, 밥을 전보다 덜 먹는데도 점점 살이 찌고 있다.

★ 上大学时，长不胖的原因是：

★ 대학에 다닐 때 살이 찌지 않은 이유는?

A 不敢吃辣　　　B 没有烦恼
C 吃得很少　　　**D 经常锻炼**

A 매운 것을 못 먹어서　　B 고민이 없어서
C 아주 적게 먹어서　　　**D 자주 운동을 해서**

 질문의 핵심 어휘 '上大学时'와 '长不胖' 사이에 있는 문장 '我经常……运动量比较多'를 통해서 대학에 다닐 때는 친구들과 자주 운동을 해서 아무리 먹어도 살이 찌지 않았음을 알 수 있으므로 정답은 D이다.

 打排球 dǎ páiqiú 배구를 하다 | 踢足球 tī zúqiú 축구를 하다 | 运动量 yùndòngliàng 몡 운동량 | 胖 pàng 톙 뚱뚱하다 | ★由于 yóuyú 께 ～때문에, ～(으)로 인하여 | ★缺少 quēshǎo 통 부족하다, 모자라다 | 饭量 fànliàng 몡 식사량 | 比 bǐ 께 ～에 비해, ～보다 | 以前 yǐqián 몡 과거, 이전 | 辣 là 톙 맵다 | ★烦恼 fánnǎo 몡 번뇌, 걱정

70.

HSK POINT 주요 어휘가 이끄는 문장을 통한 의미 파악 　난이도 下

酒后开车非常危险，所以法律严格禁止酒后开车，大家应该记住这句话："开车千万别喝酒，喝酒千万别开车。"

음주 후 운전은 매우 위험하다. 따라서 법으로 음주 운전을 엄격히 금하고 있다. 여러분은 이 말을 기억해야 한다. "운전을 할 때는 절대로 술을 마시지 말고, 술을 마셨으면 절대로 운전을 하지 말아야 한다."

★ 根据这段话，司机：

★ 이 글을 근거로 운전자는 어떻게 해야 하는가?

A 要注意休息
B 酒后不能开车
C 学会开车
D 不能粗心

A 휴식에 주의해야 한다
B 술을 마신 후 운전을 해서는 안 된다
C 운전을 배워야 한다
D 부주의해서는 안 된다

 千万은 '부디, 제발'이란 의미를 나타내는 부사로 일반적으로 '부탁하는 내용'을 수반한다. 千万이 이끄는 핵심 문장 '开车千万别喝酒，喝酒千万别开车'를 통해서 음주 후 절대로 운전을 하지 말아야 함을 알 수 있으므로 정답은 B이다.

 酒后开车 jiǔ hòu kāichē 음주 운전 | ★危险 wēixiǎn 톙 위험하다 | 法律 fǎlǜ 몡 법률 | ★严格 yángé 톙 엄격하다, 엄하다 | ★禁止 jìnzhǐ 동 금지하다 | 记住 jìzhu 동 확실히 기억해 두다 | ★千万 qiānwàn 뷔 부디, 제발 | 别 bié 뷔 ~하지 마라 | 学会 xuéhuì 동 습득하다, 배워서 알다 | ★粗心 cūxīn 톙 세심하지 못하다, 소홀하다

합격필수 TIP

▶ 千万의 용법

千万은 '부디, 제발'이라는 의미로 간절한 부탁을 나타낸다. 명령문에 쓰이며 긍정형보다는 부정형에 많이 쓰인다.
你们千万要记住我的话。 너희는 꼭 내 말을 기억해 두어야 한다.
你们千万别让她知道。 너희는 절대 그녀가 알게 해서는 안 된다.

71. HSK POINT 핵심 어휘가 이끄는 문장을 통한 의미 파악 난이도 中

参加面试时，人们往往会紧张，这时一定要保持冷静的态度。回答问题时，语速不要太快，声音也不要太小，别让紧张的心情影响了自己。

면접을 볼 때 사람들은 종종 긴장하게 된다. 이때는 반드시 침착한 태도를 유지해야 한다. 질문에 대답할 때는 말의 속도가 너무 빠르거나 목소리가 너무 작아도 안 되며, 긴장하는 마음이 자신에게 영향을 미치지 않게 해야 한다.

★ 面试时要注意什么?

★ 면접 시 무엇에 주의해야 하는가?

A 语速要快一些
B 声音不要太大
Ⓒ 别太紧张
D 多鼓励自己

A 말의 속도를 좀 더 빠르게 해야 한다
B 목소리가 너무 커서는 안 된다
Ⓒ 지나치게 긴장하지 않아야 한다
D 자신을 많이 격려해야 한다

 질문의 핵심 어휘 '面试时'가 이끄는 문장 '参加面试时……冷静的态度'를 통해서, 면접을 볼 때 사람들은 종종 긴장하는데 반드시 침착한 태도를 유지해야 한다고 했으므로 정답은 C이다.

 面试 miànshì 동 면접시험을 보다 | 往往 wǎngwǎng 뷔 자주, 흔히 | ★紧张 jǐnzhāng 톙 긴장해 있다, 불안하다 | 一定 yídìng 뷔 반드시 | ★保持 bǎochí 동 유지하다, 지키다 | ★冷静 lěngjìng 톙 냉정하다, 침착하다 | 态度 tàidu 몡 태도 | 回答 huídá 동 대답하다 | 语速 yǔsù 몡 말의 속도 | 声音 shēngyīn 몡 소리 | 心情 xīnqíng 몡 심정, 감정 | ★影响 yǐngxiǎng 동 영향을 주다 | ★鼓励 gǔlì 동 격려하다

　　每个孩子都希望得到表扬，表扬对孩子的作用要比批评大得多，效果也好得多。有时候，一次小小的表扬，可能会影响孩子的一生。

★ 根据这段话，教育孩子时应该：

A 多鼓励
B 多表扬
C 多阅读
D 多支持

　　아이들은 누구나 칭찬을 받고 싶어 한다. 칭찬은 비난에 비해 아이들에게 미치는 작용이 훨씬 크고 효과도 훨씬 좋다. 때로는 한 번의 작은 칭찬이 아이의 일생에 영향을 미칠 수도 있다.

★ 이 글을 근거로 아이를 교육할 때 어떻게 해야 하는가?

A 격려를 많이 한다
B 칭찬을 많이 한다
C 독해를 많이 한다
D 지지를 많이 한다

공략 | 아이들은 누구나 칭찬을 받고 싶어 하며 한 번의 작은 칭찬이 아이의 일생에 영향을 미칠 수 있다고 했으므로 정답은 B이다.

어휘 | 希望 xīwàng 통 희망하다, 바라다 | 得到 dédào 통 얻다, 받다 | ★表扬 biǎoyáng 통 칭찬하다 | 作用 zuòyòng 명 작용, 영향 | 批评 pīpíng 통 질책하다, 꾸짖다 | ★效果 xiàoguǒ 명 효과 | 阅读 yuèdú 통 (책이나 신문을) 보다 | ★支持 zhīchí 통 지지하다

　　时间是无价的，一个人再怎么有钱，也买不到时间。知识忘了可以重新学，钱花光了可以再赚，可是时间过去了就永远回不来了。

★ 这段话主要想告诉我们：

A 不要骄傲
B 学会怎样花钱
C 要懂得感谢
D 不要浪费时间

　　시간은 값을 매길 수 없는 것으로, 사람이 아무리 돈이 많아도 시간을 살 수 없다. 지식은 잊어버리면 다시 배우면 되고, 돈은 다 쓰면 다시 벌면 된다. 그러나 시간은 한 번 지나가면 영원히 돌아오지 않는다.

★ 이 글이 우리에게 주로 말하고자 하는 것은?

A 오만하지 않아야 한다
B 돈을 어떻게 쓰는지를 배워야 한다
C 고마움을 알아야 한다
D 시간을 낭비하지 않아야 한다

공략 | 시간은 값을 매길 수 없으며 한 번 지나가면 영원히 돌아오지 않는다고 했으므로 시간을 낭비하지 않아야 한다는 D가 정답이다.

어휘 | 时间 shíjiān 명 시간 | 无价 wújià 형 아주 진귀하다, 값지다 | ★知识 zhīshi 명 지식 | 忘 wàng 통 잊다 | ★重新 chóngxīn 부 다시, 재차 | 赚 zhuàn 통 벌다 | 永远 yǒngyuǎn 부 영원히 | ★骄傲 jiāo'ào 형 오만하다, 거만하다 | 懂得 dǒngde 통 (뜻·방법 등을) 알다, 이해하다 | 感谢 gǎnxiè 통 고맙다, 감사하다 | ★浪费 làngfèi 통 낭비하다

山上的温度，会随着高度的增加而降
低，山越高气温越低。那座山大约有三千多
米高，所以明天大家要多穿点衣服。

★ 他们明天可能做什么？

A 游泳

B 跑步

C 爬山

D 搬家

산 위의 온도는 고도가 올라감에 따라 내려가서, 산이 높아질수록 기온은 낮아집니다. 그 산의 높이는 약 3천 미터이므로, 내일 여러분은 옷을 많이 입어야 해요.

★ 그들은 내일 무엇을 하는가?

A 수영

B 달리기

C 등산

D 이사

공략 문제는 '그들은 내일 무엇을 하는가'이므로 그들이 하는 행동을 찾으면 된다. 산 위의 온도는 고도가 올라감에 따라 내려가 내일 옷을 많이 입어야 한다고 했다. 그들은 내일 산을 오르려고 함을 알 수 있으므로 정답은 C이다.

어휘 温度 wēndù 명 온도 | ★随着 suízhe 개 ~따라서 | 高度 gāodù 명 고도, 높이 | ★增加 zēngjiā 동 증가하다, 더하다 | ★降低 jiàngdī 동 내려가다 | 高 gāo 형 높다 | 低 dī 형 낮다 | ★大约 dàyuē 부 대략, 대강 | 衣服 yīfu 명 옷 | 游泳 yóuyǒng 동 수영하다 | 跑步 pǎobù 동 달리다 | 爬山 páshān 동 산을 오르다, 등산하다 | 搬家 bānjiā 동 이사하다

我丈夫以前是记者，因为职业的关系，
他几乎走遍了亚洲所有的国家，看到了很多
美景，也认识了许多朋友，后来他把自己的
经历写成了一本书。

★ 她丈夫：

A 在农村长大

B 去过很多国家

C 说话太直接

D 非常活泼

우리 남편은 전에 기자였다. 직업 관계로 아시아의 거의 모든 국가를 가 보았으며, 아름다운 풍경들을 보았고 많은 친구를 사귀었다. 나중에 그는 자신의 경험을 책으로 펴냈다.

★ 그녀의 남편은?

A 농촌에서 자랐다

B 여러 나라에 가 보았다

C 말이 너무 직설적이다

D 매우 활달하다

공략 질문의 핵심 어휘 '她丈夫'가 이끄는 문장 '他几乎走遍了亚洲所有的国家'를 통해서 그녀의 남편은 여러 나라에 가 봤음을 알 수 있으므로 정답은 B이다.

어휘 丈夫 zhàngfu 명 남편 | 记者 jìzhě 명 기자 | ★职业 zhíyè 명 직업 | 关系 guānxi 명 관계 | ★几乎 jīhū 부 거의, 거의 모두 | ★遍 biàn 형 두루 미치다 | 亚洲 Yàzhōu 고유 아시아 | 所有 suǒyǒu 형 모든, 전부의 | 美景 měijǐng 명 아름다운 경치 | 认识 rènshi 동 알다 | 后来 hòulái 명 그 후, 그 뒤 | ★经历 jīnglì 명 경력, 경험 동 몸소 겪다, 체험하다 | 农村 nóngcūn 명 농촌 | 直接 zhíjiē 형 직접적인 | ★活泼 huópo 형 활발하다

这是<u>本</u>介绍最新科学发现和研究的杂志，它的语言简单易懂，<u>而且十分幽默</u>。像我这种对科学完全不感兴趣的人，读起来居然也会觉得很有意思。

이것은 최신 과학 발견과 연구를 소개한 잡지로 단순하고 쉬운 언어로 무척 유머러스하게 풀어냈다. 과학에 전혀 흥미가 없는 나 같은 사람이 읽어도 의외로 재미 있다.

★ 那本杂志：

Ⓐ 很有趣

B 不太幽默

C 有些复杂

D 很难理解

★ 그 잡지는?

Ⓐ 아주 흥미 있다

B 별로 유머러스하지 않다

C 약간 복잡하다

D 이해하기가 매우 어렵다

공략 질문의 '那本杂志：'의 의미는 '那本杂志'를 주어로 하여 본문과 같은 내용을 보기에서 찾으라는 것이다. 따라서 정답은 A 이다.

어휘 介绍 jièshào 图 소개하다 ㅣ 科学 kēxué 명 과학 ㅣ 发现 fāxiàn 图 발견하다 ㅣ 研究 yánjiū 图 연구하다 ㅣ 杂志 zázhì 명 잡지 ㅣ ★简单 jiǎndān 형 간단하다 ㅣ 易懂 yìdǒng 형 알기 쉽다 ㅣ 十分 shífēn 图 매우, 아주 ㅣ ★幽默 yōumò 형 유머러스한 ㅣ 完全 wánquán 图 완전히, 전적으로 ㅣ ★感兴趣 gǎn xìngqù 관심이 있다, 흥미가 있다 ㅣ ★居然 jūrán 图 뜻밖에, 놀랍게도 ㅣ 有意思 yǒuyìsi 형 재미있다, 흥미 있다 ㅣ 复杂 fùzá 형 복잡하다 ㅣ ★理解 lǐjiě 图 알다, 이해하다

今晚的节目<u>太</u>精彩了，特别是那些外国留学生表演的中国功夫，<u>动作既标准又好看，非常棒</u>。以后如果还有这样的节目，一定要告诉我啊。

오늘 밤 프로그램은 정말 재미있었어. 특히 그 외국 유학생들이 공연한 중국 쿵푸는 동작이 정확하고 아름다워서, 정말 훌륭했어. 앞으로 이런 프로그램이 또 있으면 꼭 나한테 알려줘.

★ 他认为功夫表演：

A 使人吃惊　　　　　B 无聊

C 不够精彩　　　　　Ⓓ 好极了

★ 그는 쿵푸 공연이 어떻다고 느꼈는가?

A 놀랍다　　　　　B 무료하다

C 별로 훌륭하지 않다　　　Ⓓ 아주 좋았다

공략 '既……又……(~하기도 하고 ~하기도 하다)'는 두 가지 성질을 동시에 나타내는 접속사로, 접속사가 이끄는 문장 '动作既标准又好看，非常棒'을 통해서 외국 유학생들이 공연한 중국 쿵푸는 동작이 정확하고 아름다웠으며 정말 훌륭했음을 알 수 있으므로 정답은 D이다.

어휘 节目 jiémù 명 프로그램 ㅣ ★精彩 jīngcǎi 형 뛰어나다, 훌륭하다 ㅣ 特别 tèbié 图 특히, 더욱 ㅣ 留学生 liúxuéshēng 명 유학생 ㅣ ★表演 biǎoyǎn 图 공연하다 ㅣ 中国功夫 Zhōngguó gōngfu 중국 무술(쿵푸) ㅣ 动作 dòngzuò 명 동작, 행동 ㅣ ★标准 biāozhǔn 명 표준, 기준 ㅣ 棒 bàng 형 좋다, 높다 ㅣ 一定 yídìng 图 반드시, 필히 ㅣ 告诉 gàosu 图 말하다, 알리다 ㅣ ★吃惊 chījīng 图 놀라다 ㅣ 无聊 wúliáo 형 무료하다, 따분하다

没关系，你刚来几天，肯定觉得不太适应，任何人到了一个新环境都是这样的。以后你有什么事情，随时跟我联系，我愿意帮助你。

★ 说话人是什么意思?

Ⓐ 愿意提供帮助

B 时间来得及

C 多与人商量

D 从现在做起

괜찮아. 너는 여기 온 지 며칠 안 되었으니, 당연히 적응하기 어렵겠지. 새로운 환경에서는 누구나 다 그래. 무슨 일이 있으면 언제라도 나한테 연락해. 내가 너를 도와줄게.

★ 말하는 사람은 무슨 의미인가?

Ⓐ 도움을 제공하고 싶다

B 시간에 늦지 않는다

C 다른 사람과 많이 의논해라

D 지금부터 시작한다

공략 마지막 문장 '我愿意帮助你'를 통해서 말하는 사람은 언제라도 도움을 줄 의향이 있음을 알 수 있으므로 정답은 A이다.

어휘 肯定 kěndìng 튄 확실히, 틀림없이 | ★适应 shìyìng 동 적응하다 | 任何 rènhé 때 어떠한, 무슨 | 环境 huánjìng 명 환경 | ★随时 suíshí 튄 수시로, 언제나 | ★联系 liánxì 동 연락하다 | 愿意 yuànyì 동 바라다, 희망하다 | 帮助 bāngzhù 동 돕다 | ★提供 tígōng 동 제공하다 | 来得及 láidejí 동 늦지 않다 | 商量 shāngliang 동 상의하다, 의논하다

阅读时，遇到不懂的词，可以先根据上下文来猜它的意思，不要一遇到难词就去查词典。实在猜不出，再去查词典，这样才能提高我们的阅读水平。

★ 遇到不懂的词语，最好先:

A 问老师

B 查词典

Ⓒ 猜词意

D 上网查

독해할 때 모르는 단어가 나오면 먼저 앞뒤 문장에 근거하여 그 의미를 추측할 수 있으며, 어려운 단어가 나올 때마다 사전을 찾으면 안 된다. 그래도 모르겠으면 그때 사전을 찾아본다. 이렇게 해야 우리의 독해 수준을 향상시킬 수 있다.

★ 모르는 단어가 나오면 먼저 어떻게 하는 것이 좋은가?

A 선생님께 여쭤본다

B 사전을 찾아본다

Ⓒ 뜻을 추측해본다

D 인터넷에서 검색한다

공략 질문의 핵심 어휘 '遇到不懂的词语'가 이끄는 문장 '遇到不懂的词, ……猜它的意思'를 통해서 독해할 때 모르는 단어가 나오면 먼저 앞뒤 문장에 근거하여 그 의미를 추측할 수 있음을 알 수 있으므로 정답은 C이다.

어휘 ★遇到 yùdào 동 만나다 | ★根据 gēnjù 개 ~에 의거하여 | ★猜 cāi 동 추측하다 | 查 chá 동 조사하다, 찾아보다 | 词典 cídiǎn 명 사전 | 实在 shízài 튄 확실히, 정말 | ★提高 tígāo 동 향상시키다 | 水平 shuǐpíng 명 수준 | 词意 cíyì 명 말의 의미 | 上网 shàngwǎng 동 인터넷을 하다

[80-81]

有一个事业上做得很成功的朋友，大家问他如此成功是因为什么。他回答说：80"我觉得可能是因为我比较喜欢总结吧。不管是成功还是失败，我都会总结。成功的话，总结经验，以后适用。81失败了，就更要总结了。要清楚问题出在哪里，以后我就不会再那样做了。"

사업에서 성공을 거둔 친구가 있다. 사람들이 그에게 그토록 성공한 비결을 묻자 그는 이렇게 대답했다. 80"그것은 내가 비교적 총정리하는 것을 좋아해서라고 생각합니다. 성공이든 실패든 상관없이 나는 그것을 총정리해 봅니다. 성공한 경우 그 경험을 총정리하여 나중에 적용합니다. 81실패했다면 더욱 더 총정리를 해야 합니다. 문제가 어디에 있는지를 확실히 알면, 다음에 그런 잘못을 되풀이하지 않게 되니까요."

어휘 事业 shìyè 圏 사업 | ★成功 chénggōng 圄 성공하다 | 如此 rúcǐ 떼 이와 같다 | 回答 huídá 圄 대답하다 | ★总结 zǒngjié 圄 총정리하다 | 不管 bùguǎn 젭 ~을 막론하고, ~에 관계없이 | ★失败 shībài 圄 실패하다 | ★经验 jīngyàn 圏 경험, 체험 | 适用 shìyòng 圄 적용하다 | 清楚 qīngchu 圏 분명하다

80. HSK POINT 이유 및 원인 파악 　난이도 中

★ 他认为自己成功是因为：

A 经验丰富
Ⓑ 经常总结
C 信任他人
D 有责任心

★ 그는 자신의 성공 비결이 무엇이라고 생각하는가?

A 경험이 풍부하다
Ⓑ 늘 총정리한다
C 타인을 신임한다
D 책임감이 있다

공략 이유 및 원인을 나타내는 접속사 因为가 이끄는 문장 '我觉得可能是……总结吧'를 통해서, 그가 성공한 비결은 총정리하는 것을 좋아하기 때문임을 알 수 있으므로 정답은 B이다.

어휘 丰富 fēngfù 圏 많다, 풍부하다 | ★信任 xìnrèn 圄 신임하다, 신뢰하다 | 责任心 zérènxīn 책임감

81. HSK POINT 핵심 어휘가 이끄는 문장을 통한 의미 파악 　난이도 中

★ 失败以后，要：

Ⓐ 找出问题　　　B 多听意见
C 继续努力　　　D 有信心

★ 실패한 후에는 어떻게 해야 하나?

Ⓐ 문제를 찾아낸다　　　B 의견을 많이 듣는다
C 계속 노력한다　　　D 자신감이 있다

공략 질문의 핵심 어휘 '失败以后'가 이끄는 문장 '失败了，……不会再那样做了'를 통해서 실패했다면 더욱 더 총정리를 해서 문제가 어디에 있는지 확실히 알아야 잘못을 되풀이하지 않는다고 했으므로 정답은 A이다.

어휘 意见 yìjiàn 圏 견해, 의견 | ★继续 jìxù 圄 계속하다 | 信心 xìnxīn 圏 자신감, 확신

[82-83]

我们都知道，人一定要喝适量的水，82可是许多人并不知道，水还要按时喝。人一旦忙起来，就会忘记喝水，于是一天只喝一次或两次。尽管一次会喝很多，但是这样反而却对身体非常不好。千万不要忘了当我们渴的时候喝水，83身体已经是严重缺水的状态了。

우리는 모두 사람이 적당량의 물을 마셔야 한다는 것을 안다. 82그러나 많은 사람들이 물을 제때에 마셔야 한다는 사실은 모른다. 사람들은 일단 바빠지면 물 마시는 것을 잊어버린다. 따라서 하루에 물을 한두 번만 마신다. 설령 한 번에 많은 물을 마시더라도, 이렇게 하면 오히려 몸에 아주 나쁘다. 목이 마를 때 물 마시는 것을 잊어서는 안 된다. 83이때 몸은 이미 물이 심각하게 부족한 상태이다.

어휘 适量 shìliàng 혱 적당량이다 | ★按时 ànshí 阠 제때에, 시간에 맞추어 | 一旦 yídàn 阠 일단 ～한다면 | 忙 máng 혱 바쁘다 | 忘记 wàngjì 동 잊어버리다 | 于是 yúshì 젭 그래서, 이리하여 | 尽管 jǐnguǎn 젭 비록 ～라 하더라도 | ★反而 fǎn'ér 젭 반대로, 도리어 | ★却 què 阠 도리어, 오히려 | 身体 shēntǐ 뎽 몸, 신체 | ★千万 qiānwàn 阠 부디, 제발 | ★严重 yánzhòng 혱 심각하다 | 缺水 quēshuǐ 동 물 부족 현상을 빚다, 물이 부족하다 | 状态 zhuàngtài 뎽 상태

82. **HSK POINT** 핵심 어휘가 이끄는 문장을 통한 의미 파악 난이도 中

★ 很多人不知道水要：

A 尽量多喝

B 一天喝两次

C 按时喝

D 一起来就喝

★ 물 마시기에 관해 많은 사람들이 모르는 것은?

A 최대한 많이 마셔야 한다

B 하루에 두 번 마셔야 한다

C 제때에 마셔야 한다

D 일어나자마자 마셔야 한다

공략 질문의 핵심 어휘 '很多人不知道'가 이끄는 문장 '可是许多人并不知道，水还要按时喝'를 통해서 많은 사람들이 물을 제때에 마셔야 한다는 사실은 모르고 있음을 알 수 있으므로 정답은 C이다.

어휘 ★尽量 jǐnliàng 阠 가능한 한, 되도록

83. **HSK POINT** 핵심 어휘가 이끄는 문장을 통한 의미 파악 난이도 上

★ 当我们渴的时候，表示体内：

A 睡眠过多　　　　B 热量很高

C 营养不足　　　　D 严重缺水

★ 우리가 목이 마를 때 체내는 어떤 상태인가?

A 수면이 과다하다　　　　B 열량이 매우 높다

C 영양이 부족하다　　　　D 물이 심각하게 부족하다

공략 질문의 핵심 어휘 '当我们渴的时候'가 이끄는 문장 '千万不要忘了……缺水的状态了'를 통해서 우리가 목이 마를 때 몸은 이미 물이 심각하게 부족한 상태인 것을 알 수 있으므로 정답은 D이다.

어휘 表示 biǎoshì 동 의미하다, 나타내다 | ★睡眠 shuìmián 뎽 수면, 잠 | ★营养 yíngyǎng 뎽 영양 | 不足 bùzú 혱 부족하다

[84-85]

很晚了，5岁的儿子**还在**看电视。 **84**我对他说："再看5分钟就去洗脸睡觉。"他不高兴地说："5分钟**太短了**。"于是我说：**85**"那就300秒，够长了吧?"儿子听后**开心地**说："够了够了，妈妈真好。"

시간이 늦었는데도, 5세 아들이 아직 TV를 보고 있었다. **84**내가 아들에게 "5분만 더 보고 세수하고 자자."라고 말하자, 아들은 기분이 나빠서 "5분은 너무 짧아요."라고 말했다. 그래서 나는 **85**"그럼 300초, 충분히 길지?"라고 했다. 아들이 이 말을 듣고 기뻐서 말했다. "충분해요, 충분해. 엄마가 정말 좋아요."

어휘 儿子 érzi 몡 아들 | 分钟 fēnzhōng 몡 분 | 洗脸 xǐliǎn 통 세수하다 | ★睡觉 shuìjiào 통 잠을 자다 | 高兴 gāoxìng 혱 기쁘다, 즐겁다 | 短 duǎn 혱 짧다 | 秒 miǎo 양 초 | ★够 gòu 혱 충분하다 | ★开心 kāixīn 혱 기쁘다, 즐겁다

---

84. HSK POINT 인물의 행동 파악 〔난이도 下〕

★ 她让儿子：

Ⓐ 快去睡
B 做作业
C 预习课文
D 看电视

★ 그녀는 아들에게?

Ⓐ 어서 자라고 했다
B 숙제를 하라고 했다
C 교과서 본문을 예습하라고 했다
D TV를 보라고 했다

공략 문제에 제시된 '让+사람+동작'은 '~에게 ~을 하게 하다'라는 의미이다. 시간이 늦었는데도 아들이 아직 TV를 보고 있어서 그녀가 '5분만 더 보고 세수하고 자자'라고 말했으므로 정답은 A이다.

어휘 作业 zuòyè 몡 숙제, 과제 | 预习 yùxí 통 예습하다 | 课文 kèwén 몡 (교과서 중의) 본문

---

85. HSK POINT 이유 및 원인 파악 〔난이도 中〕

★ 儿子为什么后来又高兴了?

A 可以玩儿游戏了
B 明天去长城看看
C 受到妈妈的表扬
Ⓓ 以为时间增加了

★ 아들은 나중에 왜 기분이 좋아졌는가?

A 게임을 할 수 있게 되어서
B 내일 만리장성에 가게 되어서
C 엄마의 칭찬을 들어서
Ⓓ 시간이 늘어났다고 생각해서

공략 아들은 5분이 300초인지 모르고 단순히 시간이 늘어났다고 생각해서 기뻐하고 있으므로 정답은 D이다.

어휘 玩游戏 wán yóuxì 놀이를 하다 | 长城 Chángchéng 고유 만리장성 | ★表扬 biǎoyáng 통 칭찬하다 | ★增加 zēngjiā 통 증가하다

第一部分

86. HSK POINT 형용사술어문의 이해 [난이도 中]

的　　不同　　性格　　完全　　兄弟俩

공략

1단계 술어를 찾는다

일반적으로 문장에서 형용사가 술어 역할을 하므로 不同이 술어가 된다.

↓

2단계 부사어를 찾는다

형용사는 단독으로 술어가 될 수 없어 부사의 수식을 받아야 하므로 '完全+不同'이 된다.

↓

3단계 주어를 찾는다

일반적으로 명사나 대사가 주어로 쓰인다. 의미적으로 성격이 다른 것이므로 性格가 이 문장의 주어가 된다.

↓

4단계 관형어를 찾는다

형제의 성격이 다른 것이므로 '兄弟俩'는 구조조사 的와 함께 명사를 수식해 '兄弟俩+的+性格'가 된다.

↓

5단계 문장 완성하기

兄弟俩的性格完全不同。 형제 둘의 성격은 완전히 다르다.

어휘 不同 bùtóng 형 같지 않다, 다르다 | ★性格 xìnggé 명 성격 | 完全 wánquán 부 완전히, 전적으로 | 兄弟 xiōngdì 명 형제 | ★俩 liǎ 두 사람

87. HSK POINT 동사술어문에서 조동사의 위치 [난이도 中]

早睡早起　　要　　好习惯　　养成　　的

공략

1단계 술어를 찾는다

일반적으로 문장에서 동사가 술어 역할을 하므로 养成이 술어가 된다.

↓

2단계 목적어를 찾는다

동사가 문장에서 술어로 쓰여 의미상 함께 올 수 있는 목적어를 찾아야 하므로 '养成+好习惯'이 된다.

3단계 관형어를 찾는다

'早睡早起'는 구조조사 的와 함께 명사를 꾸며주므로 '早睡早起+的+好习惯'이 된다.

4단계 부사어를 찾는다

조동사는 동사 앞에 위치하여 동사를 도와주는 역할을 하므로 '要+养成'이 된다.

5단계 문장 완성하기

要养成早睡早起的好习惯。 일찍 자고 일찍 일어나는 좋은 습관을 길러야 한다.

어휘 　早睡早起 zǎoshuì zǎoqǐ 일찍 자고 일찍 일어나다 | ★习惯 xíguàn 몡 버릇, 습관 | ★养成 yǎngchéng 통 기르다

88. 　HSK POINT 把자문의 기본 어순 이해 　[난이도 上]

请大家	内容	复习一下	把	上节课学过的

공략 　**1단계 개사구를 만든다**

개사 把는 단독으로 쓰일 수 없으므로 명사형 어휘 内容과 함께 개사구를 만들어 술어를 수식한다. 여기서 '구조조사 的+명사'의 원리에 의해 '上节课学过的'는 内容과 결합하므로 '把+上节课学过的+内容'이 된다.

2단계 술어를 찾는다

동사가 문장에서 술어 역할을 하므로 '한번 ～하다'라는 一下와 결합한 '复习一下'가 술어가 된다.

3단계 주어를 찾는다

请은 상대가 어떤 일을 하기 바란다는 의미로 문장 맨 앞에 위치하므로 '请大家'를 문장 맨 앞에 놓는다.

4단계 문장 완성하기

请大家把上节课学过的内容复习一下。 모두들 지난 수업 시간에 배운 내용을 복습하세요.

어휘 　内容 nèiróng 몡 내용 | ★复习 fùxí 통 복습하다 | 节 jié 양 수업을 세는 단위

一篇	友情的	文章	这是	关于

공략

1단계 술어를 찾는다

일반적으로 문장에서 동사가 술어 역할을 하므로 是가 술어가 된다.

2단계 목적어를 찾는다

동사가 문장에서 술어로 쓰이므로 의미상 함께 올 수 있는 목적어를 찾아야 하므로 '是+文章'이 된다.

3단계 관형어를 찾는다

篇은 양사로 문장이나 글을 셀 수 있는 단위이므로 '수사+양사+명사'의 원리에 의해 '一篇+文章'이 된다. 또한 '～에 관한'이라는 의미를 나타내는 개사 关于는 명사 友情과 함께 개사구를 이루어 목적어를 꾸며주는 관형어 역할을 하므로 '关于+友情的+文章'이 된다. 따라서 관형어의 기본 어순에 맞추어 문장을 정리하면 '一篇+关于+友情的+文章'이 된다.

4단계 주어를 찾는다

일반적으로 명사나 대사가 문장에서 주어로 쓰이는데, 这는 이미 술어와 함께 결합되어 있으므로 '这是'를 문장 맨 앞에 위치시킨다.

5단계 문장 완성하기

这是一篇关于友情的文章。 이것은 한 편의 우정에 관한 글이다.

어휘 ★篇 piān 양 편, 장 | 友情 yǒuqíng 명 우정 | 文章 wénzhāng 명 독립된 한 편의 글, 문장 | ★关于 guānyú 개 ～에 관한

重要	比速度	方向	还

공략

1단계 개사구를 찾는다

비교문을 만드는 대표적인 개사 比는 비교의 대상인 速度와 함께 개사구를 이루고 있다.

2단계 술어를 찾는다

개사구는 술어를 수식하므로 '比+速度+重要'가 되며, 술어를 강조하는 부사 还는 술어 앞에 와야 하므로 '比+速度+还+重要'가 된다.

3단계 주어를 찾는다

일반적으로 명사나 대사가 주어 역할을 하는데, 비교문에서 주어는 비교적 구체적인 비교 대상이므로 方向이 주어가 된다.

4단계 문장 완성하기

方向比速度还重要。 방향은 속도보다 더 중요하다.

어휘 ★重要 zhòngyào 혱 중요하다 | ★比 bǐ 개 ~에 비해, ~보다 | 速度 sùdù 몡 속도 | 方向 fāngxiàng 몡 방향 | 还 hái 児 더, 더욱

합격필수 TIP

▶ **비교를 나타내는 比의 용법**

'비교 대상A+比+비교 대상B+更/还+술어' 구조로 'A는 B보다 더 ~하다'라는 의미를 나타낸다.

我的个子比他更高。 나는 그보다 키다 더 크다.
南方比北方还潮湿。 남방은 북방보다 더 습하다.

---

91. **HSK POINT** 被자문의 기본 어순 이해 난이도 中

爷爷	推走	自行车	被	了

공략

1단계 개사구를 찾는다

被는 개사로 단독으로 쓰일 수 없으므로 동작을 행하는 주체(목적어)와 함께 개사구를 만들어 '被+爷爷'가 된다.

2단계 술어를 찾는다

동사가 문장에서 술어 역할을 하므로 推가 술어가 된다. 被자문은 주어가 목적어에 의해서 당한 결과가 어떤지를 나타내므로 동사 推 뒤에 반드시 기타 성분이 와야 한다. 일반적으로 결과보어는 완료를 나타내는 了를 수반하므로 '推走+了'가 되며 이를 개사구 뒤에 위치시킨다.

3단계 주어를 찾는다

주어는 동작을 당하는 대상이므로 自行车가 이 문장의 주어가 된다.

4단계 문장 완성하기

自行车被爷爷推走了。 자전거를 할아버지께서 끌고 나가셨다.

어휘 爷爷 yéye 몡 할아버지 | 推走 tuīzǒu 밀고 나가다 | 自行车 zìxíngchē 몡 자전거 | ★被 bèi 개 ~에게 ~를 당하다

▶ 개사 被의 용법

被는 '~에게 ~을 당하다'라는 의미로, '주어(동작의 대상)+被+목적어(동작의 주체)+술어+기타 성분'의 어순으로 쓰인다.

这本杂志被同事借走了。 이 잡지를 동료가 빌려갔다.

我被大家感动得哭了。 나는 모두에게 감동받아 울었다.

92. **HSK POINT** 개사구의 이해 〔난이도 上〕

加油站附近　　　在　　　危险　　　抽烟　　　非常

공략　**1**단계 술어를 찾는다

일반적으로 문장에서 형용사가 술어 역할을 하므로 危险이 술어가 된다.

2단계 부사어를 찾는다

형용사는 단독으로 술어가 될 수 없어 정도부사의 수식을 받아야 하므로 '非常+危险'이 된다.

3단계 주어를 찾는다

개사 在는 단독으로 쓰일 수 없으므로 장소를 나타내는 어휘 '加油站附近'과 함께 개사구를 이루어 동사를 수식해 '在+加油站附近+抽烟'이 된다. 주유소 근처에서 담배를 피우는 것이 아주 위험한 것이므로, '在加油站附近抽烟'이 이 문장의 주어가 된다.

4단계 문장 완성하기

在加油站附近抽烟非常危险。 주유소 근처에서 담배를 피우는 것은 아주 위험하다.

어휘　加油站 jiāyóuzhàn 몡 주유소 | 附近 fùjìn 몡 부근, 근처 | ★危险 wēixiǎn 혱 위험하다 | ★抽烟 chōuyān 통 담배를 피우다, 흡연하다

93. **HSK POINT** 동사술어문의 이해 〔난이도 中〕

复印　　　请　　　帮我　　　报名表　　　几份

공략　**1**단계 술어를 찾는다

일반적으로 문장에서 동사가 술어 역할을 하므로 复印이 술어가 된다. 또한 帮은 '~를 도와서 ~을 하다'라는 의미로 '帮+대상+동사' 형태로 자주 쓰이므로 '帮我+复印'이 된다.

2단계 목적어를 찾는다

동사가 문장에서 술어로 쓰이므로 의미상 함께 올 수 있는 목적어를 찾아야 하므로 '帮我+复印+报名表'가 된다.

3단계 관형어를 찾는다

份은 양사로 신문이나 문건 등을 세는 단위이므로 '수사+양사+명사'의 원리에 따라 '几份+报名表'가 된다. 상대가 어떤 일을 하길 바라는 의미로 쓰이는 请은 문장 맨 앞에 위치시키자.

4단계 문장 완성하기

请帮我复印几份报名表。 나를 도와서 신청서 몇 부를 복사해 주세요.

어휘 复印 fùyìn 图 복사하다 | 报名表 bàomíngbiǎo 뎅 신청서 | ★份 fèn 앵 부

---

94. **HSK POINT** 겸어문 및 정도보어의 이해 **난이도 上**

| 轻松愉快 | 能 | 幽默 | 变得 | 让谈话 |

공략

1단계 술어를 찾는다

일반적으로 문장에서 동사가 술어 역할을 하므로 变得와 让이 술어가 될 수 있다. 구조조사 得와 사역동사 让을 통해서 정도보어와 겸어문을 묻는 문제임을 알 수 있으므로 정도보어와 겸어문의 기본 어순을 머릿속으로 떠올리며 문장을 전개하자.

2단계 목적어를 찾는다

정도보어의 기본 어순 '동사+得+정도보어'에 따라 문장을 전개하면 '变得+轻松愉快'가 된다. 또한 谈话는 사역동사 让의 목적어이기도 하고 '变得轻松愉快'의 주어이기도 하므로 '让谈话+变得+轻松愉快'가 된다.

3단계 부사어를 찾는다

겸어문에서 조동사는 첫 번째 동사 앞에 위치하므로 '能+让谈话+变得+轻松愉快'가 된다.

4단계 주어를 찾는다

일반적으로 명사나 대사가 문장에서 주어 역할을 하며, 의미적으로 유머가 대화를 편하고 유쾌하게 해 줄 수 있는 것이므로 幽默가 이 문장의 주어가 된다.

5단계 문장 완성하기

幽默能让谈话变得轻松愉快。 유머는 대화를 편안하고 유쾌하게 해 준다.

어휘 ★轻松 qīngsōng 혱 수월하다, 가볍다, 부담이 없다 | 愉快 yúkuài 혱 기쁘다, 유쾌하다 | ★幽默 yōumò 뎅 유머 | 谈话 tánhuà 图 이야기하다

| 感动了 | 那部 | 许多 | 电影 | 观众 |

공략

1단계 술어를 찾는다

동사 뒤에 위치하여 동작의 상태를 나타내는 동태조사 了를 통해서 感动이 동사임을 알 수 있으므로, 感动이 이 문장의 술어가 된다.

2단계 목적어를 찾는다

동사가 문장에서 술어로 쓰이므로 의미상 함께 올 수 있는 목적어를 찾아야 하므로 '感动了+观众'이 된다.

3단계 주어를 찾는다

일반적으로 명사나 대사가 주어로 쓰이며, 의미적으로 영화가 관객들을 감동시킨 것이므로 电影이 이 문장의 주어가 된다.

4단계 관형어를 찾는다

部는 양사로 서적이나 영화 편수를 세는 단위이므로 '수사+양사+명사'의 원리에 따라 '那部+电影'이 된다. 또한 1음절 형용사 多는 단독으로 명사를 수식할 수 없어 '很多, 许多, 好多' 형태로 명사를 수식하므로 '许多+观众'이 된다.

5단계 문장 완성하기

那部电影感动了许多观众。 그 영화는 많은 관객들을 감동시켰다.

어휘 ★感动 gǎndòng 图 감동시키다 | 部 bù 窗 부, 편 | ★许多 xǔduō 窗 매우 많다 | 电影 diànyǐng 窗 영화 | 观众 guānzhòng 窗 시청자

96. HSK POINT 명사 제시어 　난이도 上

区别
qūbié
명 구별, 차이

공략

1단계 제시어 및 사진 파악하기

区别는 명사로 '구별, 차이'라는 의미를 나타낸다. 똑같아 보이는 강아지 두 마리가 사진으로 제시되어 있으므로 동물을 세는 양사 只를 떠올리며, '이 강아지들은 어떤 차이가 있습니까?', '이 강아지들은 차이가 없습니다' 등의 내용으로 문장을 만들자.

2단계 연관 어휘 떠올리기

只 zhī 양 마리 | 小狗 xiǎogǒu 명 강아지 | ★看起来 kànqǐlai 통 보기에 ～하다, 보아하니 ～하다 | ★完全 wánquán 부 완전히, 전적으로

3단계 문장의 뼈대 만들기

小狗 ＋ 没有 ＋ 区别。 　강아지는 차이가 없다.
주어　　　술어　　　목적어

4단계 문장 완성하기

① 这两只小狗有区别吗?
　이 두 강아지는 차이가 있니?

② 这两只小狗有什么区别?
　이 두 강아지는 어떤 차이가 있니?

③ 那两只小狗没有区别。
　저 두 강아지는 차이가 없다.

④ 那两只小狗看起来没有什么区别。
　저 두 강아지는 보기에 별다른 차이가 없다.

⑤ 那两只小狗完全没有什么区别。
　저 두 강아지는 완전히 별다른 차이가 없다.

합격필수 TIP

▶ 区别와 관련된 빈출 이미지

我发现了这两个箱子的区别。 　나는 이 두 상자의 차이를 알아차렸다.
这两个箱子到底有什么区别? 　이 두 상자는 도대체 어떤 차이가 있니?

堵车

dǔchē

통 교통이 꽉 막히다,
교통이 체증되다

공략

1단계 제시어 및 사진 파악하기

堵车는 '교통이 체증되다'라는 의미로 '동사(堵)+목적어(车)'로 이루어진 이합동사이다. 도로에 차가 막혀 있는 사진이 제시되어 있으므로, '이 길은 차가 심하게 막힌다', '출퇴근 시간에는 항상 차가 막힌다' 등의 내용을 떠올리며 문장을 만들자.

2단계 연관 어휘 떠올리기

路 lù 몡 길 | 经常 jīngcháng 児 언제나, 늘, 항상 | ★厉害 lìhai 혱 극심하다, 심각하다 | 上下班 shàngxiàbān 통 출퇴근하다 | ★总是 zǒngshì 児 늘, 줄곧 | 上课 shàngkè 통 수업을 듣다, 강의를 듣다 | ★由于 yóuyú 젭 ~때문에, ~으로 인하여 | 上班 shàngbān 통 출근하다 | ★迟到 chídào 통 지각하다

3단계 문장의 뼈대 만들기

路上 + 堵车。　길이 막힌다.
주어　　술어

4단계 문장 완성하기

① 这条路经常会堵车。
　　이 길은 항상 차가 막힌다.

② 这条路堵车堵得很厉害。
　　이 길은 차가 아주 심하게 막힌다.

③ 上下班时间路上总是堵车。
　　출퇴근 시간에 길은 항상 막힌다.

④ 因为路上堵车，所以我上课迟到了。
　　길에 차가 막혀서, 나는 수업에 늦었다.

⑤ 由于今天路上堵车，我上班迟到了。
　　오늘 길에 차가 막혀서, 나는 출근에 늦었다.

HSK POINT 동사 제시어 난이도 **中**

乘坐
chéngzuò
[동] 타다

공략

1단계 제시어 및 사진 파악하기

乘坐는 동사로 자동차나 비행기 등을 '타다'라는 의미를 나타낸다. 비행기 사진이 제시되어 있으므로 '나는 비행기를 타고 중국으로 간다', '내가 탄 비행기가 이륙하려고 한다' 등의 내용으로 문장을 만들자.

2단계 연관 어휘 떠올리기

飞机 fēijī [명] 비행기 | ★航班 hángbān [명] 항공편 | 马上 mǎshàng [부] 곧, 즉시 | ★起飞 qǐfēi [동] 이륙하다 | ★提前 tíqián [동] 앞당기다 | ★推迟 tuīchí [동] 늦추다, 연기하다

3단계 문장의 뼈대 만들기

我 + 乘坐 + 飞机。 나는 비행기를 탄다.
주어　　술어　　목적어

4단계 문장 완성하기

① 我要乘坐飞机去中国。
나는 비행기를 타고 중국으로 간다.

② 我要乘坐飞机去中国出差。
나는 비행기를 타고 중국으로 출장을 간다.

③ 她乘坐的航班马上就要起飞了。
그녀가 탄 항공편은 곧 이륙하려고 한다.

④ 她乘坐的航班提前了二十分钟。
그녀가 탄 항공편은 20분 앞당겨졌다.

⑤ 她乘坐的飞机推迟了一个小时。
그녀가 탄 비행기는 한 시간 연착되었다.

합격필수 TIP

▶ 비행기와 관련된 빈출 어휘

① 제시어 ● 起飞 qǐfēi [동] 이륙하다
他乘坐的航班已经起飞了。
그가 탄 항공편은 이미 이륙했다.

② 제시어 ● 降落 jiàngluò [동] 착륙하다
我乘坐的飞机正准备降落。
내가 탄 비행기는 착륙 준비를 하고 있다.

值得

zhídé

동 ~할 만하다,
~할 만한 가치가 있다

공략

1단계 제시어 및 사진 파악하기

值得는 동사로 '值得+동사' 형태로 쓰여 '~할 만한 가치가 있다'라는 의미를 나타낸다. 책을 보고 있는 남자 사진이 제시되어 있으므로, '이 책은 볼 만한 가치가 있다', '이 소설은 우리가 볼 만한 가치가 있다' 등의 내용으로 문장을 만들자.

2단계 연관 어휘 떠올리기

小说 xiǎoshuō 명 소설 ｜ 有意思 yǒuyìsi 형 재미있다 ｜ ★内容 nèiróng 명 내용 ｜ ★丰富 fēngfù 형 많다, 풍부하다 ｜ ★受……欢迎 shòu……huānyíng ~에게 인기가 있다 ｜ 读者 dúzhě 명 독자

3단계 문장의 뼈대 만들기

书 + 值得 + 看。 책은 볼 만한 가치가 있다.
주어　　술어　　목적어

4단계 문장 완성하기

① 这本书值得一看。
이 책은 한 번 볼 만한 가치가 있다.

② 这本小说值得我们一看。
이 소설은 우리가 한 번 볼 만한 가치가 있다.

③ 这本小说很有意思，值得一看。
이 소설은 재미있어서, 한 번 볼 만한 가치가 있다.

④ 这本书的内容很丰富，值得我们一看。
이 책의 내용은 풍부해서, 우리가 한 번 볼 만한 가치가 있다.

⑤ 这本小说很受读者欢迎，值得我们一看。
이 소설은 독자에게 인기가 있어서, 우리가 한 번 볼 만한 가치가 있다.

합격필수 TIP

▶ 值得와 관련된 빈출 이미지

这场京剧演出值得一看。
이 경극 공연은 한 번 볼 만한 가치가 있다.

这场京剧演出很精彩，值得我们看一下。
이 경극 공연은 정말 훌륭해서, 우리가 볼 만한 가치가 있다.

大概

dàgài

몡 대략, 대개

공략

1단계 제시어 및 사진 파악하기

大概는 부사로 '대략, 대강'이라는 의미를 나타낸다. 전화를 하면서 시계를 보고 있는 남자 사진이 제시되어 있으므로, 시간과 관련 있는 문장을 떠올리며 '회의가 대략 몇 시에 있습니까?', '우리는 대략 언제 출발하나요?' 등의 내용으로 문장을 만들자.

2단계 연관 어휘 떠올리기

会议 huìyì 몡 회의 | ★开始 kāishǐ 통 시작하다 | ★出发 chūfā 통 출발하다 | 办公室 bàngōngshì 몡 사무실

3단계 문장의 뼈대 만들기

会议 + 大概 + 两点 + 开始。 　회의는 대략 두 시에 시작한다.
주어　　 부사　　 부사어　 술어

4단계 문장 완성하기

① 今天的会议**大概**几点开始?
오늘 회의는 대략 몇 시에 시작합니까?

② 今天的会议**大概**下午两点开始。
오늘 회의는 대략 오후 두 시에 시작합니다.

③ 我们**大概**什么时候可以出发?
우리는 대략 언제 출발할 수 있습니까?

④ 我**大概**一个小时后才能出发。
저는 대략 한 시간 후에나 출발할 수 있습니다.

⑤ 我**大概**上午十点钟才能到办公室。
저는 대략 오전 10시경에 사무실에 도착합니다.

5회 해설

一、听力

第一部分
1. √ 2. ✕ 3. √ 4. √ 5. ✕ 6. ✕ 7. √ 8. √ 9. ✕ 10. ✕

第二部分
11. C 12. A 13. D 14. B 15. A 16. C 17. C 18. D 19. B 20. A
21. C 22. A 23. B 24. D 25. C

第三部分
26. A 27. C 28. B 29. D 30. A 31. C 32. B 33. A 34. C 35. B
36. C 37. A 38. B 39. D 40. C 41. B 42. A 43. D 44. C 45. A

二、阅读

第一部分
46. B 47. F 48. A 49. E 50. C 51. F 52. D 53. A 54. E 55. B

第二部分
56. CAB 57. ACB 58. CBA 59. ACB 60. BAC
61. CAB 62. ABC 63. BAC 64. CBA 65. BCA

第三部分
66. D 67. B 68. A 69. C 70. B 71. D 72. A 73. C 74. B 75. D
76. A 77. C 78. A 79. D 80. B 81. A 82. C 83. C 84. D 85. A

三、书写

第一部分
86. 对面将来要开一家公司。　　　　87. 能帮我去厨房拿一双筷子吗？
88. 这个词用得不太准确。　　　　　89. 我把那本杂志重新读了一遍。
90. 那条新闻并没有引起大家的重视。　91. 冰箱里还剩了两个鸡蛋。
92. 这次活动是由小王组织的。　　　93. 新房子的卧室比原来的大多了。
94. 盒子里面有一块儿手表。　　　　95. 妹妹害羞地低下了头。

第二部分
96. ① 他现在到底想什么呢？　　　　② 他最近到底发生了什么事？
　　③ 明天的会议到底几点开始？　　④ 明天的研讨会到底几点结束？
　　⑤ 今天晚上到底看什么电影好呢？

97. ① 她正在抱着三本书。　　　　　② 她一个人抱着几本杂志。
　　③ 她抱着几本书回宿舍。　　　　④ 她抱着小说去图书馆还书。
　　⑤ 她抱着汉语书去教室上课。

98. ① 谁的手机一直在响呢？　　　　② 你的手机一直在响，快去接吧。
　　③ 你的手机一直在响，怎么不去接呢？　④ 你的手机响得太吵了，快去接一下。
　　⑤ 正在开会的时候，我的手机突然响了。

99. ① 她没有通过面试，所以非常失望。　② 她对自己感到很失望。
　　③ 这次考试的结果让她很失望。　　④ 这场比赛的结果让她很失望。
　　⑤ 考试成绩不理想让她非常失望。

100. ① 这些药太苦了。　　　　　　　② 这些药苦极了，我真不想吃。
　　　③ 这个药虽然很苦，但一定要按时吃。　④ 这个药苦是苦，不过效果很好。
　　　⑤ 这个药没有想像的那么苦。

新 HSK 4급 합격모의고사 听力

第一部分

1. HSK POINT 유사 표현 이해 | 난이도 中 | track 05-1

有人认为金钱可以买到幸福，实际上一个人是否幸福很多时候跟金钱没有直接关系。富人不一定幸福，幸福的人也不一定很有钱。

★ 幸福与金钱关系不大。(√)

어떤 사람은 돈으로 행복을 살 수 있다고 생각한다. 실제로 사람의 행복 여부는 금전과 직접적으로 관계가 없는 경우가 많다. 부자가 반드시 행복한 것은 아니며, 행복한 사람이 반드시 부자인 것도 아니다.

★ 행복과 돈의 관계는 크지 않다. (√)

공략 실제로 사람의 행복 여부는 금전과 직접적으로 관계가 없는 경우가 많다고 했으므로 행복과 돈의 관계는 크지 않다는 제시된 문장은 녹음 내용과 일치한다.

어휘 金钱 jīnqián 몡 돈 | 幸福 xìngfú 몡 행복 | ★实际上 shíjìshang 뷔 사실상, 실제로 | ★是否 shìfǒu 뷔 ~인지 아닌지 | ★直接 zhíjiē 혱 직접적인 | 关系 guānxi 몡 관계 | 富人 fùrén 몡 부자 | 一定 yídìng 뷔 반드시

2. HSK POINT 혼동 표현 이해 | 난이도 中 | track 05-2

我和他是同一所大学毕业的，虽然当时没怎么交流，但他给我留下了很深的印象。后来我们进了同一家公司才慢慢熟悉起来。

★ 他们俩从小就认识。(×)

나는 그와 같은 대학을 졸업했다. 비록 당시에는 별로 친하게 지내지 않았지만, 그는 나에게 깊은 인상을 남겼다. 나중에 우리는 같은 회사에 들어가게 되면서 점점 친해졌다.

★ 두 사람은 어릴 때부터 아는 사이다. (×)

공략 나는 그와 같은 대학을 졸업했으며 당시에는 별로 친하게 지내지 않았다고 했으므로, 두 사람은 어릴 때부터 아는 사이라는 제시된 문장은 녹음 내용과 일치하지 않는다.

어휘 所 suǒ 얭 개, 하나(학교·병원을 세는 단위) | 毕业 bìyè 툉 졸업하다 | ★虽然 suīrán 젭 비록 ~하지만 | 交流 jiāoliú 툉 서로 소통하다, 교류하다 | 留下 liúxià 툉 남기다 | ★深 shēn 혱 깊다 | 印象 yìnxiàng 몡 인상 | ★熟悉 shúxī 혱 잘 알다, 익숙하다 | 认识 rènshi 툉 알다

3. HSK POINT 반어문의 이해 | 난이도 上 | track 05-3

小王，你不是一直想尝尝北京小吃吗？周末我带你去前门大街逛逛，那儿有各种各样的小吃。

샤오왕, 너 늘 베이징 간식을 먹어 보고 싶다고 하지 않았니? 주말에 내가 첸먼다제에 데리고 갈게. 그곳에는 각양각색의 간식거리가 있어.

★ 小王想吃北京小吃。（√）　　★ 샤오왕은 베이징 간식을 먹고 싶어 한다. （√）

공략 반어문에 자주 쓰이는 '不是……吗?'는 '~이 아닌가'라고 묻는 형식으로, 사실상 '그렇다'라는 사실을 강조한다. '너는 늘 베이징 간식을 먹어 보고 싶다고 하지 않았냐'는 것은 다시 말해 '베이징 간식을 먹고 싶어 한다'는 뜻이므로 제시된 문장과 녹음 내용은 일치한다.

어휘 ★一直 yìzhí 및 계속, 줄곧 | ★尝 cháng 통 맛보다 | 小吃 xiǎochī 명 간단한 먹을거리, 간식 | 周末 zhōumò 명 주말 | 大街 dàjiē 명 큰길, 번화가 | ★逛 guàng 통 거닐다

합격필수 TIP

▶ 자주 출제되는 반어문의 이해

• 不是……吗？ ~이 아닌가?
  你**不是**中国人**吗**？ 怎么不会写汉字？ 너는 중국 사람 아니니? 어떻게 한자를 못 쓰니?

• 难道……吗？ 설마 ~란 말인가?
  你**难道**不认识我**吗**？ 너 설마 나를 모르니?

• 何必……呢？ 구태여 ~할 필요가 있는가?
  路又不远，你**何必**坐车去**呢**？ 길이 멀지 않은데, 구태여 차를 타고 갈 필요가 있니?

---

4. HSK POINT 전반적인 의미 파악　난이도 **中**　　🔵 track 05-4

张经理去哪儿了？他的电话一直在占线。去办公室找他，敲了半天门也没人开。　　장 매니저가 어디 갔지? 그의 전화가 계속 통화 중이야. 사무실에 있나 가 봤지만, 문을 한참 두드려도 아무도 열어주지 않았어.

★ 张经理**不在办公室**。（√）　　★ 장 매니저는 사무실에 없다. （√）

공략 장 매니저가 사무실에 있나 가 봤지만 문을 한참 두드려도 아무도 열어주지 않았다고 했으므로, 장 매니저는 사무실에 없음을 알 수 있다. 제시된 문장과 녹음 내용은 일치한다.

어휘 经理 jīnglǐ 명 사장, 매니저 | ★占线 zhànxiàn 통 통화 중이다 | 办公室 bàngōngshì 명 사무실 | ★敲 qiāo 통 두드리다

---

5. HSK POINT 혼동 어휘 이해　난이도 **下**　　🔵 track 05-5

我住的地方离地铁站比较远，走路至少要半个小时。我早就想搬家了，但是一直没找到合适的房子，所以暂时还得在这儿住一段时间。　　내가 사는 곳은 지하철역에서 비교적 멀리 떨어져 있어서, 최소한 30분은 걸어야 한다. 예전부터 이사를 가고 싶었지만, 적당한 집을 못 구했다. 그래서 여기서 좀 더 살아야 한다.

★ 他找到了合适的房子。（×）　　★ 그는 적당한 집을 구했다. （×）

 예전부터 이사를 가고 싶었지만 적당한 집을 못 구했다고 했으므로 '적당한 집을 구했다'라는 제시된 문장은 녹음 내용과
일치하지 않는다.

 离 lí 개 ~에서, ~로부터 | 地铁站 dìtiězhàn 명 지하철역 | 远 yuǎn 형 멀다 | ★至少 zhìshǎo 부 적어도, 최소한 | 搬
家 bānjiā 동 이사하다 | ★合适 héshì 형 적당하다, 알맞다 | 房子 fángzi 명 집, 건물 | ★暂时 zànshí 명 잠깐, 잠시 | 段
duàn 양 한동안, 얼마간

6. HSK POINT 전반적인 의미 파악 난이도 中 track 05-6

观众朋友们以上就是今天《人与自然》的全部内容，感谢您的收看，我们明天同一时间再见！

★ 节目还没开始。(×)

시청자 여러분 지금까지 『사람과 자연』 프로그램의 모든 내용이었습니다. 시청해 주셔서 감사합니다. 내일 이 시간에 다시 찾아뵙겠습니다!

★ 프로그램은 아직 시작하지 않았다. (×)

 시청해 주셔서 감사하고 내일 이 시간에 다시 찾아뵙겠다고 했으므로, 프로그램은 이미 끝났음을 알 수 있다. 제시된 문장
은 녹음 내용과 일치하지 않는다.

 观众 guānzhòng 명 시청자 | 自然 zìrán 명 자연 | ★全部 quánbù 명 전부, 전체 | 内容 nèiróng 명 내용 | 感谢
gǎnxiè 동 감사하다 | ★收看 shōukàn 동 시청하다 | ★节目 jiémù 명 프로그램

7. HSK POINT 유사 표현 이해 난이도 中 track 05-7

小云，这个月7号有几位东南亚国家的大使会来我们学校参观。你负责那天的翻译工作吧。记得到时穿得正式些。

★ 他让小云当翻译。(√)

샤오윈, 이번 달 7일에 동남아 국가 대사님 몇 분이 우리 학교에 참관하러 오실 예정이네. 자네가 그날 통역을 맡아주게. 그날 정장 입는 것을 잊지 말게.

★ 그는 샤오윈에게 통역을 하라고 했다. (√)

 '你负责那天的翻译工作吧'를 통해서 그는 샤오윈에게 통역을 맡으라고 했으므로, 제시된 문장은 녹음 내용과 일치한다.
질문에 제시된 当은 '~을 맡다, 담당하다'의 의미이다.

 东南亚 Dōngnányà 고유 동남아시아 | 大使 dàshǐ 명 대사 | ★参观 cānguān 동 참관하다, 견학하다 | ★负责 fùzé 동 책
임지다 | ★翻译 fānyì 동 번역하다, 통역하다 | 记得 jìde 동 기억하고 있다, 잊지 않고 있다 | ★正式 zhèngshì 형 정식의,
공식의

8. HSK POINT 유사 표현 이해 난이도 中 track 05-8

程先生是著名的京剧表演艺术家，他从五岁起就跟着师傅学唱京剧，十岁上台表演，二十岁时就成为了当时十分有名的京剧演员。

청 선생은 유명한 경극 공연 예술가다. 그는 5세 때부터 스승으로부터 경극을 배웠고, 10세에 무대에 올랐으며, 20세에는 당시 아주 유명한 경극 배우로 성장했다.

★ 程先生二十岁时就<u>很有名</u>。(√)　　★ 청 선생은 20세 때 이미 유명해졌다. (√)

공략　청 선생은 20세에는 당시 아주 유명한 경극 배우로 성장했다고 했으므로, 청 선생은 20세 때 이미 유명해졌다는 제시된 문장은 녹음 내용과 일치한다.

어휘　★著名 zhùmíng 혱 저명하다, 유명하다 | 京剧 jīngjù 명 경극 | ★表演 biǎoyǎn 통 공연하다 | 艺术家 yìshùjiā 명 예술가 | 师傅 shīfu 명 (기예·기능을 전수하는) 스승, 사부 | 上台 shàngtái 통 (무대·강단 등에) 오르다 | ★成为 chéngwéi 통 ~이 되다 | 演员 yǎnyuán 명 배우 | ★有名 yǒumíng 혱 유명하다

9. `HSK POINT` 혼동 표현 이해　`난이도` 中

🔊 track 05-9

你收到小刘的短信了吗？ <u>他在前面银行门口</u><u>等大家</u>。让咱们买完矿泉水，就去那儿找他。

샤오류의 메시지를 받았니? <u>그가 저 앞 은행 입구에서 우리를 기다리고 있을 테니</u>, 생수를 사면 그쪽으로 오라고 하더라.

★ 小刘去银行<u>取钱</u>。(×)　　★ 샤오류는 은행에 돈을 찾으러 갔다. (×)

공략　샤오류가 앞쪽 은행 입구에서 그들을 기다린다고 했으므로 샤오류은 은행에 돈을 찾으러 갔다는 제시된 문장은 녹음 내용과 일치하지 않는다.

어휘　★收到 shōudào 통 받다, 얻다 | ★短信 duǎnxìn 명 문자 메시지 | 银行 yínháng 명 은행 | 门口 ménkǒu 명 입구, 현관 | 矿泉水 kuàngquánshuǐ 명 광천수, 생수 | 取钱 qǔqián 통 돈을 찾다

10. `HSK POINT` 혼동 어휘 이해　`난이도` 上

🔊 track 05-10

由于冷空气南下，我省明天将迎来大幅度降温天气。<u>有些地方还会有小到中雪</u>，交通会受到一定影响。听众朋友们出行时一定要注意安全。

찬 공기가 남쪽으로 내려와 우리 성의 내일 기온은 크게 떨어지겠습니다. <u>일부 지방에는 소량에서 중간 정도의 눈이 내릴 예정으로</u>, 교통에 영향을 미칠 것입니다. 청취자 여러분은 외출할 때 안전에 주의하시기 바랍니다.

★ 明天上午有大<u>雨</u>。(×)　　★ 내일 오전에 비가 많이 온다. (×)

공략　찬 공기가 남쪽으로 내려와 기온이 크게 떨어지고 일부 지방에는 눈이 내릴 예정이라고 말하고 있으므로 내일 오전에 많은 비가 온다는 제시된 문장은 녹음 내용과 일치하지 않는다.

어휘　★由于 yóuyú 개 ~때문에, ~로 인하여 | 省 shěng 명 성 | 将 jiāng 부 ~하게 될 것이다 | 大幅度 dàfúdù 혱 대폭적인 | ★降温 jiàngwēn 통 기온이 떨어지다 | 交通 jiāotōng 명 교통 | ★影响 yǐngxiǎng 통 영향을 주다 | 出行 chūxíng 통 외출하다

11. HSK POINT 인물의 행동 파악 | 난이도 中 | track 05-11

男：你有张教授的电话号码吗？ 我们年级礼
　　拜天晚上有个聚会，想邀请他参加。
女：有。不过张教授出国了，你不一定能联
　　系上他。

问：男的想请张教授做什么？

A 去旅游
B 出国工作
C 参加聚会
D 参加婚礼

남: 장 교수님 전화번호를 가지고 있니? 일요일 저녁에
　　우리 학년 모임이 있는데, 초대하려고 그러거든.
여: 있어. 하지만 장 교수님은 출국하셔서, 연락이 안 될
　　지도 몰라.

질문: 남자는 장 교수에게 어떤 부탁을 하려고 하는가?

A 여행을 가라고
B 외국에 가서 일을 하라고
C 모임에 참석해 달라고
D 결혼식에 참석해 달라고

공략 보기를 통해서 인물의 행동을 묻는 문제임을 알 수 있다. 남자는 일요일 저녁 학년 모임에 초대하려고 한다며 여자에게 장 교수님 전화번호를 가지고 있냐고 묻고 있으므로 정답은 C이다.

어휘 ★教授 jiàoshòu 명 교수 | 年级 niánjí 명 학년 | 礼拜天 lǐbàitiān 명 일요일 | ★聚会 jùhuì 명 모임 | ★邀请 yāoqǐng 동 초청하다, 초대하다 | 参加 cānjiā 동 참가하다 | 出国 chūguó 동 출국하다 | ★联系 liánxì 동 연락하다 | 旅游 lǚyóu 동 여행하다 | 婚礼 hūnlǐ 명 결혼식

12. HSK POINT 대상 파악 | 난이도 中 | track 05-12

女：有消息说今年公司奖金会提高百分之
　　二十。
男：我也听说了。那好像只有优秀职员才会
　　提高，其他人不变。

问：男的觉得谁的奖金会提高百分之二十？

A 优秀职员　　　　B 勤奋的学生
C 优秀教师　　　　D 诚实的职员

여: 올해 회사 보너스가 20% 인상된다는 소식이 있어.
남: 나도 들었어. 그런데 우수 직원만 인상되고 다른 직
　　원은 변함이 없는 것 같아.

질문: 남자는 누구의 보너스가 20% 인상한다고 생각하
　　　는가?

A 우수 직원　　　　B 부지런한 학생
C 우수 교사　　　　D 성실한 직원

공략 올해 회사 보너스가 20% 인상된다는 소식이 있다는 여자의 말에 남자는 우수 직원만 인상되고 다른 직원은 변함이 없다고 했으므로 정답은 A이다.

어휘 ★消息 xiāoxi 명 소식 | 奖金 jiǎngjīn 명 포상금, 보너스 | ★提高 tígāo 동 향상시키다, 높이다 | 百分之 bǎi fēn zhī 퍼센트 | 好像 hǎoxiàng 부 마치 ~과 같다 | ★优秀 yōuxiù 형 우수하다 | 职员 zhíyuán 명 직원 | 变 biàn 동 변하다, 바뀌다 | ★勤奋 qínfèn 형 꾸준하다, 부지런하다 | 诚实 chéngshí 형 성실하다

▶ 중국어로 퍼센트(%)를 읽는 방법

퍼센트(%)는 '100분의 몇'이므로 百分之(bǎi fēn zhī) 몇이라고 읽는다.

20% ⇨ 百分之二十 bǎi fēn zhī èrshí

45% ⇨ 百分之四十五 bǎi fēn zhī sìshíwǔ

---

13. HSK POINT 이유 및 원인 파악 난이도 中 ● track 05-13

男：<u>卫生间的灯竟然又坏了。这个月已经是第三次了</u>。	남: <u>화장실 등이 또 고장 났어. 이달 들어 벌써 세 번째야</u>.
女：<u>太奇怪了</u>。我明天找个师傅来看看。到底是怎么回事。	여: <u>참 이상하네</u>. 내일 기사를 불러서 어떻게 된 건지 살펴봐야겠다.
问：女的对什么感到奇怪？	질문: 여자가 이상하다고 느낀 것은 무엇인가?
A 请不了假	A 휴가를 못 내서
B 不能上网了	B 인터넷에 접속을 못해서
C 航班推迟了	C 비행기 운항 시간이 늦춰져서
Ⓓ 灯又坏了	Ⓓ 등이 또 고장 나서

공략 화장실 등이 또 고장 났다며 이달 들어 벌써 세 번째라는 남자의 말에 여자는 참 이상하다고 답하고 있으므로 정답은 D 이다.

어휘 卫生间 wèishēngjiān 몡 화장실 | 灯 dēng 몡 등 | ★竟然 jìngrán 뿐 뜻밖에도, 의외로 | 已经 yǐjing 뿐 이미, 벌써 | ★奇怪 qíguài 톙 이상하다 | ★到底 dàodǐ 뿐 도대체 | ★请假 qǐngjià 툉 신청하다 | 上网 shàngwǎng 툉 인터넷을 하다 | 航班 hángbān 몡 운항편, 항공편 | ★推迟 tuīchí 툉 뒤로 미루다, 늦추다

---

14. HSK POINT 대상 파악 난이도 下 ● track 05-14

女：<u>我看见我们办公室的王教授了</u>。我过去打声招呼。	여: <u>우리 사무실의 왕 교수를 봤어요</u>. 가서 인사 좀 나누고 올게요.
男：好。我在这儿等你。	남: 알았어요. 여기서 기다리고 있을게요.
问：女的要跟谁打招呼？	질문: 여자는 누구와 인사를 나누려고 하는가?
A 王大夫　　　Ⓑ 王教授	A 왕 의사　　　Ⓑ 왕 교수
C 王秘书　　　D 王教练	C 왕 비서　　　D 왕 코치

공략 보기를 통해서 '누구'를 묻는 문제임을 알 수 있다. 우리 사무실의 왕 교수를 봤다며 인사 좀 나누고 오겠다는 여자의 말을 통해서 정답이 B임을 알 수 있다.

어휘

어휘 教授 jiàoshòu 몡 교수 | ★打招呼 dǎ zhāohu 툉 인사하다 | 大夫 dàifu 몡 의사 | 秘书 mìshū 몡 비서 | 教练 jiàoliàn 몡 감독, 코치

---

15. `HSK POINT 인물의 상태 파악` `난이도 下`　　track 05-15

男: 喂, 你在哪儿呢? 我忘带钥匙了。

女: 我在对面的超市呢。正好我买了一箱矿泉水, 你来接我一下吧。

问: 男的怎么了?

A 没带钥匙

B 肚子疼了

C 压力太大

D 打错电话了

남: 여보세요, 당신 어디야? 나 열쇠를 깜박하고 두고 나왔어.

여: 건너편 슈퍼마켓에 있어. 마침 생수를 한 상자 샀으니, 데리러 와.

질문: 남자의 상황은 어떠한가?

A 열쇠를 두고 왔다

B 배가 아프다

C 스트레스가 너무 심하다

D 전화를 잘못 걸었다

공략 남자는 여자에게 전화를 걸어 열쇠를 깜박하고 두고 나왔다며 어디냐고 묻고 있다. 남자의 말을 통해 남자는 열쇠를 두고 왔음을 알 수 있으므로 정답은 A이다.

어휘 忘 wàng 툉 잊다 | ★带 dài 툉 (몸에) 지니다, 휴대하다 | 钥匙 yàoshi 몡 열쇠 | 超市 chāoshì 몡 마트, 슈퍼마켓 | ★正好 zhènghǎo 円 마침 | 箱 xiāng 양 상자, 박스 | ★接 jiē 툉 마중하다 | 肚子 dùzi 몡 배 | 疼 téng 혱 아프다 | ★压力 yālì 몡 스트레스

---

16. `HSK POINT 숫자 관련 어휘 파악` `난이도 中`　　track 05-16

女: 您好, 我想把这些衣服邮寄到外地。你们怎么收费呢?

男: 按公斤来, 1公斤以内都是20元, 然后每超出1公斤加收5块钱。

问: 邮寄1公斤衣服需多少钱?

A 5元　　　　　　B 15元

C 20元　　　　　D 25元

여: 안녕하세요. 이 옷을 외지로 우편 발송을 하려고 하는데, 요금이 어떻게 되나요?

남: 킬로그램으로 계산합니다. 1킬로그램 이하는 20위안이고, 1킬로그램 초과할 때마다 5위안이 추가됩니다.

질문: 1킬로그램의 옷을 우편으로 보내면 얼마인가?

A 5위안　　　　　B 15위안

C 20위안　　　　D 25위안

공략 보기를 통해서 가격을 묻는 문제임을 알 수 있다. 1킬로그램 이하는 20위안이고 1킬로그램 초과할 때마다 5위안이 추가된다는 남자의 말을 통해서 1킬로그램의 옷을 우편으로 보내려면 20위안이 필요함을 알 수 있으므로 정답은 C이다.

어휘 邮寄 yóujì 툉 우편 발송을 하다 | 外地 wàidì 몡 외지 | ★收费 shōufèi 툉 비용을 받다 | 按 àn 개 ~에 의거하여, ~에 따라서 | 公斤 gōngjīn 양 킬로그램 | 然后 ránhòu 젭 그런 후에, 그 다음에 | ★超出 chāochū 툉 (일정한 범위나 수량을) 초과하다 | ★加收 jiāshōu 툉 추가 징수하다

▶ 숫자와 친한 도량사

斤 jīn 근 | 公斤 gōngjīn 킬로그램 | 公里 gōnglǐ 킬로미터 | 厘米 límǐ 센티미터 | 平方米 píngfāngmǐ 제곱미터

17. HSK POINT 이유 및 원인 파악 난이도 上　track 05-17

男：妈，你看这鲜花放在外面才一天，叶子就全变绿了。

女：是啊。估计是之前在客厅里见不到阳光才发黄的。

问：女的认为叶子为什么会发黄？

A 空气湿润
B 放阳台上
C 没有阳光
D 减少降雨

남: 어머니, 이 꽃을 밖에 하루 놓아두었을 뿐인데, 잎이 모두 녹색으로 변했어요.

여: 그렇네. 그전에는 거실에서 햇빛을 못 봐서 누렇게 변했었나 보구나.

질문: 여자는 잎이 왜 누렇게 변했다고 생각하는가?

A 공기에 습기가 많아서
B 베란다에 두어서
C 햇빛이 없어서
D 강우량이 줄어들어서

공략 估计는 말하는 사람의 추측이나 예측을 나타낸다. 여자는 그전에는 거실에서 햇빛을 못 봐서 누렇게 변했었나 보다고 말하고 있으므로 정답은 C이다.

어휘 鲜花 xiānhuā 몡 생화, 꽃 | 叶子 yèzi 몡 잎 | 绿 lǜ 혱 푸르다 | ★估计 gūjì 통 추측하다, 예측하다 | 客厅 kètīng 몡 객실 | 阳光 yángguāng 몡 햇빛 | 发黄 fāhuáng 통 누렇게 되다 | 空气 kōngqì 몡 공기 | ★湿润 shīrùn 혱 축축하다, 습윤하다 | ★减少 jiǎnshǎo 통 감소하다 | ★降雨 jiàngyǔ 통 비가 내리다

18. HSK POINT 전반적인 의미 파악 난이도 下　track 05-18

女：真后悔，昨天没报羽毛球班。现在人都报满了。

男：没事，你可以下学期再报。

问：女的后悔什么？

A 做生意　　　　B 学法律
C 读博士　　　　D 没报名

여: 어제 배드민턴 반에 접수하지 않은 것이 정말 후회된다. 지금은 인원이 다 차버렸어.

남: 괜찮아. 다음 학기에 접수할 수 있잖아.

질문: 여자가 후회하는 일은 무엇인가？

A 사업을 한 일　　　　B 법률을 공부한 일
C 박사 코스를 공부한 일　　D 접수를 하지 않은 일

공략 어제 배드민턴 반에 접수하지 않은 것이 정말 후회가 된다고 직접적으로 언급하고 있으므로 D가 정답이 된다.

어휘 ★后悔 hòuhuǐ 통 후회하다 | 报 bào 통 신청하다 | 羽毛球 yǔmáoqiú 몡 배드민턴 | 学期 xuéqī 몡 학기 | ★做生意 zuò shēngyi 장사를 하다, 사업을 하다 | ★法律 fǎlǜ 몡 법률 | 博士 bóshì 몡 박사

男：打扰一下，从这儿去国家图书馆要多久？

女：走路要半小时左右，<u>你可以去对面车站坐319路，六站就到了。</u>

问：男的应该去哪儿坐车？

A 邮局旁边

Ⓑ 马路对面

C 超市门口

D 地铁站附近

남: 실례합니다. 여기서 국가 도서관을 가려면 얼마나 걸립니까?

여: 걸어가면 30분 정도 걸려요. <u>길 건너 정류장에서 319번을 타고, 여섯 정거장만 가면 됩니다.</u>

질문: 남자는 어디서 차를 타야 하는가?

A 우체국 옆

Ⓑ 길 건너편

C 슈퍼마켓 입구

D 지하철 부근

공략 보기를 통해서 장소 및 위치를 묻는 문제임을 알 수 있다. 길 건너 정류장에서 319번을 타고 여섯 정거장만 가면 된다는 여자의 말을 통해서 남자는 길 건너편에서 차를 타야 함을 알 수 있으므로 정답은 B이다.

어휘 ★打扰 dǎrǎo 툉 방해하다 │ 图书馆 túshūguǎn 몡 도서관 │ ★左右 zuǒyòu 몡 가량, 쯤 │ 对面 duìmiàn 몡 맞은편 │ ★车站 chēzhàn 몡 정류장 │ 邮局 yóujú 몡 우체국 │ 旁边 pángbiān 몡 옆, 부근 │ 马路 mǎlù 몡 찻길, 대로 │ ★附近 fùjìn 몡 근처, 부근

女：<u>钥匙在这个盒子里。</u>可是盒子怎么也打不开。

男：我去拿把小刀来试试。

问：关于那个盒子，可以知道什么？

Ⓐ 打不开

B 样子很特别

C 价格不便宜

D 质量不错

여: <u>열쇠를 이 상자 안에 두었는데,</u> 상자가 아무리 해도 안 열리네.

남: 내가 칼을 가져와서 해 볼게.

질문: 상자에 관해 알 수 있는 것은?

Ⓐ 열리지 않는다

B 모양이 특별하다

C 가격이 싸지 않다

D 품질이 좋다

공략 열쇠를 이 상자 안에 두었는데 상자가 아무리 해도 안 열린다는 여자의 말을 통해 정답이 A임을 알 수 있다.

어휘 ★钥匙 yàoshi 몡 열쇠 │ 盒子 hézi 몡 작은 상자 │ 把 bǎ 양 자루(손잡이·자루가 있는 기구를 세는 단위) │ 小刀 xiǎodāo 몡 조그만 칼 │ ★特别 tèbié 혱 특별하다, 특이하다 │ ★价格 jiàgé 몡 가격 │ 便宜 piányi 혱 (값이) 싸다 │ ★质量 zhìliàng 몡 질, 품질

21. `HSK POINT` 인물의 특징 파악 `난이도 中` track 05-21

男：你对小林还有印象吗？

女：当然！我记得他很聪明，成绩也特别优秀。老师经常表扬他。

问：女的对小林有什么印象？

A 很幽默

B 不太活泼

Ⓒ 学习很好

D 十分骄傲

남：당신 샤오린 기억하지?

여：물론이지. 영리하고 성적도 특히 우수해서, 늘 선생님께서 칭찬을 하셨지.

질문：샤오린에 대한 여자의 인상은?

A 매우 유머러스하다

B 별로 활발하지 않았다

Ⓒ 공부를 매우 잘했다

D 너무 거만하다

`공략` 보기를 통해서 인물에 관한 성격 및 태도를 묻는 문제임을 알 수 있다. 샤오린을 기억하냐는 남자의 물음에 여자는 영리하고 성적도 특히 우수해서 늘 선생님께서 칭찬을 하셨다고 답했으므로 정답은 C이다.

`어휘` ★印象 yìnxiàng 몡 인상 | 当然 dāngrán 혱 당연하다, 물론이다 | 聪明 cōngming 혱 똑똑하다, 총명하다 | ★成绩 chéngjì 몡 성적 | 特别 tèbié 뵈 특히, 더욱 | ★优秀 yōuxiù 혱 우수하다 | 经常 jīngcháng 뵈 언제나, 늘 | 表扬 biǎoyáng 됭 칭찬하다, 표창하다 | ★幽默 yōumò 혱 유머러스한 | 活泼 huópo 혱 활발하다, 활달하다 | ★骄傲 jiāo'ào 혱 오만하다, 거만하다

---

22. `HSK POINT` 옳고 그름 판단 `난이도 中` track 05-22

女：这台打印机上午恐怕是修不好了。

男：那怎么办？会议马上就开始了。材料还没打印呢。

问：根据对话，下面哪个正确？

Ⓐ 打印机坏了

B 传真机坏了

C 打印机修好了

D 不会用复印机

여：이 프린터는 오전에 수리를 못할 것 같아요.

남：그럼 어쩌죠? 회의가 곧 시작되는데, 자료를 아직도 출력하지 못했잖아요.

질문：대화를 근거로 다음 중 옳은 것은?

Ⓐ 프린터가 고장 났다

B 팩스기가 고장 났다

C 프린터를 수리했다

D 복사기 사용법을 모른다

`공략` 이 프린터는 오전에 수리를 못할 것 같다는 여자의 말을 통해서 프린터가 고장 났음을 알 수 있으므로 정답은 A이다.

`어휘` ★台 tái 양 대(기계·차량·설비 등을 세는 단위) | 打印机 dǎyìnjī 몡 프린터 | ★恐怕 kǒngpà 뵈 아마 ~일 것이다 | 会议 huìyì 몡 회의 | 马上 mǎshàng 뵈 곧, 즉시 | ★材料 cáiliào 몡 자료 | 传真机 chuánzhēnjī 몡 팩스 | 复印机 fùyìnjī 몡 복사기

▶ 恐怕의 용법

恐怕는 '아마 ~일 것이다'라는 의미의 부사로, 좋지 않은 일에 대한 추측과 짐작을 나타낸다.

她今天没有来上课，**恐怕**生病了。 그녀는 오늘 수업에 오지 않았다. 아마도 아픈 것 같다.

他**恐怕**迟到，所以坐出租车来了。 그는 지각할 것 같아서 택시를 타고 왔다.

---

23. HSK POINT 인물의 행동 파악 〔난이도 下〕 🔘 track 05-23

男：今天理发的人真多。估计至少得等两个小时。

女：那咱们先去逛逛吧。晚点儿再过来。

问：女的建议怎么做？

A 画画儿

Ⓑ 去逛街

C 收拾厨房

D 换裤子

남: 오늘 이발하러 온 사람이 정말 많네. 최소한 2시간은 기다려야 할 것 같아.

여: 그럼 우선 쇼핑을 하고, 이따가 다시 오자.

질문: 여자는 어떻게 하자고 제안했는가?

A 그림을 그리자고

Ⓑ 쇼핑하러 가자고

C 부엌을 정리하라고

D 바지를 갈아입으라고

공략 보기를 통해서 인물의 행동을 묻는 문제임을 알 수 있다. 여자는 남자에게 쇼핑부터 하고 이따가 다시 오자고 말하고 있으므로 정답은 B이다.

어휘 ★理发 lǐfà 图 이발하다, 머리를 깎다 ｜ ★估计 gūjì 图 추측하다, 예측하다 ｜ ★至少 zhìshǎo 图 적어도, 최소한 ｜ 建议 jiànyì 图 (자기의 주장·의견을) 제기하다, 제안하다 ｜ 画画 huàhuà 图 그림을 그리다 ｜ 逛街 guàngjiē 图 쇼핑하다 ｜ ★收拾 shōushi 图 거두다, 정리하다 ｜ 厨房 chúfáng 图 주방, 부엌 ｜ 换 huàn 图 교환하다 ｜ 裤子 kùzi 图 바지

---

24. HSK POINT 이유 및 원인 파악 〔난이도 中〕 🔘 track 05-24

女：发生什么事了？前面怎么这么多人？还有很多记者和警察呢。

男：听同事说这儿晚上有演出，邀请了不少名人。

问：前面为什么有很多人？

A 交通不便

B 搞活动

C 出事故

Ⓓ 有演出

여: 무슨 일인데 저 앞에 이렇게 사람이 많지? 기자와 경찰도 많이 와있네.

남: 회사 동료가 그러는데, 여기서 저녁에 공연을 하는데, 유명 인사도 많이 초청한대.

질문: 앞에 사람이 많은 이유는?

A 교통이 불편해서

B 행사를 해서

C 사고가 나서

Ⓓ 공연이 있어서

 '무슨 일인데 저 앞에 이렇게 사람이 많냐'는 여자의 말에 남자는 여기서 저녁에 공연을 해서 유명 인사도 많이 초청했다고 들었다고 답하고 있으므로 정답은 D이다.

 发生 fāshēng 통 일어나다, 발생하다 | 前面 qiánmian 명 앞 | ★记者 jìzhě 명 기자 | ★警察 jǐngchá 명 경찰 | 同事 tóngshì 명 동료 | 演出 yǎnchū 명 공연 | ★邀请 yāoqǐng 통 초청하다, 초대하다 | 名人 míngrén 명 유명 인사 | 交通 jiāotōng 명 교통 | ★搞 gǎo 통 하다 | ★活动 huódòng 명 행사 | 事故 shìgù 명 사고

25. HSK POINT 전반적인 의미 파악 난이도 中　track 05-25

男：喂，我刚收到银行短信提醒。钱已经到了。

女：好。那我就放心了。

问：男的是什么意思?

A 别打扰孩子

B 材料改完了

C 钱已经收到了

D 信没寄出

남: 여보세요? 방금 은행으로부터 돈이 입금되었다는 메시지를 받았어.

여: 잘 됐다. 이제 안심이 되네.

질문: 남자의 말이 의미하는 것은?

A 아이를 귀찮게 하지 마라

B 자료를 다 수정했다

C 돈을 이미 받았다

D 편지를 부치지 않았다

 '已经……了'는 '이미 ~했다'라는 의미이다. 남자는 방금 은행으로부터 돈이 입금되었다는 메시지를 받았다고 말하고 있으므로 이미 돈을 받았음을 알 수 있다. 따라서 정답은 C이다.

 ★收到 shōudào 통 받다 | 银行 yínháng 명 은행 | ★短信 duǎnxìn 명 문자 메시지 | ★提醒 tíxǐng 통 일깨우다, 깨우치다 | 已经 yǐjing 부 이미, 벌써 | 放心 fàngxīn 통 마음을 놓다 | ★打扰 dǎrǎo 통 방해하다 | 寄 jì 통 부치다

第三部分

26. HSK POINT 전반적인 의미 파악 난이도 中　track 05-26

女：咱们去五楼吧。

男：五楼是卖厨具的。家里缺什么吗?

女：搬家时我扔了一部分筷子和勺子。明天有客人来，我怕不够用。

男：那我们去看看吧。

问：根据对话，可以知道什么?

여: 우리 5층으로 가봅시다.

남: 5층은 주방 용품을 파는 곳이에요. 집에 뭐 필요한 것 있어요?

여: 이사할 때 젓가락과 국자 일부를 버리고 왔어요. 내일 손님이 오는데, 부족할지도 몰라서 그래요.

남: 그럼 가봅시다.

질문: 대화를 근거로 알 수 있는 것은?

A 明天来客人 | A 내일 손님이 온다
B 在整理厨房 | B 주방을 정리하고 있다
C 打算搬家 | C 이사할 계획이다
D 再跑一会儿 | D 더 돌아볼 것이다

공략 내일 손님이 온다는 여자의 말을 통해 A가 정답임을 알 수 있다. 여자는 주방을 정리하는 것이 아니라 주방 용품 파는 곳을 둘러보는 것이므로 B는 정답이 될 수 없다.

어휘 楼 lóu 양 층 | 厨具 chújù 명 주방 용구 | 缺 quē 통 부족하다 | ★搬家 bānjiā 통 이사하다 | ★扔 rēng 통 버리다 | 筷子 kuàizi 명 젓가락 | 勺子 sháozi 명 수저 | 客人 kèrén 명 손님 | ★怕 pà 통 염려하다, 걱정하다 | ★不够 búgòu 통 (수량이나 정도가 요구에) 모자라다 | 整理 zhěnglǐ 통 정리하다 | 打算 dǎsuan 통 ~할 생각이다

27. HSK POINT 사물 파악 | 난이도 下 | ◉ track 05-27

男: 你上次买的饼干很好吃，在哪里买的呀? | 남: 지난번에 사온 과자가 맛있었어. 어디서 산 거야?
女: 网上。我把网址发给你。 | 여: 인터넷에서 샀어. 내가 주소를 알려줄게.
男: 好! 我最近正想买些吃的呢。 | 남: 좋아! 나는 요즘 마침 먹을 것을 좀 사려고 했거든.
女: 这家的巧克力也挺不错，你可以尝尝。 | 여: 그 가게 초콜릿도 아주 맛있으니 먹어봐.

问: 女的让男的买什么尝尝? | 질문: 여자는 남자에게 무엇을 사서 맛보라고 했는가?

A 果汁 | A 주스
B 冰淇淋 | B 아이스크림
C 巧克力 | C 초콜릿
D 水果 | D 과일

공략 여자는 남자에게 그 가게 초콜릿도 아주 맛있으니 맛보라고 말하고 있으므로 정답은 C이다.

어휘 上次 shàngcì 명 지난번, 저번 | ★饼干 bǐnggān 명 비스킷, 과자 | ★网址 wǎngzhǐ 명 인터넷 주소 | 最近 zuìjìn 명 최근, 요즘 | 巧克力 qiǎokèlì 명 초콜릿 | ★尝 cháng 통 맛보다 | 果汁 guǒzhī 명 과일 주스 | 冰淇淋 bīngqílín 명 아이스크림 | 水果 shuǐguǒ 명 과일

28. HSK POINT 전반적인 의미 파악 | 난이도 下 | ◉ track 05-28

女: 准备哪天出发? | 여: 며칠에 출발할 예정이야?
男: 我的签证已经下来了。把房子租出去了就走。 | 남: 비자가 이미 나왔으니, 집을 세놓고 바로 떠날 거야.
女: 我有个同学想在这个附近租房。 | 여: 이 부근에서 집을 구하는 학교 친구가 있어.
男: 太好了。你让他来看看吧。 | 남: 정말 잘됐다. 그 친구한테 와 보라고 해.

| 问：关于男的，可以知道什么？ | 질문: 남자에 관해 알 수 있는 것은? |

A 出国留学

Ⓑ 出租房子

C 做事马虎

D 会讲笑话

A 외국으로 유학 간다

Ⓑ 집을 세놓는다

C 일을 대충대충 처리한다

D 재미있는 말을 잘한다

공략 남자는 여자에게 비자가 이미 나왔으니 집을 세놓고 바로 떠날 거라고 답하고 있으므로 정답은 B이다.

어휘 准备 zhǔnbèi 통 준비하다 │ ★出发 chūfā 통 출발하다 │ ★签证 qiānzhèng 명 비자 │ 房子 fángzi 명 집, 건물 │ ★租 zū 통 임대하다 │ 留学 liúxué 통 유학하다 │ 马虎 mǎhu 형 적당히 하다, 대강하다 │ 讲 jiǎng 통 말하다, 이야기하다 │ ★笑话 xiàohua 명 우스운 이야기

---

29. HSK POINT 옳고 그름 판단 〔난이도 中〕　　track 05-29

男：你平时喜欢听什么音乐？

女：流行的、民族的我都爱听。有时也听听京剧。

男：你还喜欢听京剧？

女：对。其实京剧很有意思。可惜我不能完全听懂。我想以后专门去学。

男: 너 평소 어떤 음악을 좋아하니?

여: 유행가나 민족적인 음악을 모두 좋아해. 때로는 경극을 듣기도 해.

남: 경극을 좋아한다고?

여: 그래. 사실 경극은 참 재미있어. 완전히 알아듣지 못해서 유감이지. 나중에 전문적으로 배워볼 생각이야.

问：关于女的，下列哪个正确？

质问: 여자에 관해 다음 중 옳은 것은?

A 努力工作

B 遇事冷静

C 十分礼貌

Ⓓ 打算学京剧

A 열심히 일한다

B 일에 침착하게 대처한다

C 매우 예의를 갖춘다

Ⓓ 경극을 배울 계획이다

공략 其实는 어기부사로 강조를 나타낸다. 여자는 사실 경극은 참 재미있다며 완전히 알아듣지 못해서 유감이지만 나중에 전문적으로 배워볼 생각이 있다고 말하고 있으므로 정답은 D이다.

어휘 平时 píngshí 명 평소, 평상시 │ 音乐 yīnyuè 명 음악 │ ★流行 liúxíng 형 유행하는, 성행하는 │ 民族 mínzú 명 민족 │ 京剧 jīngjù 명 경극 │ ★其实 qíshí 부 사실 │ 可惜 kěxī 형 아쉽다, 애석하다 │ ★专门 zhuānmén 부 전문적으로 │ 遇事 yùshì 통 일이 생기다 │ ★冷静 lěngjìng 형 냉정하다, 침착하다 │ ★礼貌 lǐmào 형 예의 바르다

女：您好！我是来应聘导游的。

男：面试时间推迟了。<u>你昨天没收到邮件通知吗</u>？

女：不好意思。<u>我的电脑送去修理了。还没来得及查看</u>。

男：没关系。你明天下午两点再来吧。

问：关于女的，下列哪个正确？

Ⓐ 电脑坏了

B 应聘记者

C 爱看报纸

D 有责任心

여: 안녕하십니까. 가이드 모집에 지원하러 왔습니다.

남: 면접 시간이 연기되었습니다. <u>어제 메일로 통지했는데 못 받았어요?</u>

여: 미안합니다. <u>컴퓨터를 수리하러 맡기는 바람에 확인을 못 했습니다.</u>

남: 괜찮아요. 내일 오후 2시에 다시 오세요.

질문: 여자에 관해 다음 중 옳은 것은?

Ⓐ 컴퓨터가 고장 났다

B 기자 모집에 지원했다

C 신문 보기를 좋아한다

D 책임감이 있다

공략 '还没来得及'는 '미처 ~하지 못했다'라는 의미이다. 여자는 컴퓨터를 수리하러 맡기는 바람에 확인을 못 했다고 답하고 있다. 여자의 말을 통해서 여자의 컴퓨터가 고장 났음을 알 수 있으므로 정답은 A이다.

어휘 ★应聘 yìngpìn 图 초빙에 응하다, 지원하다 | 导游 dǎoyóu 图 관광 안내원, 가이드 | ★面试 miànshì 图 면접시험 | ★推迟 tuīchí 图 뒤로 미루다, 늦추다 | 邮件 yóujiàn 图 우편물 | ★通知 tōngzhī 图 통지 | 电脑 diànnǎo 图 컴퓨터 | 修理 xiūlǐ 图 수리하다 | ★查看 chákàn 图 검사하다 | 记者 jìzhě 图 기자 | 报纸 bàozhǐ 图 신문 | 责任心 zérènxīn 책임감

男：<u>你看起来很困，昨晚没休息好</u>？

女：对。<u>做了一晚上梦，五点就醒了</u>。

男：那今天还去爬长城吗？

女：去。好不容易有机会一起去玩儿。

问：关于女的，下列哪个正确？

A 没有朋友

B 心情更好

Ⓒ 非常困

D 喜欢交流

남: 너 아주 졸려 보여. 어젯밤에 제대로 쉬지 못했니?

여: 맞아. 밤새 꿈을 꾸다가 5시에 일어났어.

남: 그런데도 오늘 만리장성에 오른단 말이야?

여: 갈 거야. 함께 놀러 갈 기회를 겨우 만들었잖아.

질문: 여자에 관해 다음 중 옳은 것은?

A 친구가 없다

B 기분이 더 좋다

Ⓒ 매우 졸린다

D 친구 사귀기를 좋아한다

공략 아주 졸려 보인다며 어젯밤에 제대로 쉬지 못했냐는 남자의 물음에 여자는 밤새 꿈을 꾸다가 5시에 일어났다고 말하고 있다. 남녀 대화 내용을 통해서 여자가 많이 졸려 하고 있다는 것을 알 수 있으므로 정답은 C이다.

어휘 ★看起来 kànqǐlái 보기에 ~하다, 보아하니 ~하다 | 困 kùn 图 지치다, 피곤하다 | 休息 xiūxi 图 휴식하다, 휴식을 취하다 | 做梦 zuòmèng 图 꿈을 꾸다 | ★醒 xǐng 图 잠에서 깨다 | ★爬 pá 图 오르다 | 长城 Chángchéng 교유 만리장성 | ★机会 jīhuì 图 기회 | 心情 xīnqíng 图 심정, 감정 | 交流 jiāoliú 图 서로 소통하다, 교류하다

▶ 看起来의 용법

看起来는 '보아하니 ~하다'라는 의미로 객관적 상황뿐 아니라 관찰을 통한 판단을 나타낸다.

看起来你身体不舒服。 네 몸이 좋지 않아 보여.

天阴了，**看起来**要下雨了。 하늘이 흐려졌어. 보아하니 비가 내릴 것 같아.

---

32. HSK POINT 대상 파악 | 난이도 下 | track 05-32

女：你猜我刚才在路口处看见谁了？	여: 내가 갈림길에서 누구를 만났는지 맞혀 볼래？
男：谁啊？	남: 누군데？
女：<u>以前教女儿钢琴的王老师</u>。	여: <u>전에 딸아이 피아노를 가르쳤던 왕 선생님</u>이었어.
男：是吗？我们和她至少有五六年没见了吧？	남: 그래？ 그분을 못 본지도 최소한 5~6년은 되었지？
问：女的遇到谁了？	질문: 여자는 누구를 만났는가？
A 大学同学	A 대학 동창
Ⓑ 教女儿的老师	Ⓑ 딸을 가르친 선생님
C 以前的邻居	C 예전의 이웃 사람
D 儿子的同事	D 아들의 동료

공략 보기를 통해서 '누구'를 묻는 문제임을 알 수 있다. 갈림길에서 누구를 만났냐는 남자의 물음에 여자는 전에 딸아이 피아노를 가르쳤던 왕 선생님을 만났다고 답하고 있으므로 정답은 B이다.

어휘 ★猜 cāi 图 추측하다, 알아맞히다 | 刚才 gāngcái 圐 지금 막, 방금 | 路口 lùkǒu 圐 갈림길, 길목 | 教 jiāo 图 가르치다 | 女儿 nǚ'ér 圐 딸 | ★钢琴 gāngqín 圐 피아노 | ★至少 zhìshǎo 圉 적어도, 최소한 | ★邻居 línjū 圐 이웃집, 이웃 사람 | 儿子 érzi 圐 아들

---

33. HSK POINT 인물의 행동 파악 | 난이도 中 | track 05-33

男：你抱这么多书去哪儿？	남: 이렇게 많은 책을 들고 어디 가？
女：<u>快期末考试了。我去图书馆复习</u>。	여: <u>곧 기말 시험이 있어서, 도서관에 공부하러 가는 길이야</u>.
男：你没看到校园网上的通知吗？今天图书馆检修，不开门。	남: 학교 인터넷 사이트의 통보를 못 봤어？ 오늘 도서관 점검하느라, 문을 안 연대.
女：是吗？那我去教室吧。	여: 그래？ 그럼 교실로 가야겠다.
问：女的去图书馆做什么？	질문: 여자는 도서관에 무엇을 하러 가는가？
Ⓐ 准备考试　　　B 挂张地图	Ⓐ 시험 공부를 하러　　　B 지도를 걸어 두러
C 阅读杂志　　　D 练习发音	C 잡지를 읽으러　　　D 발음 연습을 하러

 보기를 통해서 인물의 행동을 묻는 문제임을 알 수 있다. '快……了'는 '곧 ~하다'라는 의미로 여자는 곧 기말 시험이 있어서 도서관에 공부하러 가는 길이라고 답하고 있으므로 정답은 A이다.

 ★抱 bào 图 안다 | 期末考试 qīmò kǎoshì 기말 시험 | ★复习 fùxí 图 복습하다 | 校园 xiàoyuán 명 교정, 캠퍼스 | ★检修 jiǎnxiū 图 점검 수리하다 | 开门 kāimén 图 문을 열다 | 教室 jiàoshì 명 교실 | ★挂 guà 图 걸다 | 地图 dìtú 명 지도 | 阅读 yuèdú 图 (책이나 신문을) 보다 | 杂志 zázhì 명 잡지 | ★练习 liànxí 图 연습하다, 익히다 | 发音 fāyīn 명 발음

34. HSK POINT 장소 파악 난이도 中   track 05-34

女：您好！有什么可以帮您？

男：我想约辆车。今晚七点从国际饭店出发，去首都机场。

女：好的。请您留个手机号码。司机会直接跟您联系的。

男：好。

问：男的要去哪儿？

A 公安局
B 国家博物馆
C 首都机场
D 大使馆

여: 안녕하세요? 뭘 도와드릴까요?

남: 오늘 밤 7시 국제 호텔을 출발하여 수도 공항까지 가는 차를 예약하려고 합니다.

여: 알겠습니다. 휴대 전화 번호를 남겨두시면, 운전기사가 직접 연락할 겁니다.

남: 알았습니다.

질문: 남자가 가려는 곳은 어디인가?

A 공안국
B 국가 박물관
C 수도 공항
D 대사관

 보기를 통해서 장소를 묻는 문제임을 알 수 있다. 남자는 여자에게 오늘 밤 7시 국제 호텔을 출발하여 수도 공항까지 가는 차를 예약하려고 한다고 말하고 있다. 남자의 말을 통해서 남자는 수도 공항에 가려고 함을 알 수 있으므로 정답은 C이다.

 约 yuē 图 약속하다 | ★辆 liàng 양 대, 량(차량을 세는 단위) | 国际 guójì 명 국제 | ★饭店 fàndiàn 명 호텔 | ★出发 chūfā 图 출발하다 | 首都机场 Shǒudū Jīchǎng 고유 수도 공항 | 留 liú 图 남기다 | 手机 shǒujī 명 휴대 전화 | 号码 hàomǎ 명 번호 | 司机 sījī 명 기사, 운전사 | ★直接 zhíjiē 형 직접적인 | ★联系 liánxì 图 연락하다 | 公安局 gōng'ānjú 명 공안국 | 博物馆 bówùguǎn 명 박물관 | 大使馆 dàshǐguǎn 명 대사관

35. HSK POINT 인물의 행동 파악 난이도 中   track 05-35

男：在这儿休息会儿吧。我实在没有力气继续爬了。

女：好，我也有点儿渴了。我们先坐下来喝点儿东西。

男：我包里有水也有饮料。你要喝什么？

女：水吧。

问：他们最可能在做什么？

남: 여기서 잠깐 쉬었다 가자. 나는 계속 올라갈 힘이 없어.

여: 알았어. 나도 목이 좀 마르니, 우리 우선 앉아서 뭐 좀 마시자.

남: 내 가방에 물과 음료수가 있는데, 너 뭐 마실래?

여: 물 마실래.

질문: 그들은 무엇을 하는 중인가?

| A 游泳 | B 爬山 | A 수영 | B 등산 |
| C 购物 | D 加班 | C 쇼핑 | D 야근 |

 보기를 통해서 인물의 행동을 묻는 문제임을 알 수 있다. 남자는 여자에게 계속 올라갈 힘이 없으니 잠깐 쉬었다 가자고 말하고 있다. 남자의 말을 통해서 남녀는 산을 오르고 있음을 알 수 있으므로 정답은 B이다.

어휘 ★实在 shízài 튄 확실히, 정말 | 力气 lìqi 뗑 힘, 역량 | ★继续 jìxù 뙝 계속하다, 끊임없이 하다 | ★爬 pá 뙝 오르다 | 渴 kě 뗑 갈증 나다 | 包 bāo 뗑 가방 | 饮料 yǐnliào 뗑 음료 | 游泳 yóuyǒng 뙝 수영하다 | ★购物 gòuwù 뙝 물품을 구입하다, 물건을 사다 | ★加班 jiābān 뙝 야근하다

[36-37]

一个人如果选择自己喜欢的工作，上班就是件有意思的事情。**36**即使遇到了困难也会积极地想办法解决。相反，要是每天做自己不喜欢的事，就会觉得上班很无聊，更谈不上工作热情了。**37**所以选择工作时要考虑清楚，不能太随便。

자기가 좋아하는 직업을 선택하는 사람에게 출근은 즐거운 일이다. **36**설사 어려움이 닥쳐도 적극적으로 방법을 생각해 해결할 것이다. 이와 반대로, 싫어하는 일을 날마다 하는 사람은 출근이 아주 따분한 일이 것이며 일에 대한 열정은 더더욱 생각할 수도 없다. **37**따라서 직업을 선택할 때는 아무렇게나 고르지 않고 신중히 고려해야 한다.

어휘 如果 rúguǒ 줩 만약, 만일 | ★选择 xuǎnzé 뙝 고르다, 선택하다 | 上班 shàngbān 뙝 출근하다 | 事情 shìqing 뗑 일, 사건 | ★即使 jíshǐ 줩 설령 ~하더라도 | 遇到 yùdào 뙝 만나다 | ★困难 kùnnan 뗑 어려움 | ★积极 jījí 뗑 적극적이다 | ★解决 jiějué 뙝 해결하다 | 相反 xiāngfǎn 줩 반대로, 거꾸로 | 无聊 wúliáo 뗑 무료하다, 따분하다 | 谈不上 tánbushàng 뙝 (~라고까지) 말할 수 없다 | 热情 rèqíng 뗑 열정적이다, 친절하다 | ★考虑 kǎolǜ 뙝 고려하다 | 清楚 qīngchu 뗑 분명하다 | 随便 suíbiàn 뗑 제멋대로이다, 함부로 하다

36. HSK POINT 인물의 태도 파악 난이도 上

track 05-36

一个人做自己喜欢的工作会怎么样？

자기가 좋아하는 일을 하는 사람은 어떤가?

A 很诚实	A 매우 성실하다
B 很无聊	B 매우 무료하다
C 很积极	C 매우 적극적이다
D 很孤单	D 매우 외롭다

 '即使……也……'는 '설사 ~일지라도 ~하다'라는 의미를 나타내는 접속사다. 접속사가 이끄는 핵심 문장에서 자기가 좋아하는 일을 하는 사람은 설사 어려움이 닥쳐도 적극적으로 방법을 생각할 것이라고 했으므로 정답은 C이다.

어휘 诚实 chéngshí 뗑 진실하다, 성실하다 | 孤单 gūdān 뗑 외롭다, 쓸쓸하다

37. HSK POINT 전반적인 의미 파악 난이도 中

track 05-37

选择工作时应该怎么样?	직업을 선택할 때는 어떻게 해야 하는가?
Ⓐ 考虑清楚	**Ⓐ 잘 고려한다**
B 接受任务	B 임무를 받아들인다
C 学会改变	C 변화를 배운다
D 原谅自己	D 자신을 용서한다

공략 직업을 선택할 때는 아무렇게나 고르지 않고 신중히 고려해야 한다고 했으므로 정답은 A이다.

어휘 ★接受 jiēshòu 동 받아들이다 | ★任务 rènwu 명 임무 | 学会 xuéhuì 동 습득하다, 배워서 알다 | ★改变 gǎibiàn 동 바꾸다, 달리 하다 | 原谅 yuánliàng 동 용서하다

[38-39]

38这家店的包子很好吃，深受顾客的喜爱。39虽然开在郊区，但生意一点儿也没受到影响。每天都有很多人从十几公里外的市区赶来。即使有时要排很长时间的队，他们也觉得值。

(虽然……但…… 비록 ~이지만 그러나 ~ / 即使……也…… 설령 ~하더라도 ~하다)

38이 가게의 만두는 아주 맛있어서 손님들의 사랑을 많이 받는다. 39비록 점포는 교외에 위치하지만, 장사에는 전혀 영향을 받지 않는다. 날마다 많은 사람들이 10여 킬로미터 떨어진 시내에서 찾아온다. 때로는 긴 줄을 서야 하지만, 그들은 그럴 가치가 있다고 생각한다.

어휘 包子 bāozi 명 만두 | 顾客 gùkè 명 고객, 손님 | ★喜爱 xǐ'ài 동 좋아하다 | 虽然 suīrán 접 비록 ~하지만 | 郊区 jiāoqū 명 (도시의) 변두리 | 生意 shēngyi 명 장사, 영업 | ★影响 yǐngxiǎng 명 영향 | 公里 gōnglǐ 양 킬로미터(km) | 市区 shìqū 명 시내 지역 | ★即使 jíshǐ 접 설령 ~하더라도 | 排队 páiduì 동 줄을 서다 | ★值 zhí 형 ~할 가치가 있다, ~할 만하다

38. HSK POINT 사물 파악 난이도 下

track 05-38

这家店什么东西很好吃?	이 점포의 어떤 음식이 맛있나?
A 蛋糕	A 케이크
Ⓑ 包子	**Ⓑ 만두**
C 面条	C 국수
D 饺子	D 교자

공략 이 가게의 만두는 아주 맛이 있어서 손님들의 사랑을 많이 받는다고 했으므로 정답은 B이다.

어휘 蛋糕 dàngāo 명 케이크 | 面条 miàntiáo 명 국수 | 饺子 jiǎozi 명 교자

39. HSK POINT 옳고 그름 판단 난이도 中 track 05-39

关于这家店，下列哪个正确?

A 很普通
B 价格贵
C 顾客少
D 在郊区

이 점포에 관해 다음 중 옳은 것은?

A 매우 평범하다
B 가격이 비싸다
C 손님이 적다
D 교외에 있다

공략 비록 점포는 교외에 위치하지만 장사에는 전혀 영향을 받지 않는다고 했으므로 정답은 D이다.

어휘 普通 pǔtōng 형 보통이다 | 价格 jiàgé 명 가격 | 贵 guì 형 (가격이나 가치가) 높다, 비싸다

[40-41]

　　我跟班里的留学生交流过。40他们表示学习汉语最大的困难就是写汉字。往往是认识这个字，可提起笔来却忘了怎么写。我建议他们养成用汉语写日记的习惯。这对他们记住汉字会有很大帮助。41后来他们告诉我这个办法确实很有效。

　　나는 같은 반 유학생들과 이야기를 나눈 적 있다. 40그들은 중국어를 배우는 가장 어려운 점이 바로 한자 쓰기라고 했다. 때때로 아는 글자도 연필을 들고 쓰려고 하면, 어떻게 쓰는지 잊어버린다는 것이다. 나는 그들에게 중국어로 일기를 쓰는 습관을 길러보라고 제안했다. 이 방법은 그들이 한자를 외우는 데 큰 도움이 될 것이다. 41나중에 그들은 나에게 이 방법이 확실히 효과가 있다고 말해주었다.

어휘 留学生 liúxuéshēng 명 유학생 | 交流 jiāoliú 동 서로 소통하다, 교류하다 | 表示 biǎoshì 동 나타내다, 표명하다 | 困难 kùnnan 명 어려움 | 汉字 Hànzì 명 한자 | ★往往 wǎngwǎng 부 자주, 흔히 | 提 tí 동 들다 | 笔 bǐ 명 펜, 필기 도구 | 忘 wàng 동 잊다 | ★建议 jiànyì 동 제기하다, 제안하다 | ★养成 yǎngchéng 동 습관이 되다, 길러지다 | 日记 rìjì 명 일기 | ★习惯 xíguàn 명 버릇, 습관 | 帮助 bāngzhù 명 도움 | 后来 hòulái 명 그 후, 그 뒤 | 告诉 gàosu 동 말하다, 알리다 | 办法 bànfǎ 명 방법 | ★确实 quèshí 부 확실히, 정말로 | ★有效 yǒuxiào 형 효과가 있다

40. HSK POINT 대상 파악 난이도 中 track 05-40

学生觉得学汉语时哪方面最难?

A 语法
B 声调
C 汉字
D 词汇

학생들은 중국어를 배울 때, 어떤 점이 가장 어렵다고 생각하는가?

A 어법
B 성조
C 한자
D 어휘

어휘 语法 yǔfǎ 몡 어법 | 声调 shēngdiào 몡 성조 | 词汇 cíhuì 몡 어휘

41. HSK POINT 사물에 대한 평가 난이도 中

track 05-41

学生认为那个方法怎么样?	학생들은 그 방법이 어떻다고 생각하나?
A 太复杂	A 너무 복잡하다
Ⓑ 很有效果	Ⓑ 효과가 좋다
C 需要耐心	C 인내심을 요한다
D 很麻烦	D 아주 번거롭다

공략 나중에 그들이 중국어로 일기를 쓰는 방법이 확실히 효과가 있다고 말해주었다고 했으므로 정답은 B이다.

어휘 复杂 fùzá 혱 복잡하다 | ★效果 xiàoguǒ 몡 효과 | ★耐心 nàixīn 몡 인내심 | 麻烦 máfan 혱 귀찮다

[42-43]

> 42这次的讨论活动办得很不错，讨论的问题很吸引人。大家都很感兴趣，43尤其是高老师讲的那个小故事，让讨论变得更有意思了。我想，如果我们下次再举办这样的活动，一定会有更多同学报名参加。

> 42이번 토론 행사는 정말 훌륭하게 진행되었으며, 토론 주제도 매력적이었다. 모두들 흥미를 느꼈는데, 43특히 가오 선생님이 해주신 이야기는 토론을 더 재미있게 해주었다. 나는 우리가 이런 행사를 다시 개최하면 반드시 더 많은 학우들이 참가 신청을 할 것이라고 생각한다.

어휘 讨论 tǎolùn 동 토론하다 | ★吸引 xīyǐn 동 끌어당기다, 유인하다 | ★感兴趣 gǎn xìngqù 관심이 있다, 흥미가 있다 | ★尤其 yóuqí 부 더욱이, 특히 | 故事 gùshi 몡 이야기 | ★举办 jǔbàn 동 거행하다, 개최하다, 열다 | 一定 yídìng 부 반드시 | 报名 bàomíng 동 신청하다, 등록하다 | 参加 cānjiā 동 참가하다

42. HSK POINT 사물에 대한 평가 난이도 中

track 05-42

说话人认为这次活动怎么样?	말하는 사람은 이번 행사가 어떻다고 생각하는가?
Ⓐ 很不错	Ⓐ 매우 훌륭하다
B 引起竞争	B 경쟁을 유발한다
C 赢得同情	C 동정을 얻는다
D 各有特点	D 각자 특징이 있다

공략 이번 토론 행사는 정말 훌륭하게 진행되었으며 토론 주제도 매력적이었다고 말하고 있으므로 정답은 A이다.

어휘　★引起 yǐnqǐ 통 야기하다, 불러일으키다 ｜ ★竞争 jìngzhēng 통 경쟁하다 ｜ ★赢得 yíngdé 통 얻다, 획득하다 ｜ 同情 tóngqíng 통 동정하다 ｜ 特点 tèdiǎn 명 특징, 특색

---

43. `HSK POINT` 인물의 행동 파악　`난이도 中`

`track 05-43`

高老师在活动中做了什么?	가오 선생님은 이 행사에서 무엇을 하였나?
A 搬桌子	A 책상을 옮겼다
B 复习重点	B 중점 내용을 복습했다
C 翻译文章	C 글을 번역하였다
Ⓓ 讲故事	Ⓓ 이야기를 했다

공략　보기를 통해서 인물의 행동을 묻는 문제임을 알 수 있다. 특히 가오 선생님이 해주신 이야기는 토론을 더 재미있게 해주었다고 했으므로 정답은 D이다.

어휘　搬 bān 통 옮기다, 운반하다 ｜ 桌子 zhuōzi 명 탁자, 테이블 ｜ 复习 fùxí 통 복습하다 ｜ ★重点 zhòngdiǎn 명 중점 ｜ ★翻译 fānyì 통 번역하다, 통역하다 ｜ 文章 wénzhāng 명 글, 문장

[44-45]

川菜也就是四川菜，45一直很受中国人的欢迎。无论你在中国哪个省市，都能找到川菜馆儿。川菜最大的特点就是辣。44很多人一开始吃会觉得很辣，但适应后越来越喜欢，甚至变得不辣不欢。	천채(川菜)는 바로 사천요리로, 45줄곧 중국인들의 환영을 많이 받고 있다. 중국의 어느 성에 가더라도 사천요리 음식점을 찾아볼 수 있다. 사천요리의 가장 큰 특징은 바로 아주 맵다는 것이다. 44많은 사람들이 처음 먹을 때는 아주 맵다고 느낀다. 그러나 적응이 된 후에는 점점 좋아하게 되며 심지어 맵지 않으면 싫어할 정도다.

어휘　川菜 Chuāncài 명 사천요리 ｜ 四川 Sìchuān 고유 쓰촨, 사천 ｜ 一直 yìzhí 부 계속, 줄곧 ｜ 欢迎 huānyíng 통 환영하다 ｜ ★无论 wúlùn 접 ~을 막론하고 ｜ 省市 shěngshì 명 성(省)과 시(市) ｜ ★特点 tèdiǎn 명 특징, 특색 ｜ 辣 là 형 맵다 ｜ ★适应 shìyìng 통 적응하다 ｜ 越来越 yuèláiyuè 부 더욱더, 점점 ｜ ★甚至 shènzhì 부 심지어, ~까지도 ｜ 欢 huān 형 즐겁다, 기쁘다

---

44. `HSK POINT` 음식에 대한 평가　`난이도 下`

`track 05-44`

很多人刚开始吃川菜时，觉得味道怎么样?	많은 사람들이 처음 사천요리를 먹을 때, 맛이 어떻다고 느끼는가?
A 甜　　　　　B 烫	A 달다　　　　　B 뜨겁다
Ⓒ 辣　　　　　D 咸	Ⓒ 맵다　　　　　D 짜다

 사천요리의 가장 큰 특징은 바로 아주 맵다는 것이며, 많은 사람들이 처음 먹을 때는 아주 맵다고 느낀다고 했으므로 정답은 C이다.

 甜 tián 혱 (설탕이나 꿀처럼) 달다 | 烫 tàng 혱 몹시 뜨겁다 | 咸 xián 혱 짜다

45. HSK POINT 전반적인 의미 파악 [난이도 中] ◉ track 05-45

关于川菜，可以知道什么?	사천요리에 관해 알 수 있는 것은?
Ⓐ 很多人都喜欢	Ⓐ 많은 사람들이 좋아한다
B 中国人不爱吃	B 중국인들은 좋아하지 않는다
C 味道不怎么样	C 맛이 별로 좋지 않다
D 很难找到川菜馆儿	D 사천요리 음식점을 찾기가 몹시 어렵다

 사천요리는 줄곧 중국인들의 환영을 많이 받고 있으며, 중국의 어느 성에 가더라도 사천요리 음식점을 찾아볼 수 있다고 했으므로 정답은 A이다.

 ★味道 wèidao 몡 맛 | 不怎么样 bù zěnmeyàng 별로 ~하지 않다

新 HSK 4급 합격모의고사 阅读

第一部分

[46-50]

A 饺子 jiǎozi 뗑 만두	B 脏 zāng 혱 지저분하다, 더럽다
C 粗心 cūxīn 혱 세심하지 못하다, 소홀하다	D 坚持 jiānchí 똥 견지하다, 유지하다
E 讨论 tǎolùn 똥 토론하다	F 陪 péi 똥 모시다, 동반하다

46. `HSK POINT 결과보어의 이해` `난이도 中`

真抱歉，把你的鞋弄（ B 脏 ）了，我不是故意的。

너의 구두를 (B 더럽혀서) 정말 미안해. 고의는 아니었어.

`공략` 弄은 일반적으로 '弄+동사/형용사' 형태로 쓰여 동작을 가한 결과가 어떤지를 나타낸다. 의미적으로 너의 구두를 더럽힌 것이므로 정답은 B이다.

`어휘` 抱歉 bàoqiàn 똥 미안해하다, 미안하게 생각하다 | 鞋 xié 뗑 신발, 구두 | ★弄 nòng 똥 하다, 행하다 | ★故意 gùyì 혱 고의적으로

합격필수 TIP

▶ 弄의 용법

弄은 원래 쓰여야 할 동사의 구체적인 설명이 불필요하거나 곤란한 경우에 그 동사를 대신해서 쓴다.

我想把汉语弄好。 중국어를 잘 배우고 싶다.
他把手机弄坏了。 그는 휴대 전화를 망가뜨렸다.

47. `HSK POINT 동사 어휘 선택` `난이도 下`

有时候，吃完晚饭，妈妈会（ F 陪 ）着爷爷奶奶去公园散步。

때로는 저녁 식사 후, 엄마가 할아버지와 할머니를 (F 모시고) 공원에 산책하러 가신다.

`공략` 동태조사 着는 동사 뒤에 위치하여 동작 및 상태의 지속을 나타내므로 빈칸에는 동사가 와야 한다. 의미적으로 할아버지와 할머니를 모시고 공원에 산책을 가는 것이므로 정답은 F이다.

`어휘` 晚饭 wǎnfàn 뗑 저녁 식사 | 爷爷 yéye 뗑 할아버지 | 奶奶 nǎinai 뗑 할머니 | ★公园 gōngyuán 뗑 공원 | ★散步 sànbù 똥 산책하다

48. `HSK POINT 명사 어휘 선택` 〔난이도 下〕

我最喜欢过年，全家人在一起包（A 饺子），热闹极了。

나는 설을 쇠는 것을 가장 좋아한다. 온 가족이 함께（A 만두）를 빚으며 아주 시끌벅적하다.

공략 빈칸은 동사 包와 함께 호응할 수 있는 목적어(명사)가 와야 한다. 의미적으로 만두를 빚는 것이므로 정답은 饺子이다.

어휘 过年 guònián 图 설을 쇠다, 새해를 맞다｜一起 yìqǐ 图 같이, 더불어, 함께｜★包 bāo 图 빚다, 싸다｜★热闹 rènao 图 떠들썩하다, 시끌벅적하다

49. `HSK POINT 동사 어휘 선택` 〔난이도 上〕

大家先看看刚才发的材料，等张经理到了，我们就开始（E 讨论）。

지금 나눠드린 자료를 우선 보고 계십시오. 장 사장님께서 도착하시면（E 토론）을 시작하겠습니다.

공략 开始는 '시작하다'라는 의미를 나타내는 동사로 일반적으로 동사 또는 동사구를 목적어로 수반하므로 빈칸에는 동사가 와야 한다. 의미적으로 장 사장님이 도착하면 토론을 시작하는 것이므로 정답은 E이다.

어휘 刚才 gāngcái 图 지금 막, 방금｜★材料 cáiliào 图 자료, 데이터｜经理 jīnglǐ 图 사장, 매니저｜★开始 kāishǐ 图 시작하다

50. `HSK POINT 형용사 어휘 선택` 〔난이도 中〕

她真是太（C 粗心）了，竟然连机票都忘记带了。

그녀는 정말 너무（C 덤벙댄다）. 뜻밖에도 비행기표마저 안 가져왔다.

공략 太는 '대단히, 매우'라는 의미를 나타내는 정도부사로, 문장 끝에 了와 함께 쓰이며 감탄의 어기를 나타낸다. 형용사는 단독으로 술어가 될 수 없어 정도부사와 결합해야 하므로 빈칸에는 형용사가 와야 한다. 의미적으로 그녀가 덤벙거려서 비행기표마저 안 가져온 것이므로 정답은 C이다.

어휘 真是 zhēnshi 图 정말, 사실상｜太 tài 图 지나치게, 몹시, 너무｜★竟然 jìngrán 图 뜻밖에도, 의외로｜★连 lián 团 ~조차도, ~마저도｜机票 jīpiào 图 비행기표, 항공권｜忘记 wàngjì 图 잊어버리다｜★带 dài 图 (몸에) 지니다, 휴대하다

[51-55]

A 安排 ānpái 图 안배, 배치	B 祝贺 zhùhè 图 축하하다
C 温度 wēndù 图 온도	D 困难 kùnnan 图 곤란하다, 어렵다
E 压力 yālì 图 스트레스, 압박	F 戴 dài 图 착용하다, 쓰다

A：你猜，我给爸爸买了什么生日礼物?　　A: 내가 아버지 생일 선물로 뭘 샀는지 알아맞혀 볼래?

B：难道是帽子？上次他说想要一个夏天（ F 戴 ）的帽子。　　B: 설마 모자를 산 거야? 지난번에 아버지가 여름에 （ F 쓸 ）모자를 갖고 싶다고 하셨거든.

공략 빈칸에는 帽子를 수식할 수 있는 관형어가 와야 한다. 戴는 머리나 얼굴 등에 '착용하다'라는 의미를 나타내는 동사이며, 의미적으로 여름에 쓸 모자를 갖고 싶다고 하셨으므로 정답은 F이다.

어휘 ★猜 cāi 동 추측하다, 알아맞히다 | 生日 shēngrì 명 생일 | 礼物 lǐwù 명 선물 | ★难道 nándào 부 설마 ～란 말인가? | 帽子 màozi 명 모자 | 上次 shàngcì 명 지난번 | 夏天 xiàtiān 명 여름

합격필수 TIP

▶ 동사 戴와 자주 결합하는 명사

戴 ➕ 花 huā 꽃 , 眼镜 yǎnjìng 안경 , 手表 shǒubiǎo 손목시계 , 戒指 jièzhi 반지 , 口罩 kǒuzhào 마스크

A：小刘，你有什么意见?　　A: 샤오류, 무슨 의견이 있습니까?

B：按照现在的速度，想要在规定时间内完成任务，好像有点儿（ D 困难 ）。　　B: 현재 속도로 하다가는 규정 시간 내에 임무를 완성하기가 약간 （ D 어려울 ）것 같습니다.

공략 有点儿은 '조금, 약간'이라는 의미를 나타내는 정도부사로 '有点儿+형용사' 형태로 불만이나 부정적인 의미를 나타낸다. 의미적으로 규정 시간 내에 임무를 완성하기가 약간 어려울 것 같다는 것이므로 정답은 D이다.

어휘 意见 yìjiàn 명 견해, 의견 | ★按照 ànzhào 개 ～에 의해, ～에 따라 | 速度 sùdù 명 속도 | ★规定 guīdìng 명 규정, 규칙 | ★完成 wánchéng 동 완성하다, (예정대로) 끝내다 | 任务 rènwu 명 임무 | 好像 hǎoxiàng 부 마치 ～과 같다

A：哥哥，接下来有什么（ A 安排 ）?　　A: 오빠, 다음 （ A 일정 ）은 뭐예요?

B：我想先去上海玩儿几天，时间允许的话，再去一趟杭州。　　B: 일단 상하이에 가서 며칠 놀고, 시간이 허락되면 항저우를 가고 싶어.

공략 什么는 의문대사로 명사 앞에 써서 사람이나 사물을 물을 때 사용하므로 빈칸에는 명사가 와야 한다. 의미적으로 다음 일정이 무엇인지를 묻고 있으므로 정답은 A이다.

어휘 接下来 jiē xiàlai 다음으로, 이어서 | 上海 Shànghǎi 고유 상하이 | 玩儿 wánr 동 놀다, 즐기다 | ★允许 yǔnxǔ 동 허가하다 | ★趟 tàng 양 차례, 번 | 杭州 Hángzhōu 고유 항저우

A：您觉得这次比赛为什么会失败?

B：主要是因为我（ E 压力 ）大，太想赢了，所以打得很着急。

A: 이번 경기를 왜 졌다고 생각하십니까?

B: 저의 (E 압박감)이 컸던 것이 주된 이유입니다. 너무 이기고 싶다는 생각에, 경기에 조급하게 임했습니다.

`공략` 빈칸에는 힘이나 강도가 '세다'라는 의미를 나타내는 형용사 大와 함께 호응할 수 있는 어휘가 와야 하므로 '스트레스, 압박'이란 의미를 나타내는 E가 정답이다.

`어휘` 觉得 juéde 동 ~라고 여기다 | 比赛 bǐsài 명 경기, 시합 | ★失败 shībài 동 패배하다 | 主要 zhǔyào 부 주로, 대부분 | ★赢 yíng 동 이기다, 승리하다 | ★着急 zháojí 동 조급해하다

A：（ B 祝贺 ）你获得"最受欢迎男演员奖"。你有什么想对大家说的吗?

B：谢谢大家对我的喜爱和肯定。我会继续努力，演出更多更好的电影。

A: 최고 인기 남자 배우상을 받은 것을 (B 축하합니다). 여러분께 하고 싶은 말씀이 있나요?

B: 여러분, 저를 사랑하고 인정해주셔서 고맙습니다. 저는 계속 노력해서, 더 좋은 영화에 더 많이 출연하겠습니다.

`공략` 빈칸은 목적절을 수반하고 있으므로 동사 자리임을 알 수 있다. 의미적으로 최고 인기 남자 배우상을 받은 것을 축하한다는 것이므로 정답은 B이다.

`어휘` ★获得 huòdé 동 얻다, 취득하다 | ★受欢迎 shòu huānyíng 인기가 있다 | 演员 yǎnyuán 명 배우, 연기자 | 奖 jiǎng 명 상 | ★喜爱 xǐ'ài 동 좋아하다 | 肯定 kěndìng 동 긍정적으로 평가하다, 좋다고 인정하다 | ★继续 jìxù 동 계속하다 | 演出 yǎnchū 동 공연하다 | 更 gèng 부 더욱, 더 | 电影 diànyǐng 명 영화

第二部分

C我刚毕业参加工作那会儿，A不但收入低，还得经常加班，非常辛苦。B但那个时候积累了许多经验，为现在打下了很好的基础。

C내가 갓 졸업하고 직장을 다닐 때는 A수입이 낮을 뿐 아니라 자주 야근을 해야 해서 몹시 힘들었다. B하지만 그때 쌓은 많은 경험이 현재를 위한 기반을 다져주었다.

`공략`　**1단계** 문제를 보면서 단서를 찾는다

> 전환을 나타내는 접속사 但은 문장 맨 앞에 올 수 없으며, '~할 뿐만 아니라 ~하다'라는 의미를 나타내는 접속사 '不但……还……'가 이끄는 문장의 구체적인 주어 역시 알 수 없으므로 문장 맨 앞에 올 수 없다. 따라서 C가 문장 맨 앞에 위치한다.

2단계 논리적으로 문장을 전개한다

B는 A에 대한 전환으로, 수입이 낮을 뿐 아니라 자주 야근을 해서 힘들었지만, 그때 쌓은 많은 경험이 현재를 위한 기반을 다져주었다는 것이므로 A→B가 된다.

어휘 刚 gāng 閅 방금, 막 | 毕业 bìyè 图 졸업하다 | 收入 shōurù 圐 수입, 소득 | 低 dī 阌 낮다 | 经常 jīngcháng 閅 언제나, 늘, 항상 | 加班 jiābān 图 야근하다 | 辛苦 xīnkǔ 阌 고생스럽다, 수고롭다 | ★积累 jīlěi 图 (조금씩) 쌓이다, 누적되다 | ★经验 jīngyàn 圐 경험, 체험 | ★打基础 dǎ jīchǔ 기초를 닦다

---

57. HSK POINT 논리적으로 문장 배열 [난이도 上]

A盐在生活中有很多用处。 C例如，桌椅上很难擦掉的脏东西， B用盐水就能很容易擦干净。

A소금은 생활 속에서 쓰임이 많다. C예를 들어 책상이나 의자의 잘 지워지지 않는 지저분한 것은 B소금물을 이용하면 쉽게 지울 수 있다.

공략 **1단계 문제를 보면서 단서를 찾는다**

例如는 구체적인 예를 들 때 사용하므로 C는 문장 맨 앞에 올 수 없다.

2단계 논리적으로 문장을 전개한다

책상이나 의자의 잘 지워지지 않는 지저분한 것은 소금물을 이용하면 쉽게 지울 수 있다는 것이므로 C→B가 된다.

3단계 대전제를 찾는다

'소금은 생활 속에서 쓰임이 많다'가 대전제가 되므로 A가 문장 맨 앞에 위치한다.

어휘 盐 yán 圐 소금 | 生活 shēnghuó 图 생활하다 | ★用处 yòngchu 圐 용도 | ★例如 lìrú 图 예를 들면 | 桌椅 zhuōyǐ 圐 탁자와 의자 | 脏 zāng 阌 지저분하다 | 容易 róngyì 阌 쉽다, 용이하다 | 擦 cā 图 닦다 | ★干净 gānjìng 阌 깨끗하다

---

58. HSK POINT 사건이 발생한 순서로 문장 배열 [난이도 中]

C同学们，演出马上就要开始了。 B请大家排好队， A进去后按照票上的座位号入座，谢谢。

C학우 여러분, 공연이 곧 시작됩니다. B모두 줄을 서서 A입장한 후 표에 적힌 좌석 번호에 따라 착석해주십시오. 감사합니다.

공략 **1단계 문제를 보면서 단서를 찾는다**

구체적인 주어가 언급되지 않은 A는 문장 맨 앞에 올 수 없으며, 구체적으로 어디에서 줄을 잘 서야 하는지 알 수 없으므로 B 역시 문장 맨 앞에 올 수 없다. 또한 일반적으로 누군가를 부르는 호칭은 문장 맨 앞에 위치하므로 C를 중심으로 문장을 전개한다.

2단계 사건이 발생한 순서로 문장을 전개한다

> 모두 줄을 서서 입장한 후 표에 적힌 좌석 번호에 따라 앉는 것이므로 B→A가 된다.

어휘 ★演出 yǎnchū 명 공연 | 马上 mǎshàng 부 곧, 즉시 | 开始 kāishǐ 동 시작하다 | ★排队 páiduì 동 줄을 서다 | ★按照 ànzhào 개 ~에 의해, ~에 따라 | 票 piào 명 표, 티켓 | 座位号 zuòwèihào 좌석 번호 | 入座 rùzuò 동 자리에 앉다

---

59. HSK POINT 논리적으로 문장 배열 난이도 中

> ^A这段对话谈了好几个方面的问题，^C信息量较大，语法点也多，^B因此学生们理解起来很困难。
> (因此 = 따라서)
>
> ^A이 대화는 여러 방면의 문제를 다루고 있다. ^C정보량이 비교적 많으며, 어법도 많이 포함되어 있다. ^B따라서 학생들이 이해하기에 매우 어렵다.

공략 **1단계** 문제를 보면서 단서를 찾는다

> 결과 및 결론을 이끄는 접속사 因此가 이끄는 B는 문장 맨 앞에 올 수 없으며, 구체적인 대상을 알 수 없는 C 역시 문장 맨 앞에 올 수 없으므로, A를 문장 맨 앞에 위치시키자.

2단계 사건이 발생한 순서로 문장을 전개한다

> '这段对话'에 정보량이 비교적 많으며 어법도 많이 포함되어 있는 것이므로 A→C가 되며, B는 A와 C에 대한 결론이므로 A→C→B가 된다.

어휘 对话 duìhuà 명 대화 | 谈 tán 동 말하다, 이야기하다 | ★方面 fāngmiàn 명 방면, 부분 | 问题 wèntí 명 문제 | 信息量 xìnxīliàng 명 정보량 | 语法 yǔfǎ 명 어법 | ★因此 yīncǐ 접 이로 인하여, 따라서 | ★理解 lǐjiě 동 알다, 이해하다 | 困难 kùnnan 형 어렵다

---

60. HSK POINT 논리적으로 문장 배열 난이도 中

> ^B这次收回来的表格太少，^A并且很多学生填的信息不够详细。^C你还得发一次，让他们重新填。
> (并且 = 게다가 / 还 = 또, 더 / 他们 = 그들 → 구체적인 대상을 가리킴)
>
> ^B이번에 회수된 양식이 너무 적군요. ^A뿐만 아니라 학생들이 기입한 정보도 상세하지 않아요. ^C당신이 한번 더 나눠줘서 학생들에게 다시 작성하도록 해요.

공략 **1단계** 문제를 보면서 단서를 찾는다

> 점층 관계를 나타내는 접속사 并且가 이끄는 A는 맨 앞에 올 수 없으며, 인칭대사 他们이 구체적으로 가리키는 대상을 알 수 없으므로 C 역시 문장 맨 앞에 올 수 없다. 따라서 B를 문장 맨 앞에 위치시키고 문장을 전개하자.

2단계 논리적으로 문장을 전개한다

> 이번에 회수된 양식이 너무 적고 학생들이 기입한 정보도 상세하지 않은 것이므로 B→A가 된다. 또한 他们이 구체적으로 가리키는 대상이 学生이므로 C는 A 뒤에 위치한다.

61. HSK POINT 논리적으로 문장 배열 [난이도 下]

> **C**她的中文说得很流利，**A**就是有时词汇上会有点儿小错误，**B**但我们交流起来完全没问题。
>
> **C**그녀는 중국어를 유창하게 말한다. **A**다만 어휘 사용에 때때로 작은 실수가 있다. **B**그러나 우리가 대화하는 데는 전혀 문제가 없다.

공략

1단계 문제를 보면서 단서를 찾는다

전환을 나타내는 접속사 但과 就是가 이끄는 문장은 문장 맨 앞에 올 수 없으므로 C를 문장 맨 앞에 위치시키자.

2단계 논리적으로 문장을 전개한다

그녀의 중국어가 때때로 어휘 사용에 작은 실수가 있는 것이므로 C→A가 되며, B는 A에 대한 전환을 나타내므로 A→B가 된다.

어휘 中文 Zhōngwén 명 중국어 | ★流利 liúlì 형 유창하다 | 词汇 cíhuì 명 어휘 | 错误 cuòwù 명 착오, 잘못 | ★交流 jiāoliú 통 서로 소통하다, 교류하다 | 完全 wánquán 부 완전히, 전적으로

62. HSK POINT 논리적으로 문장 배열 [난이도 中]

> **A**4年的大学生活很快就要结束了。**B**我在这里经历了许多，也学到了许多，**C**相信这些都会成为我日后的美好回忆。
>
> **A**4년의 대학 생활이 곧 끝난다. **B**나는 여기에서 많은 일들을 겪었으며, 많은 것을 배웠다. **C**이런 것들이 장차 나에게 아름다운 추억이 될 것으로 믿는다.

공략

1단계 문제를 보면서 단서를 찾는다

지시대사 这里와 这些가 구체적으로 언급하는 내용을 알 수 없으므로 B와 C는 문장 맨 앞에 올 수 없다. 따라서 A를 문장 맨 앞에 위치시키고 문장을 전개하자.

2단계 논리적으로 문장을 전개한다

B의 这里는 '4년의 대학 생활'을 가리키므로 A→B가 되며, 这些는 '대학에서 많은 일들을 겪고 배운 것'을 가리키므로 B→C가 된다.

어휘 就要 jiùyào 부 머지않아, 곧 | 结束 jiéshù 통 끝나다, 마치다 | 经历 jīnglì 통 경험하다 | ★相信 xiāngxìn 통 믿다, 신임하다 | ★成为 chéngwéi 통 ～이 되다, ～으로 되다 | 日后 rìhòu 명 장래, 나중 | 美好 měihǎo 형 아름답다 | ★回忆 huíyì 명 회상, 추억

B我家小区周围的环境非常好，A东边有森林公园。C我和丈夫晚饭后经常去那里散步。
그곳 ➜ 구체적인 장소를 나타냄

B우리 동네는 주변 환경이 아주 좋다. A동쪽에는 삼림 공원이 있다. C나는 남편과 저녁 식사 후, 자주 그곳에 산책을 하러 간다.

공략

1단계 문제를 보면서 단서를 찾는다

지시대사 那里가 구체적으로 언급하는 장소를 알 수 없으므로 C는 문장 맨 앞에 올 수 없다.

2단계 논리적으로 문장을 전개한다

'동쪽에 삼림 공원이 있다'는 B에 대한 보충 설명이므로 B→A가 된다. 또한 C의 那里는 동쪽에 있는 삼림 공원을 가리키므로 A→C가 된다.

어휘 小区 xiǎoqū 명 주택 단지, 주택 지구 | 周围 zhōuwéi 명 주위, 주변 | ★环境 huánjìng 명 환경 | 东边 dōngbiān 명 동쪽 | 森林 sēnlín 명 삼림, 숲 | 公园 gōngyuán 명 공원 | 丈夫 zhàngfu 명 남편 | ★经常 jīngcháng 부 항상, 자주 | ★散步 sànbù 동 산보하다, 산책하다

C当你想联系一个人，可又不知道她是否有空儿，B担心直接打电话会打扰到她，A这时礼貌的做法就是先给她发条短信。
~할 때 / 그러나 / 이 때 ➜ 구체적인 시점을 가리킴

C당신이 어떤 사람에게 연락을 하고 싶은데, 상대가 시간이 있는지 모르고, B직접 전화를 걸면 상대에게 방해가 되지나 않을까 걱정될 때, A이때 무례를 피하는 방법은 먼저 상대에게 문자 메시지를 보내는 것이다.

공략

1단계 문제를 보면서 단서를 찾는다

这时가 구체적으로 가리키는 내용을 알 수 없으므로 A는 문장 맨 앞에 올 수 없다. 当은 '~할 때'라는 의미로, 동작이 발생한 때를 나타내므로 C를 문장 맨 앞에 위치시키자.

2단계 논리적으로 문장을 전개한다

'当你想联系一个人'은 모두 어떤 사람에게 연락을 하고 싶을 때 일어날 수 있는 가정이므로 C→B가 된다. 또한 A의 这时는 C와 B를 의미하므로 C→B→A가 된다.

어휘 ★联系 liánxì 동 연락하다 | ★是否 shìfǒu 부 ~인지 아닌지 | 有空儿 yǒukòngr 동 틈이 있다 | 担心 dānxīn 동 염려하다, 걱정하다 | 直接 zhíjiē 형 직접적인 | ★打扰 dǎrǎo 동 방해하다 | ★礼貌 lǐmào 형 예의 바르다 | 做法 zuòfǎ 명 방법 | 发短信 fā duǎnxìn 문자 메세지를 보내다

65. HSK POINT 논리적으로 문장 배열 | 난이도 中

<table>
<tr><td>

B我对这里当然熟悉了，我家原来就住这儿附近。C不过这里以前比较安静，A不像 现在这么热闹。

</td><td>

B나는 이곳이 당연히 익숙하다. 우리 집이 원래 이 부근이었기 때문이다. C하지만 전에는 이곳이 비교적 조용했다. A지금처럼 이렇게 떠들썩하지 않았다.

</td></tr>
</table>

공략

1단계 문제를 보면서 단서를 찾는다

不像은 비교문에서 쓰이며 '～와 같지 않다'라는 의미를 나타낸다. 구체적인 비교 대상을 알 수 없는 A는 문장 맨 앞에 올 수 없다. 또한 不过는 전환의 의미를 나타내는 접속사이므로 C 역시 문장 맨 앞에 올 수 없다. 따라서 B를 문장 맨 앞에 위치시켜 문장을 전개하자.

2단계 논리적으로 문장을 전개한다

C와 A는 이곳을 예전(以前)과 지금(现在)의 모습을 비교한 결과를 나타내고 있으므로 C→A가 된다.

어휘 当然 dāngrán 囝 당연히, 물론 | ★熟悉 shúxī 쥉 잘 알다, 익숙하다 | 原来 yuánlái 囝 이전에, 당초, 처음에 | 住 zhù 통 살다, 거주하다 | 附近 fùjìn 몡 부근, 근처 | 比较 bǐjiào 囝 비교적, 상대적으로 | ★安静 ānjìng 쥉 조용하다 | ★热闹 rènao 쥉 떠들썩하다, 시끌벅적하다

第三部分

66. HSK POINT 전반적인 의미 파악 | 난이도 中

<table>
<tr><td>

　　"百里半九十"这句话的意思是：走一百里，如果没有走到最后，就算走了九十里也跟才走了一半差不多。人们常用这句话鼓励做事一定要坚持到底。

★ 这句话想告诉我们的是：

A 要多阅读

B 要按时检查身体

C 千万别粗心

D 坚持到最后

</td><td>

　　'백리반구십(百里半九十)'은 100리를 가는 데 있어 끝까지 가지 않으면 90리를 왔더라도 절반으로 간주한다는 의미이다. 어떤 일을 꾸준히 밀고 나가라고 격려할 때 사람들은 이 말을 자주 인용한다.

★ 이 글이 우리에게 알려주고자 하는 것은?

A 독해를 많이 해야 한다

B 정기적으로 건강을 체크해야 한다

C 절대로 덤벙대지 말아야 한다

D 꾸준히 밀고 나가야 한다

</td></tr>
</table>

공략 '백리반구십(百里半九十)'은 사람들이 어떤 일을 꾸준히 밀고 나가라고 격려할 때 자주 인용한다고 했으므로 정답은 D이다.

67. HSK POINT 인물의 상태 파악 · 난이도 下

她穿了一件粉红色的裙子，害羞地坐在钢琴前面。看起来十分紧张。可一弹起琴来，就像变了一个人，马上放松了下来，并且很自信，弹得也非常专业。

그녀는 분홍색 치마를 입고 피아노 앞에 수줍게 앉았다. 상당히 긴장한 듯하였다. 그러나 피아노 연주를 시작하자마자 다른 사람이 된 것처럼 긴장을 풀었다. 게다가 자신 있는 태도로 상당히 전문적인 수준의 연주를 들려주었다.

★ 她一弹起钢琴就会：

A 很紧张
B 很放松
C 有些着急
D 有些担心

★ 그녀는 피아노 연주를 시작하자 어떻게 되었는가?

A 매우 긴장했다
B 긴장을 완전히 풀었다
C 약간 조급해졌다
D 약간 걱정했다

공략 질문의 핵심 어휘 '一弹起钢琴就'가 이끄는 문장 '可一弹起琴来, ……弹得也非常专业'를 통해서 그녀는 피아노 연주를 시작하자 긴장을 풀고 자신 있는 태도로 전문적인 수준의 연주를 했다는 것을 알 수 있으므로 정답은 B이다.

68. HSK POINT 전반적인 의미 파악 · 난이도 上

有位作家说，去阅读或旅行吧。心和身体必须有一个要在路上。阅读一本好书或者进行一次旅行，会使我们的知识更加丰富，使我们的生活更加精彩。

한 작가가 읽기를 하거나 여행을 하라고 권했다. 마음과 몸 중 하나는 반드시 길에 있어야 한다. 좋은 책 한 권을 읽거나 한 차례 여행을 하면, 우리의 지식을 더욱 풍부하게 해주며, 우리의 삶을 더욱 다채롭게 해준다.

★ "心在路上"是什么意思？

A 去阅读
B 出国留学
C 去旅游
D 互相关心

★ '마음이 길에 있다'는 무슨 의미인가?

A 읽기를 한다
B 외국 유학을 한다
C 여행을 한다
D 서로 관심을 가진다

 한 작가가 읽기를 하거나 여행을 하라고 권하며 마음과 몸 중 하나는 반드시 길에 있어야 한다고 말했다. 여기서 '마음이 길에 있다'는 것은 '阅读一本好书'를, '몸이 길에 있다'는 것은 '进行一次旅行'을 의미하므로 정답은 A이다.

 作家 zuòjiā 몡 작가 | 旅行 lǚxíng 동 여행하다 | ★必须 bìxū 뷔 반드시 ~해야 한다 | 路上 lùshang 몡 길 위 | 或者 huòzhě 젭 ~이든가 아니면 ~이다 | 进行 jìnxíng 동 진행하다 | 知识 zhīshi 몡 지식 | ★更加 gèngjiā 뷔 더욱, 더, 훨씬 | ★丰富 fēngfù 혱 많다, 풍부하다 | ★精彩 jīngcǎi 혱 뛰어나다, 훌륭하다 | 留学 liúxué 동 유학하다 | ★互相 hùxiāng 뷔 서로, 상호 | 关心 guānxīn 동 관심을 갖다

69. HSK POINT 핵심 어휘로 의미 파악 　난이도 下

小李最近心情不太好，可能是上次比赛输了，受了影响。你最好找个时间跟他谈一谈，让他不要有压力，鼓励他好好准备下次比赛。

★ 小李：

A 找同学聊天儿

B 没通过考试

C 上次比赛失败了

D 不常在家吃饭

샤오리가 요즘 기분이 별로 좋지 않은데, 지난 경기에서 패한 영향 때문인 것 같아요. 당신이 시간을 내서 아이와 대화를 해보는 것이 좋겠어요. 샤오리에게 압박감을 느끼지 말고, 다음 경기를 잘 준비하라고 격려해 주세요.

★ 샤오리는 어떤 상태인가?

A 학우와 이야기를 나눈다

B 시험에 불합격했다

C 지난 경기에서 패했다

D 집에서 밥을 거의 먹지 않는다

 질문의 핵심 어휘 小李가 이끄는 문장 '小李最近心情……受了影响'을 통해서 샤오리가 지난 경기에서 패한 영향 때문에 요즘 기분이 별로 좋지 않다는 것을 알 수 있으므로 정답은 C이다.

 心情 xīnqíng 몡 심정, 감정 | ★可能 kěnéng 뷔 아마도 | 上次 shàngcì 몡 지난번, 저번 | ★比赛 bǐsài 몡 경기, 시합 | 输 shū 동 패하다, 지다 | ★受 shòu 동 받다 | 影响 yǐngxiǎng 몡 영향 | ★最好 zuìhǎo 뷔 가장 바람직한 것은, 제일 좋기는 | 压力 yālì 몡 스트레스 | ★鼓励 gǔlì 동 격려하다 | 准备 zhǔnbèi 동 준비하다 | 下次 xiàcì 몡 다음 번 | 聊天儿 liáotiānr 동 한담하다, 잡담하다 | 通过 tōngguò 동 통과하다 | 考试 kǎoshì 몡 시험

70. HSK POINT 접속사가 이끄는 문장을 통한 의미 파악 　난이도 中

生活中有这样两种人：一种总是看别人怎么生活，另一种喜欢生活给别人看。其实，每个人都有自己的生活，不用羡慕他人，也用不着向别人证明什么，只要用心走好自己的路，幸福就在眼前。

★ 根据这段话，我们应该：

살다 보면 두 종류의 사람들, 다른 사람이 어떻게 살아가는지 늘 살펴보는 사람들과 자기의 생활을 남에게 보여주기 좋아하는 사람들이 있다. 사실 누구에게나 자신의 삶이 있으므로 타인을 부러워할 필요가 없으며, 남에게 뭔가를 증명할 필요도 없다. 자신의 길을 열심히 가기만 하면 행복은 눈앞에 있는 것이다.

★ 이 글을 근거로 우리는 어떻게 해야 하는가?

<table>
<tr><td>

A 要有礼貌

B 过好自己的生活

C 敢说自己不懂的

D 主动与人交流

</td><td>

A 예의를 차려야 한다

B 자신의 생활을 잘 꾸려야 한다

C 모르는 것을 모른다고 말할 수 있어야 한다

D 다른 사람들과 적극적으로 교류해야 한다

</td></tr>
</table>

공략 '只要……(就)……'는 '~하기만 하면, ~하다'라는 의미로 조건 관계를 나타내는 접속사이다. 접속사가 이끄는 문장 '只要用心走好自己的路，幸福就在眼前'을 통해서 자신의 길을 열심히 가기만 하면 행복할 수 있음을 알 수 있으므로 정답은 B이다.

어휘 ★总是 zǒngshì 男 늘, 줄곧 | 怎么 zěnme 때 어떻게 | 另 lìng 때 다른, 그 밖의 | ★其实 qíshí 男 사실 | 自己 zìjǐ 때 자기, 자신 | ★羡慕 xiànmù 통 부러워하다 | 向 xiàng 개 ~으로, ~에게, ~을 향하여 | 证明 zhèngmíng 통 증명하다 | 幸福 xìngfú 명 행복 | 眼前 yǎnqián 명 (공간적인) 눈앞, 가까운 곳 | ★礼貌 lǐmào 형 예의 바르다 | 敢 gǎn 통 자신 있게 ~하다, 과감하게 ~하다 | ★主动 zhǔdòng 형 자발적인, 능동적인

71. HSK POINT 이유 및 원인 파악 난이도 下

<table>
<tr><td>

今天下出租车时，由于着急赶时间，我不小心把手机忘在了出租车上。司机发现后马上叫住我，把手机还给了我。

★ 司机叫住他，是为了：

A 让人感动

B 更了解自己

C 减轻压力

D 还他手机

</td><td>

오늘 택시에서 내릴 때, 시간에 쫓기는 바람에 휴대 전화를 깜박하고 택시에 두고 내렸다. 택시 기사가 발견하고 즉시 나를 불러 휴대 전화를 돌려주었다.

★ 택시 기사는 왜 그를 불러 세웠는가?

A 감동을 주려고

B 자기를 더 이해하기 위해

C 스트레스를 줄이기 위해

D 그에게 휴대 전화를 돌려주려고

</td></tr>
</table>

공략 为了는 원인을 묻는 질문이다. 질문의 핵심 어휘 '司机叫住他'가 이끄는 문장 '司机师傅……把手机还给了我'를 통해서 택시 기사가 그에게 휴대 전화를 돌려주려고 불렀음을 알 수 있으므로 정답은 D이다.

어휘 出租车 chūzūchē 명 택시 | ★由于 yóuyú 개 ~때문에, ~으로 인하여 | 着急 zháojí 통 조급해하다, 안달하다 | ★赶时间 gǎn shíjiān 시간을 재촉하다 | 手机 shǒujī 명 휴대 전화 | 忘 wàng 통 잊다 | 司机 sījī 명 기사, 운전사 | 叫 jiào 통 부르다 | 还 huán 통 돌려주다 | 感动 gǎndòng 통 감동하다 | ★了解 liǎojiě 통 자세하게 알다, 이해하다 | ★减轻 jiǎnqīng 통 줄다, 감소하다 | 压力 yālì 명 스트레스

72. HSK POINT 핵심 어휘로 의미 파악 난이도 下

<table>
<tr><td>

这种植物喜欢阳光，你最好把它放到窗边，多见见太阳，这样它才能长得快，叶子的颜色也会越来越绿。

★ 这种植物：

</td><td>

이런 식물은 햇빛을 좋아하니, 창가에 두고 햇빛을 많이 보게 해주는 것이 좋다. 이렇게 해야 빨리 자랄 수 있으며 잎도 녹색을 더 띠게 될 것이다.

★ 이런 식물은?

</td></tr>
</table>

Ⓐ 适合放窗边

B 不能久放

C 很受欢迎

D 颜色暗

Ⓐ 창가에 두는 것이 알맞다

B 오래 두지 말아야 한다

C 많은 환영을 받는다

D 색깔이 어둡다

공략 질문의 핵심 어휘 '这种植物'가 이끄는 문장 '这种植物……多见见太阳'을 통해서 이런 식물은 햇빛을 좋아하니 창가에 두고 햇빛을 많이 보게 해주는 것이 좋음을 알 수 있으므로 정답은 A이다.

어휘 ★植物 zhíwù 명 식물 | 阳光 yángguāng 명 햇빛 | ★最好 zuìhǎo 부 가장 바람직한 것은, 제일 좋기는 | 放 fàng 동 놓다 | 窗 chuāng 명 창문 | ★太阳 tàiyáng 명 햇빛 | 长 zhǎng 동 자라다 | 叶子 yèzi 명 잎 | 颜色 yánsè 명 색 | 越来越 yuèláiyuè 부 더욱더, 점점, 갈수록 | 绿 lǜ 형 푸르다 | ★适合 shìhé 동 적합하다 | 暗 àn 형 어둡다

---

73. HSK POINT 인물의 행동 파악 · 난이도 中

在自助餐厅里，如果你**只**坐在那儿等，那你**什么都**吃不到。你必须站起来自己去拿，**才能**吃饱。生活也一样，什么都不做也就什么都得不到。

★在生活中，我们要：

A 打好基础

B 重视过程

Ⓒ 自己多努力

D 别说气话

뷔페 식당에서 자리에 앉아만 있다가는 아무것도 먹을 수 없다. 반드시 일어나서 스스로 음식을 가지고 와야 배부르게 먹을 수 있다. 삶도 이와 마찬가지다. 아무것도 하지 않으면 아무것도 얻을 수 없다.

★ 살아가면서 우리는 어떻게 해야 하는가?

A 기반을 다져야 한다

B 과정을 중시해야 한다

Ⓒ 스스로 많은 노력을 해야 한다

D 기분 나쁜 말을 하지 않아야 한다

공략 질문의 핵심 어휘 生活가 이끄는 마지막 문장 '生活也……都得不到'를 통해서 아무것도 하지 않으면 아무것도 얻을 수 없다는 것을 알 수 있으므로 스스로 많은 노력을 해야 한다는 C가 정답이다.

어휘 自助餐厅 zìzhù cāntīng 뷔페 식당 | 坐 zuò 동 앉다 | ★必须 bìxū 부 반드시 ~해야 한다 | 站 zhàn 동 서다 | 饱 bǎo 형 배부르다 | 一样 yíyàng 형 같다, 동일하다 | ★重视 zhòngshì 동 중시하다 | ★过程 guòchéng 명 과정 | 气话 qìhuà 명 화내는 말, 화가 담긴 말

---

74. HSK POINT 전반적인 의미 파악 · 난이도 下

对不起，先生，您的行李箱超重了。**按照**规定，您**只能**免费带20公斤的行李，超重的部分每公斤加收全部票价的2%。

선생님, 죄송하지만, 트렁크 무게가 정량을 초과했습니다. 규정에 따르면 20kg까지만 무료이며, 무게가 초과되는 부분에 대해서는 kg당 티켓 가격의 2%를 추가로 내셔야 합니다.

★ 根据这段话，超过20公斤的行李：	★ 이 글에 따르면 20kg을 초과하는 트렁크에 대해서는 어떻게 하는가?
A 要检查	A 검사를 해야 한다
Ⓑ 要收费	Ⓑ 요금을 내야 한다
C 要先调查	C 우선 조사를 해야 한다
D 要看说明书	D 설명서를 봐야 한다

공략 무게가 초과되는 부분에 대해서는 kg당 티켓 가격의 2%를 추가로 내야 한다고 했으므로 정답은 B이다.

어휘 行李箱 xínglǐxiāng 몡 여행용 가방 | 超重 chāozhòng 통 규정된 중량을 초과하다 | ★按照 ànzhào 깨 ～에 의해, ～에 따라 | ★规定 guīdìng 몡 규정, 규칙 | ★免费 miǎnfèi 통 돈을 받지 않다, 무료로 하다 | 带 dài 통 (몸에) 지니다, 휴대하다 | 公斤 gōngjīn 양 킬로그램 | 部分 bùfen 몡 (전체 중의) 부분 | ★加收 jiāshōu 통 추가 징수하다 | 全部 quánbù 혱 전부의, 전체의 | 票价 piàojià 몡 표 값 | 检查 jiǎnchá 통 검사하다 | ★收费 shōufèi 통 비용을 받다, 유료로 하다 | ★调查 diàochá 통 조사하다 | 说明书 shuōmíngshū 몡 설명서

75. **HSK POINT** 전반적인 의미 파악 난이도 中

很多网站上都说，刷牙时在牙膏上加点儿盐，坚持一段时间，就能使牙变白。我打算试试，看看这个方法究竟有没有效。	여러 인터넷 사이트에는 칫솔질을 할 때 치약에 약간의 소금을 첨가하라는 정보가 나와 있다. 이렇게 한동안 계속하면 치아 미백 효과가 있다고 한다. 나도 그렇게 해 보고, 이 방법이 정말 효과가 있는지 살펴봐야겠다.
★ "这个方法"指的是：	★ '이 방법'이 가리키는 것은?
A 降低标准	A 기준을 낮추는 것
B 商量事情	B 일을 의논하는 것
C 大声说话	C 큰 소리로 말하는 것
Ⓓ 牙膏上加盐	Ⓓ 치약에 소금을 첨가하는 것

공략 여러 인터넷 사이트에는 칫솔질을 할 때 치약에 약간의 소금을 첨가하면 치아 미백 효과가 있다고 했으므로 정답은 D이다.

어휘 网站 wǎngzhàn 몡 웹사이트 | 刷牙 shuāyá 통 이를 닦다, 양치질하다 | 牙膏 yágāo 몡 치약 | 加 jiā 통 더하다, 보태다 | 盐 yán 몡 소금 | ★坚持 jiānchí 통 견지하다, 유지하다 | 方法 fāngfǎ 몡 방법, 수단 | ★究竟 jiūjìng 붸 도대체 | ★有效 yǒuxiào 혱 효과가 있다 | ★降低 jiàngdī 통 내리다, 낮추다 | 标准 biāozhǔn 몡 표준, 기준 | ★商量 shāngliang 통 상의하다

76. `HSK POINT 핵심 어휘로 의미 파악` `난이도 下`

各位乘客，大家好，感谢大家乘坐**此次**
航班，<u>我们的飞机**将**于10分钟后降落在北京</u>
<u>首都国际机场</u>。

★ 飞机：

Ⓐ 要降落了

B 要起飞了

C 提前了10分钟

D 推迟了一个小时

승객 여러분, 안녕하십니까? 이번 항공편을 이용해
주셔서 감사합니다. <u>우리 비행기는 10분 후 베이징 수도</u>
<u>국제 공항에 착륙할 예정입니다.</u>

★ 비행기는?

Ⓐ 곧 착륙할 것이다

B 곧 이륙할 것이다

C 10분 앞당겨졌다

D 1시간 연착되었다

`공략` 질문의 핵심 어휘 飞机가 이끄는 문장 '我们的飞机……首都国际机场'을 통해서 비행기가 10분 후 베이징 수도 국제
공항에 착륙하려고 함을 알 수 있으므로 정답은 A이다.

`어휘` 乘客 chéngkè 몡 승객 | ★感谢 gǎnxiè 동 고맙다, 감사하다 | ★乘坐 chéngzuò 동 타다 | 航班 hángbān 몡 운항편, 항
공편 | ★将 jiāng 분 ~하게 될 것이다, ~일 것이다 | 于 yú 개 ~에, ~에서 | ★降落 jiàngluò 동 내려오다, 착륙하다 | 北京
首都国际机场 Běijīng Shǒudū Guójì Jīchǎng 고유 베이징 수도 국제공항 | 起飞 qǐfēi 동 이륙하다 | 提前 tíqián 동 앞당
기다 | 推迟 tuīchí 동 늦추다, 연기하다

77. `HSK POINT 주제 파악` `난이도 上`

有些事情**不是**看到了希望才去坚持，**而**
是因为坚持了才看到希望。有了前面，才有
后面的收获，所以**千万别放弃**。

★ 这段话主要告诉我们：

A 要学会拒绝

B 快速做出判断

Ⓒ 坚持才有希望

D 别错过机会

어떤 일은 희망이 보여서 꾸준히 밀고 나가는 것이 아
니라 꾸준히 했기 때문에 비로소 희망이 보인다. 앞 부분
의 노력이 있기에, 그 뒤의 수확이 있다. 따라서 절대 포
기해서는 안 된다.

★ 이 글이 우리에게 알려주고자 하는 것은?

A 거절하는 법을 배워야 한다

B 판단을 신속히 해야 한다

Ⓒ 꾸준히 해야 비로소 희망이 있다

D 기회를 놓치지 마라

`공략` 일반적으로 글의 주제는 글의 처음이나 마지막 부분에 위치한다. 어떤 일은 희망이 보여서 꾸준히 밀고 나가는 것이 아니
라 꾸준히 했기 때문에 비로소 희망이 보인다고 했으므로 정답은 C이다.

`어휘` 希望 xīwàng 몡 희망, 소망 | ★坚持 jiānchí 동 견지하다, 유지하다 | 前面 qiánmiàn 몡 앞 | 后面 hòumiàn 몡 뒤 | ★收获
shōuhuò 몡 소득, 수확, 성과 | 千万 qiānwàn 분 부디, 제발 | 别 bié 분 ~하지 마라 | ★放弃 fàngqì 동 포기하다 | ★拒绝
jùjué 동 거절하다 | 快速 kuàisù 형 신속하다, 빠르다 | ★判断 pànduàn 몡 판단 | 错过 cuòguò 동 놓치다 | ★ 机会
jīhuì 몡 기회

　　事情的原因和结果往往是互相联系的。如果有一定的原因，那就有一定的结果。有时候有的事情的结果也能当一个事情的原因。

★ 根据这段话，事情的发生：

A 是有原因的

B 能丰富感情

C 是有过程的

D 会带来麻烦

　　일의 원인과 결과는 때때로 서로 연결되어 있다. 일정한 원인이 있으면 일정한 결과가 있게 마련이다. 때로는 어떤 일의 결과가 어떤 일의 원인이 될 수도 있다.

★ 이 글에 근거하여 일의 발생은?

A 원인이 있는 것이다

B 감정을 풍부하게 한다

C 과정이 있는 것이다

D 번거로움을 가져온다

공략 '如果……就……'는 '만약 ～하면, ～하다'라는 의미로 가정 관계를 나타내는 접속사이다. 접속사가 이끄는 문장 '如果有一定的原因，那就有一定的结果'를 통해서 모든 일의 발생에는 원인과 결과가 있음을 알 수 있으므로 정답은 A이다.

어휘 事情 shìqing 몡 일, 사건 | ★原因 yuányīn 몡 원인 | ★结果 jiéguǒ 몡 결과, 결실 | 往往 wǎngwǎng 뷔 자주, 흔히 | 互相 hùxiāng 뷔 서로, 상호 | 联系 liánxì 동 연락하다 | ★一定 yídìng 혱 일정한, 어느 정도의 | 当 dāng 동 ～이 되다 | ★丰富 fēngfù 동 풍부하게 하다, 풍족하게 하다 | 感情 gǎnqíng 몡 감정 | ★过程 guòchéng 몡 과정 | 麻烦 máfan 혱 귀찮다, 성가시다

　　人们常说"机会只留给有准备的人"，这句话虽然不假，然而光有准备是不够的，还要主动去找机会，因为机会永远都不是等来的。

★ 这段话主要告诉我们，应该：

A 开始新生活

B 让自己更轻松

C 别受习惯影响

D 主动去找机会

　　사람들은 늘 '기회란 준비된 사람에게만 주어진다'라고 한다. 이 말이 틀린 것은 아니다. 하지만 준비만 해서는 부족하며, 적극적으로 기회를 찾아야 한다. 왜냐하면, 기다린다고 기회가 오는 것은 아니기 때문이다.

★ 이 글이 우리에게 알려주는 것은?

A 새로운 생활을 시작해야 한다

B 스스로 더욱 편안해져야 한다

C 습관의 영향을 받지 말아야 한다

D 적극적으로 기회를 찾아야 한다

공략 '虽然……然而……'는 '비록 ～하지만, ～하다'라는 의미로 전환 관계를 나타내는 접속사이다. 접속사가 이끄는 문장 '这句话虽然……还要主动去找机会'를 통해서 준비만 해서는 부족하며, 적극적으로 기회를 찾아야 함을 알 수 있으므로 정답은 D이다.

어휘 机会 jīhuì 몡 기회 | ★准备 zhǔnbèi 동 준비하다 | 假 jiǎ 혱 거짓의, 가짜의 | 光 guāng 뷔 단지, 오로지 | 不够 búgòu 혱 부족하다, 충족하지 않다 | ★主动 zhǔdòng 혱 자발적인, 능동적인 | 永远 yǒngyuǎn 뷔 영원히, 길이길이 | 轻松 qīngsōng 혱 수월하다, 가볍다 | 受 shòu 동 받다 | ★习惯 xíguàn 몡 버릇, 습관 | ★影响 yǐngxiǎng 몡 영향

[80-81]

⁸¹从前有一个画家，他在家画了一个虎头，后来听见有人让他画马，他就在虎头上画了马的身子。他告诉大儿子这是虎，告诉二儿子这是马。⁸⁰后来大儿子把人家的马当做虎，打死了。二儿子以为虎是马要骑，被老虎吃掉了。后来人们用"马虎"形容做事粗心。

호랑이에게 잡아 먹혔다 ➡ 被+명사+동사+기타 성분(기본 어순)

⁸¹옛날에 한 화가가 있었다. 그는 집에서 호랑이 머리를 그렸다. 그 후 어떤 사람이 그에게 말을 그리라고 하는 말을 듣고, 그는 호랑이 머리에 말의 몸통을 그려 넣었다. 그는 큰 아들에게 그것이 호랑이라고 알려주었으며, 작은 아들에게는 그것이 말이라고 알려주었다. ⁸⁰나중에 큰 아들은 다른 사람의 말을 호랑이라고 여겨 때려 죽였다. 작은 아들은 호랑이를 말로 착각하여 올라탔다가 호랑이에게 잡아 먹혔다. 훗날 사람들은 어떤 일을 대충대충 하는 것을 '马虎'로 표현하였다.

어휘 从前 cóngqián 몡 이전, 종전 │ 画家 huàjiā 몡 화가 │ 画 huà 동 그리다 │ 虎 hǔ 몡 호랑이 │ 头 tóu 몡 머리 │ ★后来 hòulái 몡 그 후, 그 뒤 │ 马 mǎ 몡 말 │ 身子 shēnzi 몡 몸 │ ★告诉 gàosu 동 말하다, 알리다 │ 儿子 érzi 몡 아들 │ 打死 dǎsǐ 동 때려죽이다 │ ★以为 yǐwéi 동 여기다, 생각하다 │ 骑 qí 동 타다 │ 吃掉 chīdiào 동 먹다, 해치우다 │ 形容 xíngróng 동 형용하다, 묘사하다 │ ★粗心 cūxīn 혱 세심하지 못하다, 소홀하다

---

80. HSK POINT 이유 및 원인 파악 난이도 中

★ 大儿子为什么要打死人家的马?

A 不信任画家

Ⓑ 以为是老虎

C 很害怕骑马

D 被永远记住

★ 큰 아들은 왜 남의 집 말을 때려 죽였는가?

A 화가를 신임하지 않아서

Ⓑ 호랑이로 착각해서

C 말 타기를 무서워해서

D 영원히 기억되기 위해

공략 '把……当做……'는 '~를 ~로 여기다'라는 의미로, 把자문의 고정 격식이 이끄는 핵심 문장 '后来大儿子把人家的马当做虎, 打死了'를 통해서 큰 아들은 다른 사람의 말을 호랑이라고 여겨 때려죽였음을 알 수 있으므로 정답은 B이다.

어휘 ★信任 xìnrèn 동 신임하다, 신뢰하다 │ 害怕 hàipà 동 겁내다, 두려워하다 │ 永远 yǒngyuǎn 빈 영원히, 길이길이 │ 记住 jìzhu 동 확실히 기억해 두다

---

81. HSK POINT 핵심 문장을 통한 의미 파악 난이도 中

★ 画家:

Ⓐ 画了虎头马身

B 画了马头虎身

C 受到表扬

D 要讲信用

★ 화가는?

Ⓐ 호랑이의 머리에 말의 몸통을 그렸다

B 말의 머리에 호랑이의 몸통을 그렸다

C 칭찬을 받았다

D 신용을 중시하였다

 한 화가가 집에서 호랑이 머리를 그렸는데, 그 후 어떤 사람이 그에게 말을 그리라고 하는 말을 듣고 그는 호랑이 머리에 말의 몸통을 그려 넣었다고 했으므로 정답은 A이다.

 表扬 biǎoyáng 통 칭찬하다 | 讲信用 jiǎng xìnyòng 신용을 중시하다

[82-83]

随着房价越来越高，很多年轻人要开始购买房车了。82房车不仅像标准车给人们的出行带来方便，而且还有房子的功能。在房车里可以放入床、桌椅、沙发等家具设施，还能在里边睡觉、吃饭、上厕所。83人们真的能"在生活中出行，在出行中生活"。

부동산 가격이 점점 올라감에 따라, 많은 젊은이들이 캠핑카를 구매하기 시작하였다. 82캠핑카는 일반 차량처럼 사람들의 나들이를 편리하게 해줄 뿐 아니라 집의 기능도 갖추고 있다. 캠핑카 안에 침대, 탁자, 의자, 소파 등 가구 설비를 놓을 수 있으며, 안에서 잠을 자고 식사를 하며 화장실도 이용할 수 있다. 83사람들은 '생활 속에서 나들이하고, 나들이하면서 생활하는 것'이 정말 가능하게 된 것이다.

 ★随着 suízhe 통 ~따라서 | 房价 fángjià 명 집값, 부동산 가격 | ★越来越 yuèláiyuè 부 더욱더, 점점 | 年轻人 niánqīngrén 명 젊은 사람 | ★购买 gòumǎi 통 사다, 구매하다 | 房车 fángchē 명 캠핑카 | 标准 biāozhǔn 형 표준의, 표준적이다 | 出行 chūxíng 통 외출하다 | ★方便 fāngbiàn 형 편리하다 | ★功能 gōngnéng 명 기능, 작용 | 床 chuáng 명 침대 | 桌椅 zhuōyǐ 명 탁자와 의자 | 沙发 shāfā 명 소파 | 家具 jiājù 명 가구 | 设施 shèshī 명 시설 | 睡觉 shuìjiào 통 잠을 자다 | 上厕所 shàng cèsuǒ 화장실에 가다

82. 접속사가 이끄는 문장을 통한 의미 파악 난이도 中

★ 房车与标准车的区别是?

A 没地方睡觉
B 出行更方便
C 有房子的功能
D 无法放家具设施

★ 캠핑카가 일반 차량과 다른 점은?

A 잠을 잘 곳이 없다
B 나들이가 더욱 편리하다
C 집의 기능이 있다
D 가구 설비를 놓을 수 없다

 '不仅……而且……'는 '~할 뿐만 아니라, 게다가 ~하다'라는 의미로 점층 관계를 나타내는 접속사이다. 접속사가 이끄는 문장 '房车不仅像标准车……而且还有房子的功能'을 통해서 캠핑카는 일반 차량처럼 사람들의 나들이를 편리하게 해줄 뿐 아니라 집의 기능도 갖추고 있음을 알 수 있으므로 정답은 C이다.

 ★区别 qūbié 명 구별, 차이 | 无法 wúfǎ 통 방법이 없다, 할 수 없다

83. `HSK POINT 주제 파악` `난이도 上`

★ 这个文章主要说明了：

A 标准车的好处

B 幽默的作用

Ⓒ 房车的特点

D 旅游的重要性

★ 이 글이 말하고 있는 요지는?

A 일반 차량의 장점

B 유머의 작용

Ⓒ 캠핑카의 특징

D 여행의 중요성

`공략` 캠핑카는 사람들에게 '생활 속에서 나들이하고, 나들이하면서 생활하는 것'이 정말 가능하게 만들어 줬다며 캠핑카의 특징을 말하고 있으므로 정답은 C이다.

`어휘` 好处 hǎochu 몡 이로운 점, 이점, 장점 | 幽默 yōumò 혱 유머러스한 | ★作用 zuòyòng 몡 작용 | ★特点 tèdiǎn 몡 특징, 특색 | 旅游 lǚyóu 통 여행하다 | 重要性 zhòngyàoxìng 중요성

[84-85]

小周，你这个总结写得不错，尤其是公司这一年的发展情况和取得的成绩这两部分，内容很详细。⁸⁴但是还有几个地方需要稍微改一下，比如一些大事的排列顺序等等。⁸⁵我都帮你画出来了，你改完再重新发给我一份。

샤오저우, 이번에 작성한 종합 보고서는 아주 훌륭하네. 특히 금년 한 해 동안 회사의 발전 상황과 성과, 이 두 부분은 내용이 아주 상세하더군. ⁸⁴그러나 몇 군데 수정할 곳이 있네. 가령 몇 가지 큰 이슈의 배열 순서 등이네. ⁸⁵내가 표시를 해놓았으니, 자네가 수정한 후, 한 부를 다시 보내주게.

`어휘` ★总结 zǒngjié 통 총정리하다 | 尤其 yóuqí 몬 더욱이, 특히 | 发展 fāzhǎn 통 발전하다 | 情况 qíngkuàng 몡 상황, 정황 | ★取得 qǔdé 통 취득하다, 얻다 | 成绩 chéngjì 몡 성적, 성과 | ★详细 xiángxì 혱 상세하다, 자세하다 | ★稍微 shāowēi 몬 조금, 약간 | 改 gǎi 통 고치다 | 比如 bǐrú 젭 예를 들어, 예를 들면 | ★排列 páiliè 통 배열하다, 정렬하다 | 顺序 shùnxù 몡 순서, 차례 | ★重新 chóngxīn 몬 다시, 재차

84. `HSK POINT 접속사가 이끄는 문장을 통한 의미 파악` `난이도 中`

★ 关于这份总结，可以知道：

A 不够精彩

B 没有重点

C 写得不太理想

Ⓓ 有不准确之处

★ 이번 보고서에 관해 알 수 있는 것은?

A 훌륭하지 않다

B 중점이 없다

C 별로 잘 작성하지 않았다

Ⓓ 정확하지 않은 곳이 있다

`공략` 전환을 나타내는 접속사 但是가 이끄는 문장 '但是还有几个地方需要稍微改一下'를 통해서 몇 군데 수정할 곳이 있음을 알 수 있으므로 정답은 D이다.

어휘 ★精彩 jīngcǎi 형 뛰어나다 | 重点 zhòngdiǎn 명 중점 | 理想 lǐxiǎng 형 이상적이다 | ★准确 zhǔnquè 형 확실하다, 정확하다

85. HSK POINT 핵심 문장을 통한 의미 파악 난이도 中

★ 他希望小周：	★ 그가 샤오저우에게 요구하는 것은?
Ⓐ 再改改	**Ⓐ 수정을 더 하라고**
B 重新写	B 다시 작성하라고
C 参加招聘	C 직원 모집에 응하라고
D 组织活动	D 행사를 조직하라고

공략 마지막 문장의 '我都帮你画出来了，你改完再重新发给我一份'을 통해서 그는 샤오저우에게 수정을 더 하라고 요구하고 있으므로 정답은 A이다.

어휘 参加 cānjiā 동 참가하다 | ★招聘 zhāopìn 동 채용하다 | ★组织 zǔzhī 동 조직하다, 구성하다 | 活动 huódòng 명 행사

第一部分

86. HSK·POINT 부사어와 관형어의 위치　난이도 中

一家　　开　　对面将来　　要　　公司

공략

1단계 술어를 찾는다

일반적으로 문장에서 동사가 술어 역할을 하므로 开가 술어가 된다.

2단계 목적어를 찾는다

동사가 문장에서 술어로 쓰이므로 의미상 함께 올 수 있는 목적어를 찾아야 하므로 '开+公司'가 된다.

3단계 관형어를 찾는다

家는 양사로 집, 상점, 회사 등을 세는 단위이므로 '수사+양사+명사'의 원리에 의해 '一家+公司'가 된다.

4단계 부사어를 찾는다

조동사는 동사 앞에 위치하여 동사를 도와 주는 역할을 하므로 '要+开'가 된다.

5단계 주어를 완성하기

맞은편에 회사가 설립될 것이므로 시간사 将来와 함께 있는 '对面将来'를 문장 맨 앞에 위치시킨다.

6단계 문장 완성하기

对面将来要开一家公司。 맞은편에 회사 하나가 설립될 것이다.

어휘 对面 duìmiàn 몡 맞은편 | ★将来 jiānglái 몡 장래, 미래 | 公司 gōngsī 몡 회사

一双筷子　　能　　帮我　　吗　　去厨房拿

공략

1단계 술어를 찾는다

일반적으로 문장에서 동사가 술어 역할을 하므로 帮, 去, 拿가 술어가 될 수 있다. 일부 동사는 목적어와 함께 결합하고 있으므로 '帮我'와 '去厨房拿'를 중심으로 문장을 전개하자. 또한 동사 술어가 두 개 이상 존재하므로 연동문을 묻는 문제임을 알 수 있다.

2단계 목적어를 찾는다

동사가 술어 역할을 하므로 의미상 어울리는 명사를 목적어로 수반한다. 문제에서 이미 동사는 명사와 짝을 이루고 있으므로 동작이 행해지는 순서에 따라 '술어+목적어'를 나열해야 한다. 따라서 '帮我+去厨房拿+一双筷子'가 된다.

3단계 부사어를 찾는다

연동문에서 조동사는 첫 번째 동사 앞에 위치하므로 '能+帮我'가 된다. 또한 吗는 의문문을 만드는 어기조사로 문장 맨 뒤에 위치시킨다.

4단계 문장 완성하기

能帮我去厨房拿一双筷子吗? 주방으로 가서 젓가락을 가져다줄 수 있나요?

어휘 ★双 shuāng 양 짝, 켤레 | 筷子 kuàizi 명 젓가락 | 厨房 chúfáng 명 주방, 부엌 | ★拿 ná 동 쥐다, 가지다

用得　　这个词　　准确　　不太

공략

1단계 술어를 찾는다

일반적으로 문장에서 동사가 술어 역할을 하므로 用이 술어가 된다. 用 뒤에 있는 구조조사 得를 통해서 정도보어를 묻는 문제임을 알 수 있다.

2단계 보어를 찾는다

보어는 술어를 보충해주는 성분으로 술어 뒤에 위치해야 한다. 정도보어의 기본 어순인 '동사+得+정도보어'에 따라 문장을 전개하면 '用得+不太+准确'가 된다.

3단계 주어를 찾는다

어휘를 정확하게 사용하지 않은 것이므로 词가 이 문장의 주어가 되고, 这个는 주어를 수식해주는 관형어 역할을 한다.

4단계 문장 완성하기

这个词用得不太准确。 이 어휘를 정확하게 사용하지 않았다.

어휘 用 yòng 동 쓰다, 사용하다 | 词 cí 명 단어, 어휘 | ★准确 zhǔnquè 형 확실하다, 정확하다

89. HSK POINT 把자문의 이해 난이도 中

一遍　　　我　　　把　　　重新读了　　　那本杂志

공략 **1**단계 개사구를 찾는다

개사 把는 단독으로 쓰일 수 없으므로 처치의 대상인 '那本杂志'와 함께 개사구를 만들어 술어를 수식하므로 '把+那本杂志'가 된다.

2단계 술어를 찾는다

동사가 문장에서 술어 역할을 하므로 '读了'가 술어가 된다. '다시'라는 의미를 나타내는 부사 重新은 '读了'를 꾸며주고 있으므로 '重新读了'가 되며, 把자문에서 동사 뒤에 반드시 기타 성분이 함께 와야 하므로, '读了'는 동작이 처음부터 끝까지의 전 과정을 나타내는 동량보어 一遍과 함께 결합하여 '读了+一遍'이 된다.

3단계 주어를 찾는다

그 잡지를 읽은 주체자가 '나'이므로 我가 이 문장의 주어가 된다.

4단계 문장 완성하기

我把那本杂志重新读了一遍。 나는 그 잡지를 다시 한 번 읽었다.

어휘 ★重新 chóngxīn 부 다시, 재차 | 读 dú 동 보다, 읽다 | 杂志 zázhì 명 잡지

90. HSK POINT 부사어의 위치 난이도 上

没有　　　那条新闻　　　大家的重视　　　并　　　引起

공략 **1**단계 술어를 찾는다

일반적으로 문장에서 동사가 술어 역할을 하므로 引起가 술어가 된다.

2단계 목적어를 찾는다

동사가 문장에서 술어로 쓰이므로 의미상 함께 올 수 있는 목적어를 찾아야 한다. 따라서 '引起+大家的重视'가 된다.

3단계 부사어를 찾는다

并은 '并+不/没' 형태로 부정부사 앞에 쓰여 부정의 어투를 강조하므로 '并+没有+引起+大家的重视'가 된다.

4단계 주어를 찾는다

그 뉴스가 모두의 중시를 불러일으키지 못한 것이므로 '那条新闻'이 이 문장의 주어가 된다.

5단계 문장 완성하기

那条新闻并没有引起大家的重视。 그 뉴스는 결코 모두의 중시를 불러일으키지 못했다.

어휘 新闻 xīnwén 몡 새 소식, 뉴스 | ★重视 zhòngshì 됭 중시하다, 중요시하다 | ★并 bìng 뷔 결코, 전혀 | ★引起 yǐnqǐ 됭 야기하다, 불러일으키다

---

91. HSK POINT 부사어와 관형어의 위치 [난이도 中]

剩了	冰箱里	两个	还	鸡蛋

공략 **1단계** 술어를 찾는다

일반적으로 문장에서 동사가 술어 역할을 하므로 '剩了'가 술어가 된다.

2단계 목적어를 찾는다

동사가 문장에서 술어로 쓰이므로 의미상 함께 올 수 있는 목적어를 찾아야 한다. 따라서 '剩了+鸡蛋'이 된다.

3단계 관형어를 찾는다

个는 양사로 사람 및 사물을 세는 단위이므로 '수사+양사+명사'의 원리에 의해 '两个+鸡蛋'이 된다.

4단계 부사어를 찾는다

부사는 동사 앞에 위치하여 동사를 수식하므로 '还+剩了'가 된다.

5단계 주어를 찾는다

냉장고에 달걀이 있는 것이므로 장소를 나타내는 '冰箱里'를 문장 맨 앞에 위치시킨다.

6단계 문장 완성하기

冰箱里还剩了两个鸡蛋。 냉장고에 아직 달걀 두 개가 남았다.

어휘 ★剩 shèng 됭 남다, 남기다 | 冰箱 bīngxiāng 몡 냉장고 | 鸡蛋 jīdàn 몡 달걀

92. HSK POINT 개사구와 '是……的' 구문의 이해 ｜ 난이도 中

小王　　　　的　　　　这次活动是　　　　由　　　　组织

공략

1단계 개사구를 만든다

개사 由는 단독으로 쓰일 수 없으므로 명사 小王과 함께 개사구를 만들자. 개사구는 술어를 꾸며주는 부사어 역할을 하므로 '由小王'을 술어 앞에 위치시킨다.

2단계 술어를 찾는다

일반적으로 문장에서 동사가 술어 역할을 하므로 组织가 술어가 되어 '由+小王+组织'가 된다.

3단계 주어를 찾는다

이번 행사를 샤오왕이 조직하는 것이므로 '这次活动'이 이 문장의 주어가 되고, 강조를 나타내는 '是……的' 구문에서 是는 주어 뒤에, 的는 문장 맨 뒤에 온다.

4단계 문장 완성하기

这次活动是由小王组织的。 이번 행사는 샤오왕이 조직한다.

어휘　活动 huódòng 몡 행사 ｜ ★由 yóu 깨 ～이, ～가 ｜ ★组织 zǔzhī 동 조직하다, 결성하다

93. HSK POINT 비교문의 이해 ｜ 난이도 中

原来的　　　　新房子的卧室　　　　多了　　　　比　　　　大

공략

1단계 개사구를 찾는다

비교문을 만드는 대표적인 개사 比는 비교의 대상인 '原来的'와 함께 개사구를 이루어 술어를 꾸며주는 부사어 역할을 하므로 '比+原来的'를 술어 앞에 위치시킨다.

2단계 술어를 찾는다

개사구는 술어를 수식하므로 '比+原来的+大'가 되며, 보충하는 성분은 술어 뒤에 위치하므로 '比+原来的+大+多了'가 된다.

3단계 주어를 찾는다

비교문에서 주어는 비교적 구체적인 비교 대상이므로 '新房子的卧室'가 이 문장의 주어가 된다.

4단계 문장 완성하기

新房子的卧室比原来的大多了。 새집의 안방은 원래 집보다 훨씬 크다.

94. HSK POINT 有자문의 이해 난이도 下

手表　　盒子　　里面　　一块儿　　有

공략

1단계 술어를 찾는다

일반적으로 문장에서 동사가 술어 역할을 하므로 有가 술어가 된다.

2단계 목적어를 찾는다

동사가 문장에서 술어로 쓰이므로 의미상 함께 올 수 있는 목적어를 찾아야 한다. 따라서 '有+手表'가 된다.

3단계 관형어를 찾는다

块는 시계를 셀 수 있는 양사이므로 '수사+양사+명사'의 원리에 의해 '一块儿+手表'가 된다.

4단계 주어를 찾는다

일반명사는 방위사와 결합하여 장소를 나타내므로 '盒子+里面'이 되며, 상자 안에 시계가 있는 것이므로 '盒子里面'이 이 문장의 주어가 된다.

5단계 문장 완성하기

盒子里面有一块儿手表。 상자 안에 시계가 하나 있다.

어휘　手表 shǒubiǎo 몡 손목시계 ｜ 盒子 hézi 몡 작은 상자 ｜ 里面 lǐmian 몡 안, 안쪽

합격필수 TIP

▶ **有자문의 종류**

① 소유, 포함 관계를 나타내는 有자문

听力考试一共有四部分。 듣기 시험은 모두 4부분으로 구성되어 있다.

② 존재를 나타내는 有자문

办公室里有很多人。 사무실에는 많은 사람들이 있다.

③ 발생, 출현을 나타내는 有자문

我的汉语水平有了很大提高。 나의 중국어 수준은 많이 향상되었다.

头　　　妹妹　　　害羞　　　低下了　　　地

공략

1단계 술어를 찾는다

일반적으로 문장에서 동사가 술어 역할을 하므로 '低下了'가 술어가 된다.

2단계 목적어를 찾는다

동사는 문장에서 술어로 쓰이기 때문에 의미상 함께 올 수 있는 목적어를 찾아야 한다. 따라서 '低下了+头'가 된다.

3단계 부사어를 찾는다

동사나 형용사가 술어를 수식하고자 할 때 구조조사 地를 활용하여 '동사/형용사+地+술어' 형태로 술어를 꾸며 주는 부사어 역할을 하므로 '害羞地+低下了头'가 된다.

4단계 주어를 찾는다

여동생이 수줍어하며 고개를 숙인 것이므로 妹妹가 이 문장의 주어가 된다.

5단계 문장 완성하기

妹妹害羞地低下了头。 　여동생은 수줍어하며 머리를 숙였다.

어휘　★头 tóu 뗑 머리 | ★害羞 hàixiū 통 부끄러워하다, 수줍어하다 | 低 dī 통 (머리를) 숙이다

합격필수 TIP

▶ **구조조사 地의 활용**

① 동사+地+술어

她怀疑地看着我们。 그녀는 의심스러운 듯 우리를 쳐다보고 있다.

② 2음절 형용사+地+술어

老师满意地笑了。 선생님은 만족스럽게 웃으셨다.

③ 형용사 중첩+地+술어

我们高高兴兴地回家了。 우리는 즐겁게 집으로 갔다.

96. `HSK POINT 부사 제시어` `난이도 上`

到底
dàodǐ
부 도대체

공략

1단계 제시어 및 사진 파악하기

到底는 '도대체'라는 의미를 나타내는 부사로 의문문에 쓰여 어기를 강조하는 역할을 한다. 때문에 평서문이 아닌 의문문으로 문장을 완성해야 한다. 무언가를 생각하고 있는 남자 사진이 제시되어 있으므로 '그는 도대체 무엇을 생각하고 있습니까?', '내일 회의는 도대체 몇 시에 시작합니까?' 등의 내용으로 문장을 만들자.

2단계 연관 어휘 떠올리기

最近 zuìjìn 명 최근, 요즘 | ★发生 fāshēng 동 일어나다, 발생하다 | 会议 huìyì 명 회의 | ★开始 kāishǐ 동 시작하다 | 研讨会 yántǎohuì 명 세미나, 연구 토론회 | ★结束 jiéshù 동 끝나다, 마치다 | 电影 diànyǐng 명 영화

3단계 문장의 뼈대 만들기

他 + 到底 + 想 + 什么? 그는 도대체 무엇을 생각하고 있니?
주어　　　부사　 술어(동사)　목적어

4단계 문장 완성하기

① 他现在**到底**想什么呢?
　그는 지금 도대체 무슨 생각을 하고 있니?

② 他最近**到底**发生了什么事?
　그는 요즘 도대체 무슨 일이 있니?

③ 明天的会议**到底**几点开始?
　내일 회의는 도대체 몇 시에 시작하니?

④ 明天的研讨会**到底**几点结束?
　내일 세미나는 도대체 몇 시에 끝나니?

⑤ 今天晚上**到底**看什么电影好呢?
　오늘 저녁에 도대체 무슨 영화를 보면 좋을까?

합격필수 TIP

▶ **到底와 관련된 빈출 이미지**

你**到底**什么时候到呢? 너는 도대체 언제 도착하니?
我们**到底**在哪儿见面? 우리 도대체 어디에서 만나니?

您对这件事情**到底**有什么看法?
당신은 이 일에 도대체 어떤 생각을 가지고 계십니까?
您**到底**怎么看这件事情? 당신은 이 일을 도대체 어떻게 보십니까?

97. HSK POINT 동사 제시어 [난이도 中]

抱
bào
통 안다, 껴안다

공략

1단계 제시어 및 사진 파악하기

抱는 동사로 '안다'라는 의미를 나타낸다. 책을 안고 있는 여자 사진이 제시되어 있으므로 抱와 함께 호응할 수 있는 목적어 书를 떠올리며 문장을 전개하자. 또한 동작 및 상태의 지속을 나타내는 동태조사 着를 활용하여 '그녀는 책을 안고 있다', '그녀는 책을 안고 수업을 하러 교실로 간다' 등의 내용으로 문장을 완성한다.

2단계 연관 어휘 떠올리기

★许多 xǔduō 혱 매우 많다 | 杂志 zázhì 몡 잡지 | 宿舍 sùshè 몡 기숙사 | 图书馆 túshūguǎn 몡 도서관 | ★还 huán 통 돌려주다, 반납하다 | 教室 jiàoshì 몡 교실 | 上课 shàngkè 통 수업을 듣다

3단계 문장의 뼈대 만들기

她 + 抱 + 书。 그녀는 책을 안고 있다.
주어   술어   목적어

4단계 문장 완성하기

① 她正在抱着三本书。
그녀는 세 권의 책을 안고 있다.

② 她一个人抱着几本杂志。
그녀는 혼자서 몇 권의 잡지책을 안고 있다.

③ 她抱着几本书回宿舍。
그녀는 몇 권의 책을 안고 기숙사로 간다.

④ 她抱着小说去图书馆还书。
그녀는 소설책을 안고 책을 반납하러 도서관에 간다.

⑤ 她抱着汉语书去教室上课。
그녀는 중국어 책을 안고 수업하러 교실에 간다.

响
xiǎng
통 울리다

공략

1단계 제시어 및 사진 파악하기

响은 동사로 '울리다'라는 의미를 나타낸다. 휴대 전화 사진이 제시되어 있으므로 手机를 떠올리며 '휴대 전화가 계속 울리고 있다', '누구의 휴대 전화가 울리고 있나?' 등의 내용으로 문장을 완성하자.

2단계 연관 어휘 떠올리기

手机 shǒujī 명 휴대 전화 | ★一直 yìzhí 부 계속, 줄곧 | 接 jiē 통 받다 | 吵 chǎo 형 시끄럽다 | ★突然 tūrán 부 갑자기

3단계 문장의 뼈대 만들기

手机 + 响了。 휴대 전화가 울린다.
주어　　술어

4단계 문장 완성하기

① 谁的手机一直在响呢?
누구의 휴대 전화가 울리고 있니?

② 你的手机一直在响，快去接吧。
휴대 전화가 계속 울리고 있으니, 어서 받아.

③ 你的手机一直在响，怎么不去接呢?
휴대 전화가 계속 울리고 있는데, 왜 받지 않니?

④ 你的手机响得太吵了，快去接一下。
휴대 전화가 너무 시끄럽게 울리니, 빨리 받으러 가.

⑤ 正在开会的时候，我的手机突然响了。
회의를 하고 있을 때, 내 휴대 전화가 갑자기 울렸다.

失望
shīwàng
형 실망하다, 낙담하다

공략

1단계 제시어 및 사진 파악하기

失望은 형용사로 '실망하다'라는 의미를 나타낸다. 낙심한 여자 사진이 제시되어 있으므로 失望과 함께 호응할 수 있는 정도부사와 겸어문을 활용하여 '무엇'이 여자로 하여금 실망감을 줬는지를 생각하며 문장을 완성하자.

2단계 연관 어휘 떠올리기

通过 tōngguò 동 통과하다 | ★面试 miànshì 명 면접시험 | 感到 gǎndào 동 느끼다 | ★考试 kǎoshì 명 시험 | 结果 jiéguǒ 명 결과 | 比赛 bǐsài 명 경기, 시합 | ★成绩 chéngjì 명 성적 | 理想 lǐxiǎng 형 이상적이다, 더할 나위 없다

3단계 문장의 뼈대 만들기

她 + 很 + 失望。　그녀는 실망했다.
주어　정도부사　술어

4단계 문장 완성하기

① 她没有通过面试，所以非常失望。
그녀는 면접에 통과하지 못해서, 아주 실망했다.

② 她对自己感到很失望。
그녀는 자신에게 실망했다.

③ 这次考试的结果让她很失望。
이번 시험 결과는 그녀를 실망하게 했다.

④ 这场比赛的结果让她很失望。
이번 시합 결과는 그녀를 실망하게 했다.

⑤ 考试成绩不理想让她非常失望。
시험 성적이 제대로 안 나와서 그녀는 매우 실망했다.

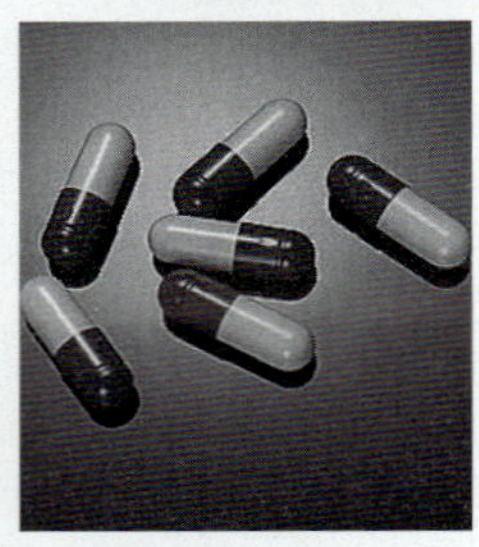

공략

苦
kǔ
[형] 쓰다

1단계 제시어 및 사진 파악하기

苦는 형용사로 맛이 '쓰다'라는 의미를 나타낸다. 약이 사진으로 제시되어 있으므로 药를 떠올리며 '이 약은 너무 쓰다', '이 약은 쓰지만 효과가 좋다' 등의 내용을 떠올리며 문장을 완성하자.

2단계 연관 어휘 떠올리기

药 yào [명] 약 | 一定 yídìng [부] 반드시, 필히 | ★按时 ànshí [부] 제때에, 시간에 맞추어 | ★效果 xiàoguǒ [명] 효과 | 想像 xiǎngxiàng [동] 상상하다

3단계 문장의 뼈대 만들기

药 + 太 + 苦。 약이 너무 쓰다.
주어   정도부사   술어

4단계 문장 완성하기

① 这些药太苦了。
이 약은 너무 쓰다.

② 这些药苦极了，我真不想吃。
이 약은 너무 써서, 정말 먹고 싶지 않다.

③ 这个药虽然很苦，但一定要按时吃。
이 약은 쓰지만 반드시 제시간에 먹어야 한다.

④ 这个药苦是苦，不过效果很好。
이 약은 쓰긴 쓰지만, 효과가 좋다.

⑤ 这个药没有想像的那么苦。
이 약은 상상했던 것만큼 그렇게 쓰지 않다.

스피킹 중국어 시리즈

MP3 CD 1장 포함
200쪽 | 15,000원

MP3 CD 1장 포함
196쪽 | 15,000원

MP3 CD 1장 포함
上, 下 각 200쪽 | 각 15,000원

MP3 CD 1장 포함
216쪽 | 15,000원

MP3 CD 1장 포함
上, 下 각 208쪽 | 각 15,000원

MP3 CD 1장 포함
上 176쪽 下 172쪽 | 각 15,000원

전공략 新HSK 두달에 급수 따기 시리즈

- 현장 강사의 **경험**에 기초한 **출제 경향 분석**
- 시험 경향에 바탕을 둔 **풍부한 예제**
- **체계적인 학습 프로그램** 제공
- 新HSK 전문가의 **공략 비법 제시**
- 문제 유형별 **빈출 어휘 비법 노트**에 정리
- 실제 시험 **난이도에 맞춘 실전 모의고사**
- 핵심을 짚어주는 **해설집 제공**
- 급수별 **만점 단어 수록**

『전공략 新HSK 두달에 급수 따기』는
본책, 해설집, 실전 모의고사로 구성된 新HSK 종합서입니다.

전공략 新HSK 두달에 3급 따기

구성
본책+해설집
+실전 모의고사 1회
+MP3 CD 1장
+3급 만점 단어 600
저자·김지현

전공략 新HSK 두달에 4급 따기

구성
본책+해설집
+실전 모의고사 1회
+MP3 CD 1장
+4급 만점 단어 1200
저자·김미나

전공략 新HSK 두달에 5급 따기

구성
본책+해설집
+실전 모의고사 1회
+MP3 CD 1장
+5급 만점 단어 1300
저자·장미라

전공략 新HSK 두달에 6급 따기

구성
본책+해설집
+실전 모의고사 1회
+MP3 CD 1장
+6급 만점 단어 1500
저자·차오진옌
번역·박정순|권연은

전공략 新HSK

합격 전략

4급

新HSK 강사의 명쾌한 무료 동영상 강의
영역별 핵심 공략법 D-5
막판 뒤집기 핵심 포인트 수록

JRC중국어연구소 기획 · 김지현 저

JRC 북스

전공략 新HSK 합격 전략 4급

JRC중국어연구소 기획

김지현 저

JRC북스

전공략 新HSK 합격 전략 4급

저자	김지현
기획	jRC 중국어연구소
발행인	김효정
발행처	jRC 북스
등록번호	제300-2002-42호
편집	최정임 ǀ 이소연 ǀ 김소연
디자인	신은지 ǀ 최여랑
영업	김영한
홍보	이지연
웹마케팅	오준석 ǀ 김희영

주소	jRC 북스 서울 강남구 테헤란로 109, 3층
전화	구입 문의 02.567.3861 ǀ 02.567.3837
	내용 문의 02.567.3860
팩스	02.567.2471
홈페이지	www.booksJRC.com

전공략 新HSK 합격 전략 4급 활용법

新HSK 최신 출제 경향을 명확하게 파악한 영역별 핵심 공략서로, 총 D-5로 구성되어 있습니다. 또한 시험 직전에 보는 핵심 포인트도 수록되어 있습니다.

新HSK 강사의 명쾌한 무료 동영상 강의

新HSK 시험을 준비하는 학습자들이 꼭 알아야 하는 핵심 공략을 명쾌하게 설명해 드립니다. 실전에서 비법을 어떻게 활용하는지 新HSK 전문가의 강의를 들어 보며 확인해 보세요.

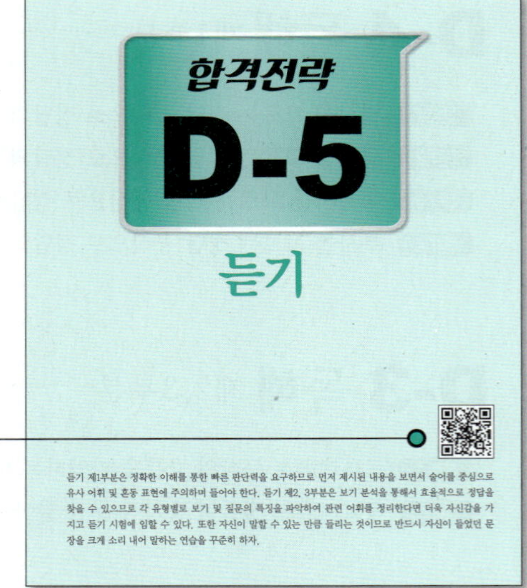

듣기 제1부분은 정확한 이해를 통한 빠른 판단력을 요구하므로 먼저 제시된 내용을 보면서 술어를 중심으로 유사 어휘 및 혼동 표현에 주의하며 들어야 한다. 듣기 제2, 3부분은 보기 분석을 통해서 효율적으로 정답을 찾을 수 있으므로 각 유형별로 보기 및 질문의 특징을 파악하여 관련 어휘를 정리한다면 더욱 자신감을 가지고 듣기 시험에 임할 수 있다. 또한 자신이 말할 수 있는 만큼 들리는 것이므로 반드시 자신이 들었던 문장을 크게 소리 내어 말하는 연습을 꾸준히 하자.

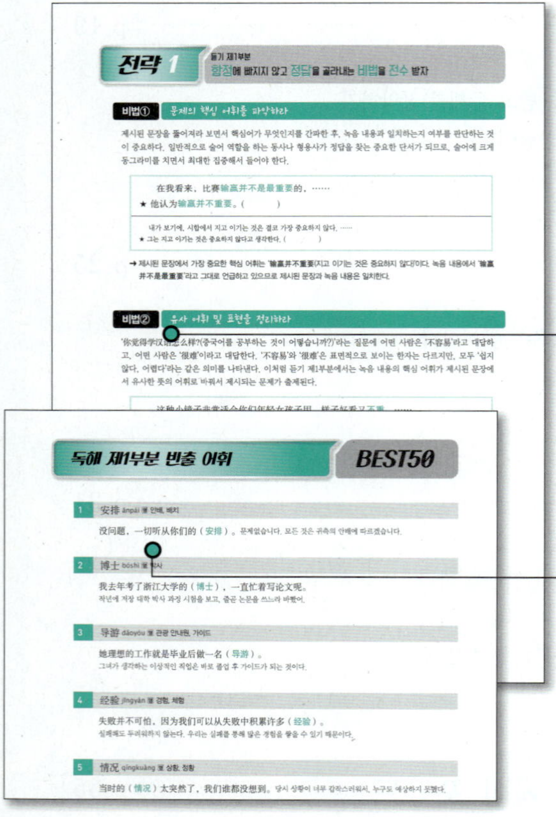

핵심을 짚어 주는 합격 전략 D-5

新HSK의 최신 출제 경향을 분석하여 시험에 필요한 핵심 비법을 정리했습니다. 쉽게 답을 찾는 비법이 제시되어 있으니, 반드시 마스터하세요.

막판 뒤집기, 합격이 보이는 핵심 포인트

실제 시험에 출제된 단어, 문장, 어법 등 핵심 표현을 수록했습니다. 언제 어디서든 들고 다니면서 공부해 보세요. 핵심 포인트만 정확하게 익혀도 시험 점수가 달라집니다.

🔍 무료 동영상 강의 보는 방법

1. 교재에서 각 D-day 시작 페이지에 있는 QR 코드를 스캔하면 강의를 바로 볼 수 있습니다.
2. JRC북스 홈페이지(www.booksJRC.com)에서도 강의를 볼 수 있습니다.

합격전략 D-5

듣기

듣기 제1부분은 정확한 이해를 통한 빠른 판단력을 요구하므로 먼저 제시된 내용을 보면서 술어를 중심으로 유사 어휘 및 혼동 표현에 주의하며 들어야 한다. 듣기 제2, 3부분은 보기 분석을 통해서 효율적으로 정답을 찾을 수 있으므로 각 유형별로 보기 및 질문의 특징을 파악하여 관련 어휘를 정리한다면 더욱 자신감을 가지고 듣기 시험에 임할 수 있다. 또한 자신이 말할 수 있는 만큼 들리는 것이므로 반드시 자신이 들었던 문장을 크게 소리 내어 말하는 연습을 꾸준히 하자.

비법①　문제의 핵심 어휘를 파악하라

제시된 문장을 훑어져라 보면서 핵심어가 무엇인지를 간파한 후, 녹음 내용과 일치하는지 여부를 판단하는 것이 중요하다. 일반적으로 술어 역할을 하는 동사나 형용사가 정답을 찾는 중요한 단서가 되므로, 술어에 크게 동그라미를 치면서 최대한 집중해서 들어야 한다.

> 　在我看来，比赛输赢并不是最重要的，……
> ★ 他认为输赢并不重要。(　　　　)
>
> ---
>
> 내가 보기에, 시합에서 지고 이기는 것은 결코 가장 중요하지 않다. ……
> ★ 그는 지고 이기는 것은 중요하지 않다고 생각한다. (　　　　)

→ 제시된 문장에서 가장 중요한 핵심 어휘는 '输赢并不重要(지고 이기는 것은 중요하지 않다)'이다. 녹음 내용에서 '输赢并不是最重要'라고 그대로 언급하고 있으므로 제시된 문장과 녹음 내용은 일치한다.

비법②　유사 어휘 및 표현을 정리하라

'你觉得学汉语怎么样?(중국어를 공부하는 것이 어떻습니까?)'라는 질문에 어떤 사람은 '不容易'라고 대답하고, 어떤 사람은 '很难'이라고 대답한다. '不容易'와 '很难'은 표면적으로 보이는 한자는 다르지만, 모두 '쉽지 않다, 어렵다'라는 같은 의미를 나타낸다. 이처럼 듣기 제1부분에서는 녹음 내용의 핵심 어휘가 제시된 문장에서 유사한 뜻의 어휘로 바꿔서 제시되는 문제가 출제된다.

> 　这种小镜子非常适合你们年轻女孩子用，样子好看又不重，……
> ★ 那种镜子比较轻。(　　　　)
>
> ---
>
> 이 거울은 젊은 여자아이들이 사용하기에 적합하다. 모양도 예쁘고 무겁지도 않다. ……
> ★ 그 거울은 비교적 가볍다. (　　　　)

→ '不重'은 '무겁지 않다'라는 의미이고, '轻'은 '가볍다'라는 의미이다. 따라서 녹음 내용과 제시된 문장은 일치한다.

■ 시험에 자주 나오는 유사 표현

不错 búcuò	좋다, 맞다	对 duì ｜ 好 hǎo ｜ 不坏 bú huài
没睡好觉 méi shuì hǎo jiào	잠을 못 잤다	睡不好觉 shuì bù hǎo jiào ｜ 睡得不好 shuì de bù hǎo
明白 míngbai	알다, 이해하다, 분명하다	清楚 qīngchu ｜ 容易了解 róngyì liǎojiě ｜ 知道 zhīdào
很快就到了 hěn kuài jiù dào le	곧 도착하다	马上就到了 mǎshàng jiù dào le ｜ 还没有到 hái méiyǒu dào

可能下雨 kěnéng xiàyǔ	아마도 비가 올 것이다	会下雨 huì xiàyǔ ｜ 快要下雨了 kuàiyào xiàyǔ le ｜ 还没下雨 hái méi xiàyǔ
矮 ǎi	작다, 낮다	短 duǎn ｜ 低 dī ｜ 不高 bù gāo
安静 ānjìng	조용하다, 잠잠하다	没有声音 méiyǒu shēngyīn ｜ 不热闹 bú rènao
不客气 bú kèqi	천만에요	不用客气 búyòng kèqi ｜ 没关系 méi guānxi ｜ 不要紧 búyàojǐn
对不起 duìbuqǐ	미안합니다	不好意思 bù hǎoyìsi ｜ 抱歉 bàoqiàn
放心 fàngxīn	마음을 놓다, 안심하다	别担心 bié dānxīn ｜ 安心 ānxīn
方便 fāngbiàn	편리하다	不麻烦 bù máfan
简单 jiǎndān	간단하다, 단순하다	不复杂 bú fùzá ｜ 容易理解 róngyì lǐjiě
健康 jiànkāng	건강하다	很少生病 hěn shǎo shēngbìng ｜ 身体很好 shēntǐ hěn hǎo
高兴 gāoxìng	기쁘다, 즐겁다, 좋아하다, 유쾌하다	快乐 kuàilè ｜ 幸福 xìngfú ｜ 开心 kāixīn ｜ 愉快 yúkuài
便宜 piányi	(값이) 싸다	不贵 bú guì ｜ 价钱低 jiàqian dī
难过 nánguò	고통스럽다, 괴롭다, 슬프다	痛苦 tòngkǔ ｜ 伤心 shāngxīn
漂亮 piàoliang	예쁘다, 아름답다, 보기 좋다	好看 hǎokàn ｜ 美丽 měilì
容易 róngyì	쉽다, 용이하다	不难 bù nán ｜ 很简单 hěn jiǎndān
很多 hěn duō	매우 많다	好多 hǎoduō ｜ 许多 xǔduō ｜ 不少 bùshǎo
生病 shēngbìng	병이 나다, 병에 걸리다	有了病 yǒu le bìng ｜ 得病 débìng ｜ 身体舒服 shēntǐ shūfu ｜ 去医院看病 qù yīyuàn kànbìng
同意 tóngyì	동의하다, 찬성하다	说得对 shuō de duì ｜ 说得有道理 shuō de yǒu dàolǐ
相同 xiāngtóng	서로 같다	没有差别 méiyǒu chābié ｜ 一样 yíyàng ｜ 没有不同 méiyǒu bùtóng
小心 xiǎoxīn	조심하다, 주의하다	注意 zhùyì
有名 yǒumíng	유명하다	有名气 yǒu míngqì ｜ 出名 chūmíng ｜ 很多人都知道 hěn duō rén dōu zhīdào

정답을 녹음 내용에서 그대로 들려주는 듯하지만 뭔가 모르게 찜찜한 기분이 든다? 바로 반의어나 不와 같은 부정부사를 고의적으로 사용하여 녹음 내용과 상관없는 상황을 묘사하거나, 새로운 어휘를 제시해 혼동을 주는 문제가 출제되는 경우이다. 혼동에 빠지지 않기 위해서 중요한 단서가 되는 술어(동사, 형용사)에 크게 동그라미를 치면서 최대한 집중하여 듣자.

> 您是要去会议室？那不用上楼，会议室就在一层，……
> ★ 会议室在二层。(　　　　)
>
> ---
>
> 당신은 회의실에 가시나요? 그럼 위로 올라가실 필요 없습니다. 회의실은 1층에 있습니다. ……
> ★ 회의실은 2층에 있다. (　　　　)

→ 녹음 내용에는 '一层(1층)'이라고 제시되어 있고, 문제에는 '二层(2층)'이라고 제시되어 있다. 따라서 '회의실은 1층에 있다'는 녹음 내용과 '2층에 있다'는 제시된 문장의 내용은 일치하지 않는다.

'몸이 좋지 않지만 여전히 수업에 갔다', '중국어는 어렵지만 재미있다'는 모두 전환 관계를 나타내는 문장이다. 이처럼 전환 관계는 뒤 절이 앞 절의 사실과 반대되는 내용을 나타내고 있으며, 말하고자 하는 핵심은 바로 뒤 절에 있음에 주의하자.

虽然…… 但是……	비록 ~하지만 ~하다	虽然我很想买衣服，但是没有钱。 비록 나는 옷을 사고 싶지만, 돈이 없다.
虽说…… 可是……		虽说我的宿舍很安静，可是我不爱在那儿学习。 비록 우리 기숙사는 매우 조용하지만, 나는 거기서 공부하는 것을 좋아하지 않는다.
尽管…… 不过……		她尽管工作很忙，不过每天晚上去锻炼。 그녀는 비록 매우 바쁘지만, 매일 저녁 운동하러 간다.
A 是 A，可是/ 但是/就是 B	A하긴 A하지만 B하다	这本书厚是厚，但是很有意思。 이 책은 두껍긴 두껍지만, 재미있다.

문제 풀이 방법만 알면, 정답을 쉽게 들을 수 있다

비법①   인물의 직업과 호칭 관련 어휘에 민감하게 반응하라

1) 보기를 통해 직업을 묻는 문제임을 파악한다.

A 记者	B 律师	C 老师	D 秘书
A 기자	B 변호사	C 선생님	D 비서

2) 직접적으로 언급하는 직업 관련 어휘를 통해 정답을 찾는다.

男：你钢琴弹得真好。

女：我以前是**钢琴老师**，专门教儿童弹钢琴。

问：女的原来的**职业**是什么?

남: 너는 피아노를 아주 잘 치는구나.
여: 나는 예전에 피아노 선생님이었어. 전문적으로 아이들에게 피아노를 가르쳤어.

질문: 여자의 원래 직업은 무엇인가?

3) 직업 관련 핵심 어휘 및 핵심 문장을 통해 직업을 파악한다.

医生 yīshēng 의사 / **护士** hùshi 간호사	看病 kànbìng 진찰하다 | 开药 kāiyào 약을 처방하다 | 打针 dǎzhēn 주사를 놓다 | 感冒 gǎnmào 감기에 걸리다
	我给你**开**点儿**药**，这段时间注意休息，不要太累。 제가 약을 처방해 드릴게요. 며칠 동안 휴식을 취하고, 너무 과로하지 마세요.
经理 jīnglǐ 사장 / **职员** zhíyuán 직원	开会 kāihuì 회의하다 | 发电子邮件 fā diànzǐ yóujiàn 이메일을 보내다 | 上班 shàngbān 출근하다 | 下班 xiàbān 퇴근하다 | 加班 jiābān 잔업하다 | 出差 chūchāi 출장을 가다
	他每天到办公室的第一件事就是打开电脑，看电子**邮件**。 그는 매일 사무실에 도착하면 제일 먼저 컴퓨터를 켜서 메일을 확인한다.
售货员 shòuhuòyuán 판매원 / **顾客** gùkè 고객	打折 dǎzhé 할인하다 | 优惠活动 yōuhuì huódòng 할인 활동을 하다 | 款式 kuǎnshì 스타일, 디자인
	这条裤子**打完折**200元。 이 바지는 세일해서 200위안이다.
老师 lǎoshī 선생님 / **教授** jiàoshòu 교수	上课 shàngkè 수업을 하다 | 考试 kǎoshì 시험을 보다 | 暑假 shǔjià 여름 방학 | 寒假 hánjià 겨울 방학
	这次**暑假**老师带我们去故宫参观。 이번 여름 방학에 선생님이 우리를 데리고 고궁 견학을 가실 거야.

4) 인물의 이름이나 호칭을 통해 谁를 파악한다.

男：姐，这个盒子里面是什么东西？

女：是张老板带回来的糖，他从海南旅游回来了。

问：那盒糖是谁送的？

남: 누나, 이 상자 안에는 뭐가 있어?

여: 장 사장님께서 가지고 온 사탕이야. 그는 하이난 여행에서 돌아왔어.

질문: 그 사탕은 누가 준 것인가?

비법② 장소와 위치 파악 어휘에 귀를 쫑긋 세워라

1) 보기를 통해 장소를 묻는 문제임을 파악한다.

A 医院	B 公园	C 电影院	D 宾馆
A 병원	B 공원	C 영화관	D 호텔

2) 직접적으로 언급한 장소를 통해 장소를 파악한다.

녹음 내용에서 정답이 될 수 있는 장소를 직접적으로 언급해 준다. 예를 들어 '男 今天百货商店里人怎么这么多呀？女 今天是周末嘛！人当然很多。'라는 대화 내용에서 직접적으로 언급한 '百货商店'이란 어휘를 통해 전반적인 대화 내용을 이해하지 못했더라도 대화가 이루어지는 장소가 '백화점'임을 알 수 있다. 이러한 문제는 보기를 통해서 먼저 장소를 묻는 문제임을 인식하고, 녹음에서 언급한 장소를 빠르게 정답으로 선택해야 한다.

男：你给大使馆打电话了吗？

女：刚才打了。

问：女的刚才往哪儿打电话了？

남: 대사관에 전화했어?

여: 방금 했어.

질문: 여자는 방금 어디에 전화를 했는가?

3) 장소를 떠올릴 수 있는 핵심 어휘 및 핵심 문장을 통해 장소를 파악한다.

장소 관련 핵심 어휘를 통해서 어떤 장소에서 누가 무엇을 하고 있는지를 파악할 수 있다. 点菜(주문하다), 菜单(메뉴판), 买单(계산하다) 등의 어휘를 들었다면, 이 대화가 이루어지는 장소는 饭馆(식당)임을 알 수 있다. 医生(의사), 看病(진찰하다), 开药(약을 처방하다) 등의 어휘를 들었다면, 이 대화가 이루어지는 장소가 医院(병원)임을 알 수 있다.

<table>
<tr><td>女：经理，您对新的办公室环境还满意吗？</td></tr>
<tr><td>男：不错，谢谢。你可以带我去别的地方看看吗？</td></tr>
<tr><td>问：说话人在哪里？</td></tr>
<tr><td>여: 사장님, 새 사무실의 환경에 만족하십니까?
남: 좋군요. 고마워요. 다른 곳도 좀 보여줄 수 있어요?

질문: 화자는 어디에 있는가?</td></tr>
</table>

■ 장소 관련 핵심 어휘

饭馆 fànguǎn 식당	茶 chá 차 ┃ 饿 è 배고프다 ┃ 好吃 hǎochī 맛있다 ┃ 米饭 mǐfàn 쌀밥 ┃ 面条 miàntiáo 국수 ┃ 羊肉 yángròu 양고기 ┃ 鱼 yú 물고기, 생선 ┃ 热水 rèshuǐ 따뜻한 물 ┃ 服务员 fúwùyuán 종업원 ┃ 点菜 diǎncài 요리를 주문하다 ┃ 买单 mǎidān 계산하다 ┃ 菜单 càidān 메뉴, 차림표
医院 yīyuàn 병원	鼻子 bízi 코 ┃ 耳朵 ěrduo 귀 ┃ 发烧 fāshāo 열이 나다 ┃ 感冒 gǎnmào 감기에 걸리다 ┃ 健康 jiànkāng 건강하다 ┃ 生病 shēngbìng 병이 나다 ┃ 开药 kāiyào 약을 처방하다 ┃ 注意休息 zhùyì xiūxi 휴식에 신경을 쓰다 ┃ 不舒服 bù shūfu (몸이) 아프다, 불편하다 ┃ 小心 xiǎoxīn 조심하다, 주의하다 ┃ 医生 yīshēng 의사 ┃ 护士 hùshi 간호사
商店 shāngdiàn 상점	件 jiàn 옷을 세는 단위 ┃ 穿 chuān (옷·신발·양말 등을) 입다, 신다 ┃ 衣服 yīfu 옷 ┃ 鞋 xié 신발, 구두 ┃ 衬衫 chènshān 와이셔츠, 셔츠, 블라우스 ┃ 帽子 màozi 모자 ┃ 条 tiáo 바지, 치마 등을 세는 단위 ┃ 裙子 qúnzi 치마 ┃ 裤子 kùzi 바지 ┃ 贵 guì (가격이나 가치가) 높다, 비싸다 ┃ 换 huàn 교환하다 ┃ 漂亮 piàoliang 예쁘다, 아름답다 ┃ 颜色 yánsè 색, 색깔
学校 xuéxiào 학교	复习 fùxí 복습하다 ┃ 教 jiāo 전수하다, 가르치다 ┃ 教室 jiàoshì 교실 ┃ 考试 kǎoshì 시험을 치다 ┃ 成绩 chéngjì (시험) 점수, 성적 ┃ 课 kè 수업, 강의 ┃ 学习 xuéxí 학습하다, 공부하다 ┃ 作业 zuòyè 숙제, 과제 ┃ 数学 shùxué 수학 ┃ 老师 lǎoshī 선생님 ┃ 同学 tóngxué 학우, 학교 친구 ┃ 校长 xiàozhǎng 교장 ┃ 学生 xuésheng 학생
公司 gōngsī 회사 / **办公室** bàngōngshì 사무실	工作 gōngzuò 일하다 ┃ 会议 huìyì 회의 ┃ 忙 máng 바쁘다 ┃ 上班 shàngbān 출근하다 ┃ 经理 jīnglǐ 사장, 매니저 ┃ 同事 tóngshì 동료
机场 jīchǎng 공항	护照 hùzhào 여권 ┃ 飞机 fēijī 비행기 ┃ 行李箱 xínglǐxiāng 여행용 가방
图书馆 túshūguǎn 도서관	书 shū 책 ┃ 杂志 zázhì 잡지 ┃ 报纸 bàozhǐ 신문 ┃ 借 jiè 빌리다 ┃ 还 huán 돌려주다, 반납하다
기타	宾馆 bīnguǎn 호텔 ┃ 火车站 huǒchēzhàn 기차역 ┃ 超市 chāoshì 마트 ┃ 银行 yínháng 은행 ┃ 公园 gōngyuán 공원 ┃ 老地方 lǎodìfang 늘 만나던 장소 ┃ 洗手间 xǐshǒujiān 화장실 ┃ 椅子上 yǐzi shàng 의자 위 ┃ 电影院 diànyǐngyuàn 영화관 ┃ 地铁 dìtiě 지하철

1) 보기를 통해 인물의 행동을 묻는 문제임을 파악한다.

A 修洗衣机	B 收拾行李
C 交申请材料	D 查成绩
A 세탁기를 고치다	B 짐을 꾸리다
C 신청 자료를 내다	D 성적을 조회하다

2) 인물의 행동을 나타내는 핵심 어휘를 파악한다.

인물의 행동을 묻는 문제는 일상생활, 학업, 일, 취미 생활, 운동, 쇼핑 등과 관련된 내용을 다루므로, 우선 상황별로 인물의 행동을 나타내는 핵심 어휘를 잘 정리해야 하며, 귀에 좀 더 익숙해질 수 있도록 반복해서 듣고 큰 소리로 따라 읽으면서 완벽하게 자신의 것으로 만들어야 한다. 또한 '女的先要做什么?(여자는 우선 무엇을 하려고 합니까?)', '男的打算下午做什么?(남자는 오후에 무엇을 하려고 합니까?)' 등을 묻는 문제 역시 자주 출제되므로, 먼저 어떤 행동을 했고, 그다음은 어떤 행동을 했는지 행동의 순서 및 시간을 잘 파악하여 듣는 것이 중요하다.

■ 인물의 행동 관련 핵심 어휘

일상생활	做饭 zuòfàn 밥을 하다 | 休息 xiūxi 휴식하다 | 洗衣服 xǐ yīfu 옷을 세탁하다 | 洗碗 xǐwǎn 설거지하다 | 打扫 dǎsǎo 청소하다 | 看电视 kàn diànshì TV를 보다 | 理发 lǐfà 이발하다 | 看报纸 kàn bàozhǐ 신문을 보다 | 逛街 guàngjiē 길거리를 한가로이 거닐며 구경하다, 아이쇼핑하다 | 购物 gòuwù 물건을 구입하다 | 倒垃圾 dào lājī 쓰레기를 버리다
취미 생활	看电影 kàn diànyǐng 영화를 보다 | 旅行 lǚxíng 여행하다 | 上网 shàngwǎng 인터넷을 하다 | 散步 sànbù 산책하다 | 爬山 páshān 등산하다 | 弹钢琴 tán gāngqín 피아노를 치다 | 玩游戏 wán yóuxì 게임을 하다 | 踢足球 tī zúqiú 축구를 하다 | 打篮球 dǎ lánqiú 농구를 하다 | 打网球 dǎ wǎngqiú 테니스를 하다
학업	上课 shàngkè 수업하다 | 下课 xiàkè 수업이 끝나다 | 交作业 jiāo zuòyè 숙제를 제출하다 | 参加考试 cānjiā kǎoshì 시험에 참가하다 | 毕业 bìyè 졸업하다 | 写论文 xiě lùnwén 논문을 쓰다 | 查成绩 chá chéngjì 성적을 확인하다 | 查词典 chá cídiǎn 사전을 찾다 | 主动预习 zhǔdòng yùxí 자발적으로 예습하다
업무	工作 gōngzuò 일하다 | 上班 shàngbān 출근하다 | 加班 jiābān 잔업 근무를 하다 | 出差 chūchāi 출장을 가다 | 开会 kāihuì 회의를 하다 | 写报告 xiě bàogào 보고서를 쓰다 | 发电子邮件 fā diànzǐ yóujiàn 이메일을 보내다 | 发传真 fā chuánzhēn 팩스를 보내다 | 面试 miànshì 면접을 보다 | 招聘 zhāopìn 모집하다 | 应聘 yìngpìn 초빙하다

1) 이유 및 원인을 묻는 질문 유형을 정리한다.

- 男的/女的为什么很着急? 남자는/여자는 왜 조급해하는가?
- 男的/女的为什么还不睡? 남자는/여자는 왜 아직 안 자는가?
- 男的/女的为什么搬家? 남자는/여자는 왜 이사를 가는가?
- 男的/女的为什么不喝咖啡? 남자는/여자는 왜 커피를 마시지 않는가?

2) 원인 및 목적을 나타내는 접속사가 이끄는 문장을 이해한다.

원인 및 목적을 묻는 문제는 의문대사 为什么와 개사 为了를 사용한 질문 형태를 취한다. 따라서 문제를 보자마자 어떤 유형의 문제인지 쉽게 파악할 수 있다. 인과 관계 및 목적 관계를 나타내는 접속사가 있는 문장을 통해 정확히 정답을 찾는 것이 관건이다.

因为…… 所以……	~이기 때문에 그래서 ~하다	因为快考试了，小王这几天没有休息好。 곧 시험이어서, 샤오왕은 요 며칠 잘 쉬지 못했다.
为了A，B	A를 하기 위해서 B하다	为了使自己更瘦一点儿，她每天晚上只吃一个香蕉。 자신을 더욱 날씬하게 하기 위해서, 그녀는 매일 저녁 바나나 한 개만 먹는다.

1) 의미 파악을 묻는 질문 유형을 정리한다.

- 关于男的/女的，可以知道什么? 남자에/여자에 관해서 알 수 있는 것은 무엇인가?
- 男的/女的是什么意思? 남자는/여자는 어떤 의미인가?
- 关于男的/女的，下列哪个正确? 남자에/여자에 관해서 다음 중 옳은 것은 무엇인가?

2) 전체적인 흐름을 통해 정확한 판단을 내린다.

친구와 함께 식당에 밥을 먹으러 갔는데, 그 식당의 음식 맛이 조금 이상할 때, 중국 사람들은 일반적으로 '맛이 정말 이상해'라고 직접적으로 말하기보다는 '这家饭馆的菜有点儿特别。(이 식당 음식은 조금 특이하다)'라고 말할 것이다. 이처럼 중국 사람들은 직설적으로 말하기보다는 돌려서 말하는 습관을 가지고 있다. 따라서 의미 파악 문제에서 직접적으로 언급한 핵심 문장을 통해 정답을 찾기보다는 전반적인 대화 내용을 듣고 남녀가 말하고자 하는 핵심 내용을 정확하게 파악해야 한다.

3) 지엽적인 어휘에 민감하게 반응하지 말고 전체를 이해한다.

남녀의 생각을 묻는 것이 아니라, 녹음 내용에 따라 남녀에 관해 알 수 있는 것이 무엇인가를 묻는 유추형 문제 역시 의미 파악 문제에 자주 출제된다. 자신의 개인적인 판단에 의해 정답을 찾는 것이 아니라, 보기를 통해 최대한 많은 정보를 얻은 후, 반드시 남녀 대화 내용에 근거하여 판단해야 한다. 지엽적인 어휘에 민감하게 반응하지 말고 남녀의 전체적인 대화를 이해하면서 듣자.

듣기 ➡ 이미지화 ➡ 유추/판단

没关系，我们简单地吃点儿就行。 괜찮아, 우린 간단하게 먹기만 하면 돼.

➲ 吃什么都可以。아무거나 먹어도 상관없다.

今天公司事情多，我可能要晚点儿回来。오늘 회사 일이 많아서, 나는 늦게 갈 것 같아.
➲ 今天要加班。오늘 야근해야 한다.

4) 소거법을 십분 활용한다.

남녀의 대화 내용을 통해 보기 중 정확한 것이 무엇인지를 묻는 문제 역시 의미 파악 문제에 자주 출제된다. 소거법을 십분 활용하면 보다 더 정확하게 정답을 찾을 수 있다. 보기를 보면서 남녀 대화 내용과 일치하지 않는 보기들을 소거하다 보면, 마지막 남은 보기가 바로 정답이 될 것이다. 또한 녹음 내용에서 언급하지 않은 보기는 절대 정답이 될 수 없음에 주의하자.

합격전략 D-4

독해 제1부분

독해 제1부분은 어휘의 의미와 용법을 정확하게 이해해야만 풀 수 있기 때문에 어휘 학습이 보다 중요하다. 단순히 어휘의 의미만 알고 넘어가는 것이 아니라 어휘의 주요 용법을 파악하고 자주 호응하는 결합 어휘들을 함께 묶어서 정리해야 한다. 또한 단순히 해석을 통해서 제시된 어휘를 대입하여 문제를 푸는 것이 아니라, 품사적으로 접근하여 빈칸에 들어갈 품사를 파악한 후 의미적으로 적합한 어휘를 선택해야 하므로, 중국어의 품사 및 문장 구조를 분석하는 능력도 길러야 한다.

비법　명사가 정답이 되는 4가지 경우를 기억하라

1) 구조조사 的 뒷부분이 빈칸인 경우

구조조사 的는 관형어의 표지로, '관형어+的+명사' 형태로 문장에서 주어나 목적어를 꾸며주는 역할을 한다. 따라서 구조조사 的 뒤에 빈칸이 있을 경우에는 의미적으로 적합한 명사를 선택해야 한다.

我姐姐是一家公司的（职员）。 우리 언니는 한 회사의 직원이다.

2) 양사 뒷부분이 빈칸인 경우

양사는 일반적으로 문장에서 단독으로 활용되지 않으며 반드시 수사와 결합하여 '수사+양사+명사' 형태로 쓰인다. 따라서 양사 뒤에 빈칸이 있다면, 그 양사와 함께 쓸 수 있는 적합한 명사를 선택해야 한다.

请你再给我拿一双（筷子）。 젓가락 한 벌만 다시 가져다주세요.

3) 개사 뒷부분이 빈칸인 경우

개사는 문장에서 단독으로 쓰일 수 없으므로 명사와 함께 개사구를 만들어 술어를 수식하는 부사어 역할을 한다. 개사 뒤에 빈칸이 있으면 제시된 어휘 중 적합한 명사를 선택해야 한다.

你每天喝杯牛奶，对（健康）很有帮助。 매일 우유를 마시면 건강에 좋다.

4) 동사 뒷부분이 빈칸인 경우

동사는 일반적으로 목적어를 수반하며 명사가 목적어 역할을 한다. 따라서 동사 뒤에 빈칸이 있다면, 그 동사와 함께 쓸 수 있는 적합한 명사를 선택해야 한다.

我已经适应了这里的（环境）。 나는 이미 여기의 환경에 적응했다.

비법　동사가 정답이 되는 5가지 경우를 기억하라

1) 주어 뒤 목적어 앞이 빈칸인 경우

동사는 문장에서 주로 술어로 쓰이며 목적어를 수반하는 특징이 있다. 따라서 주어 뒤 목적어 앞이 빈칸인 경우, 목적어와 의미적으로 함께 호응할 수 있는 동사 어휘를 선택하자.

我明天下午（参加）会议。 나는 내일 오후 회의에 참석해야 한다.

2) 동태조사 了 앞이 빈칸인 경우

동태조사 了는 주로 동사 뒤에 쓰여 동작이 완료되거나 실현되었음을 나타낸다. 빈칸 뒤에 동태조사 了가 있다면 빈칸에는 동사가 와야 함을 인식하고 앞뒤 문맥을 통해 정확한 동사를 찾자.

他已经（解决）了问题，您放心吧。 그는 이미 문제를 해결했으니, 걱정하지 마.

3) 부사 또는 조동사 뒤가 빈칸인 경우

부사는 동사 앞에 위치하여 이를 꾸며주는 부사어 역할을 하며, 조동사 역시 동사 앞에 위치하여 동사를 도와주는 역할을 한다. 따라서 부사나 조동사 뒤에 빈칸이 주어진다면 바로 동사 자리임을 알 수 있다.

他每次上课的时候总是（迟到），让老师非常生气。 그는 매번 수업에 늘 지각해서, 선생님이 무척 화가 났다.

这儿离上海太远了，我们应该（坐）飞机去。 여기는 상하이로부터 너무 멀어서, 우리는 비행기를 타고 가야 한다.

4) 개사구 뒤가 빈칸인 경우

개사는 단독으로 사용할 수 없으므로 명사나 대사와 함께 개사구를 만들어 동사 술어를 꾸며주는 역할을 한다. 따라서 개사구 뒤에 빈칸이 주어진다면 동사 자리임을 알 수 있다.

学校为大家（提供）了很好的学习环境。 학교가 모두를 위해 좋은 학습 환경을 제공했다.

5) 빈칸 뒤에 보충 성분인 보어가 오는 경우

보어는 중국어로 补语라고 하며, 여기서 补는 '보충하다'라는 의미이다. 따라서 보어는 동사 술어를 보충해주는 역할을 하므로 동사 뒤에 위치한다.

我们在机场（等）了半个小时。 우리는 공항에서 30분 기다렸다.

전략 3　형용사를 고르는 정답 공식으로 정답의 단서를 찾아라

비법　형용사가 정답이 되는 4가지 경우를 기억하라

1) 정도부사 뒤가 빈칸인 경우

형용사는 문장에서 단독으로 쓰일 수 없으며, 很, 非常, 太 등 정도를 강화하는 정도부사의 수식을 받는다.

这里的风景太（美）了！ 여기의 풍경은 매우 아름답다.

这篇文章的内容比较（复杂）。 이 글의 내용은 비교적 복잡하다.

2) 구조조사 地 앞부분이 빈칸인 경우

형용사가 술어를 꾸며주는 부사어 역할을 할 때, 일반적으로 부사어와 술어 사이에 구조조사 地를 사용한다. 따라서 구조조사 地 앞에 빈칸이 있다면 술어를 꾸밀 수 있는 의미적으로 적합한 형용사를 선택하자.

老师（满意）地笑了。 선생님은 만족스럽게 웃으셨다.

3) 구조조사 的 앞부분이 빈칸인 경우

형용사가 주어나 목적어를 꾸며주는 관형어 역할을 할 때, 구조조사 的는 형용사 뒤에 위치하여 명사형 어

휘를 수식한다. 따라서 구조조사 的 앞에 빈칸이 있다면 주어나 목적어를 꾸밀 수 있는 의미적으로 적합한 형용사를 선택하자.

她是一个性格（**活泼**）**的人**。그녀는 성격이 활발한 사람이다.

4) 빈칸이 술어 뒤에 위치하여 보어로 쓰이는 경우

형용사는 술어 뒤에 위치하여 술어가 도달한 정도나 상태를 나타내는 정도보어 또는 동작 행위의 가능성을 나타내는 가능보어로 쓰인다.

他的中文**说得**非常（**流利**）。그의 중국어는 매우 유창하다.

我**看不**（**清楚**）黑板上的字。나는 칠판 위의 글자를 정확하게 볼 수 없다.

전략 4 — 부사를 고르는 정답 공식으로 정답의 단서를 찾아라

비법 — 부사가 정답이 되는 4가지 경우를 기억하라

1) 주어 뒤 술어 앞이 빈칸인 경우

부사는 동사나 형용사 술어 앞에 위치하여 이들을 수식하는 역할을 한다. 따라서 부사의 가장 기본적인 위치는 주어 뒤, 술어 앞이다.

张经理（**终于**）**同意了**。장 사장님께서 마침내 동의하셨다.

南方的天气（**特别**）**暖和**。남방의 날씨는 유달리 따뜻하다.

2) 개사구 앞이 빈칸인 경우

부사와 개사구는 모두 문장에서 동사나 형용사 술어를 꾸며주는 부사어 역할을 한다. 일반적으로 부사는 개사구 앞에 위치하므로, 개사구 앞이 빈칸인 경우 의미적으로 적합한 부사 어휘를 선택하자.

妈妈（**已经**）**把**衣服洗干净了。엄마는 이미 옷을 깨끗이 세탁하셨다.

我的手机（**又**）**被**小偷偷走了。내 핸드폰은 또 도둑이 훔쳐갔다.

3) 시간이나 숫자가 술어로 쓰이는 명사 앞이 빈칸인 경우

일부 부사는 시간, 금액, 날짜 등 숫자가 술어로 쓰이는 명사를 직접적으로 수식할 수 있다. 따라서 시간이나 숫자가 술어로 쓰이는 명사 앞이 빈칸인 경우, 이를 꾸밀 수 있는 부사 어휘를 선택하자.

我们班（**差不多**）**50个人**。우리 반은 거의 50명이다.

（**都**）**十二点了**，怎么还不睡觉? 벌써 12시인데, 왜 아직 안 자는 거야?

4) 부정부사 앞이 빈칸인 경우

상용되는 부사들은 크게 의미에 따라 일반부사(시간부사, 정도부사, 빈도부사, 범위부사)와 부정부사로 나뉜다. 대부분의 일반부사는 부정부사보다 앞에 위치한다.

最近怎么（**一直**）**没看见他**? 요즘 왜 계속 그가 보이지 않지?

发脾气（**并**）**不能解决问题**。화를 내는 것은 결코 문제를 해결할 수 없다.

합격전략

D-3

독해 제2,3부분

독해 제2부분은 문장 맨 앞에 올 수 없는 어휘들을 소거하고 대사가 구체적으로 언급하는 대상을 파악하여 문장을 전개하거나 시간 및 논리적인 흐름을 통해서 문장을 전개해야 한다. 또한 문장을 연결하여 일정한 논리 관계를 맺어 주는 접속사는 독해 제2부분에서 정답을 찾는 결정적인 역할을 하므로 완벽하게 정리해야 한다. 독해 제3부분에서는 문제 분석을 통해서 정답을 찾는 방법을 습득해야 하며, 독해에 자주 나오는 주요 어휘 및 접속사를 통해서 전체적인 내용을 이해할 수 있는 진정한 독해력을 길러야 한다.

전략 1

문장의 흐름을 파악하는 비법을 전수 받고 문제를 장악하자

비법① 대사가 구체적으로 언급하는 대상을 파악하라

대사는 명사를 대신하는 말로, 앞에서 언급한 사람과 사물 및 장소의 중복을 피하여 문장을 더 간결하게 만든다. 따라서 대사가 이끄는 보기는 문장의 맨 앞에 위치할 수 없으며, 대사가 구체적으로 가리키는 대상을 찾아 문장을 전개해야 한다.

1) 구체적인 대상이 제시되면 인칭대사는 맨 앞에 위치할 수 없다.

> A 去年夏天，我们去青岛旅游的时候
> B 他给我们留下了深刻的印象
> C 遇到一个特别热情、幽默的导游

A 去年夏天，我们去青岛旅游的时候　작년 여름, 우리가 칭다오 여행을 갔을 때,

C 遇到一个特别热情、幽默的**导游**。　특별히 친절하고 유머가 있는 가이드를 만났다.

B **他**给我们留下了深刻的印象。　그는 우리에게 깊은 인상을 주었다.

2) 지시대사가 앞의 상황이나 과정을 가리키는 경우 맨 앞에 위치할 수 없다.

> A 我们每个人都希望自己永远年轻、健康、漂亮
> B 这个过程是我们都不得不经历的
> C 但是我们也都知道生、老、病、死是一个极其自然的过程

A 我们每个人都希望自己永远年轻、健康、漂亮。

우리는 누구나 자신이 언제까지나 젊고 건강하며 아름답기를 원한다.

C 但是我们也都知道**生、老、病、死是一个极其自然的过程**。

그러나 우리는 생·노·병·사가 극히 자연스러운 과정이라는 사실도 안다.

B **这个过程**是我们都不得不经历的。

이 과정은 우리 모두 어쩔 수 없이 겪어야 한다.

접속사는 의미적으로 서로 관련 있는 단어와 단어, 구절, 문장 등을 연결하는 고리 역할을 한다. 접속사는 본래 단독으로 사용할 수 없고 두 개가 서로 어울려 사용되므로, 함께 호응하여 쓰이는 접속사를 파악하여 문장의 순서를 정하자.

1) '〜하기만 하면, 〜하다'라는 의미를 나타내는 접속사 '只要……就……'는 只要 + 충분 조건, 就 + 결과 형태로 쓰인다.

> A 就一定能找到解决的办法
>
> B 问题没有我们大家想象的那么难
>
> C 只要我们一起努力

B 问题没有我们大家想象的那么难。　문제는 우리 모두가 상상하는 것만큼 어렵지 않다.

⬇

C 只要我们一起努力，　우리가 함께 노력만 하면,

⬇

A 就一定能找到解决的办法。　반드시 해결 방법을 찾을 수 있다.

2) '〜가 아니라 〜이다'라는 의미를 나타내는 접속사 '不是……而是……'는 앞 절의 내용을 부정하고, 뒤 절의 내용을 긍정할 때 쓴다.

> A 赢得比赛不是最终目的
>
> B 而是你要从比赛中得到锻炼和提高
>
> C 参加比赛的真正目的是什么

C 参加比赛的真正目的是什么？　경기에 참가하는 진정한 목적이 무엇일까?

⬇

A 赢得比赛不是最终目的，　경기에 이기는 것은 최종 목적이 아니다.

⬇

B 而是你要从比赛中得到锻炼和提高。　당신이 경기를 통해 단련되고 향상되는 것이다.

3) '〜할 뿐만 아니라 〜하다'라는 의미를 나타내는 접속사 '不但……而且……'는 점층을 나타낼 때 쓴다.

> A 而且代表着一种文化
>
> B 筷子在中国有3千多年的历史了
>
> C 它不但是吃饭用的一种工具

B 筷子在中国有3千多年的历史了。　　젓가락은 중국에서 3천여 년의 역사를 가지고 있다.

C 它<u>不但</u>是吃饭用的一种工具，　　그것은 식사할 때 쓰는 일종의 도구일 뿐만 아니라,

A <u>而且</u>代表着一种文化。　　게다가 일종의 문화를 나타낸다.

비법③　시간 및 논리적 흐름으로 문장을 전개하라

중국어는 '과거-현재-미래' 순으로 동작 및 사건의 발생 순서에 따라 문장을 나열해야 하므로, 시간 흐름의 순서를 반드시 기억하고 있어야 한다. 또한 큰 개념을 먼저 제시하고 그에 따른 작은 개념들을 나열해야 하며, 추상적인 내용이 먼저 나오고 구체적인 내용이 뒤에 오도록 문장을 전개해야 한다.

> A　与他们握手并向他们表示祝贺
> B　他走到演员代表前
> C　典礼结束后

C <u>典礼结束后</u>，　　식이 끝난 후,

B 他走到演员代表前，　　그는 배우 대표 앞으로 걸어가서,

A 与他们握手并向他们表示祝贺。　　그들과 악수를 하고 축하를 했다.

전략 2

독해 제3부분
정답이 숨겨진 **곳**만 알아도 **절반**은 **성공**이다

비법①　문제의 핵심 어휘가 이끄는 문장을 통해 정답을 찾아라

독해 제3부분은 지문을 독해하고 문제를 푸는 것이 아니라, 문제를 먼저 보고 문제에서 요구하는 바가 무엇인지를 파악하고 지문을 독해하는 것이 효과적이다. 따라서 우선 문제의 핵심 어휘가 무엇인지를 체크하고, 핵심 어휘가 이끄는 문장만을 정확하게 이해한다면 보다 빠르게 정답을 찾을 수 있다.

　　由于没好好准备，<u>这次考试</u>考得<u>不太理想</u>。有几个听力题完全没听懂，有几个语法题，觉得见过，可又想不起来，只好碰运气了。以前考试，从来没有猜过答案，今天是第一次。

★ <u>这次考试</u>，他认为？

　준비를 제대로 안 했기 때문에 이번 시험을 잘 못 봤다. 듣기 문제 몇 개는 전혀 못 알아들었고, 어법 문제 몇 개는 본 적은 있는데 생각이 안 나서, 운에 맡기는 수밖에 없었다. 전에 시험을 볼 때는 답을 짐작으로 찍은 적이 없었는데, 이렇게 하기는 오늘이 처음이다.

★ 이번 시험을 그는 어떻게 생각하는가?

비법② 글의 주제는 문장 맨 앞 혹은 맨 뒤에서 찾아라

글의 중심 내용이나 주제를 찾는 문제를 가만히 살펴보면, 우리 말의 문장 배열과 비슷해, 가장 핵심이 되는 문장은 주로 문장 맨 앞 혹은 맨 뒤에 등장한다. 중심 내용이나 글의 주제를 묻는 문제에서 처음과 마지막 문장만 꼼꼼하게 읽어도 바로 정답을 찾을 수 있다.

　　<u>什么是真正的朋友</u>？ 在你得意时，提醒你不要骄傲的那个人，是真正的朋友：在你失败时，鼓励你继续前进的那个人，是真正朋友。

★ 这段话讨论什么？

　진정한 친구란 무엇인가? 당신이 득의에 차있을 때, 교만해서는 안 된다고 충고하는 그 사람이 진정한 친구다. 당신이 실패했을 때, 계속 전진하도록 격려해주는 그 사람이 진정한 친구다.

★ 이 글은 무엇에 대해 토론하는가?

비법③ 접속사가 이끄는 문장 속에서 정답을 찾아라

접속사는 단어와 단어, 문장과 문장을 연결하는 고리 역할을 하며, 전환, 인과, 병렬, 목적 관계 등을 나타낸다. 독해 제3부분에서 접속사가 이끄는 문장 속에 정답이 숨어 있는 경우가 많으니, 전체적인 내용을 이해하지 못했더라도 접속사가 이끄는 문장에 집중하면 정답을 찾기가 쉽다.

1) 조건 관계 접속사

‘只有……才……’는 ‘반드시 ~해야만 비로소 ~하다’라는 뜻의 조건 관계 접속사로, 只有 뒤는 유일한 조건을, 才 뒤는 결과를 나타낸다.

　　<u>只有</u>尊重别人，<u>才</u>能获得别人的尊重。每个人心里都希望获得尊重，受到尊重的人往往会变得更友好、更容易交流。

★ 怎样获得别人的尊重？

2) 역접 관계 접속사

'虽然……但……'는 '비록 ~하지만 ~하다'라는 의미를 나타내는 역접 관계 접속사다.

在现代社会里，需要密码的地方太多了，存折、电子邮件、银行卡、电话卡等等。怎么设置密码呢？这可是个大难题。有的人习惯用自己或家人的生日做密码，这样做**虽然**方便记，**但**并不安全。

★ 用生日做密码，比较：

현대 사회에서 비밀번호가 필요한 곳은 너무 많다. 예금, 전자 메일, 은행 카드, 전화 카드 등등. 비밀번호를 어떻게 설정해야 할까? 이것은 큰 난제다. 어떤 사람은 습관적으로 자신 또는 가족의 생일을 비밀번호로 설정하는데, 이렇게 하면 비록 기억하기에는 편리하지만, 결코 안전하지 않다.

★ 생일을 비밀번호로 쓰면 어떠한가?

비법④ 소거법을 통해서 정답 확률을 높여라

먼저 문제를 통해 유형을 파악하고, 보기를 자세히 살펴보자. 독해할 때 반드시 자신이 방금 봤던 보기의 내용을 상기하며, 보기와 일치하지 않는 내용들은 소거해 정답 확률을 높이자.

在校大学生可以凭学生证办理火车票优惠卡，仅用于假期购买从学校回家的车票。身高1.4米以下的儿童，可在成人陪同下购买半价儿童票。**铁路不接受儿童单独旅行**。

★ 下列哪项是正确的?

A 大学生可以买儿童票（×）→ 대학생들은 학생증으로 기차표 할인 카드를 만들 수 있음
B 有学生证火车票半价（×）→ 어린이는 성인이 동행하면 반값으로 표를 살 수 있음
C 1.2米的儿童不能买儿童票（×）→ 키가 140센티미터 이하인 어린이는 어린이표를 살 수 있음
D 儿童不能自己去旅游（○）→ 철도국에서는 어린이의 단독 여행을 허용하지 않음

재학 중인 대학생은 학생증으로 기차표 할인 카드를 만들 수 있다. 이 카드는 방학을 맞아 집으로 돌아가는 차표를 사는 데만 적용이 된다. 키가 140센티미터 이하인 어린이는 성인이 동행하면, 반값으로 어린이표를 살 수 있다. 철도국은 어린이의 단독 여행을 허용하지 않는다.

★ 다음 중 옳은 것은?

A 대학생은 어린이표를 살 수 있다　　　　　　　　B 학생증이 있으면 기차표가 반값이다
C 키가 120센티미터인 어린이는 어린이표를 살 수 없다　　　　D 어린이는 혼자 여행을 할 수 없다

합격전략

D-2

쓰기 제1부분

쓰기 제1부분은 크게 중국어의 기본 어순과 주요 어법의 이해를 묻는 문제 유형으로 나뉠 수 있다. 중국어의 기본 어순을 묻는 문제에서는 주어를 먼저 찾는 것이 아니라 반드시 술어를 중심으로 문장을 전개해야 한다. 술어가 동사면 함께 호응할 수 있는 목적어를 찾아야 하고, 형용사면 정도부사와 결합시켜야 하며, 다양한 부사어와 관형어를 통해서 완전한 하나의 문장으로 완성해야 한다. 주요 어법을 묻는 문제에서는 겸어문, 把자문, 被자문, 존현문, 비교문 등이 자주 출제되고 있으므로, 시험에 출제되는 어법 포인트를 공식화하여 확실히 정리하자.

전략 1   기본 어순 7가지 공식만 알면 **문장 배열**이 눈에 **쏙쏙** 들어온다

비법① 술어가 동사면 함께 호응하는 목적어를 찾아라

쓰기 제1부분 문제를 풀 때 가장 먼저 해야 할 일은 바로 술어를 찾는 것이다. 동사와 형용사가 문장에서 술어 역할을 하지만, 동사는 목적어를 수반하고 형용사는 목적어를 수반할 수 없다. 따라서 술어가 동사라면 의미상 함께 올 수 있는 목적어를 찾아 '술어+목적어' 형태로 문장의 뼈대를 만들자.

술어(동사) ➕ 목적어

那篇报道 + 引起了 + 校长的 + 重视。 그 보도는 교장의 중시를 야기시켰다.
  주어   술어(동사)   관형어   목적어

비법② 구조조사 的가 보이면 명사와 짝을 이뤄라

구조조사 的는 명사와 함께 짝을 이루어 '구조조사 的+명사' 형태로 문장에서 주어나 목적어를 꾸며주는 관형어 역할을 한다. 따라서 제시된 어휘에 구조조사 的가 있다면 의미적으로 적합한 명사와 짝을 이루자.

구조조사 的 ➕ 명사

我们班的 + 老师 + 关心 + 自己的 + 学生。 우리 반 선생님은 자신의 학생들에게 관심을 갖는다.
  관형어   주어(명사)   술어   관형어   목적어(명사)

비법③ 양사가 보이면 명사와 짝을 이뤄라

양사는 문장에서 수사와 결합하여 '수사+양사+명사' 형태로 문장에서 주어나 목적어를 꾸며주는 관형어 역할을 한다. 따라서 제시된 어휘에 양사가 있다면, 그와 함께 쓰이는 명사와 짝을 이루자.

양사 ➕ 명사

我的 + 朋友 + 买了 + 一 + 条 + 很漂亮的 + 裙子。 내 친구는 예쁜 치마를 하나 샀다.
관형어   주어   술어   관형어(수사 + 양사 + 수식어的)   목적어(명사)

비법④ 술어가 형용사면 정도부사와 연결시켜라

형용사는 단독으로 술어가 될 수 없으므로 반드시 정도부사의 수식을 받아야 한다. 따라서 술어가 형용사면 정도부사를 찾아 '정도부사+형용사' 형태로 문장을 전개하자.

정도부사 ➕ 술어(형용사)

这本书的 + 内容 + 十分 + 丰富。 이 책의 내용은 아주 풍부하다.
  관형어   주어   정도부사   술어(형용사)

부사는 동사나 형용사 앞에 위치하여 이를 수식하는 역할을 한다. 따라서 부사의 가장 기본적인 위치는 주어 뒤 술어 앞이다. 술어를 중심으로 문장의 뼈대를 만들었다면, 술어 앞에 이를 수식하는 부사를 위치시켜 문장을 완성하자.

| 부사 | ➕ | 술어(동사/형용사) |

爷爷 + 常常 + 去 + 公园。할아버지께서는 자주 공원에 가신다.
주어　　부사　　술어(동사)　목적어

天气 + 越来越 + 冷了。날씨가 점점 추워진다.
주어　　부사　　술어(형용사)

我 + 已经 + 适应了 + 这里的 + 气候。나는 이미 여기의 기후에 적응했다.
주어　　부사　　술어(동사)　관형어　　목적어

조동사(助动词)는 동사나 형용사 술어 앞에 위치하여 능력, 소망, 가능, 당위 등을 나타낸다. 이름을 통해서 알 수 있듯이 조동사는 동사를 도와주는 역할을 하므로 술어를 중심으로 문장을 전개하고, 조동사가 보이면 동사 술어 앞에 위치시키자.

| 조동사 | ➕ | 동사 |

张经理 + 会 + 说 + 汉语。장 사장님은 중국어를 말할 줄 아신다.
주어　　　조동사　술어(동사)　목적어

他 + 能 + 完成 + 任务。그는 임무를 완수할 수 있다.
주어　조동사　술어(동사)　목적어

개사는 단독으로 사용할 수 없으므로 명사나 대사와 함께 개사구를 이루어 술어를 수식하는 부사어를 만들어야 한다. 따라서 제시어 중 개사가 보인다면, 의미적으로 적합한 명사와 개사구를 만든 후, 술어 앞에 위치시키자.

| 개사 | ➕ | 명사/대사 | ➕ | 술어 |

哥哥 + 在大使馆 + 工作。오빠는 대사관에서 일한다.
주어　　개사+명사　　술어

小王 + 跟她 + 结婚。샤오왕은 그녀와 결혼한다.
주어　　개사+대사　술어

전략 2 | **빈출 어법만 알아도 문제의 정답이 보인다**

비법① 동작이 행해지는 순서에 따라 동사를 나열하라

제시어 중 동사가 두 개 이상 있다면 연동문을 묻는 문제임을 알 수 있다. 연동문에서 사건이 발생한 순서, 즉 동작이 행해지는 순서에 따라 동사를 나열하자. 또한 동사와 의미상 어울릴 수 있는 명사와 짝꿍을 만들어 '술어+목적어' 형태로 문장을 완성한다.

> 주어 + 동사1 + 목적어1 + 동사2 + 목적어2

他们去图书馆借书。 그들은 도서관에 가서 책을 빌린다.
我们坐飞机回中国。 우리는 비행기를 타고 중국으로 돌아간다.

비법② 겸어문의 기본 문형에 따라 문장을 전개하라

겸어문은 중국어로 兼语句(jiānyǔjù)라고 하는데, 여기서 兼은 '겸하다, 동시에 하다'라는 의미를 나타낸다. 이름에서 알 수 있듯이, 겸어문은 하나의 문장에서 두 가지 문장 성분을 동시에 겸하는 어휘가 있음을 의미한다. 일반적으로 사역동사 让, 叫, 使 등이 겸어문에 쓰인다.

> 주어1 + 동사1 + 겸어(목적어1 겸 주어2) + 동사2 (+목적어)

老师让我们复习。 선생님은 우리에게 복습하라고 하신다.
★我们은 동사1(让)의 목적어이기도 하고 동사2(复习)의 주어이기도 하므로, 두 가지 역할을 하는 '겸어'이다.

비법③ 부사와 조동사는 대개 첫 번째 동사 앞에 위치시켜라

두 개 이상의 동사로 이루어진 연동문과 겸어문에서 부사와 조동사는 일반적으로 첫 번째 동사 앞에 온다.

> 주어 + 부사/조동사 + 동사1 + 목적어1 + 동사2 + 목적어2

我很想用汉语写日记。 나는 중국어로 일기를 쓰고 싶다.

빈출 오류 형식 ❶ 부정부사와 조동사는 첫 번째 동사 앞에 위치한다.
妻子让我不抽烟。（×）→ 妻子不让我抽烟。（○） 아내는 나에게 담배를 피우지 못하게 한다.

빈출 오류 형식 ❷ 두 번째 동사가 감정동사이거나 형용사인 경우, 정도부사는 두 번째 동사 앞에 위치한다.
这个消息非常让律师激动。（×）→ 这个消息让律师非常激动。（○）
이 소식은 변호사를 굉장히 감격시켰다.

把는 개사이므로 단독으로 쓰일 수 없다. 따라서 처치의 대상을 나타내는 명사나 대사 혹은 명사형 어휘(목적어)와 함께 개사구를 이루어 술어를 수식한다. 여기서 목적어를 어떻게 처치했는지 결과를 나타내야 하므로, 술어는 단독으로 올 수 없고 동태조사, 목적어, 보어 등 기타 성분을 수반한다.

> 주어 + 把 + 목적어 + 술어 + 기타 성분

我把这本书看完了。 나는 이 책을 다 읽었다.

빈출 오류 형식　把자문은 목적어를 어떻게 처치했는지 결과를 강조하는 구문이므로, 술어 뒤에는 반드시 기타 성분이 와서 처치의 결과를 나타내야 한다.

我把书看。（×）→　我把书看完了。（○） 나는 책을 다 보았다.

被는 개사이므로 단독으로 쓰일 수 없다. 따라서 목적어와 개사구를 이루어 주어가 목적어에 의해서 당한 결과가 어떤지를 나타낸다. 여기서 주어는 동작을 당하는 대상이며, 목적어는 동작을 행하는 주체를 나타낸다. 被자문 역시 把자문과 같이 결과를 강조하는 구문이므로, 동사는 단독으로 쓰일 수 없고 동태조사, 보어 등 기타 성분을 수반해야 한다.

> 주어 + 被 + 목적어 + 술어 + 기타 성분

自行车被弟弟骑走了。 자전거를 남동생이 타고 갔다.

빈출 오류 형식　주어는 동작을 당하는 대상이며, 목적어는 동작을 행하는 주체를 나타낸다.

弟弟被那盒饼干吃光了。（×）→　那盒饼干被弟弟吃光了。（○） 그 과자를 남동생이 다 먹었다.

'부사+조동사+개사'의 공식에 의해 부사와 조동사는 把와 被 앞에 위치한다.

> 주어 + 부사 + 조동사 + 把/被 + 목적어 + 술어 + 기타 성분

빈출 오류 형식　把자문과 被자문에서 부사와 조동사는 술어 앞이 아닌 把와 被 앞에 위치한다.

我把这本书已经看完了。（×）→　我已经把这本书看完了。（○）
나는 이미 이 책을 다 읽었다.

我的衣服被妹妹刚穿走了。（×）→　我的衣服刚被妹妹穿走了。（○）
내 옷을 방금 여동생이 입고 갔다.

존현문은 어떤 장소에 어떤 사람이나 사물이 존재함을 나타내므로, 장소를 나타내는 어휘가 주어로, 존재하는 주체가 목적어로 쓰인다. 또한 동사 뒤에는 일반적으로 상태의 지속을 나타내는 조사 着가 함께 쓰이며, 목적어는 종종 수량구를 동반한다.

> **주어(장소) + 동사 + 着 + 목적어(사람/사물)**
> 일반명사+방위사　　　　　　　　수사+양사+명사

빈출 오류 형식　장소와 시간 앞에는 在, 到, 从과 같은 개사를 쓸 수 없다.

在桌子上放着一本书。(×) → 桌子上放着一本书。(○) 테이블 위에 책 한 권이 놓여 있다.

从前面走来了一个人。(×) → 前面走来了一个人。(○) 앞에서 한 사람이 걸어왔다.

'是……的' 구문은 이미 발생한 일의 시간, 장소, 대상, 방식, 관점 등을 강조할 때 쓴다. 是는 강조할 부분의 앞에 놓으며, 的는 문장 맨 뒤에 위치한다. 즉 강조하고 싶은 부분을 是와 的 사이에 넣으면 된다.

> **주어 + 是 + 시간/장소/대상/관점 + 동사 + 的**
> 　　　　　　　강조 대상

她是从中国来的。그녀는 중국에서 왔다.

빈출 오류 형식　강조하고자 하는 부분은 반드시 是와 的 사이에 위치한다.

去年他是毕业的。(×) → 他是去年毕业的。(○) 그는 작년에 졸업했다.

比는 '~보다'라는 의미를 나타내는 개사로, 둘 이상의 대상 및 사물을 비교한 결과를 나타내는 비교문에 자주 쓰인다. 또한 비교문에서 술어는 很, 非常, 太와 같은 정도부사의 수식을 받을 수 없기 때문에, 부사 还나 更이 술어 앞에 놓여 술어를 강조하는 역할을 한다.

> **비교 대상 A + 比 + 비교 대상 B + 술어 : A는 B보다 ~하다**

太阳比月亮大。태양은 달보다 크다.

> **비교 대상 A + 比 + 비교 대상 B + 还/更 + 술어 : A는 B보다 더 ~하다**

北方比南方还干燥。북방은 남방보다 더 건조하다.

빈출 오류 형식　비교문에서 술어는 很, 非常, 太와 같은 정도부사의 수식을 받을 수 없다.

今天比昨天很热。(×) → 今天比昨天更热。(○) 오늘은 어제보다 더 덥다.

합격전략

D-1

쓰기 제2부분

쓰기 제2부분은 우선 제시어의 품사 및 의미를 파악한 후, 그림을 보고 관련 어휘를 떠올리며 하나의 완벽한 문장을 완성해야 한다. 중국어의 기본 어순인 '주어+술어+목적어'로 문장의 큰 뼈대를 만든 후, 관형어 및 부사, 조동사, 개사구 등의 부사어를 활용하여 문장을 확장하자. 또한 주요 어법 및 다양한 접속사를 활용하여 문장을 보다 풍부하게 만드는 연습을 한다면, 쓰기 제2부분에서 고득점을 얻을 수 있을 뿐만 아니라 진정한 중국어 작문 실력을 갖출 수 있다.

비법① 제시된 명사와 어울리는 동사나 형용사를 떠올려라

제시어가 加油站(주유소)이고 전화 사용을 금지하는 표지판이 사진으로 제시되어 있다면, 동사 禁止(금지하다), 使用(사용하다) 등을 활용해 문장을 완성할 수 있다. 또한 汤(국)이란 제시어에 국 사진이 제시되어 있다면, 好喝(맛있다), 咸(짜다), 淡(싱겁다), 辣(맵다) 등과 같은 맛 관련 형용사를 활용해 문장을 완성할 수 있다. 이처럼 제시된 명사의 의미를 파악했다면, 사진을 보고 제시어와 호응할 수 있는 동사나 형용사 술어를 먼저 떠올리자.

汤 tāng 몡 탕, 국

연관 어휘 ➡ 做, 喝
好喝, 咸, 淡, 甜, 辣
有点儿, 稍微

비법② 제시된 명사를 구조조사 的를 활용하여 꾸며라

구조조사 的는 관형어의 표지로, '관형어+的+명사' 형태로 문장에서 주어나 목적어를 꾸며주는 역할을 한다. 따라서 명사 제시어가 나오면 주어나 목적어로 문장의 뼈대를 만든 후, 구조조사 的를 활용하여 문장을 보다 풍부하게 만들자.

복 复印机 fùyìnjī 몡 복사기

기본 문장 复印机坏了。복사기가 고장 났다.

주어 수식 我们办公室的复印机又坏了。우리 사무실의 복사기가 또 고장 났다.

饼干 bǐnggān 몡 과자

기본 문장 我去超市买了饼干。나는 슈퍼마켓에 가서 과자를 샀다.

목적어 수식 我去超市买了很好吃的饼干。나는 슈퍼마켓에 가서 맛있는 과자를 샀다.

비법① 제시된 동사와 호응하는 명사를 떠올려라

문장에서 동사는 주로 술어로 쓰이며 목적어를 수반하는 특징이 있다. 일반적으로 명사가 목적어 역할을 하므로, 동사 제시어가 나오면 함께 호응할 수 있는 명사를 떠올리며 '술어+목적어' 형태로 문장의 큰 뼈대를 만들자.

> 乘坐 chéngzuò 图 타다

호응 어휘　乘坐　➕　飞机(비행기)

我要乘坐飞机去美国。 나는 비행기를 타고 미국으로 가려고 한다.

비법② 다양한 부사어를 활용하여 문장을 풍부하게 만들어라

동사 제시어와 함께 호응할 수 있는 명사를 통해서 문장의 뼈대인 '술어+목적어'를 만들었다면, 동사 술어를 수식할 수 있는 부사어를 덧붙여 문장을 풍부하게 만들자. 문장에서 부사 외에 조동사와 개사구 또한 술어를 수식하는 부사어 역할을 하므로, 다양한 부사어를 통해서 다소 평이한 문장을 알찬 문장으로 만들자.

부사　➕　조동사　➕　개사구　➕　동사

飞机正在准备降落。 비행기가 착륙 준비를 하고 있다.
　　부사

他能完成任务。 그는 임무를 완수할 수 있다.
　조동사

他们对这个问题进行了讨论。 그들은 이 문제에 대해서 토론을 진행했다.
　　개사구

我一定要跟父母商量这件事。 나는 이 일을 반드시 부모님과 상의해야 한다.
　부사 조동사 개사구

비법③ 목적어를 수반할 수 없는 동사에 주의하라

동사는 일반적으로 목적어를 수반하는 특징이 있지만, 일부 동사는 목적어를 수반하지 못한다. 이러한 동사의 대표주자가 바로 이합동사이다. '동사+목적어'의 구조로 이루어져 있는 이합동사는 동사 자체에 목적어를 수반하고 있으므로 뒤에 또 다른 목적어가 올 수 없다.

见面朋友（×）→ 跟朋友见面（○）친구를 만나다
帮忙老师（×）→ 给老师帮忙（○）선생님을 도와주다

비법① 제시된 어휘가 형용사라면 정도부사로 꾸며라

형용사는 문장에서 단독으로 술어가 될 수 없으므로 很, 非常, 太와 같은 정도부사의 수식을 받아야 한다. 따라서 제시어가 형용사면 '정도부사+형용사' 형태로 문장의 기본 틀을 만들자.

정도부사 ➕ 형용사

这本书的内容十分丰富。 이 책의 내용은 아주 풍부하다.
妈妈昨天买的西红柿有点儿酸。 엄마가 어제 산 토마토는 조금 시다.

비법② 정도보어를 최대한 활용하라

정도보어는 술어 뒤에 위치하여 동사나 형용사가 도달한 정도나 상태를 나타낸다. 형용사 제시어가 나왔을 때 단순히 정도부사로 형용사를 꾸며주는 것이 다소 평이하다고 생각되면, 정도보어를 활용하여 생동감 있는 문장을 만들자.

술어(동사/형용사) ➕ 得 ➕ 정도보어(평가/묘사)

说得跟中国人一样。 말하는 것이 중국 사람 같다.
困得很想睡觉。 졸려서 너무 자고 싶다.
热得什么都不想做。 더워서 아무것도 하고 싶지 않다.
难受得睡不着觉。 괴로워서 잠을 잘 수 없을 정도이다.

형용사 ➕ 得 ➕ 要命 / 要死 / 不得了

热 + 得 + 不得了 정말 덥다
忙 + 得 + 要命 바빠 죽겠다

형용사 ➕ 得 ➕ 상태 묘사

高兴 + 得 + 哭了 기뻐서 울었다
紧张 + 得 + 睡不着 긴장해서 잠이 오지 않는다

합격전략

D-0

막판 뒤집기,
합격이 보이는
핵심 포인트

1　安排 ānpái 명 안배, 배치

没问题，一切听从你们的（**安排**）。문제없습니다. 모든 것은 귀측의 안배에 따르겠습니다.

2　博士 bóshì 명 박사

我去年考了浙江大学的（**博士**），一直忙着写论文呢。
작년에 저장 대학 박사 과정 시험을 보고, 줄곧 논문을 쓰느라 바빴어.

3　导游 dǎoyóu 명 관광 안내원, 가이드

她理想的工作就是毕业后做一名（**导游**）。
그녀가 생각하는 이상적인 직업은 바로 졸업 후 가이드가 되는 것이다.

4　经验 jīngyàn 명 경험, 체험

失败并不可怕，因为我们可以从失败中积累许多（**经验**）。
실패해도 두려워하지 않는다. 우리는 실패를 통해 많은 경험을 쌓을 수 있기 때문이다.

5　情况 qíngkuàng 명 상황, 정황

当时的（**情况**）太突然了，我们谁都没想到。당시 상황이 너무 갑작스러워서, 누구도 예상하지 못했다.

6　任务 rènwu 명 임무

加油，我相信大家一定会按时完成（**任务**）的。
힘내세요, 나는 여러분이 반드시 정해진 시간에 임무를 완수하리라 믿습니다.

7　盐 yán 명 소금

有点儿淡，再放一点儿（**盐**）。약간 싱거워, 소금을 더 넣어.

8　演出 yǎnchū 명 공연

这次的（**演出**）很成功，谢谢你们的帮助。이번 공연은 성공적입니다. 여러분의 도움에 감사드립니다.

9　暂时 zànshí 명 잠깐, 잠시

结婚以后，他们（**暂时**）先跟父母一起住，以后再买自己的房子。
결혼 후, 그들은 잠시 먼저 부모님과 함께 살다가 나중에 집을 살 것이다.

10 主意 zhǔyi 뗑 의견, 견해

我已经拿好（**主意**）了，不管你怎么说，我都不会改变。
나는 이미 생각을 정했으니, 네가 어떻게 말해도, 나는 변함이 없을 거야.

11 猜 cāi 图 추측하다, 알아맞히다

你（**猜**）我给你带什么回来了? 내가 뭘 가져왔는지 맞혀볼래?

12 成功 chénggōng 图 성공하다

失败是（**成功**）之母，不经历失败怎么能取得成绩。
실패는 성공의 어머니다. 실패를 겪지 않고 어찌 좋은 성과를 얻을 수 있겠는가!

13 打折 dǎzhé 图 세일하다

那条裤子（**打折**）后108元，很合算。그 바지는 할인해서 108위안이니, 매우 적당하다.

14 丰富 fēngfù 图 풍부하게 하다, 풍족하게 하다

丰富 + 知识 지식 | 经验 경험 | 生活 생활
我们公司经常会举行一些活动，来（**丰富**）职员们的生活。
우리 회사는 몇 가지 행사를 자주 개최하여 직원들의 생활을 풍족하게 한다.

15 符合 fúhé 图 부합하다

符合 + 要求 요구 | 标准 표준 | 条件 조건 | 规定 규정
这样做完全不（**符合**）公司的规定。이렇게 하는 것은 회사 규정에 완전히 부합하지 않는다.

16 害羞 hàixiū 图 부끄러워하다, 수줍어하다

就是太（**害羞**）了，一跟姑娘说话就脸红。다만 너무 부끄러움을 타지. 여자들과 말만 하면 얼굴이 빨개져.

17 后悔 hòuhuǐ 图 후회하다

什么时候结婚不重要，重要的是结婚后不要（**后悔**）。
언제 결혼을 하는가는 중요하지 않다. 중요한 것은 결혼하고 나서 후회하지 않는 것이다.

18 拒绝 jùjué 图 거절하다

拒绝 + 邀请 요청하다 | 要求 요구하다 | 建议 건의하다
最好不要直接（**拒绝**）别人的邀请。다른 사람의 초대를 직접적으로 거절하지 않는 것이 가장 바람직하다.

19 理发 lǐfà 图 이발하다

参加面试之前，我要先去（**理发**），显得精神一些。
면접을 보기 전에, 나는 먼저 이발을 하러 가야겠어. 좀 활기차 보이게 말이야.

20 破 pò 图 파손되다, 찢어지다

我的牛仔裤（**破**）了，该买新的了。 내 청바지가 해졌어, 새것을 사야 해.

21 商量 shāngliang 图 상의하다, 의논하다

去还是不去，你还是先跟父母（**商量**）一下再做决定。
가든 안 가든, 너는 부모님과 먼저 상의한 다음에 다시 결정해라.

22 生活 shēnghuó 图 생활하다

你在中国（**生活**）得还习惯吗? 너는 중국 생활에 적응했니?

23 熟悉 shúxī 图 숙지하다, 잘 알다

电脑问题你最好是去问小王，他是这方面的高手，肯定比我（**熟悉**）。
컴퓨터 문제는 샤오왕에게 묻는 것이 좋을 거야. 그 방면에 고수니까, 틀림없이 나보다는 잘 알아.

24 提供 tígōng 图 제공하다

提供 + 机会 기회 | 帮助 도움 | 方便 편리 | 早餐 아침 식사 | 证据 증거
飞机上免费（**提供**）饮料吗? 비행기에서 무료로 음료수를 제공하나요?

25 提前 tíqián 图 (예정된 시간·위치를) 앞당기다

时间（**提前**）了，上周就改时间了。 시간이 앞당겨졌어. 지난주에 시간이 바뀌었어.

26 停 tíng 图 세우다, 정거하다

我把车（**停**）在学校里了，我们走路去植物园吧。
나는 차를 학교 안에 주차해 놓았어. 걸어서 식물원에 가자.

27 推迟 tuīchí 图 뒤로 미루다, 늦추다

今天下午的会议（**推迟**）到五点钟，请尽快通知各部门。
오늘 오후 회의를 5시로 연기합니다. 가능한 한 빨리 각 부서에 통보해 주십시오.

28 完成 wánchéng 통 완성하다, 완수하다

完成 + 任务 임무 | 工作 업무 | 计划 계획
请在规定时间内（**完成**）任务。 규정된 시간 안에 임무를 완수해 주세요.

29 误会 wùhuì 통 오해하다

你（**误会**）老师了，她其实不是这个意思。 너는 선생님을 오해했어, 선생님은 사실 그런 의미가 아니였어.

30 羡慕 xiànmù 통 부러워하다

人也漂亮，学习又好，真让人（**羡慕**）。 얼굴도 예쁘고 공부도 잘하니, 정말 부럽군.

31 引起 yǐnqǐ 통 야기하다, 불러일으키다

引起 + 关注 관심 | 重视 중시 | 注意 주의 | 怀疑 의심
这篇报告没有（**引起**）人们的关注。 이 보고서는 사람들의 관심을 불러일으키지 못했다.

32 方便 fāngbiàn 형 편리하다

生活 생활 | 交通 교통 | 上班 출근 | 联系 연락 + 方便
因为现在的交通变得更（**方便**）了，所以地球好像也变得更小了。
오늘날 교통이 더욱 편리해졌기 때문에 마치 지구가 더 작아진 것 같다.

33 可惜 kěxī 형 섭섭하다, 아쉽다, 애석하다, 아깝다, 유감스럽다

她表示要放弃这次比赛，很多人都觉得很（**可惜**）。
그녀가 이번 시합을 포기하겠다는 의사를 밝히자, 많은 사람들이 매우 안타까워했다.

34 厉害 lìhai 형 대단하다, 굉장하다

没想到你钢琴弹得那么（**厉害**），弹了很久了吗？
네 피아노 실력이 그렇게 대단한지 몰랐어. 피아노 시작한 지 오래되었지?

35 凉快 liángkuai 형 시원하다, 서늘하다

下过雨后，天气（**凉快**）多了。 비가 내린 후에 날씨가 많이 서늘해졌다.

36 详细 xiángxì 형 상세하다, 자세하다

详细(地) + 说明 설명하다 | 解释 해석하다 | 讨论 토론하다 | 描述 묘사하다
为了让大家更清楚事情的经过，她又向大家（**详细**）解释了一遍。
사람들에게 일의 경과를 더 잘 알리기 위해, 그녀는 사람들에게 다시 한번 상세하게 설명했다.

<table><tr><td>37</td><td>有趣 yǒuqù [형] 재미있다</td></tr></table>

这部漫画很（**有趣**），我今天一天就能看完，明天见面时可以还你。
이 만화는 무척 재미있어서, 나는 오늘 하루에 다 볼 수 있어. 내일 만날 때 돌려줄게.

<table><tr><td>38</td><td>按时 ànshí [부] 제때에, 시간에 맞추어</td></tr></table>

按时 + 吃饭 밥을 먹다 | 吃药 약을 먹다 | 起床 일어나다 | 睡觉 잠을 자다 | 上课 수업하다 | 下班 퇴근하다

还差一点儿，你放心，我们一定会（**按时**）完成。
아직 조금 남았어. 안심해, 반드시 기한에 맞춰 완성할 거야.

<table><tr><td>39</td><td>差不多 chàbuduō [부] 거의, 대체로</td></tr></table>

快结束了，我（**差不多**）两个小时以后才能到家。곧 끝나. 거의 두 시간 후에 집에 도착할 수 있을 거야.

<table><tr><td>40</td><td>到底 dàodǐ [부] 도대체</td></tr></table>

我们明天就出发了，你（**到底**）去不去？우리는 내일이면 출발해. 너는 도대체 갈 거야, 안 갈 거야?

<table><tr><td>41</td><td>恐怕 kǒngpà [부] 아마 ~일 것이다</td></tr></table>

还有二十分钟，（**恐怕**）赶不上了。20분 남았어. 아마 시간에 못 갈 것 같아.

<table><tr><td>42</td><td>千万 qiānwàn [부] 부디, 제발</td></tr></table>

明天的面试是上午九点钟正式开始，（**千万**）别迟到。
내일 면접은 오전 9시에 정식으로 시작하니, 절대로 늦지 마세요.

<table><tr><td>43</td><td>确实 quèshí [부] 절대로, 정말로, 확실히</td></tr></table>

我（**确实**）很喜欢，不过它太贵了，下次再说吧。
내가 진짜 정말 좋아해, 그런데 너무 비싸더라. 다음에 다시 이야기하자.

<table><tr><td>44</td><td>顺便 shùnbiàn [부] ~하는 김에, 겸사겸사</td></tr></table>

一会儿你到楼下的时候，（**顺便**）买一包盐上来。
잠시 후 건물 아래층에 도착하면, 오는 길에 소금 한 봉지 사와.

<table><tr><td>45</td><td>挺 tǐng [부] 매우, 아주</td></tr></table>

这是从我的家乡带来的葡萄干，（**挺**）好吃的，你尝尝吧。
이것은 우리 고향에서 가져온 건포도야. 무척 맛있으니, 한번 먹어봐.

46 完全 wánquán 뮈 완전히

你的手提包竟然跟我的（**完全**）一样，连大小都一样。
네 핸드백이 내 것하고 완전히 같네. 크기까지도 똑같아.

47 逐渐 zhújiàn 뮈 점점, 점차

逐渐 + 适应 적응하다 ㅣ 发展 발전하다 ㅣ 平静 평온하다
夏天到了，天气（**逐渐**）变热了。 여름이 와서, 날씨가 조금씩 더워졌다.

48 按照 ànzhào 깨 ~에 따라, ~에 의하면

按照 + 规定 규정 ㅣ 计划 계획 ㅣ 要求 요구 ㅣ 意见 의견
（**按照**）规定，这件事情是应该由王老师负责。 규정에 의하면, 이 일은 왕 선생님이 맡아야 한다.

49 既然 jìrán 젭 ~된 바에야, ~인 이상

（**既然**）你身体不舒服，那么就回家好好休息吧！ 기왕에 몸이 불편하다니, 집에 가서 푹 쉬어라.

50 趟 tàng 먱 차례, 번

我得先去（**趟**）邮局，寄点儿东西。演讲几点开始?
나는 먼저 우체국에 한 차례 가서 물건을 부쳐야 해. 강연이 몇 시에 시작하지?

1

无论/不论/不管 __조건__ ，都/也 __변하지 않는 결과__ ：~을 막론하고 ~하다

① 의문대명사
② 정반의문문
③ 선택의문문

无论做什么工作，他**都**非常认真。그는 어떤 일을 하든지, 아주 진지하다.

不管天气好不好，我**也**要去旅行。날씨가 좋든 나쁘든, 나는 여행을 갈 것이다.

2

只有 __유일한 조건__ ，才(能) __결과__ ：반드시 ~해야지만, ~하다

只有你去，他**才**能去。네가 가야지만, 그가 갈 수 있다.

只有采取这个方法，**才**能学好。이 방법을 취해야 제대로 배울 수 있다.

3

为了 + __목적__ ， __행위__ ：~을 위해서

为了参加HSK考试，我们认真准备考试。
HSK 시험에 참가하기 위해서, 우리는 열심히 시험 준비를 한다.

为了提高英语水平，他决定去美国留学。
영어 실력을 높이기 위해서, 그는 미국으로 유학을 가기로 결정했다.

4

____________，但是/可是/不过 + (주어) + 却 ____________ ：~, 그러나 ~

▶전환을 나타내며, 앞의 문장과는 상대되는 의미의 문장을 이끈다.

他学汉语的时间很长，**但是**他却说得不太好。
그는 중국어를 오랫동안 배웠지만, 말을 잘하지 못한다.

我很喜欢中国文学，**但是**却没有认真地研究过。
나는 중국 문학을 매우 좋아하지만, 진지하게 연구해 본 적은 없다.

5

由于 + __원인__ ，(所以/因此/因而) __결과__ ：~로 인해서, ~하다

由于下大雨，今天的运动会取消了。비가 많이 와서, 오늘 운동회는 취소되었다.

由于身体不舒服，**所以**我不能参加考试。몸이 아파서, 오늘 시험에 참가할 수 없다.

6

> 既然 　전제 조건　, 就 　추론/결론　 : 이왕 이렇게 된 바에, ~하다

既然你不同意，我**就**不难为你了。기왕 네가 동의하지 않는 이상, 나도 너를 난처하게 하지 않겠다.
既然这样，你**就**好好休息一下吧。이왕 이렇게 된 이상, 푹 쉬어라.

7

> 　행위　, 否则/要不/不然 　바라지 않는 결과　 : ~, 그렇지 않으면 ~하다

你快起床！**不然**就要迟到了。어서 일어나, 그렇지 않으면 지각하겠다.
幸亏你提醒我，**否则**我会忘了。네가 상기시켜줘서 망정이지, 그렇지 않았으면 잊어버렸을 거야.

8

> 尽管　　　　　但是
> 虽然 + 　사실　, 可是 　상반된 결과　 : 비록 A하지만, 그러나 B하다
> 虽说　　　　　不过

尽管住得很远，**但是**他从不迟到。멀리 살지만, 그는 지금까지 지각해 본 적이 없다.
虽然天气很冷，**不过**大家心里热乎乎的。날씨가 춥지만, 모두의 마음은 따뜻하다.

9

> 不但……而且……
> 不仅……并且……
> 不光……甚至…… 　: ~일 뿐만 아니라 게다가 ~하다
> 不只……还/也……

她**不但**说得很流利，**而且**发音和语调也很好。그녀는 유창하게 말할 뿐만 아니라, 발음과 어조도 좋다.
不但我会说汉语，**而且**她也会说汉语。내가 중국어를 할 수 있을 뿐만 아니라, 그녀도 할 수 있다.

10

> 除了……以外，都/还/也…… : ~을 제외하고, 모두/여전히/역시 ~하다

除了你**以外**，别人**都**看不到我的。너 이외에, 다른 사람은 나를 볼 수 없다.
除了汉语**以外**，他**还**学法语以及韩国语。중국어 이외에, 그는 프랑스어와 한국어도 배운다.

11

> 一……就…… : ~하자마자 ~하다, ~하기만 하면 ~하다

今天我**一**下课**就**回宿舍。오늘 나는 수업이 끝나자마자 기숙사로 간다.
我**一**感冒**就**发烧。나는 감기에 걸리기만 하면 열이 난다.

12

A 还是 B？：A 아니면 B？

▶선택을 나타내며 의문문을 구성한다.

你是中国人，**还是**韩国人？ 당신은 중국인입니까? 아니면 한국인입니까?

咱们去看电影，**还是**去跳舞？ 우리 영화 보러 갈래? 아니면 춤추러 갈래?

13

即使

即便

就是 + A 也/都 B：설령 A할지라도 B하다

就算

哪怕

▶A는 주로 가정을 나타내며, B는 그런 가정에도 영향을 받지 않는 변함없는 결과나 의지를 나타낸다.

即使困难再大，我们**都**要坚持下去。 설령 어려움이 아무리 크더라도, 우리는 계속 해나가야만 한다.

即使下大雨，我们**也**要去旅游。 설령 비가 많이 오더라도, 우리는 여행을 갈 것이다.

14

如果 + **가정**, (那么) **주어** + 就 + **결과**：만약 ~라면, ~하다

你**如果**遇到什么困难，**就**去找他。 네가 만약 무슨 어려움을 만나게 된다면, 그를 찾아가라.

如果明天下雨的话，我**就**不会去你那儿的。 내일 비가 온다면, 나는 너한테 가지 않을 거야.

15

既……又……：~할 뿐만 아니라 ~하다

他**既**是个老板，**又**是个朋友。 그는 사장이기도 하고, 또 친구이기도 하다.

这种家具**既**美观**又**实用。 이런 가구는 아름다울 뿐만 아니라 실용적이다.

16

不是……而是……：~가 아니라 ~이다

这个书包**不是**你的，**而是**他的。 이 책가방은 네 것이 아니라 그의 것이다.

今天的天气**不是**阴天，**而是**晴天。 오늘 날씨는 흐린 날이 아니라 맑은 날이다.

17

A 是 A，不过/但是/可是/就是 B：A하긴 A하지만, 그러나 B하다

东西好**是**好，**就是**价钱太贵。 물건은 좋지만, 가격이 너무 비싸다.

她瘦**是**瘦，**不过**从来不生病。 그녀는 말랐지만, 여태껏 병이 난 적은 없다.

18

先 A，然后/再/又 B：먼저 A하고, 다음에/다시/또 B하다

我**先**去一趟医院，**然后**再回家。 나는 먼저 병원에 갔다가 집으로 돌아갈 거야.

我们**先**去食堂吃饭，**然后**再去图书馆吧。 우리 먼저 식당에 가서 밥을 먹고 도서관에 가자.

19

不但不(没)……，反而……：~하지 않을 뿐만 아니라, 오히려 ~하다

你这样**不但**不能帮助他，**反而**会给他带来麻烦。
네가 이렇게 하는 것은 그를 도와줄 수 없을 뿐만 아니라, 오히려 그에게 번거로움을 가져다줄 것이다.

雨**不但**没停，**反而**越下越大了。
비가 멈추지 않을 뿐만 아니라, 오히려 더 많이 내린다.

20

与其 A，不如 B：A하기보다는 차라리 B하는 편이 낫다

与其这么晚回家，**不如**今晚就住在这儿。
이렇게 늦게 집으로 돌아가기보다는 차라리 오늘 저녁에 여기서 머무르는 편이 낫겠어.

下大雨了，**与其**出去玩儿，**不如**在家看书。
비가 많이 내리니, 나가 놀기보다는 차라리 집에서 책을 보겠어.

+ 동사 술어문&관형어

> (관형어 +)주어 + **동사 술어**(+ 관형어) + 목적어

1. 这本书的作者**是**位著**名的**历史教授。이 책의 작가는 유명한 역사 교수이다.
2. 保护环境**需要**大家**的**共同努力。환경 보호는 모두의 공동의 노력이 필요하다.
3. 互联网**拉近**了人与人之间**的**距离。인터넷은 사람과 사람 간의 거리를 가깝게 했다.
4. 她**是**马教授**的**硕士研究生。그녀는 마 교수의 석사 연구생이다.
5. 那篇报道**引起**了校长**的**重视。그 보도는 교장의 중시를 야기시켰다.
6. 他们俩**有**许多共同语言。그들 두 사람은 많은 공동 언어를 가지고 있다.
7. 我们**谈**了自己**的**意见和看法。우리는 자신의 의견과 견해를 이야기했다.
8. 这**是**一个关于顾客和销售员**的**笑话。이것은 고객과 판매원에 관한 재미있는 이야기다.

+ 형용사 술어문&정도부사

> (관형어 +)주어 + **정도부사** + **형용사 술어**

9. 这本书的内容**十分丰富**。이 책의 내용은 아주 풍부하다.
10. 这台洗衣机的质量**很不错**。이 세탁기의 품질은 좋다.
11. 我弟弟的性格**比较活泼**。내 남동생의 성격은 비교적 활발하다.
12. 那个司机**确实很诚实**。그 운전기사는 정말로 성실하다.
13. 王老师对学生的要求**很严格**。왕 선생님은 학생에 대한 요구가 엄격하다.
14. 万先生的判断力一直**很准确**。완 선생님의 판단력은 줄곧 정확하다.
15. 刚才的演出**确实很精彩**。방금 공연은 아주 훌륭했다.
16. 他的答案**完全正确**。그의 답은 완전히 정확하다.

+ 부사어 I

> 주어 + **부사** + 술어(동사/형용사)

17. 你**最好重新**换一个密码。당신은 비밀번호를 다시 바꾸는 게 좋겠습니다.
18. **大概**有三分之二的人**反对**这样做。대략 3분의 2의 사람이 이렇게 하기를 반대한다.
19. 爱情**并不**是生命的全部。사랑은 결코 생명의 전부가 아니다.
20. 这儿**究竟**发生了什么事情? 여기에 도대체 무슨 일이 발생했나요?
21. 她**不得不重新**考虑这件事。그녀는 이 일을 다시 고려할 수밖에 없다.

22. 我**已经**适应了这里的气候。 나는 이미 여기의 기후에 적응했다.

23. 她**不得不**改变原来的计划。 그녀는 부득이하게 원래 계획을 바꿨다.

24. 每个人**都**希望获得别人的尊重。 모든 사람은 다른 사람의 존중을 받기를 바란다.

✛ 부사어 Ⅱ (조동사&개사구)

주어 + 조동사/개사구 + 술어(동사) + 목적어

25. **要**养成节约用水的好习惯。 물 사용을 절약하는 습관을 길러야 한다.

26. 她**从小就想**成为一名演员。 그녀는 어려서부터 배우가 되고 싶었다.

27. 他肯定**不会**同意你的看法。 그는 틀림없이 네 생각에 동의하지 않을 거야.

28. 夫妻**应该**相互信任。 부부는 서로 신임해야 한다.

29. 同学们**在超市**进行了调查。 학우들은 슈퍼마켓에서 조사를 진행했다.

30. 那位导游**给我**留下很深的印象。 그 가이드는 나에게 깊은 인상을 남겼다.

31. 请同学们**按照顺序**排好队。 모두들 순서대로 줄을 잘 서세요.

32. 森林**对环境**有很好的保护作用。 숲은 환경에 좋은 보호 작용을 한다.

33. 这次会议是**由小王**负责的。 이번 회의는 샤오왕이 책임진다.

✛ 정도보어

술어(동사/형용사) + 得 + 정도보어(평가/묘사)

34. 他的普通话说**得**不太标准。 그의 표준어는 그다지 정확하지 않다.

35. 这场比赛赢**得**非常漂亮。 이 시합은 아주 멋지게 이겼다.

36. 她咳嗽**得**越来越厉害。 그녀는 기침을 점점 심하게 한다.

37. 张教授的签证办**得**很顺利。 장 교수님의 비자는 아주 순조롭게 처리되었다.

38. 弟弟紧张**得**出了一身汗。 남동생은 긴장해서 온몸에 땀이 났다.

39. 上午的面试进行**得**很顺利。 오전 면접은 매우 순조롭게 진행되었다.

✛ 연동문

주어 + 동사1 + 목적어1 + 동사2 + 목적어2

40. 我现在**去**大使馆**办**签证。 나는 지금 비자를 처리하러 대사관에 간다.

41. 学校将**组织**大家**去参观**博物馆。 학교에서 모두를 데리고 박물관으로 견학을 갈 것이다.

42. 我想**陪**奶奶**去**公园**散步**。 나는 할머니를 모시고 공원으로 산책을 가고 싶다.

43. 你**陪**妈妈**去**客厅**聊聊天儿**吧。 당신은 어머니를 모시고 거실에 가서 이야기를 좀 나눠요.

✚ 겸어문

> 주어1 + 동사1 + **겸어**(목적어1, 주어2) + 동사2(+ 목적어)

44. 那部电影让观众很失望。그 영화는 관중을 실망시켰다.

45. 这个消息真是太让人激动了。이 소식은 정말로 사람을 흥분시켰다.

46. 这个消息使邻居非常激动。이 소식은 이웃을 흥분하게 했다.

47. 高校长让我通知大家下午两点集合。고 교장은 나에게 모두들 오후 2시에 집합하도록 통지하라고 했다.

48. 生活的压力并没有使他放弃理想。생활의 스트레스는 결코 그에게 꿈을 포기하게 하지 않았다.

49. 这个故事让我很感动。이 이야기에 나는 크게 감동했다.

✚ 把자문

> 주어 + 부사 + 조동사 + **把** + 목적어 + 술어 + 기타 성분

50. 姐姐把房间收拾得很整齐。언니는 방을 아주 깔끔하게 정리했다.

51. 你把那些资料复印两份。너는 그 자료를 2부 복사해라.

52. 我已经把材料整理好了。나는 이미 자료를 잘 정리했다.

53. 请把空瓶子扔进垃圾桶。빈 병을 쓰레기통에 넣어 주세요.

54. 能帮我把沙发抬到客厅吗? 나를 도와서 소파를 거실로 옮겨 줄 수 있니?

55. 请把这篇文章翻译成中文。이 글을 중국어로 번역해 주세요.

56. 教授竟然把这次机会放弃了。교수는 뜻밖에도 이번 기회를 포기했다.

57. 别把毛巾扔在沙发上。수건을 소파에 던져 놓지 마.

✚ 被자문

> 주어 + 부사 + 조동사 + **被** + 목적어 + 술어 + 기타 성분

58. 那个瓶子被儿子打破了。그 병은 아들이 깨뜨렸다.

59. 盒子里的巧克力被弟弟吃光了。상자 안의 초콜릿을 남동생이 다 먹었다.

60. 爷爷被外面的敲门声吵醒了。할아버지는 바깥의 노크 소리에 시끄러워서 깼다.

61. 昨天刚买的衬衫被洗坏了。어제 막 산 셔츠는 빨아서 망가졌다.

62. 这件事已经被他发现了。이 일을 이미 그가 알아차렸다.

63. 这个消息很快就被亲戚朋友们知道了。이 소식은 아주 빨리 친척과 친구들이 알게 되었다.

64. 刚整理好的材料被我弟弟弄乱了。방금 정리한 자료를 남동생이 어질렀다.

✚ 존현문

> 주어 ＋ 동사 ＋ **着** ＋ 목적어
> (장소)　　　　　　　　　 (사람/사물)
> 일반명사+방위사　　　 수사+양사+명사

65. 墙上挂**着**一张中国地图。 벽에는 한 장의 중국 지도가 걸려 있다.

66. 森林里住**着**一群老虎。 숲에는 한 무리의 호랑이가 살고 있다.

67. 桌子上摆**着**三瓶矿泉水。 테이블 위에는 3병의 광천수가 놓여 있다.

68. 小区里停**着**一辆警车。 단지 내에 경찰차 한 대가 서있다.

69. 奶奶家的院子里**有**一棵苹果树。 할머니 댁 정원에는 사과나무 한 그루가 있다.

✚ 是……的 구문

> 주어 ＋ **是** ＋ (　　　　) ＋ 동사 ＋ **的**

70. 我孙子**是**去年夏天出**生的**。 나의 손자는 작년 여름에 태어났다.

71. 任何事情的发生都**是**有原因**的**。 모든 일의 발생은 원인이 있다.

72. 所有的习惯都**是**慢慢养成**的**。 모든 습관은 천천히 길러지는 것이다.

73. 知识**是**需要慢慢积累**的**。 지식은 천천히 축적되는 것이다.

74. 有些事情**是**科学无法解释**的**。 어떤 일은 과학으로 설명할 방법이 없다.

✚ 비교문

> 비교 대상 A ＋ **比** ＋ 비교 대상 B ＋ **还/更** ＋ 술어 : A는 B보다 더 ~하다

75. 方向**比**速度**还**重要。 방향은 속도보다 더 중요하다.

76. 能力**比**知识**更**重要。 능력은 지식보다 더 중요하다.

> 비교 대상 A ＋ **比** ＋ 비교 대상 B ＋ 술어 ＋ 구체적인 수치 : A는 B보다 ~만큼 ~하다
> 　　　　　　　 개사구

77. 考生数量**比**去年增长了5倍。 수험생 수가 작년보다 5배 증가했다.

78. 今年报名的人数**比**去年减少了一半儿。 올해 등록한 인원은 작년보다 절반 감소했다.

79. 今年公司的收入**比**去年增加了一倍。 올해 회사의 수입은 작년보다 배로 증가했다.

> 비교 대상 A ＋ **比** ＋ 비교 대상 B ＋ 술어 ＋ **得多/多了** : A는 B보다 훨씬 ~하다
> 　　　　　　　 개사구

80. 中国的面积**比**韩国大**得多**。 중국의 면적은 한국보다 훨씬 크다.

＋ 명사류

1.

包子
bāozi
명 찐빵, 만두

奶奶做的**包子**很好吃。
할머니께서 만드신 만두는 맛있다.

妈妈做的**包子**太香了，你也尝一尝吧。
엄마가 만든 만두는 정말 맛있어. 너도 맛을 봐봐.

这是谁做的**包子**，我可以尝一下吗?
이것은 누가 만든 만두야? 내가 맛을 봐도 될까?

2.

笔记本
bǐjiběn
명 노트, 수첩

她平时在**笔记本**上写每天发生的事情。
그녀는 평소에 수첩에 매일 일어난 일을 적는다.

她有每天晚上在**笔记本**上写日记的习惯。
그녀는 매일 저녁 노트에 일기를 쓰는 습관이 있다.

她正在**笔记本**上写刚才发生的有趣的事情。
그녀는 수첩에 방금 일어난 재미있는 일을 적고 있다.

3.

饼干
bǐnggān
명 비스킷, 과자

这些**饼干**被儿子吃光了。
이 과자를 아들이 다 먹었다.

多吃**饼干**对身体不好。
과자를 많이 먹으면 몸에 좋지 않다.

这是爸爸给我买的**饼干**。
이것은 아빠가 나에게 사준 과자다.

4.

答案
dá'àn
명 답안, 답

你最好别告诉他**答案**。
너는 그에게 답을 알려주지 않는 것이 좋겠어.

这道数学题的**答案**好像错了。
이 수학 문제의 답은 틀린 것 같다.

请你告诉我这道题的**答案**是什么。
이 문제의 답이 무엇인지 알려주세요.

5.

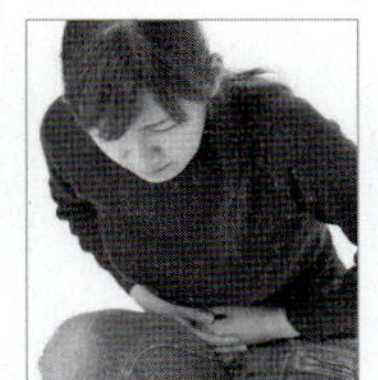

她**肚子**太疼了！
그녀는 배가 너무 아프다.

她**肚子**有点儿不舒服。
그녀는 배가 조금 아프다.

她**肚子**很疼，要去医院看病。
그녀는 배가 아파서, 진찰을 받으러 병원에 가려고 한다.

肚子
dùzi
명 (사람이나 동물의) 복부, 배

6.

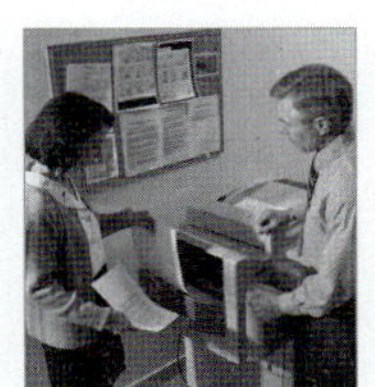

我们办公室的**复印机**又坏了。
우리 사무실의 복사기는 또 고장이 났다.

这台**复印机**特别好用。
이 복사기는 아주 쓰기 좋다.

你教我怎么用**复印机**。
네가 나에게 복사기를 어떻게 사용하는지 알려줘.

复印机
fùyìnjī
명 복사기

7.

他的**个子**比我更高。
그는 나보다 훨씬 키가 크다.

我的**个子**比他的矮得多。
나는 그보다 키가 많이 작다.

我的**个子**没有他的高。
나는 그만큼 키가 크지 않다.

个子
gèzi
명 (사람의) 키

8.

她每天早上喝一杯**果汁**。
그녀는 매일 아침 주스 한 잔을 마신다.

她正在喝一杯**果汁**。
그녀는 주스 한 잔을 마시고 있다.

每天喝**果汁**对身体很好。
매일 주스를 마시는 것은 건강에 좋다.

果汁
guǒzhī
명 과일 주스

9.

号码
hàomǎ
몡 번호, 숫자

我把他的手机**号码**写在笔记本上了。
나는 그의 휴대 전화 번호를 노트에 적어놨다.

你帮我查一下他的电话**号码**。
네가 그의 전화번호 좀 찾아줘.

他总是记不住我的身份证**号码**。
그는 항상 나의 신분증 번호를 기억하지 못한다.

10.

成绩
chéngjì
몡 (일·학업상의) 성적

她的**成绩**非常优秀。
그녀의 성적은 아주 우수하다.

这次考试她取得了很好的**成绩**。
이번 시험에서 그녀는 좋은 성적을 얻었다.

她的**成绩**比我优秀。
그녀의 성적은 나보다 우수하다.

11.

航班
hángbān
몡 항공편

他乘坐的**航班**快要起飞了。
그가 탑승한 항공편이 곧 이륙하려고 한다.

他乘坐的**航班**提前了半个小时。
그가 탑승한 항공편이 한 시간 앞당겨졌다.

他乘坐的**航班**推迟了一个小时。
그가 탑승한 항공편이 한 시간 연착되었다.

12.

鸡蛋
jīdàn
몡 달걀

谁把**鸡蛋**打破了？
누가 달걀을 깨트렸나요?

我不小心把**鸡蛋**打破了。
내가 조심하지 않아서 달걀을 깨트렸어.

这些**鸡蛋**被弟弟打破了。
이 달걀들을 동생이 깨트렸다.

13.

密码
mìmǎ
몡 비밀번호

他又忘了银行卡的**密码**。
그는 은행 카드 비밀번호를 또 잊어버렸다.

他总是记不住这个卡的**密码**。
그는 늘 이 카드의 비밀번호를 기억하지 못한다.

他怎么也想不起来信用卡的**密码**。
그는 어떻게 해도 신용 카드의 비밀번호가 생각나지 않는다.

14.

汤
tāng
몡 탕, 국

妈妈做的**汤**非常好喝。
엄마가 만드신 국은 아주 맛있다.

妈妈做的**汤**有点儿咸。
엄마가 만드신 국은 조금 짜다.

这个**汤**好喝是好喝，不过有点儿辣。
이 국은 맛있긴 맛있지만 조금 맵다.

15.

袜子
wàzi
몡 양말

天热了，他把**袜子**脱了。
날이 더워서, 그는 양말을 벗었다.

他今天早上起晚了，所以忘了穿**袜子**。
그는 오늘 아침 늦게 일어나서, 양말 신는 것을 잊어버렸다.

天这么冷，你怎么没有穿**袜子**呢?
날이 이렇게 추운데, 너는 어째서 양말을 신지 않은 거야?

16.

味道
wèidao
몡 맛

这是我做的菜，**味道**怎么样?
이거 내가 만든 음식인데, 맛이 어때?

这道菜的**味道**挺好吃的。
이 음식의 맛은 아주 맛있다.

这些菜的**味道**很不错。
이 음식들의 맛은 좋다.

17.

信用卡
xìnyòngkǎ
명 신용 카드

很多人都用**信用卡**买东西。
많은 사람들이 신용 카드로 물건을 산다.

用**信用卡**买东西很方便。
신용 카드로 물건을 사는 것은 매우 편리하다.

用**信用卡**买东西的人越来越多了。
신용 카드로 물건을 사는 사람들이 점점 많아진다.

18.

信心
xìnxīn
명 자신감, 확신

他对爱情已经丧失了**信心**。
그는 사랑에 대해 이미 자신감을 잃었다.

他对自己的未来缺乏**信心**。
그는 자신의 미래에 대해 자신감이 부족하다.

现在他对完成这个任务没有**信心**。
지금 그는 이 임무를 완성하는 데 자신이 없다.

19.

钥匙
yàoshi
명 열쇠

他找到了一把**钥匙**。
그는 열쇠 하나를 찾았다.

他从书包里找到了一把**钥匙**。
그는 책가방에서 열쇠 하나를 찾았다.

他终于找到了一把**钥匙**。
그는 마침내 열쇠 하나를 찾았다.

20.

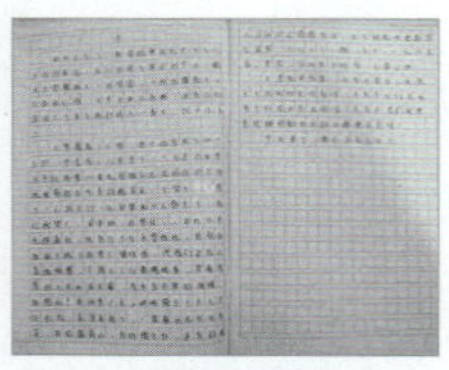

重点
zhòngdiǎn
명 중점

我要把**重点**内容写下来。
나는 중점 내용을 써야 한다.

这篇文章的**重点**不太明确。
이 글의 중점이 그다지 명확하지 않다.

这篇论文的**重点**是什么?
이 논문의 중점은 무엇입니까?

21.

毕业
bìyè
통 졸업하다

我已经大学**毕业**了。
나는 이미 대학을 졸업했다.

四年很快就过去了，我终于大学**毕业**了。
4년이 금방 지나가서, 나는 마침내 대학을 졸업한다.

我参加了姐姐的**毕业**典礼。
나는 언니의 졸업식에 참석했다.

22.

猜
cāi
통 추측하다

你**猜猜**今天是什么日子。
너는 오늘이 무슨 날인지 알아맞혀봐.

你**猜**我给你带什么礼物了。
내가 어떤 선물을 가지고 왔는지 알아맞혀봐.

你**猜猜**这是送给谁的?
이것은 누구에게 주는 건지 맞혀봐.

23.

吃惊
chījīng
통 놀라다

这个消息令人**吃惊**。
이 소식은 사람을 놀라게 했다.

听到这个消息，他很**吃惊**。
이 소식을 듣고 그는 무척 놀랐다.

听说他们俩下个月结婚，我大**吃**一**惊**。
그들 두 사람이 다음 달에 결혼한다는 말을 듣고, 나는 깜짝 놀랐다.

24.

出发
chūfā
통 출발하다

下午两点前，我必须得**出发**。
오후 2시 전에, 나는 반드시 출발해야 한다.

会议快要结束了，现在**出发**也已经来不及了。
회의는 곧 끝나지만, 지금 출발해도 이미 늦었다.

我不知道几点**出发**比较好呢。
나는 몇 시에 출발하면 좋을지 모르겠다.

25.

弹
tán
동 치다, 연주하다

我女儿很喜欢**弹**钢琴。
내 딸은 피아노 치는 것을 매우 좋아한다.

我女儿每天练习**弹**钢琴。
내 딸은 매일 피아노 치는 것을 연습한다.

我女儿从小就开始学**弹**钢琴。
내 딸은 어릴 때부터 피아노 치는 것을 배웠다.

26.

复印
fùyìn
동 (복사기로) 복사하다

请把这些文件**复印**两份。
이 문서들을 2부씩 복사해 주세요.

你帮我**复印**一下这些资料，好不好?
이 자료들을 복사 좀 해주실래요?

请你帮我**复印**一下。
저 대신 복사 좀 해주세요.

27.

加班
jiābān
동 야근하다

他今天又得**加班**了。
그는 오늘 또 야근해야 한다.

他这几天总是**加班**。
그는 요 며칠 늘 야근한다.

我今天得**加班**，不能去看电影了。
나는 오늘 야근해서, 영화를 보러 갈 수 없다.

28.

咳嗽
késou
동 기침하다

她感冒了，所以一直在**咳嗽**。
그녀는 감기에 걸려서 계속 기침을 하고 있다.

她**咳嗽**了半天，应该去医院看病。
그녀는 한참 동안 기침을 했다. 병원에 가서 진찰을 받아야 한다.

她**咳嗽**得很厉害，应该吃点儿药。
그녀는 기침을 심하게 해서, 약을 좀 먹어야만 한다.

29.

来不及
láibují
⑧ ~할 겨를이 없다, ~할 시간이 없다

快要十点了，现在出发已经**来不及**了。
곧 10시다. 지금 출발해도 이미 늦다.

十点半有个面试，他现在才起床，恐怕**来不及**了。
10시 반에 면접이 있는데, 그는 지금 일어나서, 아마도 면접에 늦을 것이다.

考试的时候，只剩5分钟，他**来不及**完成试卷。
시험을 볼 때 5분밖에 남지 않아서, 그는 시험 답안지를 완성할 겨를이 없었다.

30.

聊天儿
liáotiānr
⑧ 이야기하다

她一有时间就跟朋友打电话**聊天儿**。
그녀는 시간이 있으면 친구와 전화로 수다를 떤다.

她最喜欢打电话**聊天儿**了。
그녀는 전화로 수다 떠는 것을 가장 좋아한다.

她和朋友**聊**了一个小时**天儿**了。
그녀는 친구와 한 시간째 이야기하고 있다.

31.

敲
qiāo
⑧ 치다, 두드리다

有人在外面**敲**门呢，不知道是谁。
누군가 밖에서 문을 두드리는데, 누군지 모르겠어요.

这么晚了，谁在**敲**门啊？
이렇게 늦은 시간에 누가 문을 두드리나요?

他正在拿着一朵花**敲**门呢。
그는 꽃 한 송이를 들고 문을 두드리고 있다.

32.

抬
tái
⑧ 들어올리다, 들다

我帮你**抬**一下这个沙发。
내가 이 소파를 들어 줄게.

这个沙发太重，我一个人**抬**不动。
이 소파는 너무 무거워서, 나 혼자서는 들 수 없다.

我们把这个沙发**抬**到窗户那儿吧。
우리는 이 소파를 창문 쪽으로 들어서 옮기자.

33.

躺
tǎng
동 눕다, 드러눕다

她**躺**在沙发上看小说。
그녀는 소파에 누워 소설책을 본다.

她在沙发上**躺**着看一本杂志。
그녀는 소파에 누워 잡지를 본다.

她一有时间就**躺**在沙发上看书。
그녀는 시간이 있으면 소파에 누워 책을 본다.

34.

讨论
tǎolùn
동 토론하다

他们在会议上**讨论**了这个问题。
그들은 회의에서 이 문제를 토론했다.

他们在**讨论**的过程中找到了解决问题的方法。
그들은 토론 과정에서 문제 해결 방법을 찾았다.

我跟同事认真地**讨论**这个问题。
나는 동료와 진지하게 이 문제를 토론한다.

35.

醒
xǐng
동 잠에서 깨다

他昨天睡得很晚，所以还没睡**醒**呢。
그는 어제 매우 늦게 자서, 아직까지 일어나지 않았다.

已经十二点了，你快**醒醒**吧。
벌써 12시야. 어서 일어나.

都十点了，你怎么还不睡**醒**呢?
벌써 10시인데, 너는 왜 아직도 안 일어나니?

+ 형용사

36.

烦恼
fánnǎo
형 걱정하다

这件事让她感到特别**烦恼**。
이 일은 그녀를 매우 걱정스럽게 만들었다.

找工作的事情让她很**烦恼**。
일자리를 찾는 것은 그녀를 너무 걱정스럽게 만든다.

她因为考得不好而**烦恼**。
그녀는 시험을 못 본 것 때문에 괴로워한다.

37.

害羞
hàixiū
[형] 부끄러워하다, 수줍어하다

她**害羞**地笑了笑。
그녀가 수줍어하며 웃었다.

她是一个特别**害羞**的人。
그녀는 특히 수줍음을 타는 사람이다.

她跟别人说话的时候，还是有点儿**害羞**。
그녀는 다른 사람과 이야기를 할 때, 여전히 좀 부끄러워한다.

38.

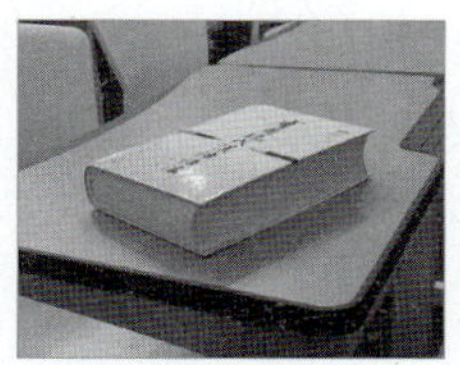

厚
hòu
[형] 두껍다, 두텁다

桌子上放着很**厚**的汉语词典。
책상 위에 매우 두꺼운 중국어 사전이 놓여 있다.

桌子上有着一本**厚厚**的小说。
책상 위에 매우 두꺼운 소설책이 있다.

这本书太**厚**了，我根本不想看。
이 책은 너무 두꺼워서, 나는 전혀 보고 싶지 않다.

39.

精彩
jīngcǎi
[형] 뛰어나다, 훌륭하다

这场比赛太**精彩**了。
이 경기는 아주 훌륭했다.

这场足球比赛太**精彩**了。
이 축구 경기는 아주 훌륭했다.

昨晚的球赛太**精彩**了。
어제저녁 축구 경기는 아주 훌륭했다.

40.

凉快
liángkuai
[형] 시원하다, 서늘하다

外面挺**凉快**的，咱们去花园里走走。
바깥이 아주 시원하니, 우리 화원으로 가서 좀 걷자.

天气很**凉快**，我们去公园走走吧。
날씨가 시원하니, 우리 공원으로 가서 좀 걷자.

天气**凉快**的时候，我经常去公园散步。
날씨가 시원할 때, 나는 자주 공원으로 산책을 간다.

41.

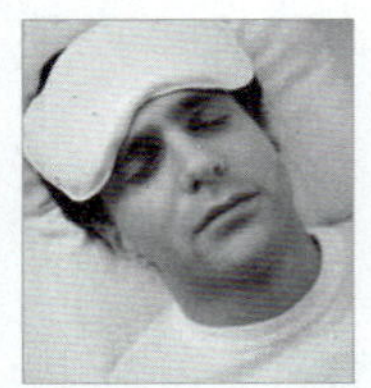

难受
nánshòu
형 견딜 수 없다, 괴롭다

他感冒了，一直在发烧，看起来非常**难受**。
그는 감기에 걸려서 계속 열이 난다. 너무 괴로워 보인다.

他生病了，晚上**难受**得睡不着觉。
그는 아파서, 저녁에 잠을 이룰 수 없을 정도로 괴로웠다.

昨天晚上他一直在发烧，**难受**得一夜没睡。
어제저녁 그는 계속 열이 나서, 밤새 잠을 자지 못했다.

42.

热闹
rènao
형 번화하다, 시끌벅적하다

外面有好多人，十分**热闹**。
바깥에 많은 사람이 있어서, 매우 시끌벅적하다.

这条街总是很**热闹**。
이 거리는 언제나 번화하다.

这里以前没有这么**热闹**。
여기는 예전에 이렇게 번화하지 않았다.

43.

帅
shuài
형 잘생기다, 멋지다

我男朋友长得非常**帅**。
내 남자 친구는 아주 잘생겼다.

他个子高高的，长得很**帅**。
그는 키도 크고, 아주 잘생겼다.

他笑的样子非常**帅**。
그의 웃는 모습은 아주 멋있다.

44.

香
xiāng
형 향기롭다

这朵花特别**香**。
이 꽃은 특히 향기롭다.

这朵花确实太**香**了。
이 꽃은 정말로 너무 향기롭다.

这朵花又**香**又美。
이 꽃은 향기롭기도 하고 예쁘기도 하다.

45.

有趣
yǒuqù
형 재미있다

这本书的内容十分**有趣**。
이 책의 내용은 아주 재미있다.

这本书虽然很厚，不过很**有趣**。
이 책은 두껍지만 재미있다.

这是一本很**有趣**的小说。
이것은 한 권의 재미있는 소설책이다.

46.

圆
yuán
형 둥글다

你买的西瓜挺**圆**的。
네가 산 수박이 굉장히 둥글다.

这个西瓜**圆圆**的，看起来很好吃。
이 수박은 둥글둥글해서, 아주 맛있어 보인다.

这个西瓜既大又**圆**，肯定非常好吃。
이 수박은 크고 둥글어서, 틀림없이 굉장히 맛있을 것이다.

47.

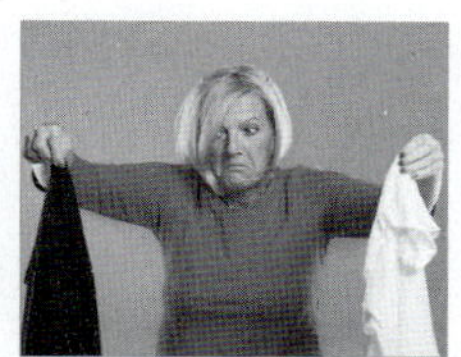

脏
zāng
형 지저분하다

他们的衣服太**脏**了。
그들의 옷이 너무 지저분하다.

他们的衣服怎么这么**脏**！
그들의 옷이 어째서 이렇게 지저분한가!

孩子们把衣服弄**脏**了。
아이들이 옷을 지저분하게 만들었다.

48.

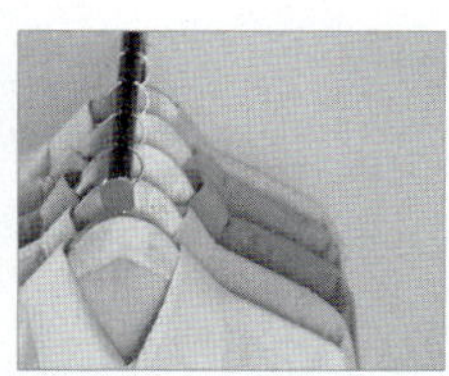

整齐
zhěngqí
형 고르다, 가지런하다

这些衬衫挂得非常**整齐**。
이 셔츠들은 아주 가지런히 걸려 있다.

这几件衬衫挂得**整整齐齐**的。
이 셔츠 몇 벌은 아주 가지런히 걸려 있다.

谁把这些衬衫挂得那么**整齐**？
누가 이 셔츠들을 그렇게 가지런히 걸었나요?

49.

正式
zhèngshì
⑲ 정식의, 공식의

你最近怎么穿得这么**正式**?
요즘 어째서 이렇게 잘 차려 입나요?

他平时上班的时候穿得非常**正式**。
그는 평소 출근할 때 잘 갖춰 입는다.

参加面试时，一定要穿得**正式**点儿。
면접을 볼 때, 반드시 잘 갖춰 입어야 한다.

50.

重
zhòng
⑲ 무겁다

这些箱子非常**重**，你帮我拿一下。
이 상자들은 너무 무거우니, 네가 나를 도와서 들어줘.

这些箱子有点儿**重**，你帮我搬一下。
이 상자들은 조금 무거우니, 네가 나를 도와서 옮겨줘.

这些箱子看起来很**重**，我帮你吧。
이 상자들은 아주 무거워 보이니, 내가 도와줄게.

전공략 新HSK
합격 전략
4급
www.booksJRC.com

JRC 북스 도서 안내

맛있는 회화 NEW
쓰기·단어
맛있는 중국어 기본서
스피킹 중국어
전공략 新HSK

입문
맛있는 중국어 1 上·下
맛있는 중국어 간체자
스피킹 중국어 첫걸음
스피킹 중국어 입문

초급
맛있는 중국어 2·3
맛있는 중국어 독해 1·작문 1
전공략 新HSK 두달에 3급 따기

초·중급
맛있는 중국어 4
맛있는 중국어 필수 단어 1400
맛있는 중국어 독해 2·작문 2
스피킹 중국어 초급 上·下
스피킹 중국어 실력향상
전공략 新HSK 두달에 4급 따기
전공략 新HSK 원패스 합격모의고사 4급

중급
맛있는 중국어 5
맛있는 중국어 어법
맛있는 중국어 듣기
스피킹 중국어 중급 上·下
전공략 新HSK 두달에 5급 따기
전공략 新HSK 원패스 합격모의고사 5급

고급
맛있는 중국어 워크북 1~5
스피킹 중국어 고급 上·下
전공략 新HSK 두달에 6급 따기
전공략 新HSK 원패스 합격모의고사 6급

HSK의 권위자 북경어언대 倪明亮 교수 감수

전공략 新HSK

4급

김지현 저

원패스

합격모의고사

문제집

JRC 북스

4급

전공략 新HSK

원패스
합격모의고사

문제집

JRC 북스

4급

전공략 新HSK

원패스 **합격모의고사** 문제집

초 판 1쇄 발행	2015년 1월 10일
초 판 4쇄 발행	2016년 4월 5일

저자	김지현
감수	倪明亮(北京语言大学 교수)
기획	jRC 중국어연구소
발행인	김효정
발행처	jRC 북스
등록번호	제300-2002-42호
편집	최정임 ǀ 이소연 ǀ 김소연
디자인	신은지 ǀ 최여랑
제작	박선희
영업	김영한
홍보	이지연
웹마케팅	오준석 ǀ 김희영

주소	jRC 북스 서울 강남구 테헤란로 109, 3층
전화	구입문의 02·567·3861 ǀ 02·567·3837
	내용문의 02·567·3860
팩스	02·567·2471
홈페이지	www.booksJRC.com

ISBN	978-89-98444-49-5 14720
	978-89-98444-48-8 (세트)
가격	19,500원

이 도서의 국립중앙도서관 출판시도서목록(CIP)은 서지정보유통지원시스템 홈페이지(http://seoji.nl.go.kr)와
국가자료공동목록시스템(http://www.nl.go.kr/kolisnet)에서 이용하실 수 있습니다.(CIP제어번호: CIP2014033637)

차례

합격 모의고사

新汉语水平考试
HSK(四级)

注　意

一、HSK (四级) 分三部分：

    1. 听力 (45题，约30分钟)

    2. 阅读 (40题，40分钟)

    3. 书写 (15题，25分钟)

二、**听力结束后，有5分钟填写答题卡。**

三、全部考试约105分钟 (含考生填写个人信息时间5分钟)。

一、听 力

第一部分

第 1–10 题：判断对错。

例如：我想去办个信用卡，今天下午你有时间吗? 陪我去一趟银行?

    ★ 他打算下午去银行。　　　　　　　　　　　　　　　　　(√)

    现在我很少看电视，其中一个原因是，广告太多了，不管什么时间，也不管什么节目，只要你打开电视，总能看到那么多的广告，浪费我的时间。

    ★ 他喜欢看电视广告。　　　　　　　　　　　　　　　　　(×)

1.　★ 他明天参加招聘会。　　　　　　　　　　　　　　　　(　)

2.　★ 新邻居是文学家。　　　　　　　　　　　　　　　　　(　)

3.　★ 他还不习惯这里的生活。　　　　　　　　　　　　　　(　)

4.　★ 孩子希望被父母尊重。　　　　　　　　　　　　　　　(　)

5.　★ 大家认识不久了。　　　　　　　　　　　　　　　　　(　)

6.　★ 日记应多写幸福的事。　　　　　　　　　　　　　　　(　)

7.　★ 作家的小说很受儿童欢迎。　　　　　　　　　　　　　(　)

8.　★ 父母对孩子要讲信用。　　　　　　　　　　　　　　　(　)

9.　★ 他认为小王没做错。　　　　　　　　　　　　　　　　(　)

10.　★ 明天开始放暑假。　　　　　　　　　　　　　　　　(　)

第二部分

第11-25题：请选出正确答案。

例如：女：该加油了，去机场的路上有加油站吗？
　　　男：有，你放心吧。
　　　问：男的主要是什么意思？

  A 去机场 B 快到了 C 油是满的 D 有加油站 √

11. A 得重新写 B 没有重点 C 不太详细 D 写得很好

12. A 饺子不好吃 B 早上吃得太饱 C 刚吃完早餐 D 肚子不舒服

13. A 散步 B 加班 C 问路 D 爬山

14. A 让小张拿走了 B 填错信息了 C 暂时打印不了 D 地址写错了

15. A 不认识 B 没看清 C 没睡醒 D 很生气

16. A 生病了 B 变胖了 C 变瘦了 D 做手术了

17. A 发电子邮件 B 换个大信封 C 搬椅子 D 抬沙发

18. A 10% B 30% C 40% D 50%

19. A 污染严重 B 空气好 C 风景好 D 交通方便

20. A 找地图 B 修洗衣机 C 扔垃圾 D 看比赛

21. **A** 朋友　　　**B** 邻居　　　**C** 亲戚　　　**D** 叔叔

22. **A** 盐　　　**B** 糖　　　**C** 醋　　　**D** 茶

23. **A** 机场　　　**B** 大使馆　　　**C** 宾馆　　　**D** 医院

24. **A** 方向不对　　　**B** 要变得勇敢　　　**C** 要互相理解　　　**D** 无法再快了

25. **A** 想做教授　　　　　　**B** 写错答案了
　　C 想成为一名律师　　　**D** 大学刚毕业

第三部分

第 26–45 题：请选出正确答案。

例如：男：把这个材料复印5份，一会儿拿到会议室发给大家。

女：好的。会议是下午三点吗?

男：改了。三点半。推迟了半个小时。

女：好。602会议室没变吧?

男：对，没变。

问：会议几点开始?

A 两点   B 3点   C 3:30 √   D 6点

26. A 取钱   B 存钱   C 理发   D 付款

27. A 菜不怎么样   B 服务态度好   C 离公司很远   D 价格太贵

28. A 厨房   B 饭店   C 邮局   D 超市

29. A 要去面试   B 要参加婚礼   C 要去相亲   D 要去看电影

30. A 画画儿   B 弹钢琴   C 游泳   D 爬山

31. A 结婚了   B 要出国   C 是博士   D 放假了

32. A 张教练   B 马经理   C 刘教授   D 王大夫

33. A 人的性格   B 生活态度   C 语言的艺术   D 年轻的好处

34. A 爬上去拿   B 去买新的   C 与朋友讨论   D 接受邀请

35. **A** 没有意思　　**B** 马马虎虎　　**C** 让人感动　　**D** 让人成熟

36. **A** 逛街　　**B** 看演出　　**C** 办签证　　**D** 开会

37. **A** 多听批评　　**B** 想让他失望　　**C** 为了给他惊喜　　**D** 爱开玩笑

38. **A** 饮料　　**B** 药　　**C** 树　　**D** 草

39. **A** 很高级　　**B** 不怕阳光　　**C** 绿茶最流行　　**D** 历史悠久

40. **A** 肚子很难受　　**B** 没力气了　　**C** 发烧了　　**D** 肚子饿了

41. **A** 关心别人　　**B** 互相帮助　　**C** 适合自己　　**D** 鼓励孩子

42. **A** 当导游　　**B** 读硕士　　**C** 开饭馆　　**D** 办杂志

43. **A** 收入增多　　**B** 水平提高　　**C** 更勇敢了　　**D** 敢说真话

44. **A** 没有人写　　**B** 越来越普遍　　**C** 觉得很麻烦　　**D** 浪费时间

45. **A** 使人得意　　**B** 减轻压力　　**C** 丰富经历　　**D** 节约用纸

二、阅 读

第一部分

第 46–50 题：选词填空。

    A 份   **B** 精彩   **C** 完全   **D** 坚持   **E** 重点   **F** 引起

例如：她每天都(**D**)走路上下班，所以身体一直很不错。

46. 讲话应先讲( )，这样才能让别人更好地了解你想表达的意思。

47. 她( )有能力完成这个任务，但她没有认真去做。

48. 先生，请您先去对面的入口处填一( )申请表。

49. 最近5年这个省经济增长非常快，( )了许多人的关注。

50. 今天的演出很( )，大家都辛苦了，早点儿回去休息吧。

第 51–55 题：选词填空。

    A 整理   B 严重   C 温度   D 顾客   E 密码   F 正常

例如：A：今天真冷啊，好像白天最高(C   )才2°C。

     B：刚才电视里说明天更冷。

51. A：怎样才能提高酒店的竞争力？

    B：我认为关键是提高服务质量，让(   )满意。

52. A：只是腿擦破了点儿皮，医生说不(   )。

    B：没事就好，你先坐下休息一会儿吧。

53. A：旅行箱的(   )是多少？

    B：试试3356，不对的话再试试3365。应该是其中的一个。

54. A：能把会议材料发到我邮箱里吗？

    B：没问题，把你的邮箱地址告诉我，我(   )好了就发给你。

55. A：检查结果出来了。你的身体一切(   )。

    B：那就好。不过我的皮肤为什么会发红呢？

<h1 style="text-align:center">第二部分</h1>

第 56–65 题：排列顺序。

例如：**A**：可是今天起晚了

     B：平时我骑自行车上下班

     C：所以就打车来公司　　　　　　　　　　　<u>B A C</u>

56. **A**：因此，无论是教师还是家长

    B：都应该帮助孩子养成读书的习惯

    C：阅读对孩子们学习知识、了解社会起到很重要的作用　　________

57. **A**：机会来了，就应该主动去试一试

    B：至少我们努力过

    C：哪怕失败了也没关系　　　　　　　　　________

58. **A**：说我工作认真负责，还很努力

    B：听了以后我很开心

    C：经理在所有同事面前称赞我了　　　　　________

59. **A**：这样不仅能学到很多新的词语

    B：我提高英语水平的方法就是坚持看英文报纸

    C：还能扩大知识面　　　　　　　　　　________

60. A：熊猫每天一半儿的时间都在睡觉

B：你们是不是觉得它的生活很舒适呢

C：而醒来后的大部分时间都在吃东西 ＿＿＿＿＿＿＿

61. A：昨晚18时南京市突然下起了大雨

B：都只好推迟起飞

C：飞往该市的好几趟航班 ＿＿＿＿＿＿＿

62. A：抬头看着蓝天白云

B：那种感觉真是太棒了

C：秋天的下午，我喜欢躺在草地上 ＿＿＿＿＿＿＿

63. A：北京秋天非常干燥，你刚到

B：每天多喝水，习惯了就不会那么难受了

C：觉得不适应很正常 ＿＿＿＿＿＿＿

64. A：所以周末和节假日我一般都会回家

B：我家离上海很近

C：只有50多公里，开车的话大概半个小时就到了 ＿＿＿＿＿＿＿

65. A：要是去了北京而没有去那儿尝尝小吃

B：就不能说自己去过那儿

C：这条小吃街在北京很有名，很多人都说 ＿＿＿＿＿＿＿

第三部分

第66-85题：请选出正确答案。

例如：她很活泼，说话很有趣，总能给我们带来快乐，我们都很喜欢和她在一起。

　　★ 她是个什么样的人？

　　　A 幽默 √　　　B 马虎　　　C 骄傲　　　D 害羞

66. 选择职业时，我们首先应该对自己有清楚的认识，不但要知道自己想做什么，而且要根据自己的性格、爱好去判断什么样的工作对自己很合适，这样才能找到满意的工作。

　　★ 选择职业时，应该：

　　　A 去参加招聘　　B 先认清自己　　C 多鼓励自己　　D 先接受邀请

67. 老师对学生说："从今天开始，如果你每天用100字把自己的生活记下来，毕业时你将会得到一本10多万字的书，主要内容就是你4年大学生活的美好回忆。"

　　★ 老师希望学生：

　　　A 写下自己的生活　　　　　B 千万不要迟到
　　　C 要有怀疑精神　　　　　　D 要养成好习惯

68. 拒绝握手是不礼貌的，不过当手脏的时候，可以先拒绝，然后马上解释原因并对此表示抱歉，否则可能引起误会，让人觉得你不友好。

　　★ 拒绝握手后为什么要马上道歉？

　　　A 获得表扬　　　B 降低要求　　　C 吸引顾客　　　D 减少误会

69. 别人支持也好，反对也好，那是别人的事情，不是我们能做出决定的。但是，如果我们有什么看法或者意见，就应该表达出来。即使别人不同意或不支持，至少要让别人知道我的看法和态度。

    ★ 这段话告诉我们应该：

    A 多照顾父母　　B 敢于表达　　C 陪朋友逛街　　D 要有礼貌

70. 根据调查，我们发现，我们的电脑出售越来越好。有65%的顾客说受到了我们广告的影响，只有20%的人表示从来没看过我们的广告。

    ★ 根据这段话，可以知道什么？

    A 不要错过机会　　　　　　　B 酒后不能开车
    C 广告效果好　　　　　　　　D 要多听意见

71. 20年前，我们还有通过写信交笔友的习惯。但是随着科学技术的发展，尤其是这几年，几乎没有人写信，人们打电话或者上网跟别人联系。

    ★ 最近人们：

    A 写信交友　　B 上网聊天　　C 不用电脑　　D 经常旅游

72. 什么是"及时雨"？其实很容易理解，很长时间没下雨了，正缺水的时候，下了场大雨，我们就认为这场雨很及时。我们正需要朋友的帮助，朋友就出现了，朋友就是"及时雨"。

    ★ 这段话主要告诉我们什么？

    A "及时雨"的意思　　　　　　B 做事要主动
    C 工作要积极　　　　　　　　D 别受习惯影响

73. 数量词是汉语语法的一部分，我们会说"一个人"，"一位先生"，而不说"一位人"，"一个先生"。这是一种表达习惯。

★ 汉语里为什么不说一位人？

A 质量不合格　　　　　　　　B 不符合表达习惯
C 不适应市场变化　　　　　　D 不敢相信任何人

74. 不管是成功还是失败，都是暂时的。千万不要因一时的成功而得意，也不要因一时的失败而伤心。这些都是已经过去的，重要的是怎样过好将来。

★ 什么才更重要？

A 过去　　　　　　　　　　　B 现在
C 将来　　　　　　　　　　　D 成功

75. 真正会生活的人能根据需要和自己的经济能力，购买适合自己的东西。相反，不懂生活的人不知道怎样安排自己赚的钱，总是把钱花在既贵又用不到的东西上。

★ 会生活的人会怎么样？

A 喜欢购物　　　　　　　　　B 买需要的东西
C 买用不到的东西　　　　　　D 努力赚钱

76. 真奇怪，我妹妹怎么吃也吃不胖，永远都那么瘦，她体重一直不到50公斤，我真是羡慕死她了。

★ 她羡慕妹妹什么？

A 有礼貌　　　　　　　　　　B 有耐心
C 很幽默　　　　　　　　　　D 长不胖

77. 中国人常说"以人为镜"。它的意思是把人当做一面镜子，可以从他人的成败中获取经验，并发现自己的问题，使自己有更好的发展。

★ "以人为镜"可以：

A 发现自己的问题   B 获得成功
C 不会遇到困难   D 引得同情

78. 每个人都有缺点，再优秀的人也一样。我们总是很容易看到一个人的缺点，但是一定要记住，他身上的优点更值得我们去发现、去学习。

★ 这段话提醒我们要：

A 别只看到眼前   B 学会原谅别人
C 看到别人的优点   D 要关心别人

79. 很多人的烦恼不是来自于"我缺少了什么"，而是因为觉得别人过得比自己好。其实每个人都有自己的幸福。尽管别人手里有巧克力，但是也许你手中的糖会更甜。

★ 我们不应该：

A 缺少新鲜感   B 参加活动   C 多吃巧克力   D 羡慕别人

80-81.

一分钟到底能做些什么？一分钟虽然很短，但我们能做很多事情。比如阅读一篇600字左右的文章，看5到10个精彩广告，跑300米等。因此我们不能随便浪费一分钟。

★ 作者认为一分钟：

A 能做许多事情   B 能写一篇文章
C 会去唱歌跳舞   D 会找朋友聊天

★ 这篇文章主要是说：

A 要学会改变   B 要严格要求自己
C 不能浪费时间   D 成为优秀的人

82-83.

　　目的地可能只有一个，可是通往目的地的道路却有很多条。所以，当一条路走不通时，我们可以换另外一条试一试。只要我们不放弃努力，总会找到一条合适的路，通往成功的目的地。

★ 当一条路走不通时，我们应该：

A 向失败者学习   B 要积累经验
C 要变得勇敢   D 试试别的路

★ 这段话主要想告诉我们：

A 说话别太直接   B 要有信心
C 成功需要坚持   D 忘记烦恼

84-85.

　　随着网络的发展，现在出现了很多流行词，其中也有很多社会热词。关于是否要把这些词收到词典里，人们的看法不一。很多语言学者认为，一个词的收与不收，不但要看是否被很多人使用，而且要看这个词流行时间有多长。没有生命力的词是不应收进词典里的。

★ 语言学者认为收进词典里的词应该：

A 很受专家欢迎   B 有很长的生命力
C 引人发笑   D 容易记住

★ 这篇文章主要说的是：

A 阅读的作用   B 科技的发展
C 词典的功能   D 网上流行词

三、书 写

第一部分

第86-95题：完成句子。

例如：那座桥　　　　800年的　　　　历史　　　　有　　　　了

　　　　<u>那座桥有800年的历史了。</u>

86. 不打算　　　还　　　出差　　　我暂时

87. 皮肤　　　夏季外出时　　　要　　　保护　　　注意

88. 吃光　　　巧克力　　　都被　　　了　　　孙女

89. 成熟的　　　我妻子　　　十分　　　人　　　是一个

90. 个　　　误会　　　我想　　　是　　　这恐怕

91. 好处　　　饭后散步　　　身体　　　有　　　对

92. 活泼　　　她的　　　没有　　　弟弟　　　性格

93. 得　　　我听到这消息　　　激动　　　哭了

94. 这条　　　稍微　　　裙子　　　短　　　有点儿

95. 工作　　　他　　　停下　　　手中的　　　不得不

第二部分

第 96–100 题：看图，用词造句。

例如：　　　　　　　乒乓球　　<u>她很喜欢打乒乓球。</u>

96.　　　　　　　　擦

97.　　　　　　　　逛

98.　　　　　　　　咸

99.　　　　　　　　抽烟

100.　　　　　　　　台

합격 모의고사

2회

新汉语水平考试
HSK(四级)

注　意

一、HSK (四级) 分三部分：

   1.　听力 (45题，约30分钟)

   2.　阅读 (40题，40分钟)

   3.　书写 (15题，25分钟)

二、**听力结束后，有5分钟填写答题卡。**

三、全部考试约105分钟 (含考生填写个人信息时间5分钟)。

一、听 力

第一部分

第 1–10 题：判断对错。

例如：我想去办个信用卡，今天下午你有时间吗? 陪我去一趟银行?

　　★ 他打算下午去银行。　　　　　　　　　　　　　　　　　（ √ ）

　　现在我很少看电视，其中一个原因是，广告太多了，不管什么时间，也不管什么节目，只要你打开电视，总能看到那么多的广告，浪费我的时间。

　　★ 他喜欢看电视广告。　　　　　　　　　　　　　　　　　（ × ）

1.　★ 报纸顺序乱了。　　　　　　　　　　　　　　（　　　　）

2.　★ 他会按计划准时到台湾。　　　　　　　　　　（　　　　）

3.　★ 这件衬衫适合春天穿。　　　　　　　　　　　（　　　　）

4.　★ 人们可以通过音乐增进了解。　　　　　　　　（　　　　）

5.　★ 他寒假想去云南玩儿。　　　　　　　　　　　（　　　　）

6.　★ 他几乎每天都去打网球。　　　　　　　　　　（　　　　）

7.　★ 网上的信息都是真的。　　　　　　　　　　　（　　　　）

8.　★ 他希望由小李负责这个活动。　　　　　　　　（　　　　）

9.　★ 筷子也需要经常换。　　　　　　　　　　　　（　　　　）

10.　★ 复印机修好了。　　　　　　　　　　　　　　（　　　　）

第二部分

第 11–25 题：请选出正确答案。

例如：女：该加油了，去机场的路上有加油站吗？
　　　男：有，你放心吧。
　　　问：男的主要是什么意思？

　　　A 去机场　　　　B 快到了　　　　C 油是满的　　　　D 有加油站 √

11.　A 不友好　　　　B 很粗心　　　　C 很奇怪　　　　D 很棒

12.　A 开空调了　　　B 开暖气了　　　C 开窗户了　　　D 不怕冷

13.　A 手机坏了　　　B 手机没电了　　C 换号码了　　　D 丢手机了

14.　A 硕士考试合格了　　　　　B 考上大学了
　　　C 周围风景不错　　　　　D 遇到些麻烦

15.　A 茶杯被碰倒了　B 给小狗洗澡　C 收拾厨房　　　D 擦窗户

16.　A 让人失望　　　B 觉得无聊　　　C 十分精彩　　　D 非常浪漫

17.　A 努力工作　　　B 买双袜子　　　C 不要骄傲　　　D 袋子破了

18.　A 年初　　　　　B 年底　　　　　C 春节　　　　　D 元旦

19.　A 手机坏了　　　B 记错时间了　　C 没到时间　　　D 马上出发

20.　A 邻居　　　　　B 王大夫　　　　C 小伙子　　　　D 小姑娘

21. **A** 非常激动　　　　**B** 有点儿紧张　　　　**C** 不后悔　　　　**D** 很轻松

22. **A** 弹钢琴　　　　**B** 挂地图　　　　**C** 看电视　　　　**D** 扔垃圾

23. **A** 宾馆　　　　**B** 超市　　　　**C** 银行　　　　**D** 公司

24. **A** 收到邀请信　　　　**B** 拿到奖学金　　　　**C** 考上了大学　　　　**D** 要去留学

25. **A** 符合要求　　　　**B** 有错误　　　　**C** 很详细　　　　**D** 马马虎虎

第三部分

第 26–45 题：请选出正确答案。

例如：男：把这个材料复印5份，一会儿拿到会议室发给大家。

　　　女：好的。会议是下午三点吗?

　　　男：改了。三点半。推迟了半个小时。

　　　女：好。602会议室没变吧?

　　　男：对，没变。

　　　问：会议几点开始?

  A 两点　　　　**B** 3点　　　　**C** 3:30 √　　　**D** 6点

26. **A** 去银行取钱　　**B** 去医院看病　　**C** 办签证手续　　**D** 办收入证明

27. **A** 适应环境　　　**B** 积累经验　　　**C** 改变心情　　　**D** 关心社会

28. **A** 要去多长时间　　　　　　**B** 跟谁一起去
　　C 什么时候出发　　　　　　**D** 要打印几份

29. **A** 电梯里　　　**B** 大使馆　　　**C** 咖啡馆　　　**D** 动物园

30. **A** 在农村长大　　**B** 是南方人　　**C** 会唱京剧　　**D** 是中学教师

31. **A** 看看关没关窗户　　　　　　**B** 要看天气预报
　　C 弄脏了衣服　　　　　　　　**D** 忘记带手机了

32. **A** 蛋糕　　　**B** 牛奶　　　**C** 饮料　　　**D** 鸡蛋

33. **A** 禁止吸烟　　**B** 不允许停车　　**C** 不太受欢迎　　**D** 周围很热闹

34. **A** 楼层好　　　　**B** 停电了　　　　**C** 灯坏了　　　　**D** 撞车了

35. **A** 觉得太苦　　　　**B** 价格便宜　　　　**C** 效果很好　　　　**D** 不太管用

36. **A** 开会　　　　**B** 调查　　　　**C** 报名　　　　**D** 加班

37. **A** 打不开邮箱　　　　　　　　**B** 长时间用电脑
　　　C 进行得很顺利　　　　　　**D** 填完给礼物

38. **A** 主动帮助别人　　　　　　　**B** 要有理想
　　　C 留在父母身边　　　　　　**D** 要有耐心

39. **A** 支持　　　　**B** 反对　　　　**C** 热情　　　　**D** 感谢

40. **A** 火车站　　　　**B** 飞机上　　　　**C** 出租车上　　　　**D** 网上

41. **A** 喝茶　　　　**B** 看报　　　　**C** 抽烟　　　　**D** 睡觉

42. **A** 电视机　　　　**B** 洗衣机　　　　**C** 家具　　　　**D** 照相机

43. **A** 申请表上　　　　**B** 笔记本上　　　　**C** 名片上　　　　**D** 保修卡上

44. **A** 害羞　　　　**B** 活泼　　　　**C** 安静　　　　**D** 热闹

45. **A** 感觉很有趣　　　　**B** 心情更放松　　　　**C** 很久没见面　　　　**D** 喜欢回忆童年

二、阅　读

第一部分

第46-50题：选词填空。

　　　A 味道　　　B 危险　　　C 意见　　　D 坚持　　　E 所有　　　F 圆

例如：她每天都(　　**D**　　)走路上下班，所以身体一直很不错。

46. 昨天买的西瓜又大又(　　　　　　　)，真好吃，你也吃点儿吧。

47. 生活中少了幽默，就好像菜里忘了加盐，总让人感觉少了些(　　　　　　　)。

48. 酒后驾驶非常(　　　　　　　)，是法律严格禁止的。

49. 我们应该学会拒绝，而不是(　　　　　　　)的要求都接受。

50. 小马，你回家后把大家今天会上提的(　　　　　　　)都整理出来。

第 51–55 题：选词填空。

A 估计　　　B 尊重　　　C 温度　　　D 重新　　　E 入口　　　F 肯定

例如：A：今天真冷啊，好像白天最高(　　C　　)才2°C。

　　　　B：刚才电视里说明天更冷。

51. A：您好，我的身份证丢了，想(　　　　　)办一个。
　　 B：好的。你先填一张表格，然后去那儿照相。

52. A：不好意思，会议推迟了，我(　　　　　)两点多才能跟你见面。
　　 B：没关系，我在公司对面的餐厅等你。

53. A：哪儿来的钢琴声？真好听！
　　 B：(　　　　　)是楼上的女儿放假回家了。她经常在家里弹钢琴。

54. A：我考虑了很久，还是决定放弃出国留学的机会。
　　 B：既然这样，那我们就(　　　　　)你的选择。

55. A：飞机还有半个小时就要起飞了，你到底什么时候到？
　　 B：路上堵车。我现在在(　　　　　)处，马上就到。

第 56–65 题：排列顺序。

例如：**A**：可是今天起晚了

     B：平时我骑自行车上下班

     C：所以就打车来公司   **B A C**

---

56. **A**：我要带她去北京旅行

    B：等女儿放假了

    C：带她爬爬长城、吃吃烤鸭，好好玩儿几天 __________

57. **A**：他平时有空的时候参加很多爬山活动

    B：还经常鼓励我和儿子也参加

    C：丈夫最大爱好就是爬山 __________

58. **A**：穿着打扮被认为是一个人的"活广告"

    B：比如那个人的职业、文化水平、生活习惯等

    C：因为我们可以从中获得很多信息 __________

59. **A**：到那时人们会举行各种各样的迎新年活动

    B：对中国人来说

    C：春节是一年中最重要的节日之一 __________

60. A：学习时，不但要知道答案是什么
    B：还要弄清楚答案到底是怎么得来的
    C：只有这样，才能把问题真正弄懂 _____________

61. A：四点请大家准时在门口集合
    B：我们在博物馆参观的时间是两个小时，现在是两点
    C：接下来我们要参观的地方是博物馆 _____________

62. A：例如生命、爱情、友谊和时间
    B：钱虽然能买到许多东西
    C：但世界上还有很多是钱买不到、也换不来的 _____________

63. A：别看小李个子矮，瘦瘦的
    B：这些家具很多都是他一个人抬上来的
    C：力气却大得多 _____________

64. A：由于他突然生病住院了
    B：后来就交给我来做了
    C：这次招聘会本来是由小王负责的 _____________

65. A：两个人既然决定共同生活
    B：懂得互相信任和尊重才是最重要的
    C：那么，只有浪漫的爱情是不够的 _____________

第 66-85 题：请选出正确答案。

例如：她很活泼，说话很有趣，总能给我们带来快乐，我们都很喜欢和她在一起。

    ★ 她是个什么样的人？

        A 幽默 √   **B** 马虎   **C** 骄傲   **D** 害羞

66. 红树是生长在海边的植物。与别的植物不同，它可以生长在海水中，中国的红树林以海南省最为有名。年年都有很多游客专门去那儿参观。

    ★ 红树可以：

        A 在热带生长   **B** 在海边生长   **C** 在全国很有名 **D** 没有人去参观

67. 其实她挺符合我们公司要求的。可是面试的时候太紧张了，很多问题都回答得不太好，所以没通过。

    ★ 根据这段话，可以知道她：

        A 经验很丰富   **B** 成绩很优秀
        C 一点儿不紧张   **D** 面试没通过

68. 很多观众认为没喝完的葡萄酒可以放在冰箱里，不过这是不科学的。首先，葡萄酒的存放温度差不应太大，其次，葡萄酒的最佳存放温度是10℃~15℃。但一般冰箱的温度都低得多。

    ★ 根据这段话，我们可以知道葡萄酒：

        A 能帮助消化   **B** 对睡眠很有好处
        C 不应存放在冰箱里   **D** 营养价值很高

69. 高校长介绍说，学校举办这次文艺节活动，一方面是想让各国学生更好地了解中国，另一方面是想为学生们提供互相交流和学习的机会。

★ 学校举办这次活动，是想帮助学生们：

A 相互增加了解　　　　　　　　B 适应新环境
C 严格要求自己　　　　　　　　D 多表扬别人

70. 塑料袋大量使用带来了严重的环境污染问题。有些国家规定，超市、商店不给顾客提供免费塑料袋，并且鼓励购买能多次使用的购物袋。

★ 根据这段话，有些国家：

A 禁止抽烟　　　　　　　　　　B 不重视交通规则
C 鼓励使用购物袋　　　　　　　D 鼓励使用塑料袋

71. 有些人通过节食的方法来减肥，虽然有效，可是时间长了身体会受不了。真正健康的减肥方法就是多运动，这样做既对身体好，还能让自己看起来更有精神。

★ 想要健康减肥，应该：

A 多锻炼　　　　B 少吃东西　　　　C 经常散步　　　　D 喝减肥茶

72. 语言是人们交流的工具，音乐也是一种语言，人们可以用它来表达自己的感情，而且和其他语言相比，音乐表达的感情有时更容易让人理解。

★ 根据这段话，音乐表达的感情：

A 更容易生气　　　　　　　　　B 更容易理解
C 不受听众欢迎　　　　　　　　D 让人很难受

73. 我平时就对自己要求非常严格，尤其是比赛前那个星期，我每天都会把全
部动作练习好几遍，希望在比赛中取得最好的成绩。

★ 比赛前，我：

A 更努力练习　　　B 有些紧张　　　C 非常孤单　　　D 养成好习惯

74. 《上海爱情故事》最近比较火，里面除了讲浪漫的爱情，还讲了年轻人的梦想
和社会责任，值得一看。

★ 他觉得《上海爱情故事》：

A 让人感动　　　B 内容复杂　　　C 不错　　　D 很幽默

75. 大城市和小城市各有各的好处。大城市的工作机会确实多一些，但竞争的
压力大；相反，在小城市生活就会轻松许多。

★ 他觉得大城市：

A 交通很方便　　　B 污染很严重　　　C 工作机会少　　　D 生活压力大

76. 翻译工作看起来很简单，只要把一种语言翻译成另一种语言就行。其实想
翻译得自然准确，必须下苦功夫。不但要学好语言，还要了解他国文化。

★ 说话人觉得翻译：

A 很简单　　　B 很容易　　　C 并不简单　　　D 并不难

77. 一般人们认为眼镜是13世纪出现的。刚出来的时候价格非常贵，只有少数
人才买得起。当时眼镜的使用并不普遍。

★ 眼镜刚出现的时候：

A 使用的人很多　　　　　　　B 很少有人使用
C 价格有点儿贵　　　　　　　D 出现质量问题

78. 中国人常用"万里无云"表示天气非常好，是晴天。在这里"万里"指的并不是
    真的一万里，而是指人们能看到的地方。

    ★ "万里无云"形容：

       A 阴天   **B** 大雾天气   **C** 一万公里   **D** 好天气

79. 王律师，这儿离你们公司也就两三站的距离，周围环境不错，对面有超市
    和银行，房租也便宜，您要不要再考虑一下？

    ★ 王律师：

       A 在找工作   **B** 在找房子   **C** 心情更好   **D** 不懂礼貌

80–81.
    小刘他们家住13楼。他和妻子旅游回来，发现电梯坏了。小刘提出走楼
梯。每上一楼，都要讲一个笑话，就这样他们说说笑笑，走到了10楼。该妻子
讲笑话的时候，她翻了翻包里，突然抬起头，对小刘说："这次我不是开玩笑
的，我把钥匙放在车里了。"

    ★ 小刘提出：

       A 等电梯   **B** 走楼梯   **C** 叫人来修   **D** 别开玩笑

    ★ 他的妻子最后那句话的意思是：

       A 笑话没意思   **B** 再讲别的笑话
       C 电梯修好了   **D** 忘带钥匙

82–83.

顾客朋友们，本店现推出"购书送好礼"活动，购书满200元即可获得一个笔记本，满300元可获得一本杂志。另外，部分图书还有打折活动，其中，小说9折，词典8折，英语参考书等7折。欢迎选购！祝您购物愉快！

★ 购书满300元能获得什么礼物？

A 笔记本　　　　**B** 杂志　　　　**C** 小说　　　　**D** 参考书

★ 根据这段话，可以知道：

A 生意不太好　　**B** 受顾客欢迎　　**C** 有些书打折　　**D** 小说打8折

84–85.

回忆是生活中不可缺少的一部分，可我们不能总是活在回忆里，尤其是那些难过的回忆。过去发生的已经不能改变，重要的是现在。所以，我们应该收起回忆，认真做好眼前的事，这样才能走好以后的路。

★ 关于回忆，下列哪个正确？

A 是可以改变的　　　　　　**B** 是难过的
C 是生活的全部　　　　　　**D** 是生活的一部分

★ 根据这段话，我们应该：

A 重视过去　　**B** 重视现在　　**C** 多回忆过去　　**D** 要多总结

三、书　写

第一部分

第 86–95 题：完成句子。

例如：那座桥　　　　800年的　　　　历史　　　　有　　　　了

　　　　那座桥有800年的历史了。

86. 挂着　　　　墙上　　　　山水画　　　　一幅

87. 使　　　　海洋污染　　　　越来越少　　　　变得　　　　海鱼数量

88. 一份　　　　你还　　　　提供　　　　总结材料　　　　需要

89. 把　　　　客厅里的沙发　　　　我们先　　　　吧　　　　搬下去

90. 吗　　　　一点儿　　　　不相信　　　　都　　　　难道你当时

91. 动作　　　　你的　　　　做得　　　　标准　　　　不太

92. 误会　　　　我们　　　　好像　　　　有些　　　　之间

93. 我　　　　有　　　　对明天的　　　　信心　　　　面试

94. 将　　　　学校　　　　博物馆　　　　组织大家　　　　去参观

95. 小城市　　　　她　　　　美丽的　　　　出生在　　　　一个

第 96–100 题：看图，用词造句。

例如： 乒乓球　她很喜欢打乒乓球。

96.　动作

97.　出差

98.　转

99.　力气

100.　俩

합격 모의고사

新汉语水平考试
HSK(四级)

注　意

一、HSK (四级) 分三部分：

    1.　听力 (45题，约30分钟)

    2.　阅读 (40题，40分钟)

    3.　书写 (15题，25分钟)

二、**听力结束后，有5分钟填写答题卡。**

三、全部考试约105分钟 (含考生填写个人信息时间5分钟)。

一、听 力

第一部分

第 1–10 题：判断对错。

例如：我想去办个信用卡，今天下午你有时间吗? 陪我去一趟银行?

    ★ 他打算下午去银行。　　　　　　　　　　　　　　　　（√）

    现在我很少看电视，其中一个原因是，广告太多了，不管什么时间，也不管什么节目，只要你打开电视，总能看到那么多的广告，浪费我的时间。

    ★ 他喜欢看电视广告。　　　　　　　　　　　　　　　　（×）

1.　★ 他希望李先生心情愉快。　　　　　　　　　　　（　　　）

2.　★ 租金太高了。　　　　　　　　　　　　　　　　（　　　）

3.　★ 他对那件外套很满意。　　　　　　　　　　　　（　　　）

4.　★ 教育水平与经济发展无关。　　　　　　　　　　（　　　）

5.　★ 日记让他回忆起了很多事。　　　　　　　　　　（　　　）

6.　★ 那家店免费为顾客送家具。　　　　　　　　　　（　　　）

7.　★ 环保要从小事做起。　　　　　　　　　　　　　（　　　）

8.　★ 他毕业很多年了。　　　　　　　　　　　　　　（　　　）

9.　★ 吃甜的东西能让心情变好。　　　　　　　　　　（　　　）

10.　★ 儿子感冒很严重。　　　　　　　　　　　　　　（　　　）

<h1 style="text-align:center">第二部分</h1>

第 11-25 题：请选出正确答案。

例如：女：该加油了，去机场的路上有加油站吗？
男：有，你放心吧。
问：男的主要是什么意思？

A 去机场　　　B 快到了　　　C 油是满的　　　D 有加油站 √

11. A 办信用卡　　　B 办银行卡　　　C 办签证　　　D 办护照

12. A 130台　　　B 123台　　　C 132台　　　D 231台

13. A 不用推车　　　B 要买啤酒　　　C 要买的不多　　　D 需要推车

14. A 司机　　　B 教师　　　C 警察　　　D 厨师

15. A 手机没丢　　　B 手机丢了　　　C 手机坏了　　　D 手机破了

16. A 写报告　　　B 找钥匙　　　C 借钱　　　D 照相

17. A 压力很大　　　B 不感兴趣　　　C 累但值得　　　D 工资低

18. A 踢球　　　B 擦汗　　　C 给饮料　　　D 拿毛巾

19. A 理发店　　　B 药店　　　C 宾馆　　　D 动物园

20. A 认错人了　　　B 坐错位子了　　　C 没睡醒　　　D 非常生气

21. **A** 扔了 **B** 破了 **C** 脏了 **D** 旧了

22. **A** 张大夫 **B** 张律师 **C** 王老师 **D** 小伙子

23. **A** 很伤心 **B** 很无聊 **C** 很失望 **D** 很愉快

24. **A** 检查身体 **B** 肚子难受 **C** 牙疼 **D** 陪奶奶看病

25. **A** 邻居 **B** 妈妈 **C** 同事 **D** 亲戚

第三部分

第 26–45 题：请选出正确答案。

例如：男：把这个材料复印5份，一会儿拿到会议室发给大家。

女：好的。会议是下午三点吗?

男：改了。三点半。推迟了半个小时。

女：好。602会议室没变吧?

男：对，没变。

问：会议几点开始?

A 两点　　　　　B 3点　　　　　C 3:30 √　　　　D 6点

26. A 做面条　　　B 做蛋糕　　　C 国际关系　　　D 语言学

27. A 周末人多　　B 人不太多　　C 不怎么样　　　D 不值得去

28. A 大使馆　　　B 机场　　　　C 银行　　　　　D 邮局

29. A 不后悔　　　B 很吃惊　　　C 很生气　　　　D 很兴奋

30. A 不符合要求　B 回答得不好　C 应聘者太多　　D 面试时太紧张了

31. A 重新学　　　B 多练习　　　C 别停车　　　　D 问老师

32. A 爬山　　　　B 游泳　　　　C 打网球　　　　D 打乒乓球

33. A 有些累　　　B 工作忙　　　C 会打扮　　　　D 有耐心

34. A 桥修好了　　B 桥坏了　　　C 开车过去　　　D 走路过去

35. **A** 是博士　　**B** 找到工作了　　**C** 早上有课　　**D** 9点半下课

36. **A** 不讲信用　　**B** 没有礼貌　　**C** 很诚实　　**D** 爱开玩笑

37. **A** 杂志　　**B** 眼镜　　**C** 行李箱　　**D** 坏印象

38. **A** 学校对面　　**B** 公司楼下　　**C** 商店门口　　**D** 街道对面

39. **A** 想看表演　　**B** 做生意　　**C** 要去出差　　**D** 喜欢玩游戏

40. **A** 没有喝醉　　**B** 自己酒量好　　**C** 开车方便　　**D** 时间来不及

41. **A** 从现在做起　　**B** 千万别迟到　　**C** 不要抽烟　　**D** 不要酒后开车

42. **A** 方向很关键　　**B** 结果更重要　　**C** 凡事不能重来　　**D** 要有理想

43. **A** 失望　　**B** 将来　　**C** 过去　　**D** 后悔

44. **A** 找房子　　**B** 去长城　　**C** 去森林公园　　**D** 去机场接人

45. **A** 天有点儿阴　　**B** 刮大风　　**C** 下大雨了　　**D** 雪太大了

二、阅 读

第一部分

第46–50题：选词填空。

    A 擦   **B** 文章   **C** 重   **D** 坚持   **E** 观众   **F** 出差

例如：她每天都(**D**   )走路上下班，所以身体一直很不错。

46. 我刚接到公司的通知，明天得去上海(   )，我们改天再见吧。

47. 老师，为什么橡皮能(   )掉铅笔写的字？

48. 谢谢，不用了，这个行李箱一点儿也不(   )，里面都是衣服。

49. 这篇(   )是由张教授和他们班的学生一起写的。

50. 这部电影非常感人，很多(   )都被感动得流眼泪了。

第 51–55 题：选词填空。

    A 棵   **B** 继续   **C** 温度   **D** 到底   **E** 超过   **F** 香

例如：**A**：今天真冷啊，好像白天最高(**C**   )才2°C。

       B：刚才电视里说明天更冷。

51. **A**：你写的报告我已经看了，我非常满意。

    B：谢谢经理。我会(   )努力。

52. **A**：奶奶家门前那两(   )树是什么树？

    B：苹果树。九月份的时候树上会挂满红红的苹果。

53. **A**：什么味道？好(   )啊！

    B：我做了酸菜鱼，快洗洗手过来吃吧。

54. **A**：想好了吗？(   )去不去？

    B：那个地方太远，得跟父母商量一下，我明天再告诉你吧。

55. **A**：你好，请问我儿子可以买儿童票吗？

    B：可以，身高没(   )一米三就可以买。

第二部分

第 56–65 题：排列顺序。

例如：**A**：可是今天起晚了

     B：平时我骑自行车上下班

     C：所以就打车来公司　　　　　　　　　　　<u>B A C</u>

56.　**A**：而且还要养成很好的生活习惯

     B：要想有个好身体

     C：平时不但要坚持锻炼　　　　　　　　　______

57.　**A**：入口处有专门存包的地方

     B：您可以把包放在那儿

     C：抱歉，先生，您的包不能带入馆内　　______

58.　**A**：中国有句话叫"友谊地久天长"

     B：能够一直继续下去，越久越好

     C：意思是说希望朋友之间的友好关系　　______

59.　**A**：这样很难获得成功

     B：人不怕有缺点，就怕不知道自己的缺点是什么

     C：或者知道也不改　　　　　　　　　　______

60. **A**：很适合老年人吃

　　B：这家商店有一种无糖饼干

　　C：我们买一盒送给爷爷奶奶吧　　＿＿＿＿＿＿＿

61. **A**：所以我们既要学会原谅别人

　　B：也要试着原谅自己

　　C：没有十全十美的人，有缺点很正常　　＿＿＿＿＿＿＿

62. **A**：如果你不能勇敢地走出第一步

　　B：就永远没有机会获得成功

　　C：因此，千万别因害怕失败而不敢开始　　＿＿＿＿＿＿＿

63. **A**：小高比第二名快了近一秒钟

　　B：当她知道这个结果后，开心得跳了起来

　　C：这次女子100米短跑比赛　　＿＿＿＿＿＿＿

64. **A**：并且提供免费的早餐和午餐

　　B：这份工作偶尔需要周末加班

　　C：加班工资以平日工资的两倍标准计算　　＿＿＿＿＿＿＿

65. **A**：我通过导游考试了

　　B：爸爸，告诉您一个好消息

　　C：以后就是一名正式的导游了　　＿＿＿＿＿＿＿

第三部分

第 66-85 题：请选出正确答案。

例如：她很活泼，说话很有趣，总能给我们带来快乐，我们都很喜欢和她在一起。

　　★ 她是个什么样的人？

　　A 幽默 √　　　B 马虎　　　C 骄傲　　　D 害羞

66. 在中国，无论是南方还是北方过年时都要吃上几块儿年糕。这是因为"年糕"跟"年高"同音。人们希望在新的一年里生活水平更高，越来越幸福。

　　★ 在中国过年的时候，人们吃年糕是因为：

　　A 工作更好　　　B 生活更好　　　C 促进发展　　　D 增进友谊

67. 感情再深也会有误会。这个时候要与人多交流。把问题和意见说出来。要相互理解，不要相互怀疑。

　　★ 有误会的时候，要：

　　A 相互关心　　　B 降低要求　　　C 多练习　　　D 多交流

68. 人一定要旅行，旅行能丰富你的经验，不仅会让你对很多事情有新的认识和看法，还能让你变得更自信。

　　★ 这段话主要谈的是：

　　A 健康的重要性　　　　　　B 交流的作用
　　C 旅游的好处　　　　　　　D 做事要主动

69. 生活中，我们要多听听身边朋友的意见和建议，有时候他们能更清楚地看到我们的缺点和错误，帮我们发现自己没注意到的问题。

　　★ 根据这段话，朋友能帮助我们：

　　　A 发现缺点　　　B 翻译词语　　　C 继续努力　　　D 开始新生活

70. 我来中国两年多了，平时交流也没什么问题，大家都说我的汉语水平提高了很多，但我觉得我的发音还不太好，需要多练习。

　　★ 他想要：

　　　A 多学语法　　　B 多练发音　　　C 预习课文　　　D 准备考试

71. 他是我最喜爱的男作家，去年他和妻子一起几乎游遍了亚洲所有的国家，他用五个月时间整理，最终写出了这本精彩的游记。

　　★ 说话人认为这本游记：

　　　A 很详细　　　B 没意思　　　C 很精彩　　　D 不够精彩

72. 随着手机购物的流行，手机付款也逐渐进入了人们生活。手机付款比电脑付款更方便。无论在什么时候，只要有互联网和手机就可以了。手机付款正被越来越多的人接受。

　　★ 手机付款：

　　　A 不够方便　　　B 越来越流行　　　C 缺点很多　　　D 吸引顾客

73. 上午来应聘的那个姑娘是学数学的，成绩很优秀，通过面试时和她的对话，感觉她的性格也不错，我觉得她挺适合这份工作的。

　　★ 他觉得那个姑娘怎么样？

　　　A 很成熟　　　B 爱笑　　　C 学科学的　　　D 成绩好

74. 机场为什么多在郊区呢? 那是因为机场需要的地方大，郊区人少地多，地也
便宜。其次就是飞机起飞降落的时候声音非常大，在郊区的话，人们受的
影响会小一些。

★ 机场多在郊区，那是因为：

A 郊区很安静　　　　　　　B 郊区人多地少
C 郊区地多便宜　　　　　　D 郊区人多地便宜

75. 我叫张明，今天中午在图书馆丢了一张饭卡，卡上有我的姓名和学号。如
果有同学看见了我的饭卡，请速与我联系，非常感谢。

★ 他写这段话的目的是：

A 找回饭卡　　　　　　　　B 找回交通卡
C 想交朋友　　　　　　　　D 使人惊喜

76. 很多人以为早上锻炼对身体很好，但室外锻炼并不是越早越好，尤其是冬
天，日出前温度较低，不太适合运动。医生建议：冬季锻炼最好选在日出
后，而且运动量不要太大，可以跑跑步、打打羽毛球等。

★ 冬季锻炼最好：

A 别在室外锻炼　　　　　　B 在室内锻炼
C 日出后进行　　　　　　　D 日出前进行

77. 一般三岁左右的孩子就可以学习自己刷牙了。在正式教刷牙前，父母可以
让孩子自己选择喜欢的杯子、牙刷和牙膏，这样更能引起他们刷牙的兴
趣。

★ 让孩子选牙刷，能使他们：

A 增加艺术感　　　　　　　B 对刷牙感兴趣
C 懂得节约　　　　　　　　D 更讨厌刷牙

78. 对于很多女性朋友来说，逛街购物是一种放松心情、减轻压力的好方法。尤其是当买到自己喜欢的东西时，那种愉快的感觉可以让她们暂时忘掉一些烦恼。

　　★ 这段话主要谈的是什么？

　　　A 要学会减压　　　　　　　　B 要有礼貌
　　　C 态度决定生活　　　　　　　D 购物的好处

79. 现在医院里出现了越来越多的男护士。跟女护士比起来，他们有力气大、方便照顾男患者等优点。

　　★ 男护士的优点是：

　　　A 力气大　　　　B 个子高　　　　C 更勇敢　　　　D 很勤奋

80-81.
　　狗一般都会睡十二、十三个小时，甚至有的要睡二十个小时以上。所以有的人以为狗很懒，其实并不懒。仔细观察狗睡觉时的样子，就会发现，稍微有一点声音，它的耳朵就会动，人一旦走近它，它就会马上醒过来。狗要快速感觉到周围的情况，所以一般都不会睡得太深。

　　★ 人们认为狗很懒，那是因为：

　　　A 总是很困　　　B 不怎么活动　　　C 爱观察周围　　　D 睡很长时间

　　★ 作者觉得狗怎么样？

　　　A 可爱　　　B 不懒　　　C 聪明　　　D 好动

82-83.

前几天我在杂志上读了篇文章，上面说科学家研究发现植物能"听懂"人的话。如果你经常对植物说："你真是棵可爱的树。""你开的花真漂亮。"那么这个植物会长得更高更好。如果你常常对它说"我讨厌你！"那么它会长得很慢，甚至会死去。我也想试试，看看到时是否是真的。

★ 如果常对植物说好话的话，植物会：

A 开花结果　　**B** 长得更好　　**C** 容易掉叶　　**D** 死去

★ 说话人要：

A 买一朵花　　**B** 送礼物　　**C** 买花瓶　　**D** 试一试

84-85.

幸福是什么？有人说，能帮助别人就是一种幸福。也有人说，健康才是最大的幸福。还有人说，小时候幸福是一件东西，比如一件衣服、一块儿蛋糕，得到了就很幸福；长大后幸福是一种态度，是生活的态度决定了我们幸福感的高低。不管你认为幸福是什么，只要你用心去找，就一定能发现它。

★ 有人觉得小时候幸福是：

A 帮助别人　　　　　　　　**B** 一种生活态度
C 得到一件东西　　　　　　**D** 有很多钱

★ 最后一句的"它"指的是：

A 幸福　　**B** 能力　　**C** 态度　　**D** 知识

三、书 写

第一部分

第86-95题：完成句子。

例如：那座桥　　　　800年的　　　　历史　　　　有　　　　了

　　　　那座桥有800年的历史了。

86. 实力　　　　这能　　　　证明　　　　很有　　　　他

87. 一倍　　　　我的收入　　　　比　　　　增加了　　　　去年

88. 那条新闻　　　　没有　　　　人们的重视　　　　并　　　　引起

89. 真　　　　这场雨　　　　下得　　　　及时

90. 去年夏天　　　　我爸爸　　　　是　　　　的　　　　退休

91. 鸡蛋　　　　冰箱里　　　　剩了　　　　两个　　　　还

92. 这篇文章　　　　请　　　　把　　　　英文　　　　翻译成

93. 这个　　　　6月份　　　　发生在　　　　前年　　　　事故

94. 计划　　　　我　　　　不得不　　　　原来的　　　　改变

95. 今天的比赛　　　　观众　　　　失望　　　　对　　　　十分

第 96–100 题：看图，用词造句。

例如：　　　　　乒乓球　　她很喜欢打乒乓球。

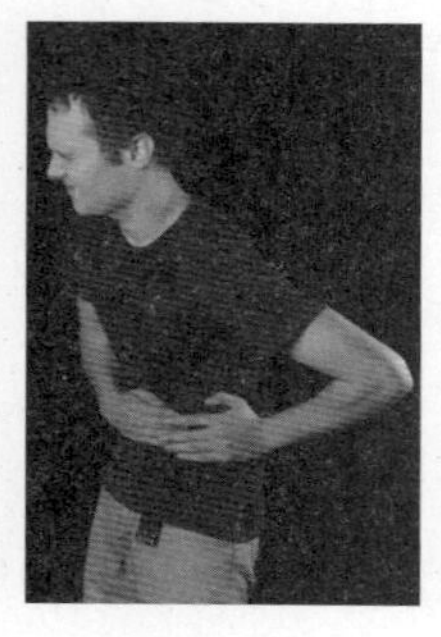

96.　　　　　难受

97.　　　　　页

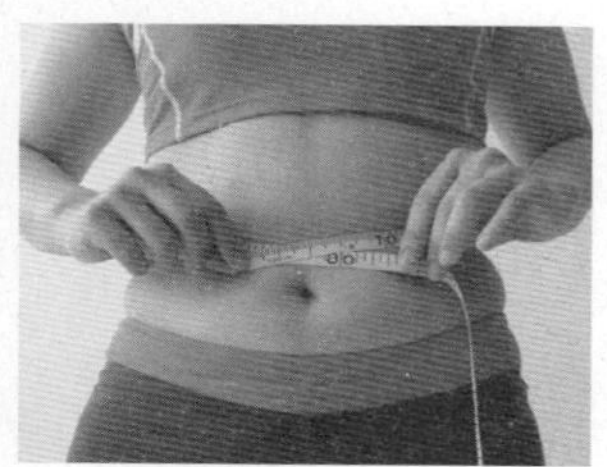

98.　　　　　减肥

99.　　　　　长城

100.　　　　　汗

합격 모의고사

新汉语水平考试
HSK(四级)

注　意

一、HSK (四级) 分三部分：

    1.　听力 (45题，约30分钟)

    2.　阅读 (40题，40分钟)

    3.　书写 (15题，25分钟)

二、**听力结束后，有5分钟填写答题卡。**

三、全部考试约105分钟 (含考生填写个人信息时间5分钟)。

一、听 力

第一部分

第 1–10 题：判断对错。

例如：我想去办个信用卡，今天下午你有时间吗? 陪我去一趟银行?

  ★ 他打算下午去银行。   (√)

  现在我很少看电视，其中一个原因是，广告太多了，不管什么时间，也不管什么节目，只要你打开电视，总能看到那么多的广告，浪费我的时间。

  ★ 他喜欢看电视广告。   (×)

1. ★ 比赛结果还没出来。   (   )

2. ★ 房间已经打扫干净了。   (   )

3. ★ 地图上绿色表示森林。   (   )

4. ★ 他们正在排队买票。   (   )

5. ★ 大理一年四季都很热。   (   )

6. ★ 他希望大家给他打电话。   (   )

7. ★ 他们四点在出口见面。   (   )

8. ★ 睡懒觉会让时间变得紧张。   (   )

9. ★ 他在向大家道歉。   (   )

10. ★ 那儿夏季很凉快。   (   )

第二部分

第 11–25 题：请选出正确答案。

例如：女：该加油了，去机场的路上有加油站吗?

男：有，你放心吧。

问：男的主要是什么意思?

　　A 去机场　　　　B 快到了　　　　C 油是满的　　　　D 有加油站 √

11. A 交朋友　　　　B 开饭馆　　　　C 上大学　　　　D 做生意

12. A 邮局　　　　　B 银行　　　　　C 超市　　　　　D 洗手间

13. A 没看成电影　　B 电影没意思　　C 去看演出了　　D 弄错地址了

14. A 画画儿　　　　B 上钢琴课　　　C 多练习　　　　D 别迟到

15. A 值得考虑　　　B 没有重点　　　C 符合条件　　　D 没有通过

16. A 很咸　　　　　B 很辣　　　　　C 非常香　　　　D 有点辣

17. A 去参加招聘　　B 去相亲　　　　C 去出差　　　　D 参加工作了

18. A 演员　　　　　B 售货员　　　　C 教授　　　　　D 导游

19. A 要照顾父亲　　B 要照顾奶奶　　C 快要结婚了　　D 遇到麻烦了

20. A 空调修好了　　B 空调坏了　　　C 不怕热　　　　D 一点儿也不热

21. **A** 包子　　**B** 水果　　**C** 牛奶　　**D** 面包

22. **A** 很无聊　　**B** 很轻松　　**C** 有意思　　**D** 非常辛苦

23. **A** 嗓子疼　　**B** 胳膊疼　　**C** 腿不舒服　　**D** 肚子难受

24. **A** 男的想付现金　**B** 男的想刷卡　　**C** 男的没带卡　　**D** 男的没带钱

25. **A** 扔垃圾　　**B** 填表格　　**C** 打排球　　**D** 看照片

第三部分

第26-45题：请选出正确答案。

例如：男：把这个材料复印5份，一会儿拿到会议室发给大家。

女：好的。会议是下午三点吗?

男：改了。三点半。推迟了半个小时。

女：好。602会议室没变吧?

男：对，没变。

问：会议几点开始?

A 两点　　　　B 3点　　　　C 3:30 √　　　　D 6点

26. A 客人非常多　　　　　　　B 饮料不收钱
　　C 搞买一送一活动　　　　　D 搞免费使用活动

27. A 喜欢跳舞　　B 学了五年　　C 有基础　　D 上过舞蹈课

28. A 多休息　　B 别抽烟　　C 少喝酒　　D 多喝水

29. A 换一个航班　　B 护照不见了　　C 身份证丢了　　D 登机牌找不到了

30. A 有点儿咸　　B 有点儿淡　　C 不太好吃　　D 马马虎虎

31. A 价格贵　　B 质量好　　C 弄脏了　　D 颜色好

32. A 打不开行李箱　　B 不认识路　　C 被批评了　　D 走错门了

33. A 亲戚　　B 邻居　　C 老师　　D 经理

34. **A** 机场　　　**B** 火车站　　　**C** 地铁站　　　**D** 大使馆

35. **A** 暖和　　　**B** 凉快　　　**C** 刮风　　　**D** 炎热

36. **A** 理想　　　**B** 森林　　　**C** 希望　　　**D** 无生命

37. **A** 没受到污染　　　**B** 是一种饮料　　　**C** 四季开花　　　**D** 受到欢迎

38. **A** 数量少　　　**B** 值得同情　　　**C** 个子矮　　　**D** 需要保护

39. **A** 多与人交流　　　**B** 减少误会　　　**C** 增加安全感　　　**D** 为表示友好

40. **A** 变得快乐　　　**B** 能打折　　　**C** 省时间　　　**D** 会打扮

41. **A** 是一名作家　　　**B** 经常加班　　　**C** 在理发店工作　　　**D** 有责任心

42. **A** 样子很特别　　　**B** 合格的不多　　　**C** 人各有特点　　　**D** 内容都差不多

43. **A** 态度要冷静　　　**B** 方法要多样　　　**C** 改变想法　　　**D** 真心道歉

44. **A** 身材好　　　**B** 多锻炼　　　**C** 乐观的态度　　　**D** 身体不生病

45. **A** 真正的健康　　　**B** 锻炼的好处　　　**C** 谁能成功　　　**D** 怎样支持朋友

二、阅 读

第一部分

第46–50题：选词填空。

    A 推迟　　　**B** 交流　　　**C** 轻松　　　**D** 坚持　　　**E** 准时　　　**F** 地点

例如：她每天都(　　**D**　　)走路上下班，所以身体一直很不错。

46. 这次活动的(　　　　　)是小张选的，时间也是他定的。

47. 由于下大雨，这次运动会的举办时间(　　　　　)了一周。

48. 明天上午10点(　　　　　)出发，千万别迟到。

49. 昨天的足球比赛他赢得非常(　　　　　)。

50. 网上的各种聊天工具使人们之间的(　　　　　)变得更丰富。

第 51–55 题：选词填空。

    A 客厅   **B** 整齐   **C** 温度   **D** 郊区   **E** 申请   **F** 页

例如：**A**：今天真冷啊，好像白天最高(C   )才2°C。

        B：刚才电视里说明天更冷。

51. **A**：打扰一下，请问(   )签证需要哪些材料?

     B：这张纸上都有。你看一下，如果有不懂的地方，我再给您解释。

52. **A**：没想到你的房间这么(   )。

     B：知道你要来，专门打扫了一下午。

53. **A**：听说公司明年要搬到(   )，到时候我又得重新找房子了。

     B：这个消息准确吗? 我怎么不知道?

54. **A**：我们把沙发抬到窗户那儿吧。

     B：行，这样(   )看上去大一些。

55. **A**：明天上午的会议资料做完了吗?

     B：已经做好了，一共10(   )，一会儿就给您发过去。

<h1 style="text-align:center">第二部分</h1>

第 56-65 题：排列顺序。

例如：**A**：可是今天起晚了

　　　　B：平时我骑自行车上下班

　　　　C：所以就打车来公司　　　　　　　　　　　<u>B A C</u>

56. **A**：但是她受了很好的中文教育

　　　B：汉语说得非常流利

　　　C：虽然小刘在国外出生长大　　　　　　　　<u>　　　　　　</u>

57. **A**：乘客上车一般都刷公交卡

　　　B：现在很多公共汽车都是无人售票车

　　　C：没有卡的乘客需提前准备好零钱　　　　　<u>　　　　　　</u>

58. **A**："事半功倍"的意思是说

　　　B：就能花较少的时间取得更好的效果

　　　C：只要找到了做事情的正确方法　　　　　　<u>　　　　　　</u>

59. **A**：每所学校都会举办校园招聘会

　　　B：这给找工作的毕业生提供了很多机会

　　　C：每年的五月份　　　　　　　　　　　　　<u>　　　　　　</u>

60. A：他们在儿童教育中起着最基础的作用

B：父母也是老师，甚至比学校的老师更重要

C：因此他们应该学点儿教育方法　　　　　　　　　　　________________

61. A：欢迎大家来到北海公园

B：请勿在园区内抽烟，谢谢

C：为了保证您和他人的安全　　　　　　　　　　　________________

62. A：这与他平时经常锻炼身体有关

B：王律师今年已经60多岁了

C：可看上去要比他的实际年龄小很多　　　　　　　________________

63. A：这样到时候你才不会手忙脚乱

B：最好都得提前做好计划

C：不管做什么事情　　　　　　　　　　　　　　　________________

64. A：做自己喜欢的事，即使再困难，也不会觉得很累

B：即使再简单也会觉得很辛苦

C：相反，做自己不喜欢的事　　　　　　　　　　　________________

65. A：它发展得很快，深受人们喜爱

B：但跟其他表演艺术比起来

C：尽管京剧有两百多年的历史，比较年轻　　　　　________________

第三部分

第 66-85 题：请选出正确答案。

例如：她很活泼，说话很有趣，总能给我们带来快乐，我们都很喜欢和她在一起。

　　★ 她是个什么样的人？

　　　A 幽默 √　　　　B 马虎　　　　C 骄傲　　　　D 害羞

66. 每个人都对同一件事的认可有可能各不相同，如果想让别人同意或者支持你的看法，最好努力证明你是对的，而不是一直批评别人是错的。

　　★ 要想获得别人的支持，应该：

　　　A 批评别人是错的　　　　　　B 引起别人的注意
　　　C 证明自己是对的　　　　　　D 成为优秀的人

67. 生活中理想是不可缺少的。有理想的人知道自己前进的方法，他们做出的努力都使自己离目的地更近一步，哪怕暂时遇到困难，他们也不会随便放弃。

　　★ 这段话主要想告诉我们，要：

　　　A 努力工作　　　B 要有理想　　　C 积累经验　　　D 尊重别人

68. 现在，大城市里越来越多的人喜欢到郊区过周末。因为忙了一个星期后，他们想找一个空气新鲜、安静的地方好好放松一下。而且，方便的交通也为他们的出行提供了条件。

　　★ 人们喜欢去郊区玩儿，是因为那儿：

　　　A 环境不错　　　B 喜欢热闹　　　C 四季如春　　　D 空气湿润

69. 上大学的时候，我经常和同学们一起打排球、踢足球，运动量比较多，这时怎么吃也长不胖。现在工作，由于缺少锻炼，虽然饭量比以前少了，但是慢慢胖了起来。

　　★ 上大学时，长不胖的原因是：

　　A 不敢吃辣　　　　B 没有烦恼　　　　C 吃得很少　　　　D 经常锻炼

70. 酒后开车非常危险，所以法律严格禁止酒后开车，大家应该记住这句话："开车千万别喝酒，喝酒千万别开车。"

　　★ 根据这段话，司机：

　　A 要注意休息　　　　　　　　B 酒后不能开车
　　C 学会开车　　　　　　　　　D 不能粗心

71. 参加面试时，人们往往会紧张，这时一定要保持冷静的态度。回答问题时，语速不要太快，声音也不要太小，别让紧张的心情影响了自己。

　　★ 面试时要注意什么？

　　A 语速要快一些　　　　　　　B 声音不要太大
　　C 别太紧张　　　　　　　　　D 多鼓励自己

72. 每个孩子都希望得到表扬，表扬对孩子的作用要比批评大得多，效果也好得多。有时候，一次小小的表扬，可能会影响孩子的一生。

　　★ 根据这段话，教育孩子时应该：

　　A 多鼓励　　　　　B 多表扬　　　　　C 多阅读　　　　　D 多支持

73. 时间是无价的，一个人再怎么有钱，也买不到时间。知识忘了可以重新学，钱花光了可以再赚，可是时间过去了就永远回不来了。

★ 这段话主要想告诉我们：

A 不要骄傲　　　　　　　　　B 学会怎样花钱
C 要懂得感谢　　　　　　　　D 不要浪费时间

74. 山上的温度，会随着高度的增加而降低，山越高气温越低。那座山大约有三千多米高，所以明天大家要多穿点衣服。

★ 他们明天可能做什么？

A 游泳　　　　B 跑步　　　　C 爬山　　　　D 搬家

75. 我丈夫以前是记者，因为职业的关系，他几乎走遍了亚洲所有的国家，看到了很多美景，也认识了许多朋友，后来他把自己的经历写成了一本书。

★ 她丈夫：

A 在农村长大　　　　　　　　B 去过很多国家
C 说话太直接　　　　　　　　D 非常活泼

76. 这是本介绍最新科学发现和研究的杂志，它的语言简单易懂，而且十分幽默。像我这种对科学完全不感兴趣的人，读起来居然也会觉得很有意思。

★ 那本杂志：

A 很有趣　　　　B 不太幽默　　　　C 有些复杂　　　　D 很难理解

77. 今晚的节目太精彩了，特别是那些外国留学生表演的中国功夫，动作既标准又好看，非常棒。以后如果还有这样的节目，一定要告诉我啊。

★ 他认为功夫表演：

A 使人吃惊   **B** 无聊   **C** 不够精彩   **D** 好极了

78. 没关系，你刚来几天，肯定觉得不太适应，任何人到了一个新环境都是这样的。以后你有什么事情，随时跟我联系，我愿意帮助你。

★ 说话人是什么意思？

A 愿意提供帮助   **B** 时间来得及   **C** 多与人商量   **D** 从现在做起

79. 阅读时，遇到不懂的词，可以先根据上下文来猜它的意思，不要一遇到难词就去查词典。实在猜不出，再去查词典，这样才能提高我们的阅读水平。

★ 遇到不懂的词语，最好先：

A 问老师   **B** 查词典   **C** 猜词意   **D** 上网查

80-81.

有一个事业上做得很成功的朋友，大家问他如此成功是因为什么。他回答说："我觉得可能是因为我比较喜欢总结吧。不管是成功还是失败，我都会总结。成功的话，总结经验，以后适用。失败了，就更要总结了。要清楚问题出在哪里，以后我就不会再那样做了。"

★ 他认为自己成功是因为：

A 经验丰富   **B** 经常总结   **C** 信任他人   **D** 有责任心

★ 失败以后，要：

A 找出问题   **B** 多听意见   **C** 继续努力   **D** 有信心

82–83.

　　我们都知道，人一定要喝适量的水，可是许多人并不知道，水还要按时喝。人一旦忙起来，就会忘记喝水，于是一天只喝一次或两次。尽管一次会喝很多，但是这样反而却对身体非常不好。千万不要忘了当我们渴的时候喝水，身体已经是严重缺水的状态了。

★ 很多人不知道水要：

A 尽量多喝　　　B 一天喝两次　　　C 按时喝　　　D 一起来就喝

★ 当我们渴的时候，表示体内：

A 睡眠过多　　　B 热量很高　　　C 营养不足　　　D 严重缺水

84–85.

　　很晚了，5岁的儿子还在看电视。我对他说："再看5分钟就去洗脸睡觉。"他不高兴地说："5分钟太短了。"于是我说："那就300秒，够长了吧？"儿子听后开心地说："够了够了，妈妈真好。"

★ 她让儿子：

A 快去睡　　　B 做作业　　　C 预习课文　　　D 看电视

★ 儿子为什么后来又高兴了？

A 可以玩儿游戏了　　　　　B 明天去长城看看
C 受到妈妈的表扬　　　　　D 以为时间增加了

三、书 写

第一部分

第86-95题：完成句子。

例如：那座桥　　　　800年的　　　　历史　　　有　　　了

　　　<u>那座桥有800年的历史了。　　　　　　　</u>

86. 的　　　不同　　　性格　　　完全　　　兄弟俩

87. 早睡早起　　　要　　　好习惯　　　养成　　　的

88. 请大家　　　内容　　　复习一下　　　把　　　上节课学过的

89. 一篇　　　友情的　　　文章　　　这是　　　关于

90. 重要　　　比速度　　　方向　　　还

91. 爷爷　　　推走　　　自行车　　　被　　　了

92. 加油站附近　　　在　　　危险　　　抽烟　　　非常

93. 复印　　　请　　　帮我　　　报名表　　　几份

94. 轻松愉快　　　能　　　幽默　　　变得　　　让谈话

95. 感动了　　　那部　　　许多　　　电影　　　观众

第二部分

第 96–100 题：看图，用词造句。

例如：　　　　乒乓球　　她很喜欢打乒乓球。

96.　　　　　　　区别

97.　　　　　　　堵车

98.　　　　　　　乘坐

99.　　　　　　　值得

100.　　　　　　大概

합격 모의고사

新汉语水平考试
HSK(四级)

注　意

一、HSK (四级) 分三部分：

   1.　听力 (45题，约30分钟)

   2.　阅读 (40题，40分钟)

   3.　书写 (15题，25分钟)

二、**听力结束后，有5分钟填写答题卡。**

三、全部考试约105分钟 (含考生填写个人信息时间5分钟)。

一、听 力

第一部分

第 1–10 题：判断对错。

例如：我想去办个信用卡，今天下午你有时间吗? 陪我去一趟银行?

　　★ 他打算下午去银行。　　　　　　　　　　　　　　　　（√）

　　现在我很少看电视，其中一个原因是，广告太多了，不管什么时间，也不管什么节目，只要你打开电视，总能看到那么多的广告，浪费我的时间。

　　★ 他喜欢看电视广告。　　　　　　　　　　　　　　　　（×）

1.　★ 幸福与金钱关系不大。　　　　　　　　　　　（　　　　）

2.　★ 他们俩从小就认识。　　　　　　　　　　　　（　　　　）

3.　★ 小王想吃北京小吃。　　　　　　　　　　　　（　　　　）

4.　★ 张经理不在办公室。　　　　　　　　　　　　（　　　　）

5.　★ 他找到了合适的房子。　　　　　　　　　　　（　　　　）

6.　★ 节目还没开始。　　　　　　　　　　　　　　（　　　　）

7.　★ 他让小云当翻译。　　　　　　　　　　　　　（　　　　）

8.　★ 程先生二十岁时就很有名。　　　　　　　　　（　　　　）

9.　★ 小刘去银行取钱。　　　　　　　　　　　　　（　　　　）

10. ★ 明天上午有大雨。　　　　　　　　　　　　　（　　　　）

第二部分

第 11–25 题：请选出正确答案。

例如：女：该加油了，去机场的路上有加油站吗?
　　　男：有，你放心吧。
　　　问：男的主要是什么意思?

  A 去机场 **B** 快到了 **C** 油是满的 **D** 有加油站 √

11. **A** 去旅游 **B** 出国工作 **C** 参加聚会 **D** 参加婚礼

12. **A** 优秀职员 **B** 勤奋的学生 **C** 优秀教师 **D** 诚实的职员

13. **A** 请不了假 **B** 不能上网了 **C** 航班推迟了 **D** 灯又坏了

14. **A** 王大夫 **B** 王教授 **C** 王秘书 **D** 王教练

15. **A** 没带钥匙 **B** 肚子疼了 **C** 压力太大 **D** 打错电话了

16. **A** 5元 **B** 15元 **C** 20元 **D** 25元

17. **A** 空气湿润 **B** 放阳台上 **C** 没有阳光 **D** 减少降雨

18. **A** 做生意 **B** 学法律 **C** 读博士 **D** 没报名

19. **A** 邮局旁边 **B** 马路对面 **C** 超市门口 **D** 地铁站附近

20. **A** 打不开 **B** 样子很特别 **C** 价格不便宜 **D** 质量不错

21. **A** 很幽默　　　　**B** 不太活泼　　　　**C** 学习很好　　　　**D** 十分骄傲

22. **A** 打印机坏了　　**B** 传真机坏了　　**C** 打印机修好了　　**D** 不会用复印机

23. **A** 画画儿　　　　**B** 去逛街　　　　**C** 收拾厨房　　　　**D** 换裤子

24. **A** 交通不便　　　**B** 搞活动　　　　**C** 出事故　　　　　**D** 有演出

25. **A** 别打扰孩子　　**B** 材料改完了　　**C** 钱已经收到了　　**D** 信没寄出

第三部分

第 26-45 题：请选出正确答案。

例如：男：把这个材料复印5份，一会儿拿到会议室发给大家。

　　　女：好的。会议是下午三点吗?

　　　男：改了。三点半。推迟了半个小时。

　　　女：好。602会议室没变吧?

　　　男：对，没变。

　　　问：会议几点开始?

   A 两点   **B** 3点   **C** 3:30 √   **D** 6点

26. **A** 明天来客人 **B** 在整理厨房 **C** 打算搬家 **D** 再跑一会儿

27. **A** 果汁 **B** 冰淇淋 **C** 巧克力 **D** 水果

28. **A** 出国留学 **B** 出租房子 **C** 做事马虎 **D** 会讲笑话

29. **A** 努力工作 **B** 遇事冷静 **C** 十分礼貌 **D** 打算学京剧

30. **A** 电脑坏了 **B** 应聘记者 **C** 爱看报纸 **D** 有责任心

31. **A** 没有朋友 **B** 心情更好 **C** 非常困 **D** 喜欢交流

32. **A** 大学同学 **B** 教女儿的老师 **C** 以前的邻居 **D** 儿子的同事

33. **A** 准备考试 **B** 挂张地图 **C** 阅读杂志 **D** 练习发音

34. **A** 公安局 **B** 国家博物馆 **C** 首都机场 **D** 大使馆

35. **A** 游泳　　　　**B** 爬山　　　　**C** 购物　　　　**D** 加班

36. **A** 很诚实　　　**B** 很无聊　　　**C** 很积极　　　**D** 很孤单

37. **A** 考虑清楚　　**B** 接受任务　　**C** 学会改变　　**D** 原谅自己

38. **A** 蛋糕　　　　**B** 包子　　　　**C** 面条　　　　**D** 饺子

39. **A** 很普通　　　**B** 价格贵　　　**C** 顾客少　　　**D** 在郊区

40. **A** 语法　　　　**B** 声调　　　　**C** 汉字　　　　**D** 词汇

41. **A** 太复杂　　　**B** 很有效果　　**C** 需要耐心　　**D** 很麻烦

42. **A** 很不错　　　**B** 引起竞争　　**C** 赢得同情　　**D** 各有特点

43. **A** 搬桌子　　　**B** 复习重点　　**C** 翻译文章　　**D** 讲故事

44. **A** 甜　　　　　**B** 烫　　　　　**C** 辣　　　　　**D** 咸

45. **A** 很多人都喜欢　**B** 中国人不爱吃　**C** 味道不怎么样　**D** 很难找到川菜馆儿

第一部分

第 46-50 题：选词填空。

    A 饺子   **B** 脏   **C** 粗心   **D** 坚持   **E** 讨论   **F** 陪

例如：她每天都（ **D** ）走路上下班，所以身体一直很不错。

46. 真抱歉，把你的鞋弄（　　　　）了，我不是故意的。

47. 有时候，吃完晚饭，妈妈会（　　　　）着爷爷奶奶去公园散步。

48. 我最喜欢过年，全家人在一起包（　　　　），热闹极了。

49. 大家先看看刚才发的材料，等张经理到了，我们就开始（　　　　）。

50. 她真是太（　　　　）了，竟然连机票都忘记带了。

第 51–55 题：选词填空。

A 安排　　　B 祝贺　　　C 温度　　　D 困难　　　E 压力　　　F 戴

例如：A：今天真冷啊，好像白天最高(C)才2°C。

　　　B：刚才电视里说明天更冷。

51. A：你猜，我给爸爸买了什么生日礼物？

　　 B：难道是帽子？上次他说想要一个夏天( )的帽子。

52. A：小刘，你有什么意见？

　　 B：按照现在的速度，想要在规定时间内完成任务，
　　　 好像有点儿( )。

53. A：哥哥，接下来有什么( )？

　　 B：我想先去上海玩儿几天，时间允许的话，再去一趟杭州。

54. A：您觉得这次比赛为什么会失败？

　　 B：主要是因为我( )大，太想赢了，所以打得很着急。

55. A：( )你获得"最受欢迎男演员奖"。你有什么想对大家说的吗？

　　 B：谢谢大家对我的喜爱和肯定。我会继续努力，演出更多更好的电影。

<h1 style="text-align:center">第二部分</h1>

第 56–65 题：排列顺序。

例如：**A**：可是今天起晚了

     B：平时我骑自行车上下班

     C：所以就打车来公司   <u>**B A C**</u>

56. **A**：不但收入低，还得经常加班，非常辛苦

     B：但那个时候积累了许多经验，为现在打下了很好的基础

     C：我刚毕业参加工作那会儿   __________

57. **A**：盐在生活中有很多用处

     B：用盐水就能很容易擦干净

     C：例如，桌椅上很难擦掉的脏东西   __________

58. **A**：进去后按照票上的座位号入座，谢谢

     B：请大家排好队

     C：同学们，演出马上就要开始了   __________

59. **A**：这段对话谈了好几个方面的问题

     B：因此学生们理解起来很困难

     C：信息量较大，语法点也多   __________

60.　A：并且很多学生填的信息不够详细

　　　B：这次收回来的表格太少

　　　C：你还得发一次，让他们重新填　　　　　　　　__________

61.　A：就是有时词汇上会有点儿小错误

　　　B：但我们交流起来完全没问题

　　　C：她的中文说得很流利　　　　　　　　　　　　__________

62.　A：4年的大学生活很快就要结束了

　　　B：我在这里经历了许多，也学到了许多

　　　C：相信这些都会成为我日后的美好回忆　　　　　__________

63.　A：东边有森林公园

　　　B：我家小区周围的环境非常好

　　　C：我和丈夫晚饭后经常去那里散步　　　　　　　__________

64.　A：这时礼貌的做法就是先给她发条短信

　　　B：担心直接打电话会打扰到她

　　　C：当你想联系一个人，可又不知道她是否有空儿　__________

65.　A：不像现在这么热闹

　　　B：我对这里当然熟悉了，我家原来就住这儿附近

　　　C：不过这里以前比较安静　　　　　　　　　　　__________

第三部分

第 66-85 题：请选出正确答案。

例如：她很活泼，说话很有趣，总能给我们带来快乐，我们都很喜欢和她在一起。

　　★ 她是个什么样的人？

　　A 幽默 √　　　　B 马虎　　　　C 骄傲　　　　D 害羞

66. "百里半九十"这句话的意思是：走一百里，如果没有走到最后，就算走了九十里也跟才走了一半差不多。人们常用这句话鼓励做事一定要坚持到底。

　　★ 这句话想告诉我们的是：

　　A 要多阅读　　　　　　　　B 要按时检查身体
　　C 千万别粗心　　　　　　　D 坚持到最后

67. 她穿了一件粉红色的裙子，害羞地坐在钢琴前面。看起来十分紧张。可一弹起琴来，就像变了一个人，马上放松了下来，并且很自信，弹得也非常专业。

　　★ 她一弹起钢琴就会：

　　A 很紧张　　　　B 很放松　　　　C 有些着急　　　　D 有些担心

68. 有位作家说，去阅读或旅行吧。心和身体必须有一个要在路上。阅读一本好书或者进行一次旅行，会使我们的知识更加丰富，使我们的生活更加精彩。

　　★ "心在路上"是什么意思？

　　A 去阅读　　　　B 出国留学　　　　C 去旅游　　　　D 互相关心

69. 小李最近心情不太好，可能是上次比赛输了，受了影响。你最好找个时间跟他谈一谈，让他不要有压力，鼓励他好好准备下次比赛。

★ 小李：

A 找同学聊天儿　　　　　　B 没通过考试
C 上次比赛失败了　　　　　D 不常在家吃饭

70. 生活中有这样两种人：一种总是看别人怎么生活，另一种喜欢生活给别人看。其实，每个人都有自己的生活，不用羡慕他人，也用不着向别人证明什么，只要用心走好自己的路，幸福就在眼前。

★ 根据这段话，我们应该：

A 要有礼貌　　　　　　　　B 过好自己的生活
C 敢说自己不懂的　　　　　D 主动与人交流

71. 今天下出租车时，由于着急赶时间，我不小心把手机忘在了出租车上。司机发现后马上叫住我，把手机还给了我。

★ 司机叫住他，是为了：

A 让人感动　　　B 更了解自己　　　C 减轻压力　　　D 还他手机

72. 这种植物喜欢阳光，你最好把它放到窗边，多见见太阳，这样它才能长得快，叶子的颜色也会越来越绿。

★ 这种植物：

A 适合放窗边　　　B 不能久放　　　C 很受欢迎　　　D 颜色暗

73. 在自助餐厅里，如果你只坐在那儿等，那你什么都吃不到。你必须站起来
    自己去拿，才能吃饱。生活也一样，什么都不做也就什么都得不到。

    ★ 在生活中，我们要：

    A 打好基础   B 重视过程   C 自己多努力   D 别说气话

74. 对不起，先生，您的行李箱超重了。按照规定，您只能免费带20公斤的行
    李，超重的部分每公斤加收全部票价的2%。

    ★ 根据这段话，超过20公斤的行李：

    A 要检查   B 要收费   C 要先调查   D 要看说明书

75. 很多网站上都说，刷牙时在牙膏上加点儿盐，坚持一段时间，就能使牙变
    白。我打算试试，看看这个方法究竟有没有效。

    ★ "这个方法"指的是：

    A 降低标准   B 商量事情   C 大声说话   D 牙膏上加盐

76. 各位乘客，大家好，感谢大家乘坐此次航班，我们的飞机将于10分钟后降
    落在北京首都国际机场。

    ★ 飞机：

    A 要降落了   B 要起飞了
    C 提前了10分钟   D 推迟了一个小时

77. 有些事情不是看到了希望才去坚持，而是因为坚持了才看到希望。有了前
    面，才有后面的收获，所以千万别放弃。

    ★ 这段话主要告诉我们：

    A 要学会拒绝   B 快速做出判断
    C 坚持才有希望   D 别错过机会

78. 事情的原因和结果往往是互相联系的。如果有一定的原因，那就有一定的结果。有时候有的事情的结果也能当一个事情的原因。

　　★ 根据这段话，事情的发生：

　　A 是有原因的　　　　　　　　B 能丰富感情
　　C 是有过程的　　　　　　　　D 会带来麻烦

79. 人们常说"机会只留给有准备的人"，这句话虽然不假，然而光有准备是不够的，还要主动去找机会，因为机会永远都不是等来的。

　　★ 这段话主要告诉我们，应该：

　　A 开始新生活　　　　　　　　B 让自己更轻松
　　C 别受习惯影响　　　　　　　D 主动去找机会

80–81.

　　从前有一个画家，他在家画了一个虎头，后来听见有人让他画马，他就在虎头上画了马的身子。他告诉大儿子这是虎，告诉二儿子这是马。后来大儿子把人家的马当做虎，打死了。二儿子以为虎是马要骑，被老虎吃掉了。后来人们用"马虎"形容做事粗心。

　　★ 大儿子为什么要打死人家的马?

　　A 不信任画家　　　　　　　　B 以为是老虎
　　C 很害怕骑马　　　　　　　　D 被永远记住

　　★ 画家：

　　A 画了虎头马身　　　　　　　B 画了马头虎身
　　C 受到表扬　　　　　　　　　D 要讲信用

82–83.

随着房价越来越高，很多年轻人要开始购买房车了。房车不仅像标准车给人们的出行带来方便，而且还有房子的功能。在房车里可以放入床、桌椅、沙发等家具设施，还能在里边睡觉、吃饭、上厕所。人们真的能"在生活中出行，在出行中生活"。

★ 房车与标准车的区别是?

A 没地方睡觉　　　　　　　　B 出行更方便
C 有房子的功能　　　　　　　D 无法放家具设施

★ 这个文章主要说明了：

A 标准车的好处　　　　　　　B 幽默的作用
C 房车的特点　　　　　　　　D 旅游的重要性

84–85.

小周，你这个总结写得不错，尤其是公司这一年的发展情况和取得的成绩这两部分，内容很详细。但是还有几个地方需要稍微改一下，比如一些大事的排列顺序等等。我都帮你画出来了，你改完再重新发给我一份。

★ 关于这份总结，可以知道：

A 不够精彩　　　　　　　　　B 没有重点
C 写得不太理想　　　　　　　D 有不准确之处

★ 他希望小周：

A 再改改　　　B 重新写　　　C 参加招聘　　　D 组织活动

三、书 写

第一部分

第 86–95 题：完成句子。

例如：那座桥　　　　800年的　　　　历史　　　　有　　　　了

　　　　那座桥有800年的历史了。

86. 一家　　　　开　　　　对面将来　　　　要　　　　公司

87. 一双筷子　　　　能　　　　帮我　　　　吗　　　　去厨房拿

88. 用得　　　　这个词　　　　准确　　　　不太

89. 一遍　　　　我　　　　把　　　　重新读了　　　　那本杂志

90. 没有　　　　那条新闻　　　　大家的重视　　　　并　　　　引起

91. 剩了　　　　冰箱里　　　　两个　　　　还　　　　鸡蛋

92. 小王　　　　的　　　　这次活动是　　　　由　　　　组织

93. 原来的　　　　新房子的卧室　　　　多了　　　　比　　　　大

94. 手表　　　　盒子　　　　里面　　　　一块儿　　　　有

95. 头　　　　妹妹　　　　害羞　　　　低下了　　　　地

第 96-100 题：看图，用词造句。

例如：   乒乓球   <u>她很喜欢打乒乓球。</u>

96.   到底

97.   抱

98.   响

99.   失望

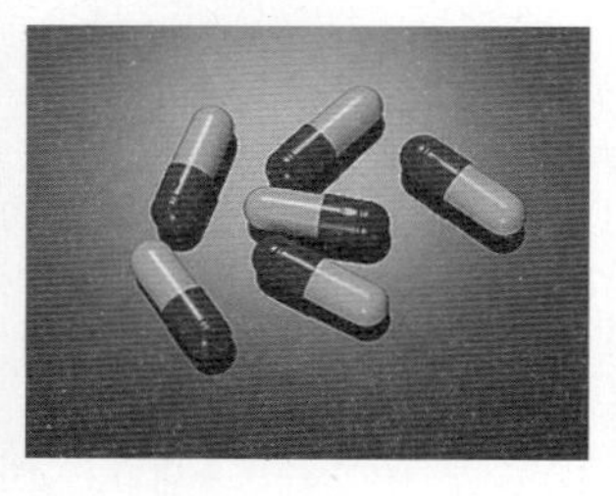

100.   苦

합격 모의고사

정답

一、听力

第一部分	1. √	2. ×	3. ×	4. √	5. √	6. ×	7. ×	8. √	9. ×	10. √
第二部分	11. D	12. B	13. C	14. A	15. B	16. C	17. B	18. D	19. B	20. D
	21. C	22. A	23. A	24. D	25. A					
第三部分	26. D	27. B	28. B	29. A	30. D	31. B	32. C	33. A	34. B	35. C
	36. A	37. C	38. B	39. D	40. A	41. C	42. D	43. A	44. B	45. D

二、阅读

第一部分	46. E	47. C	48. A	49. F	50. B	51. D	52. B	53. E	54. A	55. F
第二部分	56. CAB		57. ACB		58. CAB		59. BAC		60. ACB	
	61. ACB		62. CAB		63. ACB		64. BCA		65. CAB	
第三部分	66. B	67. A	68. D	69. B	70. C	71. B	72. A	73. B	74. C	75. B
	76. D	77. A	78. C	79. D	80. A	81. C	82. D	83. C	84. B	85. D

三、书写

第一部分

86. 我暂时还不打算出差。

87. 夏季外出时要注意保护皮肤。

88. 巧克力都被孙女吃光了。

89. 我妻子是一个十分成熟的人。

90. 我想这恐怕是个误会。

91. 饭后散步对身体有好处。

92. 她的性格没有弟弟活泼。

93. 我听到这消息激动得哭了。

94. 这条裙子稍微有点儿短。

95. 他不得不停下手中的工作。

第二部分

96. ① 她正在擦窗户。

② 请你帮我擦一下窗户。

③ 我帮妈妈擦了这个窗户。

④ 妈妈把这个窗户擦得很干净。

⑤ 妈妈把这个窗户擦了一遍。

97. ① 我特别喜欢逛街。

② 我周末跟朋友一起去逛商店。

③ 我最大的爱好就是逛百货商店。

④ 你明天陪我去逛百货商店吧。

⑤ 我每次逛街的时候心情最好。

98. ① 这个汤有点儿咸。

② 妻子做的汤稍微有点儿咸。

③ 这个汤有点儿咸，不过挺好喝的。

④ 这个汤一点儿也不咸，挺好喝的。

⑤ 这个汤又辣又咸，你也尝一尝吧。

99. ① 公共场所都禁止抽烟。

② 请不要在公共场所抽烟。

③ 为了您和他人的健康，请勿抽烟。

④ 为了您孩子的身心健康，请不要在校园内抽烟。

⑤ 最近禁止抽烟的地方越来越多了。

100. ① 这台笔记本电脑是昨天新买的。

② 这台笔记本电脑是最近最流行的。

③ 这是一台最近很流行的笔记本电脑。

④ 这台笔记本电脑的功能非常多。

⑤ 你看一下这台笔记本电脑怎么样？

一、听力

第一部分	1. √	2. ×	3. √	4. √	5. √	6. ×	7. ×	8. ×	9. √	10. ×
第二部分	11. D	12. B	13. C	14. A	15. B	16. C	17. D	18. B	19. C	20. C
	21. B	22. D	23. A	24. C	25. B					
第三部分	26. D	27. B	28. A	29. C	30. C	31. A	32. D	33. B	34. C	35. D
	36. B	37. D	38. C	39. A	40. B	41. C	42. A	43. D	44. C	45. B

二、阅读

第一部分	46. F	47. A	48. B	49. E	50. C	51. D	52. A	53. F	54. B	55. E
第二部分	56. BAC		57. CAB		58. ACB		59. BCA		60. ABC	
	61. CBA		62. BCA		63. ACB		64. CAB		65. ACB	
第三部分	66. B	67. D	68. C	69. A	70. C	71. A	72. B	73. A	74. C	75. D
	76. C	77. B	78. D	79. B	80. B	81. D	82. B	83. C	84. D	85. B

三、书写

第一部分

86. 墙上挂着一幅山水画。

87. 海洋污染使海鱼数量变得越来越少。

88. 你还需要提供一份总结材料。

89. 我们先把客厅里的沙发搬下去吧。

90. 难道你当时一点儿都不相信吗?

91. 你的动作做得不太标准。

92. 我们之间好像有些误会。

93. 我对明天的面试有信心。

94. 学校将组织大家去参观博物馆。

95. 她出生在一个美丽的小城市。

第二部分

96. ① 她的动作做得很标准。　② 她的动作做得不太标准。

③ 这个动作太难学了!　④ 请你帮我看一下我的动作对不对。

⑤ 我帮你看看你的动作做得怎么样。

97. ① 他准备去外地出差。　② 他乘坐飞机去中国出差。

③ 他今天又得去北京出差。　④ 他几乎每个月都去外地出差。

⑤ 公司派他去美国出差。

98. ① 这个路口禁止左转。　② 下个路口禁止左转。

③ 路上有禁止左转的标志牌。　④ 我看到了禁止左转的标语。

⑤ 我看到了一个禁止左转的标志牌。

99. ① 他们俩的力气都很大。　② 我的力气比他的更大。

③ 我的力气比他的大得多。　④ 我的力气没有他那么大。

⑤ 他是我们公司里力气最大的人。

100. ① 她们俩正在聊天。　② 她们俩很喜欢聊天。

③ 我们俩在沙发上坐着聊天。　④ 我们俩每次聊得很开心。

⑤ 我们俩一有时间就见面聊天。

一、听力

| 第一部分 | 1. √ | 2. × | 3. √ | 4. × | 5. √ | 6. √ | 7. √ | 8. × | 9. √ | 10. × |

| 第二部分 | 11. B | 12. C | 13. D | 14. A | 15. A | 16. D | 17. C | 18. D | 19. A | 20. B |
| 21. C | 22. B | 23. D | 24. D | 25. B |

| 第三部分 | 26. B | 27. A | 28. D | 29. C | 30. C | 31. B | 32. D | 33. A | 34. B | 35. C |
| 36. B | 37. D | 38. A | 39. C | 40. B | 41. D | 42. C | 43. D | 44. B | 45. D |

二、阅读

| 第一部分 | 46. F | 47. A | 48. C | 49. B | 50. E | 51. B | 52. A | 53. F | 54. D | 55. E |

| 第二部分 | 56. BCA | 57. CAB | 58. ACB | 59. BCA | 60. BAC |
| 61. CAB | 62. ABC | 63. CAB | 64. BCA | 65. BAC |

| 第三部分 | 66. B | 67. D | 68. C | 69. A | 70. B | 71. C | 72. B | 73. D | 74. C | 75. A |
| 76. C | 77. B | 78. D | 79. A | 80. D | 81. B | 82. B | 83. D | 84. C | 85. A |

三、书写

第一部分
86. 这能证明他很有实力。
87. 我的收入比去年增加了一倍。
88. 那条新闻并没有引起人们的重视。
89. 这场雨下得真及时。
90. 我爸爸是去年夏天退休的。
91. 冰箱里还剩了两个鸡蛋。
92. 请把这篇文章翻译成英文。
93. 这个事故发生在前年6月份。
94. 我不得不改变原来的计划。
95. 观众对今天的比赛十分失望。

第二部分
96. ① 他早上起来肚子特别难受。
② 他晚上睡觉的时候肚子特别难受。
③ 他中午吃得太多了，肚子非常难受。
④ 他肚子非常难受，要去医院看病。
⑤ 他肚子太难受了，要回家休息休息。

97. ① 这本书我今天看了三十页。
② 这本书太厚了，我只看了三十页。
③ 这本书太厚了，我只看到三十页了。
④ 这本小说到底有多少页？
⑤ 这本小说大概有三百页。

98. ① 她从昨天开始减肥。
② 我最近胖了很多，该减肥了。
③ 为了减肥，我晚上不吃饭。
④ 快到夏天了，很多女性开始减肥。
⑤ 有效的减肥方法就是少吃多运动。

99. ① 我一直很想去长城看看。
② 我打算陪朋友去长城看看。
③ 你陪我去长城看看吧。
④ 我从来没有去过长城。
⑤ 学校组织大家去长城看一看。

100. ① 他运动后出了一身汗。
② 他刚跑了一圈就流了浑身汗。
③ 天很热，我出了很多汗。
④ 你快用毛巾擦一下汗。
⑤ 我一到夏天就流很多汗。

一、听力

第一部分	1. √	2. ×	3. √	4. ×	5. ×	6. ×	7. √	8. √	9. ×	10. √
第二部分	11. C	12. D	13. A	14. C	15. D	16. B	17. C	18. B	19. A	20. B
	21. D	22. C	23. B	24. B	25. D					
第三部分	26. B	27. C	28. A	29. D	30. A	31. C	32. A	33. C	34. B	35. A
	36. C	37. A	38. B	39. D	40. B	41. C	42. C	43. B	44. D	45. A

二、阅读

第一部分	46. F	47. A	48. E	49. C	50. B	51. E	52. B	53. D	54. A	55. F
第二部分	56. CAB		57. BAC		58. ACB		59. CAB		60. BAC	
	61. ACB		62. BCA		63. CBA		64. ACB		65. CBA	
第三部分	66. C	67. B	68. A	69. D	70. B	71. C	72. B	73. D	74. C	75. B
	76. A	77. D	78. A	79. C	80. B	81. A	82. C	83. D	84. A	85. D

三、书写

第一部分

86. 兄弟俩的性格完全不同。

87. 要养成早睡早起的好习惯。

88. 请大家把上节课学过的内容复习一下。

89. 这是一篇关于友情的文章。

90. 方向比速度还重要。

91. 自行车被爷爷推走了。

92. 在加油站附近抽烟非常危险。

93. 请帮我复印几份报名表。

94. 幽默能让谈话变得轻松愉快。

95. 那部电影感动了许多观众。

第二部分

96. ① 这两只小狗有区别吗？

② 这两只小狗有什么区别？

③ 那两只小狗没有区别。

④ 那两只小狗看起来没有什么区别。

⑤ 那两只小狗完全没有什么区别。

97. ① 这条路经常会堵车。

② 这条路堵车堵得很厉害。

③ 上下班时间路上总是堵车。

④ 因为路上堵车，所以我上课迟到了。

⑤ 由于今天路上堵车，我上班迟到了。

98. ① 我要乘坐飞机去中国。

② 我要乘坐飞机去中国出差。

③ 她乘坐的航班马上就要起飞了。

④ 她乘坐的航班提前了二十分钟。

⑤ 她乘坐的飞机推迟了一个小时。

99. ① 这本书值得一看。

② 这本小说值得我们一看。

③ 这本小说很有意思，值得一看。

④ 这本书的内容很丰富，值得我们一看。

⑤ 这本小说很受读者欢迎，值得我们一看。

100. ① 今天的会议大概几点开始？

② 今天的会议大概下午两点开始。

③ 我们大概什么时候可以出发？

④ 我大概一个小时后才能出发。

⑤ 我大概上午十点钟才能到办公室。

一、听力

第一部分									
1. √	2. ×	3. √	4. √	5. ×	6. ×	7. √	8. √	9. ×	10. ×

第二部分									
11. C	12. A	13. D	14. B	15. A	16. C	17. C	18. D	19. B	20. A
21. C	22. A	23. B	24. D	25. C					

第三部分									
26. A	27. C	28. B	29. D	30. A	31. C	32. B	33. A	34. C	35. B
36. C	37. A	38. B	39. D	40. C	41. B	42. A	43. D	44. C	45. A

二、阅读

第一部分									
46. B	47. F	48. A	49. E	50. C	51. F	52. D	53. A	54. E	55. B

第二部分					
56. CAB	57. ACB	58. CBA	59. ACB	60. BAC
61. CAB	62. ABC	63. BAC	64. CBA	65. BCA

第三部分									
66. D	67. B	68. A	69. C	70. B	71. D	72. A	73. C	74. B	75. D
76. A	77. C	78. A	79. D	80. B	81. A	82. C	83. C	84. D	85. A

三、书写

第一部分

86. 对面将来要开一家公司。
87. 能帮我去厨房拿一双筷子吗？
88. 这个词用得不太准确。
89. 我把那本杂志重新读了一遍。
90. 那条新闻并没有引起大家的重视。
91. 冰箱里还剩了两个鸡蛋。
92. 这次活动是由小王组织的。
93. 新房子的卧室比原来的大多了。
94. 盒子里面有一块儿手表。
95. 妹妹害羞地低下了头。

第二部分

96. ① 他现在到底想什么呢？
② 他最近到底发生了什么事？
③ 明天的会议到底几点开始？
④ 明天的研讨会到底几点结束？
⑤ 今天晚上到底看什么电影好呢？

97. ① 她正在抱着三本书。
② 她一个人抱着几本杂志。
③ 她抱着几本书回宿舍。
④ 她抱着小说去图书馆还书。
⑤ 她抱着汉语书去教室上课。

98. ① 谁的手机一直在响呢？
② 你的手机一直在响，快去接吧。
③ 你的手机一直在响，怎么不去接呢？
④ 你的手机响得太吵了，快去接一下。
⑤ 正在开会的时候，我的手机突然响了。

99. ① 她没有通过面试，所以非常失望。
② 她对自己感到很失望。
③ 这次考试的结果让她很失望。
④ 这场比赛的结果让她很失望。
⑤ 考试成绩不理想让她非常失望。

100. ① 这些药太苦了。
② 这些药苦极了，我真不想吃。
③ 这个药虽然很苦，但一定要按时吃。
④ 这个药苦是苦，不过效果很好。
⑤ 这个药没有想像的那么苦。

汉语水平考试 HSK(四级)答题卡

姓名	
中文姓名	

考生序号: [0] [1] [2] [3] [4] [5] [6] [7] [8] [9] (×5)

考点代码	[0] [1] [2] [3] [4] [5] [6] [7] [8] [9] (×7)
国籍	[0] [1] [2] [3] [4] [5] [6] [7] [8] [9] (×3)
年龄	[0] [1] [2] [3] [4] [5] [6] [7] [8] [9] (×2)
性别	男 [1] 女 [2]

注意	请用2B铅笔这样写: ▬

一、听力

1. [√] [×]
2. [√] [×]
3. [√] [×]
4. [√] [×]
5. [√] [×]
6. [√] [×]
7. [√] [×]
8. [√] [×]
9. [√] [×]
10. [√] [×]

11. [A] [B] [C] [D]
12. [A] [B] [C] [D]
13. [A] [B] [C] [D]
14. [A] [B] [C] [D]
15. [A] [B] [C] [D]
16. [A] [B] [C] [D]
17. [A] [B] [C] [D]
18. [A] [B] [C] [D]
19. [A] [B] [C] [D]
20. [A] [B] [C] [D]
21. [A] [B] [C] [D]
22. [A] [B] [C] [D]
23. [A] [B] [C] [D]
24. [A] [B] [C] [D]
25. [A] [B] [C] [D]

26. [A] [B] [C] [D]
27. [A] [B] [C] [D]
28. [A] [B] [C] [D]
29. [A] [B] [C] [D]
30. [A] [B] [C] [D]
31. [A] [B] [C] [D]
32. [A] [B] [C] [D]
33. [A] [B] [C] [D]
34. [A] [B] [C] [D]
35. [A] [B] [C] [D]
36. [A] [B] [C] [D]
37. [A] [B] [C] [D]
38. [A] [B] [C] [D]
39. [A] [B] [C] [D]
40. [A] [B] [C] [D]
41. [A] [B] [C] [D]
42. [A] [B] [C] [D]
43. [A] [B] [C] [D]
44. [A] [B] [C] [D]
45. [A] [B] [C] [D]

二、阅读

46. [A] [B] [C] [D] [E] [F]
47. [A] [B] [C] [D] [E] [F]
48. [A] [B] [C] [D] [E] [F]
49. [A] [B] [C] [D] [E] [F]
50. [A] [B] [C] [D] [E] [F]
51. [A] [B] [C] [D] [E] [F]
52. [A] [B] [C] [D] [E] [F]
53. [A] [B] [C] [D] [E] [F]
54. [A] [B] [C] [D] [E] [F]
55. [A] [B] [C] [D] [E] [F]

56. ___________
57. ___________
58. ___________
59. ___________
60. ___________
61. ___________
62. ___________
63. ___________
64. ___________
65. ___________

66. [A] [B] [C] [D]
67. [A] [B] [C] [D]
68. [A] [B] [C] [D]
69. [A] [B] [C] [D]
70. [A] [B] [C] [D]
71. [A] [B] [C] [D]
72. [A] [B] [C] [D]
73. [A] [B] [C] [D]
74. [A] [B] [C] [D]
75. [A] [B] [C] [D]
76. [A] [B] [C] [D]
77. [A] [B] [C] [D]
78. [A] [B] [C] [D]
79. [A] [B] [C] [D]
80. [A] [B] [C] [D]
81. [A] [B] [C] [D]
82. [A] [B] [C] [D]
83. [A] [B] [C] [D]
84. [A] [B] [C] [D]
85. [A] [B] [C] [D]

86. ____

87. ____

88. ____

89. ____

90. ____

91. ____

92. ____

93. ____

94. ____

95. ____

96. ____

97. ____

98. ____

99. ____

100. ____

汉语水平考试 HSK(四级)答题卡

姓名	
中文姓名	

考点代码

[0] [1] [2] [3] [4] [5] [6] [7] [8] [9]
[0] [1] [2] [3] [4] [5] [6] [7] [8] [9]
[0] [1] [2] [3] [4] [5] [6] [7] [8] [9]
[0] [1] [2] [3] [4] [5] [6] [7] [8] [9]
[0] [1] [2] [3] [4] [5] [6] [7] [8] [9]
[0] [1] [2] [3] [4] [5] [6] [7] [8] [9]
[0] [1] [2] [3] [4] [5] [6] [7] [8] [9]

考生序号

[0] [1] [2] [3] [4] [5] [6] [7] [8] [9]
[0] [1] [2] [3] [4] [5] [6] [7] [8] [9]
[0] [1] [2] [3] [4] [5] [6] [7] [8] [9]
[0] [1] [2] [3] [4] [5] [6] [7] [8] [9]
[0] [1] [2] [3] [4] [5] [6] [7] [8] [9]

国籍

[0] [1] [2] [3] [4] [5] [6] [7] [8] [9]
[0] [1] [2] [3] [4] [5] [6] [7] [8] [9]
[0] [1] [2] [3] [4] [5] [6] [7] [8] [9]

年龄

[0] [1] [2] [3] [4] [5] [6] [7] [8] [9]
[0] [1] [2] [3] [4] [5] [6] [7] [8] [9]

性别　　　　男 [1]　　　　女 [2]

注意　　请用2B铅笔这样写：■

一、听力

1. [√] [×]　　6. [√] [×]　　11. [A] [B] [C] [D]　　16. [A] [B] [C] [D]　　21. [A] [B] [C] [D]
2. [√] [×]　　7. [√] [×]　　12. [A] [B] [C] [D]　　17. [A] [B] [C] [D]　　22. [A] [B] [C] [D]
3. [√] [×]　　8. [√] [×]　　13. [A] [B] [C] [D]　　18. [A] [B] [C] [D]　　23. [A] [B] [C] [D]
4. [√] [×]　　9. [√] [×]　　14. [A] [B] [C] [D]　　19. [A] [B] [C] [D]　　24. [A] [B] [C] [D]
5. [√] [×]　　10. [√] [×]　　15. [A] [B] [C] [D]　　20. [A] [B] [C] [D]　　25. [A] [B] [C] [D]

26. [A] [B] [C] [D]　　31. [A] [B] [C] [D]　　36. [A] [B] [C] [D]　　41. [A] [B] [C] [D]
27. [A] [B] [C] [D]　　32. [A] [B] [C] [D]　　37. [A] [B] [C] [D]　　42. [A] [B] [C] [D]
28. [A] [B] [C] [D]　　33. [A] [B] [C] [D]　　38. [A] [B] [C] [D]　　43. [A] [B] [C] [D]
29. [A] [B] [C] [D]　　34. [A] [B] [C] [D]　　39. [A] [B] [C] [D]　　44. [A] [B] [C] [D]
30. [A] [B] [C] [D]　　35. [A] [B] [C] [D]　　40. [A] [B] [C] [D]　　45. [A] [B] [C] [D]

二、阅读

46. [A] [B] [C] [D] [E] [F]　　51. [A] [B] [C] [D] [E] [F]
47. [A] [B] [C] [D] [E] [F]　　52. [A] [B] [C] [D] [E] [F]
48. [A] [B] [C] [D] [E] [F]　　53. [A] [B] [C] [D] [E] [F]
49. [A] [B] [C] [D] [E] [F]　　54. [A] [B] [C] [D] [E] [F]
50. [A] [B] [C] [D] [E] [F]　　55. [A] [B] [C] [D] [E] [F]

56. ＿＿＿＿－　58. ＿＿＿＿－　60. ＿＿＿＿－　62. ＿＿＿＿－　64. ＿＿＿＿－

57. ＿＿＿＿－　59. ＿＿＿＿－　61. ＿＿＿＿－　63. ＿＿＿＿－　65. ＿＿＿＿－

66. [A] [B] [C] [D]　　71. [A] [B] [C] [D]　　76. [A] [B] [C] [D]　　81. [A] [B] [C] [D]
67. [A] [B] [C] [D]　　72. [A] [B] [C] [D]　　77. [A] [B] [C] [D]　　82. [A] [B] [C] [D]
68. [A] [B] [C] [D]　　73. [A] [B] [C] [D]　　78. [A] [B] [C] [D]　　83. [A] [B] [C] [D]
69. [A] [B] [C] [D]　　74. [A] [B] [C] [D]　　79. [A] [B] [C] [D]　　84. [A] [B] [C] [D]
70. [A] [B] [C] [D]　　75. [A] [B] [C] [D]　　80. [A] [B] [C] [D]　　85. [A] [B] [C] [D]

86. ____

87. ____

88. ____

89. ____

90. ____

91. ____

92. ____

93. ____

94. ____

95. ____

96. ____

97. ____

98. ____

99. ____

100. ____

汉语水平考试 HSK(四级)答题卡

姓名	
中文姓名	

考点代码
国籍
年龄
性别　　　男 [1]　　　　女 [2]

考生序号

注意　　请用2B铅笔这样写：■

一、听力

1. [√] [×]   6. [√] [×]   11. [A] [B] [C] [D]   16. [A] [B] [C] [D]   21. [A] [B] [C] [D]
2. [√] [×]   7. [√] [×]   12. [A] [B] [C] [D]   17. [A] [B] [C] [D]   22. [A] [B] [C] [D]
3. [√] [×]   8. [√] [×]   13. [A] [B] [C] [D]   18. [A] [B] [C] [D]   23. [A] [B] [C] [D]
4. [√] [×]   9. [√] [×]   14. [A] [B] [C] [D]   19. [A] [B] [C] [D]   24. [A] [B] [C] [D]
5. [√] [×]   10. [√] [×]   15. [A] [B] [C] [D]   20. [A] [B] [C] [D]   25. [A] [B] [C] [D]

26. [A] [B] [C] [D]   31. [A] [B] [C] [D]   36. [A] [B] [C] [D]   41. [A] [B] [C] [D]
27. [A] [B] [C] [D]   32. [A] [B] [C] [D]   37. [A] [B] [C] [D]   42. [A] [B] [C] [D]
28. [A] [B] [C] [D]   33. [A] [B] [C] [D]   38. [A] [B] [C] [D]   43. [A] [B] [C] [D]
29. [A] [B] [C] [D]   34. [A] [B] [C] [D]   39. [A] [B] [C] [D]   44. [A] [B] [C] [D]
30. [A] [B] [C] [D]   35. [A] [B] [C] [D]   40. [A] [B] [C] [D]   45. [A] [B] [C] [D]

二、阅读

46. [A] [B] [C] [D] [E] [F]   51. [A] [B] [C] [D] [E] [F]
47. [A] [B] [C] [D] [E] [F]   52. [A] [B] [C] [D] [E] [F]
48. [A] [B] [C] [D] [E] [F]   53. [A] [B] [C] [D] [E] [F]
49. [A] [B] [C] [D] [E] [F]   54. [A] [B] [C] [D] [E] [F]
50. [A] [B] [C] [D] [E] [F]   55. [A] [B] [C] [D] [E] [F]

56. ______   58. ______   60. ______   62. ______   64. ______

57. ______   59. ______   61. ______   63. ______   65. ______

66. [A] [B] [C] [D]   71. [A] [B] [C] [D]   76. [A] [B] [C] [D]   81. [A] [B] [C] [D]
67. [A] [B] [C] [D]   72. [A] [B] [C] [D]   77. [A] [B] [C] [D]   82. [A] [B] [C] [D]
68. [A] [B] [C] [D]   73. [A] [B] [C] [D]   78. [A] [B] [C] [D]   83. [A] [B] [C] [D]
69. [A] [B] [C] [D]   74. [A] [B] [C] [D]   79. [A] [B] [C] [D]   84. [A] [B] [C] [D]
70. [A] [B] [C] [D]   75. [A] [B] [C] [D]   80. [A] [B] [C] [D]   85. [A] [B] [C] [D]

86. ____

87. ____

88. ____

89. ____

90. ____

91. ____

92. ____

93. ____

94. ____

95. ____

96. ____

97. ____

98. ____

99. ____

100. ____

汉语水平考试 HSK(四级)答题卡

姓名	
中文姓名	

考生序号: [0] [1] [2] [3] [4] [5] [6] [7] [8] [9]

考点代码: [0] [1] [2] [3] [4] [5] [6] [7] [8] [9]

国籍: [0] [1] [2] [3] [4] [5] [6] [7] [8] [9]

年龄: [0] [1] [2] [3] [4] [5] [6] [7] [8] [9]

性别: 男 [1]　　　女 [2]

注意　请用2B铅笔这样写：■

一、听力

1. [✓] [✗]　　6. [✓] [✗]　　11. [A] [B] [C] [D]　　16. [A] [B] [C] [D]　　21. [A] [B] [C] [D]
2. [✓] [✗]　　7. [✓] [✗]　　12. [A] [B] [C] [D]　　17. [A] [B] [C] [D]　　22. [A] [B] [C] [D]
3. [✓] [✗]　　8. [✓] [✗]　　13. [A] [B] [C] [D]　　18. [A] [B] [C] [D]　　23. [A] [B] [C] [D]
4. [✓] [✗]　　9. [✓] [✗]　　14. [A] [B] [C] [D]　　19. [A] [B] [C] [D]　　24. [A] [B] [C] [D]
5. [✓] [✗]　　10. [✓] [✗]　　15. [A] [B] [C] [D]　　20. [A] [B] [C] [D]　　25. [A] [B] [C] [D]

26. [A] [B] [C] [D]　　31. [A] [B] [C] [D]　　36. [A] [B] [C] [D]　　41. [A] [B] [C] [D]
27. [A] [B] [C] [D]　　32. [A] [B] [C] [D]　　37. [A] [B] [C] [D]　　42. [A] [B] [C] [D]
28. [A] [B] [C] [D]　　33. [A] [B] [C] [D]　　38. [A] [B] [C] [D]　　43. [A] [B] [C] [D]
29. [A] [B] [C] [D]　　34. [A] [B] [C] [D]　　39. [A] [B] [C] [D]　　44. [A] [B] [C] [D]
30. [A] [B] [C] [D]　　35. [A] [B] [C] [D]　　40. [A] [B] [C] [D]　　45. [A] [B] [C] [D]

二、阅读

46. [A] [B] [C] [D] [E] [F]　　51. [A] [B] [C] [D] [E] [F]
47. [A] [B] [C] [D] [E] [F]　　52. [A] [B] [C] [D] [E] [F]
48. [A] [B] [C] [D] [E] [F]　　53. [A] [B] [C] [D] [E] [F]
49. [A] [B] [C] [D] [E] [F]　　54. [A] [B] [C] [D] [E] [F]
50. [A] [B] [C] [D] [E] [F]　　55. [A] [B] [C] [D] [E] [F]

56. ＿＿＿＿　58. ＿＿＿＿　60. ＿＿＿＿　62. ＿＿＿＿　64. ＿＿＿＿

57. ＿＿＿＿　59. ＿＿＿＿　61. ＿＿＿＿　63. ＿＿＿＿　65. ＿＿＿＿

66. [A] [B] [C] [D]　　71. [A] [B] [C] [D]　　76. [A] [B] [C] [D]　　81. [A] [B] [C] [D]
67. [A] [B] [C] [D]　　72. [A] [B] [C] [D]　　77. [A] [B] [C] [D]　　82. [A] [B] [C] [D]
68. [A] [B] [C] [D]　　73. [A] [B] [C] [D]　　78. [A] [B] [C] [D]　　83. [A] [B] [C] [D]
69. [A] [B] [C] [D]　　74. [A] [B] [C] [D]　　79. [A] [B] [C] [D]　　84. [A] [B] [C] [D]
70. [A] [B] [C] [D]　　75. [A] [B] [C] [D]　　80. [A] [B] [C] [D]　　85. [A] [B] [C] [D]

86. ____

87. ____

88. ____

89. ____

90. ____

91. ____

92. ____

93. ____

94. ____

95. ____

96. ____

97. ____

98. ____

99. ____

100. ____

汉语水平考试 HSK(四级)答题卡

姓名	
中文姓名	

考点代码
[0] [1] [2] [3] [4] [5] [6] [7] [8] [9]
[0] [1] [2] [3] [4] [5] [6] [7] [8] [9]
[0] [1] [2] [3] [4] [5] [6] [7] [8] [9]
[0] [1] [2] [3] [4] [5] [6] [7] [8] [9]
[0] [1] [2] [3] [4] [5] [6] [7] [8] [9]
[0] [1] [2] [3] [4] [5] [6] [7] [8] [9]
[0] [1] [2] [3] [4] [5] [6] [7] [8] [9]

考生序号
[0] [1] [2] [3] [4] [5] [6] [7] [8] [9]
[0] [1] [2] [3] [4] [5] [6] [7] [8] [9]
[0] [1] [2] [3] [4] [5] [6] [7] [8] [9]
[0] [1] [2] [3] [4] [5] [6] [7] [8] [9]
[0] [1] [2] [3] [4] [5] [6] [7] [8] [9]

国籍
[0] [1] [2] [3] [4] [5] [6] [7] [8] [9]
[0] [1] [2] [3] [4] [5] [6] [7] [8] [9]
[0] [1] [2] [3] [4] [5] [6] [7] [8] [9]

年龄
[0] [1] [2] [3] [4] [5] [6] [7] [8] [9]
[0] [1] [2] [3] [4] [5] [6] [7] [8] [9]

性别　　男 [1]　　　女 [2]

注意　　请用2B铅笔这样写：■

一、听力

1. [✓] [✕]　　6. [✓] [✕]　　11. [A] [B] [C] [D]　　16. [A] [B] [C] [D]　　21. [A] [B] [C] [D]
2. [✓] [✕]　　7. [✓] [✕]　　12. [A] [B] [C] [D]　　17. [A] [B] [C] [D]　　22. [A] [B] [C] [D]
3. [✓] [✕]　　8. [✓] [✕]　　13. [A] [B] [C] [D]　　18. [A] [B] [C] [D]　　23. [A] [B] [C] [D]
4. [✓] [✕]　　9. [✓] [✕]　　14. [A] [B] [C] [D]　　19. [A] [B] [C] [D]　　24. [A] [B] [C] [D]
5. [✓] [✕]　　10. [✓] [✕]　　15. [A] [B] [C] [D]　　20. [A] [B] [C] [D]　　25. [A] [B] [C] [D]

26. [A] [B] [C] [D]　　31. [A] [B] [C] [D]　　36. [A] [B] [C] [D]　　41. [A] [B] [C] [D]
27. [A] [B] [C] [D]　　32. [A] [B] [C] [D]　　37. [A] [B] [C] [D]　　42. [A] [B] [C] [D]
28. [A] [B] [C] [D]　　33. [A] [B] [C] [D]　　38. [A] [B] [C] [D]　　43. [A] [B] [C] [D]
29. [A] [B] [C] [D]　　34. [A] [B] [C] [D]　　39. [A] [B] [C] [D]　　44. [A] [B] [C] [D]
30. [A] [B] [C] [D]　　35. [A] [B] [C] [D]　　40. [A] [B] [C] [D]　　45. [A] [B] [C] [D]

二、阅读

46. [A] [B] [C] [D] [E] [F]　　51. [A] [B] [C] [D] [E] [F]
47. [A] [B] [C] [D] [E] [F]　　52. [A] [B] [C] [D] [E] [F]
48. [A] [B] [C] [D] [E] [F]　　53. [A] [B] [C] [D] [E] [F]
49. [A] [B] [C] [D] [E] [F]　　54. [A] [B] [C] [D] [E] [F]
50. [A] [B] [C] [D] [E] [F]　　55. [A] [B] [C] [D] [E] [F]

56. ＿＿＿＿－＿＿＿　58. ＿＿＿＿－＿＿＿　60. ＿＿＿＿－＿＿＿　62. ＿＿＿＿－＿＿＿　64. ＿＿＿＿－＿＿＿

57. ＿＿＿＿－＿＿＿　59. ＿＿＿＿－＿＿＿　61. ＿＿＿＿－＿＿＿　63. ＿＿＿＿－＿＿＿　65. ＿＿＿＿－＿＿＿

66. [A] [B] [C] [D]　　71. [A] [B] [C] [D]　　76. [A] [B] [C] [D]　　81. [A] [B] [C] [D]
67. [A] [B] [C] [D]　　72. [A] [B] [C] [D]　　77. [A] [B] [C] [D]　　82. [A] [B] [C] [D]
68. [A] [B] [C] [D]　　73. [A] [B] [C] [D]　　78. [A] [B] [C] [D]　　83. [A] [B] [C] [D]
69. [A] [B] [C] [D]　　74. [A] [B] [C] [D]　　79. [A] [B] [C] [D]　　84. [A] [B] [C] [D]
70. [A] [B] [C] [D]　　75. [A] [B] [C] [D]　　80. [A] [B] [C] [D]　　85. [A] [B] [C] [D]

86. ______________________________________

87. ______________________________________

88. ______________________________________

89. ______________________________________

90. ______________________________________

91. ______________________________________

92. ______________________________________

93. ______________________________________

94. ______________________________________

95. ______________________________________

96. ______________________________________

97. ______________________________________

98. ______________________________________

99. ______________________________________

100.

전공략 新HSK 두달에 급수 따기 시리즈

- 현장 강사의 **경험**에 기초한 **출제 경향 분석**
- 시험 경향에 바탕을 둔 **풍부한 예제**
- **체계적인 학습 프로그램** 제공
- 新HSK 전문가의 **공략 비법 제시**
- 문제 유형별 **빈출 어휘 비법 노트**에 정리
- 실제 시험 **난이도에 맞춘 실전 모의고사**
- 핵심을 짚어주는 **해설집 제공**
- 급수별 **만점 단어 수록**

『전공략 新HSK 두달에 급수 따기』는
본책, 해설집, 실전 모의고사로 구성된 新HSK 종합서입니다.

전공략 新HSK 두달에 3급 따기

구성
본책+해설집
+실전 모의고사 1회
+MP3 CD 1장
+3급 만점 단어 600

저자 · 김지현

전공략 新HSK 두달에 4급 따기

구성
본책+해설집
+실전 모의고사 1회
+MP3 CD 1장
+4급 만점 단어 1200

저자 · 김미나

전공략 新HSK 두달에 5급 따기

구성
본책+해설집
+실전 모의고사 1회
+MP3 CD 1장
+5급 만점 단어 1300

저자 · 장미라

전공략 新HSK 두달에 6급 따기

구성
본책+해설집
+실전 모의고사 1회
+MP3 CD 1장
+6급 만점 단어 1500

저자 · 차오진옌
번역 · 박정순 · 권연은

4급 전공략 新HSK 원패스 합격모의고사

1. 최신 출제 경향과 난이도를 최대 반영한 모의고사 5세트
2. 新HSK 전문 강사의 합격 전략 무료 동영상 강의
3. 영역별 맞춤 해설로 학습 시간 down, 학습 효과 up!
4. 명쾌한 비법 합격 전략 D-5
5. 2013 한반(汉办) 개정 단어를 수록한 합격 보카 및 확인 학습
6. 듣기 영역의 문제별·속도별 MP3 파일 제공
7. 취약점 보완을 위한 트레이닝 북 무료 다운로드

전공략 新HSK
합격 보카 4급
1200

2013 한반(汉办) 개정 단어 완벽 대비
'중국어-한국어'가 녹음된 MP3 파일 무료 다운로드
실력 점검을 위한 확인 학습 제공

JRC중국어연구소 기획 · 저

MP3 파일 무료 다운로드
www.booksJRC.com

JRC 북스

전공략 新HSK 합격 보카 4급 1200

JRC중국어연구소 기획·저

JRC북스

전공략 新HSK
합격 보카 4급
1200

기획·저	JRC 중국어연구소
발행인	김효정
발행처	JRC 북스
등록번호	제300-2002-42호
편집	최정임 l 이소연 l 김소연
디자인	신은지 l 최여랑
영업	김영한
홍보	이지연
웹마케팅	오준석 l 김희영

주소	JRC 북스 서울 강남구 테헤란로 109, 3층
전화	구입 문의 02.567.3861 l 02.567.3837
	내용 문의 02.567.3860
팩스	02.567.2471
홈페이지	www.booksJRC.com

합격 보카 4급 1200, 이렇게 학습하세요!

합격 보카는 40일 완성으로, 〈단어 학습 → 확인 학습〉의 학습과 복습이 가능하도록 체계적으로 구성되어 있습니다.

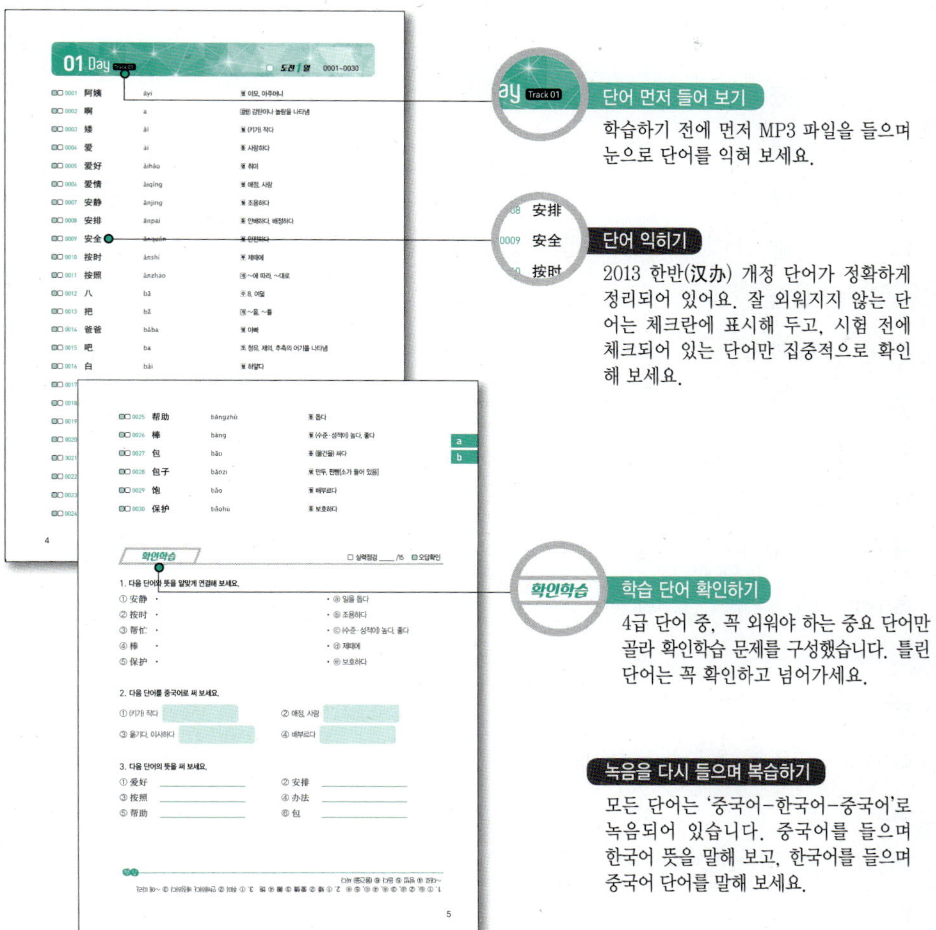

단어 먼저 들어 보기

학습하기 전에 먼저 MP3 파일을 들으며 눈으로 단어를 익혀 보세요.

단어 익히기

2013 한반(汉办) 개정 단어가 정확하게 정리되어 있어요. 잘 외워지지 않는 단어는 체크란에 표시해 두고, 시험 전에 체크되어 있는 단어만 집중적으로 확인해 보세요.

학습 단어 확인하기

4급 단어 중, 꼭 외워야 하는 중요 단어만 골라 확인학습 문제를 구성했습니다. 틀린 단어는 꼭 확인하고 넘어가세요.

녹음을 다시 들으며 복습하기

모든 단어는 '중국어-한국어-중국어'로 녹음되어 있습니다. 중국어를 들으며 한국어 뜻을 말해 보고, 한국어를 들으며 중국어 단어를 말해 보세요.

『전공략 新HSK 합격 보카 4급 1200』의 MP3 파일은 JRC북스 홈페이지(www.booksJRC.com)에서 무료로 다운로드 할 수 있습니다.

☐☐ 0001	阿姨	āyí	몡 이모, 아주머니
☐☐ 0002	啊	a	갑탄 감탄이나 놀람을 나타냄
☐☐ 0003	矮	ǎi	혱 (키가) 작다
☐☐ 0004	爱	ài	동 사랑하다
☐☐ 0005	爱好	àihào	몡 취미
☐☐ 0006	爱情	àiqíng	몡 애정, 사랑
☐☐ 0007	安静	ānjìng	혱 조용하다
☐☐ 0008	安排	ānpái	동 안배하다, 배정하다
☐☐ 0009	安全	ānquán	혱 안전하다
☐☐ 0010	按时	ànshí	붐 제때에
☐☐ 0011	按照	ànzhào	갸 ~에 따라, ~대로
☐☐ 0012	八	bā	쉬 8, 여덟
☐☐ 0013	把	bǎ	갸 ~을, ~를
☐☐ 0014	爸爸	bàba	몡 아빠
☐☐ 0015	吧	ba	조 청유, 제의, 추측의 어기를 나타냄
☐☐ 0016	白	bái	혱 하얗다
☐☐ 0017	百	bǎi	쉬 100, 백
☐☐ 0018	百分之	bǎifēnzhī	퍼센트
☐☐ 0019	班	bān	몡 반, 학급
☐☐ 0020	搬	bān	동 옮기다, 이사하다
☐☐ 0021	办法	bànfǎ	몡 방법
☐☐ 0022	办公室	bàngōngshì	몡 사무실
☐☐ 0023	半	bàn	쉬 1/2, 절반
☐☐ 0024	帮忙	bāngmáng	동 일을 돕다

☐☐ 0025	**帮助**	bāngzhù		동	돕다
☐☐ 0026	**棒**	bàng		형	(수준·성적이) 높다, 좋다
☐☐ 0027	**包**	bāo		동	(물건을) 싸다
☐☐ 0028	**包子**	bāozi		명	만두, 찐빵[소가 들어 있음]
☐☐ 0029	**饱**	bǎo		형	배부르다
☐☐ 0030	**保护**	bǎohù		동	보호하다

확인학습

☐ 실력점검 _____ /15   ☐ 오답확인

1. 다음 단어와 뜻을 알맞게 연결해 보세요.

① 安静 ·
② 按时 ·
③ 帮忙 ·
④ 棒 ·
⑤ 保护 ·

· ⓐ 일을 돕다
· ⓑ 조용하다
· ⓒ (수준·성적이) 높다, 좋다
· ⓓ 제때에
· ⓔ 보호하다

2. 다음 단어를 중국어로 써 보세요.

① (키가) 작다
② 애정, 사랑
③ 옮기다, 이사하다
④ 배부르다

3. 다음 단어의 뜻을 써 보세요.

① 爱好 _______
② 安排 _______
③ 按照 _______
④ 办法 _______
⑤ 帮助 _______
⑥ 包 _______

□□ 0031	保证	bǎozhèng	통 보장하다, 보증하다
□□ 0032	报名	bàomíng	통 신청하다
□□ 0033	报纸	bàozhǐ	명 신문
□□ 0034	抱	bào	통 안다, 포옹하다
□□ 0035	抱歉	bàoqiàn	통 미안해하다
□□ 0036	杯子	bēizi	명 잔, 컵
□□ 0037	北方	běifāng	명 북방, 북부
□□ 0038	北京	Běijīng	고유 베이징
□□ 0039	倍	bèi	양 배, 곱절
□□ 0040	被	bèi	개 ~에 의해[피동]
□□ 0041	本	běn	양 권[책을 세는 단위]
□□ 0042	本来	běnlái	부 본래, 원래
□□ 0043	笨	bèn	형 멍청하다, 어리석다
□□ 0044	鼻子	bízi	명 코
□□ 0045	比	bǐ	개 ~보다　통 비교하다
□□ 0046	比较	bǐjiào	부 비교적　통 비교하다
□□ 0047	比如	bǐrú	접 예를 들어
□□ 0048	比赛	bǐsài	명 경기, 시합
□□ 0049	笔记本	bǐjìběn	명 수첩
□□ 0050	必须	bìxū	부 반드시, 꼭
□□ 0051	毕业	bìyè	통 졸업하다
□□ 0052	变化	biànhuà	명 변화　통 변화하다, 달라지다
□□ 0053	遍	biàn	양 번, 차례
□□ 0054	标准	biāozhǔn	명 표준, 기준

☐☐ 0055	**表格**	biǎogé	명	표, 양식, 서식
☐☐ 0056	**表示**	biǎoshì	동	표시하다, 드러내다
☐☐ 0057	**表演**	biǎoyǎn	동	공연하다
☐☐ 0058	**表扬**	biǎoyáng	동	칭찬하다
☐☐ 0059	**别**	bié	부	~하지 마라
☐☐ 0060	**别人**	biéren	명	다른 사람

확인학습

☐ 실력점검 _____ /15　　☐ 오답확인

1. 다음 단어와 뜻을 알맞게 연결해 보세요.

① 保证　·　　　　　　　　　　· ⓐ 본래, 원래

② 被　·　　　　　　　　　　· ⓑ 보장하다, 보증하다

③ 本来　·　　　　　　　　　　· ⓒ 표시하다, 드러내다

④ 表示　·　　　　　　　　　　· ⓓ ~에 의해[피동]

⑤ 比如　·　　　　　　　　　　· ⓔ 예를 들어

2. 다음 단어를 중국어로 써 보세요.

① 신문 ________　　② 배, 곱절 ________

③ 경기, 시합 ________　　④ 졸업하다 ________

3. 다음 단어의 뜻을 써 보세요.

① 抱歉 ________　　② 比较 ________

③ 必须 ________　　④ 变化 ________

⑤ 标准 ________　　⑥ 表扬 ________

□□ 0061	宾馆	bīnguǎn	명 호텔
□□ 0062	冰箱	bīngxiāng	명 냉장고
□□ 0063	饼干	bǐnggān	명 과자
□□ 0064	并且	bìngqiě	접 게다가, 또한
□□ 0065	博士	bóshì	명 박사
□□ 0066	不	bù	부 부정을 나타냄
□□ 0067	不但…而且…	búdàn…érqiě…	접 ~뿐만 아니라 게다가
□□ 0068	不得不	bùdébù	부 부득이하게, 어쩔 수 없이
□□ 0069	不管	bùguǎn	접 ~에 관계없이
□□ 0070	不过	búguò	접 그러나, 하지만
□□ 0071	不仅	bùjǐn	접 ~뿐만 아니라
□□ 0072	不客气	bú kèqi	천만에요
□□ 0073	部分	bùfen	명 부분
□□ 0074	擦	cā	동 닦다, 문지르다
□□ 0075	猜	cāi	동 추측하다
□□ 0076	材料	cáiliào	명 재료
□□ 0077	菜	cài	명 채소, 요리
□□ 0078	菜单	càidān	명 메뉴
□□ 0079	参观	cānguān	동 참관하다, 시찰하다
□□ 0080	参加	cānjiā	동 참가하다
□□ 0081	餐厅	cāntīng	명 식당
□□ 0082	草	cǎo	명 풀
□□ 0083	厕所	cèsuǒ	명 화장실
□□ 0084	层	céng	양 층[건물의 층을 세는 단위]

☐☐ 0085	茶	chá	몡 차
☐☐ 0086	差	chà	혱 나쁘다 동 부족하다
☐☐ 0087	差不多	chàbuduō	혱 비슷하다 부 대체로, 거의
☐☐ 0088	长	cháng	혱 길다
☐☐ 0089	长城	Chángchéng	고유 만리장성
☐☐ 0090	长江	Chángjiāng	고유 장강

확인학습

☐ 실력점검 _____ /15 ☐ 오답확인

1. 다음 단어와 뜻을 알맞게 연결해 보세요.

① 并且 ·
② 不管 ·
③ 材料 ·
④ 层 ·
⑤ 差 ·

· ⓐ 재료
· ⓑ 층
· ⓒ 게다가, 또한
· ⓓ 나쁘다, 부족하다
· ⓔ ~에 관계없이

2. 다음 단어를 중국어로 써 보세요.

① 냉장고 __________
② 부득이하게 __________
③ 닦다, 문지르다 __________
④ 참가하다 __________

3. 다음 단어의 뜻을 써 보세요.

① 宾馆 __________
② 不但…而且… __________
③ 不仅 __________
④ 猜 __________
⑤ 参观 __________
⑥ 餐厅 __________

☐☐ 0091	尝	cháng	동 맛보다
☐☐ 0092	场	chǎng	양 번, 차례[문예·오락·체육 활동 등에 쓰임]
☐☐ 0093	唱歌	chànggē	동 노래 부르다
☐☐ 0094	超过	chāoguò	동 초과하다
☐☐ 0095	超市	chāoshì	명 슈퍼마켓, 마트
☐☐ 0096	衬衫	chènshān	명 셔츠, 블라우스
☐☐ 0097	成功	chénggōng	동 성공하다
☐☐ 0098	成绩	chéngjì	명 성적
☐☐ 0099	成为	chéngwéi	동 ～이 되다
☐☐ 0100	诚实	chéngshí	형 성실하다, 진실하다
☐☐ 0101	城市	chéngshì	명 도시
☐☐ 0102	乘坐	chéngzuò	동 (차·배 등을) 타다
☐☐ 0103	吃	chī	동 먹다
☐☐ 0104	吃惊	chījīng	동 놀라다
☐☐ 0105	迟到	chídào	동 지각하다
☐☐ 0106	重新	chóngxīn	부 다시, 재차
☐☐ 0107	抽烟	chōuyān	동 담배를 피우다
☐☐ 0108	出	chū	동 (안에서 밖으로) 나다, 내다
☐☐ 0109	出差	chūchāi	동 출장 가다
☐☐ 0110	出发	chūfā	동 출발하다
☐☐ 0111	出生	chūshēng	동 출생하다
☐☐ 0112	出现	chūxiàn	동 출현하다, 나타나다
☐☐ 0113	出租车	chūzūchē	명 택시
☐☐ 0114	除了	chúle	개 ～을 제외하고

☐☐ 0115	**厨房**	chúfáng	몡 주방
☐☐ 0116	**穿**	chuān	통 (옷·신발 등을) 입다, 신다
☐☐ 0117	**传真**	chuánzhēn	몡 팩스
☐☐ 0118	**船**	chuán	몡 배
☐☐ 0119	**窗户**	chuānghu	몡 창문
☐☐ 0120	**春**	chūn	몡 봄

확인학습

☐ 실력점검 _____ /15   ☐ 오답확인

1. 다음 단어와 뜻을 알맞게 연결해 보세요.

① 场　•　　　　　　　　　　• ⓐ 번, 차례

② 成为　•　　　　　　　　　• ⓑ (차·배 등을) 타다

③ 乘坐　•　　　　　　　　　• ⓒ ~이 되다

④ 重新　•　　　　　　　　　• ⓓ ~을 제외하고

⑤ 除了　•　　　　　　　　　• ⓔ 다시, 재차

2. 다음 단어를 중국어로 써 보세요.

① 맛보다 　　　　　　　② 성적

③ 지각하다 　　　　　　④ 출발하다

3. 다음 단어의 뜻을 써 보세요.

① 超过 ______________　② 成功 ______________

③ 诚实 ______________　④ 城市 ______________

⑤ 吃惊 ______________　⑥ 抽烟 ______________

☐☐ 0121	词典	cídiǎn	몡 사전
☐☐ 0122	词语	cíyǔ	몡 어휘, 단어
☐☐ 0123	次	cì	양 번, 차례[횟수를 세는 단위]
☐☐ 0124	聪明	cōngming	혱 똑똑하다
☐☐ 0125	从	cóng	꽤 ~로부터
☐☐ 0126	从来	cónglái	뷔 여태껏, 지금까지
☐☐ 0127	粗心	cūxīn	혱 세심하지 못하다
☐☐ 0128	存	cún	동 저축하다, 보존하다
☐☐ 0129	错	cuò	혱 틀리다
☐☐ 0130	错误	cuòwù	몡 착오, 잘못
☐☐ 0131	答案	dá'àn	몡 답안
☐☐ 0132	打扮	dǎban	동 꾸미다, 단장하다
☐☐ 0133	打电话	dǎ diànhuà	전화를 걸다
☐☐ 0134	打篮球	dǎ lánqiú	농구를 하다
☐☐ 0135	打扰	dǎrǎo	동 방해하다
☐☐ 0136	打扫	dǎsǎo	동 청소하다
☐☐ 0137	打算	dǎsuan	동 ~할 생각이다, 계획하다
☐☐ 0138	打印	dǎyìn	동 프린트하다
☐☐ 0139	打招呼	dǎ zhāohu	동 인사하다
☐☐ 0140	打折	dǎzhé	동 할인하다
☐☐ 0141	打针	dǎzhēn	동 주사를 놓다
☐☐ 0142	大	dà	혱 크다
☐☐ 0143	大概	dàgài	뷔 대략, 아마
☐☐ 0144	大家	dàjiā	때 모두, 모든 사람

□□ 0145	**大使馆**	dàshǐguǎn	몡 대사관
□□ 0146	**大约**	dàyuē	튄 대략, 대충
□□ 0147	**大夫**	dàifu	몡 의사
□□ 0148	**带**	dài	몡 띠, 벨트 통 휴대하다, 데리고 가다
□□ 0149	**戴**	dài	통 착용하다, 쓰다, 끼다
□□ 0150	**担心**	dānxīn	통 걱정하다, 염려하다

확인학습

□ 실력점검 _____ /15 ■ 오답확인

1. 다음 단어와 뜻을 알맞게 연결해 보세요.

① 词语 •

② 打扰 •

③ 打招呼 •

④ 大概 •

⑤ 答案 •

• ⓐ 답안

• ⓑ 인사하다

• ⓒ 어휘, 단어

• ⓓ 대략, 아마

• ⓔ 방해하다

2. 다음 단어를 중국어로 써 보세요.

① 착오, 잘못 ______

② 꾸미다, 단장하다 ______

③ 청소하다 ______

④ 할인하다 ______

3. 다음 단어의 뜻을 써 보세요.

① 从来 ______

② 粗心 ______

③ 打算 ______

④ 大约 ______

⑤ 带 ______

⑥ 戴 ______

06 Day `Track 06`

☐☐ 0151	蛋糕	dàngāo	명 케이크
☐☐ 0152	当	dāng	동 되다, 맡다
☐☐ 0153	当然	dāngrán	형 당연하다, 물론이다
☐☐ 0154	当时	dāngshí	명 당시, 그때
☐☐ 0155	刀	dāo	명 칼
☐☐ 0156	导游	dǎoyóu	명 가이드
☐☐ 0157	到	dào	개 ~까지　동 도착하다
☐☐ 0158	到处	dàochù	부 도처에, 곳곳에
☐☐ 0159	到底	dàodǐ	부 도대체
☐☐ 0160	倒	dào	부 오히려, 도리어　*dǎo 동 쓰러지다, 넘어지다
☐☐ 0161	道歉	dàoqiàn	동 사과하다
☐☐ 0162	得意	déyì	형 득의하다, 만족하다
☐☐ 0163	地	de	조 동사 앞에서 부사어를 연결함
☐☐ 0164	的	de	조 명사 앞에서 관형어를 연결함
☐☐ 0165	得	de	조 동사와 형용사 뒤에서 정도와 가능을 보충함
☐☐ 0166	得	děi	조동 마땅히 ~해야 한다
☐☐ 0167	灯	dēng	명 등
☐☐ 0168	登机牌	dēngjīpái	명 탑승권
☐☐ 0169	等	děng	조 등, 따위[명사 나열 후 한정을 나타냄]
☐☐ 0170	等	děng	동 기다리다
☐☐ 0171	低	dī	형 낮다
☐☐ 0172	底	dǐ	명 바닥, 밑
☐☐ 0173	地点	dìdiǎn	명 지점
☐☐ 0174	地方	dìfang	명 곳, 장소

□□ 0175	**地球**	dìqiú	몡 지구
□□ 0176	**地铁**	dìtiě	몡 지하철
□□ 0177	**地图**	dìtú	몡 지도
□□ 0178	**地址**	dìzhǐ	몡 주소
□□ 0179	**弟弟**	dìdi	몡 남동생
□□ 0180	**第一**	dì-yī	윤 첫 번째, 제일

확인학습

□ 실력점검 _____ /15   ■ 오답확인

1. 다음 단어와 뜻을 알맞게 연결해 보세요.

① 当然 •
② 到处 •
③ 道歉 •
④ 登机牌 •
⑤ 地球 •

• ⓐ 사과하다
• ⓑ 도처에, 곳곳에
• ⓒ 탑승권
• ⓓ 지구
• ⓔ 당연하다, 물론이다

2. 다음 단어를 중국어로 써 보세요.

① 케이크 __________
② 가이드 __________
③ 도대체 __________
④ 지하철 __________

3. 다음 단어의 뜻을 써 보세요.

① 当 __________
② 当时 __________
③ 得意 __________
④ 低 __________
⑤ 地图 __________
⑥ 地址 __________

0181	点	diǎn	양 시[시간을 세는 단위] 통 주문하다
0182	电脑	diànnǎo	명 컴퓨터
0183	电视	diànshì	명 텔레비전
0184	电梯	diàntī	명 엘리베이터
0185	电影	diànyǐng	명 영화
0186	电子邮件	diànzǐ yóujiàn	명 전자우편, 이메일
0187	调查	diàochá	통 조사하다
0188	掉	diào	통 떨어지다
0189	丢	diū	통 잃어버리다
0190	东	dōng	명 동쪽
0191	东西	dōngxi	명 물건, 것
0192	冬	dōng	명 겨울
0193	懂	dǒng	통 알다, 이해하다
0194	动物	dòngwù	명 동물
0195	动作	dòngzuò	명 동작
0196	都	dōu	부 모두
0197	读	dú	통 읽다, 공부하다
0198	堵车	dǔchē	통 교통이 막히다
0199	肚子	dùzi	명 (사람이나 동물의) 배, 복부
0200	短	duǎn	형 (길이가) 짧다
0201	短信	duǎnxìn	명 문자 메시지
0202	段	duàn	양 (한)동안, 기간, 구간
0203	锻炼	duànliàn	통 단련하다
0204	对	duì	형 맞다, 정확하다

☐☐ 0205	**对**	duì	개	~에 대해
☐☐ 0206	**对不起**	duìbuqǐ	동	미안하다, 죄송하다
☐☐ 0207	**对话**	duìhuà	명	대화
☐☐ 0208	**对面**	duìmiàn	명	맞은편
☐☐ 0209	**对于**	duìyú	개	~에 대해
☐☐ 0210	**多**	duō	형	(수량이) 많다

확인학습

☐ 실력점검 _____ /15　☐ 오답확인

1. 다음 단어와 뜻을 알맞게 연결해 보세요.

① 电梯　·

② 调查　·

③ 动物　·

④ 堵车　·

⑤ 对　·

· ⓐ 교통이 막히다

· ⓑ 동물

· ⓒ ~에 대해

· ⓓ 엘리베이터

· ⓔ 조사하다

2. 다음 단어를 중국어로 써 보세요.

① 컴퓨터

② 전자우편, 이메일

③ 잃어버리다

④ 단련하다

3. 다음 단어의 뜻을 써 보세요.

① 电影 _____________

② 掉 _____________

③ 读 _____________

④ 肚子 _____________

⑤ 短信 _____________

⑥ 对于 _____________

□□	No.	汉字	拼音	뜻
□□	0211	多么	duōme	图 얼마나[의문문에서 정도를 나타냄]
□□	0212	多少	duōshao	图 얼마나[의문문에서 수량을 나타냄]
□□	0213	饿	è	혱 배고프다
□□	0214	儿童	értóng	몡 아동, 어린이
□□	0215	儿子	érzi	몡 아들
□□	0216	而	ér	젭 그리고, 그러나
□□	0217	耳朵	ěrduo	몡 귀
□□	0218	二	èr	쉬 2, 둘
□□	0219	发	fā	통 보내다, 교부하다
□□	0220	发烧	fāshāo	통 열이 나다
□□	0221	发生	fāshēng	통 발생하다, 생기다
□□	0222	发现	fāxiàn	통 발견하다
□□	0223	发展	fāzhǎn	몡 발전　통 발전하다
□□	0224	法律	fǎlǜ	몡 법률
□□	0225	翻译	fānyì	몡 번역(사), 통역(사)　통 번역(통역)하다
□□	0226	烦恼	fánnǎo	혱 걱정하다, 고민하다
□□	0227	反对	fǎnduì	통 반대하다
□□	0228	饭店	fàndiàn	몡 호텔
□□	0229	方便	fāngbiàn	혱 편리하다　통 편리하게 하다
□□	0230	方法	fāngfǎ	몡 방법
□□	0231	方面	fāngmiàn	몡 방면
□□	0232	方向	fāngxiàng	몡 방향
□□	0233	房东	fángdōng	몡 집주인
□□	0234	房间	fángjiān	몡 방

□□ 0235	放	fàng	图 두다, 놓다, 넣다
□□ 0236	放弃	fàngqì	图 포기하다
□□ 0237	放暑假	fàng shǔjià	여름 방학을 하다
□□ 0238	放松	fàngsōng	图 늦추다, 긴장을 풀다
□□ 0239	放心	fàngxīn	图 안심하다, 마음을 놓다
□□ 0240	飞机	fēijī	명 비행기

확인학습

□ 실력점검 _____ /15   ■ 오답확인

1. 다음 단어와 뜻을 알맞게 연결해 보세요.

① 儿童 ·
② 发现 ·
③ 法律 ·
④ 烦恼 ·
⑤ 方便 ·

· ⓐ 아동, 어린이
· ⓑ 법률
· ⓒ 발견하다
· ⓓ 편리하다, 편리하게 하다
· ⓔ 걱정하다, 고민하다

2. 다음 단어를 중국어로 써 보세요.

① 열이 나다
② 반대하다
③ 방
④ 포기하다

3. 다음 단어의 뜻을 써 보세요.

① 儿子 _______________
② 发展 _______________
③ 翻译 _______________
④ 方法 _______________
⑤ 放松 _______________
⑥ 放心 _______________

☐☐ 0241	非常	fēicháng	男 매우, 대단히
☐☐ 0242	分	fēn	양 (시간의) 분　동 나누다
☐☐ 0243	分钟	fēnzhōng	명 분[시간의 길이를 나타냄]
☐☐ 0244	份	fèn	양 부, 통, 권[문서·신문 등을 세는 단위]
☐☐ 0245	丰富	fēngfù	형 풍부하다
☐☐ 0246	否则	fǒuzé	접 그렇지 않으면
☐☐ 0247	服务员	fúwùyuán	명 종업원
☐☐ 0248	符合	fúhé	동 부합하다
☐☐ 0249	父亲	fùqīn	명 부친, 아버지
☐☐ 0250	付款	fùkuǎn	동 돈을 지불하다
☐☐ 0251	负责	fùzé	동 책임지다, 맡다
☐☐ 0252	附近	fùjìn	명 부근, 근처
☐☐ 0253	复习	fùxí	동 복습하다
☐☐ 0254	复印	fùyìn	동 복사하다
☐☐ 0255	复杂	fùzá	형 복잡하다
☐☐ 0256	富	fù	형 부유하다
☐☐ 0257	改变	gǎibiàn	동 변화하다, 고치다
☐☐ 0258	干杯	gānbēi	동 건배하다
☐☐ 0259	干净	gānjìng	형 깨끗하다
☐☐ 0260	赶	gǎn	동 뒤쫓다
☐☐ 0261	敢	gǎn	조동 과감하게 ~하다
☐☐ 0262	感动	gǎndòng	동 감동하다
☐☐ 0263	感觉	gǎnjué	명 감각　동 느끼다
☐☐ 0264	感冒	gǎnmào	동 감기에 걸리다

☐☐ 0265	感情	gǎnqíng	명 감정
☐☐ 0266	感谢	gǎnxiè	동 고맙다
☐☐ 0267	感兴趣	gǎn xìngqù	관심이 있다, 좋아하다
☐☐ 0268	干	gàn	동 하다
☐☐ 0269	刚	gāng	부 막, 방금
☐☐ 0270	刚才	gāngcái	명 방금 전

확인학습

☐ 실력점검 _____ /15   ☐ 오답확인

1. 다음 단어와 뜻을 알맞게 연결해 보세요.

① 丰富 ・

② 符合 ・

③ 负责 ・

④ 复杂 ・

⑤ 赶 ・

・ ⓐ 부합하다

・ ⓑ 풍부하다

・ ⓒ 복잡하다

・ ⓓ 뒤쫓다

・ ⓔ 책임지다, 맡다

2. 다음 단어를 중국어로 써 보세요.

① 복습하다

② 건배하다

③ 감동하다

④ 감기에 걸리다

3. 다음 단어의 뜻을 써 보세요.

① 否则 __________

② 付款 __________

③ 改变 __________

④ 干净 __________

⑤ 感情 __________

⑥ 感谢 __________

□□ 0271	高	gāo	형	높다
□□ 0272	高速公路	gāosùgōnglù	명	고속도로
□□ 0273	高兴	gāoxìng	형	기쁘다, 유쾌하다
□□ 0274	告诉	gàosu	동	알리다
□□ 0275	哥哥	gēge	명	형, 오빠
□□ 0276	胳膊	gēbo	명	팔
□□ 0277	个	gè	양	명, 개[사람이나 사물을 세는 단위]
□□ 0278	个子	gèzi	명	키
□□ 0279	各	gè	대	각, 여러 가지
□□ 0280	给	gěi	동	주다
□□ 0281	根据	gēnjù	개	~에 근거하여
□□ 0282	跟	gēn	개	~와, ~과
□□ 0283	更	gèng	부	더, 더욱
□□ 0284	工资	gōngzī	명	월급
□□ 0285	工作	gōngzuò	동	일하다
□□ 0286	公共汽车	gōnggòngqìchē	명	버스
□□ 0287	公斤	gōngjīn	양	킬로그램(kg)
□□ 0288	公里	gōnglǐ	양	킬로미터(km)
□□ 0289	公司	gōngsī	명	회사
□□ 0290	公园	gōngyuán	명	공원
□□ 0291	功夫	gōngfu	명	재주, 시간
□□ 0292	共同	gòngtóng	형	공동의, 공통의
□□ 0293	狗	gǒu	명	개
□□ 0294	购物	gòuwù	동	구매하다

☐☐ 0295	**够**	gòu		동 (수량·기준 등을) 만족시키다 형 충분하다
☐☐ 0296	**估计**	gūjì		동 추측하다
☐☐ 0297	**鼓励**	gǔlì		동 격려하다
☐☐ 0298	**故事**	gùshi		명 이야기
☐☐ 0299	**故意**	gùyì		부 고의로, 일부러
☐☐ 0300	**顾客**	gùkè		명 고객

확인학습

☐ 실력점검 _____ /15   ■ 오답확인

1. 다음 단어와 뜻을 알맞게 연결해 보세요.

① 告诉 ·
② 根据 ·
③ 公里 ·
④ 公园 ·
⑤ 估计 ·

· ⓐ 킬로미터
· ⓑ 공원
· ⓒ ~에 근거하여
· ⓓ 추측하다
· ⓔ 알리다

2. 다음 단어를 중국어로 써 보세요.

① 키
② 일하다
③ 회사
④ 고객

3. 다음 단어의 뜻을 써 보세요.

① 胳膊 __________
② 工资 __________
③ 狗 __________
④ 鼓励 __________
⑤ 故事 __________
⑥ 故意 __________

☐☐ 0301	刮风	guāfēng	통 바람이 불다
☐☐ 0302	挂	guà	통 걸다
☐☐ 0303	关	guān	통 닫다, 끄다
☐☐ 0304	关键	guānjiàn	명 관건
☐☐ 0305	关系	guānxi	명 관계
☐☐ 0306	关心	guānxīn	명 관심 통 관심을 갖다
☐☐ 0307	关于	guānyú	개 ~에 관해서
☐☐ 0308	观众	guānzhòng	명 관중
☐☐ 0309	管理	guǎnlǐ	통 관리하다
☐☐ 0310	光	guāng	명 빛 부 단지, 다만
☐☐ 0311	广播	guǎngbō	통 방송하다
☐☐ 0312	广告	guǎnggào	명 광고
☐☐ 0313	逛	guàng	통 산보하다, 거닐다
☐☐ 0314	规定	guīdìng	명 규정 통 규정하다
☐☐ 0315	贵	guì	형 비싸다
☐☐ 0316	国籍	guójí	명 국적
☐☐ 0317	国际	guójì	형 국제적인
☐☐ 0318	国家	guójiā	명 국가
☐☐ 0319	果汁	guǒzhī	명 과일 주스
☐☐ 0320	过	guò	통 건너다, 지나가다
☐☐ 0321	过程	guòchéng	명 과정
☐☐ 0322	过去	guòqù	명 과거
☐☐ 0323	过	guo	조 동사 뒤에서 경험을 나타냄
☐☐ 0324	还	hái	부 여전히, 아직도

☐☐ 0325	**还是**	háishi	뷔	여전히, (아무래도) ~가 낫다
☐☐ 0326	**孩子**	háizi	명	아이
☐☐ 0327	**海洋**	hǎiyáng	명	해양
☐☐ 0328	**害怕**	hàipà	동	두려워하다, 무서워하다
☐☐ 0329	**害羞**	hàixiū	형	부끄러워하다, 수줍어하다
☐☐ 0330	**寒假**	hánjià	명	겨울 방학

확인학습

☐ 실력점검 _____ /15　☐ 오답확인

1. 다음 단어와 뜻을 알맞게 연결해 보세요.

① 挂　·

② 关心　·

③ 观众　·

④ 规定　·

⑤ 过程　·

· ⓐ 규정(하다)

· ⓑ 걸다

· ⓒ 관심(을 갖다)

· ⓓ 과정

· ⓔ 관중

2. 다음 단어를 중국어로 써 보세요.

① 방송하다 　

② 산보하다, 거닐다 　

③ 과일 주스 　

④ 두려워하다, 무서워하다 　

3. 다음 단어의 뜻을 써 보세요.

① 关键 _____________

② 关于 _____________

③ 广告 _____________

④ 孩子 _____________

⑤ 害羞 _____________

⑥ 寒假 _____________

정답

1. ① ⓑ, ② ⓒ, ③ ⓔ, ④ ⓐ, ⑤ ⓓ　2. ① 广播 ② 逛 ③ 果汁 ④ 害怕　3. ① 관건 ② ~에 관해서 ③ 광고 ④ 아이 ⑤ 부끄러워하다, 수줍어하다 ⑥ 겨울 방학

0331	汉语	Hànyǔ	몡 중국어
0332	汗	hàn	몡 땀
0333	航班	hángbān	몡 (배·비행기의) 정기편
0334	好	hǎo	혱 좋다
0335	好吃	hǎochī	혱 맛있다
0336	好处	hǎochu	몡 장점, 좋은 점
0337	好像	hǎoxiàng	뷔 (마치) ~와 같다
0338	号	hào	몡 번호, 사이즈, 일[날짜를 나타냄]
0339	号码	hàomǎ	몡 번호
0340	喝	hē	동 마시다
0341	合格	hégé	동 합격하다
0342	合适	héshì	혱 알맞다, 적합하다
0343	和	hé	갸 ~와, ~과
0344	盒子	hézi	몡 상자
0345	黑	hēi	혱 검다, 어둡다
0346	黑板	hēibǎn	몡 칠판
0347	很	hěn	뷔 매우
0348	红	hóng	혱 붉다
0349	后悔	hòuhuǐ	동 후회하다
0350	后来	hòulái	몡 그 후, 그 다음
0351	后面	hòumiàn	몡 뒤, 뒤쪽
0352	厚	hòu	혱 두껍다
0353	互联网	hùliánwǎng	몡 인터넷
0354	互相	hùxiāng	뷔 서로, 상호

□□ 0355	护士	hùshi	몡 간호사
□□ 0356	护照	hùzhào	몡 여권
□□ 0357	花	huā	몡 꽃
□□ 0358	花	huā	동 (돈·시간 등을) 쓰다, 소비하다
□□ 0359	画	huà	몡 그림 동 그리다
□□ 0360	怀疑	huáiyí	동 의심하다

확인학습

□ 실력점검 _____ /15   ■ 오답확인

1. 다음 단어와 뜻을 알맞게 연결해 보세요.

① 好像 ・
② 合适 ・
③ 厚 ・
④ 互相 ・
⑤ 花 ・

・ ⓐ 두껍다
・ ⓑ 맞다, 적합하다
・ ⓒ 서로, 상호
・ ⓓ (돈·시간 등을) 쓰다, 소비하다
・ ⓔ (마치) ~와 같다

2. 다음 단어를 중국어로 써 보세요.

① 장점, 좋은 점
② 합격하다
③ 인터넷
④ 여권

3. 다음 단어의 뜻을 써 보세요.

① 汗
② 航班
③ 号码
④ 盒子
⑤ 后悔
⑥ 怀疑

1. ① ⓔ, ② ⓑ, ③ ⓐ, ④ ⓒ, ⑤ ⓓ 2. ① 好处 ② 合格 ③ 互联网 ④ 护照 3. ① 땀 ② (배·비행기의) 정기편 ③ 번호 ④ 상자 ⑤ 후회하다 ⑥ 의심하다

☐☐ 0361	坏	huài	형 나쁘다　동 상하다, 고장 나다
☐☐ 0362	欢迎	huānyíng	동 환영하다
☐☐ 0363	还	huán	동 돌려주다
☐☐ 0364	环境	huánjìng	명 환경
☐☐ 0365	换	huàn	동 교환하다, 바꾸다
☐☐ 0366	黄河	Huánghé	고유 황허
☐☐ 0367	回	huí	동 돌다, 되돌아가다
☐☐ 0368	回答	huídá	동 대답하다
☐☐ 0369	回忆	huíyì	동 회상하다
☐☐ 0370	会	huì	조동 (배워서) ~할 수 있다, ~할 가능성이 있다
☐☐ 0371	会议	huìyì	명 회의
☐☐ 0372	活动	huódòng	명 활동, 행사, 모임
☐☐ 0373	活泼	huópo	형 활발하다
☐☐ 0374	火	huǒ	명 불
☐☐ 0375	火车站	huǒchēzhàn	명 기차역
☐☐ 0376	或者	huòzhě	접 ~이든가 아니면 ~이다[선택을 나타냄]
☐☐ 0377	获得	huòdé	동 얻다, 획득하다
☐☐ 0378	几乎	jīhū	부 거의, 하마터면
☐☐ 0379	机场	jīchǎng	명 공항
☐☐ 0380	机会	jīhuì	명 기회
☐☐ 0381	鸡蛋	jīdàn	명 계란
☐☐ 0382	积极	jījí	형 적극적이다, 긍정적이다
☐☐ 0383	积累	jīlěi	동 쌓이다, 축적하다
☐☐ 0384	基础	jīchǔ	명 토대, 기초

☐☐ 0385	**激动**	jīdòng		통 감격하다, 흥분하다
☐☐ 0386	**及时**	jíshí		부 즉시, 곧바로
☐☐ 0387	**极**	jí		명 극, 절정 부 극히, 몹시
☐☐ 0388	**即使**	jíshǐ		접 설령 ~일지라도
☐☐ 0389	**几**	jǐ		수 몇[수를 묻는 데 쓰임]
☐☐ 0390	**计划**	jìhuà		명 계획 통 계획하다

확인학습

☐ 실력점검 _____ /15   ◼ 오답확인

1. 다음 단어와 뜻을 알맞게 연결해 보세요.

① 坏 ·

② 回忆 ·

③ 活动 ·

④ 积累 ·

⑤ 激动 ·

· ⓐ 활동, 행사, 모임

· ⓑ 나쁘다, 상하다, 고장 나다

· ⓒ 쌓이다, 축적하다

· ⓓ 회상하다

· ⓔ 감격하다, 흥분하다

2. 다음 단어를 중국어로 써 보세요.

① 회의

② 활발하다

③ 기회

④ 적극적이다, 긍정적이다

3. 다음 단어의 뜻을 써 보세요.

① 环境 _____

② 回答 _____

③ 获得 _____

④ 几乎 _____

⑤ 基础 _____

⑥ 及时 _____

14 Day `Track 14`

□□ 0391	记得	jìde	동 기억하고 있다
□□ 0392	记者	jìzhě	명 기자
□□ 0393	技术	jìshù	명 기술
□□ 0394	季节	jìjié	명 계절
□□ 0395	既然	jìrán	접 기왕 이렇게 된 바에야
□□ 0396	继续	jìxù	동 계속하다
□□ 0397	寄	jì	동 부치다
□□ 0398	加班	jiābān	동 초과근무 하다
□□ 0399	加油站	jiāyóuzhàn	명 주유소
□□ 0400	家	jiā	명 집
□□ 0401	家具	jiājù	명 가구
□□ 0402	假	jiǎ	형 거짓의, 가짜의
□□ 0403	价格	jiàgé	명 가격
□□ 0404	坚持	jiānchí	동 견지하다, 유지하다
□□ 0405	检查	jiǎnchá	동 검사하다
□□ 0406	减肥	jiǎnféi	동 살을 빼다
□□ 0407	减少	jiǎnshǎo	동 감소하다
□□ 0408	简单	jiǎndān	형 간단하다
□□ 0409	见面	jiànmiàn	동 만나다
□□ 0410	件	jiàn	양 건, 개[옷·사건 등을 세는 단위]
□□ 0411	建议	jiànyì	동 건의하다
□□ 0412	健康	jiànkāng	명 건강 형 건강하다
□□ 0413	将来	jiānglái	명 장래
□□ 0414	讲	jiǎng	동 말하다

☑☐ 0415	**奖金**	jiǎngjīn	명 상금, 보너스
☑☐ 0416	**降低**	jiàngdī	통 내려가다
☑☐ 0417	**降落**	jiàngluò	통 착륙하다
☑☐ 0418	**交**	jiāo	통 건네다, 제출하다
☑☐ 0419	**交流**	jiāoliú	통 교류하다
☑☐ 0420	**交通**	jiāotōng	명 교통

j

확인학습

☐ 실력점검 _____ /15　☑ 오답확인

1. 다음 단어와 뜻을 알맞게 연결해 보세요.

① 记得 ・
② 技术 ・
③ 价格 ・
④ 减少 ・
⑤ 降低 ・

・ ⓐ 가격
・ ⓑ 기억하고 있다
・ ⓒ 기술
・ ⓓ 내려가다
・ ⓔ 감소하다

2. 다음 단어를 중국어로 써 보세요.

① 계절

② 초과근무 하다

③ 건강(하다)

④ 착륙하다

3. 다음 단어의 뜻을 써 보세요.

① 继续 _____________
② 家具 _____________
③ 坚持 _____________
④ 检查 _____________
⑤ 建议 _____________
⑥ 将来 _____________

▢▢ 0421	郊区	jiāoqū	몡 변두리, 시외, 외곽
▢▢ 0422	骄傲	jiāo'ào	혱 오만하다, 거만하다
▢▢ 0423	教	jiāo	통 가르치다
▢▢ 0424	角	jiǎo	몡 뿔, 각
▢▢ 0425	饺子	jiǎozi	몡 만두
▢▢ 0426	脚	jiǎo	몡 발
▢▢ 0427	叫	jiào	통 부르다
▢▢ 0428	教室	jiàoshì	몡 교실
▢▢ 0429	教授	jiàoshòu	몡 교수
▢▢ 0430	教育	jiàoyù	몡 교육
▢▢ 0431	接	jiē	통 받다, 연결하다
▢▢ 0432	接受	jiēshòu	통 받아들이다
▢▢ 0433	接着	jiēzhe	븟 이어서, 뒤따라
▢▢ 0434	街道	jiēdào	몡 거리
▢▢ 0435	节	jié	몡 기념일, (식물의) 마디　양 여러 개로 나누어진 것을 세는 단위
▢▢ 0436	节目	jiémù	몡 프로그램
▢▢ 0437	节日	jiérì	몡 기념일, 경축일
▢▢ 0438	节约	jiéyuē	통 절약하다
▢▢ 0439	结果	jiéguǒ	몡 결과, 성과
▢▢ 0440	结婚	jiéhūn	통 결혼하다
▢▢ 0441	结束	jiéshù	통 끝나다
▢▢ 0442	姐姐	jiějie	몡 누나, 언니
▢▢ 0443	解决	jiějué	통 해결하다
▢▢ 0444	解释	jiěshì	통 설명하다, 해명하다

□□ 0445	介绍	jièshào	통 소개하다
□□ 0446	借	jiè	통 빌리다, 빌려주다
□□ 0447	今天	jīntiān	명 오늘
□□ 0448	尽管	jǐnguǎn	접 비록 ~라 할지라도
□□ 0449	紧张	jǐnzhāng	형 긴장하다
□□ 0450	进	jìn	통 나아가다

확인학습

□ 실력점검 _____ /15　■ 오답확인

1. 다음 단어와 뜻을 알맞게 연결해 보세요.

① 骄傲　·

② 教授　·

③ 节约　·

④ 结束　·

⑤ 解释　·

· ⓐ 교수

· ⓑ 오만하다, 거만하다

· ⓒ 끝나다

· ⓓ 절약하다

· ⓔ 설명하다, 해명하다

2. 다음 단어를 중국어로 써 보세요.

① 받아들이다

② 프로그램

③ 결혼하다

④ 소개하다

3. 다음 단어의 뜻을 써 보세요.

① 脚 _____________

② 教育 _____________

③ 结果 _____________

④ 解决 _____________

⑤ 尽管 _____________

⑥ 紧张 _____________

☐☐ 0451	进行	jìnxíng	통 진행하다
☐☐ 0452	近	jìn	형 가깝다
☐☐ 0453	禁止	jìnzhǐ	통 금지하다
☐☐ 0454	京剧	jīngjù	명 경극
☐☐ 0455	经常	jīngcháng	부 자주, 빈번히
☐☐ 0456	经过	jīngguò	통 경과하다, 겪다
☐☐ 0457	经济	jīngjì	명 경제
☐☐ 0458	经理	jīnglǐ	명 사장, 매니저
☐☐ 0459	经历	jīnglì	통 겪다
☐☐ 0460	经验	jīngyàn	명 경험
☐☐ 0461	精彩	jīngcǎi	형 뛰어나다
☐☐ 0462	景色	jǐngsè	명 풍경
☐☐ 0463	警察	jǐngchá	명 경찰
☐☐ 0464	竞争	jìngzhēng	명 경쟁 통 경쟁하다
☐☐ 0465	竟然	jìngrán	부 뜻밖에도
☐☐ 0466	镜子	jìngzi	명 거울
☐☐ 0467	究竟	jiūjìng	부 도대체
☐☐ 0468	九	jiǔ	수 9, 아홉
☐☐ 0469	久	jiǔ	형 (시간이) 오래다
☐☐ 0470	旧	jiù	형 낡다, 오래다
☐☐ 0471	就	jiù	부 바로, 곧
☐☐ 0472	举	jǔ	통 들다
☐☐ 0473	举办	jǔbàn	통 거행하다
☐☐ 0474	举行	jǔxíng	통 거행하다

☐☐ 0475	**句子**	jùzi	몡 문장
☐☐ 0476	**拒绝**	jùjué	동 거절하다
☐☐ 0477	**距离**	jùlí	몡 거리 동 (~로부터) 떨어지다
☐☐ 0478	**聚会**	jùhuì	몡 모임
☐☐ 0479	**决定**	juédìng	동 결정하다
☐☐ 0480	**觉得**	juéde	동 ~라고 여기다

확인학습

☐ 실력점검 _____ /15 ▣ 오답확인

1. 다음 단어와 뜻을 알맞게 연결해 보세요.

① 进行 ·
② 经历 ·
③ 警察 ·
④ 竟然 ·
⑤ 举办 ·

· ⓐ 경찰
· ⓑ 겪다
· ⓒ 진행하다
· ⓓ 거행하다
· ⓔ 뜻밖에도

2. 다음 단어를 중국어로 써 보세요.

① 금지하다 ☐
② 경험 ☐
③ 거절하다 ☐
④ 결정하다 ☐

3. 다음 단어의 뜻을 써 보세요.

① 经济 _______
② 精彩 _______
③ 竞争 _______
④ 究竟 _______
⑤ 举行 _______
⑥ 聚会 _______

정답

1. ① ⓒ, ② ⓑ, ③ ⓐ, ④ ⓔ, ⑤ ⓓ 2. ① 禁止 ② 经验 ③ 拒绝 ④ 决定 3. ① 경제 ② 뛰어나다 ③ 경쟁(하다) ④ 도대체 ⑤ 거행하다 ⑥ 모임

☐☐ 0481	咖啡	kāfēi	명 커피
☐☐ 0482	开	kāi	동 열다, 켜다
☐☐ 0483	开始	kāishǐ	동 시작하다
☐☐ 0484	开玩笑	kāi wánxiào	동 농담하다
☐☐ 0485	开心	kāixīn	형 기쁘다, 즐겁다
☐☐ 0486	看	kàn	동 보다
☐☐ 0487	看法	kànfǎ	명 견해, 생각
☐☐ 0488	看见	kànjiàn	동 보다
☐☐ 0489	考虑	kǎolǜ	동 고려하다
☐☐ 0490	考试	kǎoshì	명 시험 동 시험을 치다
☐☐ 0491	烤鸭	kǎoyā	명 오리구이
☐☐ 0492	科学	kēxué	명 과학
☐☐ 0493	棵	kē	양 그루
☐☐ 0494	咳嗽	késou	동 기침하다
☐☐ 0495	可爱	kě'ài	형 귀엽다
☐☐ 0496	可怜	kělián	형 불쌍하다
☐☐ 0497	可能	kěnéng	형 가능하다 부 아마도, 어쩌면
☐☐ 0498	可是	kěshì	접 그러나
☐☐ 0499	可惜	kěxī	형 아쉽다, 섭섭하다
☐☐ 0500	可以	kěyǐ	조동 ～할 수 있다
☐☐ 0501	渴	kě	형 목마르다
☐☐ 0502	刻	kè	동 새기다
☐☐ 0503	客人	kèrén	명 손님
☐☐ 0504	客厅	kètīng	명 객실

☐☐ 0505	**课**	kè	몡	수업
☐☐ 0506	**肯定**	kěndìng	뭔	분명, 확실히
☐☐ 0507	**空**	kōng	휑	(속이) 비다, 텅 비다
☐☐ 0508	**空气**	kōngqì	몡	공기
☐☐ 0509	**空调**	kōngtiáo	몡	에어컨
☐☐ 0510	**恐怕**	kǒngpà	뭔	아마도

확인학습

☐ 실력점검 ＿＿＿ /15　　☐ 오답확인

1. 다음 단어와 뜻을 알맞게 연결해 보세요.

① 开始　·　　　　　　　·　ⓐ 견해, 생각

② 看法　·　　　　　　　·　ⓑ 시험, 시험을 치다

③ 考试　·　　　　　　　·　ⓒ 불쌍하다

④ 可怜　·　　　　　　　·　ⓓ 분명, 확실히

⑤ 肯定　·　　　　　　　·　ⓔ 시작하다

2. 다음 단어를 중국어로 써 보세요.

① 농담하다　　　　　　② 고려하다

③ 기침하다　　　　　　④ 목마르다

3. 다음 단어의 뜻을 써 보세요.

① 科学　＿＿＿＿＿　　② 可能　＿＿＿＿＿

③ 可惜　＿＿＿＿＿　　④ 客人　＿＿＿＿＿

⑤ 空调　＿＿＿＿＿　　⑥ 恐怕　＿＿＿＿＿

☐☐ 0511	口	kǒu	몡 입　양 식구
☐☐ 0512	哭	kū	동 울다
☐☐ 0513	苦	kǔ	혱 (맛이) 쓰다
☐☐ 0514	裤子	kùzi	몡 바지
☐☐ 0515	块	kuài	양 조각, 덩어리, 위안[중국의 화폐 단위]
☐☐ 0516	快	kuài	혱 빠르다　부 빨리
☐☐ 0517	快乐	kuàilè	혱 즐겁다
☐☐ 0518	筷子	kuàizi	몡 젓가락
☐☐ 0519	矿泉水	kuàngquánshuǐ	몡 광천수
☐☐ 0520	困	kùn	혱 졸리다
☐☐ 0521	困难	kùnnan	몡 곤란, 어려움　혱 곤란하다, 어렵다
☐☐ 0522	垃圾桶	lājītǒng	몡 쓰레기통
☐☐ 0523	拉	lā	동 끌다, 당기다
☐☐ 0524	辣	là	혱 맵다
☐☐ 0525	来	lái	동 오다
☐☐ 0526	来不及	láibují	동 늦다, 시간에 댈 수 없다
☐☐ 0527	来得及	láidejí	동 늦지 않다
☐☐ 0528	来自	láizì	동 ~(으로)부터 오다, ~에서 나오다
☐☐ 0529	蓝	lán	혱 파란색의
☐☐ 0530	懒	lǎn	혱 게으르다
☐☐ 0531	浪费	làngfèi	동 낭비하다
☐☐ 0532	浪漫	làngmàn	혱 낭만적이다
☐☐ 0533	老	lǎo	혱 늙다
☐☐ 0534	老虎	lǎohǔ	몡 호랑이

☐☐ 0535	**老师**	lǎoshī	몡 선생님
☐☐ 0536	**了**	le	조 동작의 완료나 상태의 변화를 나타냄
☐☐ 0537	**累**	lèi	혱 피곤하다
☐☐ 0538	**冷**	lěng	혱 춥다
☐☐ 0539	**冷静**	lěngjìng	혱 조용하다, 침착하다, 냉정하다
☐☐ 0540	**离**	lí	개 ~로부터

확인학습

☐ 실력점검 _____ /15　☐ 오답확인

1. 다음 단어와 뜻을 알맞게 연결해 보세요.

① 冷静　·

② 困难　·

③ 来自　·

④ 老虎　·

⑤ 离　·

· ⓐ ~(으로)부터 오다, ~에서 나오다

· ⓑ 조용하다, 침착하다, 냉정하다

· ⓒ 곤란, 어려움, 곤란하다, 어렵다

· ⓓ ~로부터

· ⓔ 호랑이

2. 다음 단어를 중국어로 써 보세요.

① 울다 ________　② 맵다 ________

③ 낭비하다 ________　④ 바지 ________

3. 다음 단어의 뜻을 써 보세요.

① 苦 ________　② 筷子 ________

③ 困 ________　④ 垃圾桶 ________

⑤ 来不及 ________　⑥ 浪漫 ________

0541	离开	líkāi	통 떠나다
0542	礼拜天	lǐbàitiān	명 일요일
0543	礼貌	lǐmào	형 예의 바르다
0544	礼物	lǐwù	명 선물
0545	里	lǐ	명 안　양 리[길이의 단위, 1리는 500미터]
0546	理发	lǐfà	통 이발하다
0547	理解	lǐjiě	통 이해하다, 알다
0548	理想	lǐxiǎng	명 이상, 꿈
0549	力气	lìqi	명 힘
0550	历史	lìshǐ	명 역사
0551	厉害	lìhai	형 대단하다, 심각하다
0552	例如	lìrú	통 예를 들다
0553	俩	liǎ	두 개, 두 사람
0554	连	lián	개 ~조차
0555	联系	liánxì	통 연락하다
0556	脸	liǎn	명 얼굴
0557	练习	liànxí	통 연습하다
0558	凉快	liángkuai	형 시원하다
0559	两	liǎng	수 2, 둘
0560	辆	liàng	양 대, 량[차량을 세는 단위]
0561	聊天	liáotiān	통 이야기를 나누다, 한담하다
0562	了解	liǎojiě	통 이해하다
0563	邻居	línjū	명 이웃, 이웃집
0564	零	líng	수 0, 영

□□ 0565	零钱	língqián	몡 잔돈, 용돈
□□ 0566	另外	lìngwài	젭 그밖에, 게다가
□□ 0567	留	liú	동 남다, 머무르다
□□ 0568	留学	liúxué	동 유학하다
□□ 0569	流利	liúlì	혱 (말·문장이) 유창하다
□□ 0570	流行	liúxíng	동 유행하다

확인학습

1. 다음 단어와 뜻을 알맞게 연결해 보세요.

① 离开 ·

② 理解 ·

③ 凉快 ·

④ 邻居 ·

⑤ 另外 ·

· ⓐ 이해하다, 알다

· ⓑ 시원하다

· ⓒ 이웃, 이웃집

· ⓓ 떠나다

· ⓔ 그밖에, 게다가

2. 다음 단어를 중국어로 써 보세요.

① 예의 바르다

② 대단하다, 심각하다

③ 이야기를 나누다, 한담하다

④ 유창하다

3. 다음 단어의 뜻을 써 보세요.

① 礼物 _____________

② 理发 _____________

③ 例如 _____________

④ 了解 _____________

⑤ 零钱 _____________

⑥ 流行 _____________

☐☐ 0571	六	liù	㊀ 6, 여섯
☐☐ 0572	楼	lóu	양 층
☐☐ 0573	路	lù	명 길
☐☐ 0574	旅行	lǚxíng	동 여행하다
☐☐ 0575	旅游	lǚyóu	동 여행하다
☐☐ 0576	律师	lǜshī	명 변호사
☐☐ 0577	绿	lǜ	형 초록색의
☐☐ 0578	乱	luàn	형 어지럽다 부 함부로
☐☐ 0579	妈妈	māma	명 엄마
☐☐ 0580	麻烦	máfan	형 귀찮다, 번거롭다
☐☐ 0581	马	mǎ	명 말
☐☐ 0582	马虎	mǎhu	형 부주의하다, 조심성이 없다
☐☐ 0583	马上	mǎshàng	부 바로, 곧
☐☐ 0584	吗	ma	조 문장 끝에서 의문의 어기를 나타냄
☐☐ 0585	买	mǎi	동 사다
☐☐ 0586	卖	mài	동 팔다
☐☐ 0587	满	mǎn	형 가득 차다
☐☐ 0588	满意	mǎnyì	동 만족하다
☐☐ 0589	慢	màn	형 느리다
☐☐ 0590	忙	máng	형 바쁘다
☐☐ 0591	猫	māo	명 고양이
☐☐ 0592	毛	máo	명 털
☐☐ 0593	毛巾	máojīn	명 수건
☐☐ 0594	帽子	màozi	명 모자

☐☐ 0595	没关系	méi guānxi	괜찮다, 문제없다
☐☐ 0596	没有	méiyǒu	동 없다 부 ~하지 않다[과거 부정]
☐☐ 0597	每	měi	대 매, 각, ~마다
☐☐ 0598	美丽	měilì	형 아름답다
☐☐ 0599	妹妹	mèimei	명 여동생
☐☐ 0600	门	mén	명 문

확인학습

☐ 실력점검 ＿＿＿ /15　☐ 오답확인

1. 다음 단어와 뜻을 알맞게 연결해 보세요.

① 旅行　·　　　　　　　　· ⓐ 고양이

② 满　·　　　　　　　　· ⓑ 가득 차다

③ 猫　·　　　　　　　　· ⓒ 여행하다

④ 帽子　·　　　　　　　　· ⓓ 아름답다

⑤ 美丽　·　　　　　　　　· ⓔ 모자

2. 다음 단어를 중국어로 써 보세요.

① 어지럽다, 함부로 ＿＿＿＿＿　② 귀찮다, 번거롭다 ＿＿＿＿＿

③ 사다 ＿＿＿＿＿　④ 바쁘다 ＿＿＿＿＿

3. 다음 단어의 뜻을 써 보세요.

① 旅游 ＿＿＿＿＿＿　② 律师 ＿＿＿＿＿＿

③ 马虎 ＿＿＿＿＿＿　④ 卖 ＿＿＿＿＿＿

⑤ 满意 ＿＿＿＿＿＿　⑥ 没有 ＿＿＿＿＿＿

0601	梦	mèng	명 꿈
0602	迷路	mílù	동 길을 잃다
0603	米	mǐ	명 쌀　양 미터
0604	米饭	mǐfàn	명 밥, 쌀밥
0605	密码	mìmǎ	명 비밀번호
0606	免费	miǎnfèi	동 무료로 하다
0607	面包	miànbāo	명 빵
0608	面条	miàntiáo	명 국수
0609	秒	miǎo	양 초[시간의 단위]
0610	民族	mínzú	명 민족
0611	名字	míngzi	명 이름
0612	明白	míngbai	동 이해하다, 알다
0613	明天	míngtiān	명 내일
0614	母亲	mǔqīn	명 모친
0615	目的	mùdì	명 목적
0616	拿	ná	동 쥐다, 잡다
0617	哪	nǎ	대 무엇, 어느
0618	哪儿	nǎr	대 어디
0619	那	nà	대 그, 저
0620	奶奶	nǎinai	명 할머니
0621	耐心	nàixīn	형 인내심 있다
0622	男	nán	명 남자　형 남자의
0623	南	nán	명 남쪽
0624	难	nán	형 어렵다

☐☐ 0625	**难道**	nándào	🖎 설마 ~란 말인가?
☐☐ 0626	**难过**	nánguò	🖎 괴롭다, 힘들다
☐☐ 0627	**难受**	nánshòu	🖎 아프다, 참을 수 없다, 괴롭다
☐☐ 0628	**呢**	ne	🖎 문장 끝에서 의문의 어기를 나타냄
☐☐ 0629	**内**	nèi	🖎 내부, 안
☐☐ 0630	**内容**	nèiróng	🖎 내용

확인학습

☐ 실력점검 _____ /15　☐ 오답확인

1. 다음 단어와 뜻을 알맞게 연결해 보세요.

① 梦　·　　　　　　　　　　· ⓐ 꿈
② 民族　·　　　　　　　　　· ⓑ 쥐다, 잡다
③ 拿　·　　　　　　　　　　· ⓒ 민족
④ 耐心　·　　　　　　　　　· ⓓ 아프다, 참을 수 없다, 괴롭다
⑤ 难受　·　　　　　　　　　· ⓔ 인내심 있다

2. 다음 단어를 중국어로 써 보세요.

① 비밀번호 　　　　　　② 목적
③ 할머니 　　　　　　④ 어렵다

3. 다음 단어의 뜻을 써 보세요.

① 免费 _______________　② 明白 _______________
③ 母亲 _______________　④ 难过 _______________
⑤ 难道 _______________　⑥ 内容 _______________

정답

1. ① ⓐ, ② ⓒ, ③ ⓑ, ④ ⓔ, ⑤ ⓓ　2. ① 密码 ② 目的 ③ 奶奶 ④ 难　3. ① 무료로 하다 ② 이해하다, 알다 ③ 모친, 어머니 ④ 괴롭다, 힘들다 ⑤ 설마 ~란 말인가? ⑥ 내용

0631	能	néng	조동 ~할 수 있다
0632	能力	nénglì	명 능력
0633	你	nǐ	대 너, 당신
0634	年	nián	명 년, 해
0635	年级	niánjí	명 학년
0636	年龄	niánlíng	명 연령
0637	年轻	niánqīng	형 젊다
0638	鸟	niǎo	명 새
0639	您	nín	대 당신
0640	牛奶	niúnǎi	명 우유
0641	弄	nòng	동 하다
0642	努力	nǔlì	동 노력하다
0643	女	nǚ	명 여자 형 여성의
0644	女儿	nǚ'ér	명 딸
0645	暖和	nuǎnhuo	형 따뜻하다
0646	偶尔	ǒu'ěr	부 때때로, 가끔
0647	爬山	páshān	동 등산하다
0648	排队	páiduì	동 줄 서다
0649	排列	páiliè	동 배열하다
0650	盘子	pánzi	명 접시, 쟁반
0651	判断	pànduàn	동 판단하다
0652	旁边	pángbiān	명 옆, 곁
0653	胖	pàng	형 뚱뚱하다
0654	跑步	pǎobù	동 달리다

☐☐ 0655	陪	péi	통 모시다
☐☐ 0656	朋友	péngyou	명 친구
☐☐ 0657	批评	pīpíng	통 비평하다
☐☐ 0658	皮肤	pífū	명 피부
☐☐ 0659	皮鞋	píxié	명 구두
☐☐ 0660	啤酒	píjiǔ	명 맥주

확인학습

☐ 실력점검 _____ /15　☐ 오답확인

1. 다음 단어와 뜻을 알맞게 연결해 보세요.

① 弄　　·

② 偶尔　·

③ 排列　·

④ 陪　　·

⑤ 皮肤　·

· ⓐ 배열하다

· ⓑ 모시다

· ⓒ 하다

· ⓓ 때때로, 가끔

· ⓔ 피부

2. 다음 단어를 중국어로 써 보세요.

① 능력

② 젊다

③ 등산하다

④ 뚱뚱하다

3. 다음 단어의 뜻을 써 보세요.

① 年龄 _______________

② 努力 _______________

③ 暖和 _______________

④ 排队 _______________

⑤ 判断 _______________

⑥ 批评 _______________

☐☐ 0661	脾气	píqi	몡 성격
☐☐ 0662	篇	piān	얭 편[글을 세는 단위]
☐☐ 0663	便宜	piányi	옝 싸다
☐☐ 0664	骗	piàn	동 속이다
☐☐ 0665	票	piào	몡 표, 티켓
☐☐ 0666	漂亮	piàoliang	옝 예쁘다
☐☐ 0667	乒乓球	pīngpāngqiú	몡 탁구
☐☐ 0668	平时	píngshí	몡 평소, 평상시
☐☐ 0669	苹果	píngguǒ	몡 사과
☐☐ 0670	瓶子	píngzi	몡 병
☐☐ 0671	破	pò	동 찢어지다, 깨지다
☐☐ 0672	葡萄	pútáo	몡 포도
☐☐ 0673	普遍	pǔbiàn	옝 보편적인
☐☐ 0674	普通话	pǔtōnghuà	몡 보통화, 표준어
☐☐ 0675	七	qī	쉬 7, 일곱
☐☐ 0676	妻子	qīzi	몡 아내
☐☐ 0677	其次	qícì	뎨 다음, 그 다음
☐☐ 0678	其实	qíshí	붐 사실
☐☐ 0679	其他	qítā	뎨 기타, 그 외
☐☐ 0680	其中	qízhōng	몡 그중
☐☐ 0681	奇怪	qíguài	옝 이상하다, 기이하다
☐☐ 0682	骑	qí	동 (자전거·말 등을) 타다
☐☐ 0683	起床	qǐchuáng	동 일어나다
☐☐ 0684	起飞	qǐfēi	동 이륙하다

□□ 0685	起来	qǐlái	图 일어나다
□□ 0686	气候	qìhòu	몡 기후
□□ 0687	千	qiān	囹 1,000, 천
□□ 0688	千万	qiānwàn	凰 절대, 결코
□□ 0689	铅笔	qiānbǐ	몡 연필
□□ 0690	签证	qiānzhèng	몡 비자

확인학습

1. 다음 단어와 뜻을 알맞게 연결해 보세요.

① 脾气 ·

② 瓶子 ·

③ 普遍 ·

④ 其他 ·

⑤ 气候 ·

· ⓐ 병

· ⓑ 보편적인

· ⓒ 기타, 그 외

· ⓓ 기후

· ⓔ 성격

2. 다음 단어를 중국어로 써 보세요.

① 속이다

② 사실

③ 이상하다, 기이하다

④ 비자

3. 다음 단어의 뜻을 써 보세요.

① 篇 ___________

② 平时 ___________

③ 破 ___________

④ 妻子 ___________

⑤ 起飞 ___________

⑥ 千万 ___________

0691	前面	qiánmian	명 앞쪽
0692	钱	qián	명 돈
0693	敲	qiāo	동 두드리다, 치다
0694	桥	qiáo	명 다리
0695	巧克力	qiǎokèlì	명 초콜릿
0696	亲戚	qīnqi	명 친척
0697	轻	qīng	형 가볍다
0698	轻松	qīngsōng	형 수월하다, 편안하다
0699	清楚	qīngchu	형 분명하다, 뚜렷하다
0700	情况	qíngkuàng	명 상황
0701	晴	qíng	형 하늘이 맑다
0702	请	qǐng	동 부탁하다
0703	请假	qǐngjià	동 휴가를 신청하다
0704	穷	qióng	형 빈곤하다
0705	秋	qiū	명 가을
0706	区别	qūbié	명 구별, 차이
0707	取	qǔ	동 찾다, 취하다
0708	去	qù	동 가다
0709	去年	qùnián	명 작년
0710	全部	quánbù	형 전부의
0711	缺点	quēdiǎn	명 결점
0712	缺少	quēshǎo	동 모자라다, 부족하다
0713	却	què	부 도리어, 오히려
0714	确实	quèshí	형 확실하다, 분명하다

☐☐ 0715	**裙子**	qúnzi	몡 치마
☐☐ 0716	**然而**	rán'ér	젭 그러나
☐☐ 0717	**然后**	ránhòu	젭 그런 후에
☐☐ 0718	**让**	ràng	통 ~하게 시키다
☐☐ 0719	**热**	rè	혱 덥다
☐☐ 0720	**热闹**	rènao	혱 번화하다

확인학습

☐ 실력점검 _____ /15 ☐ 오답확인

1. 다음 단어와 뜻을 알맞게 연결해 보세요.

① 敲 ·
② 情况 ·
③ 取 ·
④ 缺少 ·
⑤ 然而 ·

· ⓐ 두드리다, 치다
· ⓑ 모자라다, 부족하다
· ⓒ 상황
· ⓓ 그러나
· ⓔ 찾다, 취하다

2. 다음 단어를 중국어로 써 보세요.

① 가볍다 　　　　　　② 휴가를 신청하다
③ 구별, 차이 　　　　④ 번화하다

3. 다음 단어의 뜻을 써 보세요.

① 亲戚 _______________　② 轻松 _______________
③ 全部 _______________　④ 缺点 _______________
⑤ 却 _______________　⑥ 确实 _______________

0721	热情	rèqíng	몡 열정 톙 친절하다
0722	人	rén	몡 사람
0723	认识	rènshi	뙹 알다, 인식하다
0724	认为	rènwéi	뙹 ~라 여기다
0725	认真	rènzhēn	톙 진지하다, 성실하다
0726	任何	rènhé	때 어떠한, 무슨
0727	任务	rènwu	몡 임무
0728	扔	rēng	뙹 던지다
0729	仍然	réngrán	뷘 여전히, 변함없이
0730	日	rì	몡 날, 일
0731	日记	rìjì	몡 일기
0732	容易	róngyì	톙 쉽다
0733	如果	rúguǒ	쪱 만약
0734	入口	rùkǒu	몡 입구
0735	三	sān	쉬 3, 셋
0736	伞	sǎn	몡 우산
0737	散步	sànbù	뙹 산보하다
0738	森林	sēnlín	몡 삼림
0739	沙发	shāfā	몡 소파
0740	伤心	shāngxīn	뙹 상심하다, 슬퍼하다
0741	商店	shāngdiàn	몡 상점
0742	商量	shāngliang	뙹 상의하다
0743	上	shàng	몡 위, 위쪽
0744	上班	shàngbān	뙹 출근하다

☐☐ 0745	上网	shàngwǎng	동 인터넷에 접속하다
☐☐ 0746	上午	shàngwǔ	명 오전
☐☐ 0747	稍微	shāowēi	부 약간, 조금
☐☐ 0748	勺子	sháozi	명 숟가락, 국자
☐☐ 0749	少	shǎo	형 적다
☐☐ 0750	社会	shèhuì	명 사회

확인학습

1. 다음 단어와 뜻을 알맞게 연결해 보세요.

① 认真 ・   ・ ⓐ 임무
② 任务 ・   ・ ⓑ 진지하다, 성실하다
③ 森林 ・   ・ ⓒ 사회
④ 稍微 ・   ・ ⓓ 삼림
⑤ 社会 ・   ・ ⓔ 약간, 조금

2. 다음 단어를 중국어로 써 보세요.

① 쉽다   ② 산보하다

③ 상의하다   ④ 출근하다

3. 다음 단어의 뜻을 써 보세요.

① 热情 _______________   ② 认为 _______________
③ 任何 _______________   ④ 仍然 _______________
⑤ 伤心 _______________   ⑥ 上网 _______________

정답

1. ① ⓑ, ② ⓐ, ③ ⓓ, ④ ⓔ, ⑤ ⓒ   2. ① 容易 ② 散步 ③ 商量 ④ 上班   3. ① 열정, 친절하다 ② ~라 여기다 ③ 어떠한, 무슨 ④ 여전히, 변함없이 ⑤ 상심하다, 슬퍼하다 ⑥ 인터넷에 접속하다

0751	谁	shéi	때 누구
0752	申请	shēnqǐng	동 신청하다
0753	身体	shēntǐ	명 몸, 건강
0754	深	shēn	형 깊다
0755	什么	shénme	때 무슨, 어떤
0756	甚至	shènzhì	접 심지어
0757	生病	shēngbìng	동 병이 나다
0758	生活	shēnghuó	명 생활
0759	生命	shēngmìng	명 생명
0760	生气	shēngqì	동 화내다
0761	生日	shēngrì	명 생일
0762	生意	shēngyi	명 장사, 사업
0763	声音	shēngyīn	명 소리
0764	省	shěng	명 성[지방 행정 단위] 동 아끼다, 절약하다
0765	剩	shèng	동 남다
0766	失败	shībài	동 실패하다
0767	失望	shīwàng	동 실망하다
0768	师傅	shīfu	명 기사님, 스승
0769	十	shí	수 10, 열
0770	十分	shífēn	부 매우, 굉장히
0771	时候	shíhou	명 시간, 때
0772	时间	shíjiān	명 시간
0773	实际	shíjì	형 실제의
0774	实在	shízài	부 정말, 참으로

☐☐ 0775	**使**	shǐ	통 (~에게) ~하게 시키다
☐☐ 0776	**使用**	shǐyòng	통 사용하다
☐☐ 0777	**世纪**	shìjì	명 세기
☐☐ 0778	**世界**	shìjiè	명 세계
☐☐ 0779	**事情**	shìqing	명 일
☐☐ 0780	**试**	shì	통 시도하다

확인학습

☐ 실력점검 _____ /15   ☐ 오답확인

1. 다음 단어와 뜻을 알맞게 연결해 보세요.

① 申请 ・　　　　　　　・ ⓐ 남다
② 生气 ・　　　　　　　・ ⓑ 실제의
③ 剩 ・　　　　　　　　・ ⓒ 화내다
④ 实际 ・　　　　　　　・ ⓓ 사용하다
⑤ 使用 ・　　　　　　　・ ⓔ 신청하다

2. 다음 단어를 중국어로 써 보세요.

① 깊다 　　　　　　② 생활
③ 실패하다 　　　　④ 시도하다

3. 다음 단어의 뜻을 써 보세요.

① 甚至 _________　② 生命 _________
③ 生意 _________　④ 失望 _________
⑤ 实在 _________　⑥ 事情 _________

0781	是	shì	형 맞다, 옳다　동 ~이다	
0782	是否	shìfǒu	부 ~인지 아닌지	
0783	适合	shìhé	동 적합하다	
0784	适应	shìyìng	동 적응하다	
0785	收	shōu	동 받다	
0786	收入	shōurù	명 수입	
0787	收拾	shōushi	동 정리하다, 치우다	
0788	手表	shǒubiǎo	명 손목시계	
0789	手机	shǒujī	명 휴대전화	
0790	首都	shǒudū	명 수도	
0791	首先	shǒuxiān	부 가장 먼저, 우선	
0792	受不了	shòubuliǎo	참을 수 없다	
0793	受到	shòudào	동 얻다, 받다, 견디다	
0794	售货员	shòuhuòyuán	명 판매원	
0795	瘦	shòu	형 마르다	
0796	书	shū	명 책	
0797	叔叔	shūshu	명 숙부, 아저씨	
0798	舒服	shūfu	형 편안하다	
0799	输	shū	동 패배하다, 지다	
0800	熟悉	shúxī	동 숙지하다, 잘 알다	
0801	树	shù	명 나무	
0802	数量	shùliàng	명 수량	
0803	数学	shùxué	명 수학	
0804	数字	shùzì	명 숫자	

☐☐ 0805	刷牙	shuāyá	통	이를 닦다
☐☐ 0806	帅	shuài	형	멋지다
☐☐ 0807	双	shuāng	양	쌍, 켤레[짝을 이룬 물건을 세는 단위]
☐☐ 0808	水	shuǐ	명	물
☐☐ 0809	水果	shuǐguǒ	명	과일
☐☐ 0810	水平	shuǐpíng	명	수준, 능력

확인학습

☐ 실력점검 _____ /15　☐ 오답확인

1. 다음 단어와 뜻을 알맞게 연결해 보세요.

① 适合 ·
② 瘦 ·
③ 熟悉 ·
④ 双 ·
⑤ 水平 ·

· ⓐ 숙지하다, 잘 알다
· ⓑ 적합하다
· ⓒ 쌍, 켤레
· ⓓ 마르다
· ⓔ 수준, 능력

2. 다음 단어를 중국어로 써 보세요.

① 정리하다, 치우다 ☐☐☐☐☐☐
② 휴대전화 ☐☐☐☐☐☐
③ 패배하다, 지다 ☐☐☐☐☐☐
④ 이를 닦다 ☐☐☐☐☐☐

3. 다음 단어의 뜻을 써 보세요.

① 是否 _______________
② 适应 _______________
③ 首先 _______________
④ 受不了 _______________
⑤ 舒服 _______________
⑥ 数量 _______________

0811	睡觉	shuìjiào	동 자다
0812	顺便	shùnbiàn	부 ~하는 김에, 겸사겸사
0813	顺利	shùnlì	형 순조롭다
0814	顺序	shùnxù	명 순서, 차례
0815	说	shuō	동 말하다
0816	说话	shuōhuà	동 말하다
0817	说明	shuōmíng	동 설명하다
0818	硕士	shuòshì	명 석사
0819	司机	sījī	명 운전기사
0820	死	sǐ	동 죽다
0821	四	sì	수 4, 넷
0822	送	sòng	동 보내다, 증정하다
0823	速度	sùdù	명 속도
0824	塑料袋	sùliàodài	명 비닐봉지
0825	酸	suān	형 시다
0826	虽然…但是…	suīrán…dànshì…	접 비록 ~하지만, 그러나 ~
0827	随便	suíbiàn	부 마음껏, 하고 싶은 대로
0828	随着	suízhe	개 ~에 따라
0829	岁	suì	양 살[나이를 세는 단위]
0830	孙子	sūnzi	명 손자
0831	所有	suǒyǒu	형 모든, 일체의
0832	他	tā	대 그, 그 사람
0833	它	tā	대 그것, 저것
0834	她	tā	대 그녀, 그 여자

□□ 0835	台	tái	鄝 대[기계·설비·기구 등을 세는 단위]
□□ 0836	抬	tái	뚱 맞들다
□□ 0837	太	tài	嚸 매우, 아주
□□ 0838	太阳	tàiyáng	嚸 태양
□□ 0839	态度	tàidu	嚸 태도
□□ 0840	谈	tán	뚱 말하다, 이야기하다

확인학습

□ 실력점검 _____ /15　　■ 오답확인

1. 다음 단어와 뜻을 알맞게 연결해 보세요.

① 顺利　·
② 硕士　·
③ 随着　·
④ 所有　·
⑤ 谈　·

· ⓐ 석사
· ⓑ ~에 따라
· ⓒ 순조롭다
· ⓓ 말하다
· ⓔ 모든, 일체의

2. 다음 단어를 중국어로 써 보세요.

① 설명하다 ________
② 속도 ________
③ 시다 ________
④ 태도 ________

3. 다음 단어의 뜻을 써 보세요.

① 顺便 __________
② 顺序 __________
③ 塑料袋 __________
④ 虽然…但是… __________
⑤ 随便 __________
⑥ 台 __________

0841	弹钢琴	tán gāngqín	피아노를 치다
0842	汤	tāng	명 국
0843	糖	táng	명 설탕, 사탕
0844	躺	tǎng	동 눕다
0845	趟	tàng	양 번, 차례[왕복의 횟수를 세는 단위]
0846	讨论	tǎolùn	동 토론하다
0847	讨厌	tǎoyàn	동 싫어하다
0848	特别	tèbié	부 특히, 각별히
0849	特点	tèdiǎn	명 특징
0850	疼	téng	형 아프다
0851	踢足球	tī zúqiú	축구를 하다
0852	提	tí	동 들어올리다, 제기하다
0853	提高	tígāo	동 높이다, 향상시키다
0854	提供	tígōng	동 제공하다
0855	提前	tíqián	동 앞당기다
0856	提醒	tíxǐng	동 일깨우다
0857	题	tí	명 제목, 문제
0858	体育	tǐyù	명 체육, 스포츠
0859	天气	tiānqì	명 날씨
0860	甜	tián	형 달다
0861	填空	tiánkòng	동 빈칸을 채우다, 공란을 메우다
0862	条	tiáo	양 가늘고 긴 것을 세는 단위
0863	条件	tiáojiàn	명 조건
0864	跳舞	tiàowǔ	동 춤을 추다

☐☐ 0865	听	tīng	图 듣다
☐☐ 0866	停	tíng	图 정지하다, 멈추다
☐☐ 0867	挺	tǐng	图 매우, 아주
☐☐ 0868	通过	tōngguò	图 통과하다 图 ~을 통하여
☐☐ 0869	通知	tōngzhī	图 통지하다, 알리다
☐☐ 0870	同情	tóngqíng	图 동정하다

확인학습

1. 다음 단어와 뜻을 알맞게 연결해 보세요.

① 讨论 ·　　　　　　　　· ⓐ 매우, 아주

② 特点 ·　　　　　　　　· ⓑ 토론하다

③ 提醒 ·　　　　　　　　· ⓒ 일깨우다

④ 挺 ·　　　　　　　　· ⓓ 특징

⑤ 通过 ·　　　　　　　　· ⓔ 통과하다, ~을 통하여

2. 다음 단어를 중국어로 써 보세요.

① 눕다 ____________　　② 축구를 하다 ____________

③ 제공하다 ____________　　④ 조건 ____________

3. 다음 단어의 뜻을 써 보세요.

① 弹钢琴 ____________　　② 特别 ____________

③ 提高 ____________　　④ 提前 ____________

⑤ 停 ____________　　⑥ 通知 ____________

0871	同时	tóngshí	閉 동시에
0872	同事	tóngshì	명 동료
0873	同学	tóngxué	명 학우
0874	同意	tóngyì	동 동의하다
0875	头发	tóufa	명 머리카락
0876	突然	tūrán	閉 갑자기
0877	图书馆	túshūguǎn	명 도서관
0878	推	tuī	동 밀다
0879	推迟	tuīchí	동 뒤로 미루다, 연기하다
0880	腿	tuǐ	명 다리
0881	脱	tuō	동 벗다
0882	袜子	wàzi	명 양말
0883	外	wài	명 바깥쪽, 외부
0884	完	wán	동 끝나다
0885	完成	wánchéng	동 완성하다
0886	完全	wánquán	閉 완전히
0887	玩	wán	동 놀다
0888	晚上	wǎnshang	명 저녁, 밤
0889	碗	wǎn	명양 사발, 그릇
0890	万	wàn	쉬 10,000, 만
0891	网球	wǎngqiú	명 테니스
0892	网站	wǎngzhàn	명 웹사이트
0893	往	wǎng	개 ~쪽으로, ~를 향하여
0894	往往	wǎngwǎng	閉 왕왕, 흔히

□□ 0895	忘记	wàngjì	통 잊어버리다
□□ 0896	危险	wēixiǎn	형 위험하다
□□ 0897	卫生间	wèishēngjiān	명 화장실
□□ 0898	为	wèi	개 ~를 위하여, ~때문에
□□ 0899	为了	wèile	개 ~를 하기 위해, ~를 위하여
□□ 0900	为什么	wèishénme	대 왜

확인학습

□ 실력점검 _____ /15 □ 오답확인

1. 다음 단어와 뜻을 알맞게 연결해 보세요.

① 同意 ·

② 脱 ·

③ 完全 ·

④ 玩 ·

⑤ 为了 ·

· ⓐ 벗다

· ⓑ 동의하다

· ⓒ ~를 하기 위해, ~를 위하여

· ⓓ 놀다

· ⓔ 완전히

2. 다음 단어를 중국어로 써 보세요.

① 머리카락

② 양말

③ 웹사이트

④ 위험하다

3. 다음 단어의 뜻을 써 보세요.

① 同时 _____________

② 突然 _____________

③ 推迟 _____________

④ 完成 _____________

⑤ 往往 _____________

⑥ 忘记 _____________

0901	位	wèi	양 분[사람을 세는 단위]
0902	味道	wèidao	명 맛
0903	喂	wéi	감탄 여보세요
0904	温度	wēndù	명 온도
0905	文化	wénhuà	명 문화
0906	文章	wénzhāng	명 글, 문장
0907	问	wèn	동 묻다
0908	问题	wèntí	명 문제
0909	我	wǒ	대 나
0910	我们	wǒmen	대 우리
0911	污染	wūrǎn	명 오염 동 오염시키다
0912	无	wú	동 없다
0913	无聊	wúliáo	형 무료하다, 지루하다
0914	无论	wúlùn	접 ~에도 불구하고
0915	五	wǔ	수 5, 다섯
0916	误会	wùhuì	명 오해 동 오해하다
0917	西	xī	명 서쪽
0918	西瓜	xīguā	명 수박
0919	西红柿	xīhóngshì	명 토마토
0920	吸引	xīyǐn	동 끌어당기다
0921	希望	xīwàng	명 희망 동 희망하다
0922	习惯	xíguàn	명 습관 동 습관이 되다
0923	洗	xǐ	동 씻다
0924	洗手间	xǐshǒujiān	명 화장실

☐☐ 0925	洗澡	xǐzǎo		동	샤워하다
☐☐ 0926	喜欢	xǐhuan		동	좋아하다
☐☐ 0927	下	xià		명	밑, 아래
☐☐ 0928	下午	xiàwǔ		명	오후
☐☐ 0929	下雨	xiàyǔ		동	비가 오다
☐☐ 0930	夏	xià		명	여름

확인학습

☐ 실력점검 _____ /15   ☐ 오답확인

1. 다음 단어와 뜻을 알맞게 연결해 보세요.

① 文章　　·

② 无聊　　·

③ 西红柿　·

④ 习惯　　·

⑤ 下雨　　·

· ⓐ 토마토

· ⓑ 습관(이 되다)

· ⓒ 무료하다, 지루하다

· ⓓ 비가 오다

· ⓔ 글, 문장

2. 다음 단어를 중국어로 써 보세요.

① 맛　　　　　　　　② 문제

③ 오해(하다)　　　　④ 좋아하다

3. 다음 단어의 뜻을 써 보세요.

① 文化 ＿＿＿＿＿＿　② 问 ＿＿＿＿＿＿

③ 污染 ＿＿＿＿＿＿　④ 无论 ＿＿＿＿＿＿

⑤ 吸引 ＿＿＿＿＿＿　⑥ 希望 ＿＿＿＿＿＿

0931	先	xiān	휘 우선, 먼저
0932	先生	xiānsheng	명 선생[남자를 부르는 호칭]
0933	咸	xián	형 짜다
0934	现金	xiànjīn	명 현금
0935	现在	xiànzài	명 지금
0936	羡慕	xiànmù	동 부러워하다
0937	相反	xiāngfǎn	형 상반되다
0938	相同	xiāngtóng	형 서로 같다
0939	相信	xiāngxìn	동 믿다
0940	香	xiāng	형 (냄새가) 좋다, 향기롭다
0941	香蕉	xiāngjiāo	명 바나나
0942	详细	xiángxì	형 상세하다
0943	响	xiǎng	동 (소리가) 울리다
0944	想	xiǎng	조동 ~하고 싶다
0945	向	xiàng	개 ~쪽으로, ~를 향하여
0946	像	xiàng	동 닮다 휘 마치 (~와 같다)
0947	橡皮	xiàngpí	명 지우개
0948	消息	xiāoxi	명 소식, 뉴스
0949	小	xiǎo	형 작다
0950	小吃	xiǎochī	명 간단한 음식, 간식
0951	小伙子	xiǎohuǒzi	명 젊은이
0952	小姐	xiǎojiě	명 아가씨
0953	小时	xiǎoshí	명 시간
0954	小说	xiǎoshuō	명 소설

☐☐ 0955	**小心**	xiǎoxīn	통 조심하다
☐☐ 0956	**校长**	xiàozhǎng	명 학교장, 교장
☐☐ 0957	**笑**	xiào	통 웃다
☐☐ 0958	**笑话**	xiàohua	명 농담, 우스갯소리
☐☐ 0959	**效果**	xiàoguǒ	명 효과
☐☐ 0960	**些**	xiē	양 조금, 약간, 몇몇

확인학습

☐ 실력점검 _____ /15　■ 오답확인

1. 다음 단어와 뜻을 알맞게 연결해 보세요.

① 先　　　・

② 相同　・

③ 详细　・

④ 像　　・

⑤ 笑话　・

・ⓐ 상세하다

・ⓑ 농담, 우스갯소리

・ⓒ 우선, 먼저

・ⓓ 서로 같다

・ⓔ 닮다, 마치 (~와 같다)

2. 다음 단어를 중국어로 써 보세요.

① 짜다

② 부러워하다

③ 믿다

④ 소설

3. 다음 단어의 뜻을 써 보세요.

① 相反 ___________

② 香 ___________

③ 响 ___________

④ 消息 ___________

⑤ 小伙子 ___________

⑥ 效果 ___________

0961	写	xiě	동 글씨를 쓰다
0962	谢谢	xièxie	동 감사합니다
0963	心情	xīnqíng	명 심정
0964	辛苦	xīnkǔ	형 고생스럽다
0965	新	xīn	형 새롭다
0966	新闻	xīnwén	명 뉴스
0967	新鲜	xīnxiān	형 신선하다
0968	信封	xìnfēng	명 편지 봉투
0969	信息	xìnxī	명 정보, 소식
0970	信心	xìnxīn	명 자신, 확신
0971	信用卡	xìnyòngkǎ	명 신용 카드
0972	兴奋	xīngfèn	형 흥분하다
0973	星期	xīngqī	명 주, 주일
0974	行	xíng	동 가다　형 좋다, 괜찮다
0975	行李箱	xínglǐxiāng	명 트렁크, 여행용 가방
0976	醒	xǐng	동 깨다
0977	幸福	xìngfú	형 행복하다
0978	性别	xìngbié	명 성별
0979	性格	xìnggé	명 성격
0980	姓	xìng	명 성, 성씨
0981	熊猫	xióngmāo	명 판다
0982	休息	xiūxi	동 휴식하다
0983	修理	xiūlǐ	동 수리하다
0984	需要	xūyào	동 필요하다

☐☐ 0985	许多	xǔduō	형	매우 많다
☐☐ 0986	选择	xuǎnzé	동	선택하다
☐☐ 0987	学期	xuéqī	명	학기
☐☐ 0988	学生	xuésheng	명	학생
☐☐ 0989	学习	xuéxí	동	공부하다
☐☐ 0990	学校	xuéxiào	명	학교

확인학습

☐ 실력점검 _____ /15   ☐ 오답확인

1. 다음 단어와 뜻을 알맞게 연결해 보세요.

① 心情 ·   · ⓐ 흥분하다
② 信息 ·   · ⓑ 성격
③ 兴奋 ·   · ⓒ 매우 많다
④ 性格 ·   · ⓓ 정보, 소식
⑤ 许多 ·   · ⓔ 심정

2. 다음 단어를 중국어로 써 보세요.

① 신선하다   ② 행복하다
③ 휴식하다   ④ 공부하다

3. 다음 단어의 뜻을 써 보세요.

① 新闻 __________   ② 信心 __________
③ 行李箱 __________   ④ 修理 __________
⑤ 选择 __________   ⑥ 学期 __________

0991	雪	xuě	몡 눈
0992	压力	yālì	몡 스트레스
0993	呀	yā	감탄 아!, 야![놀람이나 경이로움을 나타냄]
0994	牙膏	yágāo	몡 치약
0995	亚洲	Yàzhōu	몡 아시아
0996	严格	yángé	혱 엄격하다
0997	严重	yánzhòng	혱 심각하다, 위급하다
0998	研究	yánjiū	동 연구하다
0999	盐	yán	몡 소금
1000	颜色	yánsè	몡 색
1001	眼睛	yǎnjing	몡 눈
1002	眼镜	yǎnjìng	몡 안경
1003	演出	yǎnchū	몡 공연
1004	演员	yǎnyuán	몡 배우
1005	羊肉	yángròu	몡 양고기
1006	阳光	yángguāng	몡 햇빛
1007	养成	yǎngchéng	동 양성하다, 기르다
1008	样子	yàngzi	몡 모양, 모습
1009	要求	yāoqiú	동 요구하다
1010	邀请	yāoqǐng	동 초청하다
1011	药	yào	몡 약
1012	要	yào	조동 ~하려고 하다 동 요구하다, 원하다, 필요하다
1013	要是	yàoshi	젭 만약 ~라면
1014	钥匙	yàoshi	몡 열쇠

☐☐ 1015	**爷爷**	yéye	몡 할아버지
☐☐ 1016	**也**	yě	뿐 또한, 역시
☐☐ 1017	**也许**	yěxǔ	뿐 아마도, 어쩌면
☐☐ 1018	**叶子**	yèzi	몡 잎, 찻잎
☐☐ 1019	**页**	yè	앵 쪽, 페이지
☐☐ 1020	**一**	yī	슈 1, 하나

확인학습

☐ 실력점검 _____ /15　☐ 오답확인

1. 다음 단어와 뜻을 알맞게 연결해 보세요.

① 严格　·　　　　　　　　·　ⓐ 연구하다

② 研究　·　　　　　　　　·　ⓑ 엄격하다

③ 演员　·　　　　　　　　·　ⓒ 양성하다, 기르다

④ 养成　·　　　　　　　　·　ⓓ 잎, 찻잎

⑤ 叶子　·　　　　　　　　·　ⓔ 배우

2. 다음 단어를 중국어로 써 보세요.

① 스트레스　　　　　　　② 색

③ 초청하다　　　　　　　④ 쪽, 페이지

3. 다음 단어의 뜻을 써 보세요.

① 牙膏 _______________　② 亚洲 _______________

③ 严重 _______________　④ 演出 _______________

⑤ 要求 _______________　⑥ 也许 _______________

1021	一般	yìbān	형 일반적이다, 보통이다
1022	一边	yìbiān	명 한쪽, 한 편
1023	一点儿	yìdiǎnr	양 조금, 약간
1024	一定	yídìng	부 분명히, 반드시
1025	一共	yígòng	부 모두, 전부
1026	一会儿	yíhuìr	명 잠시, 짧은 시간 내
1027	一起	yìqǐ	부 함께, 같이
1028	一切	yíqiè	대 일체, 전부, 모든
1029	一下	yíxià	좀 ~하다[동사 뒤에 놓여 동작을 간단히 해본다는 의미]
1030	一样	yíyàng	형 같다, 동일하다
1031	一直	yìzhí	부 줄곧, 계속
1032	衣服	yīfu	명 옷
1033	医生	yīshēng	명 의사
1034	医院	yīyuàn	명 병원
1035	已经	yǐjing	부 이미
1036	以	yǐ	개 ~을, ~로써
1037	以前	yǐqián	명 과거, 이전
1038	以为	yǐwéi	동 ~라 여기다
1039	椅子	yǐzi	명 의자
1040	艺术	yìshù	명 예술
1041	意见	yìjiàn	명 견해, 의견
1042	意思	yìsi	명 의미, 뜻
1043	因此	yīncǐ	접 이로 인하여
1044	因为…所以…	yīnwèi…suǒyǐ…	접 ~이기 때문에 그래서 ~

□□ 1045　阴　　　yīn　　　형 흐리다

□□ 1046　音乐　　yīnyuè　　명 음악

□□ 1047　银行　　yínháng　　명 은행

□□ 1048　引起　　yǐnqǐ　　동 야기하다, 일으키다

□□ 1049　饮料　　yǐnliào　　명 음료

□□ 1050　印象　　yìnxiàng　　명 인상

확인학습

□ 실력점검 _____ /15　□ 오답확인

1. 다음 단어와 뜻을 알맞게 연결해 보세요.

① 一切　·

② 以　·

③ 意思　·

④ 因此　·

⑤ 引起　·

· ⓐ 야기하다, 일으키다

· ⓑ 의미, 뜻

· ⓒ 일체, 전부, 모든

· ⓓ ~을, ~로써

· ⓔ 이로 인하여

2. 다음 단어를 중국어로 써 보세요.

① 모두, 전부

② 의사

③ 견해, 의견

④ 은행

3. 다음 단어의 뜻을 써 보세요.

① 一般 _______________

② 一直 _______________

③ 已经 _______________

④ 以为 _______________

⑤ 因为…所以… _______________

⑥ 印象 _______________

☐☐ 1051	应该	yīnggāi	조동 마땅히 ~해야 한다
☐☐ 1052	赢	yíng	동 이기다
☐☐ 1053	影响	yǐngxiǎng	명 영향 동 영향을 주다
☐☐ 1054	应聘	yìngpìn	동 초빙에 응하다, 지원하다
☐☐ 1055	永远	yǒngyuǎn	부 언제나, 영원히
☐☐ 1056	勇敢	yǒnggǎn	형 용감하다
☐☐ 1057	用	yòng	동 쓰다
☐☐ 1058	优点	yōudiǎn	명 장점
☐☐ 1059	优秀	yōuxiù	형 우수하다, 뛰어나다
☐☐ 1060	幽默	yōumò	명 유머 형 유머러스하다
☐☐ 1061	尤其	yóuqí	부 더욱이, 특히
☐☐ 1062	由	yóu	개 ~가, ~이, ~(으)로서
☐☐ 1063	由于	yóuyú	접 ~때문에
☐☐ 1064	邮局	yóujú	명 우체국
☐☐ 1065	游戏	yóuxì	명 오락, 게임
☐☐ 1066	游泳	yóuyǒng	동 수영하다
☐☐ 1067	友好	yǒuhǎo	형 우호적이다
☐☐ 1068	友谊	yǒuyì	명 우정, 우의
☐☐ 1069	有	yǒu	동 가지고 있다
☐☐ 1070	有名	yǒumíng	형 유명하다
☐☐ 1071	有趣	yǒuqù	형 재미있다
☐☐ 1072	又	yòu	부 또, 다시
☐☐ 1073	右边	yòubian	명 오른쪽
☐☐ 1074	于是	yúshì	접 이리하여, 그래서

☐☐ 1075	**鱼**	yú	명	물고기
☐☐ 1076	**愉快**	yúkuài	형	유쾌하다, 기쁘다
☐☐ 1077	**与**	yǔ	개	~와, ~과
☐☐ 1078	**羽毛球**	yǔmáoqiú	명	배드민턴
☐☐ 1079	**语法**	yǔfǎ	명	어법
☐☐ 1080	**语言**	yǔyán	명	언어, 말

확인학습

☐ 실력점검 _____ /15   ☐ 오답확인

1. 다음 단어와 뜻을 알맞게 연결해 보세요.

① 应聘 ·   · ⓐ 재미있다

② 由于 ·   · ⓑ 우호적이다

③ 友好 ·   · ⓒ ~때문에

④ 有趣 ·   · ⓓ 초빙에 응하다, 지원하다

⑤ 语言 ·   · ⓔ 언어, 말

2. 다음 단어를 중국어로 써 보세요.

① 이기다 [   ]   ② 용감하다 [   ]

③ 장점 [   ]   ④ 유명하다 [   ]

3. 다음 단어의 뜻을 써 보세요.

① 影响 __________   ② 优秀 __________

③ 幽默 __________   ④ 由 __________

⑤ 游戏 __________   ⑥ 愉快 __________

정답

1. ① ⓓ, ② ⓒ, ③ ⓑ, ④ ⓐ, ⑤ ⓔ   2. ① 贏 ② 勇敢 ③ 优点 ④ 有名   3. ① 영향, 영향을 주다 ② 우수하다, 뛰어나다 ③ 유머, 유머러스하다 ④ ~가, ~이, ~로서 ⑤ 오락, 게임 ⑥ 유쾌하다, 기쁘다

☐☐ 1081	预习	yùxí	통 예습하다
☐☐ 1082	遇到	yùdào	통 만나다, 마주치다
☐☐ 1083	元	yuán	양 위안[돈을 세는 단위]
☐☐ 1084	原来	yuánlái	명 원래, 본래
☐☐ 1085	原谅	yuánliàng	통 용서하다
☐☐ 1086	原因	yuányīn	명 원인
☐☐ 1087	远	yuǎn	형 멀다
☐☐ 1088	愿意	yuànyì	통 바라다, 동의하다
☐☐ 1089	约会	yuēhuì	명 약속
☐☐ 1090	月	yuè	명 월, 달
☐☐ 1091	月亮	yuèliang	명 달
☐☐ 1092	阅读	yuèdú	통 읽다, 보다
☐☐ 1093	越	yuè	부 한층 더
☐☐ 1094	云	yún	명 구름
☐☐ 1095	允许	yǔnxǔ	통 허락하다, 허가하다
☐☐ 1096	运动	yùndòng	명 운동 통 운동하다
☐☐ 1097	杂志	zázhì	명 잡지
☐☐ 1098	再	zài	부 다시, 재차
☐☐ 1099	再见	zàijiàn	안녕, 또 뵙겠습니다
☐☐ 1100	在	zài	개 ～에서 통 ～에 있다, 존재하다
☐☐ 1101	咱们	zánmen	대 우리(들)
☐☐ 1102	暂时	zànshí	명 잠시, 잠깐
☐☐ 1103	脏	zāng	형 더럽다
☐☐ 1104	早上	zǎoshang	명 아침

□□ 1105	责任	zérèn	명 책임	
□□ 1106	怎么	zěnme	때 어떻게, 어째서	
□□ 1107	怎么样	zěnmeyàng	때 어떠한가	
□□ 1108	增加	zēngjiā	통 증가하다	
□□ 1109	占线	zhànxiàn	통 통화 중이다	
□□ 1110	站	zhàn	명 정류장, 역 통 서다	

확인학습

□ 실력점검 _____ /15   □ 오답확인

1. 다음 단어와 뜻을 알맞게 연결해 보세요.

① 原来 ·   · ⓐ 한층 더
② 原因 ·   · ⓑ 읽다, 보다
③ 阅读 ·   · ⓒ 증가하다
④ 越 ·   · ⓓ 원래, 본래
⑤ 增加 ·   · ⓔ 원인

2. 다음 단어를 중국어로 써 보세요.

① 만나다, 마주치다
② 운동(하다)
③ 더럽다
④ 통화 중이다

3. 다음 단어의 뜻을 써 보세요.

① 预习 _____________
② 原谅 _____________
③ 愿意 _____________
④ 允许 _____________
⑤ 暂时 _____________
⑥ 责任 _____________

☐☐ 1111	张	zhāng	양 장[종이·침대 등을 세는 단위]
☐☐ 1112	长	zhǎng	동 자라다, 생기다
☐☐ 1113	丈夫	zhàngfu	명 남편
☐☐ 1114	招聘	zhāopìn	동 모집하다, 채용하다
☐☐ 1115	着急	zháojí	동 조급해하다, 걱정하다
☐☐ 1116	找	zhǎo	동 찾다
☐☐ 1117	照	zhào	동 (거울 등에) 비추다
☐☐ 1118	照顾	zhàogù	동 보살피다, 돌보다
☐☐ 1119	照片	zhàopiàn	명 사진
☐☐ 1120	照相机	zhàoxiàngjī	명 사진기, 카메라
☐☐ 1121	这	zhè	대 이, 이것
☐☐ 1122	着	zhe	조 동사 뒤에서 동작의 진행이나 상태의 유지를 나타냄
☐☐ 1123	真	zhēn	부 진짜, 참으로
☐☐ 1124	真正	zhēnzhèng	형 진정한, 참된
☐☐ 1125	整理	zhěnglǐ	동 정리하다
☐☐ 1126	正常	zhèngcháng	형 정상이다
☐☐ 1127	正好	zhènghǎo	부 딱 마침
☐☐ 1128	正确	zhèngquè	형 정확하다
☐☐ 1129	正式	zhèngshì	형 정식의
☐☐ 1130	正在	zhèngzài	부 지금 ~하고 있다
☐☐ 1131	证明	zhèngmíng	동 증명하다
☐☐ 1132	之	zhī	조 ~의
☐☐ 1133	支持	zhīchí	동 지지하다
☐☐ 1134	只	zhī	양 마리[짐승을 세는 단위], (쌍으로 된 것 중) 한 짝, 한 쪽

▢▢ 1135	**知道**	zhīdào	동 알다
▢▢ 1136	**知识**	zhīshi	명 지식
▢▢ 1137	**直接**	zhíjiē	형 직접적인
▢▢ 1138	**值得**	zhídé	동 ~할 만한 가치가 있다
▢▢ 1139	**职业**	zhíyè	명 직업
▢▢ 1140	**植物**	zhíwù	명 식물

확인학습

☐ 실력점검 _____ /15　▢ 오답확인

1. 다음 단어와 뜻을 알맞게 연결해 보세요.

① 真正　·　　　　　　　　　· ⓐ 딱 마침
② 正好　·　　　　　　　　　· ⓑ 직접적인
③ 正式　·　　　　　　　　　· ⓒ 진정한, 참된
④ 直接　·　　　　　　　　　· ⓓ ~할 만한 가치가 있다
⑤ 值得　·　　　　　　　　　· ⓔ 정식의

2. 다음 단어를 중국어로 써 보세요.

① 조급해하다 　　　　　　② 보살피다, 돌보다

③ 지식 　　　　　　　　　④ 직업

3. 다음 단어의 뜻을 써 보세요.

① 招聘 _______________　② 整理 _______________
③ 正确 _______________　④ 证明 _______________
⑤ 支持 _______________　⑥ 只 _______________

정답
1. ① ⓒ, ② ⓐ, ③ ⓔ, ④ ⓑ, ⑤ ⓓ　2. ① 着急 ② 照顾 ③ 知识 ④ 职业　3. ① 모집하다, 채용하다 ② 정리하다 ③ 정확하다 ④ 증명하다 ⑤ 지지하다 ⑥ 마리[짐승을 세는 단위], (쌍으로 된 것 중) 한 짝, 한 쪽

☐☐ 1141	只	zhǐ	튄 단지, 다만
☐☐ 1142	只好	zhǐhǎo	튄 부득이, 어쩔 수 없이
☐☐ 1143	只要	zhǐyào	젭 ~하기만 하면
☐☐ 1144	只有…才…	zhǐyǒu…cái…	젭 ~해야만 비로소 ~이다
☐☐ 1145	指	zhǐ	튐 가리키다
☐☐ 1146	至少	zhìshǎo	튄 적어도, 최소한
☐☐ 1147	质量	zhìliàng	튑 품질
☐☐ 1148	中国	Zhōngguó	고유 중국
☐☐ 1149	中间	zhōngjiān	튑 중간, 가운데
☐☐ 1150	中文	Zhōngwén	튑 중문, 중국어
☐☐ 1151	中午	zhōngwǔ	튑 정오
☐☐ 1152	终于	zhōngyú	튄 결국, 마침내
☐☐ 1153	种	zhǒng	튓 종류, 부류, 가지
☐☐ 1154	重	zhòng	튒 무겁다
☐☐ 1155	重点	zhòngdiǎn	튑 중점, 핵심
☐☐ 1156	重视	zhòngshì	튐 중시하다
☐☐ 1157	重要	zhòngyào	튒 중요하다
☐☐ 1158	周末	zhōumò	튑 주말
☐☐ 1159	周围	zhōuwéi	튑 주위
☐☐ 1160	主要	zhǔyào	튒 주요한, 중요한
☐☐ 1161	主意	zhǔyi	튑 의견, 방법
☐☐ 1162	住	zhù	튐 살다, 거주하다
☐☐ 1163	注意	zhùyì	튐 주의하다
☐☐ 1164	祝贺	zhùhè	튐 축하하다

☐☐ 1165	**著名**	zhùmíng	형	유명하다, 저명하다
☐☐ 1166	**专门**	zhuānmén	부	특별히, 일부러, 전문적으로
☐☐ 1167	**专业**	zhuānyè	명	전공
☐☐ 1168	**转**	zhuàn	동	돌다
☐☐ 1169	**赚**	zhuàn	동	돈을 벌다
☐☐ 1170	**准备**	zhǔnbèi	동	준비하다

확인학습

1. 다음 단어와 뜻을 알맞게 연결해 보세요.

① 只好　•

② 质量　•

③ 重视　•

④ 主意　•

⑤ 专门　•

• ⓐ 중시하다

• ⓑ 부득이, 어쩔 수 없이

• ⓒ 품질

• ⓓ 특별히, 일부러, 전문적으로

• ⓔ 의견, 방법

2. 다음 단어를 중국어로 써 보세요.

① 적어도, 최소한

② 중요하다

③ 살다, 거주하다

④ 준비하다

3. 다음 단어의 뜻을 써 보세요.

① 只有…才… ___________

② 终于 ___________

③ 重点 ___________

④ 主要 ___________

⑤ 祝贺 ___________

⑥ 转 ___________

No.	단어	병음	뜻
1171	准确	zhǔnquè	혱 확실하다
1172	准时	zhǔnshí	뷔 제때에, 정시에
1173	桌子	zhuōzi	몡 탁자
1174	仔细	zǐxì	혱 세심하다, 자세하다
1175	自己	zìjǐ	때 자기, 스스로, 혼자
1176	自然	zìrán	몡 자연
1177	自信	zìxìn	몡 자신(감) 혱 자신감 있다
1178	自行车	zìxíngchē	몡 자전거
1179	字	zì	몡 글자, 문자
1180	总结	zǒngjié	몡 총결, 결산
1181	总是	zǒngshì	뷔 늘, 항상
1182	走	zǒu	동 걷다, 떠나다
1183	租	zū	동 임대하다, 세내다
1184	嘴	zuǐ	몡 입
1185	最	zuì	뷔 최고의, 제일
1186	最好	zuìhǎo	뷔 가장 좋기로는, ~가 제일이다
1187	最后	zuìhòu	몡 최후
1188	最近	zuìjìn	몡 최근
1189	尊重	zūnzhòng	동 존중하다
1190	昨天	zuótiān	몡 어제
1191	左边	zuǒbian	몡 왼쪽
1192	左右	zuǒyòu	몡 쯤, 가량[수량사 뒤에서 어림수를 나타냄]
1193	作家	zuòjiā	몡 작가
1194	作业	zuòyè	몡 숙제

☐☐ 1195	作用	zuòyòng	뗑 작용
☐☐ 1196	作者	zuòzhě	뗑 작가
☐☐ 1197	坐	zuò	뙹 앉다, 타다
☐☐ 1198	座	zuò	뗑 좌석, 자리 톙 좌, 동, 채[건축물·다리·산 등을 세는 단위]
☐☐ 1199	座位	zuòwèi	뗑 좌석, 자리
☐☐ 1200	做	zuò	뙹 만들다, 하다

확인학습

☐ 실력점검 _____ /15　☐ 오답확인

1. 다음 단어와 뜻을 알맞게 연결해 보세요.

① 准确　·
② 自然　·
③ 总结　·
④ 最好　·
⑤ 作者　·

·　ⓐ 총결, 결산
·　ⓑ 자연
·　ⓒ 가장 좋기로는, ~가 제일이다
·　ⓓ 작가
·　ⓔ 확실하다

2. 다음 단어를 중국어로 써 보세요.

① 자신감 　　　　
② 존중하다 　　　　
③ 왼쪽 　　　　
④ 좌석, 자리 　　　　

3. 다음 단어의 뜻을 써 보세요.

① 准时 ＿＿＿＿＿
② 仔细 ＿＿＿＿＿
③ 总是 ＿＿＿＿＿
④ 租 ＿＿＿＿＿
⑤ 作家 ＿＿＿＿＿
⑥ 作用 ＿＿＿＿＿

加油